普通高等教育"十二五"卓越工程能力培养规划教材
浙江省高等教育重点教材

工程材料及机械制造基础

主　编　林　江
副主编　楼建勇　祝邦文
参　编　马红萍　李建平
　　　　李国平
主　审　刘舜尧

机械工业出版社

本书是为了适应我国卓越工程师教育培养计划和教学改革的需要,根据新世纪人才培养模式的新变化,针对本科课程改革和创新人才培养的特点而编写的。本书为"浙江省高等教育重点教材"。

全书共有11章,包括工程材料、材料成形工艺、机械加工工艺和零件成形方法的选择四部分内容。每章附有适量的复习思考题。

本书内容简明扼要,具有综合性、实践性、科学性和先进性等特点,突出实用性,并注重理论与实践相结合。本书是高等学校机械工程类、近机械工程类等理工科各专业的教材,也可供职业院校相关专业及其他大专院校师生以及相关工程技术人员使用。

图书在版编目（CIP）数据

工程材料及机械制造基础/林江主编. —北京：机械工业出版社，2013.7（2025.7重印）

普通高等教育"十二五"卓越工程能力培养规划教材
ISBN 978-7-111-42761-2

Ⅰ.①工… Ⅱ.①林… Ⅲ.①工程材料-高等学校-教材②机械制造-高等学校-教材 Ⅳ.①TG

中国版本图书馆 CIP 数据核字（2013）第 171200 号

机械工业出版社（北京市百万庄大街 22 号　邮政编码 100037）
策划编辑：刘小慧　责任编辑：刘小慧　王勇哲　杨　茜　邓海平
版式设计：霍永明　责任校对：王　欣　封面设计：张　静
责任印制：张　博
北京机工印刷厂有限公司印刷
2025 年 7 月第 1 版第 11 次印刷
184mm×260mm・23.25 印张・577 千字
标准书号：ISBN 978-7-111-42761-2
定价：59.80 元

电话服务　　　　　　　　　　网络服务
客服电话：010-88361066　　　机　工　官　网：www.cmpbook.com
　　　　　010-88379833　　　机　工　官　博：weibo.com/cmp1952
　　　　　010-68326294　　　金　书　网：www.golden-book.com
封底无防伪标均为盗版　　　　机工教育服务网：www.cmpedu.com

前　　言

本书是根据我国高等教育的改革与发展，特别是卓越工程师教育培养计划的教学改革的需要而编写的。全书共有 11 章，包括工程材料、材料成形工艺、机械加工工艺和零件成形方法的选择四部分，涵盖了工程材料及"热加工"和"冷加工"的全部内容。每章附有适量的复习思考题。本书配有助教型 CAI 教学软件，发挥多媒体的综合优势，将不易理解的原理、理论及运动关系生动地表现出来，并展示各种生产设备和生产现场，以说明工艺过程、应用实例。特别加强对新材料、新技术和新工艺的介绍，实现"展示事实，创设情景，提供示范"的作用。

本书由浙江科技学院林江教授任主编，浙江工业大学楼建勇教授、浙江科技学院祝邦文教授任副主编。具体章节编写人员及分工如下：第一章、第四章、第五章由浙江科技学院祝邦文编写，第二章、第三章由浙江科技学院马红萍编写，第六章、第八章由浙江科技学院林江编写，第七章由浙江大学李建平编写，第九章第一节、第三节由宁波大学李国平编写，第九章第二节、第四节、第十章、第十一章由浙江工业大学楼建勇编写。

本书由中南大学刘舜尧教授主审，他对书稿提出了许多宝贵的建议。本书的编写还得到了浙江省温州市鹿城区人才计划的支持，在此一并特致以衷心的感谢！

由于编者的水平与经验有限，书中不足、漏误之处在所难免，恳请读者批评指正。

编　者
于杭州

目 录

前言
第一章 金属材料的性能 … 1
第一节 金属材料的力学性能 … 1
一、弹性和刚性 … 1
二、强度与塑性 … 2
三、硬度 … 3
四、冲击韧度 … 4
五、疲劳和断裂韧度 … 5
六、材料的高温和低温性能 … 7
第二节 材料的物理、化学性能和工艺性能 … 7
一、材料的物理性能 … 7
二、材料的化学性能 … 9
三、材料的工艺性能 … 9
复习思考题 … 9
第二章 金属的晶体结构 … 11
第一节 晶体结构的基本概念 … 11
第二节 金属中常见的晶体结构 … 11
一、晶体与非晶体 … 11
二、晶格与晶胞 … 12
三、常见晶体结构 … 12
第三节 实际晶体的结构 … 16
一、晶体结构 … 16
二、晶体缺陷 … 17
第四节 合金相结构 … 22
一、固溶体 … 22
二、金属化合物 … 25
复习思考题 … 28
第三章 金属的相变和相图 … 29
第一节 纯金属的相变 … 29
一、液态金属的结构及结晶 … 29
二、纯金属的相变 … 31
三、晶体的同素异构 … 37
第二节 二元合金相图 … 38
一、概述 … 38
二、合金相图的建立 … 40
三、匀晶相图 … 41
四、共晶相图 … 43
五、共析相图 … 47
六、其他类型的二元系合金相图 … 47
七、二元相图的规律及合金性能 … 50
第三节 铁碳合金相图 … 52
一、铁碳合金的组元及基本相 … 52
二、$Fe\text{-}Fe_3C$ 相图分析 … 54
三、典型合金的结晶过程及组织 … 55
四、含碳量与铁碳合金组织及性能的关系 … 61
五、铁碳合金相图的应用 … 62
第四节 金属的凝固组织 … 63
一、金属铸锭宏观组织 … 63
二、铸锭中的缺陷 … 64
复习思考题 … 65
第四章 钢的热处理 … 66
第一节 钢在加热时的转变 … 67
一、奥氏体的形成过程 … 67
二、影响奥氏体转变速度的因素 … 68
三、奥氏体的晶粒度及其影响因素 … 69
第二节 过冷奥氏体等温冷却转变 … 70
一、过冷奥氏体等温转变曲线的建立 … 70
二、过冷奥氏体等温转变曲线的分析 … 71
三、影响过冷奥氏体转变曲线的因素 … 71
四、珠光体转变 … 72
五、贝氏体转变 … 73
六、马氏体转变 … 75
第三节 过冷奥氏体连续冷却转变 … 78
一、共析钢的过冷奥氏体连续冷却转变曲线 … 79
二、亚共析钢和过共析钢过冷奥氏体的连续冷却转变 … 79
第四节 钢的普通热处理 … 80
一、钢的退火 … 80
二、钢的正火 … 81
三、钢的淬火 … 82
四、钢的回火 … 86

第五节　钢的表面热处理工艺 ················ 90
　　　一、钢的表面淬火 ···························· 90
　　　二、钢的化学热处理 ························ 93
　　第六节　其他热处理工艺 ······················ 96
　　　一、形变热处理 ······························ 96
　　　二、真空热处理 ······························ 97
　　　三、激光处理 ·································· 98
　　　四、气相沉积技术 ···························· 99
　　复习思考题 ··· 101

第五章　常用工程材料 ··························· 103
　　第一节　工业用钢 ································ 104
　　　一、钢的分类 ································· 104
　　　二、碳素钢 ···································· 104
　　　三、合金钢 ···································· 108
　　　四、特殊性能钢 ······························ 121
　　第二节　铸铁和铸钢 ···························· 124
　　　一、铸铁 ·· 124
　　　二、铸钢 ·· 132
　　第三节　有色金属及其合金 ·················· 133
　　　一、铝及铝合金 ······························ 134
　　　二、铜及铜合金 ······························ 137
　　　三、钛及钛合金 ······························ 142
　　　四、滑动轴承合金 ···························· 146
　　第四节　其他工程材料 ························ 147
　　　一、粉末冶金材料 ···························· 147
　　　二、陶瓷材料 ································· 149
　　　三、高分子材料 ······························ 154
　　　四、复合材料 ································· 159
　　第五节　材料的选用 ···························· 162
　　　一、机械零件失效分析 ···················· 162
　　　二、机械零件选材的原则 ················ 164
　　　三、典型零件选材实例 ···················· 166
　　复习思考题 ··· 167

第六章　金属的液态成形 ······················ 169
　　第一节　液态成形理论基础 ·················· 169
　　　一、金属的凝固 ······························ 169
　　　二、金属与合金的液态成形性能 ······ 171
　　　三、液态成形性能对铸件质量的影响 ······ 174
　　第二节　液态金属的成形方法 ············· 179
　　　一、砂型铸造成形 ···························· 180
　　　二、特种铸造方法 ···························· 183
　　第三节　铸造工艺设计 ························ 188
　　　一、铸造工艺设计的内容 ················ 188

　　　二、铸造工艺实例 ···························· 192
　　第四节　铸件结构工艺性 ······················ 193
　　　一、铸造合金性能的影响 ················ 193
　　　二、铸造工艺的影响 ······················ 195
　　　三、铸造方法的影响 ······················ 196
　　第五节　铸造成形技术的新发展 ··········· 198
　　　一、凝固理论推动了铸造新工艺的
　　　　　发展 ·· 198
　　　二、造型技术的新发展 ···················· 199
　　　三、计算机技术推动铸造的新发展 ···· 200
　　复习思考题 ··· 201

第七章　金属的塑性成形 ······················ 202
　　第一节　塑性成形的理论基础 ············· 203
　　　一、塑性成形的实质 ······················ 203
　　　二、冷变形强化与再结晶 ················ 205
　　　三、锻造比与锻造流线 ···················· 207
　　　四、塑性成形基本规律 ···················· 208
　　　五、金属的锻造性能 ······················ 209
　　第二节　塑性成形方法 ························ 211
　　　一、锻造 ·· 211
　　　二、板料冲压 ································· 217
　　　三、其他塑性加工方法 ···················· 223
　　第三节　锻件的工艺设计 ······················ 227
　　　一、自由锻工艺规程的制订 ············· 227
　　　二、自由锻工艺规程实例 ················ 228
　　　三、模锻工艺规程的制订 ················ 229
　　第四节　锻件的结构工艺性 ·················· 232
　　　一、自由锻件的结构工艺性 ············· 232
　　　二、锻件的结构工艺性 ···················· 232
　　　三、板料冲压件的结构工艺性 ········· 234
　　第五节　塑性成形技术的新发展 ··········· 236
　　　一、精密塑性成形技术 ···················· 236
　　　二、快速制模技术 ···························· 236
　　　三、塑性成形过程的计算机模拟 ······ 236
　　复习思考题 ··· 237

第八章　焊接 ·· 238
　　第一节　焊接成形基础 ························ 238
　　　一、熔焊的冶金过程 ······················ 238
　　　二、金属的焊接性 ···························· 242
　　　三、焊接应力和变形 ······················ 243
　　第二节　焊接方法 ································ 246
　　　一、熔焊 ·· 247
　　　二、压焊 ·· 255

三、钎焊 ………………………… 258
　第三节　焊接结构工艺设计 ……… 259
　　一、焊接材料 …………………… 259
　　二、焊件材料 …………………… 261
　　三、焊接接头工艺 ……………… 264
　　四、焊接方法的选择 …………… 269
　　五、焊接工艺参数的选择 ……… 269
　　六、焊接工艺实例 ……………… 270
　第四节　焊接技术的发展 ………… 271
　　一、计算机技术在焊接中的应用 … 271
　　二、焊接机器人和智能化 ……… 272
　　三、焊接能源 …………………… 272
　　四、提高焊接生产率 …………… 272
　复习思考题 ………………………… 273
第九章　机械加工 …………………… 274
　第一节　机械加工基础知识 ……… 274
　　一、切削运动与切削要素 ……… 274
　　二、切削刀具 …………………… 276
　　三、切削过程 …………………… 282
　第二节　常规机械加工方法 ……… 288
　　一、外圆面的加工 ……………… 288
　　二、孔的加工 …………………… 290
　　三、平面的加工 ………………… 295
　　四、成形表面的加工 …………… 298
　　五、螺纹的加工 ………………… 300
　　六、齿轮齿形的加工 …………… 303
　第三节　机械加工工艺基础 ……… 308
　　一、生产过程和工艺过程 ……… 308
　　二、零件机械加工工艺规程的制订 … 311
　　三、典型零件的工艺过程实例 … 318
　第四节　机械加工件的结构工艺性 … 324
　　一、结构工艺性的设计原则 …… 324
　　二、改善结构工艺性示例 ……… 325
　复习思考题 ………………………… 330

第十章　其他材料的成形 …………… 331
　第一节　高分子材料的成形 ……… 331
　　一、工程塑料的成形 …………… 331
　　二、橡胶材料的成形 …………… 340
　第二节　工业陶瓷的成形 ………… 343
　　一、工业陶瓷的成形基础 ……… 343
　　二、陶瓷制品的生产过程 ……… 344
　　三、陶瓷成形方法 ……………… 345
　第三节　复合材料的成形 ………… 349
　　一、复合材料成形特点 ………… 349
　　二、复合材料成形技术 ………… 349
　复习思考题 ………………………… 357
第十一章　零件成形方法的选择 …… 358
　第一节　机械零件毛坯的选择原则 … 358
　　一、保证使用要求 ……………… 358
　　二、满足经济性 ………………… 359
　　三、考虑实际生产条件 ………… 359
　第二节　机械加工方法的选择原则 … 359
　　一、根据表面的尺寸精度和表面粗糙度
　　　　选择 ………………………… 359
　　二、根据表面所在零件的结构形状和尺
　　　　寸选择 ……………………… 360
　　三、根据零件热处理状况选择 … 360
　　四、根据零件材料的性能选择 … 361
　　五、根据零件的批量选择 ……… 361
　第三节　各类零件的结构特点及其制造
　　　　　方法比较 …………………… 362
　　一、轴杆类零件 ………………… 362
　　二、盘套类零件 ………………… 362
　　三、箱体机架类零件 …………… 363
　复习思考题 ………………………… 364
附录 …………………………………… 365
参考文献 ……………………………… 366

第一章 金属材料的性能

第一节 金属材料的力学性能

金属材料具有良好的力学性能、物理性能、化学性能及工艺性能,能采用简单经济的加工方法制成零件,因此金属材料是目前应用最广泛的工程材料。金属材料主要的性能是力学性能,即抵抗外力作用所反映出来的性能,其主要指标有静载荷下的强度、硬度、塑性和动载荷下的冲击韧度、疲劳强度和断裂韧度等。静载是指对试样缓慢加载。常用的静载试验有拉伸、压缩、硬度、弯曲、扭转等,利用这些试验方法,可以测得强度、塑性、硬度等力学性能指标。动载一般有两种形式,一种是载荷以较高速度施加到零件上,形成冲击,可以测得冲击韧度;另一种是载荷的大小和方向呈周期性变化的交变载荷,形成疲劳。

一、弹性和刚性

金属材料受外力作用产生变形,当外力去除后能恢复原来形状的性能,称为弹性。随外力消失而消失的变形,称为弹性变形,其大小与外力成正比,服从胡克定律。金属材料抵抗弹性变形的能力称为刚性。将金属材料制成图 1-1 所示的标准试样,在拉伸试验机上对试样施加一轴向拉伸力 F 并缓慢拉伸,直至试样断裂。利用拉伸力和试样伸长的数值变化可得到力—伸长量的变化曲线,如图 1-2a 所示。将拉伸力 F 除以试样的原始截面积 S_0,可得到拉伸力 R(单位截面上的拉应力),将伸长量 ΔL 除以试样的标距长度 L,可得到应变 e(单位长度的伸长量),根据 R 和 e,可得到应力—应变曲线,如图 1-2b 所示。

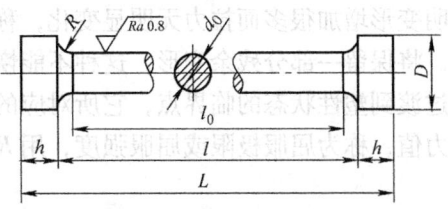

图 1-1 圆形拉伸试样

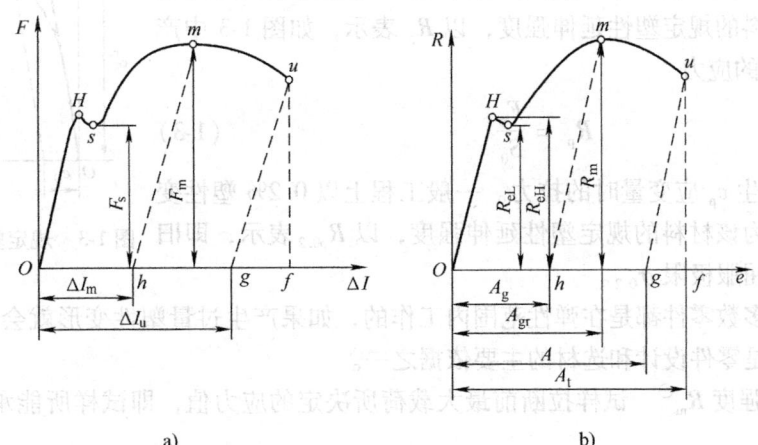

图 1-2 退火低碳钢的拉伸曲线
a) 拉伸力—拉伸曲线 b) 应力—应变曲线

由图 1-2 可知，当拉力未达到 H 点以前，试样只产生弹性变形，H 点所对应的弹性变形阶段的最大应力，称为弹性极限，对于一些弹性零件，如精密弹簧片、板等，它属于主要的性能指标。材料在弹性变形范围内的应力与应变的比值称为弹性模量，以 E 表示（MPa），即

$$E = \frac{R}{e} \tag{1-1}$$

弹性模量 E 表征材料产生弹性变形的难易程度。E 越大，材料产生一定量的弹性变形所需要的应力也越大，即越不容易产生弹性变形，反之亦然。弹性模量在工程上称为材料的刚度。显然，在零件的结构、尺寸已确定的前提下，其刚度取决于材料的弹性模量。

弹性模量主要取决于材料内部原子间的作用力，如晶体材料的晶格类型、原子间距等，材料的其他强化手段对弹性模量的影响较小。

二、强度与塑性

1. 强度

强度是金属材料在外力作用下抵抗塑性变形和断裂的能力。按不同外力作用，可分为抗拉强度、抗压强度、抗扭强度、抗剪强度等。工程上金属材料的强度主要指屈服强度 R_e 和抗拉强度 R_m。

（1）屈服强度 R_e　在图 1-2 所示的拉伸试验曲线中，在 S 点出现一近似水平线段，这表明变形增加很多而拉力无明显变化，称为屈服，这时若卸去载荷，试样的变形不能全部恢复，将保留一部分残余变形，这种不能恢复的残余变形称为塑性变形。S 点是材料从弹性状态过渡到塑性状态的临界点，它所对应的应力为材料在外力作用下开始发生塑性变形的最低应力值，称为屈服极限或屈服强度，用 R_e 表示（MPa），即

$$R_e = \frac{F_S}{S_0} \tag{1-2}$$

式中　F_S——对应于 S 点的外力；

S_0——试样的原始横截面积。

由于有很多材料的应力—应变曲线上没有明显的屈服（图 1-3），无法确定屈服极限，因此规定试样产生一定量塑性变形时的应力值为该材料的规定塑性延伸强度，以 R_p 表示，如图 1-3 中产生 e_p 应变量时的应力

$$R_p = \frac{F_p}{S_0} \tag{1-3}$$

式中，F_p 为产生 e_p 应变量时的拉力。一般工程上以 0.2% 塑性变形时的应力值为该材料的规定塑性延伸强度，以 $R_{p0.2}$ 表示，即旧国标中的条件屈服极限 $\sigma_{0.2}$。

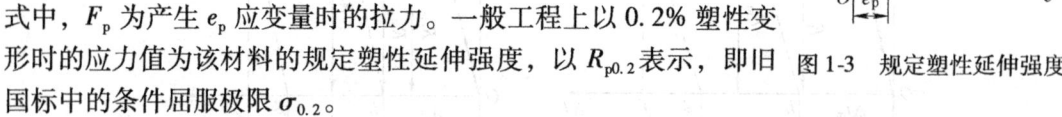

图 1-3　规定塑性延伸强度

工程中大多数零件都是在弹性范围内工作的，如果产生过量塑性变形就会使零件失效，所以屈服强度是零件设计和选材的主要依据之一。

（2）抗拉强度 R_m[⊖]　试样拉断前最大载荷所决定的应力值，即试样所能承受的最大载

⊖ 抗拉强度 R_m 在旧国标中的符号为 σ_b，因此类符号尚未在所有金属材料的力学性能标准中完全更新，故文中出现 R_m 和 σ_b 两种符号，其意义相同。

荷除以试样原始横截面积,以 R_m 表示(MPa),即

$$R_m = \frac{F_m}{S_0} \tag{1-4}$$

式中 F_m——试样所能承受的最大载荷,如图 1-2a 所示应力—应变曲线上的 m 点。

当载荷增加至 m 点以后,试样截面局部出现颈缩,因为截面缩小,载荷开始下降,至 u 点时试样被拉断。

抗拉强度 R_m 的物理意义是表征材料对最大均匀变形的抗力,它也是设计和选材的主要依据之一。因为有些材料几乎没有塑性或塑性很低,因此 R_m 是这类材料的主要设计指标。冷热加工、强化处理等对材料的 R_e 和 R_m 有较大影响。

R_e 和 R_m 的比值称为屈强比,其数值一般在 0.5~0.75 之间。屈强比越小,材料的可靠性越高,即使超载也不会马上断裂;屈强比越大,材料的利用率越高,但可靠性下降。

2. 塑性

材料在静载荷作用下产生塑性变形而不被破坏的能力称为塑性。塑性以材料断裂后塑性变形的大小来表征,拉伸时用伸长率 A 和断面收缩率 Z 表示,两者均为无单位量纲。

1) 伸长率 A 表示试样拉伸断裂后的相对伸长量,即

$$A = \frac{l_u - l_0}{l_0} \times 100\% \tag{1-5}$$

式中 l_0——拉伸试样原始标距长度(mm);
l_u——拉伸试样拉断后的标距长度(mm)。

2) 断面收缩率 Z 表示试样断裂后截面的相对收缩量,即

$$Z = \frac{S_0 - S_u}{S_0} \times 100\% \tag{1-6}$$

式中 S_0——拉伸试样原始横截面积(mm^2);
S_u——拉伸试样拉断处的横截面积(mm^2)。

在实际测试中对试样的尺寸在 GB/T 228—2010 作出规定。用断面收缩率表示塑性比伸长率更接近真实变形情况,$A > Z$ 时,无缩颈,为脆性材料特征;$A < Z$ 时,有缩颈,为塑性材料表征。

三、硬度

硬度是材料表面抵抗更硬材料压入的能力,是衡量材料软硬程度的指标。因为硬度的测定总是在试样的表面上进行,所以硬度也可以看作是材料表面抵抗变形的能力。硬度是材料力学性能的一个重要指标,在材料制成的半成品和成品的质量检验中,硬度是产品质量的重要依据。工程上常用的硬度有布氏、洛氏、维氏硬度等。

1. 布氏硬度

用一定的载荷 F,将直径为 D 的硬质合金球压入被测材料的表面(图 1-4),保持 10~60s 后卸除载荷,以载荷与压痕表面积 S 的比值作为布氏硬度值,用 HBW 表示,即

$$HBW = \frac{2F}{g\pi D[D - \sqrt{(D^2 - d^2)}]} \tag{1-7}$$

式中 d——压痕直径(mm)。
g——重力加速度(N/kg)。

布氏硬度的单位为 N/mm²，但习惯上只写数值而不标出单位。硬度值越高，表明材料越硬。

布氏硬度的表示方法：硬度值写在符号 HBW 之前，符号之后按下列顺序用数值表示试验条件：①球体直径(mm)；②试验力(N)；③力保持时间(s)，如 120HBW1/30/20。

采用布氏硬度试验材料表面压痕较大，不受微小不均匀硬度的影响，试验数据稳定，重复性好，但不宜用于成品零件和薄壁件的硬度检验。

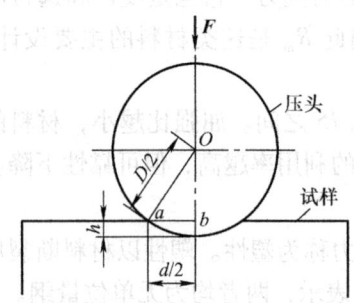 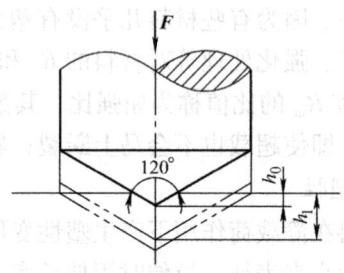

图1-4 布氏硬度试验原理图　　　　图1-5 洛氏硬度试验原理图

2. 洛氏硬度

如图 1-5 所示，洛氏硬度试验采用顶角为 120°的金刚石圆锥或直径为 1.588mm（1/16in）的钢球压头，施加一定的压力压入材料表面，根据压痕的深度来确定材料的硬度。根据压头和压力的不同，洛氏硬度用九种不同符号表示。常用的有三种，即 HRA、HRB 和 HRC。HRA 是采用 60kg 的载荷和钻石锥压头测得的硬度，用于硬度极高的材料，如硬质合金。HRB 是采用 100kg 的载荷和直径为 1.58mm 淬硬的钢球测得的硬度，用于硬度较低的材料，如退火钢、铸铁等。HRC 是采用 150kg 的载荷和钻石锥压头测得的硬度，用于硬度高的材料，如淬火钢、调质钢等。最常用的洛氏硬度是 HRC，数值可以从硬度试验机的仪表盘上直接读出。

洛氏硬度的测定操作迅速、简便，压痕面积小，适用于成品检验。但由于接触面积小，当硬度不均匀时，数值波动较大，须多测几个点取平均值。

3. 维氏硬度

维氏硬度采用锥面夹角为 136°的金刚石四棱锥体压头，在一定载荷下保持一定的时间后卸载，得到一四方棱锥形压痕，如图 1-6 所示，载荷除以压痕表面积的值即为维氏硬度，用 HV 表示。

维氏硬度用于测定薄片金属材料、表面淬硬层、各种涂层等的表面硬度。

必须注意，由于各种硬度的试验条件不同，不同方法、级别测定的硬度值无可比性，相互间无换算公式，但通过经验关系可大致换算：10HBW ≈ 1HRC，1HBW ≈ 1HV。

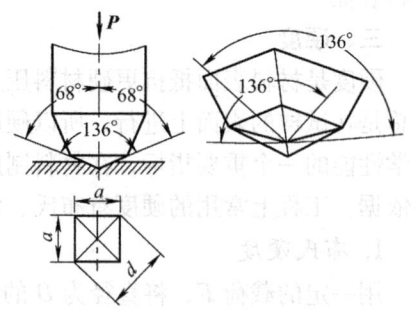

图1-6 维氏硬度实验原理图

四、冲击韧度

在生产实际中，许多机构和零部件都受到冲击载荷的作用，如空气锤的锤杆、压力机的冲头等，由于瞬时冲击作用所引起的变形和应力比静载荷时大得多，因此表征材料在冲击力作用下的力学性能非常重要。

冲击韧度是材料在冲击载荷作用下抵抗变形和断裂的能力。冲击韧度值一般是用一次摆锤冲击试验来测定的。把待测材料的标准缺口试样（图1-7a）放在试验机支座上，将具有一定重量 G 的摆锤自一定高度 H 自由落下，冲断试样，摆过支承点升至高度 h，如图1-7b所示。摆锤冲断试样所吸收能量用 A_{KU} 或 A_{KV} 表示（J），即

$$A_{KU} = GH - Gh \tag{1-8}$$

$$A_{KV} = GH - Gh \tag{1-9}$$

式中 A_{KU}、A_{KV}——U 型、V 型缺口试样的冲击吸收能量。

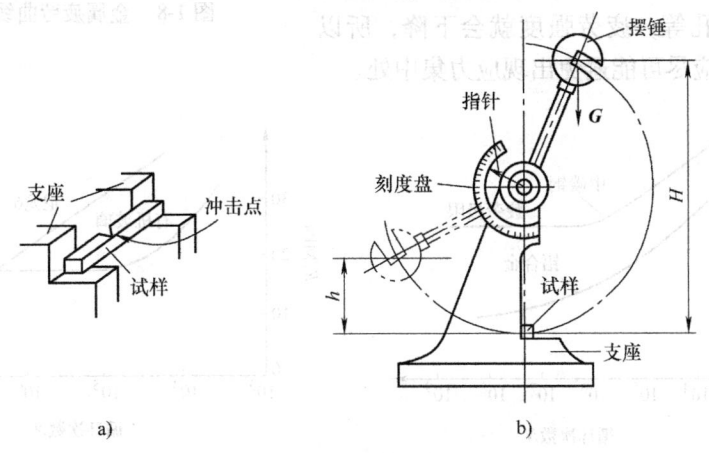

图1-7 摆锤冲击试验示意图
a) 试样放置 b) 冲击试验机

实际上，在冲击载荷下工作的机械零件，很少是受大能量一次冲击而破坏的，往往是经受小能量的多次冲击，因冲击损伤的积累引起裂纹扩展而造成断裂，故用 A_{KU} 或 A_{KV} 值来反映冲击韧度有一定的局限性。研究结果表明，金属材料承受小能量多次重复冲击的能力取决于材料强度和塑性的综合性指标。

材料的冲击韧度随温度的下降而下降，在某一温度范围内冲击韧度值急剧下降的现象称为韧脆转变。发生韧脆转变的温度范围称为韧脆转变温度。材料的使用温度应高于韧脆转变温度。

五、疲劳和断裂韧度

1. 疲劳

有许多机器零件如轴、齿轮、弹簧、活塞连杆等，都是在交变载荷下工作的，它们工作时所承受的应力一般都低于材料的屈服强度。零件在这种交变动载荷作用下，经过较长时间的工作而发生断裂的现象称为疲劳，因此疲劳是零件在循环或交变应力作用下，经过一段时间产生失效的现象。疲劳断裂往往无先兆，会产生突然断裂，危害很大。疲劳强度就是用来表征材料抵抗疲劳的能力。

疲劳强度是通过测定材料在重复的交变载荷作用下而无断裂的最大应力得到的，如图1-8所示。材料所受交变应力与断裂循环次数之间的关系称为疲劳曲线，即 R-N 曲线。由曲线可知，R 越小，N 值越大。当应力值低于某一数值时，经无数次应力循环也不会发生疲劳

断裂，此应力称为材料的疲劳强度（疲劳极限），用 R_{-1} 表示（MPa）。有些材料的疲劳曲线无水平部分，如图 1-9 所示，这时规定某一应力循环次数 N_0（一般钢的应力循环次数为 10^7 周次、有色金属的应力循环次数为 10^8 周次）所对应的应力作为疲劳极限。

金属的疲劳强度除与其化学成分有关外，还受一些其他因素影响，其中主要的有：

（1）应力集中 如果零件存有应力集中处，如缺口、键槽、孔等，疲劳强度就会下降，所以在设计零件时，应尽可能避免出现应力集中处。

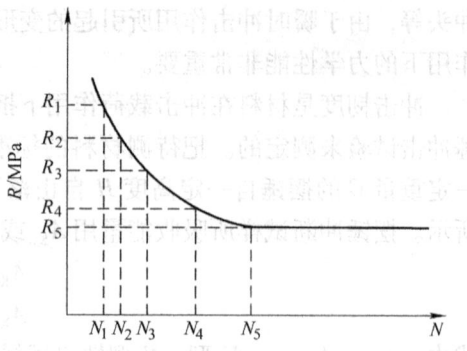

图 1-8 金属疲劳曲线示意图

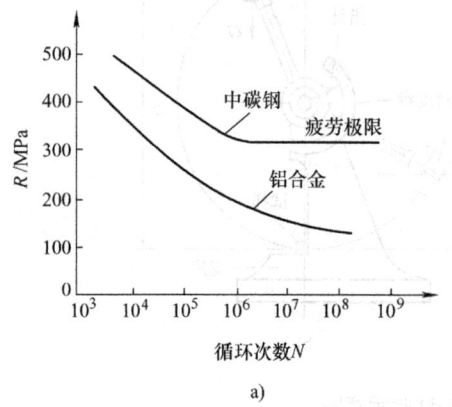

a)

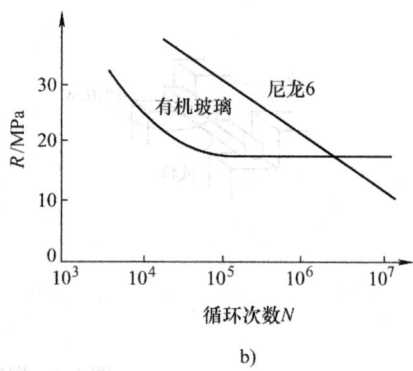

b)

图 1-9 一些材料实测的疲劳曲线
a）中碳钢及铝合金　b）尼龙 6 和有机玻璃

（2）表面状态 由于大多数疲劳失效产生于金属表面，任何表面状态的变化都会影响疲劳强度，如钢的表面渗碳、离子渗氮，使钢的表面硬度增高，可以提高疲劳强度，在金属表面形成残留应力层也可提高疲劳强度。

（3）表面质量 金属材料表面加工越光滑，疲劳强度就越高。粗糙的零件表面会造成应力集中，形成疲劳裂纹。

2. 断裂韧度

工程上使用的材料常存在一定的缺陷，如夹杂物、缩松、气孔、微裂纹等，这些缺陷都可看作裂纹。它们的存在容易导致材料局部应力集中，在远低于屈服强度的外加应力作用下，裂纹尖端的应力可能已远超过屈服强度，引起裂纹快速扩展而使材料断裂，此称之为低应力脆断。断裂韧度就是反映材料抵抗裂纹失稳扩展的性能指标。

图 1-10 所示的平板上有一条长度为 $2a$ 的裂纹，在外力作用下，其尖端前沿必定存在应力集中。由于实际断裂应力与原始裂纹长度、裂纹的形状、加载方式及材料抵抗裂纹扩展的能力有关，因此用应力强度因子 K_I（$MN \cdot m^{-\frac{3}{2}}$）表示材料中裂纹各点应力随外加应力变化的比例关系，即

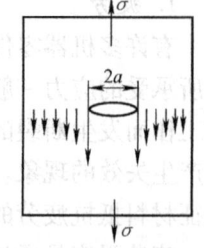

图 1-10 材料开张裂纹

$$K_I = Y\sigma\sqrt{a} \tag{1-10}$$

式中　Y——与裂纹形状、加载方式及试样几何尺寸有关的量，为无量纲系数；

　　　σ——外加应力（MPa）；

　　　a——裂纹半长度（m）。

由式（1-10）可知，当外力增大或裂纹增长时，裂纹尖端的应力强度因子也随之增大，当 K_I 达到某一临界值时，裂纹突然失稳扩展，发生快速脆断。这一临界值称为材料的断裂韧度，用 K_{IC} 表示，它反映了材料抵抗裂纹扩展的能力。K_{IC} 可通过试验测定，它是材料常数，与材料本身的成分、组织与结构有关。

六、材料的高温和低温性能

1. 高温性能

材料在长时间的恒温、恒应力作用下，发生缓慢塑性变形的现象称为蠕变。蠕变的一般规律是温度越高，工作应力越大，则蠕变的发展越快，产生断裂的时间就越短。

金属材料在高于一定温度下，承受的应力即使小于屈服强度，也会出现蠕变现象。因此在高温下使用的金属材料，应具有足够的抗蠕变能力。工程塑料在室温下受到应力作用就可能发生蠕变。

蠕变的另一种表现形式是应力松弛，它是指承受弹性变形的零件，在工作过程中总变形量保持不变，但随时间的延长工作应力自行逐渐衰减的现象。如高温紧固件，若出现应力松弛，将会使紧固失效。

在高温下，材料的强度是用蠕变强度和持久强度来表示的。蠕变强度是指材料在一定温度下、一定时间内产生一定永久变形量所能承受的最大应力。例如，$R_{0.1/1000}^{600} = 88\text{MPa}$，表示在600℃下，1000h 内，引起0.1%变形量所能承受的最大应力值为88MPa；而持久强度是指材料在一定温度下、一定时间内所能承受的最大应力。又如，$R_{100}^{800} = 186\text{MPa}$，表示工作温度为800℃时，约100h 所能承受的最大应力为186MPa。

2. 低温性能

随着温度的下降，多数材料会出现脆性增加的现象，严重时甚至发生脆断。可通过材料的冲击功与温度的变化关系来确定材料的韧、脆状态转化。当温度降到某一值时，冲击吸收能量 KU 或 KV 会急剧减小，使材料呈脆性状态。材料由韧性状态转变为脆性状态的温度 T_k 称为韧脆转化温度。T_k 低，表明材料的低温韧性好。

第二节　材料的物理、化学性能和工艺性能

一、材料的物理性能

物理性能是指材料的密度、熔点、热膨胀性、磁性、导电性与导热性等。由于机器零件的用途不同，对材料的物理性能要求也不同。例如，航空航天的零件常使用密度小的铝、镁、钛合金；机电、电器主要考虑材料的导电性；磁介质主要考虑磁性能。

1. 密度

材料的密度是指单位体积中材料的质量。常用金属材料的密度见表1-1。一般将密度小于 5g/cm^3 的金属称为轻金属，密度大于 5g/cm^3 的金属称为重金属。抗拉强度 R_m 与密度 ρ

之比称为比强度；弹性模量 E 与密度 ρ 之比称为比弹性模量。这两者也是考虑某些零件材料性能的重要指标，如密度大的材料将增加零件的质量，降低零件单位质量的强度，即降低比强度。一般航空、航天等领域都要求材料具有高的比强度和比弹性模量。

表1-1 常用金属的物理性能

金属名称	符号	密度 g/cm³	熔点/℃	热导率 λ W/(m·K)	线膨胀系数 α (0~100℃) $K^{-1}\times 10^{-6}$	电阻率 ρ (Ω·m) ×10⁻⁸
银	Ag	10.49	960.8	418.6	19.7	1.5 (0℃)
铝	Al	2.698	660.1	221.9	23.6	2.655 (0℃)
铜	Cu	8.96	1083	393.5	17.0	1.67~1.68 (20℃)
铬	Cr	7.19	1903	67	6.2	12.9 (0℃)
铁	Fe	7.84	1538	75.4	11.76	9.7 (0℃)
镁	Mg	1.74	650	153.7	24.3	4.47 (0℃)
锰	Mn	7.43	1244	4.98 (-192℃)	37	185 (20℃)
镍	Ni	8.90	1453	92.1	13.4	6.84 (0℃)
钛	Ti	4.508	1677	15.1	8.2	42.1~47.8 (0℃)
锡	Sn	7.298	231.91	62.8	2.3	11.5 (0℃)
钨	W	19.30	3380	166.2	4.6 (20℃)	5.1 (0℃)

2. 熔点

熔点是指材料的熔化温度。金属都有固定的熔点，常用金属的熔点见表1-1。陶瓷的熔点一般都显著高于金属及合金的熔点，而高分子材料一般不是完全晶体，没有固定的熔点。

合金的熔点取决于它的化学成分，是金属与合金的冶炼、铸造和焊接等重要的工艺参数。熔点高的金属称为难熔金属（如 W、Mo、V 等），可以用来制造耐高温零件，在燃气轮机、航空、航天等领域有广泛的应用。熔点低的金属称为易熔金属（如 Sn、Pb 等），可以用来制造熔丝、防火安全阀等零件。

3. 热膨胀性

材料的热膨胀性通常用线膨胀系数表征。陶瓷的线膨胀系数最低，金属次之，高分子材料最高。常用金属的线膨胀系数见表1-1。对精密仪器或机器零件，线膨胀系数是一个非常重要的性能指标。在异种金属焊接中，常因材料的热膨胀性相差过大而使焊件变形或破坏。

4. 磁性

材料能导磁的性能称为磁性。磁性材料可分为软磁性材料和硬磁性材料。前者是指容易磁化，导磁性良好，但外磁场去掉后，磁性基本消失（如电工用纯铁、硅钢片等）；后者是指去磁后仍保持磁场，磁性不易消失的磁性材料（如淬火的钴钢、稀土钴等）。许多金属（如 Fe、Ni、Co 等）均具有较高的磁性。但也有不少金属（如 Al、Cu、Pb 等）是无磁性的。非金属材料一般无磁性。

5. 导热性

材料的导热性用热导率（也称为导热系数）用 λ 来表征。材料的热导率越大，导热性越好。一般来说，金属越纯，其导热能力越强。常用金属的热导率用表1-1。金属及合金的热导率远高于非金属材料。

导热性好的材料其散热性也好，可用来制造热交换器等传热设备的零、部件。而导热性差的材料如高合金钢，在锻造或热处理时，加热和冷却速度过快会引起零件表面与内部大的温差，产生不同的膨胀，形成过大的热应力，引起材料发生变形或开裂。

6. 导电性

材料的导电性一般用电阻率来表征。通常金属的电阻率随着温度升高而增加，非金属材料则与此相反。金属一般具有良好的导电性。导电性与导热性相似，是随合金成分的复杂化而降低的，因而纯金属的导电性总比合金要好。常用金属的电阻率见表1-1。高分子材料多为绝缘体，但有的高分子复合材料也有良好的导电性。陶瓷材料虽然也是良好的绝缘体，但某些特殊成分的陶瓷却是有一定导电性的半导体。

二、材料的化学性能

化学性能是指材料在室温或高温时抵抗各种介质化学侵蚀的能力，如耐酸性、耐碱性、抗氧化性等。对于在腐蚀性介质或高温下使用的零件，比在大气和常温下腐蚀更强烈，所以在设计这一类零件时应特别考虑材料的化学性能，一般应采用化学稳定性良好的合金材料，如火电、核电设备可采用耐热钢；医疗仪器、化工设备可应用不锈钢。

通常将材料因化学侵蚀而损坏的现象称为腐蚀，非金属材料的耐蚀性远高于金属材料。金属的腐蚀既容易造成一些隐蔽性和突发性的严重事故，也损失了大量的金属材料。据有关资料介绍，全世界每年由于腐蚀而报废的材料约相当于全年金属产量的1/4～1/3，所以对材料耐蚀性的研究也越来越得到重视。

三、材料的工艺性能

工艺性能是指材料在冷热成形加工时的难易程度，是其物理性能、化学性能和力学性能在加工过程的综合反映。它是决定材料能否进行加工或如何进行加工的重要因素。工艺性能按加工方法的不同可分为铸造性能、塑性加工性能、焊接性能、热处理性能及切削加工性能等。材料工艺性能的好坏，会直接影响制造零件的工艺方法、质量及其制造成本。

（1）铸造性能　指金属熔化后，注入铸型制成铸件的难易程度；它包括金属液体的流动性和收缩性。

（2）塑性加工性能　指金属材料在塑性加工过程中承受压力加工而具有的塑性变形能力。

（3）焊接性能　指材料是否易于焊接在一起并保证焊缝质量的性能。

（4）切削加工性能　表示对材料进行切削的难易程度，可用切削抗力的大小、加工表面质量、排屑的难易程度、切削刀具的寿命等指标来衡量。

（5）热处理工艺性能　指通过材料的加热、冷却产生相变使材料强化的能力，指标有淬硬性、淬透性、淬火变形与淬裂、表面氧化与脱碳、过热与过烧、耐回火性与脆性等。

在设计零件和选择工艺方法时，都要考虑材料的工艺性能。例如低碳钢的焊接性能和塑性加工性能优良；高碳钢的焊接和切削加工性能都不好；铸铁的铸造性能和切削加工性能优良，塑性加工性能和焊接性能差，所以铸铁大量使用铸件，而不进行焊接和塑性成形。

复习思考题

1. 说明下列力学性能指标的名称、意义和单位：R_m、R_e、R_p、A、Z、A_{kV}、HBW、HRC、HV。
2. 绘出低碳钢退火 R-e 曲线，指出曲线上各点的含义及试样的变化情况。

3. 说明布氏硬度、洛氏硬度、维氏硬度的测定方法、各自的优缺点和适用场合。
4. 甲、乙、丙三种材料的硬度分别为600HBW、800HV和50HRC，试比较其硬度的高低。
5. 疲劳破坏是如何形成的？提高零件疲劳极限的方法有哪些？
6. 何为冲击韧度？说明冲击韧度的符号和单位。
7. 金属材料主要具有哪些物理性能、化学性能和工艺性能？
8. 设计刚度好的零件应用何种指标选材？采用何种材料为宜？
9. 试分析下列几种说法是否正确？为什么？
1）材料的 E 值越大，塑性越差。
2）脆性材料拉伸时不产生缩颈现象。
3）布氏硬度适合于测试成品材料的硬度，维氏硬度可测试整体材料的硬度。
4）弹塑性材料零件可用屈服强度作为设计指标，脆性材料应用抗拉强度作为设计指标。

第二章 金属的晶体结构

第一节 晶体结构的基本概念

金属材料结构是指组成金属材料的原子（或离子、分子）的聚集状态，可分为三个层次，一是组成金属材料的单个原子结构和彼此结合的方式，二是原子的空间排列，三是宏观与微观组织。金属材料的结构决定了材料的性能，研究金属材料的结构，将有助于了解材料的性能。

在固体状态下，金属表现出与非金属不同的物理特性，即金属具有良好的导电性、导热性和可锻性。对金属原子来说，最外层电子与原子核距离较远，受原子核的吸引力较弱，容易脱离最外电子层轨道在金属内部作自由运动，形成电子云。原子丢失最外层电子后，电荷失去平衡变成正离子。电子云中的电子不属于某个原子所有，而是整个金属中的正离子所共有。金属原子就是依靠自由电子与正离子之间的吸引力结合在一起，金属原子的这种结合方式称为金属键。

由金属原子的结合方式，能够说明金属的物理特性。例如，导电性是通过电子的定向运动产生，只要金属两端存在很小的电位差，就能形成电流；导热性是借助于原子振动能的传递产生，金属的某一部分受热获得能量，借助于自由电子的运动就能迅速地将能量传到邻近的正离子，直至整个金属块；可锻性是金属在外力作用下，通过物体内部原子层相对移动引起，在金属中自由电子的运动，使相对移动后的正离子层仍然被自由电子联系在一起，因而金属能锻打成形、轧制成片、拉拔成丝。

第二节 金属中常见的晶体结构

一、晶体与非晶体

自然界的固态物质，根据其结构特征，即原子或分子排列特征，可分为晶体和非晶体两大类。晶体是指原子呈规则排列的物体，反之，原子排列不规则的物体称为非晶体。晶体是固体中数量最大的一类，只有少数固态物质是非晶体，例如普通玻璃、松香、石蜡等。固态金属一般为晶体，大多数固态的无机物也都是晶体，例如食盐、单晶硅等。

晶体与非晶体相比具有一系列的晶体特性，例如晶体往往具有规则的外形，像食盐结晶后呈立方体形，明矾 $KAl(SO_4)_2—12H_2O$ 结晶成八面体形。晶体具有固定熔点（如铁为1538℃）和凝固点，在一定压力下，给一种晶体加热到一定温度，晶体开始熔化，继续加热，晶体继续不断地熔化直至全部为液态。非晶体没有一定的几何外形，也没有固定的熔点，它是在一个温度范围内熔化。晶体在性能上表现为各向异性，许多性质是随晶体位向而变化。非晶体在各个方向上的原子聚集密度大致相同，表现出各向同性。例如，将固态玻璃加热时，会慢慢变软，逐渐成为具有一定黏性的流体，其性能是各向同性的。

上述晶体和非晶体的差异起源于其本质上的区别，即组成的粒子（原子、离子、分子、原子集团）在三维空间的分布状态不同。组成晶体的各种粒子在空间呈有规律的周期性重复排列，而非晶体内部的粒子排列则是无规律的，或者说不具备长程有序的排列，这一点和液态金属原子排列状态相同，所以非晶体又称为过冷液体。

在一定条件下，晶体和非晶体可以互相转化。晶态比非晶态稳定，非晶态处于热力学亚稳定状态，因此非晶态可自发转变为晶态。例如，玻璃经高温长时间加热能变成晶态玻璃，光学显微镜的镜头玻璃使用时间久了，受潮后会产生一些擦不掉的霉斑，这些霉斑实际上就是玻璃局部向晶态转化而成的"小雏晶"，通常是晶态的金属，如从液态急冷（冷速 > 10^6K/s）也可获得非晶态金属，这个过程称为玻璃化。非晶态金属与晶态金属相比，具有高的强度、韧性等一系列突出性能，已得到材料科学工作者的重视并获得了应用。

在晶体中，如果某一小区域内原子排列的规律相同、位向一致，则称该小区域为一个晶粒。一块晶体仅由一个晶粒组成的是单晶体，由多个晶粒组成则为多晶体。

二、晶格与晶胞

构成晶体的原子（离子或分子）在空间规则排列的方式称为晶体结构。为研究晶体中原子排列的规律性，可以把原子看作是一个个固定的刚性小球，得到图 2-1a 所示的原子排列模型。这种模型虽然直观但不便于分析晶体中各原子的空间位置。为了方便研究，进一步将原子抽象成为平衡中心位置的纯粹几何点，称为结点。用一些假想的空间直线把这些点连接起来，构成空间格架，称为晶格或点阵，如图 2-1b 所示。在晶体中，由一系列原子所组成的平面称为晶面，原子在空间排列的方向称为晶向。

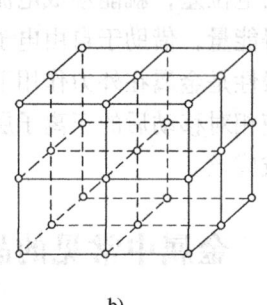
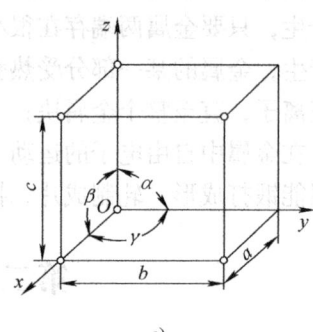

a)　　　　　　　　　　　　b)　　　　　　　　　　　c)

图 2-1　晶体结构示意图

a）原子排列模型　b）晶格　c）晶胞

由于晶体中原子作周期性的规则排列，因此，可从晶格中选取一个能够完全反映晶格特征的最小几何单元来分析晶体中原子排列的规律，这个最小的几何单元称为晶胞，如图 2-1c 所示。晶格的大小和形状等几何特征以晶胞的棱边长度 a、b、c 及棱间夹角 α、β、γ 等参数来描述，其中晶胞的棱边长度 a、b、c 称为晶格常数，金属的晶格常数大多为 0.1~0.7nm。按照以上 6 个参数组合的可能方式或根据晶胞自身的对称性，可将晶体结构分为 7 大晶系，其中立方晶系较为重要（$a = b = c$，$\alpha = \beta = \gamma = 90°$）。各种晶体由于其晶格类型不同而呈现不同的物理、化学性能和力学性能。

三、常见晶体结构

金属原子依靠正离子与电子云之间牢固的结合力而结合，金属晶体大多具有最紧密排列的趋向，使得金属原子在空间排列的形式大为减少，只有少数几种高对称性的晶格形式。非金属晶体一般具有比较复杂的晶格，对称性较低。通常金属晶体都属于以下三种密排的晶格类型。

1. 体心立方

体心立方晶格由 8 个原子构成立方体（$a = b = c$，$\alpha = \beta = \gamma = 90°$），中心含有 1 个原子（称为体心原子），如图 2-2 所示。属于这一类型的金属有钒（V）、铬（Cr）、钨（W）、铅（Pb）、α-Fe 和 δ-Fe 等。

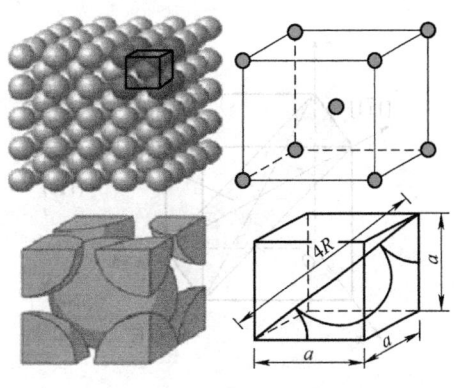

图 2-2 体心立方晶胞

(1) 原子半径　在体心立方晶胞中，原子沿立方体对角线紧密地接触着，如图 2-2 所示，设晶胞的点阵常数（或晶格常数）为 a，则立方体对角线长度为 $\sqrt{3}a$，等于 4 个原子半径，所以体心立方晶胞中的原子半径 $r = \sqrt{3}a/4$。

(2) 晶胞中的原子数　晶胞原子数是指 1 个晶胞内所包含的原子数目。由于晶格是由大量晶胞堆垛而成，所以晶胞每个角上的原子在空间同时属于 8 个相邻的晶胞，这样只有 1/8 个原子属于这个晶胞，晶胞中心的原子完全属于这个晶胞。故体心立方晶格中的原子数为 2 个，即

$$n = 8 \times \frac{1}{8} + 1 = 2 \tag{2-1}$$

(3) 配位数　配位数是指晶体结构中与任一个原子最近邻、等距离的原子数目。显然，配位数越大，晶体中的原子排列越紧密。在体心立方晶格中，以立方体中心的原子来看，与其最近邻、等距离的原子数有 8 个，所以体心立方晶格的配位数为 8。

(4) 致密度　致密度是表示金属晶体中原子排列的紧密程度的参数，用晶胞中原子本身所占有的体积分数来表示。即

$$K = \frac{nv}{V} \tag{2-2}$$

式中　n——一个晶胞实际包含的原子数；
　　　v——一个原子的体积；
　　　V——一个晶胞的体积。

$$K = \frac{nv}{V} = \frac{2 \times \frac{4}{3}\pi \times r^3}{a^3} = \frac{2 \times \frac{4}{3}\pi \times (\sqrt{3}a/4)^3}{a^3} \approx 0.68$$

对于体心立方晶格其致密度为 0.68，说明晶胞中原子占据了 68% 的体积，其余 32% 的体积为间隙。

(5) 原子密排面和密排方向　单位面积晶面上的原子数称为晶面原子密度。单位长度晶向上的原子数称为晶向原子密度。原子密度最大的晶面或晶向称为密排面或密排方向。体心立方原子的密排面和密排方向如图 2-3 所示。

2. 面心立方

面心立方由 8 个原子构成立方体，立方体每个面的中心含有 1 个原子（称为面心原子），如图 2-4 所示。属于这一类型的金属有 γ-Fe、铜（Cu）、镍（Ni）、铝（Al）、

银（Ag）等。

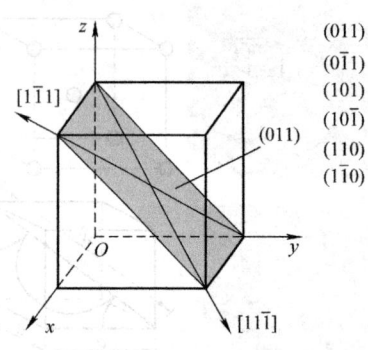

(011)
(0$\bar{1}$1)
(101)
(10$\bar{1}$)
(110)
(1$\bar{1}$0)

图 2-3 体心立方晶格的原子密排面
和密排方向示意图

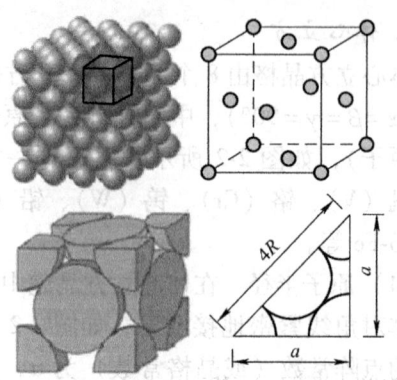

图 2-4 面心立方晶胞

(1) 原子半径 在面心立方晶胞中，只有沿着晶胞 6 个面的对角线方向的原子才是互相接触的。设晶胞的点阵常数（或晶格常数）为 a，则面对角线的长度为 $\sqrt{2}a$，与 4 个原子半径长度相等，所以面心立方晶胞中的原子半径 $r = \sqrt{2}a/4$。

(2) 晶胞中的原子数 晶胞原子数是指 1 个晶胞内所包含的原子数目。晶格是由大量晶胞堆垛而成的，晶胞每个角上的原子在空间同时属于 8 个相邻的晶胞，这样只有 1/8 个原子属于这个晶胞，6 个面中心的原子同时为相邻两个晶胞共有，每个晶胞分到面心原子的一半，故面心立方晶格中的原子数为 4 个，即

$$n = 8 \times \frac{1}{8} + 6 \times \frac{1}{2} = 4$$

(3) 配位数 从面心立方体中心的原子来看，与其最近邻、等距离的原子数有 12 个，所以面心立方晶格的配位数为 12，如图 2-5 所示。

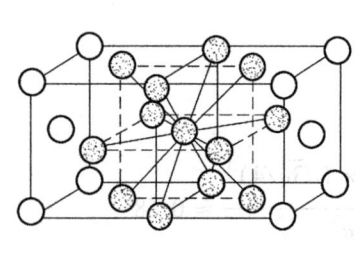

图 2-5 面心立方晶格的配位数

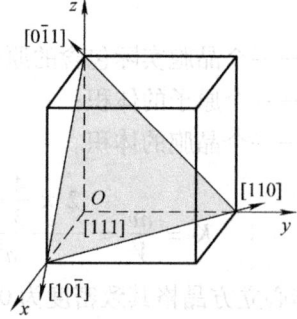

图 2-6 面心立方晶格的原子密排面
和密排方向示意图

(4) 致密度 和体心立方晶格致密度计算方法一样，代入面心立方的晶格点阵数据

$$K = \frac{nv}{V} = \frac{2 \times \frac{4}{3}\pi \times r^3}{a^3} = \frac{4 \times \frac{4}{3}\pi \times (\sqrt{2}a/4)^3}{a^3} \approx 0.74$$

得到致密度为 $K = 0.74$，即面心立方晶格中有 74% 的体积被原子所占据，其余 26% 为间隙

体积。

(5) 原子密排面和密排方向　面心立方晶格的原子密排面为 (111)，密排方向为 (110)，如图 2-6 所示。

3. 密排六方

密排六方的晶胞如图 2-7 所示。在晶胞的 12 个角上各有 6 个原子，构成六方柱体，上底面和下底面的中心各有 1 个原子，晶胞内还有 3 个原子。具有密排六方晶格的金属有锌 (Zn)、镁 (Mg)、铍 (Be)、钛 (α-Ti)、镉 (Cd)、钴 (α-Co) 等。

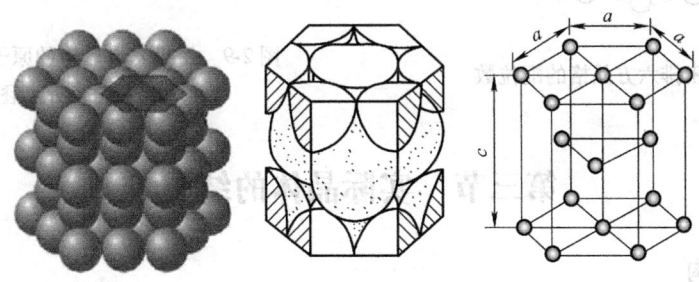

图 2-7　密排六方的晶胞

(1) 原子半径　密排六方晶格的点阵常数有 2 个：一个是正六边形的边长 a，另一个是上、下两底面之间的距离 c。c 与 a 之比 c/a 称为轴比。密排六方晶格金属的原子半径为 $a/2$，轴比 c/a 为 1.633。但是，实际的密排六方晶格金属，其轴比或大或小地偏离此值，多数在 1.57~1.64 之间波动。

(2) 晶胞中的原子数　晶胞中的原子数可参照图 2-7 计算，六方柱每个角上的原子均属 6 个晶胞所共有，上、下底面中心的原子同时为两个晶胞所共有，再加上晶胞内的 3 个原子，故晶胞中的原子数为

$$n = \frac{1}{6} \times 12 + \frac{1}{2} \times 2 + 3 = 6$$

(3) 配位数　在典型的密排六方晶格中，原子刚球十分紧密地堆垛排列。如晶胞上底面中心的原子，它不仅与周围 6 个角上的原子相接触，而且与其下面的 3 个位于晶胞之内的原子以及与其上相邻晶胞内的 3 个原子相接触，如图 2-8 所示，故配位数为 12。

(4) 致密度　按下式计算可得

$$K = \frac{nv}{V} = \frac{6 \times \frac{4}{3}\pi \times r^3}{\frac{3\sqrt{3}}{2}a^2 \times \sqrt{\frac{8}{3}}a} = \frac{6 \times \frac{4}{3}\pi \times (a/2)^3}{3\sqrt{2}a^3} \approx 0.74$$

密排六方晶格的配位数和致密度均与面心立方晶格相同，说明这两种晶格晶胞中原子的紧密排列程度相同。

(5) 原子密排面和密排方向　密排六方原子的密排面和密排方向如图 2-9 所示。

以上三种晶格的原子排列不同，它们的性能也不同。一般来讲，体心立方结构的材料，其强度高而塑性相对低一些；面心立方结构的材料，其强度低而塑性好；密排六方结构的材料，其强度与塑性均低。

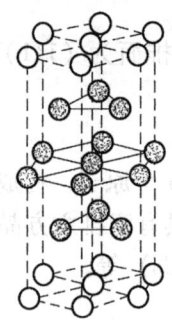
图 2-8 密排六方晶格的配位数

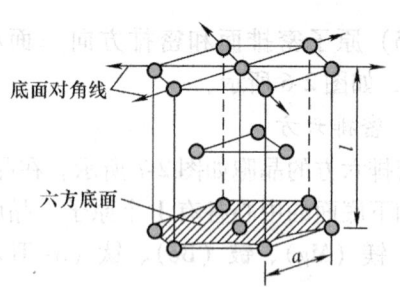
图 2-9 密排六方晶格的原子，密排面和密排方向示意图

第三节　实际晶体的结构

一、晶体结构

1. 单晶体

单晶体是指晶格位向（或方位）一致的晶体，如图 2-10 所示。

所谓的位向（方位）一致，是指晶体中原子（离子或分子）按一定几何形状作周期性排列的规律没有破坏，晶体中实际晶面与晶向的位置和方向保持与晶体作假想的周期性延伸时的晶面与晶向一致，如天然钻石就是典型的单晶体。晶体中各晶面和各晶向上的原子排列的密度不同，同一晶体的不同晶面和晶向上的各种性能不同，即性能显示为各向异性。例如体心立方晶格的 α-Fe，在不同晶向上的原子密度不同，在不同晶向上原子之间的结合力不同，因而其弹性模量 E 也不相同。在 α-Fe 晶胞的对角线方向上弹性模量 E 为 $2.9 \times 10^5 \text{N/mm}^2$，在其晶胞的棱边方向上 E 为 $1.35 \times 10^5 \text{N/mm}^2$，两者相差一倍多。又如，单晶体铜在不同方向作拉伸试验时，抗拉强度 R_m 和伸长率 A 可以在 140~350MPa 和 10%~50% 的范围内变化。实际生产中用的硅单晶，具有基本完整的点阵结构，不同的方向具有不同的性质，是一种良好的半导体材料，纯度要求很高，用于制造半导体器件、太阳能电池等。

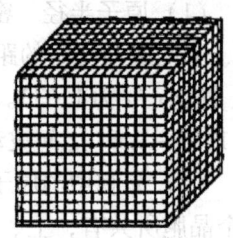
图 2-10 单晶体与多晶体示意图

2. 多晶体结构

工程上实际应用的金属材料一般为多晶体材料。多晶体是指一块金属材料中包含着许多小晶体，每个小晶体内的晶格位向是一致的，而各小晶体之间彼此方位不同。这种由许多小晶体组成的晶体结构称为多晶体结构，如图 2-11 所示。多晶体中每个外形不规则的小晶体称为晶粒，晶粒与晶粒间的界面就是晶界。一般晶粒尺寸都很小，如钢铁材料的晶粒尺寸一般为 $10^{-3} \sim 10^{-1}$ mm，必须通过显微镜放大几十倍乃至几百倍以上才能观察到。

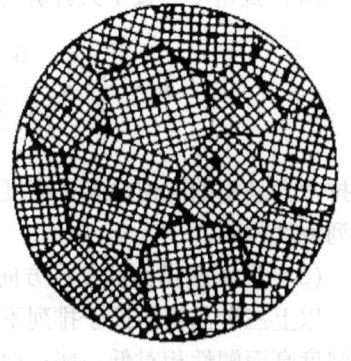
图 2-11 多晶体结构示意图

工业生产用金属材料通常见不到这种各向异性的特性，这是因为实际金属材料属于多晶体。从金属整体来说，各晶粒的晶面取向是任意的、紊乱的，这样，单晶体的各向异性在多晶体的不同方向上彼此抵消，而显示多晶体的各向同性。例如，多晶体铁的弹性模量 E 值在不同方向大致为对角线方向上弹性模量 E 和棱边方向上弹性模量 E 的平均值，约为210000MPa；又如经退火后的多晶体铜沿各方向的性能也相同，其抗拉强度为220MPa，伸长率为50%。

如果对金属多晶体进行单向加工变形（冷轧、冷拔），强制各晶粒的某一晶面取向一致，这时多晶体仍能显示出各向异性。这就是工业中对某些用材要求某些晶面有规定的取向，以充分发挥其使用性能的缘由。例如，电磁性能作单向变化的变压器铁心——硅钢片。

多晶体金属的每个晶粒实际上是由许多尺寸约为 10^{-5}~10^{-3}mm 的细晶块组成，这些细晶块称为亚晶，如图 2-12 所示。在每个亚晶界内部，晶面取向一致，近似理想晶体。但是各亚晶界之间晶面的取向稍有偏差，一般只有几分到几度，很少超过 10°~20°。亚晶界一般是由于液体金属掺入

图 2-12 晶体内部亚晶界示意图

杂质，结晶时金属体积收缩，以及晶体生长时受机械力的作用而形成。通过冷变形还可以使亚晶粒进一步细化。由于各亚晶界之间的位向略有差别，在亚晶界边界上原子排列不规则，晶格发生畸变。通过试验已经证实，亚晶界边界是由许多位错列队组成的。

二、晶体缺陷

在实际应用的金属材料中，原子的排列不可能像理想晶体那样规则和完整，总是存在一些原子偏离规则排列的区域，这些原子偏离规则排列的区域称为晶体缺陷。尽管偏离其规定位置的原子数目较少，但晶体缺陷对金属的许多性能仍有重要的影响，因此研究晶体缺陷有着重要的实际意义。根据晶体缺陷的几何特征，可分为点缺陷、线缺陷和面缺陷三类。

1. 点缺陷

点缺陷是指晶体在三维方向上尺寸很小（原子尺寸范围内）的缺陷。常见的点缺陷有晶格空位、间隙原子和置换原子。

晶格空位是指在正常的晶格结点上出现的空位，如图 2-13a 所示。间隙原子是指个别晶格空隙之间存在的多余原子，以原子半径很小的杂质间隙原子为主，如钢中的 H、N、C 等，如图 2-13b 所示。置换原子是指晶格结点上的原子被异类原子所取代，如图 2-13c 和图 2-13d 所示。不论出现空位或间隙原子，在它们周围原子之间的作用力就失去平衡。空位周围的原子使晶格有紧缩的趋势，而间隙原子周围的原子使晶格有胀开的趋势。在晶体中对正常晶格的外形或轮廓任何的偏离，称为晶格畸变。空位或间隙原子周围的晶体结构都产生晶格畸变。此外，点缺陷都不是固定不动的，而是在晶体内部移动，或者消失后产生新的空位或间隙原子。

晶格空位和间隙原子的运动和变化是金属扩散的主要方式之一，对于热处理特别是化学热处理过程极为重要。空位不仅可以从液体凝固过程中产生，在固态下加热、加工变形以及用高速粒子轰击都能产生。间隙原子也可以通过剧烈的加工变形和辐射产生。

点缺陷的出现，使原子间作用力的平衡被破坏，促使缺陷周围的原子发生靠拢或撑开，

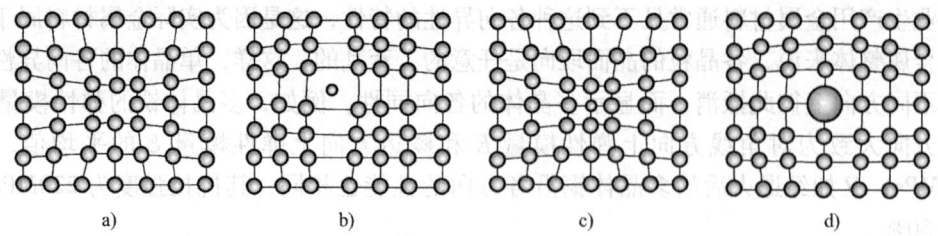

图 2-13 点缺陷

a) 晶格空位 b) 间隙原子 c) 小置换原子 d) 大置换原子

即产生了晶格畸变，从而引起金属强度、硬度以及电阻的增大。

2. 线缺陷

线缺陷是指晶体在二维方向的尺寸很小、在一维方向的尺寸相对很大的呈线性分布的晶体缺陷。线缺陷主要是指各种类型的位错，即在晶体中有一列或若干列原子，发生有规律的错排现象。刃型位错和螺旋位错是较常见的类型。

（1）刃型位错　刃型位错的特征是晶体中有一原子面在晶体内部中断，犹如用一把锋利的钢刀将晶体上半部分切开，沿切口硬插入一额外半原子面一样，刃口处的原子列即为刃型位错，如图 2-14 所示。刃型位错周围存在着弹性畸变，在多余的半原子面上侧，原子受压，在另一侧，原子受拉。离位错线越远，畸变越小。刃型位错有正负之分，若额外半原子面位于晶体的上半部，则此处的位错线称为正刃型位错，反之，额外半原子面位于晶体的下半部，则称为负刃型位错。

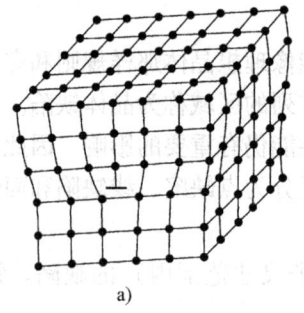 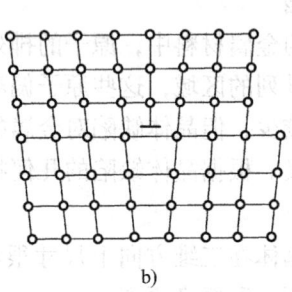

图 2-14　刃型位错

a) 立体示意　b) 平面示意

（2）螺旋位错　螺旋位错如图 2-15a、b 所示，假设在立方晶体右端施加一切应力，使右端上下两部分沿滑移面 ABCD 发生一个原子间距的相对切变，于是就出现了已滑移面和未滑移面的边界 BC，BC 就是螺旋位错线。从滑移面上下相邻两层晶面上原子排列的情况可以看出（图 2-15c aa'），在 aa' 的右侧，晶体的上下两部分相对错动了一个原子间距，但在 aa' 和 BC 之间，则发现上下两层相邻原子发生了错排和对不齐的现象，这一地带称为过渡地带，此过渡地带的原子被扭曲成了螺旋型。如果从 a 开始按顺时针方向依次连接此过渡地带的各原子，每旋转一周，原子面就沿滑移方向前进一个原子间距，犹如一个螺纹，如图 2-15d 所示。由于位错线附近的原子是按螺旋型排列的，所以这种位错称为螺旋位错。根据位错线附近呈螺旋型排列的原子的旋转方向不同，螺旋位错可分为左螺旋位错和右螺旋位错两种。通常用拇指代表螺旋的前进方向，而其余四指代表螺旋的旋转方向。凡符合右手法则的称为右螺旋位错，符合左手法则的称为左螺旋位错。

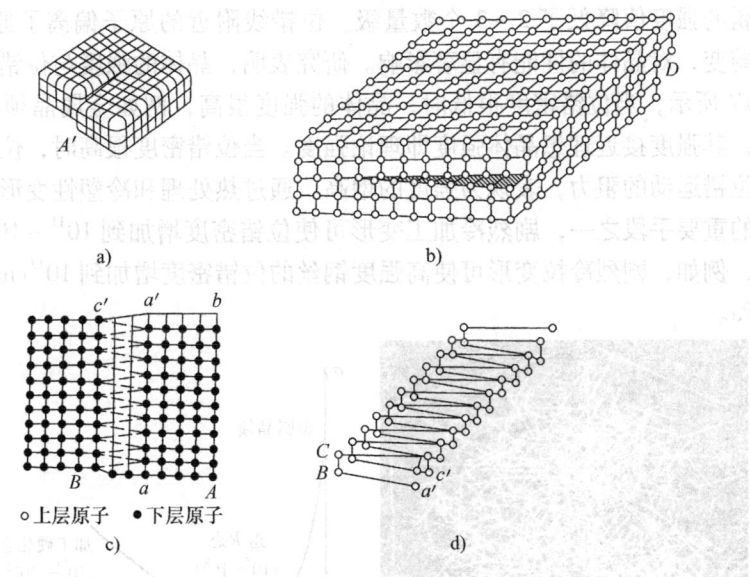

图 2-15 螺旋位错示意图
a) 螺旋位错原子堆积模型　b) 局部区域切变产生的螺旋位错（立体图）
c) 螺旋位错的结构（顶视图）　d) 螺旋位错原子排列模型

螺旋位错与刃型位错不同，它没有额外的半原子面。在点阵畸变的细长管道中，只存在切应变，无正应变，且位错线周围的弹性应力场呈轴对称分布。此外，从螺旋位错的模型中还可以看出，螺旋位错线与晶体滑移方向平行，但位错线前进方向与刃型位错相同，即与位错线相垂直。

通常把单位体积中包含的位错线总长度称为位错密度 ρ（单位 cm/cm^3）。图 2-16 所示为高倍电子显微镜下的位错图。在经过充分退火的多晶体金属中，位错密度为 $10^6 \sim 10^7 cm^{-2}$，超纯单晶体金属的位错密度很低（$< 10^3 cm^{-2}$），经剧烈冷变形的金属，位错密度可增至 $10^{12} \sim 10^{13} cm^{-2}$。

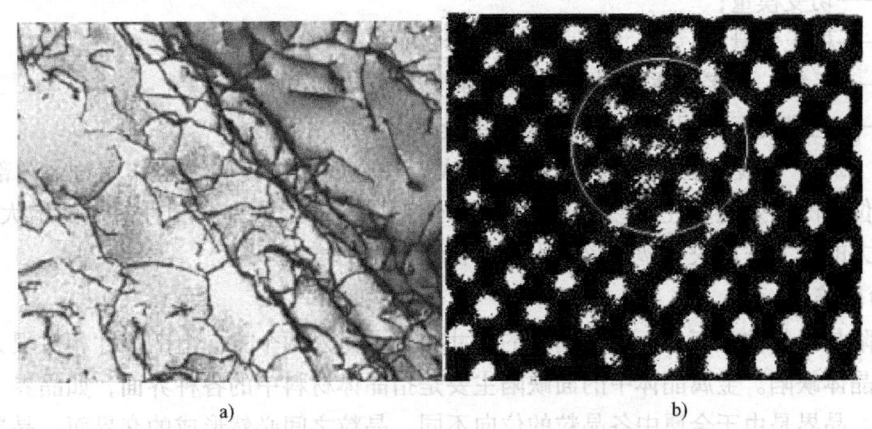

图 2-16 电子显微镜下的位错图
a) 透射电子显微镜下钛合金中的位错线（黑线）　b) 高分辨率电子显微镜下的刃型位错（白点为原子）

位错的存在，对金属材料的力学性能、扩散及相变等过程有着重要的影响。如果金属中不含位错，那么这种理想金属晶体具有很高的强度。正是因为实际金属晶体中存在位错等晶体缺陷，金属的强度值降低了 $2\sim3$ 个数量级。位错线附近的原子偏离了原来的平衡位置，使晶格发生畸变，对晶体的性能有显著影响。研究表明，晶体的强度与位错密度存在对应关系，如图 2-17 所示，当位错密度很低时，晶体的强度很高，例如金属晶须，其原子排列接近理想晶体，其强度接近理想晶体强度即理论强度。当位错密度很高时，位错间的弹性交互作用可造成位错运动的阻力，表现为强度的增高。通过热处理和冷塑性变形以提高位错密度是钢材强化的重要手段之一，剧烈冷加工变形可使位错密度增加到 $10^{11}\sim10^{12}\mathrm{cm}^{-2}$，晶体的强度将提高，例如，剧烈冷拉变形可使高强度钢丝的位错密度增加到 $10^{13}\mathrm{cm}^{-2}$，其抗拉强度可达 3000MPa。

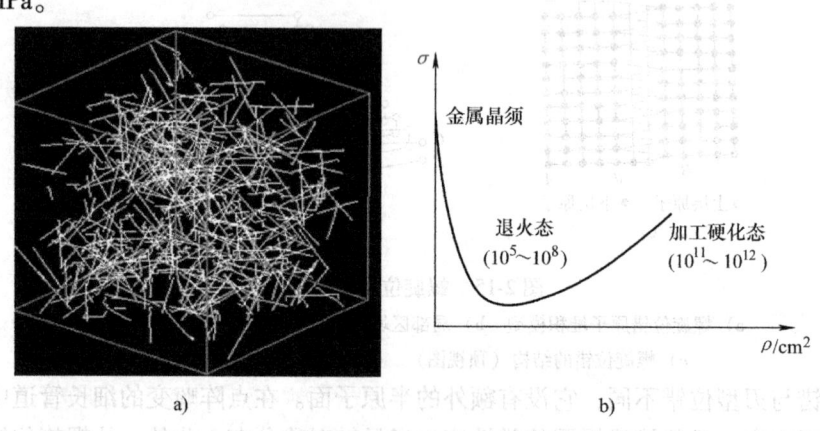

图 2-17　金属的屈服强度与位错密度的关系
a) 位错密度　b) 屈服强度和位错密度关系

当晶体中的位错分布较均匀时，切应力 τ 和位错密度间存在培莱—赫许（Bailey, J. E-Hirsch, P. B）关系式

$$\tau = \tau_0 + aGb\sqrt{\rho} \tag{2-3}$$

式中　ρ——位错密度；

G——切变模量；

b——柏氏矢量；

a——系数，对多晶体铁素体，$a=0.4$；

τ_0——位错交互作用以外的因素对位错运动所造成的阻力。

由式（2-3）可见，当 ρ 增高时，τ 也增大。在金属晶体受到外力作用时，内部增殖大量位错。位错的增殖是塑性变形造成的，所以流变应力的增大率与塑性应变的增大率有关，即流变应力的增大率取决于塑性形变引起的位错密度的增大率。

3. 面缺陷

面缺陷是指晶体中存在一个方向上的尺寸很小，另外两个方向上的尺寸相对很大，呈面状分布的晶体缺陷。金属晶体中的面缺陷主要是指晶体材料中的各种界面，如晶界、亚晶界和相界等。晶界是由于金属中各晶粒的位向不同，晶粒之间必然形成的交界面。晶界处原子排列不规则，点阵畸变较大。亚晶界是亚晶的交界。晶粒之间的位向差较大，亚晶之间位向差较小，其结构可以看成是位错的规则排列或称为位错壁。如图 2-18 所示，多晶体的界面处由于各晶粒的取向各不相同，原子排列得很不规整，晶格畸变程度较大。金属多晶体中，各晶粒之间的位向差在 30°~40°，晶界层厚度一般在几个原子间距到几百个原子间距内变动。这是晶体中一种重要的缺陷。由于晶界上的原子偏离理想的晶体结构，脱离平衡位置，所以其能量比晶粒内部的高，从而具有一系列不同于晶粒内部的特性。例如，晶界比晶粒本身容易被腐蚀和氧化，熔点较低，原子沿晶界扩散快，在常温下晶界对金属的塑性变形起阻碍作用。由此可以看出，金属材料的晶粒越细，晶界越多，其常温强度越高。对于在较低温度下使用的金属材料，一般总是希望获得较细小的晶粒。

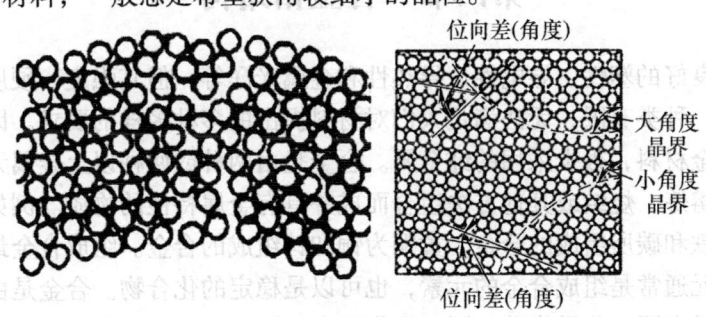

图 2-18　面缺陷晶界示意图

晶粒也不是完全理想的晶体，而是由许多位向相差很小的亚晶粒组成。亚晶粒之间的界面称为亚晶界，亚晶界实际上是由一系列刃型位错所构成，如图 2-19 所示。亚晶界上原子排列也不规则，易产生晶格畸变。与晶粒相似，细化亚晶粒也能显著提高金属的强度。

由上述可知，凡在晶体缺陷处及附近均有明显的点阵畸变，因而会引起晶格能量的提高，使金属的物理、化学、力学性能发生显著变化。如晶界和亚晶界越多，位错密度越大，金属的强度越高，这主要是由于多晶体金属的晶粒边界通常是大角度晶界，相邻不同取向的晶粒受力产生塑性变形时，晶粒内某些位错源先开动，并沿一定晶面产生滑移和增殖。滑移至晶界前的位

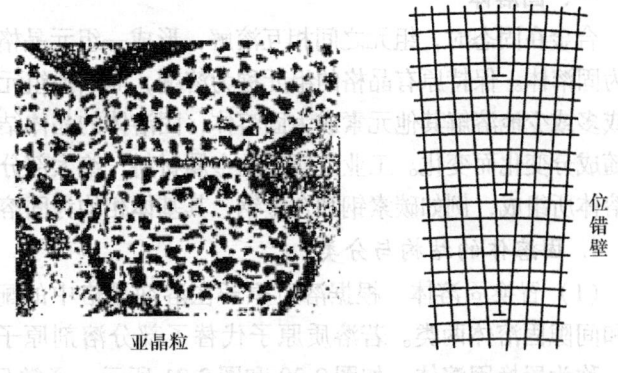

图 2-19　面缺陷亚晶界示意图

错被晶界阻挡。这样一个晶粒的塑性变形就无法直接传播到相邻的晶粒中去，且造成塑变晶粒内位错塞积。在外力作用下，晶界上的位错塞积产生一个应力场，可以作为激活相邻晶粒内位错源开动的驱动力。当应力场作用于位错源的作用力等于位错开动的临界应力时，相邻晶粒内的位错源开动、滑移与增殖，造成塑性变形。塞积位错应力场强度与塞积位错数目和外加切应力值有关，而塞积位错数目正比于晶粒尺寸，因此当金属材料的晶粒变细时，必须加大外加作用力，以激活相邻晶粒内位错源，这就意味着，细晶粒产生塑性变形要求更高的外加作用力，也就体现了细晶粒对金属材料强化的贡献。霍尔—佩奇（Hall. E. O-Petch. N. J.）公式说明了晶粒大小和材料强度的关系。在霍尔—佩奇公式 $\left(\sigma_s = \sigma + K_y \dfrac{1}{\sqrt{d}}\right)$ 中，d 为晶粒平均直径，K_y 值反映了位错被溶质原子特别是 C、N 等原子的钉扎程度和塑性

形变时可以参加滑移的滑移系数目，滑移系少则 K_y 值大。

应该指出，霍尔—佩奇公式适用的晶粒尺寸有一个界限，例如 0.3～400μm。因为 $d<0.3\mu m$ 的非常细小的晶粒内提供不出足够数量的位错，以构成足够强度的应力场，比 400μm 更为粗大的晶粒再多些塞积位错数目，对应力集中应力场强度的影响也不大。

第四节 合金相结构

纯金属具有良好的塑性、导电性、导热性和金属光泽等，但其强度、硬度、耐磨等性能较低，成本较高，种类有限，无法满足人们对材料提出的多种多样的要求。因此，在机械工程中大多采用合金材料，很少采用的纯金属。合金是由两种或两种以上金属元素或金属元素与非金属元素经熔炼、烧结或其他方法组合而成并具有金属特性的物质。例如，广泛应用的钢铁材料就是由铁和碳所组成的合金，黄铜为铜和锌组成的合金。组成合金最基本的独立物质称为组元，组元通常是组成合金的元素，也可以是稳定的化合物。合金是由相组成的，所谓相是指合金中具有同一化学成分、同一聚集状态、同一结构且以界面互相分开的各个均匀的组成部分。物质可以是单相的，也可以由多相组成。由数量、形态、大小和分布方式不同的各种相构成合金的组织。根据合金元素之间相互作用的不同，合金中的相结构可分成两大类：固溶体和金属化合物。

一、固溶体

合金在固态时，组元之间相互溶解，形成一组元晶格中包含有其他组元的新相，这种新相称为固溶体。保持原有晶格的组元称为溶剂，而其他组元称为溶质。几乎所有的金属都能在固态或多或少地溶解其他元素成为固溶体，固溶体的晶体结构类型与溶剂组元相同，固溶体的性能随成分变化而变化。工业上使用的金属材料，绝大部分是以固溶体为基体，有的甚至完全由固溶体所组成，例如碳素钢和合金钢，其基体相均为固溶体，含量占组织中的绝大部分。

1. 固溶体的结构与分类

（1）置换固溶体　根据溶质原子在溶剂晶格中的配置不同，固溶体可以分为置换固溶体和间隙固溶体两类。若溶质原子代替了部分溶剂原子而占据着溶剂晶格中的某些晶格位置，称为置换固溶体，如图 2-20 和图 2-21 所示。通常只有原子直径相差不大的元素（一般原子半径相差不超过 10%～12%）才有可能形成置换固溶体，钢中的 Mn、Cr、Ni、Si、Mo 等各种元素都能与 Fe 形成置换固溶体。

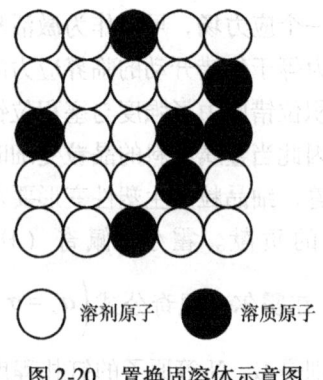

图 2-20　置换固溶体示意图

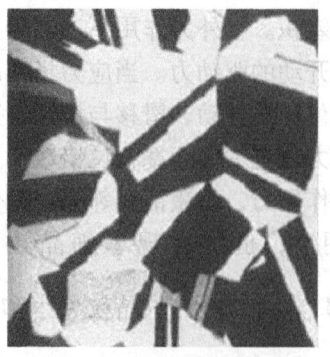

图 2-21　黄铜置换固溶体组织

在置换固溶体中，溶质原子的分布通常是无序的，这种固溶体称为无序固溶体。但在一定条件下，如某些固溶体在极缓慢冷却条件下，其中的组元原子将作有规律的排列，这种固溶体称为有序固溶体（或超结构），如图 2-22 所示。

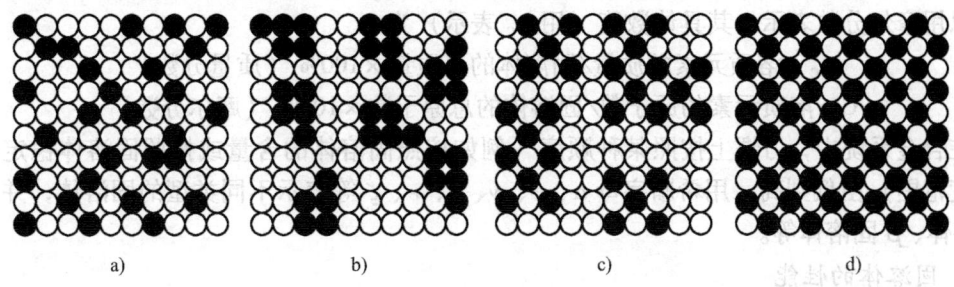

图 2-22　有序固溶体和无序固溶体
a) 完全无序　b) 偏聚　c) 部分有序　d) 完全有序

有序固溶体在加热到某一临界温度时，会转变为无序固溶体，而在缓慢冷却至这一温度时又变为有序固溶体，这个转变过程称为固溶体的有序变化。发生有序变化的临界温度称为固溶体的有序化温度。当固溶体中组成原子由无序排列转变为有序排列时，合金的某些物理性能（如比热容、电阻率等）和力学性能将发生变化，主要表现为硬度、脆性增加，而塑性、电阻率下降。

(2) 间隙固溶体　溶质原子分布在溶剂的晶格间隙时形成的固溶体称为间隙固溶体，如图 2-23 所示。只有一些原子半径小于 0.1nm 的非金属元素如 C、N 等作为溶质时，可形成间隙固溶体。在一定温度和压力的外界条件下，溶质在固溶体中的极限浓度称为溶解度。从溶解度来看，一般原子半径差别越小，晶格类型越相同，在周期表中的位置越靠近，溶解度越大。

(3) 有限固溶体和无限固溶体　根据溶质原子在溶剂中溶解度的大小，固溶体还可分为有限固溶体和无限固溶体，如图 2-24 所示。有限固溶体是指在一定条件下，溶质原子在溶剂中有一个溶解度极限的固溶体；无限固溶体是指溶质与溶剂可以任何比例

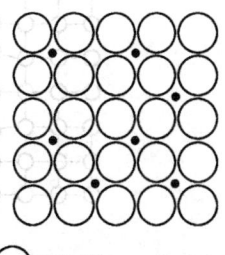

图 2-23　间隙固溶体示意图

相互溶解，即溶解度最大可达 100%。对于无限固溶体，很难区分溶质与溶剂，通常将摩尔分数大于 50% 的元素称为溶剂，小于 50% 的元素称为溶质。溶剂与溶质之间只有形成置换固溶体时才有可能形成无限固溶体，例如，Cu 和 Ni 的原子半径相差很小，都是面心立方晶

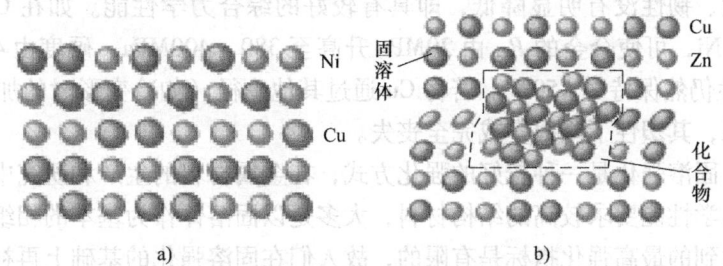

图 2-24　无限固溶体和有限固溶体
a) Cu-Ni 无限固溶体　b) Cu-Zn 有限固溶体

格，且处于同一周期相邻的元素，所以可形成无限固溶体。溶剂与溶质之间形成的间隙固溶体只能是有限固溶体。

溶质原子溶于固溶体中的量，称为固溶体的含量。固溶体的含量一般用质量分数表示，也可以用摩尔分数表示，其具体数值（用 w_C 表示）为

w_C = 溶质元素的质量/固溶体的总质量 ×100% （质量分数）

C = 溶质元素的原子数/固溶体的总原子数 ×100% （摩尔分数）

在合金系统中，习惯上按照某种顺序（例如按照固溶体的含量或按照固溶体稳定存在的温度范围）由低到高，用希腊字母 α、β、γ、δ、ε、ζ 等表示不同类型的固溶体，并称为 α 固溶体、β 固溶体等。

2. 固溶体的性能

溶质原子溶入溶剂晶格以后，由于溶质和溶剂的原子大小不同，固体中溶质原子附近的局部范围内必然造成晶格畸变，且晶格畸变随溶质原子浓度的增高而增大，溶质原子与溶剂原子的尺寸相差越大，所引起的晶格畸变也越严重，如图 2-25 所示。反映在性能上，当溶质元素含量极少时，固溶体的性能与溶剂元素基本相同。随着溶质含量的升高，固溶体的性能将发生改变，一般是强度、硬度升高，塑性、韧性有所下降，电阻率逐渐升高，导电性逐渐下降等。

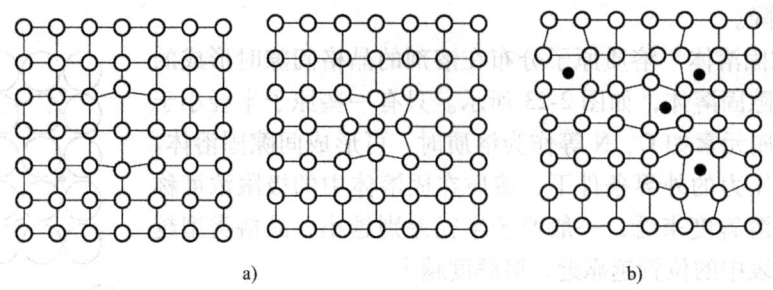

a)　　　　　　　　　　b)

图 2-25　溶质原子引起的晶格畸变
a) 置换固溶体　b) 间隙固溶体

外来原子（溶质原子）溶入基体中形成固溶体而使其强度、硬度升高的现象称为固溶强化。固溶强化的产生是由于溶质原子溶入后，引起晶格畸变，进而使位错移动的阻力增大的缘故。固溶强化是金属材料的一种重要的强化途径。南京长江大桥大量使用含 Mn 的低合金结构钢，原因之一就是由于 Mn 的固溶强化作用提高了其强度，从而节约了钢材，减轻了大桥结构的自重。固溶强化的特点是，固溶体中溶质含量适当时，可以显著提高材料的强度和硬度，而塑性、韧性没有明显降低，即具有较好的综合力学性能。如在 Cu 中加入 19%（质量分数）的 Ni，可使合金的 R_m 由 20MPa 升高至 380～400MPa，硬度由 44HBW 升高至 70HBW，而塑性仍然保持 Z =50%。若将 Cu 通过其他途径（如冷变形时的加工硬化）获得同样的强化效果，其塑性下降很多或完全丧失。

实践证明，固溶强化是一种较好的强化方式，在金属材料的生产和研究中得到了广泛的应用，对综合力学性能要求较高的结构材料，大多是以固溶体作为基本的相组成物的。单纯的固溶强化所达到的最高强化指标是有限的，故人们在固溶强化的基础上再补充其他强化处理。

二、金属化合物

金属化合物是合金组元之间发生相互作用而形成的一种新相，又称为中间相，其晶格类型和特性不同于其中任一组元，像碳素钢中的 Fe_3C（图2-26）、黄铜中的 $CuZn$（β相）、铝合金中的 $CuAl_2$，都属于金属化合物。这种化合物可以用分子式来表示，除了离子键和共价键外，金属键也在不同程度上参与作用，致使其具有一定程度的金属性质（例如导电性），因此称为金属化合物。

1. 金属化合物的特点

1）各类金属化合物的结合键各不相同，其结合键取决于组元元素之间的电负性差。电负性相近的元素，形成的金属化合物多以金属键为主，而电负性相差较大时，倾向于以离子键或共价键结合，一般都具有一定程度的金属性。中间相的化学键大多不是单一的，而是各种化学键的混合，只是组元性质不同时，各种化学键比例会有所不同。

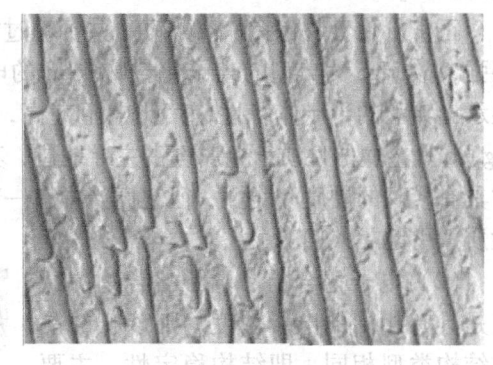

图2-26　碳素钢中的 Fe_3C

2）金属化合物通常按一定的原子比组成，可以用化学分子式来表示，但是除正常价化合物以外，大多数金属化合物的分子式不遵循化学价规则。

3）金属化合物具有不同于各组成元素的晶体结构，组元原子各占据一定的点阵位置，呈有序排列。但也有一些中间相的有序程度不很高，甚至在高温时无序而在较低温度时才转变为有序排列，如 Cu_3Au、$CuZn$ 等。

4）金属化合物的形成也受原子尺寸、电子浓度、电负性等因素的影响。例如，许多金属化合物是在原子尺寸有利的条件下形成的，如间隙相和间隙化合物等；而另一些金属化合物如电子化合物则决定于电子浓度；此外，组元间的电负性差将决定新相的键合性质：电负性相差较大的元素形成带有离子键成分的化合物，电负性相近的元素倾向于金属键结合。

2. 金属化合物的分类

金属化合物的类型很多，主要包括：遵从原子价规律的正常价化合物，电子浓度起控制作用的电子化合物，原子尺寸为主要控制因素的间隙相和间隙化合物等。

（1）正常价化合物　金属与化学元素周期表中一些电负性较强的 ⅣA、ⅤA、ⅥA族元素，按照化学上的原子价规律所形成的化合物，称为正常价化合物。它们的成分可以用分子式表达，如 Mg_2Si、Mg_2Sn、ZnS、$ZnSe$ 等，如图2-27所示。这些化合物的稳定性与组元间电负性差有关，电负性差越大，化合物越

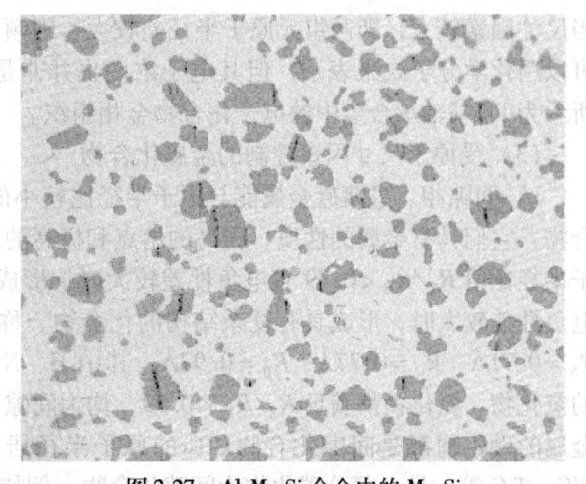

图2-27　Al-Mg-Si 合金中的 Mg_2Si

稳定，越趋于离子键结合。电负性差越小，化合物越不稳定，越趋于金属键结合。例如由 Pb 到 Si，与 Mg 的负电性差逐渐增大，所以 Mg_2Si 较稳定，熔点为 1102℃；Mg_2Sn 稳定性居中，熔点为 778℃；而 Mg_2Pb 熔点仅为 550℃，且显示典型的金属性质。正常价化合物一般有 AB、A_2B（或 AB_2）、A_3B_2 三种类型，因为其晶体结构往往对应于同类分子式的离子化合物的结构，AB 型为 NaCl 或 ZnS 结构，AB_2 型为 CaF_2 结构，A_2B 型为反 CaF_2 结构、A_3B_2 型为反 M_2O_3 结构（M 表示金属）。

正常价化合物包括从离子键、共价键过渡到金属键为主的一系列化合物。如 S 的电负性很强，故 MgS 为典型的离子化合物。Sn 的电负性比 S 弱，所以 Mg_2Sn 主要为共价键性质，显示出典型的半导体特性，其比电阻甚高，电导率随温度升高而增大。Pb 的电负性较弱，Mg_2Pb 呈金属的性质，金属键占主导地位，其电阻率仅为 Mg_2Sn 的 1/188。正常价化合物通常具有较高的硬度和脆性，但它们当中有一部分主要以共价键结合为主的化合物具有半导体性质，引起了人们的关注。

(2) 电子化合物 电子化合物的特点是具有相同的电子浓度，则该相的晶体结构类型相同。即结构稳定性，主要取决于电子浓度因素。例如：Cu-Zn 系合金在 Zn 超过 38.5%（原子）时出现的 β 相 CuZn，Cu-Al 系合金超过溶解度极限时出现的 β 相 Cu_3Al，以及 Cu-Sn 系的 β 相 Cu_5Zn，它们的电子浓度都等于 3/2，晶体结构都是体心立方。Cu-Zn 系合金在 Zn 更高时出现的 γ 相 Cu_5Zn_8，电子浓度为 21/13；Zn 含量再高时出现 ε 相 $CuZn_3$，电子浓度是 7/4。同样在

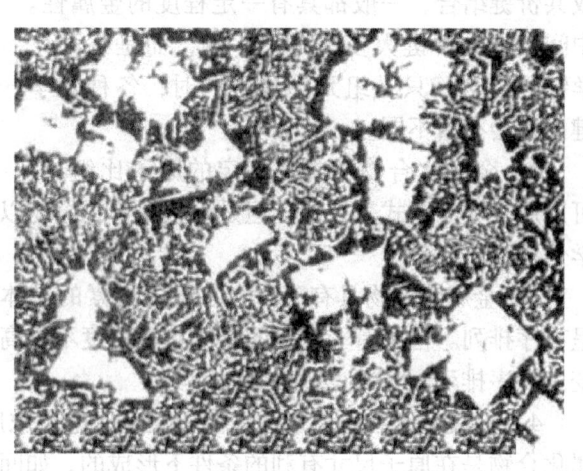

图 2-28 Pb 基轴承合金中的电子化合物金相组织

Cu-Al 和 Cu-Sn 系合金中也都有相应的中间相，其电子浓度也分别为 21/13 和 7/4，晶体结构也分别相同。决定电子化合物结构的主要因素是电子浓度，但它并非唯一的因素。其他因素，特别是尺寸因素 ΔR 接近于 0，即两组元原子半径相近，则倾向于形成密排六方结构；当尺寸因素较大，即两组元原子半径差较大，则倾向于形成体心立方结构。电子化合物虽然可以用化学分子式来表示，但其电子浓度也并非是确切的比值，也存在一个范围。图 2-28 所示为 Pb 基轴承合金中的电子化合物金相组织。

(3) 受原子尺寸因素控制的金属化合物

1) 间隙相。过渡族金属能与原子半径比较小的非金属元素 C、N、H、O、B 等形成化合物，它们具有金属的性质、很高的熔点和极高的硬度。当金属（M）与非金属（X）的原子半径比值 $R_X/R_M < 0.59$ 且电负性差较大时，形成的化合物为间隙相；当 $R_X/R_M > 0.59$ 且电负性差较大时，形成具有复杂结构的化合物，称为间隙化合物。我们知道，$R_H = 0.46$Å、$R_N = 0.71$Å、$R_C = 0.77$Å、$R_B = 0.97$Å，其中 H、N 原子半径比较小，因此所有过渡族金属的氢化物、氮化物都满足 $R_X/R_M < 0.59$，均为间隙相。B 的原子半径较大，因此所有过渡族金属的硼化物都是间隙化合物。C 的原子半径居中，一部分碳化物为间隙相，例如 VC、WC、TiC 等，另一部分碳化物为间隙化合物，例如 Fe_3C、$Cr_{23}C_6$、Fe_4W_2C 等。

间隙相具有极高的硬度和熔点，但很脆。许多间隙相具有明显的金属特性：金属的光泽、较高的导电性、正的电阻温度系数。间隙相的高硬度使其成为一些合金工具钢和硬质合金中的重要相。通过化学热处理的方法在工件表面形成薄层的间隙相，以达到表面强化的目的。如在钢基体上沉积 TiC，可以用来制造工具，也可用来制造太空中使用的轴承，因为这种轴承不能用润滑剂，TiC 的摩擦因数较小。TiN 还可用来作为手表表壳、眼镜框的表面装饰覆层，它具有与黄金相近的色泽，又具有很高的硬度。

2）间隙化合物。间隙化合物具有复杂的晶体结构，它的类型较多。一般在合金钢中，常出现的间隙化合物有 M_3C 型，如图 2-29 所示的 Fe_3C 的晶体结构，还有 M_7C_3 型（如 Cr_7C_3）、$M_{23}C_6$ 型（如 $Cr_{23}C_6$）、M_6C 型（如 Fe_3W_3C 和 Fe_4W_2C）等。式中 M 可表示一种元素，也可以表示有几种金属元素固溶在内。例如，在渗碳体 Fe_3C 中，一部分 Fe 原子若被 Mn 原子置换，则形成合金渗碳体 $(Fe, Mn)_3C$；而 $Cr_{23}C_6$ 中往往溶入 Fe、Mo、W 等元素，或写成 $(Cr, Fe, Mo, W)_{23}C_6$，如图 2-30 所示为 $M_{23}C_6$ 的晶体结构。图 2-31 所示为高温合金中的 $Cr_{23}C_6$ 金相图。

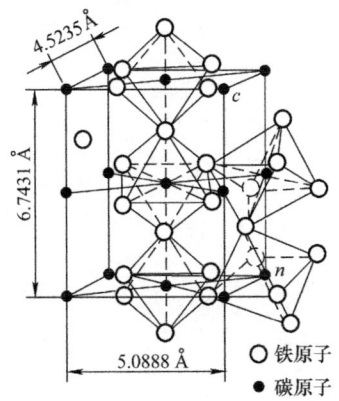

图 2-29　Fe_3C 的晶体结构

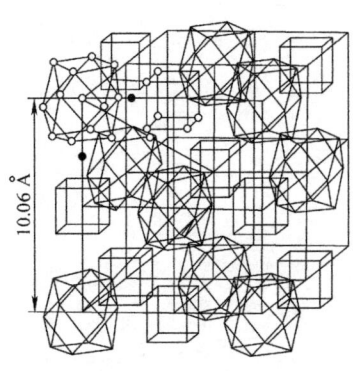

图 2-30　$M_{23}C_6$ 的晶体结构

3. 金属化合物的性能

金属化合物的主要特点是熔点高、硬而脆。当合金中出现金属化合物相时，合金的强度、硬度、耐磨性及耐热性提高（但塑性有所降低），因此目前在工业上广泛应用的结构材料和工具材料，金属化合物是不可缺少的重要组成相。

由于金属化合物太脆，所以不能单独构成合金，只能作为合金中的强化相，即在固溶体的基础上，形成或加入少量金属化合物，以强化合金。当金属化合物以细小的颗粒均匀分布在固溶体基体上时，合金的强度、硬度和耐磨性提高，同时又具有一定的塑性和韧性，这种强化方法称为弥散强化。

由上述可知，合金相的组成可分为两种类型，一种是全部由固溶体（单相或多相固溶体）组成，其强度不高，不能满足生产上多数使用性能的要求；另一种是由固溶体和少量金属化合物组成，是大多数合金的相组成方式。在这种相的组成下，可以通过调整固

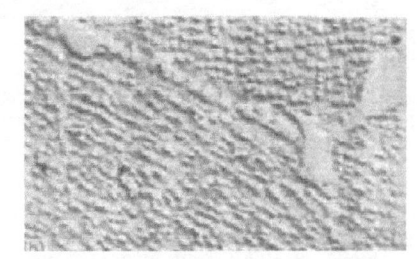

图 2-31　高温合金中的 $Cr_{23}C_6$ 金相图

溶体中溶质的含量和金属化合物的数量、大小、形态及分布状态，使合金的力学性能在相当大的范围内变化，以满足生产上不同使用性能的要求。

复习思考题

1. 常见的金属晶体结构有几种？它们的原子排列和晶格常数有什么特点？α-Fe、γ-Fe、δ-Fe、Cu、Al、Ni、Pb、Cr、V、Mg、Zn 各属于何种晶体结构？
2. 单晶体与多晶体有何区别？为什么单晶体具有各向异性，而多晶体则无各向异性现象？
3. 实际金属晶体中存在哪些晶体缺陷？它们对金属的性能有什么影响？
4. 在固溶体中，当溶质元素含量增加时，其晶体结构和性能会发生什么变化？
5. 固溶体和金属化合物在结构上有何区别？力学性能有何不同？固溶体和金属化合物的类型有哪几种？
6. 什么是固溶强化？造成固溶强化的原因是什么？

第三章 金属的相变和相图

第一节 纯金属的相变

一、液态金属的结构及结晶

1. 液态金属结构

固态金属内部原子在很长的行程内呈规则排列,且以一定的平衡间距为中心长时间地作热振动。固态金属的这种结构特征,称为长程有序。当温度升高,原子的振幅增大,原子的动能和位能都增加。当温度升高到某一温度,金属原子所吸收的能量难以维持其间的牢固结合时,晶体的长程有序被破坏,这一温度称为金属的熔化温度,金属的熔化温度随原子间结合力的增加而升高。

金属由晶体转变为液体后,它的性质将发生明显的变化。例如,液体有流动性,可以随容器变化而改变形状;异类原子在液体里容易分布均匀,有可分隔性,液态金属很容易被隔离分开等。这些性质说明,液态金属中原子之间的结合力较弱,活动能力较强,穿插运动较容易。但是,金属由固态转变为液态后,原子仍然处在与晶体相似的有形的聚合状态,不同于气体中的原子或分子相互间的距离较大,并在空间做无规则的运动。此外,某些性质还能表明液态金属的内部构造近似晶体,异于气体。

根据对液态金属性质的分析,并对其进行 X 射线衍射结果表明,液态金属仍是由许多体积微细、忽聚忽散的原子集团所组成。集团里的原子类似于晶体结构的规则排列。对应于固态金属的长程有序,液态金属的这种结构特征称为短程有序。短程有序排列的原子集团不断被破坏而消失,在其他地方又会出现新的短程有序排列,这种短程有序结构总是处于"时聚时散,此起彼伏"的变化中,这种结构不稳定的现象称为结构起伏,它是产生晶核的基础。液态金属中那些尺寸较大的短程有序排列的原子集团(称为晶坯)可能成为晶核,因此,金属结晶的实质是短程有序排列的液态结构到长程有序排列的固态结构过程。

2. 冷却曲线的测定

纯金属的结晶是在一个恒定的温度下进行,这个温度就是纯金属的熔点,又称为结晶温度。可用热分析试验方法来测定结晶温度。

图 3-1 是热分析装置的示意图。测定结晶温度的方法如下:将坩埚 2 放入电炉 1 内,使金属液体 3 在坩埚内熔化,然后将热电偶 4 的热端(由瓷管或石英管保护)浸入熔化的金属内,并停止加热,开始缓慢冷却,每经一定时间间隔记录一次温度,然后将记录下来的数据绘制在温度—时间坐标中,可得到图 3-2 所示的纯金属冷却曲线。

由该曲线可见,液态金属随冷却时间的增加,热量向外散失,温度将不断降低,当冷却到某一温度时,冷却时间虽然增加,但温度并不下降,这是由于结晶时放出的结晶潜热补偿了冷却时散失的热量,在曲线上出现一个平台,这个平台所对应的温度就是纯金属的结晶温度,直到结晶终了后,它继续向外界散发热量,温度又重新下降,直到与室温一致。

3. 结晶的条件

纯金属液体在无限缓慢冷却条件(即平衡条件)下结晶时,所得到的结晶温度称为理论结晶温度，用 T_m 表示。在实际生产中，金属从液态向固态结晶时，有较大的冷却速度，此时液态金属将在理论结晶温度以下某一温度 T_n 开始进行结晶。金属的实际结晶温度 T_n 低于理论结晶温度 T_m 的现象称为过冷现象。理论结晶温度与实际结晶温度的差值 $\Delta T = T_m - T_n$ 称为过冷度。

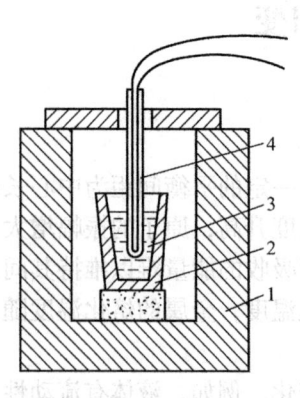

图3-1　热分析装置示意图
1—电炉　2—坩埚　3—金属液体　4—热电偶

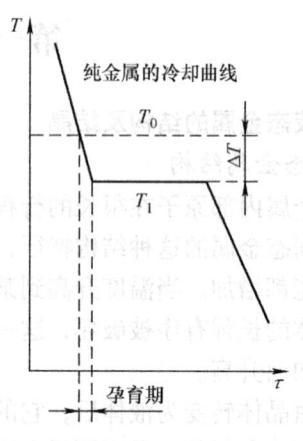

图3-2　冷却曲线

实际上，金属总是在过冷的情况下结晶，但同一金属结晶时的过冷度不是一个恒定值，它与冷却速度有关。结晶时冷却速度越大，过冷度越大，则金属的实际结晶温度就越低。

金属由液态转化为固态的结晶过程实质上是物质内部原子重新排列的过程，即从液态下的不规则排列转变为固态下的规则排列，当然，一定条件下物质内部的原子也可以从一种规则排列转变为另一种规则排列。因此，广义上讲，物质从一种原子排列状态（晶态或非晶态）过渡为另一种原子规则排列状态（晶态）的转变过程称为结晶。为区别起见，将物质从液态转变为固体晶态的过程称为一次结晶，而物质从一种固体晶态过渡为另一种晶态的过程称为二次结晶。

热力学定律指出，自然界的一切自发转变过程，总是由一种较高的能量状态趋向于较低的能量状态，而能量最低的状态是最为稳定的状态。结晶过程也不例外，同一种物质在液态和固态下的能量和温度的关系曲线如图3-3所示。

自由能 G 是物质中能够自动向外界释放出的多余能量或能够对外做功的那部分能量，由于液态物质和固态物质的自由能随温度的变化速率不同，这两条曲线就必然相交，其交点处液、固两相自由能相等，液态和固态处于动态平衡状态，可长期共存，此时对应的温度 T_m 即为理论结晶温度。显然，高于 T_m 温度时，液态比固态的自由能低，物质处于液态更加稳定；低于 T_m 温度时，物质处于固态更加稳定，此时物质从液态转变为固体的结晶过程可自发地进行。因此，要使结晶过程自发地进行，液态温度 T_n 必须低于 T_m，

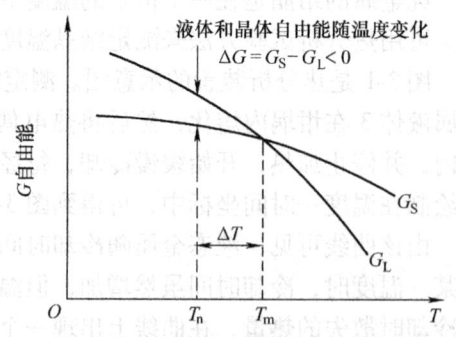

图3-3　某金属在液态和固态下
能量和温度的关系曲线

对应着的过冷度 ΔT，液态与固态之间存在的自由能差 ΔG 成为促使液态金属结晶的驱动力。一旦过冷度足够大，结晶过程就开始进行。过冷度越大，液、固两相的自由能差越大，即结晶驱动力越大，结晶速度越快。因此，结晶的必要且充分条件就是必须具有一定的过冷度。实际结晶过程中，过冷度大小主要与冷却速度有关，冷却速度越快，过冷度越大。

4. 纯铁的结晶

图 3-4 为用热分析法测出的纯铁结晶时的冷却曲线。由图可见，液态纯铁冷却至 T_0（1539℃）时并不结晶，只有冷却到 T_n 才开始结晶。但由于结晶时放出结晶潜热，补偿了它向外逸散的热量，故使温度稍有回升，并在冷却曲线上出现了低于 T_0 的平台，平台温度为 1538℃，这时结晶在恒温下进行，直至熔液结晶完毕，随后在固态下温度又继续下降。试验表明，过冷度不是一个恒定值，它随物质的性质、纯度以及结晶前液体的冷却速度等因素而改变。对于同一种物质，冷却速度越快，T_n 越低，则过冷度越快，冷却曲线上平台温度与平衡结晶温度 T_0 间的温度差越大。在非常缓慢的冷却条件下，图 3-4 所示的纯铁结晶冷却曲线中过冷度极小，可以把平台温度近似地看作平衡结晶温度。

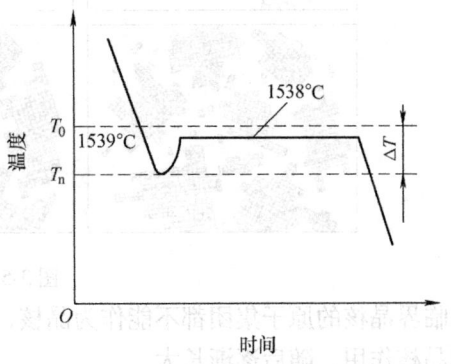

图 3-4 纯铁结晶冷却曲线

二、纯金属的相变

1. 纯金属的结晶

纯金属结晶过程的研究表明，液体金属的结晶是由两个基本过程所组成：生出微细的晶体核心（简称为形核）和晶核进行长大（简称为长大）。图 3-5 示意地说明金属的结晶过程。首先，在理论结晶温度以上，这种原子小集团极不稳定，不能成为结晶核心。随着温度的降低，液体中一些尺寸较大的原子集团开始变得稳定，从而成为结晶核心，晶核液体中某些部位的原子集团先后按晶格类型排列成微细的晶核；这些形成的晶核按各自方向吸附液态中的金属原子，并使这些原子在其表面按一定规律排列，逐渐长大。当成长着的枝晶与相邻的枝晶互相接触，彼此阻碍成长时，晶体就向着尚未凝固的部位生长，直到枝晶间的液体金属全部凝固为止。最后得到树枝晶骨架被枝晶充实的晶粒。因此在一般情况下，金属是由许多外形不规则、位向不同的晶粒和晶界组成的多晶体。

（1）形核 形核方式有两种，一种是均匀形核即自发形核，新相晶核在母相内均匀地形成；另一种是非均匀形核即非自发形核，新相晶核在母相中不均匀处形成。尽管实际金属的凝固主要以非均匀形核方式进行，但均匀形核的基本规律十分重要，它是研究金属凝固问题的理论基础，也是研究金属固态相变的基础。

均匀形核就是以液体中近程排列的某些原子集团作为结晶核心。当液体金属的温度下降到结晶温度时，并非所有尺寸不一的原子集团都能形核。若是如此，就不存在结晶过程，晶粒和晶界也无从分辨。事实上，对于原子数目较少、尺寸较小的原子集团，在周围液体原子碰撞运动作用下，时聚时散，处于不稳定状态，难以起到晶核作用。唯有那些原子数目较多、尺寸较大的原子集团，不仅不易被冲散，甚至还能吸收周围液体中的原子并长大，起晶核作用。能起晶核作用而尺寸最小的原子集团称为临界晶核，在某一结晶温度下，凡尺寸小

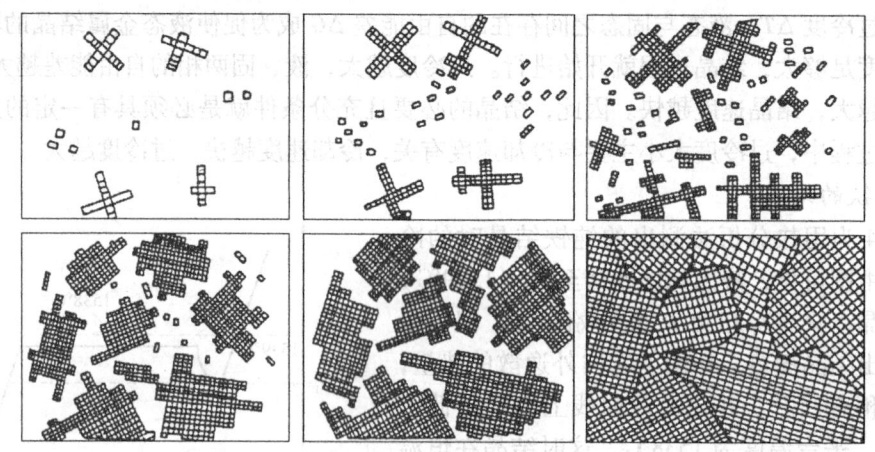

图 3-5 结晶过程示意图

于临界晶核的原子集团都不能作为晶核，随时自生自灭，尺寸大于临界晶核的原子集团才能起晶核作用，随后逐渐长大。

临界晶核熔化后的液态结构从长程来说是无序的，而在短程范围内却存在不稳定的但接近于有序的原子集团（尤其是温度接近熔点时）。由于液体中原子热运动较为强烈，在其平衡位置停留时间甚短，故这种局部有序排列的原子集团此消彼长，即结构起伏或称相起伏。当温度降到熔点以下，在液相中时聚时散的短程有序原子集团，就可能成为均匀形核的"胚芽"或称晶胚，其中的原子呈现晶态的规则排列，而其外层原子与液体中不规则排列的原子相接触而构成界面。因此，当过冷液体中出现晶胚时，一方面由于在这个区域中原子由液态的聚集状态转变为晶体的排列状态，使体系内的自由能降低（$\Delta G_V \leq 0$），这是相变的驱动力；另一方面，由于晶胚构成新的表面，又会引起表面自由能的增加，构成相变的阻力，如图 3-6 所示。在液—固相变中，晶胚形成时的体积应变能可在液相中完全释放掉，故在凝固中不考虑这项阻力。但在固—固相变中，体积应变能这一项是不可忽略的。假定晶胚为球形、半径为 r，当过冷液中出现一个晶粒时，总的自由能变化 ΔG 应为

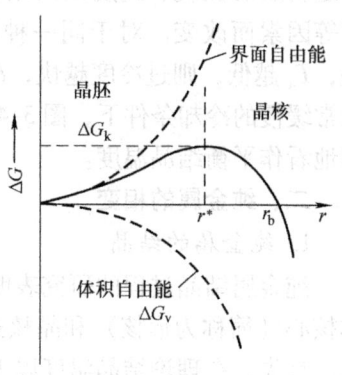

图 3-6 晶核半径 r 与 ΔG 的关系

$$\Delta G = \Delta G_V V + \sigma A \tag{3-1}$$

式中 ΔG_V——液、固两相单位体积自由能差，为负值；

σ——晶胚单位面积表面能，为正值；

V、A——晶胚的体积和表面积。

设晶胚为球形，其半径为 r，则上式可改写成

$$\Delta G = (4/3) \times \pi r^3 \Delta G_V + 4\pi r^2 \times \sigma \tag{3-2}$$

在一定温度下，ΔG_V 和 σ 是确定值，所以 ΔG 是 r 的函数。体积自由能的降低与 r^3 成正比，而表面能的增加与 r^2 成正比。由图 3-6 可见，ΔG 在半径为 r^* 时达到最大值。当晶胚的 $r < r^*$ 时，其长大将导致体系自由能的增加，故这种尺寸晶胚不稳定，难以长大，最终熔化并消失。当 $r > r^*$ 时，晶胚的长大使体系自由能降低，这些晶胚就成为稳定的晶核。因此，

半径为 r^* 的晶核称为临界晶核，而 r^* 为临界半径。形成临界晶核时，体系能量增加至最大值，这部分能量称为临界晶核形成功，用 ΔG^* 表示。临界半径 r^* 及临界晶核形成功 ΔG^* 可由式 (3-2) 求导得出

$$r^* = -\frac{2\sigma}{\Delta G_V} \tag{3-3}$$

$$\Delta G^* = \frac{16\pi\sigma^3}{3(\Delta G_V)^2} \tag{3-4}$$

将自由能 ΔG 和过冷度之间的关系式 $\Delta G = L_m \Delta T/T_m$（式中 L_m 为金属熔化潜热，T_m 为金属熔点），分别代入以上两式，得到

$$r^* = \frac{2\sigma T_m}{L_m \Delta T} \tag{3-5}$$

$$\Delta G^* = \frac{16\pi\sigma^3 T_m^2}{3(L_m \Delta T)^2} \tag{3-6}$$

临界晶核的尺寸大小与过冷度有关。如果增加过冷度，即降低液体金属的实际结晶温度，则临界晶核尺寸减小。显然，那些原先在过冷度较小、液体原子运动能力还很大的条件下，时聚时散、尺寸较小的原子集团，在过冷度增大的情况下，就能起到晶核作用。因此，增加过冷度，液态金属的结晶倾向增大，表现在单位体积和单位时间内晶核生成数目增多，即形核速率提高。反之，降低过冷度，晶核的临界尺寸加大，形核速率降低。液相必须处于一定的过冷条件时方能结晶，而液体中客观存在的结构起伏和能量起伏是促成均匀形核的必要因素。由于球形临界晶核的表面积为

$$A^* = (16\pi\sigma^2 T_m^2)/(L_m \Delta T)^2 \tag{3-7}$$

由此可得出

$$\Delta G^* = (\sigma A^*)/3 \tag{3-8}$$

式 (3-8) 表明，临界形核功等于表面能的 1/3。这意味着形成临界晶核时，液、固两相自由能差值只能补偿表面能的 2/3，而另外的 1/3 则靠系统中存在的能量起伏来补偿。所谓能量起伏是指体系中微小体积所具有的能量偏离体系的平均能量，微小体积的能量处于此起彼伏状态的现象。系统（液相）的能量分布有起伏，呈正态分布形式。能量起伏包括两个含义：一是在瞬时，各微观体积的能量不同，二是对某一微观体积，在不同时间，能量分布不同。在具有高能量的微观地区形核，可以全部补偿表面能，使 $\Delta G < 0$。综上所述，过冷度是形核的必要条件，而熔液中客观存在的相起伏和能量起伏是均匀形核的充分条件，只有满足这两个条件才能形成稳定晶核。

通常结晶极少是均匀形核，试验证实，均匀形核可能达到的过冷度 $\Delta T_{max} \approx 0.2 T_m$，约为 150～250℃。而一般铸件形核时的过冷度 <20℃，在实际生产条件下金属中难免含有少量杂质，而且熔液总要在容器或铸型中凝固，这样，形核优先在某些固态杂质表面及容器或铸型内壁进行，这就是非均匀形核。如上所述，非均匀形核所需过冷度显著小于均匀形核。

如图 3-7 所示，以过冷液体中现存固体异物表

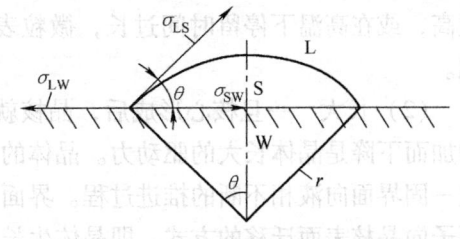

图 3-7 非均匀形核示意图

面作为基底（W）形成球缺状晶核（S），球缺的曲率半径为 r，晶核与基底平面的接触角（润湿角）为 θ。

三个相界面 L/S、S/W、L/W 的表面张力 σ_{LS}、σ_{SW}、σ_{LW} 之间存在的平衡关系为

$$\sigma_{LW} = \sigma_{LS} + \sigma_{SW} \tag{3-9}$$

由几何关系求出晶核 S（球缺）的底面面积、侧面面积和体积，代入

$$\Delta G = V_S \Delta G_V + A_{LS} \sigma_{LS} + A_{SW}(\sigma_{SW} - \sigma_{LW}) \tag{3-10}$$

并取 d(ΔG)/d$r = 0$，求得非均匀形核的临界半径 r_c^* 为

$$r_c^* = -\frac{2\sigma_{SL}}{\Delta G_V} \tag{3-11}$$

代入上式，便得非均匀形核的临界形核，即

$$\Delta G_c^* = \frac{16\pi\sigma^3}{3(\Delta G_V)^2} \cdot \frac{2 - 3\cos\theta + \cos^3\theta}{4} \tag{3-12}$$

将式（3-12）与均匀形核功 ΔG^* 相比较可得

$$\Delta G_c^* / \Delta G^* = (2 - 3\cos\theta + \cos^3\theta)/4 \tag{3-13}$$

在图 3-8 中，θ 在 $0 \sim \pi$ 之间变化，θ 称为接触角或湿润角，由式（3-13）可见

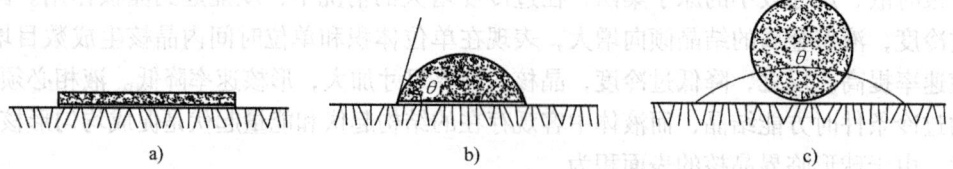

图 3-8 不同润湿角的晶核形貌
a) $\theta = 0$ b) $0 < \theta < \pi$ c) $\theta = \pi$

当 $\theta = 0$ 时，$\cos\theta = 1$，则 $\Delta G_c^* = 0$，说明固体杂质或型壁可作为现成晶核，这是无核长大的情况，如图 3-8a 所示。

当 $\theta = \pi$ 时，$\cos\theta = -1$，则 $\Delta G_c^* = \Delta G^*$，说明固体杂质或型壁不起非均匀形核的基底作用，即相当于均匀形核的情况，如图 3-8c 所示。

当 $0 < \theta < \pi$ 时，$\Delta G_c^* < \Delta G^*$，这便是非均匀形核的条件，如图 3-8b 所示。显然，θ 越小，ΔG_c^* 越小，形核时所需过冷度 ΔT 也越小，非均匀形核越容易。

非自发形核就是以液体中未熔的某些外来的微粒作为结晶核心，但并非任何外来的微粒都能起到核心作用。只有那些晶体结构或晶格常数与基体金属的晶体结构或晶格常数相近似的微细颗粒，才能起到晶核作用。例如，钢液中加入铝，铝合金中加入钛，铜合金中加入铁等，就使外来微粒起着人工晶核的作用。但是，在浇注和凝固前，如果液体金属的加热温度过高，或在高温下停留时间过长，微粒表面状态改变或发生熔化，就会减弱或丧失晶核效能。

(2) 长大　一旦核心形成后，晶核就继续长大形成晶粒。系统总自由能随晶体体积的增加而下降是晶体长大的驱动力。晶体的长大过程可以看作是液相中原子向晶核表面迁移、液—固界面向液相不断的推进过程。界面的推进速度与界面处液相的过冷程度有关。液相中原子向晶核表面迁移的方式，即晶体生长方式，取决于液—固相界面的微观结构；晶体生长形态，即界面的宏观形态则取决于界面前沿温度的分布。

在实际的铸造金属凝固条件下，由于冷却速度较快和液体纯净度较差等原因，结晶时晶核只是在最初成长时才有规则的外形，在随后继续生长时，晶体各方向的生长速度就有差别，即在某些方向生长速度较快，而在另一些方向生长速度较慢，这就使得晶体以树枝生长方式进行成长。

晶核的长大过程通常是按树枝状方式进行的，如图 3-9 所示。在晶核成长初期，由于晶核很小，各方向的散热条件相差不大，内部原子排列规则，所以晶体外形也较规则，此规则外形的棱角或尖端处具有最好的散热条件，使结晶潜热能迅速逸去；且棱角处缺陷多，促进晶体长大，杂质少，阻碍作用小，所以棱角处可以得到最有利的生长条件而优先长大，很快长出树枝晶细长的枝干。这些枝干的突出尖端伸入到过冷度更大的液体中后，由

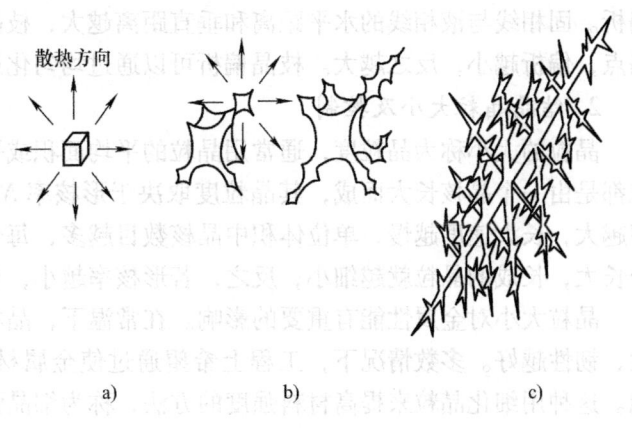

图 3-9　枝晶生长
a) 晶核初期　b) 晶核棱角优先增长　c) 枝晶形成

于枝干尖端前方潜热的散失最容易，会更加有利于突出尖端生长，这些主干即为一次晶轴或一次晶枝。在枝干形成的同时，枝干与周围过冷液体的界面也不稳定，枝干上会出现很多凸出尖端，它们长大成为新的晶枝，即为二次晶轴或二次晶枝。二次晶枝发展到一定程度后，又在它上面长出三次晶枝，如此不断地枝上生枝，同时各次晶枝本身也在不断地伸长和长大，由此形成树枝状的骨架，称为树枝晶，简称为枝晶。一般而言，枝晶在三维空间得以均衡发展，各方向上的一次轴近似相等，这时的晶粒称为等轴晶粒，其截面呈多边形。当所有的枝晶都严密合缝地对接起来，液态金属完全消失以后，就看不出树枝的模样，而只能是一个个多边形的晶粒了。

树枝状晶体的形成过程是铸造金属晶体成长的特点。在良好的条件下，当液体金属脱离正在成长的枝晶后，就显现出明显的树枝状晶架，这可以在金属锭表面观察到，如图 3-10 所示。

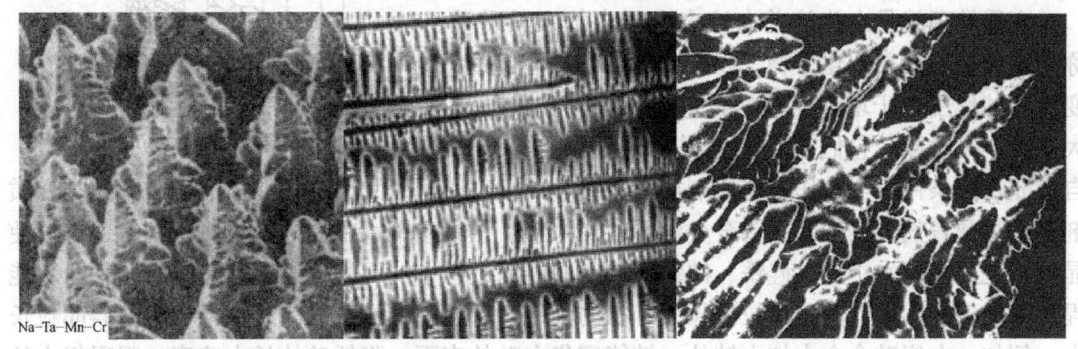

图 3-10　金属锭中的树枝晶

液体金属或合金按树枝状方式结晶，对金属组织有重要影响。例如，在树枝晶内枝晶之

间的互相偏离，使得铸造金属中显微孔洞出现，热轧钢材中纤维状组织的生成等，无不与这种结晶方式有关。另外如果冷却速度较快，使液相中的原子来得及扩散而固相中的原子来不及扩散，以至于固溶体先结晶中心和后结晶部分成分不同，成为晶内偏析。金属的结晶多以枝晶方式长大，这种偏析多呈树枝状，先结晶的枝轴与后结晶的枝间成分不同，又称为枝晶偏析。固相线与液相线的水平距离和垂直距离越大，枝晶偏析越严重。铸铁的成分越靠近共晶点，偏析越小，反之越大。枝晶偏析可以通过均匀化退火热处理来消除。

2. 结晶晶粒大小及控制

晶粒的大小称为晶粒度，通常用晶粒的平均面积或平均直径来表示。金属结晶时每个晶粒都是由一个晶核长大而成，其晶粒度取决于形核率 N 和长大速度 G 的相对大小。若形核率越大，长大速度越慢，单位体积中晶核数目越多，每个晶核的长大空间越小，也来不及充分长大，长成的晶粒就越细小；反之，若形核率越小，长大速度越大，则晶粒越粗大。

晶粒大小对金属性能有重要的影响。在常温下，晶粒越小，金属的强度、硬度越高，塑性、韧性越好。多数情况下，工程上希望通过使金属材料的晶粒细化而提高金属的力学性能。这种用细化晶粒来提高材料强度的方法，称为细晶强化。工程上常用的控制结晶晶粒大小的方法有以下几种。

（1）控制过冷度　形核率 N 与长大速度 G 一般都随过冷度 ΔT 的增大而增大，但两者的增长速率不同，形核率的增长率高于长大速度的增长率，如图3-11所示，故增加过冷度可提高 N/G 值，有利于晶粒细化。提高液态金属的冷却速度，可增大过冷度，有效地提高形核率。在铸造生产中为了提高铸件的冷却速度，可以采用提高铸型吸热能力和导热性能等措施；也可以采用降低浇注温度、慢浇注等。快冷方法一般只适用于小型件或薄件，大型件难以达到大的过冷度。

若在液态金属冷却时采用极大的过冷度，例如使冷却速度大于 10^6℃/s，可使某些金属凝固时来不及形核而使液态金属的原子排列状态保留到室温，得到非晶态材料，也称为金属玻璃。

（2）变质处理　金属的体积较大，获得大的过冷度困难时或形状复杂的铸件，不允许过多地提高冷却速度时，为了得到细晶粒铸件，多采用变质处理。

变质处理就是在浇注前向液态金属中加入某种被称为变质剂的元素或化合物，以细化晶粒和改善组织。变质剂的作用在于增加晶核的数量或者阻碍晶核的长大。有一类物质，它们或它们生成的化合物，符合非

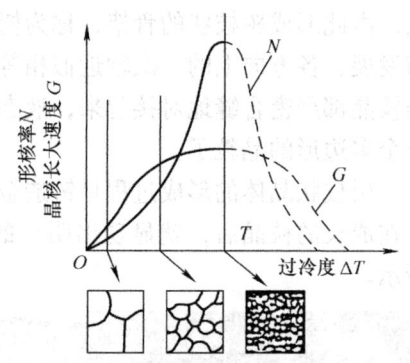

图3-11　过冷度与晶体形核率及长大速度的关系

自发晶核的条件，当其作为变质剂加入液体金属中时，可以大大增加晶核的数目，这类变质剂又称为孕育剂。例如，在铝合金液体中加入钛、锆，在钢水中加入钛、钒、铝等，都可使晶粒细化。在铁水中加入硅铁、硅钙合金时，能使组织中的石墨变细。另一类物质，虽不能提供结晶核心，但能阻止晶粒的长大。有的则能附着在晶体的结晶前缘，强烈地阻碍晶粒长大。例如，在铝硅合金中加入钠盐，钠能富集在硅的表面，降低硅的长大速度，阻碍粗大的硅晶体的形成，使合金的组织细化。

（3）振动处理　对结晶过程中的液态金属输入一定频率的振动波，形成的对流会使成

长中的树枝晶臂折断,增大了晶核数目,从而显著提高形核率,细化晶粒。常用的振动方法有机械振动、超声波振动、电磁搅拌等。特别是在钢的连铸中,电磁搅拌已成为控制凝固组织的重要技术手段。

三、晶体的同素异构

某些金属在不同温度和压力下呈不同类型的晶体结构的现象称为同素异构转变。常见的元素如铁、钛、锰、锡、碳等都具有同素异构转变。

在金属晶体中,铁的同素异构转变最为典型。铁在结晶后继续冷却至室温的过程中,先后发生两次晶格转变,如图 3-12 所示,纯铁的冷却曲线及结构转变过程如下:

$$\delta\text{-Fe} \xrightarrow{1394} \gamma\text{-Fe} \xrightarrow{912} \alpha\text{-Fe}$$

体心立方　面心立方　体心立方

同素异构转变的过程,就是原子重新排列的过程,同样遵循形核与长大的基本规律。如图 3-13 所示,当 γ-Fe 向 α-Fe 转变时,α-Fe 晶核通常在 γ-Fe 的晶界处产生并长大,直至全部 γ-Fe 晶粒被 α-Fe 晶粒取代而转变结束。由此可见,同素异构转变也是经过结晶来实现的,其特点是在固态下完成晶格的转变,属于二次结晶。

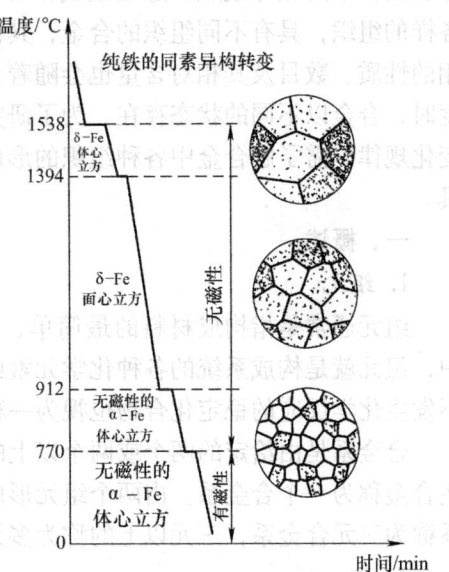

图 3-12　纯铁的冷却曲线及晶体结构变化

铁的同素异构转变是钢铁能够进行热处理的内因和根据,也是钢铁材料性能多种多样、用途广泛的主要原因之一。γ-Fe 与 α-Fe 之间的相互转变而引起的碳在铁中溶解度的变化,才使钢铁材料在加热和冷却过程中发生组织转变,从而改变其性能。此外,γ-Fe 和 α-Fe 具有不同性能,也是研究特殊性能钢的基础。

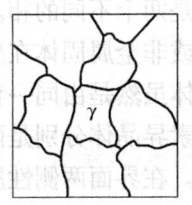 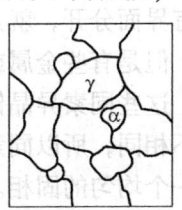 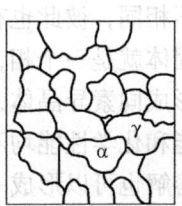 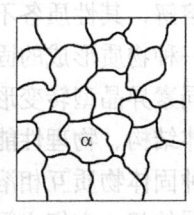

图 3-13　铁的同素异构转变示意图

纯铁的室温力学性能因其纯度和晶粒大小的不同差别很大,其力学性能大概范围如表 3-1 所示。

表 3-1　纯铁的室温力学性能

性能	抗拉强度 R_m/MPa	屈服强度 $R_{p0.2}$/MPa	伸长率 A(%)	断面收缩率 Z(%)	冲击韧度 a_K/(J/cm^2)	硬度 HBW
	180~270	100~170	30~50	70~80	160~200	50~80

纯铁的塑性、韧性好,但强度较低,很少用来制造机械零件。

第二节 二元合金相图

纯金属结晶后只能得到单相晶体，合金在结晶之后，其组织可以由单独的一个固溶体或一个中间相组成，也可以是两个固溶体、两个中间相、一个固溶体和一个中间相、一个固溶体和两个中间相等组成。这些组成相又可因其相对数量、形状、尺寸和分布不同，形成各种各样的组织，具有不同组织的合金，其性能是不同的。即使组元确定之后，结晶后所获得的相的性质、数目及其相对含量也会随着合金成分和温度的改变而变化，即在不同的成分和温度时，合金以不同的状态存在。为了研究不同合金中相的存在状态与合金成分和温度之间的变化规律，需了解合金中各种组织的形成及变化规律。合金相图正是研究这些规律的有效工具。

一、概述

1. 组元

组元通常是指构成材料的最简单、最基本、可以独立存在的物质。在一个给定的系统中，组元就是构成系统的各种化学元素或化合物。为了便于分析和研究相图，将既不分解也不发生化学反应的稳定化合物也视为一种组元。

合金系是由给定的两个或两个以上的组元按不同的比例配制一系列不同成分的合金，这些合金称为一个合金系。由两个组元形成的合金系称为二元合金系，由三个组元形成的合金系称为三元合金系，三元以上的称为多元合金。

2. 相

相是系统中成分、结构相同，性能一致的均匀的组成部分，不同相之间必有界面分开，在相界面处物质的性能发生突变。相可以是单质，也可以是由几种物质组成的熔体（溶液）或化合物。气体物质一般只能是一个相，因为在平衡条件下，不同的气体可以任何比例均匀地混合在一起。液体物质则不然，均匀液态溶液或熔体可以被视为一个相，但是两种液体不能以任何比例溶解，其性质各不相同，彼此也有界面分开，就是两个不同的相。固体物质也一样，通常由一种物质形成的固体就是一个相，但是有些金属或非金属固体在外界条件的影响下可以发生同素异晶型转变形成同素异晶体，这些同素异晶体虽然是由同一种固体物质构成的，但其晶体结构、物理性能和化学性能均不相同，所以同素异晶体分别是两个不同的固相。两种或几种固体物质互相溶解也可以形成一个均匀的固相。在界面两侧性质发生突然变化的是两个不同的相，它们之间的界面称为相界面。界面两侧性质不发生突然变化的则是同一种相，同一种晶体相之间的界面称为晶界。

在显微镜下所观察到的金属材料各个晶粒的显微形态，即晶粒的形状、大小、数量和分布等情况，称为显微组织或金相组织，简称组织。

相图是表示合金在缓慢冷却条件下平衡相与成分、温度之间关系的图形，亦称为状态图或平衡图，利用合金相图可以知道各种成分的合金在不同温度下有哪些相，各相的相对含量、成分以及在温度变化时可能发生的变化。它是研制新材料，制订合金的熔炼、铸造、压力加工和热处理工艺以及进行金相分析的重要依据。

3. 相平衡与相律

（1）相平衡 相平衡是指各相的化学热力学平衡。化学热力学平衡包括机械平衡、热平衡和化学平衡。当合力为零时，系统处于机械平衡；当温差消失时，系统处于热平衡；当系统中各相的化学势相等，各组元的浓度不再变化时，系统就达到了化学平衡。如果同时达到三种平衡，那么系统就达到了化学热力学平衡。

平衡凝固是指凝固过程中的每个阶段都能达到平衡，即在相变过程中有充分时间进行组元间的扩散，以达到平衡相的成分。固溶体的凝固过程与纯金属一样，也包括形核与长大两个阶段，但由于合金中存在第二组元，使其凝固过程较纯金属复杂。例如合金结晶出的固相成分与液态合金不同，所以形核时除需要能量起伏外，还需要一定的成分起伏。另外，固溶体的凝固在一个温度区间内进行，这时液、固两相的成分随温度下降不断发生变化，因此，这种凝固过程必然依赖于两组元原子的扩散。需要着重指出的是，在每一温度下，平衡凝固实质上包括三个过程：液相内的扩散过程；固相的继续长大；固相内的扩散过程。在凝固时，每一个晶核形成一颗晶粒，由于在每一温度下扩散进行充分，晶粒内的成分是均匀一致的。因此，在平衡凝固下，除了晶界外，晶粒之间和晶粒内部的成分是相同的。

相与相之间的转变称为相变。如果合金在某一温度停留任意长的时间，合金中各相的成分都是均匀的和不变的，与其他部分由界面分开，各相的相对质量也不变，那么该合金就处于相平衡状态，此时合金中的各相称为平衡相，而由这些平衡相所构成的组织称为平衡组织。相平衡是使合金的自由能处于最低状态，也是合金最稳定的状态。合金总是力图通过原子扩散趋于这种状态。

（2）相律　自由度是指在平衡系统中独立可变的因素，如温度、压力、相的成分、电场、磁场、重力场等，说其独立可变，是因为这些因素在一定范围内任意改变不会改变原系统中共存相的数目和种类。自由度数是指在平衡系统中那些独立可变变量的数目。处于平衡状态下的多相（p 个相）体系，每个组元（共有 c 个组元）在各相中的化学势都必须彼此相等。处于平衡状态的多元系中可能存在的相数将有一定的限制，这种限制可用吉布斯相律表示

$$f = c - p + 2 \tag{3-14}$$

式中　f——体系的自由度数，它是指不影响体系平衡状态的独立可变参数（如温度、压力、浓度等）的数目；

c——体系的组元数；

p——相数。

对于不含气相的凝聚体系，压力在通常范围的变化对平衡的影响极小，一般可认为是常量。因此相律可写成下列形式

$$f = c - p + 1 \tag{3-15}$$

相律给出了平衡状态下体系中存在的相数、组元数、温度及压力之间的关系，对分析和研究相图有重要的指导作用。

相律应用的几个例子。

1）利用相律可以确定系统中可能存在的最多平衡相数。例如，对于单元系来说，组元数 $c=1$，由于自由度不可能出现负值，所以当 $f=0$ 时，同时共存的平衡相数具有最大值。代入式 (3-15) 即可得 $p = 1 - 0 + 1 = 2$。可见对于单元系而言，同时共存的平衡相数不会超过两个。即纯金属结晶时，当温度固定不变，同时共存的平衡相为液、固两相。同样，对于二元合金系，组元数 $c=2$，当 $f=0$ 时，$p = 2 - 0 + 1 = 3$，表明二元系中同时共存的平衡相数

2) 利用相律可以解释纯金属和二元合金结晶时的一些差别。纯金属在结晶时存在液、固两相，其自由度为零，说明纯金属在结晶时只能在恒温下进行。而二元合金结晶时，在两相平衡条件下，其自由度 $f=2-2+1=1$，说明此时还有一个可变因素（温度或成分）。因此，二元合金可以在一定温度或成分范围内结晶。当二元合金中出现三相平衡共存时，其自由度 $f=2-3+1=0$，说明此时的温度恒定不变，而且三个相的成分也恒定不变，结晶只能在各个因素完全恒定不变的条件下进行。

但是，相律的运用也具有如下限制性：

1) 相律只适应于热力学平衡状态。平衡状态下各相的温度相等，各相的压力相等，以及每一组元在各相中的化学位相同。

2) 相律只能表示体系中组元和相的数目，不能指明组元和相的类型以及含量。

3) 相律不能预告反应动力学（速度）。

4) 自由度的数值不得小于零，即 $f \geqslant 0$。

二、合金相图的建立

相图几乎都是通过试验过程建立，最常用的方法是热分析法。下面以 Cu-Ni 合金为例，说明用热分析法建立相图的具体步骤：

1) 配制不同质量分数的 Cu-Ni 合金，合金 Ⅰ 为 100% Cu；合金 Ⅱ 为 75% Cu + 25% Ni；合金 Ⅲ 为 50% Cu + 50% Ni；合金 Ⅳ 为 25% Cu + 75% Ni；合金 Ⅴ 为 100% Ni。配制的合金数目越多，合金成分的间隔越小，得到的相图越精确。

2) 测出以上各合金的冷却曲线并找出各冷却曲线上临界点（即转折点和平台）的温度。

3) 画出温度—成分坐标系，在相应成分垂线上标出临界点温度。

4) 将物理意义相同的点（如转变开始点、转变结束点）连成曲线，标明各区域内所存在的相，即得到 Cu-Ni 相图，如图 3-14 所示。

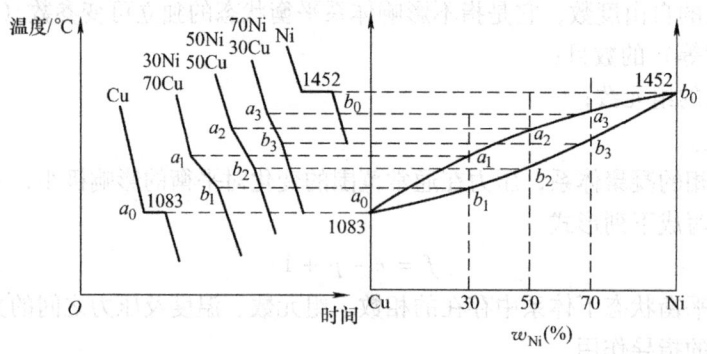

图 3-14　Cu-Ni 合金的冷却曲线及相图

相图中各点、线、区域都有一定含义。如图 3-14 中 $a_0 b_0$ 点分别表示 Cu 和 Ni 组元的凝固点。由开始凝固温度连接起来的相界线称为液相线，如图 3-14 中 $a_0 b_0$ 上弧线；由终了凝固温度连接起来的相界线称为固相线，如图 3-14 中 $a_0 b_0$ 下弧线。由相界线划分的区域称为相区，液相线以上全为液相区、固相线以下全为固相区，液、固相线之间是液、固两相共存区。

三、匀晶相图

基本的二元合金相图有匀晶相图、共晶相图和共析相图等。

两组元在液态和固态均能无限互溶时构成的相图称为匀晶相图。Cu-Au、Au-Ag、Cu-Ni 等合金都形成这类相图。在匀晶相图中，结晶时都是由液相结晶出单相固溶体，这种结晶过程称为匀晶转变。

1. 相图分析

以图 3-15 所示 Cu-Ni 合金相图为例进行分析，该相图十分简单，只有两条曲线，上面一条是液相线，下面一条是固相线。由液相线和固相线将相图分成三个相区：液相区 L、固相区 α 以及液、固两相并存区 L+α。其中 L 相是由 Cu 和 Ni 形成的合金溶液，α 相是由 Cu 和 Ni 组成的无限固溶体。

2. 合金平衡结晶过程分析

以图 3-15 中成分合金 I 为例进行平衡结晶过程的分析。

当合金 I 在 1 点温度以上时，合金为液相 L，当缓慢冷却至 T_1 温度时，

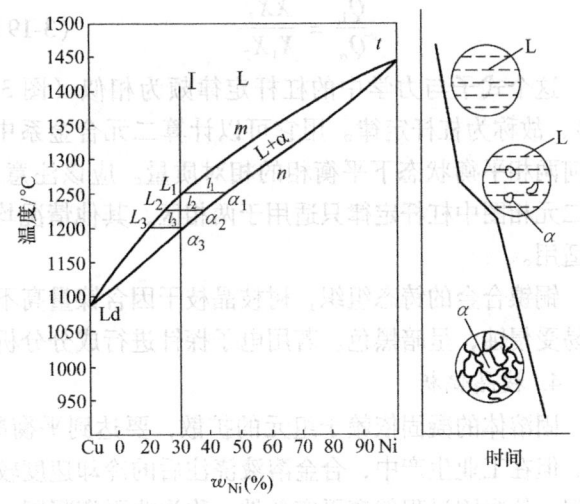

图 3-15 Cu-Ni 合金相图

合金发生匀晶转变，L→α，开始从液相中结晶出固溶体 α，在 1～3 点温度区间，随着温度的下降，结晶出来的 α 固溶体量逐渐增多，剩余的液相 L 量逐渐减少，同时，剩余的液相 L 和已结晶出来的 α 固溶体的成分通过原子扩散不断地改变。当缓慢冷却至 3 点温度时，匀晶转变完成，合金全部结晶为与其原始成分一致的单相 α 固溶体。其他成分合金的平衡结晶过程也完全类似。

在液、固两相区内，当温度确定时，液、固两相成分是一定的，可用以下方法确定。

过指定温度 t_1 作水平线，其与液相线和固相线的交点 L_1 和 $α_1$ 即为 t_1 温度时 L 相和 α 相的成分。随着冷却的进行，温度逐渐降低，匀晶转变不断进行，L 相减少，α 固溶体增多；其中 L 相成分沿液相线变化，α 固溶体成分沿固相线变化。当冷却至 t_2 温度时，L 相和 α 固溶体成分对应为 L_2 点和 $α_2$ 点。这样就赋予了液、固相线另一个重要意义，即液、固相线还表示合金在缓慢冷却条件下，当液、固两相平衡共存时，液、固相的化学成分随温度变化的规律。

3. 杠杆定律

在液、固两相区内，温度一定时，液、固两相的成分、质量比均是确定的。下面就分析计算匀晶合金（Ni 质量分数为 X%）在平衡结晶至温度 t 时液相 L 和固相 α 的相对质量。

由图 3-16 可知，设合金的总质量为 1，在温度为 T 时液相的质量为 Q_L，α 固溶体的质量为 $Q_α$，则有 $Q_L + Q_α = 1$。

另外，合金中所含 Ni 的质量应等于液相中 Ni 的质量与固溶体中 Ni 的质量之和，即

$$Q_L X_1 + Q_α X_2 = X \tag{3-16}$$

由以上两式可得

$$Q_L = \frac{X_2 - X}{X_2 - X_1} = \frac{XX_2}{X_1X_2} \quad (3\text{-}17)$$

$$Q_\alpha = \frac{X - X_1}{X_2 - X_1} = \frac{X_1X}{X_1X_2} \quad (3\text{-}18)$$

或者

$$\frac{Q_L}{Q_\alpha} = \frac{XX_2}{X_1X_2} \quad (3\text{-}19)$$

这个式子与力学中的杠杆定律颇为相似（图3-16），故称为杠杆定律。用它可以计算二元合金系中任何两相平衡状态下平衡相的相对质量。应该注意，在二元相图中杠杆定律只适用于两相区，其他情况均不适用。

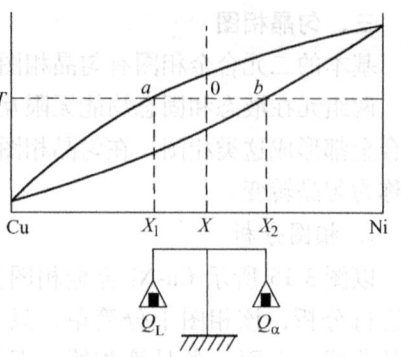

图3-16 杠杆定律的力学比喻

铜镍合金的铸态组织，树枝晶枝干因含镍量高不易侵蚀，呈亮白色；而其枝叶因含铜量高易受侵蚀，呈暗黑色。若用电子探针进行成分分析，更是一目了然。

4. 枝晶偏析

固溶体的凝固依赖于组元的扩散，要达到平衡凝固，必须有足够的时间使扩散充分进行。但在工业生产中，合金溶液浇注后的冷却速度较快，在任一温度下不能保持足够的扩散时间，使凝固过程偏离平衡条件，称为非平衡凝固。在非平衡凝固过程中，液、固两相的成分将偏离平衡相图中的液相线和固相线。由于固相内组元扩散较液相内组元扩散慢得多，故偏离固相线的程度就大得多。从上述对非平衡凝固过程的分析可得到如下几点结论：

① 固相平均成分线和液相平均成分线与固相线和液相线不同，它们和冷却速度有关，冷却速度越快，它们偏离固、液相线越严重；反之，冷却速度越慢，它们越接近固、液相线，表明冷却速度越接近平衡冷却条件。

② 先结晶部分总是富含高熔点组元，后结晶部分富含低熔点组元。

③ 非平衡凝固过程总是导致凝固结束温度低于平衡凝固时的结束温度。

铜镍合金在平衡凝固过程中，随着温度的降低，液相成分将沿着液相线变化，固相成分沿着固相线变化，结晶终了时，无论是先生成的还是后生成的α相都具有合金的原始成分，如图3-15所示。固溶体合金的结晶只有在充分缓慢冷却的条件下，在固、液两相的内部及固、液两相之间的原子扩散都得以充分进行的条件下，才能得到成分均匀的固溶体组织。在实际生产中，合金不可能无限缓慢冷却，由于冷速较快，合金在结晶过程中固相和液相中的原子来不及扩散，使得先结晶出的枝晶轴含有较多的高熔点元素（Cu-Ni合金中的Ni），后结晶出来的固相高熔点元素量（Cu-Ni合金中的Cu）较低。对于某一晶粒，则表现为先形成的心部含镍量较高，后形成的表层含镍量较低。这种由非平衡结晶造成晶体内部化学成分不均匀的现象称为晶内偏析。由于固溶体结晶一般按树枝状长大，这种晶内偏析也呈树枝状分布，又称枝晶偏析。图3-17所示为铸造Cu-Ni合金的枝晶偏析组织，图中白亮色部分是先结晶的富镍的耐蚀枝

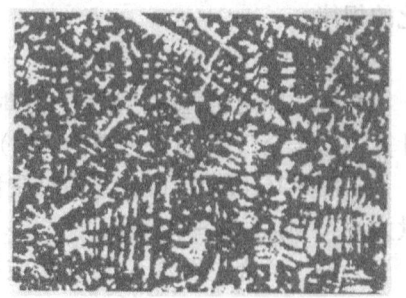

图3-17 Cu-Ni合金的枝晶偏析组织

干,暗黑色部分是后结晶的富铜的易腐蚀枝晶。

枝晶偏析的大小除了与冷却速度有关以外,还与给定成分合金的液、固相线间距有关。冷速越大,液、固相线间距越大,枝晶偏析越严重。枝晶偏析对合金的性能有很大影响,严重的成分偏析会使金属的性能下降,如力学性能、耐蚀性及可加工性等,甚至不易进行压力加工。枝晶偏析是非平衡凝固的产物,在热力学上是不稳定的。为了消除或减轻枝晶偏析,工程上广泛采用均匀化退火,即将铸件加热至低于固相线 100~200℃ 的高温,进行较长时间保温,使偏析原子充分扩散,以达到成分均匀化的目的。

四、共晶相图

两组元在液态时无限互溶、在固态时有限互溶并发生共晶转变形成共晶组织的二元系相图称为二元共晶相图。具有这类相图的合金系有 Ag-Cu、Pb-Sn、Pb-Sb、Al-Si 等,在 Fe-C、Al-Mg、Mg-Si 等相图中也包含有共晶部分。

1. 相图分析

以图 3-18 所示的 Ag-Cu 合金相图为例进行相图分析。A、B 点分别代表组元纯 Ag、纯 Cu 的熔点,温度为 961.93℃、1084.87℃。AEB 为液相线,处于此线以上的所有合金均为液态;$ACEDB$ 为固相线,在此线以下的所有合金均为固态。处于液、固相线之间者,则为液、固相共存的两相区。

液相 L 和两种有限固溶体 α 和 β 为 Ag-Cu 合金系中的基本相。其中,α 是以 Ag 为溶剂、Cu 为溶质得到的有限固溶体,当温度为 780℃ 时,Cu 在 Ag 中的最大溶解度为 $w_{Cu} = 8.8\%$,CM 线为其固溶线(或称溶解度线),其溶解度随温度的下降沿 CM 线变化。β 是以 Cu 为溶剂、Ag 为溶质得到的有限固溶体,当温度为 780℃ 时,Ag 在 Cu 中的最大溶解度为 $w_{Ag} = 8.0\%$,DN 线为其固溶线,其溶解度随温度的下降沿 DN 线变化。这三个基本相构成

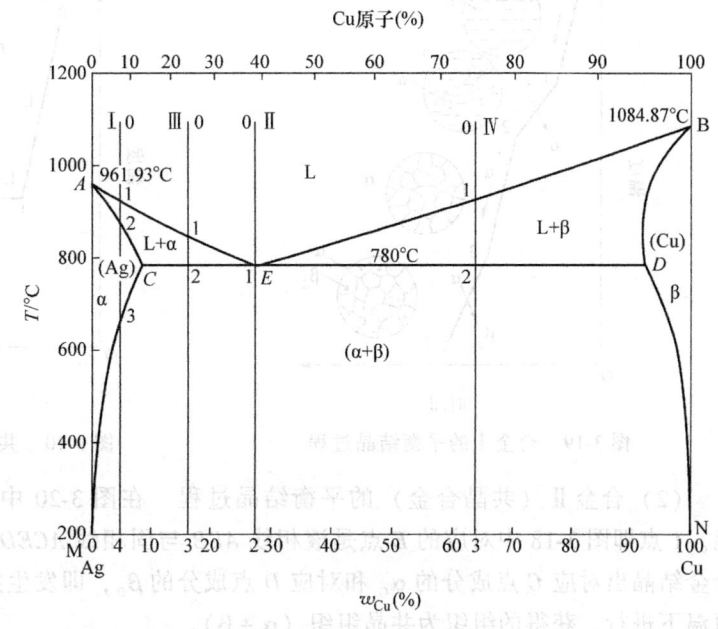

图 3-18 Ag-Cu 共晶相图

了相图上的三个单相区,即上方的液相 L 区、左下方的固溶体 α 相区及右下方的 β 相区。各个单相区之间有三个两相区,即 L+α、L+β 和 α+β。在以上三个两相区之间的水平线 CED 代表 L+α+β 这一特殊的三相区。在三相共存水平线所对应的温度(780℃),成分相当于 E 点的液相,结晶时同时结晶出对应 C 点成分的 α 相和对应 D 点成分的 β 相,其反应式为

$$L_E \xrightleftharpoons{780} \alpha_C + \beta_D$$

这种在恒温时由一定成分的液相同时结晶出成分不同的两个固相的转变温度称为共晶温

度，Ag-Cu 合金的共晶温度为 780℃。发生共晶反应的 *CED* 线称为共晶线。液相在 *E* 点发生共晶反应，成分为 28.1%。共晶反应的产物为 α 和 β 的混合物，称为共晶体或共晶组织，用 (α+β) 表示。

2. 典型合金结晶过程

Ag-Cu 相图中的所有合金可按成分进行分类，对应于共晶点成分的合金，称为共晶合金（如合金Ⅱ）；成分位于共晶点以左、*C* 点以右的合金，称为亚共晶合金（如合金Ⅲ）；成分位于共晶点以右、*D* 点以左的合金，称为过共晶合金（如合金Ⅳ）。另外，成分位于 *C* 点以左或 *D* 点以右的合金，称为端部固溶体合金（如合金Ⅰ）。下面对以上几种典型合金的平衡结晶过程进行分析。

(1) 合金Ⅰ的平衡结晶过程　在图 3-19 中，液相 L 降温至略低于 1 点时开始发生匀晶反应，析出固溶体 α，形成 (L+α) 的两相共存区。继续冷却至 2 点，液相 L 经匀晶转变全部结晶为固溶体 α。2 点到 3 点之间，固溶体 α 降温、组织不变，这一结晶过程与匀晶合金的平衡结晶过程相同。从 3 点开始，从固溶体 α 中析出固溶体 β，从 3 点冷却至 4 点过程中，固溶体 α 中的 Cu 含量过饱和，会由 α 相中析出 β 相，以使 α 相中的 Cu 质量分数减小。把从固溶体 α 中析出的 β 相称为二次 β，记为 $β_{II}$。最终合金Ⅰ的室温平衡组织为 $α+β_{II}$。

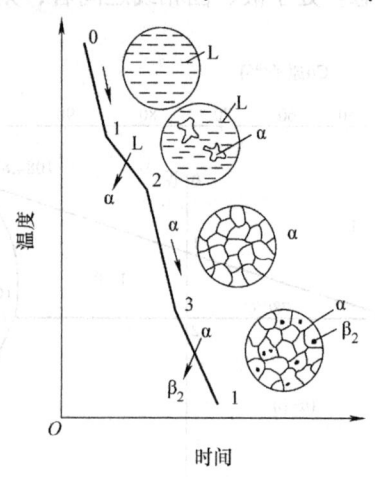

图 3-19　合金Ⅰ的平衡结晶过程

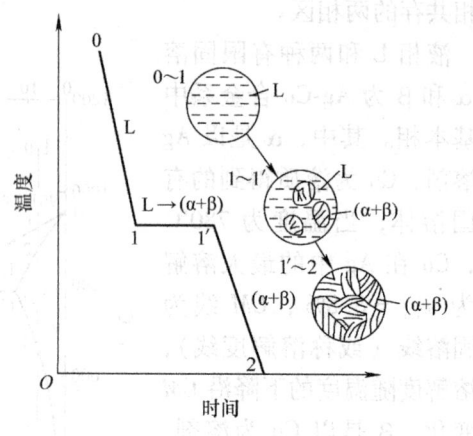

图 3-20　共晶合金Ⅱ的平衡结晶过程

(2) 合金Ⅱ（共晶合金）的平衡结晶过程　在图 3-20 中，液相 L 降温至 1 点开始结晶。1 点即图 3-18 中对应的 *E* 点是液相线 *AEB* 与固相线 *ACEDB* 的交点，从相图的左侧看，合金结晶出对应 *C* 点成分的 $α_C$ 和对应 *D* 点成分的 $β_D$，即发生共晶转变，共晶反应在 780℃ 恒温下进行，获得的组织为共晶组织 (α+β)。

共晶温度时两相组织的含量可以由杠杆定律计算出来，即

$$w_{α_C} = \frac{ED}{CD} \times 100\% = \frac{92-28.1}{92-8.8} \times 100\% ≈ 76.8\%$$

$$w_{β_D} = \frac{CE}{CD} \times 100\% = \frac{28.1-8.8}{92-8.8} \times 100\% ≈ 23.2\%$$

共晶转变得到转变产物共晶体 (α+β)。共晶体在金相显微镜下有多种形态，如图 3-21 所示，最常见的是层片状，Pb-Sn 合金的共晶组织就是层片状。

发生共晶转变后，继续冷却，由于共晶组织中 α 相和 β 相的溶解度都要发生变化，α

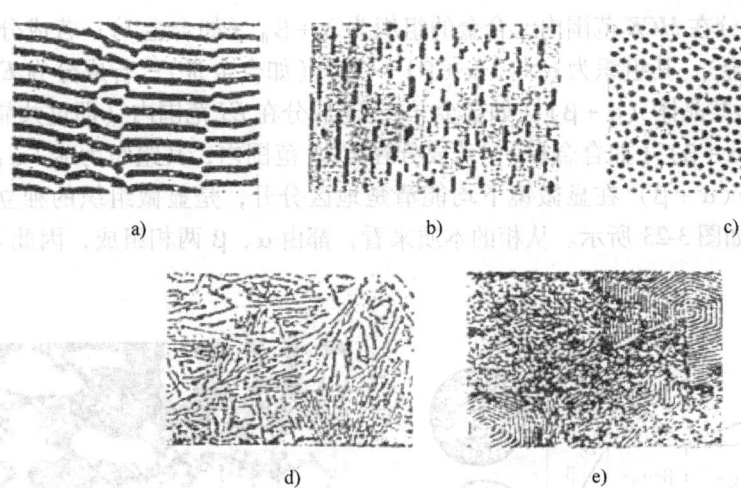

图 3-21 典型的共晶合金组织
a) 层片状　b) 棒状或纤维状　c) 条状或短棒状　d) 针状　e) 螺旋状

相成分沿着 CM 线变化，不断析出次生相 β_{II}；β 相的成分沿着 DN 线变化，不断析出次生相 α_{II}。这两种次生相常与共晶组织中的 α + β 混在一起，在金相显微镜下难以分辨。最终合金 II 的室温平衡组织为 (α + β)。

（3）合金 III（亚共晶合金）的平衡结晶过程　在图 3-22 中，液相 L 降温至 1 点开始结晶，液相 L 经匀晶转变结晶出固相 α，随着温度的降低，液相 L 不断减少，固相 α 不断增多。如图 3-23 所示，此时固相 α 的成分沿固相线 AC 变化，液相 L 成分沿液相线 AE 变化。当温度降至 780℃ 的 2 点时，液、固两相共存，其中固相 α 的成分对应 C 点，液相 L 的成分对应 E 点，正好是共晶成分（w_{Cu} = 28.1%）。此时液相 L 和 α 相的相对质量分数为

$$w_\alpha = \frac{E2}{CE} \times 100\% \qquad w_L = \frac{C2}{CE} \times 100\%$$

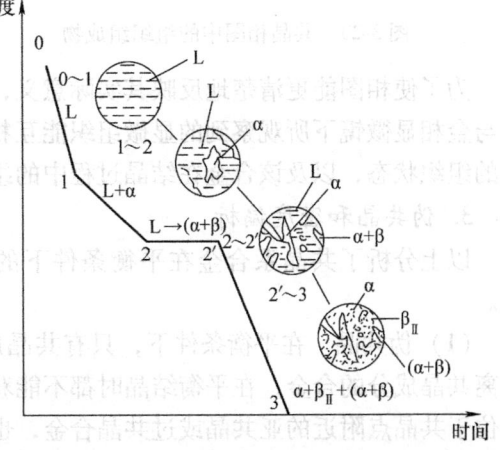

图 3-22 亚共晶合金的平衡结晶过程

这一部分共晶成分的液体像合金 II 一样，在 780℃ 时发生共晶反应，全部转变为共晶组织。转变组织为初生 α 和共晶体 (α + β)，其中共晶转变前形成的 α 相称为初晶。Ag-Cu 合金中初晶和共晶的形貌如图 3-24 所示。继续冷却，从 2 点冷却至 3 点，初生 α 相的转变过程与合金 I 相同，共晶体 (α + β) 的转变过程与合金 II 相同，最终合金 III 的显微组织为 $\alpha_{初生}$ + (α + β)$_{共晶}$ + β_{II}，相组成物为 α 和 β。

（4）合金 IV（过共晶合金）的平衡结晶过程　与合金 III 相似，只不过合金 IV 的初生相是 β，相应地次生相是 α_{II}，故其室温平衡组织为 $\beta_{初生}$ + (α + β)$_{共晶}$ + α_{II}。

综上所述，虽然成分位于 M ~ N 点之间合金组织均由固相 α 及 β 组成，但由于合金成分和结晶过程的差异，其组成相的大小、数量和分布状况即合金的组织会发生很大的变化，

如图 3-23 所示。若成分在 MCK 范围内，合金的组织为 α+β_Ⅱ（如合金Ⅰ）；若成分在 KCEJ 范围内（即亚共晶合金），其组织为 α +（α+β）+β_Ⅱ（如合金Ⅲ）；若成分为 E 点（即共晶合金），其组织为共晶体（α+β）（如合金Ⅱ）；若成分在 EJ 范围内（即过共晶合金），其组织为 β+α_Ⅱ+（α+β）（如合金Ⅳ）；若成分在 FDN 范围内，其组织为 β+α_Ⅱ。其中的 α、β、α_Ⅱ、β_Ⅱ 及（α+β）在显微镜下均能清楚地区分开，是显微组织的独立组成部分，是组织组成物，如图 3-23 所示。从相的本质来看，都由 α、β 两相组成，因此 α、β 两相为其相组成物。

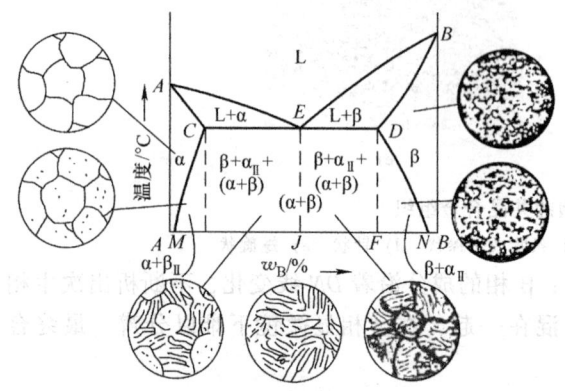

图 3-23 共晶相图中的组织组成物

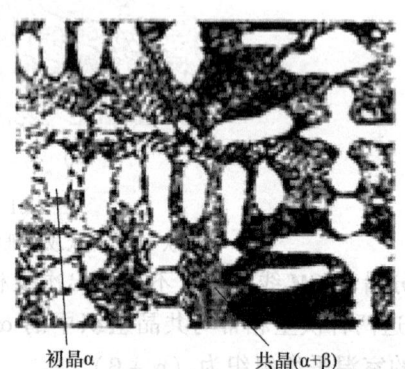

图 3-24 Ag-Cu 合金中初晶、共晶形貌

为了使相图能更清楚地反映其实际意义，采用组织来标注相图。这样相图上所标出的组织与金相显微镜下所观察到的显微组织能互相对应，便于了解合金系中任一合金在任一温度下的组织状态，以及该合金在结晶过程中的组织变化。

3. 伪共晶和密度偏析

以上分析了共晶系合金在平衡条件下的结晶过程，在非平衡条件下的结晶远比其复杂。

（1）伪共晶 在平衡条件下，只有共晶成分的合金能获得完全的共晶组织，其他任何偏离共晶成分的合金，在平衡结晶时都不能获得 100% 的共晶组织。但在不平衡条件下，成分位于共晶点附近的亚共晶或过共晶合金，也有可能获得全部共晶组织。这种非共晶成分的合金所获得的完全共晶组织称为伪共晶。由于伪共晶组织具有较高的力学性能，因此在实际生产中具有一定的应用价值。

在非平衡结晶条件下，由于冷却速度较快产生了过冷，当液态合金过冷到两条液相线的延长线所包围的区域时，即图 3-25 所示的影线区，就可获得完全的共晶组织。因为这时的合金液体中对于 α 相和 β 相都是过饱和的，所以既可以结晶出 α，又可以结晶出 β，当它们同时结晶出来时就形成了共晶组织。图中影线区称为伪共晶区。例如，亚共晶合金Ⅰ过冷至温度 t_1 以下进行结晶，就可以形成全部共晶组织。

（2）密度偏析 密度偏析是由组成相与溶液之间

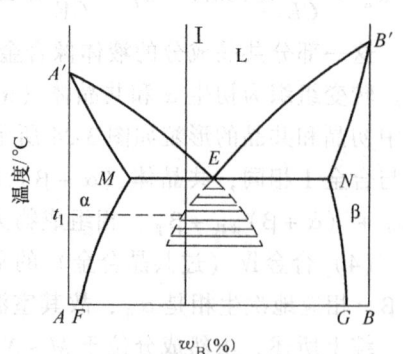

图 3-25 伪共晶示意图

因密度的差别而引起的一种区域偏析。例如，对亚共晶或过共晶合金，当初生相与合金溶液之间密度相差较大时，初生相便会在液体中上浮或下沉而造成结晶后铸件上下部分的化学成分分布不均匀，产生密度偏析。

合金组元间的密度差越大，在相图上结晶的区间越大，初生相与剩余液相的密度差也越大。相图的结晶温度范围越大，冷却速度越小，初生相在液体中有更多的时间上浮或下沉，合金的密度偏析也越严重。一般采用增大冷却速度或搅拌的办法可以减轻或防止密度偏析。

五、共析相图

在有些二元系合金中，当液体凝固完毕后继续降低温度时，在固态下也会发生相转变。在一定温度下，一定成分的固相转变为另外两个一定成分的固相称为共析转变。共析相图的形状与共晶相图相似，如图3-26下半部分所示。对应 e 点成分的固相，在恒温下发生共析反应，同时析出对应 c 点成分的 α 相和对应 d 点成分的 β 相，即

$$\gamma_e \xrightleftharpoons{\text{恒温}} (\alpha_c + \beta_d)$$

反应产物是 α 与 β 两相的机械混合物，称为共析体，水平线 cde 线是共析线，e 点是共析点。共析转变与共晶转变的相似之处都是由一个相转变为两个相的三相恒温转变，三相成分点在相图上的分布也一样，区别是共析相图在恒温下不是由液相而是由一个固相转变为另外两个固相。由于共析反应是固相转变，其原子扩散比较困难，容易产生较大的过冷，形核率较高，所以共析组织远比共晶组织细小，主要有片状和粒状两种形态。

具有共析转变相图的合金系有 Fe-C、Fe-N、Fe-Cu、Fe-Sn、Cu-Sb 等二元系，最典型的例子是 Fe-C 相图。共析转变对合金的热处理强化有重大意义，钢铁材料及钛合金的某些热处理工艺就是建立在共析转变基础上的。

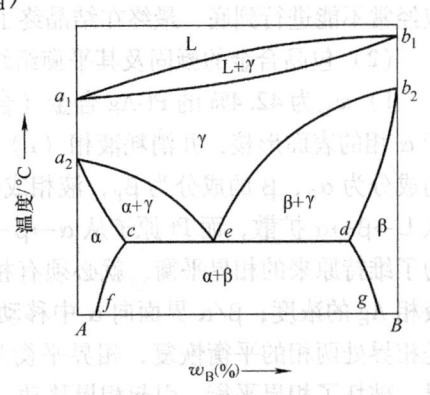

图 3-26 二元共析相图

六、其他类型的二元系合金相图

1. 包晶相图

（1）包晶相图分析　组成包晶相图的两组元，在液态可无限互溶，固态只能部分互溶。在二元相图中，包晶转变就是已结晶的固相与剩余液相反应形成另一固相的恒温转变。具有包晶转变的二元合金有 Fe-C、Cu-Zn、Ag-Sn、Ag-Pt 等。

图 3-27 所示的 Pt-Ag 合金相图是具有包晶转变的典型代表。图中 ACB 线是液相线，AD 线、PB 线是固相线，DE 线是 Ag 以 Pt 为基的 α 固溶体的溶解度曲线，PF 线是 Pt 以 Ag 为基的 β 固溶体的溶解度曲线。水平线 DPC 是包晶转变线，成分在 DC 线范围内的合金在该温度都将发生包晶转变，即

$$L_C + \alpha_D \rightarrow \beta_P$$

包晶反应是恒温转变，图 3-27 中 P 点称为包晶点。具有 D 点成分的合金，其 α_P 和 L_C 两相相对质量之比正好能在包晶反应后两相全都反应完，而 DPC 线上的其他合金在包晶反

应完成后，或者剩余α相（成分在P点左边的合金如合金Ⅱ），或者剩余L相（成分在P点右边的合金如合金Ⅲ）。多余的液相将在此后的冷却过程中继续结晶为β固溶体，而多余的α相将会析出次生相$β_Ⅱ$。

合金在结晶过程中发生包晶反应时易形成晶内偏析。因为在包晶反应时，新固相$β_P$是依附在旧固相$α_D$上形核并逐渐长大，随着$β_P$的形成和逐渐长大，两个作用相$α_D$和L_C的接

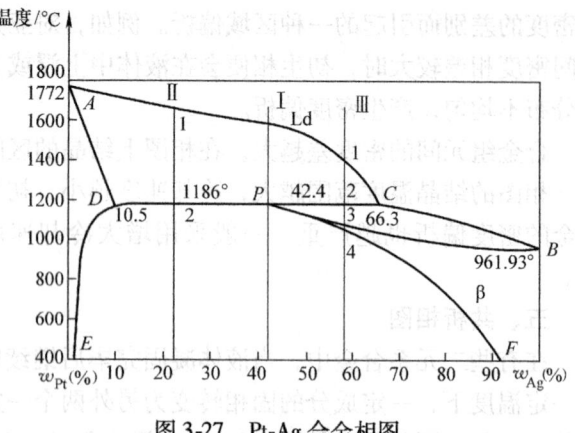

图 3-27　Pt-Ag 合金相图

触被隔离。若包晶反应继续进行，必须使 A 原子和 B 原子进行远距离扩散，才能使 $β_P$ 向两旁（旧固相 $α_D$ 和液相 L_C）逐渐成长，但原子在固态物质中的扩散过程非常困难，使包晶反应经常不能进行到底，最终在结晶终了时获得成分不均匀的不平衡组织。

(2) 包晶合金的凝固及其平衡组织

1) w_{Ag} 为 42.4% 的 Pt-Ag 合金（合金Ⅰ）。由图 3-27 可知，进行包晶转变时，β 相依附于 α 相的表面形核，并消耗液相（L）和固相（α）而生长。当在 α 表面形成一层 β 时，α 的成分为 $α_D$，β 的成分为 $β_P$，液相成分为 L_C，故各相界面都存在浓度梯度，促使 Ag 原子从 L→β→α 扩散，而 Pt 原子从 α→β→L 扩散。扩散的结果，破坏了原子原有的相界平衡，为了维持原来的相界平衡，就必须有相界移动，即 L/β 界面向 L 中移动，以提高界面前沿液相 Ag 的浓度；β/α 界面向 α 中移动，以提高界面前沿 α 中 Pt 的浓度。相界移动的结果是相界处两相的平衡恢复，相界平衡又引起了相间的浓度差，促使原子扩散，而扩散的结果，破坏了相界平衡，引起相界移动，达到了新的平衡。所以 β 相长大是"相界扩散移动"的过程，这就是包晶转变的机理。包晶点的合金平衡凝固过程如图 3-28 所示。

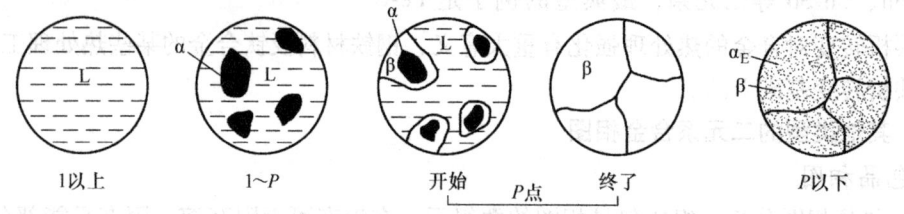

图 3-28　合金Ⅰ的平衡凝固组织

2) 10.5% < w_{Ag} < 42.4% 的 Pt-Ag 合金（合金Ⅱ）。合金Ⅱ在包晶反应前的结晶情况与合金Ⅰ的结晶情况相似。包晶转变前合金中 α、β 相相对量大于包晶反应所需的量，所以包晶反应后，除了新形成的 β 相外，还有剩余的 α 相存在。包晶温度以下，β 相中析出 $α_Ⅱ$，α 相中析出 $β_Ⅱ$，因此该合金的室温平衡组织为 α + β + $α_Ⅱ$ + $β_Ⅱ$，如图 3-29 所示。

3) 42.4% < w_{Ag} < 66.3% 的 Pt-Ag 合金（合金Ⅲ）。合金Ⅲ缓冷至包晶转变前的结晶过程与合金Ⅰ的结晶过程相同，由于合金Ⅲ中液相的相对量大于包晶转变所需的相对量，所以包晶转变后，剩余的液相在继续冷却过程中，将按匀晶转变方式继续析出 β 相，其成分沿 CB 液相线变化，而 β 相的成分沿 PB 线变化，直至 t_3 温度全部凝固结束，如图 3-30 所示。

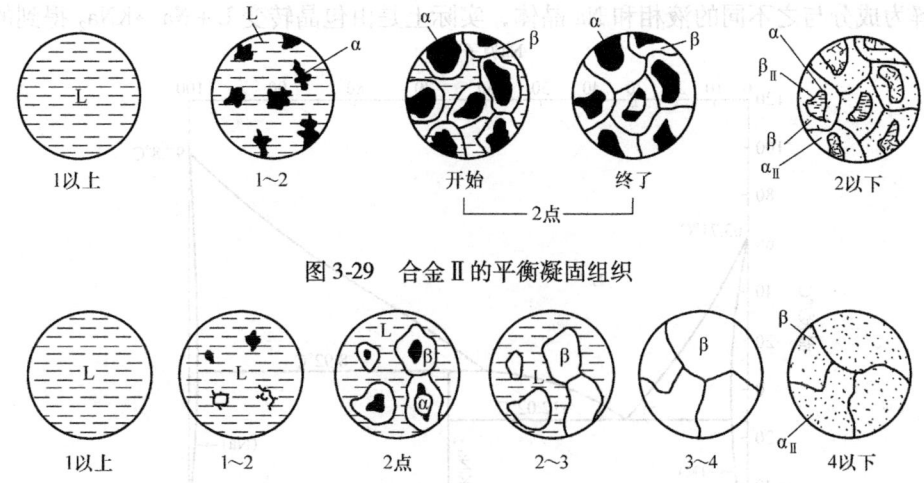

图 3-29　合金Ⅱ的平衡凝固组织

图 3-30　合金Ⅲ的平衡凝固组织

2. 包析相图

包析相图与包晶相图相似，固相也存在类似于包晶转变时所发生的反应。只是其发生在固态，所以也称为包析转变。包析转变与包晶转变的区别是在一定温度下由一个固相与另一个固相相互作用而生成第三个新固相的过程，其反应式类似于包晶反应式，可表达为：α + β→γ。

3. 形成化合物的相图

在某些二元系中，可形成一个或几个化合物，由于它们位于相图中间，故又称为中间相。根据化合物的稳定性又分为稳定化合物和不稳定化合物。所谓稳定化合物是指有确定的熔点，可熔化为成分相同的液态；而不稳定化合物不能熔化为成分相同的液态，当加热到一定温度时会发生分解，转变为两个相。

（1）形成稳定化合物的相图　这类二元相图如图 3-31 所示，组元 Mg 和组元 Si 生成一个稳定化合物 Mg_2Si，熔点为 1087℃。这类相图的特点是化合物组成点位于其液相线的范围内，在相图中是一条垂线。分析这类相图时，可把稳定化合物看作为一个独立组元而把相图分为两个独立部分，即按照中间垂直线将此相图划分为两个简单的二元系统相图，这样就可以用分析二元相图的方法来分析此相图。

（2）形成不稳定化合物的相图　图 3-32 是形成不稳定化合物（KNa_2）的 K-Na 合金相图，当 w_{Na} = 54.4% 的 K-Na 合金所形成的不稳定化合物被加热到 6.9℃

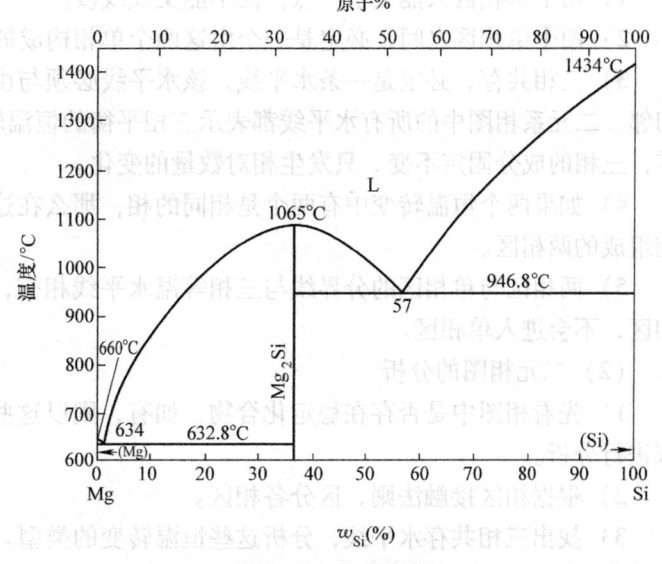

图 3-31　Mg-Si 相图

时,分解为成分与之不同的液相和 Na 晶体,实际上是由包晶转变 L + Na→KNa$_2$ 得到的。

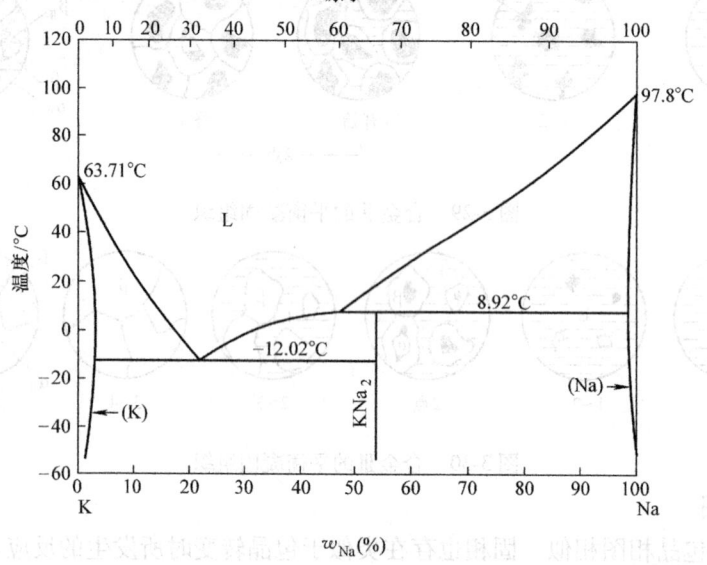

图 3-32 K-Na 相图

不稳定化合物可能有一定的溶解度,在相图上为一个相区。值得注意的是,不稳定化合物无论是处于一条垂直线上或是存在于具有一定溶解度的相区中,均不能作为组元而将整个相图划分为两部分。具有不稳定化合物的二元合金相图有 Al-Mn、Be-Ce、Mn-P 等,二元陶瓷相图有 SiO$_2$-MgO、ZrO$_2$-CaO、BaO-TiO$_2$ 等。

七、二元相图的规律及合金性能

1. 二元相图的规律及相图分析

(1) 二元相图的规律　根据热力学的基本原理,二元系相图在相律的约束下,有以下规律:

1) 两个单相区只能交于一点,而不能交成线段。

2) 两个单相区之间,必定是一个由这两个单相构成的两相区。

3) 三相共存,必定是一条水平线,该水平线必须与由这三个相组合而成的三个两相区相邻。二元系相图中的所有水平线都表示三相平衡的恒温转变。发生恒温转变时,自由度为零,三相的成分固定不变.只发生相对数量的变化。

4) 如果两个恒温转变中有两个是相同的相,那么在这两条水平线之间一定是由这两个相组成的两相区。

5) 两相区与单相区的分界线与三相等温水平线相交,则分界线的延长线进入另一个两相区,不会进入单相区。

(2) 二元相图的分析

1) 先看相图中是否存在稳定化合物,如有,则以这些化合物为界,把相图分成几个区域进行分析。

2) 根据相区接触法则,区分各相区。

3) 找出三相共存水平线,分析这些恒温转变的类型。

4) 应用相图分析合金随温度改变而发生的相转变和组织变化规律。在单相区,该相的成分与原合金相同；在两相区，不同温度下两相成分分别沿其相界线而变。根据研究的温度画出连接线，其两端分别与两条相界相交，由此根据杠杆定律可求出两相的相对量。三相共存时，三个相的成分是固定的，可用杠杆定律求出恒温转变前、后组成相的相对量。

5）在应用相图分析实际情况时，切记相图只给出体系在平衡条件下存在的相和相对量，并不能表示相的形状、大小和分布；相图只表示平衡状态的情况，实际生产条件下合金很少能达到平衡状态，因此要特别重视它们在非平衡条件下可能出现的相和组织，尤其是陶瓷，其熔体的粘度较合金大，组元的扩散比合金慢，因此许多陶瓷凝固后极易形成非晶体或亚稳相。

2. 相图与合金性能的关系

合金的性能取决于其组织，而某些工艺性能（如铸造性能等）又与其结晶特点有关。相图不仅表明了合金的成分与平衡组织之间的关系，而且可以反映合金结晶的特点。因此通过相图在一定程度上能找出合金的成分与性能的关系，能大致判断合金的性能，可以作为配制合金、选用材料和制订工艺时的重要依据。

（1）合金的使用性能与相图的关系。二元合金在室温下的平衡组织可分为两大类，一类是由单相固溶体构成的组织，称为固溶体合金；另一类是由两固相构成的组织，称为两相混合物合金。共晶转变、共析转变都会形成两相混合物合金。

试验证明，单相固溶体合金的力学性能和物理性能与成分变化关系如图 3-33a 所示，在某一成分上达到最大值或最小值。

两相混合物合金的力学性能和物理性能与成分主要呈直线变化关系，如图 3-33b 所示，但某些性能还受到组织细密程度等组织形态的影响。当合金处在 α 或 β 固溶体单相区时，与单相固溶体相同。当合金处在 α + β 两相区时，合金的性能和成分呈直线变化关系。当合金处在共晶成分附近时，由于合金中两相晶粒构成的细密的共晶体组织的比例增加，对组织形态敏感的一些性能如强度等就会偏离与成分的直线变化关系，出现图 3-33b 中虚线所示的高峰，其峰值的大小随着组织细密程度的增加而增加。需要指出的是：只有当两相晶粒比较粗大且均匀分布时，或是考查对组织形态不敏感的一些性能如密度、电阻率等，才符合直线变化关系。

（2）合金的工艺性能与相图的关系 图 3-34 为合金的工艺性能与相图的关系。合金的工艺性能取决于结晶区间的大小，这是因为结晶区间越大，相图中液相线与固相线之间的距离越大，合金结晶时的温度范围也越大，使得形成枝晶偏析的倾向增大。同时先结晶的枝晶容易阻碍未结晶液体的流动，从而增加了分散缩孔或疏松的形成，因此工艺性能差。反之结晶区间小，则铸造性能好。

共晶成分合金的工艺性能最好，因为在恒温下

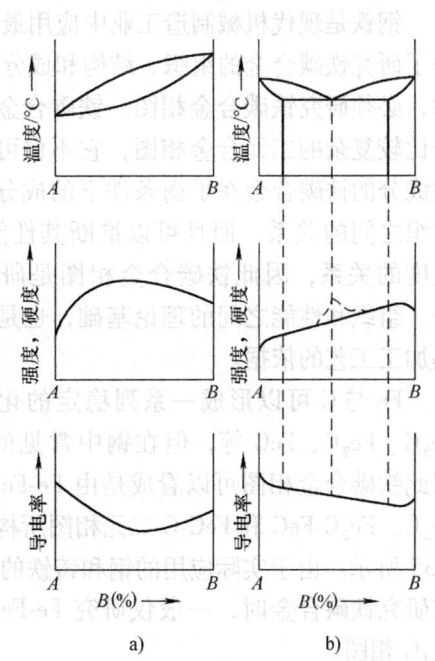

图 3-33 合金的使用性能与相图的
关系示意图
a）单相固溶体 b）两相混合物

结晶（即结晶温度区间为零），没有偏析，流动性好，结晶时容易形成集中缩孔，铸件的致密性好，同时熔点最低。因此铸造常选共晶或接近共晶成分的合金。

单相固溶体合金的变形抗力小，不易开裂，有较好的塑性，压力加工性能好。两相混合物合金的塑性变形能力相对较差，变形抗力相对较大，特别是当组织中存在较多的脆性化合物时，其压力加工性能更差。这是由于其各相组织的变形能力不一样，造成了一相阻碍另一相的变形，使塑性变形的抗力增加。单相固溶体合金的硬度低，切削加工性能差，表现为容易黏刀、不易断屑、加工表面粗糙度大等；当合金为两相混合物时，切削加工性能得到改善。

固态下无同素异构转变、共析转变和固溶变化的合金不能进行热处理。

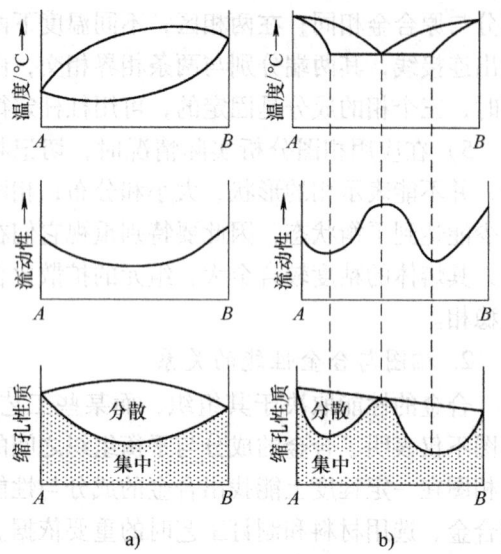

图 3-34 合金的工艺性能与相图的关系
a) 匀晶　b) 共晶

第三节　铁碳合金相图

钢铁是现代机械制造工业中应用最广泛的金属材料，是以铁碳为基本组元的复杂合金。为了研究铁碳合金的组织、结构和成分、温度之间的关系，探讨平衡组织的形成及其变化规律，必须研究铁碳合金相图。铁碳合金相图是一个比较复杂的二元合金相图，它不仅可以表示不同成分的铁碳合金在平衡条件下的成分、温度与组织之间的关系，而且可以推断其性能与成分、温度的关系，因此铁碳合金相图是研究钢铁成分、组织和性能之间的理论基础，也是制订各种热加工工艺的依据。

Fe 与 C 可以形成一系列稳定的化合物，如 Fe_3C、Fe_2C、FeC 等，但在钢中常见的是 Fe_3C，因此铁碳合金相图可以看成是由 Fe-Fe_3C、Fe_3C-Fe_2C、Fe_2C-FeC 和 FeC-C 二元相图所构成，如图 3-35 所示。由于实际应用的钢和铸铁的含量不超过 5%，是在 Fe-Fe_3C 的成分范围内，因此在研究铁碳合金时，一般仅研究 Fe-Fe_3C 部分。下面论述的铁碳合金相图实际上就是 Fe-Fe_3C 相图。

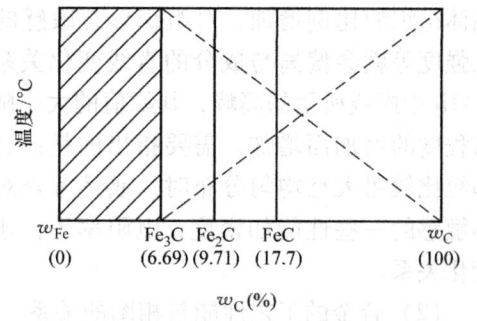

图 3-35　Fe-C 相图的组成

一、铁碳合金的组元及基本相

通常所说的碳素钢是指 $w_C = 0.02\% \sim 2.11\%$ 的铁碳合金，铸铁是指 $w_C > 2.11\%$ 的铁碳合金。Fe 和 Fe_3C 是组成 Fe-Fe_3C 相图的两个基本组元。铁可以形成体心立方结构和面心立方结构，碳溶于这两种结构的铁中形成两种固溶体，是相图中的两个基本相，即铁素体和奥氏体。此外 Fe_3C（渗碳体）也是 $Fe-Fe_3C$ 相图的基本相之一。下面具体介绍铁碳合金中的组元和基本相。

1. 纯铁

铁是一个过渡族元素，熔点为1538℃，在固态下，铁可以发生两种同素异构转变，即在1538℃时它结晶为体心立方晶格的 δ-Fe，当温度冷却到1394℃时，δ-Fe 转变为面心立方晶格的 γ-Fe。通常将 δ-Fe $\rightleftharpoons$ γ-Fe 的转变称为 A_4 转变，平衡临界点温度称为 A_4 点。当温度冷却到912℃时，面心立方晶格的 γ-Fe 又转变为体心立方晶格的 α-Fe。通常将 γ-Fe $\rightleftharpoons$ α-Fe 的转变称为 A_3 转变，平衡点称为 A_3 点。在912℃以下铁的晶体结构不再发生变化。同素异构转变与液态结晶一样，也是一种相变过程。为了区别于液态结晶，通常将固态下的相变过程称为重结晶。

$$L \xleftrightarrow{1538℃} \delta\text{-Fe} \xleftrightarrow{1349℃} \gamma\text{-Fe} \xleftrightarrow{912℃} \alpha\text{-Fe}$$

α-Fe 在770℃时还将发生磁性转变，即由高温的顺磁性转变为低温下的铁磁性状态。通常将这种磁性转变称为 A_2 转变。磁性转变温度称为铁的居里点。发生磁性转变时铁的晶格类型不变。

2. 渗碳体

渗碳体 Fe_3C 是铁与碳形成的间隙化合物，即 $w_C = 6.69\%$。Fe_3C 也是铁碳相图中的基本相，熔点为1227℃。

渗碳体属于正交晶系，晶体结构复杂。一个渗碳体晶胞含有12个铁原子和4个碳原子，符合 $n(Fe):n(C) = 3:1$ 的关系，故写成 Fe_3C。渗碳体具有很高的硬度，约为800HBW，但塑性很低，其伸长率接近于零。渗碳体具有一定的铁磁性，居里点为230℃，其转变称为 A_0 转变。

铁碳生成的金属化合物，脆性很大，没有实用价值，所以对于铁碳合金相图通常只研究 $Fe-Fe_3C$ 相图部分。$Fe-Fe_3C$ 相图主要是由包晶相图、共晶相图和共析相图三个基本相图组成，如图3-36所示。

3. 铁素体（用 F 或者 α 表示）

铁素体是碳溶于 α-Fe 中形成的体心立方晶格的间隙固溶体，它在金相显微镜下为多边形晶粒。铁素体中碳的溶解度很小，在室温时小于0.0008%，在727℃时只有0.0218%。铁素体的强度和硬度低，塑性好，力学性能与纯铁相似，在770℃以下具有磁性。

4. 奥氏体（用 A 或者 γ 表示）

奥氏体是碳溶于 γ-Fe 中形成的面心立方晶格的间隙固溶体，它在金相显微镜下为规则的多边形晶粒。奥氏体中碳的溶解度较大，在727℃时有0.77%，在1148℃时溶解度最大，达到2.11%。奥氏体的强度和硬度不高，塑性好，易于压力加工，没有磁性。

5. 高温铁素体（用 δ 表示）

高温铁素体是碳溶于 δ-Fe 中形成的体心立方晶格的间隙固溶体。δ 固溶体的性质与铁素体相同，但只存在于1394~1538℃，在1495℃时碳的溶解度最大，达到0.09%。

6. 液相

液相是铁和碳在一定温度下生成的液相熔体，用 L 表示。

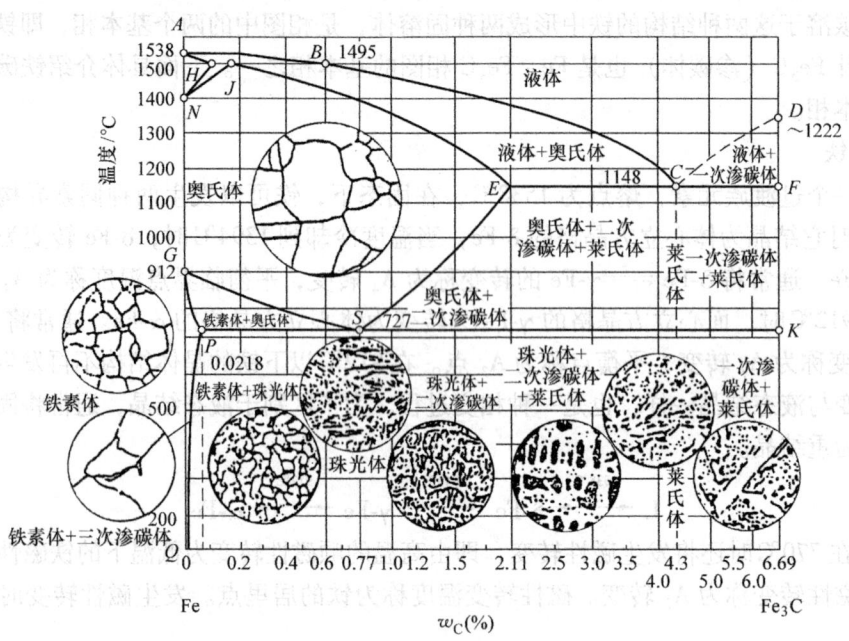

图 3-36 铁碳合金组织状态相图

二、Fe-Fe₃C 相图分析

1. Fe-Fe₃C 相图中的主要特点

图 3-36 所示的 Fe-Fe₃C 相图中特性点的符号、温度、含碳量及意义见表 3-2。

表 3-2 Fe-FeC 相图中的主要特点

特性点符号	温度/℃	w_C（%）	意　　义
A	1538	0	纯铁熔点
B	1495	0.53	包晶转变时液相的浓度
C	1148	4.30	共晶点
D	1227	6.69	渗碳体的熔点
E	1148	2.11	碳在 γ-Fe 中的最大溶解度
F	1148	6.69	渗碳体成分
G	912	0	α-Fe 与 γ-Fe 的同素异构转变点
H	1495	0.09	碳在 δ-Fe 中的最大溶解度
J	1495	0.17	包晶成分点
K	727	6.69	渗碳体成分
N	1394	0	γ-Fe 与 α-Fe 的同素异构转变点
P	727	0.0218	碳在 α-Fe 中的最大溶解度
S	727	0.77	共析点
Q	600	≈0.01	600℃时碳在 α-Fe 中的溶解度

2. 相图中的线和相区

相图的液相线是 ABCD 线，固相线是 AHJECF 线。相图中有四个单相区，分别为：AB-CD 线以上——液相区（L）；NESGN——奥氏体相区（A）；GPQG——铁素体相区（F）；

DFKL——渗碳体相区（Fe_3C）。相图中有五个两相区，存在于相邻两个单相区之间，分别为：$L+A$、$L+Fe_3C$、$A+F$、$A+Fe_3C$ 及 $F+Fe_3C$。

相图上有两条重要的水平线，即 *ECF* 线、*PSK* 线，其意义如下：

ECF 水平线称为共晶转变线，在 1148℃ 恒温下，$w_C=4.3\%$ 的液相转变为 $w_C=2.11\%$ 的奥氏体和渗碳体的机械混合物，其反应式为

$$L_C \xrightleftharpoons[]{1148℃} A_E + Fe_3C$$

共晶转变的产物称为莱氏体，用符号 Ld 表示，这是以德国冶金学家 A. Ledebur 的名字命名的。凡 $w_C>2.11\%$ 的铁碳合金在温度冷至 1148℃ 时都将发生共晶反应，继续冷却将进一步发生分解，分解后的莱氏体称为低温莱氏体，用 Ld' 表示。在莱氏体中，渗碳体是连续分布的相，奥氏体（在室温时为珠光体）呈颗粒状或块状分布在渗碳体的基体上。由于渗碳体很脆，所以莱氏体是塑性很差的组织。

PSK 水平线称为共析转变线。在 727℃ 恒温下，$w_C=0.77\%$ 的奥氏体转变为 $w_C=0.0218\%$ 的铁素体和渗碳体的机械混合物，其反应式为

$$A_s \xrightleftharpoons[]{727} F_P + Fe_3C$$

共析转变形成的组织形态为铁素体薄层和渗碳体薄层交替重叠的层状复相物，称为珠光体，用符号 P 表示。这是由于其金相形态酷似珍珠母甲壳外表面的光泽而得名。

共析转变线 *PSK* 常用 A_1 表示。凡 $w_C>2.11\%$ 的铁碳合金在冷却到 727℃ 时发生共析转变。珠光体中的渗碳体以细片状分散在铁素体基体上，起强化作用，因此珠光体有较高的强度和硬度，但塑性较差。在平衡结晶条件下，珠光体的性能大致为：抗拉强度（R_m）1000N/mm²、屈服强度（$R_{p0.2}$）600N/mm²、伸长率（A）10%、断面收缩率（Z）15%、硬度 241HBW。

此外，相图中还有三条重要的特性曲线，即 *ES* 线、*PQ* 线和 *GS* 线。

ES 线是碳在奥氏体中的溶解度曲线，或称为 A_{cm} 线。由于在 1148℃ 时，E 点的奥氏体中的 w_C 为 2.11%，在 727℃ 时 S 点的 w_C 仅为 0.77%，因此 $w_C>0.77\%$ 的铁碳合金在冷却到此线时，将从奥氏体中析出渗碳体，奥氏体在共析转变之前析出的渗碳体称为二次渗碳体，用符号 Fe_3C_{II} 表示，该线又称为二次渗碳体开始析出线。

PQ 线是碳在铁素体中的溶解度曲线。在 727℃ 时的 P 点，铁素体中的 $w_C=0.0218\%$，而在室温时仅为 0.0008%，因此 $w_C>0.0218\%$ 的铁碳合金在冷却到此线时，将从铁素体中析出渗碳体。由铁素体中析出的渗碳体称为三次渗碳体，用符号 Fe_3C_{III} 表示。该线又称为三次渗碳体的开始析出线。三次渗碳体的量较少，通常可以忽略不计。

需要指出的是：不管是直接从液相中析出的一次渗碳体，还是从奥氏体或铁素体中析出的二次渗碳体或三次渗碳体，以及由共晶反应或共析反应形成的共晶或共析渗碳体，它们的成分、晶格结构及力学性能都是相同的，只是由于其生成条件不同而具有不同的形态。

GS 线又称为 A_3 线，它是在冷却过程中由奥氏体析出铁素体的开始线，或者说加热时铁素体溶入奥氏体的终止线。

三、典型合金的结晶过程及组织

铁碳合金的组织是液态结晶和固态重结晶的综合结果。通常按其有无共晶转变将它分为碳素钢和铸铁两大类。w_C 在 0.0218% ~ 2.11% 之间不发生共晶转变的铁碳合金称为碳素钢；

w_C 在 2.11% 到 6.69% 之间发生共晶转变的铁碳合金称为铸铁。按含碳量和显微组织的不同可将铁碳合金分成七种,如图 3-37 所示。

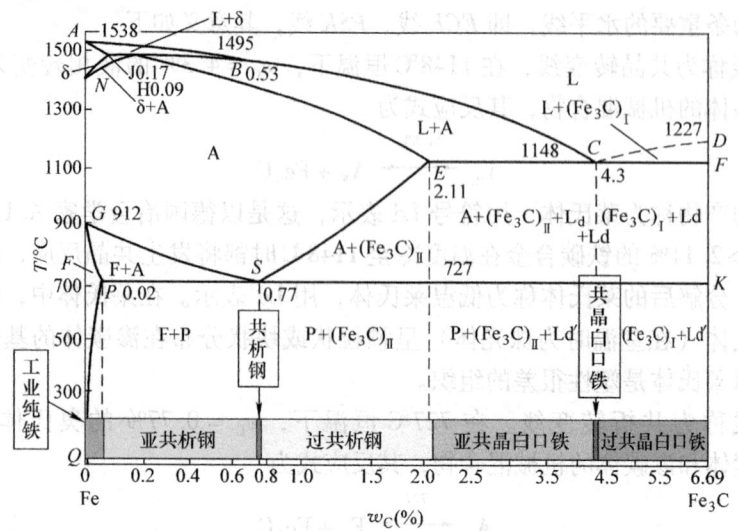

图 3-37 铁碳合金的分类及组织

① 工业纯铁,$w_C < 0.0218\%$;
② 共析钢,$w_C = 0.77\%$;
③ 亚共析钢,$0.0218\% < w_C < 0.77\%$;
④ 过共析钢,$w_C = 0.0218\% \sim 2.11\%$;
⑤ 共晶白口铸铁,$w_C = 4.3\%$;
⑥ 亚共晶白口铸铁,$2.11\% < w_C < 4.3\%$;
⑦ 过共晶白口铸铁,$4.3\% < w_C < 6.69\%$;

下面以几种典型的铁碳合金为例,分析其平衡结晶过程及组织转变。

1. 工业纯铁

以 w_C 为 0.01% 的合金为例,此合金在相图的位置、冷却曲线以及结晶过程如图 3-38 所示。合金溶液在 1~2 点温度区间,按照匀晶转变结晶出 δ 固溶体,到 2 点转变结束,呈现单相高温铁素体组织。δ 固溶体冷却到 3 点开始发生同素异构转变 δ→γ,当温度冷却到 4 点,高温铁素体全部转变为奥氏体组织。继续冷却到 5 点,奥氏体中开始析出铁素体,铁素体沿着奥氏体晶界优先形核和长大。当冷却到 6 点全部转变为铁素体。铁素体冷却到 7 点,碳在 α 相中的溶解度达到饱和,在 7 点以下从 α 相中析出三次渗碳体。工业纯铁在室温时的组织为铁素体和沿其晶界分布的片状三次渗碳体,可用杠定律求出 Fe_3C_{III} 的相对含量为

$$Q_{Fe_3C_{III}} = \frac{0.01}{6.69} \times 100\% = 0.15$$

在室温下,Fe_3C_{III} 含量最大的是 w_C 为 0.0218% 的合金,根据杠杆定律,其质量分数为

$$Q_{Fe_3C_{III}} = \frac{0.0218}{6.69} \times 100\% = 0.33\%$$

因 Fe_3C 的含量相对较少,若不是对其作特别分析可忽略不计。图 3-39 是工业纯铁室温下的显微组织。

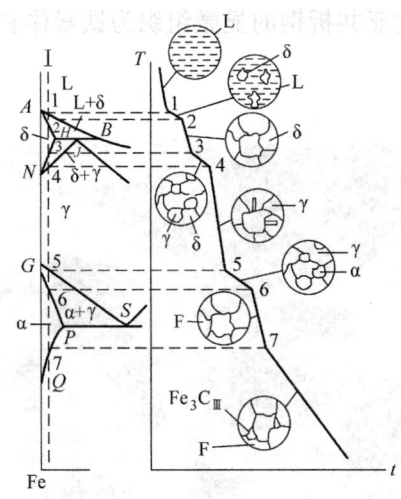
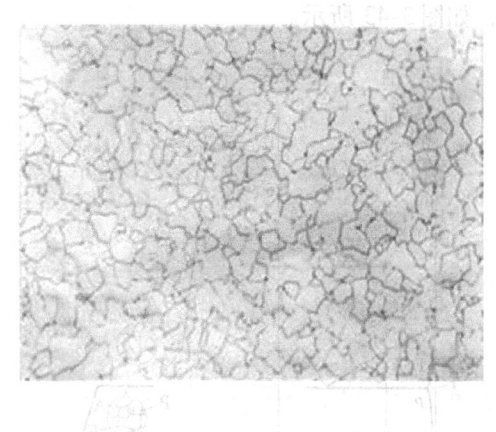

图3-38 工业纯铁结晶示意图 　　　　图3-39 工业纯铁显微组织（200×）

2. 共析钢

共析钢的冷却曲线和平衡结晶如图3-40所示。当合金冷却至1点，开始从液相中结晶出奥氏体A；冷却到2点，结晶完毕；继续冷却到3点（727℃）时发生共析转变，生成珠光体；继续冷却，珠光体不发生变化。因此共析钢的显微组织为珠光体P，呈层片状，如图3-41所示。按杠杆定律计算生成的F和Fe_3C的相对质量为

$$Q_F = \frac{6.69 - 0.77}{6.69} \times 100\% = 88.5\%, \quad Q_{Fe_3C} = \frac{0.77}{6.69} \times 100\% = 11.5\%$$

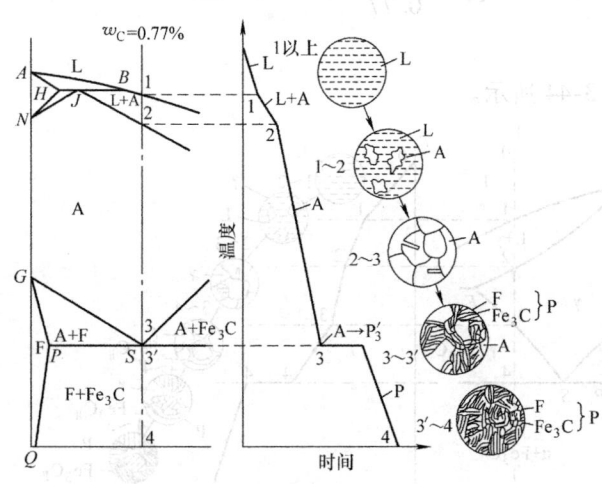
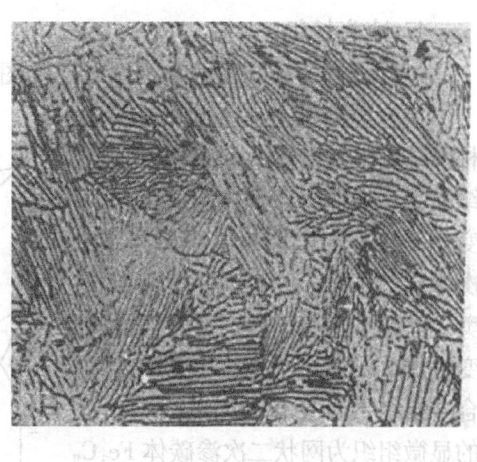

图3-40 共析钢结晶示意图 　　　　图3-41 共析钢的显微组织（500×）

3. 亚共析钢

亚共析钢的冷却曲线和平衡结晶如图3-42所示。当合金冷却至1点，开始从液相中结晶出高温铁素体δ；冷却到2点发生包晶转变生成A；继续冷却到3点时，全部转变为A，3点和4点之间A不变化；从4点开始A中析出F；继续冷却到5点，A发生共析转变生成P，

F 不变化；继续冷却到 6 点，合金组织不变化。因此亚共析钢的显微组织为铁素体和珠光体，如图 3-43 所示。

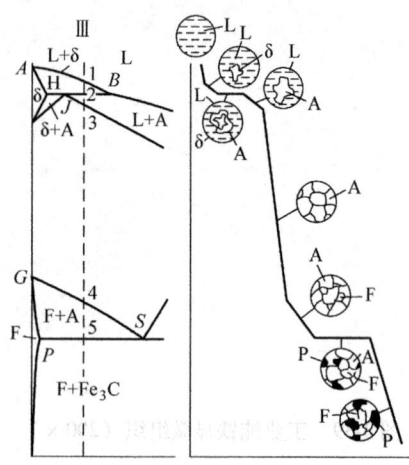
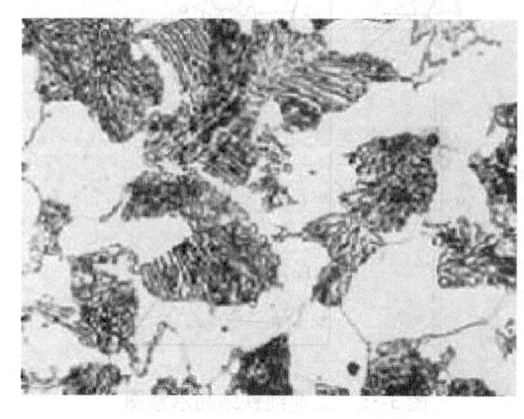

图 3-42 亚共析钢结晶示意图　　　　图 3-43 亚共析钢的显微组织（500×）

按杠杆定律可以计算生成的相及组织（F+P）的相对含量，当 $w_C=0.45\%$ 时，显微两相组成物的相对含量为

$$Q_F = \frac{6.69-0.45}{6.69} \times 100\% = 93.3\% \qquad Q_{Fe_3C} = \frac{0.45}{6.69} \times 100\% = 6.7\%$$

显微两相组为 P+F，其组织组成物的相对含量为

$$Q_F = \frac{0.77-0.45}{0.77} \times 100\% = 41.6\% \qquad Q_P = \frac{0.45}{0.77} \times 100\% = 58.4\%$$

4. 过共析钢

过共析钢的冷却曲线和平衡结晶如图 3-44 所示。

当合金冷却至 1 点，开始从液相中结晶出奥氏体 A；冷却到 2 点，结晶完毕。在 2 点和 3 点之间 A 不变化，从 3 点开始 A 中析出网状二次渗碳体 Fe_3C_{II}；继续冷却到 4 点，奥氏体的 w_C 为 0.77%，发生共析转变生成 P，Fe_3C 不变化；继续冷却，合金组织不再变化。因此过共析钢的显微组织为网状二次渗碳体 Fe_3C_{II} 和珠光体，如图 3-45 所示。

根据杠杆定律可以求出室温时合金相组成物 F 和 Fe_3C 的相对含

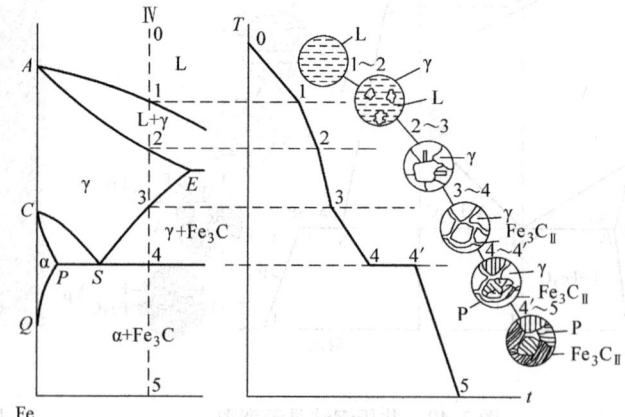

图 3-44 过共析钢结晶示意图

量，当合金中的 $w_C=1.2\%$（过共析合金）时，相的相对含量为

$$Q_F = \frac{6.69-1.20}{6.69} \times 100\% = 82.1\%, \qquad Q_{Fe_3C} = \frac{1.20}{6.69} \times 100\% = 17.9\%$$

图 3-45 过共析钢（T12）的显微组织（400×）

显微组织组成物为 P 和 Fe_3C_{II}，其相对含量为

$$Q_P = \frac{6.69 - 1.20}{6.69 - 0.77} \times 100\% = 92.7\%, \quad Q_{Fe_3C_{II}} = \frac{1.20 - 0.77}{6.69 - 0.77} \times 100\% = 7.3\%$$

过共析钢中 Fe_3C_{II} 的数量随着钢中 w_C 的增加而增加，当 w_C 达到 2.11% 时，Fe_3C_{II} 的数量达到最大值，其含量可根据杠杆定律求出，即

$$Q_{Fe_3C_{II}\max} = \frac{2.11 - 0.77}{6.69 - 0.77} \times 100\% = 22.6\%$$

5. 共晶白口铸铁（$w_C = 4.3\%$）

此合金在相图中的位置以及冷却曲线和结晶过程如图 3-46 所示。

当液态合金冷却到 1 点时，发生共晶反应，形成了莱氏体组织，其中的 Fe_3C 称为共晶渗碳体。当温度冷却至 1 点以下时，随着碳在奥氏体中溶解度不断下降，从共晶奥氏体中不断析出渗碳体，此时所析出的 Fe_3C 依附在共晶渗碳体上。当温度降至 2 点（727℃）时，共晶奥氏体中的 w_C 降至 0.77%，发生共析反应。最后的显微组织是共析产物分布在共晶渗碳体的基体上，其基本形态保持高温下共晶转变所形成莱氏体的形态特征，但组成相为 F + Fe_3C，称为低温莱氏体。图 3-47 所示是共晶白口铸铁的显微组织。

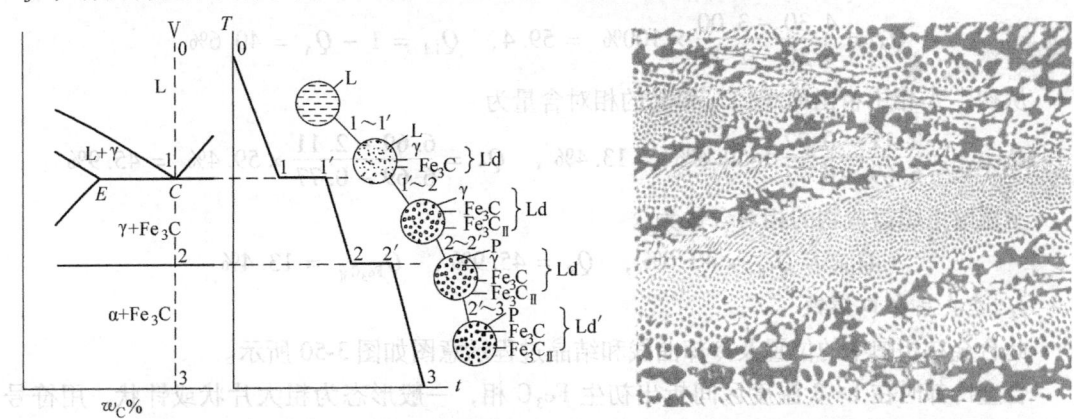

图 3-46 共晶白口铸铁结晶过程示意图 　　图 3-47 共晶白口铸铁的室温显微组织（200×）

根据杠杆定律,可求出共晶反应后共晶体中两相组成物 A 和 Fe_3C 的相对含量

$$Q_A = \frac{6.69 - 4.30}{6.69 - 2.11} \times 100\% = 52.2\%, \quad Q_{Fe_3C} = 1 - Q_A = 47.8\%$$

同理,可求出室温时两相组成物 F 和 Fe_3C 的相对含量

$$Q_F = \frac{6.69 - 4.30}{6.69} \times 100\% = 35.7\%, \quad Q_{Fe_3C} = 1 - Q_F = 64.3\%$$

6. 亚共晶白口铸铁

此合金在相图中的位置及冷却曲线和结晶过程如图 3-37 和图 3-48 所示。

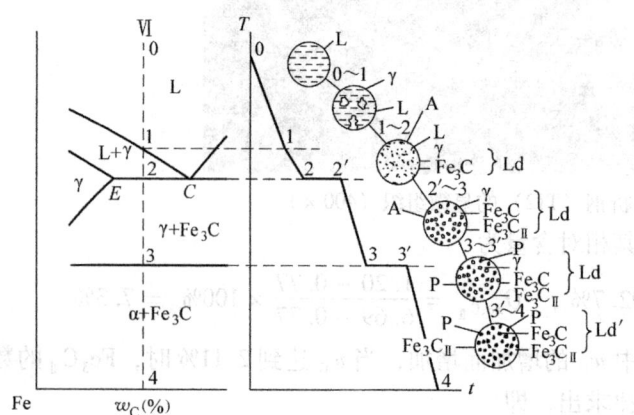 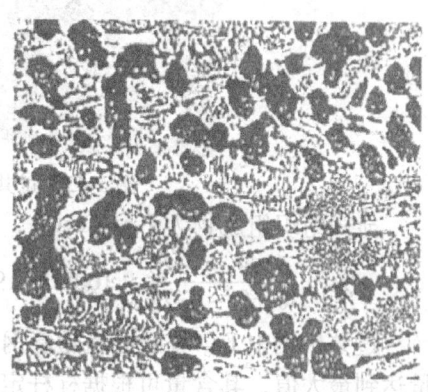

图 3-48 亚共晶白口铸铁结晶示意图   图 3-49 亚共晶白口铸铁的显微组织(200×)

合金冷却至 1-2 点之间,按匀晶反应先析出 A 相,称作初生奥氏体。冷却至 2 点时,剩余液体产生共晶反应形成莱氏体,此时组织组成物为 A + Ld。在 2-3 点之间,沿着 ES 线从 A 相中析出 Fe_3C_{II},冷却至 3 点产生共析反应,初生奥氏体转变成珠光体,高温莱氏体转变成低温莱氏体,亚共晶白口铸铁的显微组织为 $Ld' + P + Fe_3C_{II}$。图 3-49 为亚共晶白口铸铁的室温显微组织,由于 Fe_3C 含量相对很小,所以只有在高倍显微镜下或电子显微镜下才能观察到沿 P 边界分布的 Fe_3C_{II}。根据杠杆定律,w_C 为 3.0% 的合金中初生 A 和 Ld 的相对含量为

$$Q_A = \frac{4.30 - 3.00}{4.30 - 2.11} \times 100\% = 59.4, \quad Q_{Ld} = 1 - Q_A = 40.6\%$$

从初生 A 相中析出的 Fe_3C_{II} 和 P 的相对含量为

$$Q_{Fe_3C_{II}} = \frac{2.11 - 0.77}{6.69 - 0.77} \times 59.4\% = 13.4\%, \quad Q_P = \frac{6.69 - 2.11}{6.69 - 0.77} \times 59.4\% = 45.9\%$$

室温时组织组成物的相对含量为

$$Q_{Ld'} = Q_{Ld} = 40.6\%, \quad Q_P = 45.9\%, \quad Q_{Fe_3C_{II}} = 13.4\%$$

7. 过共晶白口铸铁

此合金在相图中的位置及冷却曲线和结晶过程示意图如图 3-50 所示。

合金冷却时在 1~2 温度区间析出初生 Fe_3C 相,一般形态为粗大片状或针状,用符号(Fe_3C_I)表示。冷却到 2 点时,发生共晶反应,形成莱氏体。莱氏体在 727℃ 以下转变为低

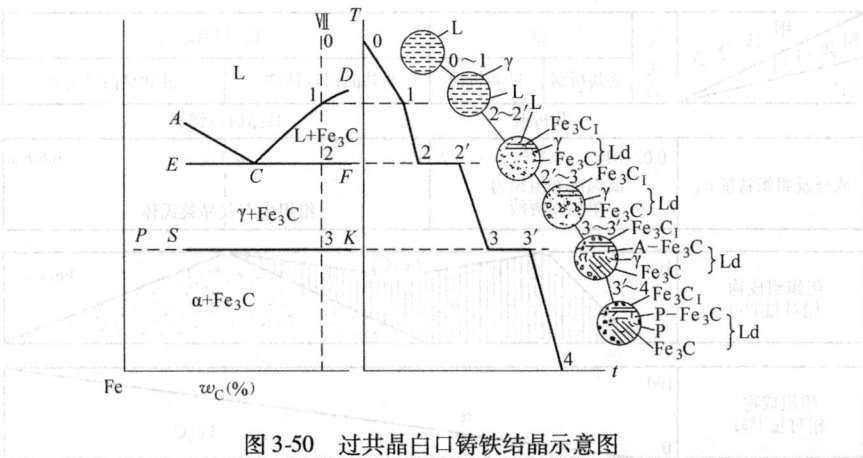

图 3-50 过共晶白口铸铁结晶示意图

温莱氏体 Ld'。过共晶白口铸铁的显微组织为 $Ld' + Fe_3C_I$，如图 3-51 所示。

根据杠杆定律，可求出显微组织组成物的相对含量

$$Q_{Fe_3C_{II}} = \frac{5.00 - 4.30}{6.69 - 4.30} \times 100\% = 29.3\%$$

$$Q_{Ld'} = 1 - Q_{Fe_3C_{II}} = 70.7\%$$

室温时相组成物 F 和 Fe_3C 的相对含量为

$$Q_F = \frac{6.69 - 5.00}{6.69} \times 100\% = 25.3\%$$

$$Q_{Fe_3C} = \frac{5.00}{6.69} \times 100\% = 74.7\%$$

图 3-51 过共晶白口铸铁的显微组织（200×）

由上述分析可知，在 $Fe-Fe_3C$ 相图中，随含碳量的不同，可获得七种类型的室温平衡组织。

四、含碳量与铁碳合金组织及性能的关系

1. 含碳量对平衡组织的影响

钢和白口铸铁中的相组成物、组织组成物的相对量，可根据 $Fe-Fe_3C$ 相图运用杠杆定律进行计算，计算结果如图 3-52 所示。

当含碳量增加时，渗碳体的数量增加，渗碳体存在的形式也在变化，由分散在铁素体的基体内变成分布在珠光体的周围，最后当形成莱氏体时，渗碳体又作为基体出现。

2. 含碳量对力学性能的影响

渗碳体是强化相，如果合金的基体是铁素体，渗碳体的量越多，分布越均匀，材料的强度越高；当渗碳体分布在晶界上，特别是作为基体时，材料的塑性和韧性将下降。含碳量对钢的平衡组织性能的影响如图 3-53 所示。

亚共析钢随着含碳量的增加，组织中珠光体的数量相应地增加，钢的硬度、强度呈直线上升，而塑性相应降低。

过共析钢缓冷后由珠光体与二次渗碳体所组成，随着含碳量的增加，二次渗碳体发展成连续网状，当 w_C 超过 1.0% 时，钢变得硬而脆，强度下降。

白口铸铁由于出现了以渗碳体为基体的莱氏体，硬度高、脆性大，难以切削加工，故很

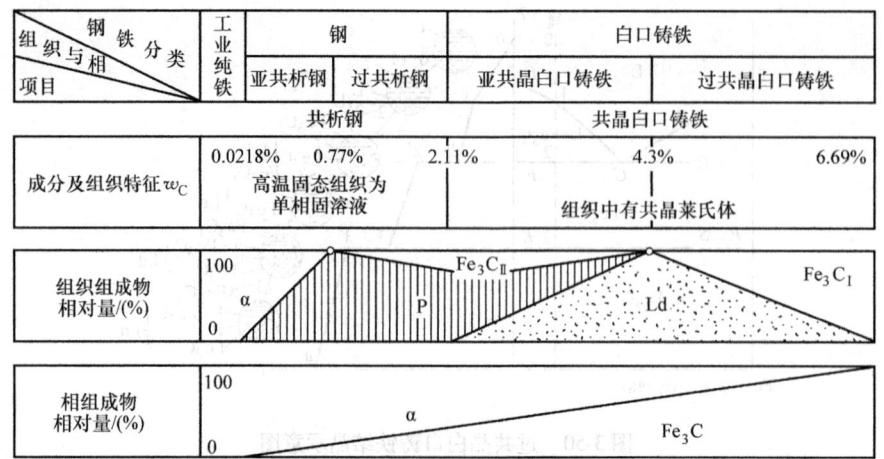

图 3-52 铁碳合金的相组成物、组织组成物的相对量与含碳量的关系

少应用。

3. 含碳量对工艺性能的影响

（1）切削加工性能 一般认为，中碳钢的塑性比较适中，硬度在 200HBW 左右，切削加工性能很好。含碳量过高或过低，都会使切削加工性能变差。

（2）可锻性 低碳钢可锻性比高碳钢好。由于钢加热到单相奥氏体时，塑性好、强度低，便于塑性变形，所以一般锻造都是在单相奥氏体状态下进行。

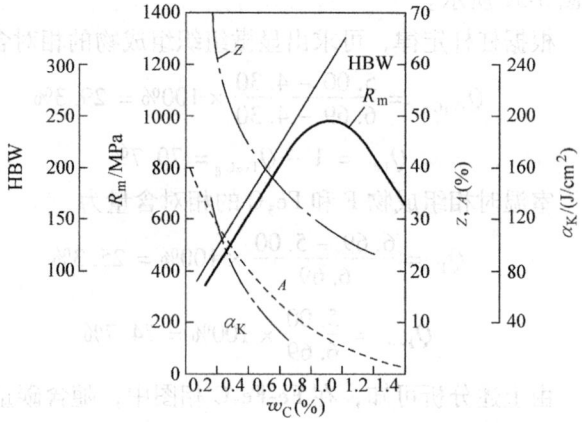

图 3-53 铁碳合金力学性能与含碳量的关系

（3）铸造工艺性能 铸铁的流动性比钢好，易于铸造，特别是靠近共晶成分的铸铁，其结晶温度低，流动性好，具有良好的铸造性能。从相图的角度来看，凝固温度区间越大，越容易形成分散缩孔和偏析，使铸造工艺性能变差。

（4）可焊性 含碳量越低，钢的焊接性能越好，所以低碳钢比高碳钢更容易焊接。

五、铁碳合金相图的应用

在生产中，Fe-Fe_3C 相图具有重要的应用意义，主要表现在钢铁材料的选用和加工工艺的制订。

1. 在选材上的应用

Fe-Fe_3C 相图所表明的成分—组织—性能的规律，为钢铁材料的选用提供了依据。工业纯铁在室温下的退火组织由等轴晶粒组成，其强度低，塑性、韧性好，磁导率高，矫顽力低，可作为软磁材料，如变压器的铁心等。

w_C 为 0.15% ~ 0.25% 的亚共析钢属于低碳钢，为工程结构用钢，主要用于房屋、桥梁、船舶、车辆、矿井或油井井架等大型工程结构件，一般不进行热处理，而直接在热轧或正火状态下使用，另外还可以用作冲压件、焊接件、抗冲击结构件等。

w_C 为 0.30% ~0.50% 的亚共析钢属于中碳钢，为机械结构用钢，主要用于制造各种机械零部件，如轴类、齿轮等，要求有较高的强度、塑性、韧性和疲劳强度等综合力学性能，通常在淬火加高温回火状态下使用，常称之为调质钢。

w_C 为 0.6% ~0.7% 的亚共析钢属于高碳钢，为机械结构用钢，主要用于制造各种弹性元件，如弹簧等，要求有较高的弹性极限和疲劳强度，通常在淬火加中温回火后使用，常称之为弹簧钢。

w_C 为 0.7% 以上的共析钢和过共析钢属于高碳钢，是工具钢类，主要用于制作刃具、量具、模具、轧制工具等，要求有高强度、高硬度和高耐磨性。

w_C 大于 2.11% 的铁碳合金为铸铁，具有较低的熔点，优良的铸造工艺性能和良好的抗振性，生产工艺简单，成本低廉，用途广泛，如各类机器的机身或底座、土建工程中的铸铁管、冶金工业中的钢锭模、轧辊及犁铧等。

2. 在热加工工艺上的应用

（1）在铸造工艺制订上的应用　钢和铸铁的浇注温度可以依据 Fe-Fe$_3$C 相图来确定，通常浇注温度在液相线以上 50~100℃ 之间，此外从相图中还可看出，纯铁和共晶白口铸铁的凝固温度区间最小，铸造性能最好，可以获得高质量的铸件。生产中铸铁的成分一般选择在共晶点附近。铸钢通常选用 w_C 在 0.15% ~0.6% 之间，其原因之一是在这个成分范围内钢的结晶温度区间较小，因而有较好的铸造性能。

（2）在塑性加工工艺制订上的应用　由于奥氏体的强度较低，塑性较好，变形抗力较小，所以塑性加工如锻造、轧制等都是把钢加热到奥氏体状态后进行。始锻温度一般控制在固相线以下 100~200℃ 范围内。始锻（轧）温度不宜过高，否则烧损严重，甚至过烧，一般为 1150~1250℃。终锻（轧）温度不能过低，以免发生锻（轧）裂。亚共析钢的终锻（轧）温度多控制在略高于 GS 线，过共析钢控制在略高于 PSK 线，一般为 750~850℃。

（3）在热处理工艺制订上的应用　Fe-Fe$_3$C 相图对热处理工艺的制订有着特别重要的意义。大多数热处理工艺的加热参数，如退火、正火、淬火等都依据 Fe-Fe$_3$C 相图确定。

第四节　金属的凝固组织

工业上应用的零部件通常由两种途径获得：一种是由合金在一定几何形状与尺寸的铸模中直接凝固而成，称为铸件；另一种是通过合金浇注成方或圆的铸锭，然后开坯，通过热轧或热锻，最终通过机加工和热处理甚至焊接来获得部件的几何尺寸和性能。显然，前者比后者要节约能源、时间和人力，从而降低生产成本，但前者的适用范围有一定限制。对于铸件来说，铸态组织和缺陷直接影响其力学性能，对于铸锭来说，铸态组织和缺陷直接影响它的加工性能，也有可能影响到最终制品的力学性能。合金铸件（或铸锭）的质量，不仅在铸造生产中，而且对几乎所有的合金制品都是重要的。在实际生产中，金属是在铸模中结晶的，由于模壁散热条件的变化以及液、固金属物理化学性质的差别，在凝固后的金属铸锭剖面上，用宏观分析的方法，可以直接观察到外形不同、粗细不等的晶体，以及其他各种缺陷。

一、金属铸锭宏观组织

金属和合金凝固后的晶粒较为粗大，通常是宏观可见的，如图 3-54 所示。

1. 表层细晶区

当液态金属注入锭模后，型壁温度低，与型壁接触的熔液产生强烈过冷，型壁可作为非均匀形核的基底，因此立刻形成大量的晶核，这些晶核迅速长大至互相接触，形成由细小的、方向杂乱的等轴晶粒组成的细晶区，成为表面细晶区。

2. 柱状晶区

随着"细晶区"壳形成，型壁被熔液加热而不断升温，使剩余液体的冷却速度变慢，同时结晶时释放潜热，故细晶区前沿液体的过冷度变小，形核困难，只有细晶区中现有的晶体向液体中生长。在这种情况下，一次轴（即生长速度最快的晶向）垂直于型壁（散热最快方向）的晶体得到优先生长，其他取向的晶粒由于受邻近晶粒的限制而不能发展，这些与散热方向相反的晶体择优生长而形成柱状晶区。各柱状晶的生长方向是相同的，如图 3-55 所示。

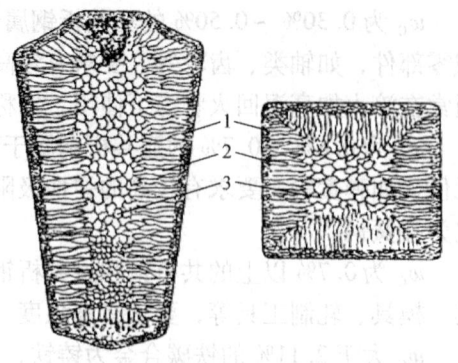

图 3-54　钢锭的 3 个晶区示意图
1—表面细晶区　2—柱状晶区　3—中心等轴晶区

纯金属凝固时，柱状晶前沿大致呈平面状生长。合金具有较宽的凝固温度范围，结晶前沿的液相中会出现成分过冷，柱状晶便以树枝状方式生长，但是柱状枝晶的一次轴仍垂直于型壁。

3. 中心等轴晶区

铸锭凝固的后期，随着固体层的加厚，向外散热的速度逐渐减慢，剩余液体的温度均已降至熔点以下，温度梯度渐趋于零，一方面液体中会出现一些由不同原因形成的悬浮细小枝晶，其已具备长大条件，且生长方向不受限制，于是形成中心等轴晶区。

二、铸锭中的缺陷

铸锭缺陷在金属铸锭中除组织不均匀外，最常见的有偏析、缩孔、疏松及气孔等。

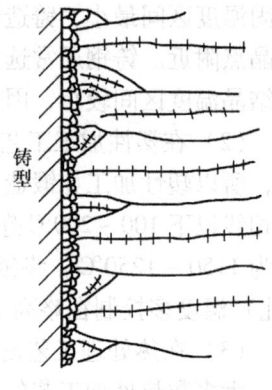

图 3-55　柱状晶区的生长

（1）偏析　偏析是指合金铸锭中的化学成分、气体及非金属夹杂物的不均匀分布。偏析一般分为显微偏析和宏观偏析。显微偏析分为枝晶偏析、晶界偏析和胞状偏析等；宏观偏析分为正偏析、反偏析和密度偏析等。

（2）缩孔　缩孔是指固态金属的密度高于液态金属，金属结晶时将发生体积收缩，原来填满铸型的液态金属凝固内部出现收缩孔洞。缩孔一般分为集中缩孔和分散缩孔。集中缩孔分为缩管、缩孔；分散缩孔又称为疏松，分为一般疏松和中心疏松。缩孔表面严重氧化，其附近含有大量的夹杂物，锻造和轧制时不能焊合，必须完全切除，钢材中不允许有缩孔残留。疏松多分布于铸件的轴线区域、内浇口附近甚至厚大铸件的整个断面，它分布面广，难于控制，因而对铸件的力学性能影响很大，疏松是对铸件性能有较大危害的缺陷之一。

（3）气孔　气孔是指液态金属中溶解气体在金属凝固时未能及时逸出，而停留在铸锭内部，形成气孔。铸锭内部的气孔在后续锻造或轧制过程中可以被焊合，而靠近铸锭表面的皮下气泡，在轧制过程中容易破裂，使得钢材表面出现裂纹，降低钢材表面质量。

由上可知，铸锭的晶粒粗大，成分不均匀，存在缩孔、疏松以及气孔等会降低材料的强度、塑性和韧性。

复习思考题

1. 何谓过冷度？过冷度和冷却速度有何关系？为什么结晶需要过冷度？
2. 何谓变质处理，其作用是什么？
3. 什么是同素异构转变，试说明同素异构转变和液态金属结晶有何不同。
4. 晶粒的大小对材料的力学性能有哪些影响？用哪些方法可以使得液态金属结晶后获得细晶粒？
5. 分析部分图 3-56 所示的 Mg-Cu 相图。

   1) 填入各区域的组织组分和相组分。在各区域中是否会有纯 Mg 相存在？为什么？
   2) 求 w_{Cu} =20% 的合金冷却到 500℃、400℃时各相的成分和相对量。
   3) 画出 w_{Cu} =20% 合金自液相冷到室温的冷却曲线，并注明各阶段的相与相变过程。

6. 铋的熔点为 271.5℃，锑的熔点为 630.7℃，两组元在液态和固态均无限固溶。缓冷时 w_{Bi} =50% 的合金在 520℃开始析出成分为 w_{Sb} =87% 的 α 固相，w_{Bi} =20% 的合金在 400℃时开始析出 w_{Sb} =64% 的 α 固相，据以上条件：

   1) 示意绘出 Bi-Sb 相图，标出各线和相区名称。
   2) 由相图确定 w_{Sb} =40% 的合金的开始结晶和结晶终了温度，并求出它在 400℃时的平衡成分和相的质量分数。

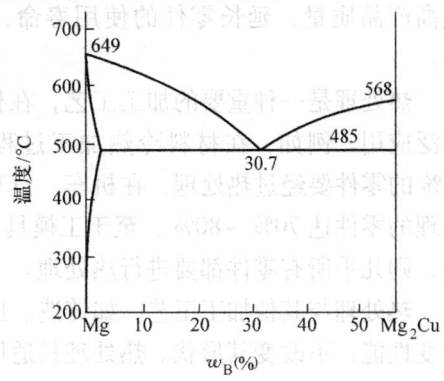

图 3-56　Mg-Cu 相图

7. 何谓匀晶转变、共晶转变、包晶转变、共析转变、固溶体的二次析出转变？根据 Fe-Fe₃C 相图写出它们的转变反应式，并说明转变产物的名称、形态及对铁碳合金力学性能的影响。

8. 一种钢材含有 80% α 相和 20% 渗碳体，请计算钢中的含碳量，并确定它是亚共析钢还是过共析钢。

9. 画出 Fe-Fe₃C 相图中的钢部分相图，并进行以下分析：

   1) 标出相图中空白区域的组织组分与相组分。
   2) 分析 w_C = 0.4% 的亚共析钢的结晶过程及其在室温下组织组分与相组分的相对量。
   3) 指出 w_C = 0.2%、w_C = 0.4%、w_C = 1.2% 的钢在 1400℃、1100℃、800℃时奥氏体中碳的质量分数。

10. 为什么绑扎物件一般用钢丝（镀锌低碳钢丝）？而起重机吊重物却用钢丝绳（用 60、65、70、75 等钢制成）？

第四章 钢的热处理

热处理是指将钢在固态下加热到预定温度，保温一定的时间，然后以预定的方式冷却，从而获得所需要性能的一种加工工艺。其工艺路线如图 4-1 所示。

通过热处理可以改变钢的内部组织结构，从而改变其工艺性能和使用性能，最大限度地利用钢材的潜力，提高产品质量，延长零件的使用寿命，节约材料和能源。

热处理是一种重要的加工工艺，在机械制造中已被广泛应用。例如，在材料冷热加工过程中，约 60% ~ 70% 的零件要经过热处理，在机车、汽车制造业中需热处理的零件达 70% ~ 80%，至于工模具、滚动轴承则 100% 要经过热处理。若包括预备热处理，则几乎所有零件都要进行热处理。

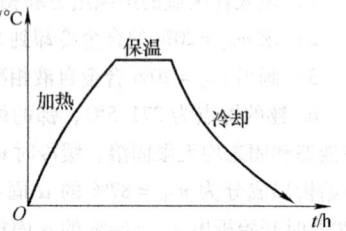

图 4-1 热处理工艺示意图

热处理与其他加工工艺，如铸造、压力加工等相比，其特点是只通过改变零件的组织来改变性能，不改变其形状。热处理只适用于固态下发生相变的材料，不发生固态相变的材料不能用热处理来强化。

热处理时钢中组织转变的规律称为热处理原理，包括钢的加热转变、珠光体转变、贝氏体转变、马氏体转变和回火转变。根据热处理原理制订的温度、时间、介质等参数称为热处理工艺。根据加热、冷却方式及钢组织性能变化特点的不同，将热处理工艺分类如下：

（1）普通热处理　退火、正火、淬火和回火。

（2）表面热处理　表面淬火、化学热处理。

（3）其他热处理　真空热处理、可控气氛热处理、激光热处理、气相沉积等。

根据在零件生产过程中所处的位置和作用不同，又可将热处理分为预备热处理与最终热处理，预备热处理是指为随后的加工（冷拔、冲压、切削）或进一步热处理作准备的热处理，而通过切削加工等成形工艺得到最终形状和尺寸后赋予零件所要求的使用性能的热处理称为最终热处理。

钢的热处理工艺可根据 $Fe\text{-}Fe_3C$ 相图来制订，在相图中 PSK（共析线）、GS 线、ES 线分别用 A_1、A_3、A_{cm} 表示，但相图上反映的临界温度是平衡临界温度，由于实际加热或冷却时，有过冷或过热现象，因此，将钢在加热时的实际转变温度分别用 Ac_1、Ac_3、Ac_{cm} 表示，冷却时的实际转变温度分别用 Ar_1、Ar_3、Ar_{cm} 表示，如图 4-2 所示。由于加热和冷却时的速度会直接影响转变温度，一般在热处理手册中查到的数据是以 30 ~ 50℃/h

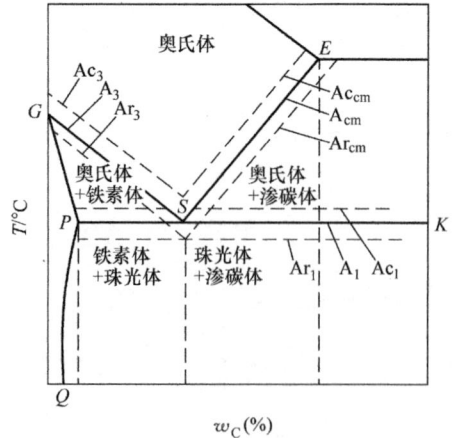

图 4-2 钢加热和冷却时的转变温度

的速度加热或冷却时测得的。

第一节 钢在加热时的转变

为了使钢在热处理后能获得需要的组织和性能，多数热处理工艺都先将钢加热到临界温度以上，获得奥氏体组织，然后以一定的方式冷却来获得需要的组织和性能。加热是热处理的第一道工序。加热分为两种，一种是在 A_1 以下加热，不发生相变；另一种是在临界温度以上加热，目的是获得均匀的奥氏体组织，通常把钢在加热过程中的奥氏体转变过程称为奥氏体化过程。

一、奥氏体的形成过程

钢在加热时奥氏体的形成过程也是一个形核和长大的过程。以共析钢为例说明奥氏体的形成过程。通常共析钢的原始组织为片状珠光体，当加热至 Ac_1 以上温度保温将全部转变为奥氏体。珠光体为复杂晶格的渗碳体和体心立方晶格的铁素体组成，奥氏体为面心立方晶格，三者在含碳量和晶体结构上相差很大，因此奥氏体化过程包括碳的扩散和 Fe 原子扩散，使体心立方晶格向面心立方晶格重组。奥氏体化过程可简单地分为四个步骤：奥氏体形核、奥氏体长大、残留奥氏体溶解和奥氏体均匀化，如图 4-3 所示。

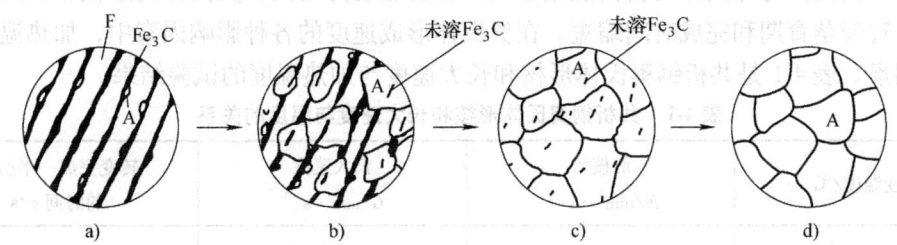

图 4-3 珠光体向奥氏体转变过程示意图
a) 奥氏体形核 b) 奥氏体晶核长大 c) 残余渗碳体溶解 d) 奥氏体成分均匀化

1. 奥氏体形核

奥氏体晶核首先在铁素体与渗碳体相界处形成，因为相界处的碳浓度分布不均匀、位错密度高、原子排列不规则、处于较高的能量状态，容易获得奥氏体形核所需的浓度、结构和能量起伏。

2. 奥氏体晶核长大

奥氏体晶核形成后，便通过碳原子的扩散向铁素体和渗碳体方向长大，试验研究发现，奥氏体长大速度受碳的扩散控制，并与相界面碳浓度差有关。铁素体与奥氏体的碳浓度差比渗碳体与奥氏体相界面上的碳浓度差小得多，在平衡分配下，一份渗碳体的溶解将使多份铁素体转变，所以铁素体向奥氏体转变的速度比渗碳体的溶解速度大得多，转变过程中铁素体总是先消失，由于渗碳体数量相对较少，一般认为铁素体全部转变为奥氏体时，奥氏体的长大即告完成，但此时还有部分渗碳体存在于奥氏体中。

3. 残余渗碳体溶解

铁素体在成分和结构上比渗碳体更接近于奥氏体，因而先于渗碳体消失，而残余渗碳体则随保温时间延长不断通过碳的扩散溶入奥氏体中，使奥氏体的碳浓度渐渐趋于共析成分。一旦残余渗碳体全部溶解，这一阶段即告结束。

4. 奥氏体成分均匀化

当残余渗碳体全部溶解后，奥氏体中的碳浓度仍不均匀，渗碳体所在区域碳含量仍比其他部位高，需通过较长时间的保温或继续升温，经过碳原子的扩散，使奥氏体成分逐渐趋于均匀，最后得到均匀的单相奥氏体，至此，奥氏体形成过程全部结束。

亚共析钢（$w_C < 0.77\%$ 的钢）和过共析钢（$w_C > 0.77\%$ 的钢）的奥氏体化过程与共析钢基本相同，只是由于先共析铁素体或二次渗碳体的存在，要获得全部奥氏体组织，必须相应地加热到 Ac_3 或 Ac_{cm} 线以上。

二、影响奥氏体转变速度的因素

奥氏体的形成是通过形核和长大机制进行的，整个过程受原子扩散的控制，因此，一切影响扩散、形核长大的因素都会影响奥氏体的形成速度，研究这些因素，对生产制造中制订热处理工艺具有重要意义。这些影响因素主要有加热温度、加热速度、钢中含碳量、合金元素、原始组织等。

1. 加热温度

由于珠光体转变为奥氏体的过程是扩散相变过程，随加热温度的升高，碳原子扩散速度增加，特别是碳原子在奥氏体中扩散速度的增加，加快了奥氏体形核和长大速度。同时加热温度升高，奥氏体与珠光体的自由能差增大，相变驱动力增大，奥氏体的形核和长大速度快速增加，转变孕育期和完成时间缩短。在奥氏体形成速度的各种影响因素中，加热温度是最主要的因素。表 4-1 是共析钢奥氏体形核和长大速度与加热温度的试验结果。

表 4-1 共析钢奥氏体形核和长大速度与温度的关系

转变温度/℃	形核率 $N/mm^3 \cdot s^{-1}$	长大速度 $G/mm \cdot s^{-1}$	转变完成一半所需的时间 τ/s
740	2280	0.0005	100
760	11000	0.010	9
780	51500	0.026	3
800	6160000	0.041	1

2. 加热速度

在实际热处理条件下，加热速度越快，过热度越大，发生转变的温度越高，转变所需的时间就越短。

3. 钢中含碳量

含碳量增加时，渗碳体数量增多，铁素体和渗碳体的相界面增大，因而奥氏体的形核部位增多，转变速度加快。同时，渗碳体数量增多，使碳的扩散距离缩短，碳浓度梯度增大，碳和铁原子的扩散速度增大，从而加快了奥氏体的长大速度。

4. 合金元素

合金元素不改变奥氏体化过程，但会改变奥氏体的形成速度。

Co、Ni 等增大碳在奥氏体中的扩散速度，因而加快奥氏体化过程；Cr、Mo、V、Ti、W 等对碳的亲和力较大，能与碳形成较难溶解的碳化物，显著降低碳的扩散能力，所以减缓了奥氏体化过程；Si、Al、Mn 等对碳的扩散速度影响不大，不影响奥氏体化过程。由于合金元素的扩散速度比碳慢得多，所以合金钢的奥氏体化比碳素钢要慢得多，加热温度应比碳素钢高，保温时间也需延长。

5. 原始组织

原始组织中渗碳体分散度增大，奥氏体形成速度加快，因为它的相界面积较大，奥氏体形核率增加；并且，渗碳体间距变小，碳原子扩散距离缩短，奥氏体晶粒中碳浓度梯度也变大，所以长大速度更快。

三、奥氏体的晶粒度及其影响因素

奥氏体晶粒大小直接影响冷却所得钢的组织和性能。奥氏体晶粒细时，退火后所得组织也细，钢的强度、塑性、韧性较好，淬火后得到的马氏体组织也细小，因而马氏体韧性也得到改善。

1. 奥氏体晶粒度

奥氏体晶粒大小用晶粒度表示。生产中一般采用图4-4所示的标准晶粒度等级图，用比较的方法来测定钢的奥氏体晶粒大小。晶粒度通常分为8级，1~4级为粗晶粒度，5~8级为细晶粒度，8级以外的晶粒称为超粗或超细晶粒。

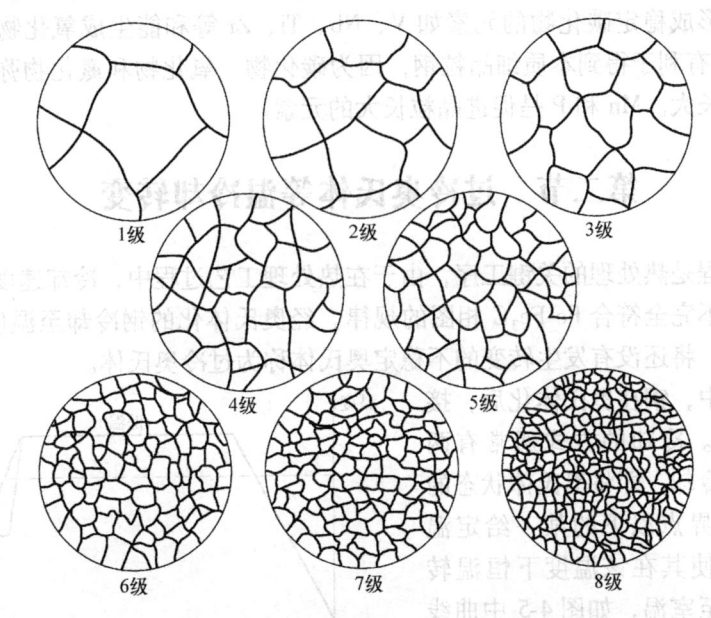

图4-4 钢中奥氏体晶粒度标准等级图

奥氏体晶粒度的概念有三种。奥氏体转变刚刚完成，其晶粒边界刚好相互接触时的奥氏体晶粒大小称为奥氏体的起始晶粒度，一般情况下起始晶粒度都是非常细小、均匀的；钢在某一具体热处理或热加工条件下获得的奥氏体实际晶粒大小称为奥氏体的实际晶粒度，它取决于钢的加热温度和保温时间，实际晶粒度比起始晶粒度要大，对钢热处理后的性能有较大影响；钢在加热时奥氏体晶粒长大的倾向用本质晶粒度来表示，即钢加热到（930±10）℃、保温8h，冷却后测得的晶粒度称为本质晶粒度，如果测得的晶粒细小，则该钢称为本质细晶粒钢，反之称为本质粗晶粒钢。本质细晶粒钢在930℃以下加热时晶粒长大的倾向小，适于进行热处理。本质粗晶粒钢进行热处理时，需严格控制加热温度，避免引起奥氏体晶粒粗大。

钢的本质晶粒度与其炼钢方法和化学成分有关，用Al脱氧的钢为本质细晶粒钢，因为铝在钢中会形成弥散的 AlN 质点，在 930℃ 以下能阻止奥氏体晶粒长大。含有 V、Nb、Ti、W、Zr、Mo 等元素的合金钢也是本质细晶粒钢，因为这些元素能形成难溶于奥氏体的碳化物质点，阻止奥氏体晶粒长大。

2. 影响奥氏体晶粒度的因素

（1）加热温度和保温时间 奥氏体刚形成时晶粒是细小的，但随着温度升高，晶粒将逐渐长大。温度越高，晶粒长大越明显。

在一定温度下，保温时间越长，奥氏体晶粒越粗大。一般在每一个加热温度下，都有一个加速长大期，当奥氏体晶粒长大到一定粒度后，再延长保温时间，晶粒也不再长大。

（2）加热速度 钢在实际生产中有时会采用快速加热到高温、缩短保温时间的方法来获得细晶粒。因为快速加热，奥氏体转变时的过热度大，奥氏体实际形核长大的温度高，则奥氏体的形核率高，晶粒细小。高温下保温时间短，奥氏体来不及长大，获得的晶粒也细。

（3）钢的成分 奥氏体中的含碳量增加时，晶粒长大的倾向增加。若碳以未溶碳化物的形式存在，则它有阻碍晶粒长大的作用。

钢中加入能形成稳定碳化物的元素如 V、Nb、Ti、Zr 等和能生成氧化物、氮化物的元素如适量 Al 等，有利于得到本质细晶粒钢，因为碳化物、氧化物和氮化物弥散分布在晶界上，能阻碍晶粒长大。Mn 和 P 是促进晶粒长大的元素。

第二节　过冷奥氏体等温冷却转变

钢的冷却过程是热处理的关键工序，由于在热处理工艺过程中，冷却速度非常快，因此奥氏体相的转变不完全符合 Fe-Fe$_3$C 相图的规律。经奥氏体化的钢冷却至温度 A$_1$ 以下，奥氏体会发生转变，将还没有发生转变的不稳定奥氏体称为过冷奥氏体。

热处理工艺中，钢在奥氏体化后，接着进行冷却过程。冷却的方式通常有两种，一种是等温冷却，即将奥氏体状态的钢迅速冷却到临界点以下的某一给定温度，进行保温，使其在该温度下恒温转变，然后再冷却至室温，如图 4-5 中曲线 2 所示；另一种是连续冷却，即将奥氏体状态的钢以一定的速度连续冷却，使其在临界点以下一定的温度范围连续转变，如图 4-5 中曲线 1 所示。

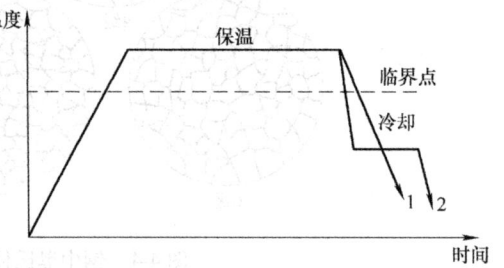

图 4-5　奥氏体不同冷却方式

下面先研究过冷奥氏体的等温转变。

一、过冷奥氏体等温转变曲线的建立

过冷奥氏体等温转变曲线（Isothermal Transformation diagram）能综合反映过冷奥氏体在不同过冷度的等温转变过程，即转变开始和结束时间、转变产物、转变量与时间温度的关系等。因其曲线形状像字母 C，故也称 C 曲线。

过冷奥氏体等温转变曲线可通过试验方法建立。由于过冷奥氏体在转变过程中伴有组织变化、体积膨胀、磁性转变以及其他的性能变化，因此可通过金相法、膨胀法、磁性法等来测定过冷奥氏体等温转变曲线。一般用金相-硬度法来测定，过程如下：将共析钢加工成

$\phi 10 \times 1.5$ 的圆片试样，分成几组，每组 5～10 片。把每组试样加热至奥氏体化后，置于一定温度的恒温槽中冷却，停留不同的时间之后，取出试样迅速放入盐水中激冷，使未转变的奥氏体转变为马氏体，测定马氏体量即可确定未转变的奥氏体量，通过多组试样的试验，即可把各温度下过冷奥氏体的转变开始点和结束点绘制在温度时间半对数坐标上，并将不同温度的转变开始点和结束点分别连成曲线，就得到了过冷奥氏体等温转变曲线，如图 4-6 所示，其中 Ms 和 Mf 线常用磁性法测定。

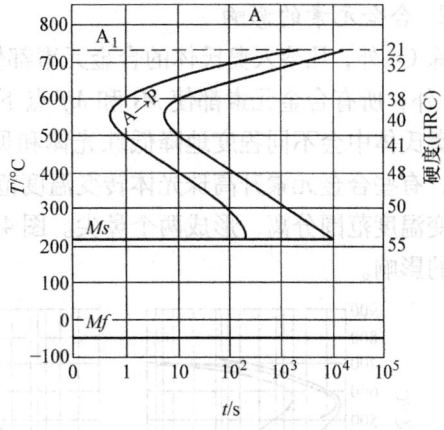

图 4-6 共析钢的过冷奥氏体等温转变曲线

二、过冷奥氏体等温转变曲线的分析

图 4-6 为共析钢的过冷奥氏体等温转变曲线，图中最上面的一条水平虚线表示钢的临界温度 A_1，即奥氏体和珠光体的平衡点温度，下方的第一条水平线 Ms 为马氏体转变开始温度，另一条水平线 Mf 为马氏体转变结束温度，在 A_1 和 Ms 线之间有两条 C 曲线，左边的一条为过冷奥氏体转变开始线，右边的一条为过冷奥氏体转变结束线。

从区域分析，A_1 线以下和转变开始线以左的区域为过冷奥氏体区，从奥氏体过冷到转变开始这段时间称为孕育期。孕育期的长短反映了过冷奥氏体的稳定性大小，在 A_1 以下，随着等温温度的降低，孕育期缩短，过冷奥氏体转变速度加快，在 C 曲线的"鼻尖"处（约 550℃）孕育期最短，过冷奥氏体最不稳定。此后随温度降低，孕育期又不断延长，转变速度减慢。在 A_1 线以下和转变结束线以右的区域为转变产物区，转变开始线和转变结束线之间的区域为过冷奥氏体转变区。

三、影响过冷奥氏体转变曲线的因素

除了共析钢的标准 C 曲线，过冷奥氏体转变曲线的形状很多，影响曲线形状和位置的因素很多，主要有钢的含碳量、合金元素、奥氏体状态等。

1. 含碳量的影响

共析钢的过冷奥氏体最稳定，C 曲线最靠右。Ms 和 Mf 点随含碳量增加而下降。与共析钢相比，亚共析钢和过共析钢 C 曲线的上部各多一条先共析相的析出线，如图 4-7 所示。

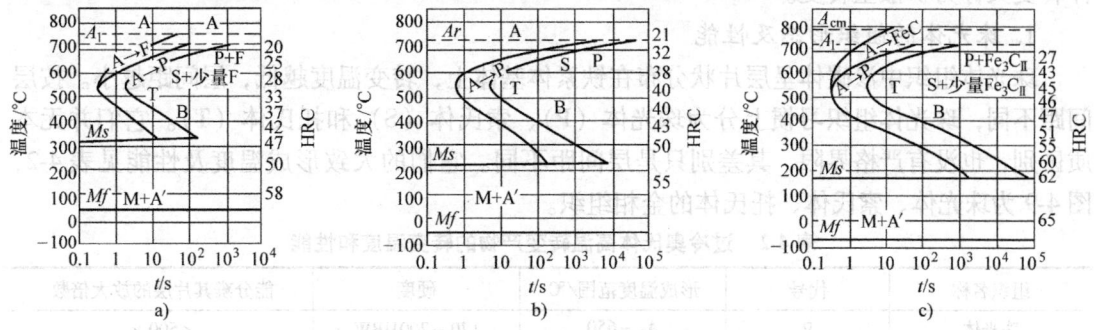

图 4-7 钢的过冷奥氏体等温转变曲线
a) 亚共析钢 b) 共析钢 c) 过共析钢

2. 合金元素的影响

除 Co 外，凡溶入奥氏体的合金元素都使过冷奥氏体的稳定性增加，C 曲线右移。除 Co 和 Al 外，所有合金元素都使 Ms 和 Mf 点下降。碳化物形成元素如 Cr、Mo、Ti、W、V 等，溶入奥氏体中会不同程度地降低珠光体和贝氏体的转变速度，使 C 曲线右移，还会改变其形状，有些合金元素升高珠光体转变温度范围，降低贝氏体转变温度范围，使珠光体和贝氏体转变温度范围分离，形成两个鼻尖。图 4-8 为 Cr 对 w_C 为 0.4% 的钢过冷奥氏体等温转变曲线的影响。

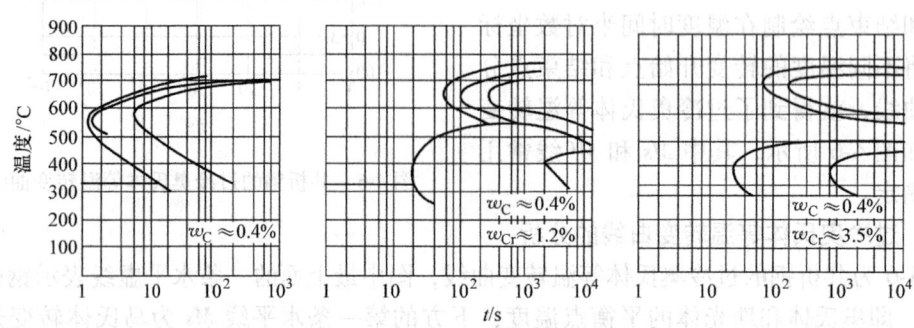

图 4-8　Cr 对过冷奥氏体转变曲线的影响

3. 奥氏体状态的影响

奥氏体晶粒细小，界面面积增加，有利于新相的形核和长大，因此有利于珠光体转变，使珠光体转变线左移，但晶粒度对贝氏体转变影响不大。

奥氏体的均匀度对过冷奥氏体转变曲线的位置也有影响，奥氏体成分越均匀，奥氏体越稳定，新相的形核和长大所需时间也越长，过冷奥氏体转变曲线右移。

因此奥氏体化温度提高和保温时间延长，使奥氏体成分均匀、晶粒粗大、未溶碳化物减少，会增加过冷奥氏体的稳定性，使 C 曲线右移。

四、珠光体转变

在 A_1 以下比较高的温度范围内进行的转变为珠光体转变，又称为高温转变。共析钢约在 $A_1 \sim 550$℃之间发生，过冷奥氏体的转变产物为珠光体型组织，此温区称为珠光体转变区。珠光体转变是奥氏体分解为铁素体和渗碳体机械混合物的相变过程，整个过程由碳的重新分布和铁的晶格重排组成，由于相变发生在较高温度，铁和碳原子都参与扩散，所以珠光体转变又称为扩散型转变。

1. 珠光体的组织形态及性能

珠光体组织中渗碳体呈层片状分布在铁素体基体上，转变温度越低，层间距越小。按层间距不同，珠光体组织习惯上分为珠光体（P）、索氏体（S）和托氏体（T）。它们并无本质区别，也没有严格界限，其差别只是层间距不同。它们的大致形成温度及性能见表 4-2，图 4-9 为珠光体、索氏体、托氏体的金相组织。

表 4-2　过冷奥氏体高温转变产物的转变温度和性能

组织名称	代号	形成温度范围/℃	硬度	能分辨其片层的放大倍数
珠光体	P	$A_1 \sim 650$	170~200HBW	<500×
索氏体	S	650~600	25~35HRC	>1000×
托氏体	T	600~550	35~40HRC	>2000×

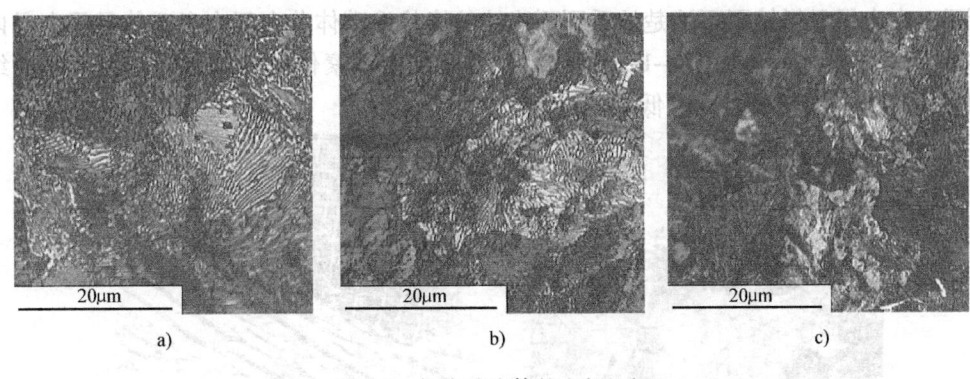

图 4-9 钢中珠光体的金相组织
a) 珠光体 b) 索氏体 c) 托氏体

2. 珠光体的形成过程

珠光体转变也是形核和长大的过程。研究结果表明，渗碳体和铁素体都有可能成为首先析出的领先相。片状珠光体形成机制认为，若渗碳体为领先相，将首先在奥氏体晶界上形成晶核，此晶核一旦形成，就会依靠附近奥氏体不断提供碳原子逐渐长大，形成小片渗碳体。渗碳体的形成造成周围奥氏体碳浓度显著下降，形成贫碳区，为铁素体的形核创造条件，当贫碳区的浓度降到铁素体的平衡浓度时，就在渗碳体片的两边形成铁素体形核，并随渗碳体一起长大，同时横向长大。铁素体的长大又使其外侧形成奥氏体的富碳区，促使新的渗碳体晶核形成。如此不断进行，铁素体和渗碳体相互交替形核，同时平行地向奥氏体晶粒纵深方向长大，形成一组铁素体和渗碳体片层相间、基本平行的珠光体团。在一个珠光体团形成过程中，在其他奥氏体晶界可能已形成新的其他取向的渗碳体晶核，并形成另一个其他取向的珠光体团。直到各个珠光体团长大相遇，奥氏体全部转变，珠光体转变完成。图 4-10 是片状珠光体转变示意图。

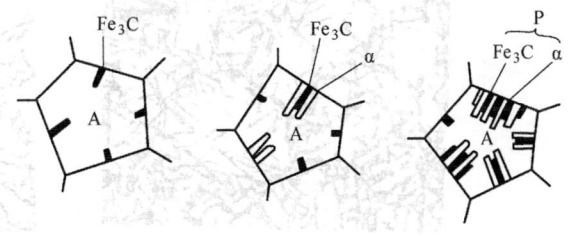

图 4-10 片状珠光体转变示意图

五、贝氏体转变

在 550℃ ~ M_s 之间，过冷奥氏体的转变产物为贝氏体组织（B），此温区称为贝氏体转变区。贝氏体是碳化物（渗碳体）分布在碳过饱和的铁素体基体上的两相混合物。奥氏体向贝氏体转变属于半扩散型转变，铁原子不扩散而碳原子有一定的扩散能力。转变温度不同，形成的贝氏体形态分为上贝氏体和下贝氏体。由于下贝氏体具有优良的力学性能，所以在生产中得到广泛应用。

1. 贝氏体的组织

过冷奥氏体在 350 ~ 550℃ 之间转变形成的产物称为上贝氏体（$B_上$）；在 350℃ ~ M_s 之间转变的产物称为下贝氏体（$B_下$）。同时由于化学成分和转变温度不同，还会生成粒状贝氏体等形态。

（1）上贝氏体 在上贝氏体中，小片状的渗碳体分布在成排的铁素体片之间。在光学显微镜下可以观察到成束排列的铁素体条自奥氏体晶界平行伸向晶内，呈羽毛状，如图 4-

11a 所示。在电子显微镜下可清楚地看到不连续的棒状渗碳体分布于自奥氏体晶界向晶内平行生长的铁素体条之间,如图 4-11b 所示。上贝氏体中铁素体的亚结构为位错,密度约为 $10^8 \sim 10^9 \mathrm{cm}^{-2}$,随着转变温度降低,位错密度增加。

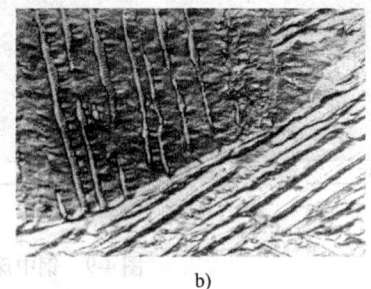

图 4-11 上贝氏体的显微组织
a) 金相显微组织 b) 电子显微组织

(2) 下贝氏体 下贝氏体是由含碳过饱和的片状铁素体和其内部沉淀的碳化物组成的机械混合物,空间形态呈双凸透镜状。在光学显微镜下,下贝氏体为黑色针状或竹叶状,针与针之间呈一定的角度,如图 4-12a 所示。在电子显微镜下可看到碳化物形态,它们细小,弥散分布,呈粒状或短条状,沿着与铁素体长轴成 55°~65°角取向平行排列,如图 4-12b 所示。下贝氏体中铁素体的亚结构也为位错,密度比上贝氏体的高。

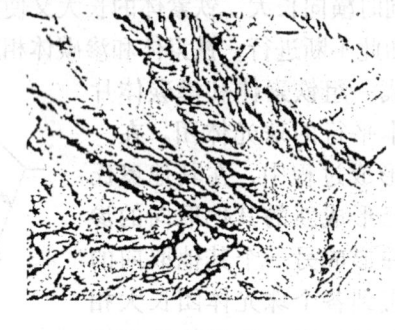

图 4-12 下贝氏体的显微组织
a) 金相显微组织 100× b) 电子显微组织 1000×

(3) 粒状贝氏体 近年来在一些低碳钢和中碳合金钢中发现了粒状贝氏体组织,如图 4-13 所示。粒状贝氏体形成于上贝氏体转变区上限温度内。其组织为粗大的块状或针状铁素体内或晶界上分布一些呈粒状或长条状的不规则小岛,这些小岛原来是富碳奥氏体区,在转变中保留下来形成粒状贝氏体。有研究认为,粒状贝氏体中铁素体的亚结构也为位错,但密度较低。大多数结构钢,不管是连续冷却还是等温冷却,只要控制好转变温度范围,都可以形成粒状贝氏体。

2. 贝氏体的性能

贝氏体的性能主要取决于组织形态,上贝氏体转变温度高,铁素体条粗大,碳的过饱和度低,所以强度和硬度较低。此外,碳化物颗粒粗大,且呈

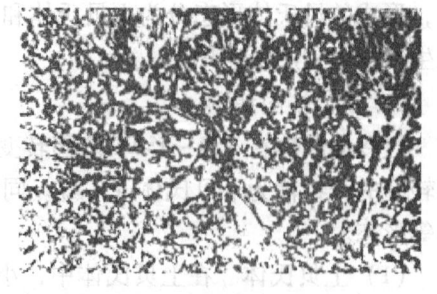

图 4-13 粒状贝氏体的显微组织 1000×

断续条状分布于铁素体条之间,容易产生脆断,所以上贝氏体冲击韧度较低。形成上贝氏体的温度越靠近贝氏体区的上限温度,韧性越差,强度越低,在工程上应避免上贝氏体组织的生成。

下贝氏体中铁素体针细小、分布均匀,又在铁素体内分布着大量弥散的碳化物,同时铁素体内含有过饱和的碳及高密度位错,所以下贝氏体除了强度、硬度较高以外,塑性、韧性也较好,即具有良好的综合力学性能,是生产上常用的强化组织之一。

粒状贝氏体由于粒状或针状铁素体分布着许多小岛,可以起到强化作用,所以粒状贝氏体也具有较好的强度和韧性。

3. 贝氏体转变的特点

贝氏体转变也是形核和长大的过程。发生贝氏体转变时,由于与珠光体转变相比温度较低,铁和合金元素难于进行扩散,奥氏体向铁素体的转变是通过共格切变的方式进行,碳原子还具有一定的扩散能力,所以贝氏体转变是一个碳原子扩散的共格切变过程,也称为半扩散型转变。

贝氏体转变首先在奥氏体中的贫碳区形成铁素体晶核,其含碳量介于奥氏体与平衡铁素体之间,为过饱和铁素体。当转变温度较高(350~550℃)时,条片状铁素体从奥氏体晶界向晶内平行生长,随铁素体条伸长和变宽,其碳原子不断向两边扩散,由于碳在铁素体中的扩散速度比在奥氏体中的扩散速度快,碳在奥氏体晶界处富集,当富集到一定程度时,便在铁素体条间析出 Fe_3C 短棒,奥氏体消失,形成上贝氏体,如图 4-14a 所示。当转变温度较低(230~350℃)时,铁素体在晶界或晶内某些晶面上长成针状,由于碳原子扩散能力低,其原子不能迁移出铁素体片的范围,碳在铁素体的一定晶面上以断续碳化物小片的形式析出,形成下贝氏体,如图 4-14b 所示。

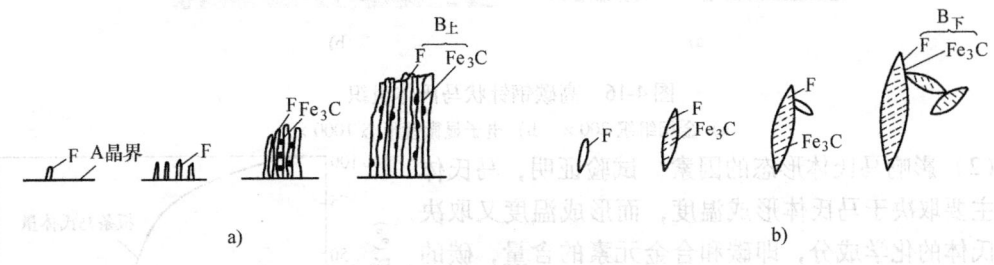

图 4-14 贝氏体形成过程示意图
a) 上贝氏体 b) 下贝氏体

六、马氏体转变

钢从奥氏体状态快速冷却,在低于 Ms 将发生马氏体转变。马氏体转变为低温转变,产物为马氏体,以 M 表示。

1. 马氏体的组织形态与晶体结构

(1) 马氏体的形态 马氏体的形态主要有板条和针状(或称片状)两种。板条马氏体主要出现在低中碳钢、马氏体时效钢、不锈钢等钢中,是由许多成群的、相互平行排列的板条组成,金相组织如图 4-15a 所示。在显微镜下,板条马氏体为一束束平行排列的细板条;在电子显微镜下可看到板条马氏体内有大量位错缠结的亚结构,位错密度高达 $3 \sim 9 \times 10^{12}$ cm^{-2},所以板条马氏体也称为位错马氏体,如图 4-15b 所示。

a)　　　　　　　　　　　　　　b)

图 4-15　低碳钢板条马氏体组织

a) 金相组织 100× 　b) 电子显微镜形态 1000×

针状马氏体出现在中高碳钢及 $w_{Ni}>29\%$ 的 Fe-Ni 合金中。在光学显微镜下，针状马氏体呈竹叶状或凸透镜状，在空间形同铁饼，若试样磨面与马氏体片刚好平行相切，则可看到马氏体片状形态。马氏体针之间不平行，成一定角度，如图 4-16a 所示。高倍透射电子显微镜分析表明，针状马氏体内有大量孪晶，因此针状马氏体又称为孪晶马氏体，如图 4-16b 所示。w_C 在 0.25%～1.0% 之间时，为板条马氏体和针状马氏体的混合组织；当 $w_C>1.0\%$ 时，则大多数是针状马氏体。

a)　　　　　　　　　　　　　　b)

图 4-16　高碳钢针状马氏体组织

a) 金相组织 200× 　b) 电子显微镜形态 1000×

(2) 影响马氏体形态的因素　试验证明，马氏体形态主要取决于马氏体形成温度，而形成温度又取决于奥氏体的化学成分，即碳和合金元素的含量，碳的影响最大。对于碳素钢，随着含碳量的增加，板条马氏体数量减少，针状马氏体数量增多，如图 4-17 所示。$w_C<0.2\%$ 时，组织几乎全部是板条马氏体，$w_C>1.0\%$ 时几乎全部是针状马氏体，w_C 在 0.2%～1.0% 之间为板条与针状的混合组织。

图 4-17　含碳量对钢中马氏体形态的影响

板条马氏体大多在 200℃ 以上形成，针状马氏体在 200℃ 以下形成，所以凡能溶入奥氏使 Ms 下降的合金元素，都将促进针状马氏体的形成。

(3) 马氏体的晶体结构　根据马氏体的结构分析，奥氏体转变为马氏体时，只有晶格改变，而没有成分变化，奥氏体中固溶的碳全部被保留到马氏体中，得到了碳在 α-Fe 中的过饱和固溶体。碳在转变过程中原地不动，分布在体心立方晶格的 c 轴上，使 c 轴伸长，a 轴缩短，α-Fe 发生正方畸变，因此马氏体为体心正方结构，如图 4-18 所示。c/a 比值称为马氏体的正方度。随着含碳量的增加，晶格 c 轴不断增大，a 轴略有减少，马氏体畸变增加。

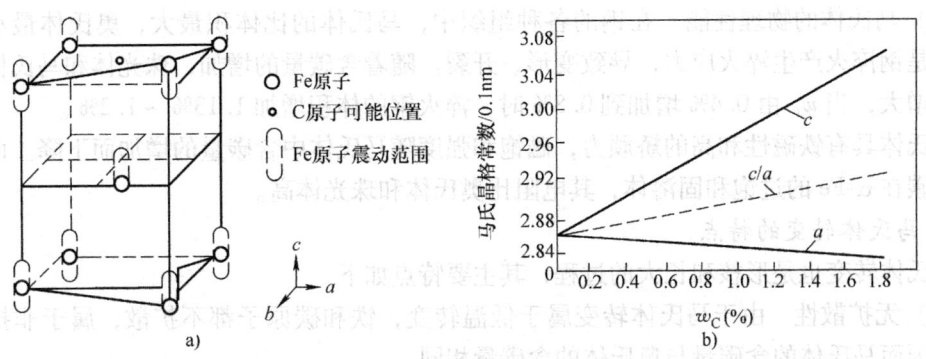

图 4-18　马氏体体心正方结构示意图及晶格常数与含碳量的关系
a）马氏体体心正方结构示意图　b）马氏体晶格常数与碳的质量分数的关系

在马氏体钢中，c、a 和 c/a 与含碳量呈线性关系，如图 4-18 所示，由于含碳量决定了马氏体的正方度，所以可用马氏体的正方度来表示马氏体中碳的饱和度。合金元素对马氏体正方度影响不大。

2. 马氏体的性能

（1）马氏体的强度和硬度　高硬度和高强度是马氏体性能的主要特点。马氏体的硬度主要取决于含碳量。含碳量增加，其硬度增加，如图 4-19 所示。当 w_C 大于 0.6% 时，其硬度趋于平缓，因为随着含碳量增加，针状马氏体虽然增加，但残留奥氏体数量也增加，使钢的硬度下降。合金元素对马氏体硬度的影响不大，但可提高其强度。

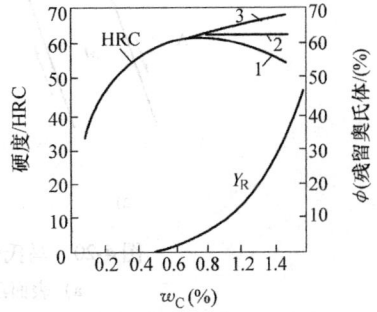

图 4-19　马氏体中含碳量与
淬火钢硬度的关系
1—高于 Ac_3 淬火　2—高于 Ac_1 淬火
3—马氏体硬度

马氏体具有高硬度和高强度的原因很多，主要有固溶强化、相变强化、时效强化及晶界强化等。

1）固溶强化的原因是碳在马氏体中形成过饱和使 α-Fe 晶格发生正方畸变，形成巨大的应力场，阻碍位错运动，提高了马氏体的硬度和强度，这是主要因素。

2）其次是相变强化。马氏体转变时，在晶体内形成很多晶格缺陷，如板条马氏体的高密度位错、针状马氏体的孪晶，这些缺陷阻碍位错的运动，使马氏体强化。

3）时效强化也是重要的原因。对于大多数钢，马氏体转变的 Ms 点在室温之上，因此在淬火和室温停留时，碳和合金元素的原子会向位错或其他晶体缺陷处扩散偏聚或碳化物弥散析出，钉扎位错，造成马氏体时效强化。

4）晶界强化对马氏体强度也有一定的影响。原始奥氏体晶粒越细小，马氏体板条、针束越小，马氏体强度越高。

（2）马氏体的塑性和韧性　马氏体的塑性和韧性主要取决于马氏体的亚结构。针状马氏体由于具有高硬度和高强度，韧性较差，而板条马氏体比针状马氏体韧性要好。主要原因是针状马氏体中存在的孪晶亚结构减少了有效滑移系，回火时碳化物沿孪晶面不均匀析出，针状马氏体晶格畸变大，淬火产生大量的显微裂纹使得这种马氏体的脆性大。而板条马氏体中由于含碳量低，晶格畸变、亚结构等没有针状马氏体严重，韧性相对较好。

（3）马氏体的物理性能　在钢的各种组织中，马氏体的比体积最大，奥氏体最小。主要原因是钢淬火产生淬火应力，导致变形、开裂。随着含碳量的增加，珠光体和马氏体的比体积差增大，当w_C由0.4%增加到0.8%时，淬火钢的体积增加1.13%~1.2%。

马氏体具有铁磁性和高的矫顽力，磁饱和强度随马氏体中含碳量的增加而下降。由于马氏体是碳在α-Fe的过饱和固溶体，其电阻比奥氏体和珠光体高。

3. 马氏体转变的特点

马氏体转变也是形核和长大的过程，其主要特点如下。

（1）无扩散性　由于马氏体转变属于低温转变，铁和碳原子都不扩散，属于非扩散型相变，因而马氏体的含碳量与奥氏体的含碳量相同。

（2）共格切变性　由于转变无扩散，晶格转变以切变机制进行，在切变过程中完成晶格重构，由面心立方晶格变成体心立方晶格，使切变部分的形状和体积发生变化，引起相邻奥氏体随之变形，在预先抛光的表面上会产生浮凸现象，如图4-20所示。

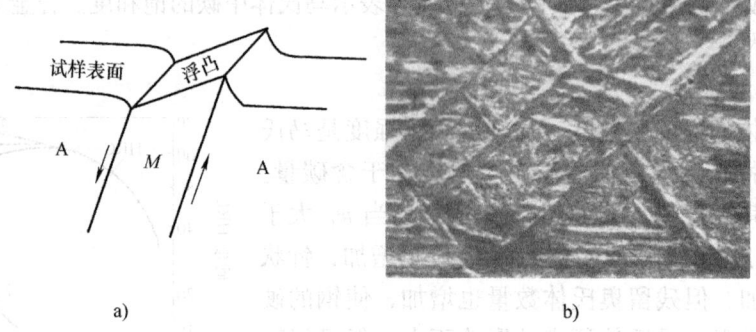

图4-20　马氏体形成时表面浮凸现象示意图和金相组织
a）表面浮凸现象示意图　b）金相组织（650×）

（3）降温形成　钢在冷却时只要温度达到Ms以下即发生马氏体转变。在Ms以下，随着温度下降，转变量增加，若冷却中断，转变停止。

（4）高速长大　马氏体形成速度极快，瞬间形核，瞬间长大。当一片马氏体形成时，可能因撞击作用使已形成的马氏体产生裂纹。

（5）转变不完全　马氏体转变是不完全的，即使冷却到Mf点以下，也不可能获得100%的马氏体，总有部分过冷奥氏体未能转变而残留下来，称为残留奥氏体，用A′或γ′表示。残留奥氏体数量随碳含量的增加而增加。

（6）体积膨胀　马氏体的比体积比奥氏体大，当奥氏体转变为马氏体时，体积会膨胀约1%。马氏体体积膨胀会在钢中造成很大的内应力，严重时将使被处理零件开裂。

第三节　过冷奥氏体连续冷却转变

在实际热处理生产中，钢加热后的冷却方式大多采用连续冷却，此时过冷奥氏体的转变是在不断地降温过程中完成的。图4-21是用膨胀法测得的共析钢连续冷却转变曲线，又称为CCT（Continuous Cooling Transformation diagram）曲线。

一、共析钢的过冷奥氏体连续冷却转变曲线

共析钢的过冷奥氏体连续冷却转变曲线很简单，如图 4-21 所示，它只有珠光体转变区和马氏体转变区，无贝氏体转变区，说明共析钢在连续冷却过程中不会发生贝氏体转变。珠光体转变区由三条曲线组成，左边一条为过冷奥氏体转变开始线，右边一条为过冷奥氏体转变结束线，两条曲线的下边连线为过冷奥氏体转变中止线，M_s 和冷却速度 v'_c 线以下为马氏体转变区。

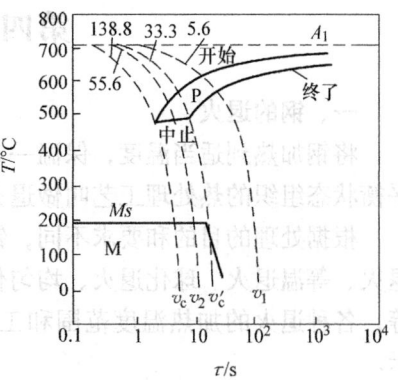

图 4-21 共析钢过冷奥氏体连续冷却转变曲线

从图 4-21 可看出，过冷奥氏体以 v_1 速度冷却时，当冷却曲线与奥氏体转变开始线相交时，奥氏体开始转变为珠光体，与珠光体结束线相交时，奥氏体全部转变为珠光体。当过冷奥氏体以 v'_c 冷却时，同样也全部转变为珠光体，只是转变温度降低，转变时间延长。过冷奥氏体以大于 v_c 速度冷却时，冷却曲线不与珠光体线相交，不转变为珠光体，冷却至 M_s 点以下发生马氏体转变，得到 M + A′组织。当冷却速度在 v'_c 和 v_c 之间时，冷却曲线与珠光体开始线相交，并开始转变为珠光体，冷却至转变中止线，珠光体转变停止。继续冷却，剩余的过冷奥氏体将转变为马氏体，显微组织为 P + M。图中的 v_c 为连续冷却转变曲线的上临界冷却速度或称为临界淬火速度，即获得全部马氏体组织时的最小冷却速度；v'_c 为下临界冷却速度，即得到全部珠光体组织时的最大冷却速度。

二、亚共析钢和过共析钢过冷奥氏体的连续冷却转变

图 4-22 所示为过共析钢过冷奥氏体的连续冷却转变过程和产物。在高温区，过冷奥氏体在高温时将首先析出二次渗碳体，而后转变为其他组织组成物。由于奥氏体中含碳量高，所以油冷、水冷后的组织中应包括残留奥氏体。与共析钢一样，其冷却过程中无贝氏体转变。过冷奥氏体由于 Fe_3C 的析出，奥氏体中含碳量减少，因而连续冷却转变曲线中的 M_s 线右端升高。

图 4-23 为亚共析钢过冷奥氏体的连续冷却转变过程和产物。与共析钢不同，亚共析钢过冷奥氏体在高温时有一部分将转变为铁素体，在中温转变区会有少量贝氏体（$B_上$）产生。如油冷的产物为 F + T + $B_上$ + M，但铁素体和上贝氏体量少，有时也予以忽略。F 的析出使奥氏体中含碳量增加，因而使 M_s 线右端下降。

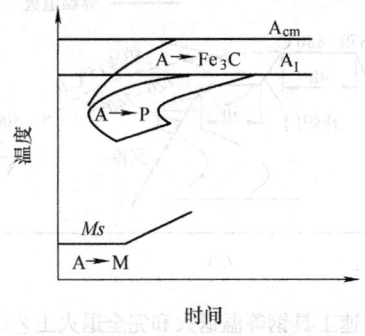

图 4-22 过共析钢的过冷奥氏体连续冷却曲线

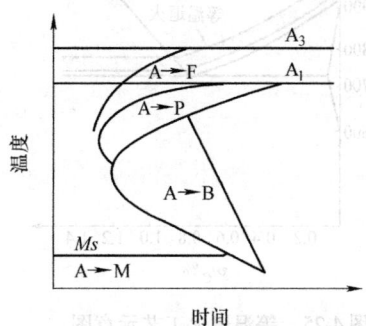

图 4-23 亚共析钢的过冷奥氏体连续冷却曲线

第四节　钢的普通热处理

一、钢的退火

将钢加热到适当温度，保温一定时间，然后缓慢冷却（一般为随炉冷却），以获得接近平衡状态组织的热处理工艺叫做退火。

根据处理的目的和要求不同，钢的退火可分为完全退火、等温退火、球化退火、均匀化退火和去应力退火等，各种退火的加热温度范围和工艺曲线如图 4-24 所示。

1. 完全退火

完全退火是把钢加热至 Ac_3 以上 $30 \sim 50℃$，保温一定时间使组织完全奥氏体化后缓慢冷却，以获得接近平衡组织的热处理工艺。亚共析钢经完全退火后得到的组织是 $F+P$。

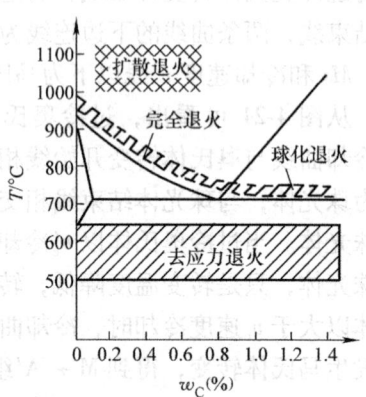

图 4-24　退火加热温度示意图

完全退火的目的是通过重新结晶，使热加工粗大、不均匀组织均匀化和细化，以提高性能；或使中碳碳素钢和合金钢得到接近平衡状态的组织，以降低硬度，改善切削加工性能和冷塑性加工性能。由于冷却速度缓慢，还可以消除内应力。完全退火主要用于亚共析钢，过共析钢不宜采用，因为加热到 Ac_{cm} 以上慢冷时，二次渗碳体会以网状形式沿奥氏体晶界析出，使钢的韧性下降，可能在以后的热处理中引起裂纹。

2. 等温退火

完全退火需要很长时间，特别是过冷奥氏体较稳定的合金钢。如将亚共析钢加热到 Ac_3 $+30 \sim 50℃$，共析钢和过共析钢加热到 $Ac_1 + 30 \sim 50℃$，保温后快速冷却到 Ar_1 以下的某一温度停留，待奥氏体转变为珠光体的相变完成后出炉空冷，则可显著缩短退火时间，这种退火工艺称为等温退火，如图 4-25 所示。等温退火可缩短工件在炉内停留时间，更适合于孕育期长的高碳钢、合金钢等。图 4-26 为高速工具钢等温退火和完全退火工艺比较。

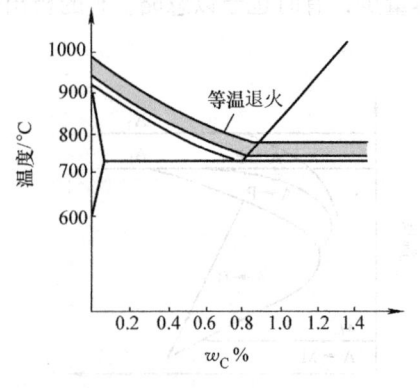

图 4-25　等温退火工艺示意图

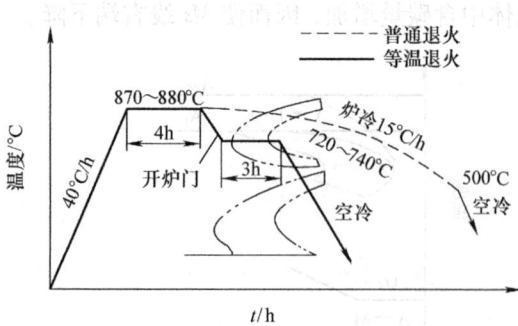

图 4-26　高速工具钢等温退火和完全退火工艺比较

等温退火的目的与完全退火相同，但转变较易控制，能获得均匀的预期组织。

3. 球化退火

球化退火是使钢中的碳化物球化，以获得粒状珠光体的一种热处理工艺。

球化退火主要用于过共析钢，如工具钢、滚动轴承钢等，目的是使二次渗碳体及珠光体中的渗碳体球化（退火前正火使网状渗碳体破碎），以获得均匀的组织，降低硬度，改善切削加工性能，为以后的淬火处理做组织准备。

球化退火一般采用随炉加热，加热温度略高于 Ac_1，以便保留较多的未溶碳化物粒子或较大的奥氏体中的碳浓度分布的不均匀性，促进球状碳化物的形成。若加热温度过高，二次渗碳体易在慢冷时以网状的形式析出。球化退火保温时间不能太长，一般在 2~4h，保证二次渗碳体自发球化。保温后随炉冷却，在通过 Ar_1 温度范围时，应足够缓慢，使奥氏体进行共析转变时，能以未溶渗碳体粒子为核心形成粒状渗碳体。渗碳体颗粒大小取决于冷却速度或等温温度。冷却速度快或等温温度低，珠光体在较低温度下形成，渗碳体聚集作用小，容易形成片状渗碳体，从而使钢的硬度偏高。球化退

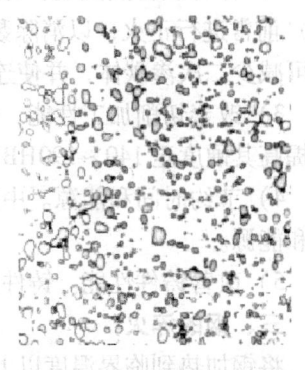

图4-27　球状珠光体金相组织

火的组织为铁素体基体上分布着颗粒状渗碳体的组织，称球状珠光体，用 $P_球$ 表示，金相组织如图4-27所示。对于有网状二次渗碳体的过共析钢，球化退火前应先进行正火，以消除网状碳化物。

4. 均匀化退火

为了减少钢锭、铸件或锻坯的化学成分和组织的不均匀性，将其加热到略低于固相线的温度，长时间保温并进行缓慢冷却的热处理工艺，称为均匀化退火。

均匀化退火的加热温度一般选定在 Ac_3 或 Ac_{cm} 以上 150~300℃，根据钢种和成分偏析程度而定，钢中合金元素越多，偏析越厉害，加热温度也越高，但应低于固相线以下 100℃ 左右。保温时间一般为 10~15h，可根据钢件最大截面厚度估算，即每 1mm 保温 1.5~2.5min，加热温度提高时，时间可以缩短。保温后随炉冷却，待冷至 350℃ 以下出炉。

均匀化退火后钢的晶粒很粗大，必须再进行完全退火或正火处理来细化晶粒。

均匀化退火由于加入温度高、生产周期长、热能消耗大、工件烧损严重、生产成本高、设备老化快，因此只有要求高的优质合金钢和一些偏析严重的合金钢铸件才可使用。

5. 去应力退火

为了消除铸造、锻造、焊接和机加工、冷变形等冷、热加工在零件中造成的残留内应力而进行的低温退火，称为去应力退火。去应力退火是将钢件加热至低于 Ac_1 的某一温度（一般为 500~650℃），保温一定时间，然后缓慢冷却。

去应力退火的保温时间应根据工件的截面尺寸或装炉量来估算。钢件的保温一般控制在 3min/mm，铸铁件应控制在 6min/mm。保温后应缓慢冷却，以免产生新的内应力，一般冷至 200~300℃ 以下出炉。这种处理工艺可以消除 50%~80% 的内应力而不引起组织变化。

二、钢的正火

钢材或钢件加热到 Ac_3（对于亚共析钢）、Ac_1（对于共析钢）和 Ac_{cm}（对于过共析钢）以上 30~50℃，保温一定时间后，在自由流动的空气中均匀冷却，以得到珠光体组织的热处理工艺称为正火。正火后的组织：亚共析钢为 F+S，共析钢为 S，过共析钢为 S+Fe_3C_{II}。

正火工艺较简单、经济，在生产中应用较广，主要用于以下几个方面：

1）作为最终热处理。正火可以细化晶粒，使组织均匀化，减少亚共析钢中的铁素体，使珠光体增多并细化，从而提高钢的强度、硬度和韧性。对于普通结构钢零件，力学性能要求不很高时，可以把正火作为最终热处理制度。

2）作为预备热处理。截面较大的合金结构钢件，在淬火或调质处理（淬火加高温回火）前常进行正火，以消除魏氏组织和带状组织，并获得细小而均匀的组织。对于过共析钢可减少二次渗碳体，并使连续网状渗碳体破碎，为球化退火做准备。

3）改善切削加工性能。低碳钢或低碳合金钢退火后硬度太低，不便于切削加工。正火可提高其硬度至 140~190HBW，接近最佳切削加工硬度，改善其切削加工性能。

4）节约时间和能源。中碳钢（w_C 为 0.4%~0.7%）以正火代替退火，有利于节约时间和能源。

5）改善铸件性能。铸件正火可改善铸件性能，使粗大晶粒细化，组织均匀。

三、钢的淬火

将钢加热到临界温度以上，保温一定的时间，然后以大于临界淬火速度的速度冷却，使过冷奥氏体转变为马氏体组织的热处理工艺称为淬火。淬火是热处理中最重要的工艺，经过淬火后可以提高工件的强度、硬度和耐磨性。淬火得到的组织主要为马氏体，此外存在少量的残留奥氏体。

1. 淬火的目的

淬火的目的就是获得马氏体，提高钢的强度和硬度。但淬火必须和回火相配合，否则淬火后得到的组织硬度和强度高，但塑性、韧性低，不能得到优良的综合力学性能。

由于淬火可获得马氏体组织，使钢得到强化，因此淬火是钢的重要强化手段，也是挖掘和发挥钢铁材料性能潜力的有效方法。

2. 淬火加热温度

碳素钢的淬火加热温度可用 Fe-Fe₃C 相图来选择，如图 4-28 所示。

淬火是一种复杂的热处理工艺，又是决定产品质量的关键工序之一，淬火后既要得到细小的马氏体组织又不至于产生严重的变形和开裂，就必须根据钢的成分、零件的大小、形状等，结合 C 曲线合理地确定淬火加热和冷却方法。马氏体针叶大小取决于奥氏体晶粒大小，为了使淬火后得到细小而均匀的马氏体，首先要在淬火加热时得到细小而均匀的奥氏体。因此，加热温度不宜太高，只能在临界点以上 30~50℃。

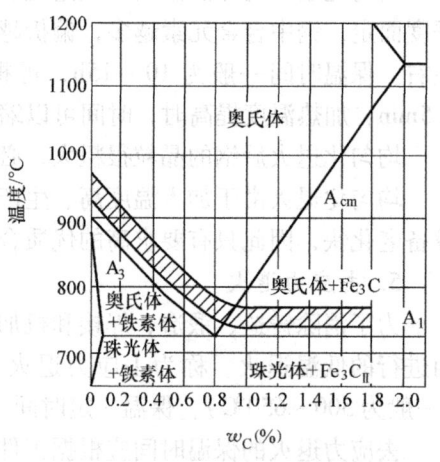

图 4-28 碳素钢淬火加热温度范围

亚共析钢的淬火加热温度为 Ac_3 以上 30~50℃，因为淬火的目的是提高钢的强度和硬度，得到马氏体组织。若加热温度低于 Ac_1，则淬火冷却时将得不到马氏体；如果加热到 Ac_1~Ac_3 之间，则淬火冷却后有铁素体出现，使钢的强度降低；温度太高，将使晶粒粗大，钢的性能变差。因此淬火温度不能过低，也不能太高。

共析钢和过共析钢的淬火加热温度为 Ac_1 以上 30~50℃，该温度下共析钢组织为奥氏体，而过共析钢由于在淬火前一般要经过正火和球化退火处理，当加热到 Ac_1 以上 30~50℃时钢中有奥氏体和少量的球状渗碳体。淬火后的组织为马氏体和颗粒状渗碳体，这时可使钢的强度、硬度和耐磨性达到较好的效果。如果将过共析钢加热到 Ac_{cm} 以上，Fe_3C_{II} 溶入奥氏体，使其含碳量增加，降低了钢的 Ms 和 Mf 点，结果使钢的晶粒粗大，同时使钢中残留奥氏体量增加。在一般情况下，它们都使钢的性能变坏，有软点和脆性增加的现象，也增加了钢件变形和开裂的倾向。

3. 淬火加热时间

为了使工件各部分完成组织转变，需要在淬火加热温度保温一定的时间。保温时间取决于钢的化学成分、零件尺寸、形状、装炉量、热源和加热介质等因素，也可用试验方法或经验公式和数据来估算。

钢在淬火加热过程中，如果参数选择不当，会产生过热、过烧、表面氧化或脱碳等缺陷。过热是指在加热过程中，由于温度过高或加热时间过长，造成奥氏体晶粒粗大的现象；过烧是指加热温度过高，造成奥氏体晶界氧化或局部熔化的现象，过烧将使工件报废；表面氧化使工件表面质量下降；表面脱碳指工件表面含碳量减少，导致工件表面硬度、耐磨性下降的现象。

4. 钢的淬火冷却介质

淬火冷却是决定淬火质量的关键，为了使工件获得马氏体组织，淬火冷却速度必须大于临界淬火冷却速度，而快速冷却会产生很大的内应力，容易引起零件的变形和开裂，因此冷却方式是影响淬火质量好坏的关键。

从 C 曲线得知，若要淬火成马氏体，只有 C 曲线鼻尖附近快速冷却，使冷却曲线不与 C 曲线相交，保证过冷奥氏体不被分解。而在鼻尖上部和下部要缓慢冷却，以减少热应力和组织应力。理想的冷却速度应如图 4-29 所示，但到目前为止还没有十分理想的淬火冷却介质能符合这一理想冷却速度的要求。

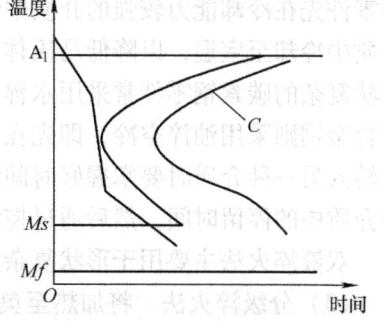

图 4-29 钢的理想淬火冷却速度

目前常用的淬火冷却介质如下。

（1）水　水淬火冷却能力很强，但冷却效果并不好，在需要快速冷却的 500~650℃ 附近，水与工件会形成蒸汽膜，使冷却速度变慢，而在 200~300℃ 范围需要缓慢冷却时，水的冷却速度却很大，易产生变形甚至开裂，所以水一般只用于尺寸较小的碳素钢零件淬火。

（2）盐水　5%~10% NaCl 或 NaOH 等水溶液，它们的冷却能力比水更强，在 500~650℃时，热的工件表面形成的盐膜爆裂会带走大量能量，但在 200~300℃ 温度范围时，其冷却能力仍很强，同样对减少变形不利，因此它们也只能用于形状简单、截面尺寸较大的碳素钢零件。

（3）油　淬火用油几乎都是矿物油，是一种应用广泛的淬火冷却介质，例如全损耗系统用油、锭子油、变压器油和柴油等。它比水的冷却速度小很多，油在 200~300℃ 范围内冷却能力较弱，有利于减少零件的变形和开裂，但在 550~650℃时冷却能力差，不利于碳素钢的淬火。因此，油主要用于合金钢和尺寸小、形状复杂的碳素钢零件淬火。使用时油温不能过高，否则易着火，一般控制在40~100℃，同时油长期使用会老化，要注意防护。

（4）熔融盐、碱 为了减少零件淬火时的变形和开裂，常用盐浴和碱浴作为淬火冷却介质，它们的使用温度范围一般为150~500℃，冷却能力介于油和水之间，其特点是高温区有较强的冷却能力，而在接近使用温度时冷却能力迅速下降，这样有利于减少零件变形和开裂。这种淬火冷却介质适用于形状复杂、尺寸较小和变形要求较严格的零件，常用于分级淬火和等温淬火等工艺。

5. 淬火方法

在生产中，主要根据钢的化学成分、工件的尺寸形状及技术要求来选择淬火方法。为了使工件淬火转变成马氏体并防止变形和开裂，单纯依靠选择淬火冷却介质是不够的，还必须采取正确的淬火方法。目前常用的淬火方法有四种，如图4-30所示。

（1）单液淬火法 将加热至奥氏体状态的零件放入一种淬火冷却介质中连续冷却到室温（如图4-30中的曲线1）。这种方法操作简单，容易实现机械化、自动化，如碳素钢在水中淬火，合金钢在油中淬火。缺点是不符合淬火冷却速度的要求，水淬容易产生变形和裂纹，油淬容易产生硬度不足或硬度不均匀等现象。

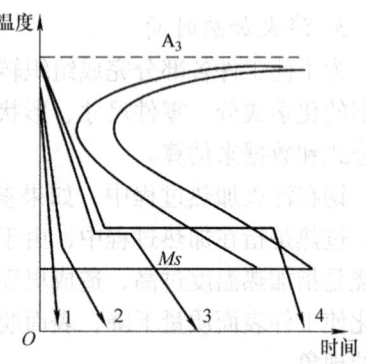

图4-30 钢的常用淬火方法
1—单液淬火法 2—双液淬火法
3—分级淬火法 4—等温淬火法

（2）双液淬火法 为避免过冷奥氏体发生珠光体或贝氏体转变，将加热至奥氏体状态的零件先在冷却能力较强的介质中快速冷却至300℃左右，立即转入另一种冷却能力较弱的介质中冷却至室温，以降低马氏体转变时的应力，防止变形和开裂（图4-30中的曲线2）。形状复杂的碳素钢零件常采用水淬油冷的方法，即先在水中冷却到300℃后再在油中冷却，而合金钢则采用油淬空冷，即先在油中冷却后再在空气中冷却。这种方法的关键是从一种介质转入另一种介质时要掌握好时间和温度，一般情况下，这种淬火方法是由试验来确定在一种介质中的停留时间，然后通过控制停留时间来实现的。

双液淬火法主要用于形状复杂的高碳钢和较大的合金钢零件等。

（3）分级淬火法 将加热至奥氏体状态的零件先放入温度高于M_s的硝盐浴或碱浴中，保温2~5min，使工件内外的温度均匀后，立即取出空冷至室温（图4-30中的曲线3）。这种方法可以减少工件内外的温差，减慢马氏体转变时的冷却速度，从而有效地减少内应力，防止产生变形和开裂。但由于硝盐浴或碱浴的冷却能力差，只能适用于零件尺寸较小，要求变形小，尺寸精度高的零件，如模具、刀具等。在分级淬火时，为了增加奥氏体的稳定性，应适当提高淬火加热温度，一般比正常淬火加热温度高30~80℃。

（4）等温淬火法 将加热至奥氏体状态的工件放入温度稍高于M_s的硝盐浴或碱浴中，保温足够长的时间使其完成贝氏体转变，然后取出空冷至室温（图4-30中的曲线4）。等温淬火后获得下贝氏体组织。

下贝氏体与回火马氏体相比，在含碳量相近、硬度相当的情况下，前者比后者具有较高的塑性与韧性，适用于尺寸较小、形状复杂、要求变形小，硬度高和韧性好的工具、模具等。

6. 钢的淬透性和淬硬性

（1）钢的淬透性 所谓淬透性是指钢在淬火时获得淬硬层的能力。淬硬层一般规定为零件表面至半马氏体层（马氏体量占 50%）之间的区域，它的深度称为淬硬层深度。淬透性主要取决于钢的临界冷却速度、过冷奥氏体的稳定性。不同的钢在同样的条件下淬硬层深度不同，说明不同的钢淬透性不同，淬硬层深的钢淬透性好。

淬硬性是指钢以大于临界冷却速度冷却时，获得的马氏体组织所能达到的最高硬度。钢的淬硬性主要取决于马氏体的碳含量，即取决于淬火前奥氏体的含碳量。钢的淬透性和淬硬性是两个不同的概念。

（2）影响淬透性的因素

1）化学成分。C 曲线距纵坐标越远，淬火的临界冷却速度越小，则钢的淬透性越好。对于碳素钢，钢中含碳量越接近共析成分，其 C 曲线越靠右，临界冷却速度越小，则淬透性越好，即亚共析钢的淬透性随含碳量的增加而增大，过共析钢的淬透性随含碳量的增加而减小。除 Co 以外的大多数合金元素都使 C 曲线右移，使钢的淬透性增加，因此合金钢的淬透性比碳素钢好。

2）奥氏体化温度。温度越高，晶粒越粗大，未溶第二相越少，淬透性越好。因为奥氏体晶粒粗大使晶界减少，不利于珠光体的形核，从而避免了淬火时发生珠光体转变。但加热温度和保温时间对淬透性的影响没有化学成分影响大。

（3）淬透性的表示方法 钢的淬透性必须在统一标准的冷却条件下来测定和比较，其测定方法很多。过去为了便于比较各种钢的淬透性，常利用临界直径 D_c 来表示钢获得淬硬层深度的能力。临界直径是指圆柱形钢棒加热后在一定的淬火冷却介质中能全部淬透的最大直径。

对同一种钢 $D_{c油} < D_{c水}$，因为油的冷却能力比水差。目前国内外都普遍采用"顶端淬火法"测定钢的淬透性曲线，以比较不同钢的淬透性。

"顶端淬火法"——国标规定试样尺寸为 $\phi 5mm \times 100mm$；水柱自由高度 65mm；此外，加热过程中应注意防止氧化、脱碳。将钢加热至奥氏体化后，迅速喷水冷却，如图 4-31a 所

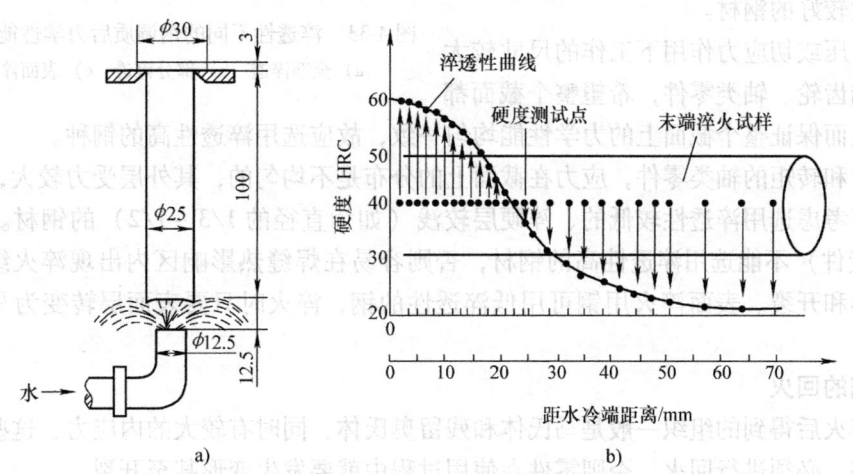

图 4-31 顶端淬火法试验示意图和淬透性曲线
a）试样尺寸及冷却方法 b）淬透性曲线的测定

示。显然，在喷水端冷却速度最大，沿试样轴向的冷却速度逐渐减小。据此，末端组织应为马氏体，硬度最高，随距水冷端距离的加大，组织和硬度也相应变化，将硬度随水冷端距离的变化绘成曲线称为淬透性曲线，如图 4-31b 所示。

不同钢种有不同的淬透性曲线，工业用钢的淬透性曲线几乎都已测定，并已汇集成册可查阅参考。由淬透性曲线就可比较不同钢的淬透性大小。

此外，对于同一种钢，因冶炼炉次不同，其化学成分会在一个限定的范围内波动，对淬透性也有一定的影响。因此，钢的淬透性曲线并不是一条线，而是一条带，即表现为淬透性带，如图 4-32 所示。钢的成分波动越小，淬透性带越窄，其性能越稳定，因此，淬透性带越窄越好。

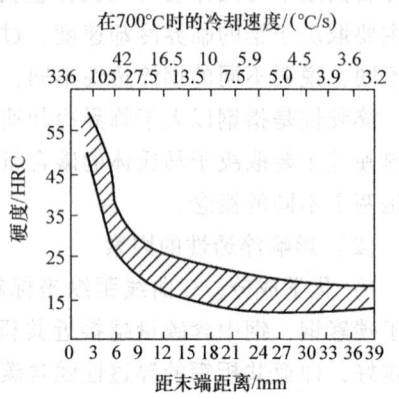

图 4-32　45 钢的淬透性带

（4）淬透性的应用　钢的淬透性在生产中具有重要的实际意义，是机械零件设计时选择材料和制订热处理工艺的重要依据。

淬透性不同的钢材，淬火后得到的淬硬层深度不同，所以沿截面的组织和力学性能差别较大。图 4-33 表示用淬透性不同的钢制成直径相同的轴，经调质后力学性能的对比。

图 4-33a 表示全部淬透，整个截面为回火索氏体组织，力学性能沿截面是均匀分布的；图 4-33b 表示部分淬透；图 4-33c 表示仅表面淬透，由于心部为层片状组织（索氏体），冲击韧度较低。由此可见，淬透性低的钢材力学性能较差，因此在机械制造中截面较大或形状较复杂的重要零件，以及应力状态较复杂的螺栓、连杆等零件，要求截面力学性能均匀，应选用淬透性较好的钢材。

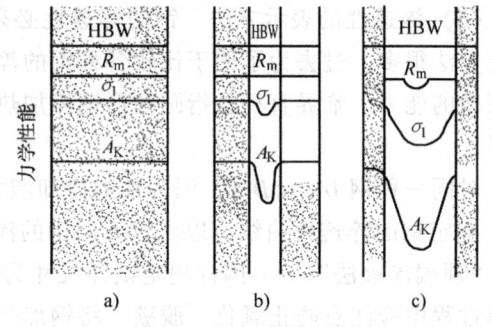

图 4-33　淬透性不同的钢调质后力学性能示意图
a）全部淬透　b）部分淬透　c）表面淬透

在拉、压或切应力作用下工作的尺寸较大的零件，如齿轮、轴类零件，希望整个截面都能淬透，从而保证整个截面上的力学性能均匀一致，故应选用淬透性高的钢种。

受弯曲和转矩的轴类零件，应力在截面上的分布是不均匀的，其外层受力较大，心部受力较小，可考虑选用淬透性较低的、淬硬层较浅（如为直径的 1/3~1/2）的钢材。有些零件（如焊接件）不能选用淬透性高的钢材，否则容易在焊缝热影响区内出现淬火组织，造成焊缝变形和开裂。表面淬火用钢可用低淬透性的钢，淬火时只要表面层转变为马氏体即可。

四、钢的回火

钢在淬火后得到的组织一般是马氏体和残留奥氏体，同时有较大的内应力，这些都是亚稳定的状态，必须进行回火，否则零件在使用过程中就要发生变形甚至开裂。

回火是将淬火钢重新加热到 A_1 点以下的某一温度，保温一定时间后，冷却到室温的一种热处理制度。回火的目的是：

1) 降低脆性，减少或消除内应力，防止零件变形和开裂。
2) 获得工艺所要求的力学性能。淬火零件的硬度高且脆性大，通过适当回火可调整硬度，获得所需要的塑性、韧性。
3) 稳定工件尺寸。淬火马氏体和残留奥氏体都是亚稳定组织，它们会自发地向稳定的平衡组织——铁素体和渗碳体转变，从而引起工件尺寸和形状的变化。通过回火可使淬火马氏体和残留奥氏体转变为较稳定的组织，保证工件在使用过程中不发生尺寸和形状的变化。
4) 对于某些高淬透性的合金钢，空冷便可淬火成马氏体，如采用退火软化，则周期很长。此时可采用高温回火，使碳化物聚集长大，降低硬度，以利于切削加工，同时可缩短软化周期。

1. 淬火钢在回火时组织的转变

淬火钢在回火过程中，随着加热温度的提高，原子活动能力增大，其组织相应地发生以下四个阶段的转变：

(1) 马氏体的分解 马氏体中过饱和的碳原子处于晶格扁八面体间隙中，使晶格产生较大畸变，此外马氏体中存在大量的晶格缺陷，使马氏体能量增高，处于不稳定状态。在20~80℃范围内回火时，铁和合金元素难以扩散，但原子直径很小的C、N等间隙原子能作短距离的扩散迁移。当C、N原子扩散至晶格缺陷处时，将降低马氏体能量，因此在此温度范围内，马氏体中C、N原子向微观缺陷处聚集。

碳氮原子的聚集不能用金相法观察，但可用电阻法、内耗法等试验方法证实。

在超过80℃回火时，淬火马氏体将发生分解，随着回火温度升高，马氏体中含碳量逐渐减少。不同含碳量的马氏体的碳浓度随回火温度的变化规律如图4-34a所示，随着回火温度升高，马氏体中含碳量不断减少，高碳钢减少很快，碳含量越少，下降越缓慢。

马氏体中含碳量与回火时间的关系如图4-34b所示，回火时间对马氏体中含碳量的影响不大，马氏体含碳量在回火初期下降较快，随后趋于平缓。回火温度越高，回火初期含碳量减少越多。

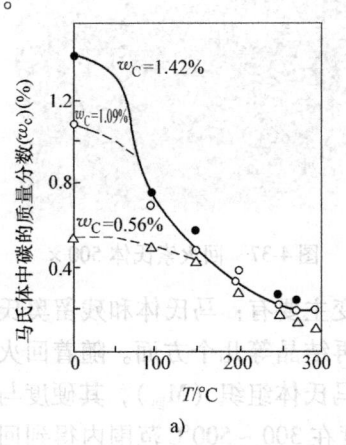
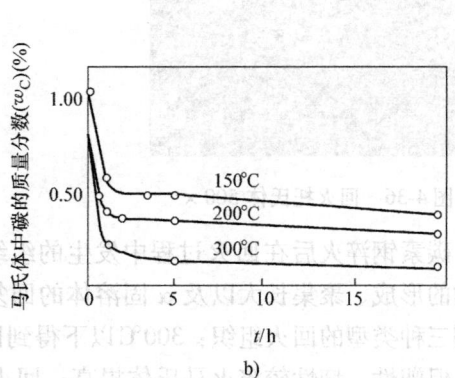

图4-34 马氏体中含碳量与回火温度、回火时间的关系
a) 马氏体中含碳量随回火温度的变化规律（回火1h）
b) 马氏体中含碳量与回火时间的关系（$w_C = 1.1\%$）

马氏体在 80～200℃ 回火时，固溶于马氏体中的过饱和碳原子脱溶，析出薄片状细小的 ε 相碳化物（过渡相分子式大致在 $Fe_{2.4}C$），使马氏体中碳的过饱和度降低，因而马氏体的正方度减小，但仍是碳在 α-Fe 中的过饱和固溶体，通常把这种过饱和 α + ε 碳化物的组织称为回火马氏体（$M_回$），金相组织如图 4-35 所示。它是由两相组成的，易被腐蚀，在显微镜下观察呈黑色针叶状。这一阶段内应力逐渐减小，钢的硬度基本保持不变或略有提高。

图 4-35　回火马氏体 500×

(2) 残留奥氏体转变　$w_C > 0.4\%$ 的碳素钢淬火转变成马氏体后，组织中总含有一定量的残留奥氏体，在 200～300℃ 范围回火时，由于马氏体分解，残留奥氏体所受的压力下降，A′分解为 ε 碳化物和过饱和铁素体的混合物，这种组织与马氏体分解的组织基本相同，把它归入回火马氏体组织，即回火温度在 300℃ 以下得到的回火组织是回火马氏体。

(3) 碳化物转变　在 250～400℃ 回火时，过饱和的 α 固溶体中的碳原子几乎全部脱溶，到 350℃ 时，马氏体中含碳量降到铁素体水平，实际上就是马氏体转变为铁素体，使马氏体的正方度 $c/a = 1$，但这时的铁素体仍保持着马氏体的针叶状的外形，此时，ε-碳化物将溶解于 α 相中，并从铁素体中析出极细的颗粒状渗碳体。这种由针叶状铁素体和极细粒状渗碳体组成的机械混合物称为回火托氏体（$T_回$），如图 4-36 所示，这一阶段马氏体的内应力大大降低。

(4) 渗碳体长大和铁素体再结晶　回火温度超过 400℃ 时，具有平衡浓度的 α 相开始回复，500℃ 以上时发生再结晶，从针叶状转变为多边形的等轴状，在这一回复再结晶的过程中，粒状渗碳体聚集长大成球状，即在 500℃ 以上（500～650℃）得到由等轴状铁素体 + 球状渗碳体组成的回火组织——回火索氏体（$S_回$）。

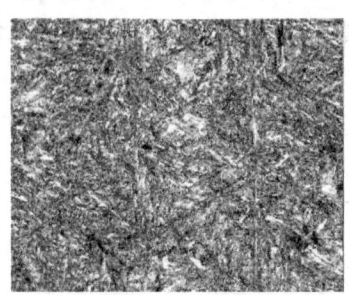

图 4-36　回火托氏体 500×

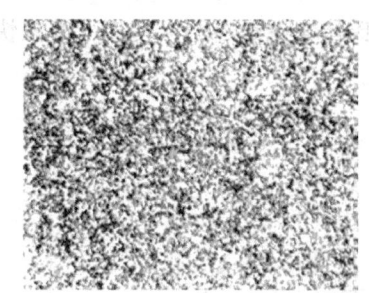

图 4-37　回火索氏体 500×

可见，碳素钢淬火后在回火过程中发生的组织转变主要有：马氏体和残留奥氏体的分解、碳化物的形成、聚集长大以及 α 固溶体的回复与再结晶等几个方面。随着回火温度的不同可得到三种类型的回火组织：300℃ 以下得到回火马氏体组织（$M_回$），其硬度与淬火马氏体相近，但塑性、韧性较淬火马氏体提高；回火温度在 300～500℃ 范围内得到回火托氏体组织（$T_回$），具有较高的硬度和强度以及一定的塑性和韧性；回火温度在 500～650℃ 范围时，得到回火索氏体组织（$S_回$）（图 4-37），与回火托氏体相比，它的强度、硬度低而塑性和韧性较高。

2. 淬火钢在回火时力学性能的变化

在回火过程中,随着组织的变化,钢的力学性能也发生相应变化。总的规律是:随回火温度升高,强度、硬度下降,塑性、韧性上升。

在200℃以下,由于马氏体中大量ε碳化物弥散析出,使得钢的硬度并不下降,对于高碳钢,甚至略有升高。在200~300℃时,由于高碳钢中的残留奥氏体转变为回火马氏体,硬度会再次提高,而对于低、中碳钢,由于残留奥氏体量很少,则硬度缓慢下降。在300℃以上,由于渗碳体粗化及马氏体转变为铁素体,使得钢的硬度呈直线下降,如图4-38所示。

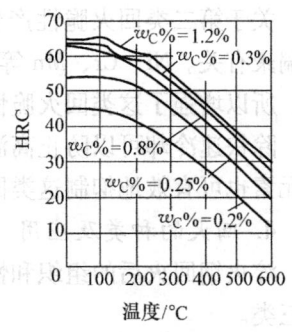

图4-38 淬火钢硬度随回火温度的变化

回火得到的回火托氏体和回火索氏体与由过冷奥氏体直接分解得到的片状托氏体和索氏体的力学性能有着显著区别。当硬度相同时,两类组织相差无几,但回火组织的屈服强度、A、Z 等都比片状组织高,这是由于回火组织中的渗碳体为粒状,而片状组织中的渗碳体为片状,当片状渗碳体受力时,会产生很大的应力集中,易使渗碳体片断裂或形成微裂纹。这就是为什么重要的零件都要进行淬火和回火处理的根本原因。

淬火钢的强度和韧性随回火温度的变化如图4-39所示。随着回火温度的提高,钢的强度下降,而塑性增加,在400℃以上时塑性提高非常明显。在350℃左右回火时,弹性极限达到最大值,所以弹簧钢一般在350℃回火。

3. 回火脆性

淬火钢的韧性总的规律是随回火温度上升而提高,但在一些回火区域会出现冲击韧度显著下降的现象,这种现象称为钢的回火脆性,如图4-40所示。

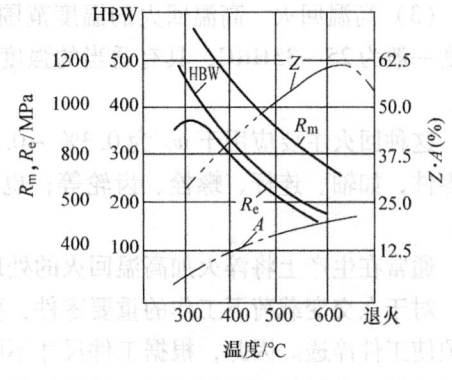

图4-39 40钢的力学性能与回火温度的关系

(1) 第一类回火脆性 淬火钢在250~350℃回火时出现的脆性称为第一类回火脆性。对钢的回火研究认为马氏体分解时沿马氏体条或针的边界析出薄壳状碳化物,降低了晶界的断裂强度,是产生这类脆性的主要原因。这类回火脆性产生后无法消除,故又称为不可逆回火脆性。几乎所有淬火后形成的马氏体钢在该温度范围内回火时,都不同程度地产生这类脆性,所以应避免在该温度范围内进行回火。

(2) 第二类回火脆性 淬火钢在500~650℃范围内回火后出现的脆性称为第二类回火脆性。这类回火脆性主要发生在含Cr、Ni、Si、Mn等合金元素的结构钢中。当淬火钢在上述温度范围内长时间保温或以缓慢的速度冷却时,便发生明显的脆化现象。但快速冷却时,脆化现象消失或受到抑制。淬火钢若在此范围发生回火脆性,可以将钢重新加热回

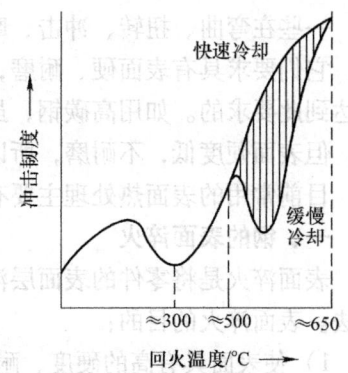

图4-40 钢的回火脆性示意图

火,然后快速冷却,即可消除脆性,所以又称为可逆回火脆性。

关于第二类回火脆性产生的原因,一般认为与 Sb、Sn、P 等杂质元素在原奥氏体晶界上偏聚有关。Ni、Cr、Mn 等合金元素促进杂质元素的偏聚,这些元素本身也易在晶界上偏聚,所以增强了这类回火脆性的倾向。

除快速冷却可以防止高温回火脆性外,在钢中加入 W(约 1%)、Mo(约 0.5%)等合金元素也可有效地抑制这类回火脆性的产生。

4. 回火的种类及应用

淬火钢回火后的组织和性能取决于回火温度,根据回火温度范围不同,可将回火分为以下三类。

(1) 低温回火　低温回火的温度范围为 150~250℃。回火后的组织为回火马氏体。回火后内应力和脆性降低,保持了高硬度和高耐磨性。

这种回火主要应用于高碳钢或合金钢制造的工具、模具、滚动轴承及渗碳和表面淬火的零件,回火后的硬度一般为 58~64HRC。

(2) 中温回火　中温回火的温度范围为 350~500℃。回火后的组织为回火托氏体,硬度一般为 35~45HRC,具有一定的韧性和高的弹性极限及屈服强度。

这种回火主要应用于 w_C 为 0.5%~0.7% 的碳素钢和合金钢制造的各类弹簧。

(3) 高温回火　高温回火的温度范围为 500~650℃。回火后的组织为回火索氏体,其硬度一般为 25~35HRC,具有适当的强度和足够的塑性和韧性,即具有良好的综合力学性能。

这种回火主要应用于 w_C 为 0.3%~0.5% 的碳素钢和合金钢制造的各类连接和传动的结构零件,如轴、连杆、螺栓、齿轮等;也可作为要求较高的精密零件、量具等的预备热处理。

通常在生产上将淬火加高温回火的处理工艺称为调质处理,简称调质。

对于在交变载荷下工作的重要零件,要求其整个截面得到均匀的回火索氏体组织,首先必须使工件淬透。因此,根据工件尺寸不同,要求钢的淬透性也不同,大零件要求选用高淬透性的钢,小零件则可以选用淬透性较低的钢。

第五节　钢的表面热处理工艺

一些在弯曲、扭转、冲击、摩擦等条件下工作的齿轮、活塞销、轧辊、曲轴颈等机器零件,它们要求具有表面硬、耐磨,而心部韧性好、抗冲击的特性,仅从选材方面去考虑是很难达到此要求的。如用高碳钢,虽然硬度高,但心部韧性不足;如用低碳钢,虽然心部韧性好,但表面硬度低,不耐磨,所以工业上广泛采用表面热处理来满足上述要求。

目前常用的表面热处理主要有表面淬火和化学热处理。

一、钢的表面淬火

表面淬火是将零件的表面层淬硬到一定深度,而心部仍保持未淬火状态的一种局部淬火方法。表面淬火的目的:

1) 使表面具有高的硬度、耐磨性和疲劳极限。

2) 心部在保持一定的强度、硬度的条件下,具有足够的塑性和韧性。

表面淬火是利用快速加热使工件表面奥氏体化,而其心部尚处于较低温度时迅速予以冷却,表层被淬硬为马氏体,而心部仍保持原来的退火、正火或调质状态的组织。

表面淬火一般适用于中碳钢和中碳低合金钢,也可用于高碳工具钢、低合金工具钢以及球墨铸铁等。

常用的有感应加热、火焰加热、接触电阻加热及激光加热等表面淬火工艺。最常用的是感应加热表面淬火。

1. 感应加热表面淬火

它是把工件放入一定频率的感应电流(涡流)中,使表面层快速加热到淬火温度后立即喷水冷却的方法。

(1) 工作原理 在一个线圈中通过一定频率的交流电时,在它周围便产生交变磁场。若把零件放入线圈中,零件中就会产生与线圈频率相同而方向相反的感应电流。这种感应电流在零件中的分布是不均匀的,主要集中在表面层,越靠近表面,电流密度越大,频率越高,电流集中的表面层越薄,如图4-41所示。这种现象称为趋肤效应,它是感应电流能使零件表面层加热的基本依据。

(2) 感应加热表面淬火的分类 根据感应电流频率的不同,感应加热表面淬火可分为以下几种:

1) 高频感应加热。最常用的工作频率为200kHz,淬硬层深度为0.5~2mm。

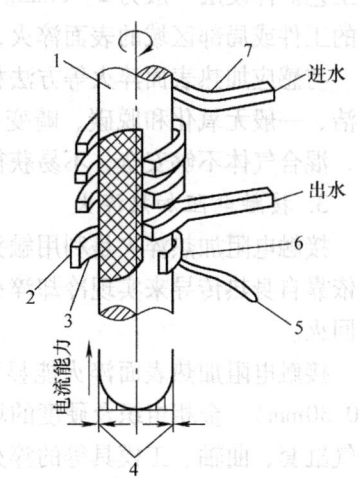

图4-41 感应淬火工作原理
1—零件 2、5—水 3—加热淬硬圈
4—电流集中层 6—淬火喷水套
7—加热感应圈

2) 中频感应。最常用的工作频率为2500~8000Hz,淬硬层深度为3~6mm,适用于大、中型零件,如直径较大的轴和大、中型模数的齿轮。

3) 工频感应。工作频率为50Hz,淬硬层深度一般为10~15mm,适用于大型零件,如直径大于300mm的轧辊及轴类零件等。

(3) 感应加热表面淬火的特点

1) 加热速度快,生产效率高。

2) 淬火后表面组织细,硬度高(比普通淬火高2~3HRC)。

3) 加热时间短,氧化脱碳少。

4) 淬硬层深度易控制,变形小,产品质量好。

5) 生产过程易实现自动化。

其缺点是设备昂贵,维修、调整困难,形状复杂的感应线圈不易制造,不适于单件生产。

对于感应加热表面淬火的零件,其设计技术条件一般应注明表面淬火硬度、淬硬层深度、表面淬火部位及心部硬度等。在选材方面,为了保证零件感应加热表面淬火后的表面硬度和心部硬度、强度及韧性,一般用中碳钢和中碳合金钢如40、45、40Cr、40MnB等。此外,合理地确定淬硬层深度也很重要,一般情况下增加淬硬层深度可延长表面层的耐磨寿命,但同时也增加了脆性破坏的倾向。因此,选择淬硬层深度时,除考虑磨损外,还必须考虑零件的综合力学性能,保证有足够的强度、抗疲劳性能和韧性。

零件在感应加热前需要进行预备热处理，一般为调质或正火，以保证零件表面在淬火后得到均匀、细小的马氏体，改善零件心部硬度、强度和韧性以及可加工性，并减少淬火变形。零件在感应淬火后需要进行低温回火（180~200℃），以降低内应力和脆性，获得回火马氏体组织。

2. 火焰加热表面淬火

火焰加热表面淬火是应用氧乙炔焰或其他可燃气体对工件表面快速加热，随后淬火冷却的工艺。淬硬层一般为2~6mm。常用于大尺寸和重量大的工件，尤其适用于批量少、品种多的工件或局部区域的表面淬火，如大型齿轮、轴、轧辊和导轨等。

与感应加热表面淬火等方法相比，具有设备简单，操作灵活，适用钢种广泛，工件表面清洁、一般无氧化和脱碳、畸变小等优点。缺点是加热温度不易控制，噪声大，劳动条件差，混合气体不够安全，不易获得薄的表面淬火层。

3. 接触电阻加热淬火

接触电阻加热淬火是利用触头（铜滚轮或碳棒）和工件间的接触电阻使工件表面加热，并依靠自身热传导来实现冷却淬火。这种方法设备简单，操作灵活，工件变形小，淬火后不需回火。

接触电阻加热表面淬火能显著提高工件的耐磨性和抗擦伤能力，但淬硬层较薄（0.15~0.30mm），金相组织及硬度的均匀性都较差，目前多用于机床铸铁导轨的表面淬火，也用于气缸套、曲轴、工模具等的淬火。

4. 激光加热表面淬火

（1）激光加热表面淬火的特点　激光加热表面淬火是以高能激光束扫描工件表面，使工件表面快速加热到钢的临界点以上，利用工件自身大量吸热迅速冷却表面而淬火，实现表面相变硬化。激光加热表面淬火的主要特点有：

1）加热和冷却速度快。加热速度可达 $10^5 \sim 10^9$℃/s，对应的加热时间仅为 $10^{-7} \sim 10^{-3}$s；冷却速度可达 $10^4 \sim 10^7$℃·s，冷却时间为 $10^{-6} \sim 10^{-3}$s。扫描速率越快，冷却速度也越快。

2）高硬度。激光淬火层的硬度比常规淬火层提高15%~20%，因为工件表层获得的是隐针状马氏体。硬化层深度通常为0.3~0.5mm，硬化层硬度一致，耐磨性可提高50%以上。

3）变形小。

（2）激光淬火的表层组织

1）低碳钢分为两层。外层是完全淬火区，组织是隐针状马氏体；内层是不完全淬火区，保留有铁素体。

2）高碳钢分为两层。外层是隐针状马氏体；内层是隐针状马氏体加未溶碳化物。

3）中碳钢分为四层。外层是白亮的隐针状马氏体；硬度达800HV，比普通淬火硬度高100HV以上；第二层是隐针状马氏体加少量托氏体，硬度稍低；第三层是隐针状马氏体加网状托氏体，再加少量铁素体；第四层是隐针状马氏体和完整的铁素体网。

4）铸铁可分为三层。表层是熔化+凝固所得的树枝状结晶，此区随扫描速度的增大而减小；第二层是隐针状马氏体加少量残余的石墨及磷共晶组织；第三层是较低温度下形成的马氏体。

激光表面相变硬化大量用于发动机气缸体、齿轮转向体内孔、导轨等工件的表面淬火。

二、钢的化学热处理

化学热处理是将钢件置于一定温度的活性介质中保温，使一种或几种元素渗入钢件表面，改变其化学成分和组织，达到改进表面性能，满足技术要求的热处理过程。按照表面渗入的元素不同，化学热处理可分为渗碳、渗氮、碳氮共渗、渗硼、渗铝等。化学热处理能有效地提高钢件表层的耐磨性、耐蚀性、抗氧化性以及疲劳强度等。

钢件表面化学成分的改变，取决于处理过程中发生的三个基本工艺过程：

(1) 介质的分解　首先将工件置于含有渗入元素的活性介质中加热到一定温度，活性介质通过分解，并释放出欲渗入元素的活性原子。

(2) 吸附　活性原子被表面吸附并溶入表面。

(3) 扩散　溶入表面的原子向金属表层扩散渗入形成一定厚度的扩散层，从而改变表层的成分、组织和性能。

1. 渗碳

钢的渗碳是向钢的表层渗入活性碳原子，增加工件表层的含碳量并得到一定渗碳层深度的化学热处理工艺。

(1) 渗碳的目的　渗碳使低碳（w_C 为 0.15% ~ 0.30%）钢件表面获得高含碳量（w_C 约 1.0%），在经过加热淬火和低温回火处理后，可提高表面的硬度、耐磨性和疲劳强度，而使心部仍保持良好的韧性和塑性。因此渗碳主要用于同时受严重磨损和较大冲击载荷的零件，例如各种齿轮、活塞销、套筒等。

(2) 渗碳方法　渗碳方法有固体渗碳、液体渗碳和气体渗碳。常用的渗碳方法是气体渗碳，它是在含碳的气体介质中通过调节气体渗碳气氛来实现渗碳目的。工业上一般有井式炉滴注式渗碳和贯通式气体渗碳两种。具体过程为将工件装在密封的渗碳炉中，如图 4-42 所示，分解的有机液体（如煤油、苯、甲醇等）或直接通入的渗碳气体（如煤气、石油液化气等），产生活性碳原子，使钢件表面渗碳。

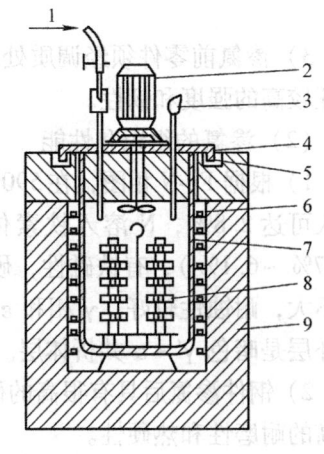

图 4-42　气体渗碳法示意图
1—煤油　2—风扇电动机　3—废气火焰
4—炉盖　5—砂封　6—电阻丝
7—耐热罐　8—零件　9—炉体

气体渗碳的优点是生产率高，劳动条件较好，渗碳过程可以控制，渗碳层的品质和力学性能较好。此外，还可实行直接淬火。

(3) 渗碳工艺　渗碳工艺参数包括渗碳温度和渗碳时间等。

奥氏体的溶碳能力较大，因此渗碳工艺应加热到 Ac_3 以上温度。温度越高，渗碳速度越快，渗层越厚，生产率也越高，但温度太高，会使奥氏体晶粒粗大。为了避免奥氏体晶粒过于粗大，渗碳温度一般应控制在 900 ~ 950℃。渗碳时间则取决于渗层厚度的要求。一般在 900℃渗碳时，保温1h，渗层厚度为 0.5mm；保温 4h，渗层厚度可达 1mm。

零件的渗碳层厚度，取决于其尺寸及零件条件，一般为 0.5mm ~ 2.5mm。例如，齿轮的渗碳层厚度由其工作要求及模数等因素来确定。为了保证渗碳件的性能，设计图样上一般要标明渗碳层厚度、渗碳层和心部的硬度。对于重要零件，还应标明对渗碳层显微组织的要求。渗碳件中不允许硬度高的部位（如装配孔等），也应在图样上注明，并用镀铜法防止渗碳，或者多留加工余量。

2. 渗氮

渗氮就是在一定温度下（一般在 Ac_1 以下）向钢件表面渗入活性氮原子的化学热处理工艺，又称为氮化。渗氮的目的在于提高钢件表面的硬度和耐磨性，提高疲劳强度和耐蚀性。

渗氮可分为气体渗氮、液体渗氮、离子渗氮等。按渗氮的温度又可分为低温渗氮（渗氮温度低于600℃）和高温渗氮（渗氮温度高于600℃），目前广泛应用的是气体渗氮。

(1) 气体渗氮　气体渗氮是将零件置于密闭的渗氮炉内，加热到500~600℃保温，通入氨气，氨气被加热分解出活性氮原子（$2NH_3 \rightarrow 3H_2 + 2[N]$），氮原子被钢表面吸收并渗入零件表层，在保温过程中向内扩散，形成渗氮层。

气体渗氮与气体渗碳相比，其特点是：

1) 渗氮温度低，一般为500~600℃。零件在渗氮前要进行调质处理，所以渗氮温度不能高于调质处理的回火温度。

2) 渗氮时间长，一般为20~50h，氮化层厚度为0.3~0.5mm。时间长是渗氮的主要缺点。

3) 渗氮前零件须经调质处理，目的是改善机加工性能和获得均匀的回火索氏体组织，保证较高的强度和韧性。

(2) 渗氮的组织和性能

1) 根据 Fe-N 相图，在590℃时，α-Fe 溶解 N 0.11%，室温时仅为0.004%。N 在 γ-Fe 溶入可达2.8%，N 溶入铁素体和奥氏体中，与铁形成 γ' 相和 ε 相。γ' 相以 Fe_4N 为主（5.7%~6.1%），有铁磁性，硬度高；ε 相以 $Fe_{2-3}N$ 为主（4.55%~11%），硬度高，脆性不大，耐蚀性较好。γ' 相和 ε 相也溶解一些碳。渗氮后，工件最外层是白色 ε 相或 γ' 相，次外层是暗色 $\gamma'+\alpha$ 共析体层。

2) 钢件渗氮后具有很高的硬度（1000~1100HV），且在600~650℃不下降，所以具有很高的耐磨性和热硬性。

3) 钢渗氮后，渗层体积增大，造成表面压应力（500~1000MPa），使疲劳强度提高。

4) 渗氮温度低，零件变形小。

5) 渗氮后表面形成致密的、化学稳定性较高的 ε 相层，所以耐蚀性好，在自来水、潮湿空气、气体燃烧物、过热蒸汽、苯、不洁油、弱碱溶液、硫酸、醋酸、正磷酸等介质中均有一定的耐蚀性。

(3) 离子渗氮　离子渗氮是将需渗氮的工件作阴极，以炉壁作阳极，在真空炉室内通入氨气，在两电极间加以高压直流电。氨气在高压电场中电离出氮离子，氮离子高速轰击零件表面，使零件表面温度迅速上升到450~650℃，氮离子在阴极零件表面上获得电子还原成氮原子而渗入零件表面，扩散后形成渗氮层。

离子渗氮的优点是：渗氮速度快，可缩短渗氮时间2/3以上；渗氮层质量好；缺点是设备复杂，成本高。离子渗氮主要用于中小零件的表面处理。

(4) 渗氮的应用　由于渗氮工艺复杂，时间长，成本高，所以只用于耐磨、耐蚀和精度要求高的耐磨件，如发动机气缸、排气阀、阀门、精密丝杠等。随着新工艺（如软渗氮、离子渗氮等）的发展，渗氮处理得到了越来越广泛的应用。

3. 碳氮共渗

碳氮共渗是在一定温度下向钢的表层同时渗入碳和氮原子的过程,以前又称氰化。目前以中温气体碳氮共渗和低温气体碳氮共渗(即气体软渗氮)应用较为广泛。中温气体碳氮共渗的主要目的是提高钢的硬度、耐磨性和疲劳强度;低温气体碳氮共渗以渗氮为主,主要目的是提高钢的耐磨性和抗咬合性。

(1) 中温气体碳氮共渗　中温气体碳氮共渗与渗碳相比,在工艺操作上具有下列优点:由于共渗温度较低(700~880℃),共渗后一般都可以直接淬火,变形小;若处理温度相同,碳氮共渗速度高于渗碳速度;生产周期短,且相对于渗碳层具有较高的耐磨性、疲劳强度和抗压强度,并有一定的耐腐蚀能力。

一般气体渗碳设备稍加改装和添置供氨系统,便可用于碳氮共渗处理。它在工业上的应用比渗碳晚,但发展很快。不足之处主要有:中温气体碳氮共渗处理后的零件表层经常出现孔洞和黑色组织;共渗的气氛难以控制,容易造成零件氢脆等,还需进一步解决。

气体碳氮共渗工艺一般是将渗碳气体和氨气同时通入渗碳炉中,零件入炉后在840~860℃保温4~5h,然后预冷到820~840℃油淬。共渗层厚度为0.7~0.8mm,升高温度或延长时间均可增加共渗层深度。

碳氮共渗零件经淬火+低温回火后其表层组织为细针状回火马氏体+颗粒状碳氮化合物$Fe_3(C,N)$+少量残留奥氏体。

(2) 低温气体碳氮共渗(气体软氮化)　钢在570℃左右的含活性碳、氮原子气氛中进行渗氮的过程,由于渗氮的同时有碳原子渗入钢件表面,故又称为低温气体碳氮共渗。

软渗氮的介质是尿素$(NH_2)_2CO$或甲酰胺NH_2COH,它们在软渗氮温度下发生分解,形成活性[C]和[N]原子。

尿素分解反应如下:
$$CO(NH_2)_2 \rightarrow CO + 2H_2 + 2[N]$$
$$2CO \rightarrow CO_2 + [C]$$

甲酰胺的分解反应如下:$4NH_2CO \rightarrow 2CO + 4H_2 + 2H_2O + 4[N] + 2[C]$

从反应式可以看出,尿素和甲酰胺分解生成的活性氮原子均多于活性碳原子,所以软氮化的实质是以渗氮为主的碳氮共渗过程,而渗碳过程形成的碳化物能促进渗氮过程的进行。所以软氮化速度快,时间短,零件变形小。在570℃经1~4h软氮化,表层可形成0.01~0.02mm的碳氮化合物$Fe_3(C,N)$层,虽然其硬度比渗氮时形成的Fe_2N和Fe_4N低,但其韧性好,硬而不脆,不易剥落,从而可提高耐磨性。此外,软氮化可提高疲劳强度和耐蚀性,而且不受钢种的限制,可用于碳素钢、合金钢、铸铁、粉末冶金材料等。

软氮化的缺点主要是表层碳氮化合物层太薄,仅有0.01~0.02mm,加热气氛具有毒性,故限制了应用。

表面淬火、渗碳、渗氮、碳氮共渗四种热处理工艺的特点和性能的比较见表4-3。在实际工作中,可以根据零件的工作条件、几何形状、尺寸大小等,选用合适的热处理工艺。

表4-3　几种表面的热处理工艺特点和性能的比较

处理方法	表面淬火	渗碳	渗氮	碳氮共渗
处理工艺	表面加热淬火 低温回火	渗碳,淬火, 低温回火	渗氮	碳氮共渗,淬火, 低温回火

(续)

处理方法	表面淬火	渗碳	渗氮	碳氮共渗
生产周期	很短，几秒到几分钟	长，约3~9h	很长，约20~50h	短，约1~2h
表层深度/mm	0.5~7	0.5~2	0.3~0.5	0.2~0.5
硬度 HRC	58~63	58~63	65~70 (1000~1100HV)	58~63
耐磨性	较好	良好	最好	良好
疲劳强度	良好	较好	最好	良好
耐蚀性	一般	一般	最好	良好
热处理后变形	较小	较大	最小	较小
应用举例	机床齿轮	汽车齿轮 爪型离合器	液压泵齿轮 制动器凸轮	精密机床主轴丝杠

第六节 其他热处理工艺

为了提高零件的力学性能和表面质量，节约能源，降低成本，提高经济效益，减少或防止环境污染，目前已发展了许多热处理新技术、新工艺。

一、形变热处理

形变热处理是将塑性变形和热处理相结合，以提高零件力学性能的复合工艺。形变热处理不仅能获得一般加工方法能达到的高强度和高韧性的良好组合，而且还可简化金属材料的生产工艺过程，因而在工业中受到广泛重视。

形变热处理一般分为低温形变热处理、高温形变热处理及形变化学热处理三类。

1. 低温形变热处理

低温形变热处理是将钢加热到奥氏体状态，保持一定时间，然后急速冷却到 Ac_1 以下、高于 M_S 点的某一中间温度施以锻压或轧制成形，随后立即淬火，以获得马氏体组织的工艺。从获得强度与韧性良好配合的角度出发，过冷奥氏体应具有足够的稳定性。

低温形变热处理工艺主要包括如下几种：

(1) **低温形变淬火** 这种工艺主要用于高强度零件（如飞机起落架）、火箭蒙皮、高速钢刀具、模具、炮弹壳、穿甲弹壳、板簧等，在保持韧性的前提下提高强度及耐磨性。

(2) **低温形变等温淬火** 这种工艺主要用于热作模具，在保持韧性的前提下提高其强度。

(3) **等温形变淬火** 这种工艺适用于等温淬火的小零件，如小轴、小模数齿轮、铋片、弹簧、链节等，以提高其强韧性。

(4) **连续冷却形变热处理** 这种工艺用于小型、精密、耐磨、抗疲劳件，以提高其强韧性。

(5) **诱发马氏体的低温形变** 这种工艺用于奥氏体不锈钢、过渡型不锈钢及TRIP钢（高强度塑性钢），以提高其强韧性。

(6) **珠光体低温形变热处理** 这种工艺用于制造钢琴丝及钢缆绳，以提高其强度。

(7) 马氏体形变热处理　低碳钢淬火转变为马氏体，然后在室温下形变，最后回火，可显著提高屈服强度，并降低冷脆转变温度。

(8) 预形变热处理　这种工艺适用于形状复杂、切削量大的高强钢零件，以提高其强韧性，并可省去预备热处理工序。

(9) 晶粒多边化强化　这种工艺用于锅炉紧固件、汽轮机或燃气轮机零件，以提高其高温持久强度和蠕变抗力。

2. 高温形变热处理

高温形变热处理是将钢加热到稳定奥氏体区保持一段时间，在该状态下形变，随后进行淬火以获得马氏体组织的工艺。

高温形变热处理后辅以适当的回火，能在改善钢的抗拉强度和屈服强度的情况下，改善钢的塑性和韧性。而且，其他指标如冲击疲劳抗力、断裂韧度、疲劳断裂抗力、高接触应力下局部接触疲劳抗力均有提高，此外，高温形变热处理还可降低钢的脆性转变温度及缺口敏感性。

高温形变热处理强化效果不如低温形变热处理，但对材料没有特殊要求，一般碳素钢、低合金钢均适用，它能容易地安插在轧制或锻造生产流程中，因而近年来发展较快。

高温形变热处理工艺主要有高温形变淬火、高温形变正火、高温形变等温淬火、等温形变淬火、利用形变强化遗传性的热处理、表面高温形变淬火以及复合形变热处理等。

其中，高温形变淬火主要用于加工量不大的碳素钢和合金结构钢零件，如连杆、曲轴、叶片、弹簧、农机具及枪炮零件等。高温形变正火适用于改善以微量元素V、Nb、Ti强化的建筑结构钢材的塑性和碳素钢及合金结构钢锻件的预备热处理。表面高温形变淬火可用于高速传动轴、轴承套圈等圆柱形或环形零件，以及履带板和机铲等磨损零件。复合形变热处理适用于Mn13、工具钢和冷作模具钢等难以强化的钢材，以提高其综合力学性能。

3. 形变化学热处理

通过形变既能加速化学热处理过程，也可强化化学热处理效果，这种复合工艺称为形变化学热处理。

常用于形变化学热处理的工艺包括如下几种：

(1) 利用锻热渗碳淬火或碳氮共渗　这种工艺主要用于中等模数齿轮，可达到节能、提高渗速、硬度、耐磨性的效果。

(2) 锻热淬火渗氮　这种工艺用于模具、刀具及要求耐磨的零件，可加速渗氮过程，提高耐磨性。

(3) 渗碳件表面形变时效　这种工艺用于航空发动机齿轮、内燃机缸套等耐磨及疲劳性能要求极高的零件，其效果为零件表面的硬度、耐磨性、抗疲劳强度显著提高。

(4) 渗碳表面形变淬火　这种工艺用于齿轮等渗碳件，以提高其表面的耐磨性。

(5) 低温形变淬火渗硫　这种工艺用于高强度摩擦偶件（如凿岩机活塞、牙轮钻等），以提高其心部强度，并使表面减摩。

二、真空热处理

在真空中进行的热处理称为真空热处理。

1. 真空热处理的优点

(1) 可以减小变形　在真空中加热，升温速度很慢，零件变形小。

（2）可以净化表面　在高真空中，表面的氧化物、油污发生分解，使零件表面光亮，可提高耐磨性、抗疲劳强度，并防止零件表面氧化。

（3）脱气作用　有利于改善钢的韧性，提高零件的使用寿命。

2. 真空热处理的应用

（1）真空退火　真空退火有避免氧化、脱碳和去气、脱脂的作用，除了钢、铜及其合金外，还可用于处理一些与气体亲和力较强的金属，如钛、钽、铌、锆等。

（2）真空淬火　真空淬火已大量用于各种渗碳钢、合金工具钢、高速钢和不锈钢的淬火，以及各种时效合金、硬磁合金的固溶处理。

（3）真空渗碳　真空渗碳也叫低压渗碳，是近年来在高温渗碳和真空淬火的基础上发展起来的一项新工艺。真空渗碳与普通渗碳相比有许多优点：显著缩短渗碳周期；减少渗碳气体的消耗；能精确控制零件表层的碳浓度、浓度梯度和有效渗碳层深度；零件表面光亮；基本上不造成环境污染，并可显著改善劳动条件等。

三、激光处理

激光处理除前面介绍的激光相变处理外，还有激光表面熔覆、激光表面合金化、激光表面非晶化等技术。

1. 激光表面熔覆技术

激光表面熔覆技术（LSC）又称为激光涂敷，根据熔覆材料添加方式的不同，可分为预置涂层 LSC 和同步送粉 LSC 两种工艺方法。

预置涂层 LSC 法的工艺过程是：采用某种方式（如手工粘结剂预涂覆、火焰喷涂、等离子喷涂等）在选定的基材（如低碳钢厚板试件）上先预置一层金属或合金粉体，当被高能量密度光束辐照的零件以选定的速度移动时，辐照处的粉体便会在零件表面瞬间熔凝成一条凸起一定厚度的金属或合金硬化带。若光束对一片预置粉体进行多道搭接扫描，则可在零件上形成一定面积的涂层。

同步送粉 LSC 法的工艺过程是：用一台自动供粉装置，以合适的供粉速度向高能激光束辐照的光斑内不停地输送某种合金粉末（有一定的成分和粒度），粉末即被瞬间熔凝，并与基材表面形成冶金结合。随着光束在工件上扫过或搭接扫描，同样也会形成一片涂层。如果在这片熔覆的涂层上重复上述过程，则可在工件上连续获得较厚的堆焊合金层。由于送粉和粉末的熔凝过程与一步法火焰喷焊类似，故称之为同步送粉激光熔覆。此法便于在零件上实现局部熔覆，且涂层质量较预置涂层法易于调整控制。

激光表面熔覆技术的特点及应用：

1）可以使用各种复合粉末获得所需性能的涂层，其厚度大，可达 6~7mm，除堆焊技术以外，PVD、CVD 及其他表面强化技术是难以达到如此层厚的。此外，该技术的工艺过程易控制，合金粉末消耗量也很小。

2）适用的基材金属，既可以是廉价的碳素钢和铸铁，也可以是各种合金钢零件或某些工模具。

3）比堆焊零件变形小，热影响区小，稀释率低（小于5%），涂层与基材为良好的冶金结合。

4）由于熔凝速度极快，因此涂层组织比堆焊层细密，但涂层中应力较大，难免产生气孔和裂纹，不适于在较大面积的零件上进行强化或修复。

2. 激光表面合金化

激光表面合金化（LSA）是指在基材表面预置一层待合金化的粉体，然后像 LSC 法一样用高能激光束扫描加热预置层，使其中的合金元素与基材迅速熔合。LSA 与 LSC 的区别在于前者要求粉末与基材达到充分熔合，基材熔区表层应有成分的改变；而后者是"堆焊"一层合金粉末，在保证熔焊层与基材有良好冶金结合的前提下，稀释率越低越好，不希望熔覆层有明显的成分变化，即保持涂层原设计的性能基本不变。

LSA 技术有以下优点：

1）能准确控制功率密度和加热深度，以减少零件变形。
2）能在廉价基材上的局部区域获得有某种特殊性能的合金层。
3）可利用激光的深聚焦在不规则零件上得到较均匀的合金层。

美国通用汽车公司曾在汽车发动机的铝合金气缸组的阀门座上熔化一层耐磨材料，用 LSA 工艺获得了性能理想、成本较低的阀门座零件。清华大学曾与中国第一汽车集团公司合作，将该技术应用于 CA141 汽车发动机普通铸态球铁摇臂耐磨工作面的表面强化，以取代整体合金球墨铸铁，取得了满意的效果及显著的经济效益。

由于 LSA 技术必须使基材充分熔化，故所需激光能量密度比 LSC 技术更高；又由于熔化和凝固在瞬间完成，因此残留应力较大，易出现热裂纹，同时在合金化表层（一般为 10~1000μm）的成分均匀性、表面粗糙度（熔凝波纹）方面均存在一些问题，有待于深入研究解决，因此目前 LSA 技术的工业应用受到了一定限制。

3. 激光表面非晶化

激光加热金属表面至熔融状态，以大于一定的临界冷却速度激冷至某一特征温度，避免晶体形核和生长，从而获得非晶态结构的技术称为激光表面非晶化技术，又称为激光上釉。

非晶处理可减少表面层成分偏析，消除表面层的缺陷和裂纹，使得金属在保持良好的韧性基础上具有高的屈服强度、高的耐磨性、好的耐蚀性以及优良的磁性和电学性能。例如，汽车凸轮轴和柴油机铸钢套外壁经激光表面非晶化处理后，强度和耐蚀性明显提高。激光表面非晶化还可对变形镍基合金进行处理以增强疲劳性能。

真空热处理、激光淬火等新的热处理技术能节省能源，对环境无污染，可称为绿色热处理技术。当前，能源和环境问题已日益受到人们的重视。因此改造传统热处理工艺，发展和推广这些新技术、新工艺，是贯彻可持续发展战略方针的重要技术措施。

四、气相沉积技术

气相沉积技术是指从气相物质中析出固相并沉积在基材表面的一种新型表面镀膜技术，是多年来迅速发展的一门新技术，它是利用气相之间的反应，在各种材料或制品表面沉积单层或多层薄膜，从而使材料或制品获得所需的各种优异性能。根据使用的原理不同，可分为物理气相沉积（PVD）及化学气相沉积（CVD）两大类。近年来，又发展出一种新型气相沉积技术，即等离子体增强化学气相沉积（PCVD）。

1. 物理气相沉积（PVD）

在真空环境中，以物理方法产生的原子或分子沉积在基材上，形成薄膜或涂层的方法称为物理气相沉积。其基本过程如下：

（1）气相物质的产生　一类方法是使镀料加热蒸发，称为蒸发镀膜；另一类是用具有一定能量的离子轰击靶材（镀料），从靶材上击出镀料原子，称为溅射镀膜。

（2）气相物质的输送　气相物质的输送要求在真空中进行，这主要是为了避免气体碰撞妨碍气相镀料到达基片。在高真空度的情况下（真空度为 10^{-2} Pa），镀料原子很少与残余气体分子碰撞，基本上是从镀料源直线前进到达基片；在低真空度时（如真空度为 10Pa），镀料原子会与残余气体分子发生碰撞而绕射，但只要不过于降低镀膜速率，还是允许的。如真空度过低，镀料原子频繁碰撞会相互凝聚为微粒，则镀膜过程无法进行。

（3）气相物质的沉积　气相物质在基片上沉积是一个凝聚过程。根据凝聚条件的不同，可以形成非晶态膜、多晶膜或单晶膜。镀料原子在沉积时，可与其他活性气体分子发生化学反应而形成化合物膜，称为反应镀。在镀料原子凝聚成膜的过程中，还可以同时用具有一定能量的离子轰击膜层，目的是改变膜层的结构和性能，这种镀膜技术称为离子镀。

蒸镀和溅射是物理气相沉积的两类基本镀膜技术。以此为基础，又衍生出反应镀和离子镀。其中反应镀在工艺和设备上变化不大，可以认为是蒸镀和溅射的一种应用；而离子镀在技术上变化较大，所以通常将其与蒸镀和溅射并列为另一类镀膜技术。

PVD 方法可获得金属涂层和化合物涂层。如在黄铜表面涂敷金属膜，用于装饰；在塑料带上涂敷铁钴镍，制作磁带；在高速钢表面涂敷 TiN、TiC 薄膜，提高刀具的耐磨性等。

2. 化学气相沉积（CVD）

化学气相沉积是利用气态化合物（或化合物的混合物）在基体受热表面发生化学反应，并在该基体表面生成固态沉积物的过程。例如，气相 $TiCl_4$ 与 N_2 和 H_2 在受热钢的表面形成 TiN 而沉积在钢的表面得到耐磨、抗蚀沉积层。CVD 有如下特点：

1）在中温或高温下，通过气态的初始化合物之间的气相化学反应而沉积固体。

2）可以在大气压（常压）或者低于大气压（低压）下进行沉积。一般来说低压效果要好些。

3）采用等离子和激光辅助技术可以显著地促进化学反应，使沉积可在较低的温度下进行。

4）镀层的化学成分可以改变，从而获得梯度沉积物或者得到混合镀层。

5）可以控制镀层的密度和纯度，绕镀性好，可在复杂形状的基体以及颗粒材料上镀制。

6）沉积层通常具有柱状晶结构，不耐弯曲。但通过各种技术对化学反应进行气相扰动，可以得到细晶粒的等轴沉积层。

7）可以形成多种金属、合金、陶瓷和化合物镀层。

用 CVD 法可在不锈钢表壳上获得金黄色的 TiN 涂层，不但美观，而且耐磨。在钻头、车刀等刀具表面沉积 TiN、TiC，可以提高刀具的耐磨性。

在常规 CVD 的基础上又发展出金属有机化合物化学气相沉积（MOCVD）、等离子体增强化学气相沉积（PCVD）和激光化学气相沉积（LCVD）。

MOCVD 是常规 CVD 技术的发展，它是用在相当低的温度下能分解的金属有机化合物作为初始反应物，所以在较低温度下处理。MOCVD 的优点是可以在热敏感的基体上进行沉积，缺点是沉积速率低、晶体缺陷密度高、膜中杂质多。

PCVD 法的工作原理和渗氮相似。将零件置于阴极上，利用辉光放电或外热源使零件加热到一定温度后，与 CVD 法相似，通入适量的反应气，经过化学和等离子体反应生成沉积薄膜。由于存在辉光放电过程，气体剧烈电离而受到活化，这和 CVD 法的气体单纯受热激活不同，所以反应温度可以下降。

PCVD 法与 CVD 法相比，处理温度要低些，可在非耐热性或高温下发生结构转变的基材上制备涂层，简化后处理工艺。由于气体处于等离子体激发状态，提高了反应速率。

PCVD 与 CVD 的用途基本相同，可制取耐磨、耐蚀涂层，也可用来制备装饰涂层。

LCVD 是新出现的技术，通过激光激活而使常规 CVD 技术得到强化，工作温度降低，在这个意义上 LCVD 类似于 PCVD 技术，然而这两种技术之间有一些重要差别。表 4-4 为这两种技术的比较。

LCVD 主要有两类：热解 LCVD 和光分解 LCVD。LCVD 的应用包括激光光刻、大规模集成电路掩膜的修正、激光蒸发—沉积以及金属化。

表 4-4　LCVD 与 PCVD 的比较

LCVD	PCVD
1. 窄的激发能量分布	宽的激发能量分布
2. 完全确定的可控的反应体积	大的反应体积
3. 高度方向性的光源可在精确的位置上进行沉积	可能产生来自反应室壁的污染
4. 气相反应减少	气相反应有可能
5. 单色光源可以实现特定物质的选择性激发	传统等离子体技术的气态物质激发，无选择性
6. 能在任何压强进行	在限定的（低的）气压进行
7. 辐射损伤显著下降	绝缘膜可能受辐射损伤
8. 光分解 LCVD 中，气体和基体的光学性能重要	光学性能不重要

复习思考题

1. 何为钢的热处理？何为钢的热处理原理？
2. 何为钢的退火和正火？在生产中如何选择退火和正火？
3. 何为钢的淬火？亚共析钢和过共析钢的淬火加热温度如何确定？为什么？
4. 常用的淬火方法有哪些？其主要特点和用途是什么。
5. 回火的目的是什么？常用的回火方法有哪几种？请说明各种回火方法得到的组织、性能和应用范围。
6. P、S、M、T、B、A'各代表什么意义？
7. 以共析钢为例说明珠光体、马氏体和贝氏体转变的机理。
8. 指出下列钢零件的淬火及回火温度，并说明其回火组织和大致的硬度。
①$w_C = 0.40\%$ 的连杆；②$w_C = 0.60\%$ 的弹簧；③$w_C = 1.1\%$ 的丝锥。
9. 马氏体组织有哪几种类型？马氏体与含碳量的关系如何？
10. 试分析下列说法是否准确？为什么？
1) 钢经淬火处于冷脆状态。
2) 共析钢在连续冷却时能生成贝氏体组织。
3) 冷却奥氏体冷却速度越快，冷却后的硬度越高。
4) 钢中合金元素越多，则淬火后硬度越高。
5) 钢的回火温度不能超过 Ac_1。
6) 共析钢加热到奥氏体化后，淬火得到的组织主要取决于冷却速度。
7) 在同一加热条件下，钢用水淬比油淬的淬透性好；小件比大件淬透性好。

11. 现有一批40钢试样，由于组织不均匀，需进行退火处理，以使成分和晶粒粗细一致，应采用如下哪种工艺？为什么？

1）缓慢加热至600℃，保温足够时间，随炉冷却至室温。

2）缓慢加热至870℃，保温足够时间，随炉冷却至室温。

3）缓慢加热至1100℃，保温足够时间，随炉冷却至室温。

12. 现有一批45钢连杆，要求淬硬到45~48HRC，但混入了少量20钢，若采用45钢的淬火工艺，20钢是否能达到要求，请说明原因；若混入的是T10（$w_C = 1.0\%$），结果又如何？为什么？

13. T12钢（$w_C = 1.2\%$）的原始组织为片状珠光体+网状渗碳体，为了获得回火马氏体+粒状渗碳体组织，应采用哪些热处理工艺？请写出工艺名称和工艺参数（加热温度、冷却方式）。该钢的$Ac_1 = 730℃$、$Ac_{cm} = 820℃$。

14. 用T10A（$w_C = 1.0\%$，$Ac_1 = 730℃$、$Ac_{cm} = 800℃$）钢制造冷冲模的冲头，试制订最终热处理工艺（包括工艺名称和具体参数），并说明热处理各阶段获得的组织以及热处理后零件的力学性能。

15. 某齿轮箱齿轮，要求表面硬度大于50HRC，心部有良好的综合力学性能。原来采用45钢调质处理+齿面高频感应淬火和低温回火。现改用20钢，试说明两种材料的热处理工艺、参数以及最终的组织。

16. 45钢调质处理后硬度为240HBW，若再进行200℃回火，对力学性能是否影响？为什么？若45钢淬火+低温回火，硬度为54HRC，再在560℃回火，硬度是否降低？为什么？

第五章 常用工程材料

材料是用来制造各种产品的物质，是人类生活和生产的物质基础。而机械工程材料是主要用于制造结构件、机械零件和工具的材料，按化学成分与组成不同分为金属材料、高分子材料、无机材料和复合材料，材料的分类如图 5-1 所示。

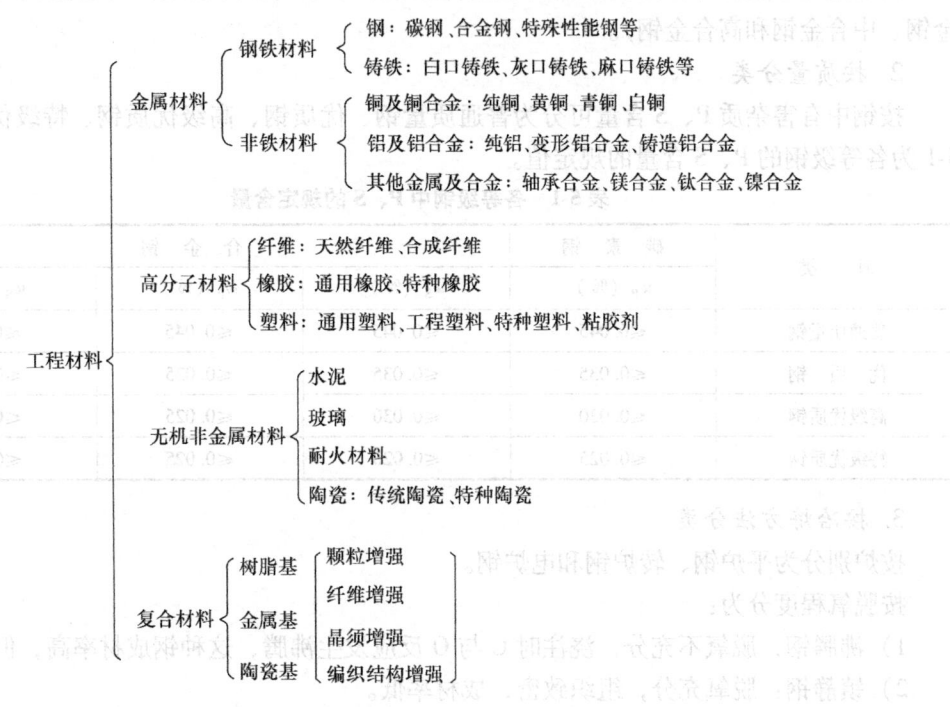

图 5-1 工程材料的分类

目前，机械工业中应用最广泛的是金属材料，因为金属材料具有良好的力学性能、物理性能、化学性能及加工工艺性能，能满足机器零件的使用要求。金属材料还可用热处理改变其组织和性能，从而进一步扩大使用范围。

高分子材料的力学性能不如金属材料，但有些性能非常好，如耐蚀性、电绝缘性好，能隔音，减振，质量轻，价格低廉及易加工等，目前大量用于生活日用品，而且在工业中已部分替代金属材料。

新型无机材料的塑性和韧性远低于金属材料，但它们的硬度高、熔点高、耐高温以及特殊的物理性能，现已成为发展高温材料和功能材料的新型材料。

复合材料是一种新型且具有很大发展前途的工程材料，它将两种或两种以上不同性质、不同组织结构的材料组合在一起而构成。它不仅保留了各组成材料的优点，而且具有单一材料所没有的优点，可以说，今后将是复合材料的时代。

第一节 工业用钢

一、钢的分类

钢的分类方法很多，一般分为碳素钢和合金钢两大类。碳素钢是指 $w_C < 2.11\%$ 的铁碳合金。合金钢是指为了提高钢的性能，在碳素钢的基础上有意加入一定量合金元素所获得的铁基合金。下面是钢的具体分类方法。

1. 按化学成分分类

按钢的化学成分可分为碳素钢（包括低碳钢、中碳钢和高碳钢）和合金钢（包括低合金钢、中合金钢和高合金钢）。

2. 按质量分类

按钢中有害杂质 P、S 含量可分为普通质量钢、优质钢、高级优质钢、特级优质钢。表 5-1 为各等级钢的 P、S 含量的规定值。

表 5-1 各等级钢中 P、S 的规定含量

钢 类	碳 素 钢		合 金 钢	
	w_P（%）	w_S（%）	w_P（%）	w_S（%）
普通质量钢	≤0.045	≤0.045	≤0.045	≤0.045
优 质 钢	≤0.035	≤0.035	≤0.035	≤0.035
高级优质钢	≤0.030	≤0.030	≤0.025	≤0.025
特级优质钢	≤0.025	≤0.020	≤0.025	≤0.015

3. 按冶炼方法分类

按炉别分为平炉钢、转炉钢和电炉钢。

按脱氧程度分为：

1) 沸腾钢：脱氧不充分，浇注时 C 与 O 反应发生沸腾，这种钢成材率高，但不致密。

2) 镇静钢：脱氧充分，组织致密，成材率低。

3) 半镇静钢：介于前两者之间。

4) 特殊镇静钢：比镇静钢脱氧程度更充分彻底，一般用过量的铝脱氧，质量最优。

4. 按金相组织分类

按退火组织可分为亚共析钢、共析钢和过共析钢。

按正火组织可分为珠光体钢、贝氏体钢、马氏体钢、铁素体钢、奥氏体钢和莱氏体钢。

5. 按用途分类

可分为结构钢、工具钢和特殊性能钢。

1) 结构钢可分为工程用钢和机器用钢。

2) 工具钢可分为刃具钢、量具钢和模具钢。

3) 特殊性能钢可分为不锈钢、耐热钢、磁钢等。

二、碳素钢

目前工业上使用的钢铁材料中，碳素钢占有很重要的地位，它是各种机器零件和结构的主要材料。因此，必须正确了解我国碳素钢的分类、牌号、用途，以及一些杂质元素对碳素

钢的影响,以便准确选择、合理使用碳素钢。

1. 碳素钢的成分及其影响

实际使用的碳素钢,除了 Fe 和 C 以外,由于冶炼方法和条件等许多因素的影响,不可避免地存在其他元素,如 Mn、Si、P、S、N、H、O 等,这些元素对钢的性能有一定影响。

(1) Mn 和 Si

Mn 是有益元素,对钢具有强化作用,Mn 还能与 S 优先形成 MnS(熔点 1620℃),呈颗粒状分布在晶粒内,在高温时有一定的塑性,可减轻 S 的有害作用,一般 w_{Mn} 不超过 0.25%~0.80%。

Si 在钢中可强化铁素体,增加钢液流动性,一般 w_{Si} 不超过 0.40%。

(2) S 和 P S 在 α-Fe 中溶解度极小,在钢中以 FeS 存在。FeS 塑性很差,使钢变脆,尤其是 FeS 与 Fe 形成低熔点 (985℃) 的共晶体,当钢在 1000~1200℃ 进行轧制时,共晶体熔化,使钢材变脆,这种现象称为热脆性。

P 在钢中全部溶于铁素体,导致钢在室温时的塑性、韧性急剧降低,这种脆化现象称为冷脆性。应使 w_S、w_P 控制在 0.045% 以内。

(3) N、H 和 O 室温下 N 在铁素体中溶解度很低,钢中过饱和的 N 在常温放置过程中以 FeN、Fe₄N 等形式析出使钢变脆,一般称为时效脆化。加入 Ti、V、Al 等元素可使 N 固定,消除时效倾向。钢中 H 含量甚微,常温下 H 在钢中的溶解度也很低。当 H 在钢中以原子态溶解时,将降低韧性,引起氢脆,而当 H 在缺陷处以分子态析出时,会产生很高的内压,形成微裂纹,其内壁为白色,称为白点或发裂。这会使钢的伸长率显著下降,尤其是断面收缩率和冲击韧度降低更大。O 在钢中的溶解度很小,几乎全部以氧化物的形成存在,这些非金属氧化物的存在,使钢的性能下降。

P、S、N、H 和 O 为钢中有害元素,直接影响钢的性能,应对其含量严格限制。

2. 碳素钢的分类、牌号、性能和用途

(1) 碳素钢的分类和编号 碳素钢种类繁多,为了便于生产、选用、管理和研究,我国已制订国家标准加以分类和编号。

表 5-2 为碳素钢的分类和编号方法。

表 5-2 碳素钢的分类和编号方法

分类	编号方法	
	举例	说明
碳素结构钢	Q235AF	"Q"为屈字的汉语拼音字首,后面的数字为屈服点(MPa);A、B、C、D 分别表示质量等级,从左至右质量依次提高;F、b、Z、TZ 分别是沸腾钢、半镇静钢、镇静钢和特殊镇静钢的"沸"、"半"、"镇"、"特镇"汉语拼音字首。Q235AF 表示屈服点为 235MPa、质量为 A 级的沸腾钢
优质碳素结构钢	45 40Mn	两位数字表示钢的平均含碳量,以 0.01% 为单位。如 45 钢表示平均含碳量即 w_C 为 0.45% 的优质碳素结构钢;40Mn 钢表示平均含碳量,即 w_C 为 0.40% 的 Mn 量较高的优质碳素结构钢
碳素工具钢	T8 T8A	"T"为碳字的汉语拼音字首,后面的数字表示钢的平均含碳量,以 0.10% 为单位。如 T8 表示平均含碳量,即 w_C 为 0.80% 的碳素工具钢,T8A 中的"A"表示高级优质

(2) 碳素钢的牌号、性能和用途

1) 普通碳素结构钢。普通碳素结构钢以 Q + 最低屈服强度值 + 质量等级符号 + 脱氧方法符号来表示，Q 表示屈服强度值（单位 MPa）。质量等级符号为 A（w_S≤0.050%，w_P≤0.045%）、B（w_S≤0.045%，w_P≤0.045%）、C（w_S≤0.040%，w_P≤0.040%）、D（w_S≤0.035%，w_P≤0.035%），由 A 到 D，其 P、S 含量依次下降，质量提高。脱氧方法符号为：沸腾钢—F、镇静钢—Z、半镇静钢—b、特殊镇静钢—TZ。

普通碳素结构钢主要用于一般结构和构件，产品有热轧钢板、钢带、型钢、钢棒等，可供焊接、铆接、栓接构件用，一般在供应状态下使用（即不进行热处理而直接使用）。这种钢共有五个牌号，是以钢材厚度（或直径）不大于 16mm 的钢的屈服极限（R_e）来划分的，又以质量等级和脱氧方法把每一类划分为更细的钢种，详见表 5-3。

表 5-3 普通碳素结构钢的牌号、成分和性能

牌号	等级	化学成分 w (%)，不大于					脱氧方法	抗拉强度 R_m/MPa 不小于	伸长率 A (%)，不小于				
		C	Mn	Si	S	P			厚度（或直径）/mm				
					不大于				≤40	>40~60	>60~100	>100~150	>150~200
Q195		0.12	0.50	0.30	0.050	0.045	F、Z	315~430	33	—	—	—	—
Q215	A	0.15	1.20	0.30	0.050	0.045	F、Z	335~450	31	30	29	27	26
	B				0.045								
Q235	A	0.22	1.40	0.30	0.050	0.045	F、Z	370~500	26	25	24	22	21
	B	0.20			0.045								
	C	0.17			0.040	0.040	Z						
	D				0.035	0.035	TZ						
Q275	A	0.24	1.50	0.35	0.050	0.045	F、Z	410~540	22	21	20	18	17
	B	0.21			0.045	0.045							
		0.22											
	C	0.20			0.040	0.040	Z						
	D				0.035	0.035	TZ						

注：选用 Q195 和 Q235B 级沸腾钢轧制的钢材，厚度（或直径）不大于 25mm。

表 5-3 中 Q195、Q215A、Q215B 的含碳量较少，塑性好，强度较低，一般用于螺钉、螺母、垫片、钢窗等强度要求不高的工件；Q235A 可用于农机具中不太重要的工件，如拉杆、小轴、链等，也可用于建筑钢筋、钢板、型钢等；Q235B 可作为建筑工程中质量要求较高的焊接构件，在机械中可用作一般的转动轴、吊钩、自行车架等；Q235C、Q235D 质量较好，可用作一些较重要的焊接构件及机件；Q275 强度较高，可用作摩擦离合器、制动钢带等。

2) 优质碳素结构钢。优质碳素结构钢一般用两位数字表示。这两位数字表示钢的平均含碳量的万分之几。如 40 钢表示平均含碳量为万分之四十（即 w_C = 0.40%）的优质碳素结构钢。若钢中含锰量较高（w_{Mn} 为 0.7%~1.2%），则在牌号后加上锰的化学符号，如 40Mn、65Mn 等。对于沸腾钢和半镇静钢，在钢号后分别加字母 F 等，如 08F。高级优质钢在钢号后加字母 A，如 20A。

这类钢与普通碳素结构钢相比，有害杂质及非金属夹杂物含量较少，塑性和韧性较高，多用于制造重要零件。

优质碳素结构钢总共有31种牌号，见表5-4，包括低碳钢、中碳钢和高碳钢。钢中含碳量不同，其力学性能也不同，可用来制作各种机械零件。

表5-4 优质碳素结构钢的牌号、成分和性能

牌号	化学成分 w (%)			力学性能					钢材交货状态 HBW	
	C	Si	Mn	R_m/MPa	R_e/MPa	A (%)	Z (%)	KU_2/J	不大于	
				不小于					未热处理	退火钢
08F	0.05~0.11	≤0.03	0.25~0.50	295	175	35	60		131	
10F	0.07~0.14	≤0.07	0.25~0.50	315	185	33	55		137	
15F	0.12~0.19	≤0.07	0.25~0.50	355	205	29	55		143	
08	0.05~0.12	0.17~0.37	0.35~0.65	325	195	33	60		131	
10	0.07~0.14	0.17~0.37	0.35~0.65	335	205	31	55		137	
15	0.12~0.19	0.17~0.37	0.35~0.65	375	225	27	55		143	
20	0.17~0.24	0.17~0.37	0.35~0.65	410	245	25	55		156	
25	0.22~0.30	0.17~0.37	0.50~0.80	450	275	23	50	71	170	
30	0.27~0.35	0.17~0.37	0.50~0.80	490	295	21	50	63	179	
35	0.32~0.40	0.17~0.37	0.50~0.80	530	315	20	45	55	197	
40	0.37~0.45	0.17~0.37	0.50~0.80	570	335	19	45	47	217	187
45	0.42~0.50	0.17~0.37	0.50~0.80	600	335	16	40	39	229	197
50	0.47~0.55	0.17~0.37	0.50~0.80	630	375	14	40	31	241	207
55	0.52~0.60	0.17~0.37	0.50~0.80	645	380	13	35		255	217
60	0.57~0.65	0.17~0.37	0.50~0.80	675	400	12	35		255	229
65	0.62~0.70	0.17~0.37	0.50~0.80	695	410	10	30		255	229
70	0.67~0.75	0.17~0.37	0.50~0.80	715	420	9	30		269	229
75	0.72~0.80	0.17~0.37	0.50~0.80	1030	830	7	30		285	241
80	0.77~0.85	0.17~0.37	0.50~0.80	1030	930	6	30		285	241
85	0.82~0.90	0.17~0.37	0.50~0.80	1130	980	6	30		302	255
15Mn	0.12~0.79	0.17~0.37	0.70~1.00	410	245	26	55		169	
20Mn	0.17~0.24	0.17~0.37	0.70~1.00	450	275	24	50		197	
25Mn	0.22~0.30	0.17~0.37	0.70~1.00	490	295	22	50	71	207	
30Mn	0.27~0.35	0.17~0.37	0.70~1.00	540	315	20	45	63	217	187
35Mn	0.32~0.40	0.17~0.37	0.70~1.00	560	335	18	45	55	229	197
40Mn	0.37~0.45	0.17~0.37	0.70~1.00	590	355	17	45	47	229	207
45Mn	0.42~0.50	0.17~0.37	0.70~1.00	620	375	15	40	31	241	217
50Mn	0.48~0.56	0.17~0.37	0.70~1.00	645	390	13	40	31	255	217
60Mn	0.57~0.65	0.17~0.37	0.70~1.00	695	410	11	35		269	229
65Mn	0.62~0.70	0.17~0.37	0.90~1.20	735	430	9	30		285	229
70Mn	0.67~0.75	0.17~0.37	0.90~1.20	785	450	8	30		285	229

注：w_S、w_P 不大于0.035%。力学性能仅适用于线性尺寸不大于80mm的钢材。

常用的优质碳素结构钢有：08F、10。它们的含碳量低，塑性好而强度较低，可用于各种冷变形加工成形件。低碳钢（15、20、25等也称为渗碳钢）焊接性能和冲压工艺性好，可用来制造各种标准件、轴套、容器等。同时也可以通过渗碳、淬火、回火制成表面硬度高、耐磨性好，心部有较高韧性和强度的耐磨损、耐冲击的零件，如齿轮、凸轮、销轴、摩擦片等。中碳钢（30、35、40、45、50 等也称为调质钢）通过调质、表面淬火等热处理可制作有良好综合力学性能要求的机件及表面耐磨、心部韧性好的零件，如传动轴、发动机连杆、机床齿轮等。高碳钢（55、60 等也称为弹簧钢）经淬火和中温回火热处理后可获得高的弹性极限和屈强比、足够的韧性和耐磨性，可用于制造小直径的弹簧、重钢轨、轧辊、钢丝绳等。

高锰的优质碳素结构钢的力学性能比正常含锰量的优质碳素结构钢要好，用途基本相同。

3）碳素工具钢。碳素工具钢一般以字母 T + 数字来表示。T 表示"碳素工具钢"碳的汉语拼音字首，数字表示平均含碳量的千分之几，如 T8，其平均含碳量为千分之八（w_C = 0.8%）。碳素工具钢质量等级都是优质（w_S≤0.030%，w_P≤0.035%）的，只有高级优质钢（w_S≤0.020%，w_P≤0.030%）在钢号后加"A"，如 T8A。

碳素工具钢的牌号见表 5-5。

碳素工具钢的 w_C 为 0.65%～1.35%，经淬火、低温回火处理可获得高硬度和高耐磨性，随着含碳量提高，碳化物量增加，耐磨性提高，但韧性下降。由于碳素工具钢热硬性、淬透性差，一般只用于制造小尺寸的手工工具和低速刃具。公差等级 IT7～IT9：制造承受冲击的工具，如木工工具中的錾子、锤子等；公差等级 IT10～IT11：制造低速切削工具，如钻头、丝锥、车刀等；公差等级 IT12～IT13：制造耐磨工具，如锉刀、锯条等。

表 5-5　碳素工具钢的牌号、成分、性能和用途（摘自 GB/T 1298—2008）

牌号	化学成分 w（%）			硬度		用途
	C	Mn	Si	退火后/HBW，不大于	淬火后/HRC，不小于	
T7	0.65～0.74	0.20～0.40	0.15～0.35	187	62	用作承受冲击的工具，如錾子、锤子、螺钉旋具、木工工具等
T8	0.75～0.84					
T8Mn	0.80～0.90	0.40～0.60				用作低速刃具，如锉刀、锯条、剪刀、木工工具等
T9	0.85～0.94			192		
T10	0.95～1.04			197		用作冲压模、丝锥、板牙、铰刀及形状简单的量具，也适宜用作凿石工具
T11	1.05～1.14	0.02～0.40		207		
T12	1.15～1.24					用作不受冲击的工具，如刮刀、剃刀、锉刀、量规等
T13	1.25～1.35			217		

注：碳素工具钢 w_S≤0.030%，w_P≤0.035%；高级优质碳素工具钢 w_C 与碳素工具钢相同，w_{Mn}、w_{Si} 与碳素工具钢相同或略低。w_S≤0.20%，w_P≤0.30%。

三、合金钢

在钢中加入一定量的一种或几种元素，可以提高钢的某些性能，这种钢被称为合金钢，所加入的元素称为合金元素。

钢中常用的合金元素有：Si、Mn、Cr、Ni、W、Mo、V、Ti、Nb、Zr、Al、Cu、Co、

N、B、RE 等。通常将合金元素总量小于 5% 的钢称为低合金钢，合金元素总量在 5% ~ 10% 的钢称为中合金钢，合金元素总量大于 10% 的钢称为高合金钢。

1. 合金元素在钢中的作用

(1) 对钢中基本相的影响

1) 溶于铁素体起固溶强化作用。非碳化物形成元素及过剩的碳化物形成元素都溶于铁素体，形成合金铁素体，引起铁素体晶格畸变，产生固溶强化，使铁素体强度、硬度提高，塑性、韧性有所下降，但当 $w_{Cr} \leq 2\%$、$w_{Ni} \leq 5\%$ 时，在强化铁素体时仍能提高韧性。Si、Mn 对强度、硬度提高显著。一些合金元素对铁素体硬度和冲击韧度的影响如图 5-2、图 5-3 所示。

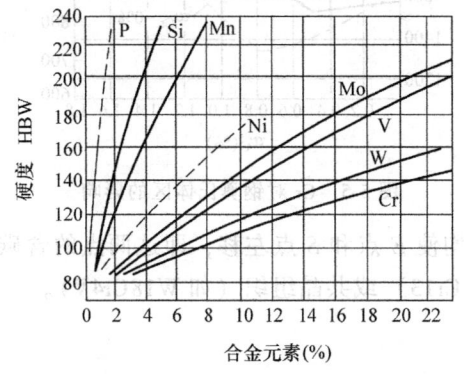

图 5-2 合金元素对铁素体硬度的影响　　图 5-3 合金元素对铁素体冲击韧度的影响

2) 形成碳化物起强化相作用。合金元素与 C 的亲和力从大到小的顺序为：Ti、Zr、Nb、V、W、Mo、Cr、Mn、Fe。Ti、Nb、V 为强碳化物形成元素，碳化物的稳定性、熔点、硬度、耐磨性高，如 TiC、VC 等；W、Mo、Cr 为中碳化物形成元素，碳化物的稳定性、熔点、硬度、耐磨性较高，如 W_2C 等；Mn、Fe 为弱碳化物形成元素，碳化物的稳定性、熔点、硬度、耐磨性较低，如 Fe_3C 等。在钢中加入强碳化物形成元素可通过淬火后回火的方式形成弥散分布的细小碳化物质点，有明显的弥散强化作用。

3) 细化晶粒强化作用。强碳化物形成元素 Nb、Ti、V 及强氮化物形成元素 Al 可形成稳定性高的碳化物、氮化物粒子，阻碍奥氏体晶粒长大，从而间接细化铁素体晶粒。细化晶粒组织可同时提高钢的强度和塑、韧性，是一种较理想的强韧化方法。

4) 提高位错密度强化作用。合金元素可通过细化晶粒，形成第二相粒子等机制使位错增殖，提高钢中的位错密度；还可通过淬火效应，如获得板条形马氏体造成位错亚结构、获得马氏体与铁素体的双相组织以及由相变体积效应在马氏体岛周围的铁素体基体中形成大量位错来获得高密度位错。

在钢中用淬火获得马氏体来提高强度是以上四种强化机制的综合作用结果。

(2) 对 Fe-Fe_3C 相图的影响

1) 对奥氏体相区的影响

① Ni、Mn、Co、C、N 等是扩大奥氏体相区的元素，使 A_1、A_3 点下降，A_4 点上升，如图 5-4 所示。当 $w_{Mn} > 13\%$ 或 $w_{Ni} > 9\%$ 时，S 点降到 0℃ 以下，室温下为单相奥氏体组织，称为奥氏体钢。

② Cr、Mo、Si、Ti、W、Al 等是缩小奥氏体相区的元素，使 A_1、A_3 点上升，A_4 点下降，如图 5-5 所示。当 $w_{Cr}>13\%$ 时，奥氏体相区消失，室温下为单相铁素体组织，称为铁素体钢。

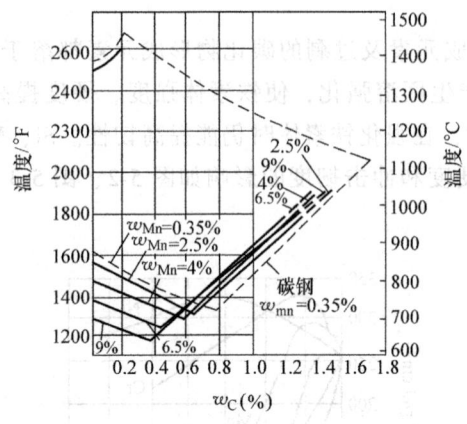

图 5-4 Mn 对钢奥氏体区的影响　　图 5-5 Cr 对钢奥氏体区的影响

2) 对 E 点和 S 点位置的影响。所有合金元素均使 E 点和 S 点左移，即这两点的含碳量下降，使碳含量比较低的钢出现过共析组织（如 4Cr13）或共晶组织（如 W18Cr4V）。

(3) 对钢中相变过程的影响

1) 对奥氏体化的影响

① 对奥氏体形成速度的影响：除 Ni、Co 外，都减缓奥氏体化过程。

② 对奥氏体晶粒长大倾向的影响：碳、氮化物形成元素阻碍奥氏体晶粒长大；Mn、P 促进长大。

2) 对过冷奥氏体转变的影响

① 对 C 曲线和淬透性的影响：除 Co 外，凡溶入奥氏体的合金元素均使 C 曲线右移，淬透性提高。提高淬透性的常用元素为 Mn、Si、Cr、Ni、B。

② 对 Ms、Mf 点的影响：除 Co、Al 外，所有元素都使 Ms、Mf 点下降。

3) 对回火转变的影响

① 提高耐回火性。淬火钢在回火过程中抵抗硬度下降的能力称为耐回火性。合金元素能阻碍马氏体分解及碳化物的析出与聚集。当回火硬度相同时，合金钢比含碳量相同的碳素钢回火温度高。如果同温度回火，合金钢硬度比碳素钢高。

② 产生二次硬化。W、Mo、Cr、V 含量高的钢淬火后回火时，由于析出细小弥散的特殊碳化物及回火冷却时 A′转变为 M回，硬度不仅不下降反而升高，这种现象称为二次硬化，如图 5-6 所示。二次硬化对高温下工作的钢特别是高速钢和热作模具钢是非常重要的性能。

③ 防止第二类回火脆性。加 W、Mo 可防止第二

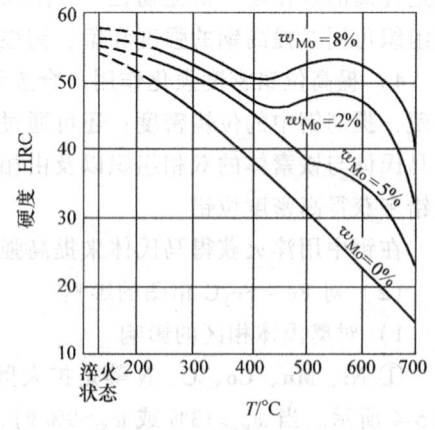

图 5-6 高速钢加 Mo 的二次硬化作用

类回火脆性。

2. 合金钢的分类与编号

合金钢按用途可分为结构钢、工具钢和特殊用途钢三类。

（1）结构钢　结构钢可分为工程用钢和机器零件用钢。

工程用钢用于各种钢架、桥梁、钢轨、车辆、船舶、压力容器等，多用碳素钢和低合金钢制成钢板和型钢。

机器制造用钢用于各种机器零件，包括调质钢、渗碳钢、渗氮钢、贝氏体钢、超高强度钢、弹簧钢、滚动轴承钢、耐磨钢等。

结构钢的编号中首先用两位数字表示含碳量的万分之几，用元素符号表示所含的合金元素，当平均含碳量，即 w_C 为 1.50%～2.49%、2.50%～3.49%、3.50%～4.49%、4.50%～5.49%……时，在相应的合金元素符号后标 2、3、4、5 等数字。若元素符号后无数字，则表明该元素的名义质量分数小于 1.5%，如 20CrNi3。一些有意加入钢中的微量元素如 Mo、W、V、Nb、Ti、B 等，即使其质量分数远小于 1.5%，也在编号尾部列出元素符号而不标出含量。滚动轴承钢在编号前加字母"G"。高级优质钢在编号后加字母 A，如 60Si2MnA，特级优质钢在编号后加字母 E，如 30CrMnSiE。

（2）工具钢　包括刃具钢、模具钢、量具钢等。

（3）特殊用途钢　包括不锈钢、耐热钢等。

工具钢和特殊用途钢的编号中首先用 1 位数字表示含碳量的千分之几，在 $w_C > 1\%$ 或在高合金工具钢如高速钢中，含碳量一般不予标出。合金元素含量的表示同结构钢。此外，合金工具钢都属于高级优质钢，在牌号中不再标出字母"A"。表 5-6 为合金钢的编号表示方法。

表 5-6　合金钢编号的表示方法

分　类	编号方法	举　例
低合金结构钢	钢的牌号由代表屈服点的汉语拼音字母（Q）、屈服点数值、质量等级符号（A、B、C、D、E）五个部分按顺序排列	Q345C Q —— 屈服点的"屈"字汉语拼音首位字母 345 —— 屈服点数值，单位：MPa C —— 质量等级符号
合金结构钢	数字＋化学元素符号＋数字，前面的数字表示钢的平均含碳量，以万分之几来表示。后面的数字表示合金元素的含量，以平均含量的百分之几表示。含量少于或等于 1.5%时，一般不标明含量。若为高级优质钢，则在钢号的最后加"A"字 滚动轴承钢在钢号前面加"G"，铬含量用千分之几表示	60Si2Mn 平均 $w_{Mn} \leq 1.5\%$ 平均 w_{Si} 为 2% 平均 w_C 为 0.60% GCr15SiMn 平均 w_{Cr} 为 1.5%

(续)

分　类	编号方法	举　例
合金工具钢	平均 $w_C \geq 1.0\%$ 时不标出，$<1.0\%$ 时以千分之几表示，高速钢例外，其平均 $w_C < 1.0\%$ 时也不标出 合金元素含量的表示方法与合金结构钢相同	$\underset{\text{平均 }w_C\text{ 为 }0.5\%}{\underline{5}\text{CrMnMo}}$
特殊性能钢	平均含碳量以千分之几表示，但当平均 $w_C \leq 0.03\%$ 及 $\leq 0.08\%$ 时，钢号前分别冠以 00 及 0 表示 合金元素含量的表示方法与合金结构钢相同	$\underset{\text{平均 }w_C\text{ 为 }0.2\%}{\underline{2}\text{Cr13}}$

3. 合金结构钢

（1）合金工程用钢

1）工程用钢对性能的要求。工程用钢用来制造各种大型金属结构件如桥梁、船舶和压力容器等。对工程用钢的性能要求可分为对使用性能和工艺性能的要求。

① 对使用性能的要求：为使工程构件在静载荷下结构稳定，能长期使用，不产生塑性变形与断裂，要求工程用钢有足够的抗塑性变形和抗断裂能力，即要有较高的屈服强度、伸长率、断面收缩率和较小的缺口敏感性、冷脆倾向性；工程用钢还应具有一定耐大气和海水的腐蚀性能。

② 对工艺性能的要求：工程构件的主要生产过程有冷变形和焊接，因此在构件用钢的设计与选择上首先应考虑冷变形性和焊接性。

2）工程用钢的合金化。低碳钢具有良好的冷变形性和焊接性能，长期以来一直是工程用钢的主要材料。随着大型和特殊的工程结构不断增多，要求工程用钢在保持良好工艺性能的基础上，具有更高的强度和良好的塑韧性，以减轻结构重量，提高使用的可靠性及节约钢材。低合金高强度钢（HSLA）正是为适应需要而发展起来的钢种。

低合金高强度钢合金化特点为低碳，并以 Mn 为主加合金元素，起强化铁素体、增加珠光体量的作用，以 V、Ti、Nb、Al 等为辅加元素，起细化晶粒和沉淀强化作用。此外，常在钢中加入少量的 Cr、Cu、P 等合金元素以提高钢在大气环境下的耐蚀性；加 RE（稀土元素）可提高韧性、疲劳极限，降低冷脆转变温度。

低合金高强度钢的一个重要发展动向是采用低碳微合金化（$w_C \approx 0.10\%$，甚至更少，加入微量的 Nb、V），严格控制加工工艺（轧制、冷却等），以优化钢组织，从而显著改善钢的性能。此外还有低碳贝氏体钢（加入 0.2%~0.5% 的 Mo，以及一定量的 Mn、Cr、Si 等元素）能使大截面构件在热轧空冷（或正火）条件下获得单一的贝氏体组织，从而获得更高的强度；低碳索氏体型钢采用调质处理，能获得低碳索氏体组织；针状铁素体型钢采用低碳，并加入 Mn、Mo、Nb 合金元素，结合控制轧制工艺，获得非平衡的针状铁素体（实质为无碳贝氏体），并在轧后冷却及时效过程中弥散析出细小的碳化物 Nb（CN）强化粒子。

低合金高强度结构钢以 Q + 最低屈服强度值 + 质量等级符号来表示,该类钢都是镇静钢或特殊镇静钢,其牌号中没有表示脱氧方法的符号,如 Q345C。根据需要,低合金高强度结构钢的牌号也可以采用两位阿拉伯数字(表示平均含碳量的万分之几)和化学元素符号,按顺序表示,如 16Mn。通常情况下,屈服强度值小于 300MPa 时为碳素结构钢,大于 300MPa 时为低合金高强度结构钢。我国常见的几种低合金高强度结构钢见表 5-7。

表 5-7 低合金高强度结构钢的牌号、成分、性能和用途(摘自 GB/T 1591—2008)

钢号	化学成分(%)								力学性能		用途
	C	Mn	Si	V	Nb	Ti	Cr	Ni	R_m/MPa	A(%)	
			不大于					Al 不小于			
Q345			0.50	0.20				0.50	470~630	22	油罐、锅炉、桥梁、车辆、压力容器、输油管道、建筑结构等
Q390		1.70	0.50	0.20	0.07			0.50	490~650	20	油罐、锅炉、桥梁、车辆、压力容器、输油管道、建筑结构等
Q420	0.20		0.50	0.20			0.30		520~680	19	船舶、压力容器、电站设备、车辆、起重机械等
Q460									610~770	17	船舶、压力容器、电站设备、车辆、起重机械等
Q500		1.80				0.20	0.60	0.015			船舶、压力容器、电站设备、车辆、起重机械等
Q550			0.60	0.12	0.11		0.80		670~830	16	船舶、压力容器、电站设备、车辆、起重机械等
Q620	0.18	2.0					0.80		710~880	15	船舶、压力容器、电站设备、车辆、起重机械等
Q690							1.0		770~940	14	船舶、压力容器、电站设备、车辆、起重机械等

该类钢中 Q345 钢(16Mn)的综合性能好,用于船舶、桥梁、车辆等大型钢结构;Q390 钢含 V、Ti、Nb,强度高,用于中等压力的压力容器;Q460 钢含 Mo、B,正火组织为贝氏体,强度高,用于石化行业中温高压容器。

(2) 机器零件用钢 机器零件用钢是用来制作各种机器零件,是机械制造业中用量最大的钢种。根据用途和热处理工艺的不同,这种钢可分为调质钢、渗碳钢、弹簧钢、滚动轴承钢、低碳马氏体钢、贝氏体钢、超高强度钢、耐磨钢和易切钢等。

对不重要的机器零件,当综合力学性能要求不高时可选用中碳钢,经正火即可。综合力学性能要求较高的零件,如各类轴、连杆、螺栓等,应选用中碳中合金的调质钢,并采用调质处理。

表面要求耐磨、心部要求较高韧性的零件,如变速箱齿轮,应用低碳钢或低碳合金钢,并采用渗碳、淬火+低温回火的热处理工艺。

对要求有较高弹性极限和疲劳强度的弹簧,应选用含碳量较高的碳素钢或合金钢,并采用淬火+中温回火的热处理工艺。

对要求具有高硬度、高耐磨性、高的接触疲劳强度及适当韧性的滚动轴承,应选用高碳的滚动轴承钢制作,并采用淬火+低温回火的热处理工艺。

1) 渗碳钢:用于制造渗碳零件的钢种。

① 性能要求:表面具有高硬度、高耐磨性,心部具有足够的韧性和强度,即表硬内韧;良好的热处理性能,如淬透性和渗碳能力。

② 成分特点:一般 w_C 为 0.1%~0.25%;含有的合金元素 Cr、Mn、Ni、B 等可提高淬透性;Cr、Mn、Ni 等可强化铁素体;W、Mo、Ti、V 等可细化晶粒;Ti、V 等强碳化物形成元素还可防止在渗碳和淬火加热时奥氏体晶粒的粗化。

③ 热处理特点:渗碳钢工件的加工工艺路线为:下料→锻造→正火→机加工→渗碳→淬火+低温回火→精加工。正火的目的是为调整硬度,便于切削加工;淬火温度一般为 Ac_1 +30~50℃;使用状态下组织:心部为 $M_回$ + F,表层为 $M_回$ + 颗粒状碳化物 + A′(少量)。

常用渗碳钢的牌号、化学成分、热处理、性能及用途见表 5-8。

表 5-8 常用渗碳钢的牌号、热处理制度、性能和用途

牌号	热处理		力学性能,不小于				用 途
	淬火	回火	R_m/MPa	R_e/MPa	A (%)	Z (%)	
20	790℃,水冷	200℃空冷	500	280	25	55	受力不大,尺寸较小的耐磨零件
20Cr	880℃,水冷 800℃,油冷	200℃空冷	850	550	10	40	
20CrMnTi	880℃,油冷 870℃,油冷	200℃空冷	1100	850	10	45	受力较大,尺寸较大的耐磨零件
20Mn2TiB	860℃,油冷	200℃空冷	1150	950	10	45	
12CrNi3A	860℃,油冷 780℃,油冷	200℃ 水(空)冷	950	700	11	50	
12Cr2Ni4A	860℃,油冷 780℃,油冷	200℃ 水(空)冷	1100	850	10	50	受力大的大型齿轮和轴类耐磨零件
15CrMn2SiMo	860℃,油冷	200℃空冷	1200	900	10	45	
18Cr2Ni4WA	850℃,空冷	200℃空冷	1200	850	10	45	

2) 调质钢:用于调质后使用的钢种。

① 性能要求:良好的综合力学性能和淬透性。

② 成分特点：含碳量中等，w_C 通常在 0.3% ~ 0.5% 范围内。含碳量过低，强度、硬度低，而含碳量过高，则韧性、塑性太低。

含有的合金元素 Mn、Si、Cr、Ni、B 等可提高钢的淬透性和回火稳定性；Mn、Si、Cr、Ni 等可强化铁素体；Ti、V 等可细化晶粒；W、Mo 等可防止第二类回火脆性，此外含 Cr、Mo、Al 的钢调质后进行渗氮，在工件表面形成 Cr、Mo、Al 的氮化物，硬度高、耐磨性好，可提高工件的疲劳强度和耐蚀性能。

③ 热处理及组织特点：调质钢工件的加工工艺路线为：下料→锻造→退火→粗加工→调质→精加工→装配。调质处理的目的是获得良好的综合力学性能；使用状态下的组织为 $S_{回}$。

常用调质钢的牌号、热处理、性能及用途，见表 5-9。

表 5-9　常用调质钢的牌号、热处理制度、性能和用途

牌号	热处理		力学性能，不小于				用途
	淬火	回火	R_m/MPa	R_e/MPa	A（%）	Z（%）	
45	830℃水冷	600℃空冷	800	550	10	40	受力小的一般结构件
40Cr	850℃油冷	500℃油冷	1000	800	9	45	较重要的轴和连杆以及齿轮等调质件
40CrMn	840℃油冷	520℃水或油	1000	850	9	45	
40CrNi	820℃油冷	500℃水或油	1000	800	10	45	大截面重要调质件
38CrMoAlA	940℃油冷	640℃油冷	1000	850	14	50	氮化零件
30CrMnSiA	880℃油冷	520℃油冷	1100	900	10	45	起落架等飞机结构件
40CrNiMoA	850℃油冷	660℃油冷	1050	850	12	55	航空等领域的轴类零件
37CrNi3A	820℃油冷	500℃油冷	1150	1000	10	50	螺旋桨轴、重要螺栓等

调质钢常用钢号中，低淬透性（$D_{0油} < 30 ~ 40mm$）钢有 45、40Cr 等，用于制造较小的齿轮、轴、螺栓等；中淬透性（$D_{0油} \approx 40 ~ 60mm$）钢有 40CrNi，用于制造大中型零件；高淬透性（$D_{0油} > 60mm$）钢有 40CrNiMo，用于制造大截面重载荷零件，如曲轴等。

3）超高强度钢：可分为低合金超高强度钢、马氏体时效硬化钢和沉淀硬化不锈钢等。以下主要介绍低合金超高强度钢。

① 成分特点：含碳量中等，含有 Cr、Mn、Si、Ni 等合金元素可提高淬透性和回火稳定性，使固溶体（马氏体或下贝氏体）明显强化，Ni 可降低临界温度及增加韧性，Mo、V 可细化晶粒，亦可改善钢的强韧性。

② 热处理特点：这类钢的最终热处理是淬火 + 低温回火，依靠马氏体强化达到超高强度；也可进行等温淬火并回火，依靠马氏体和下贝氏体组织的共同强化来达到强度要求。

常用超高强度钢的牌号、热处理和性能如表 5-10 所示。其中应用最多的是 30CrMnSiNi2A 钢。

表 5-10　超高强度钢的牌号、热处理和性能

牌号	热处理	力学性能，不小于			
		R_m/MPa	R_e/MPa	A（%）	Z（%）
30CrMnSiNi2A	900℃油冷 + 250℃空冷	1600	1400	9	45
40CrMnSiMoVA	920℃硝盐等温 + 250℃空冷	1900		8	35
300M	870℃油冷 + 315℃油冷	2020	1720	9.5	34

4）弹簧钢：用于制造弹簧或类似性能零件的钢种。

① 性能要求：弹簧是利用弹性变形储存能量或缓和冲击的零件，要求有高的 σ_s 和 σ_s/R_m 及高的 σ_{-1}；足够的韧性和淬透性。

② 成分特点：钢的 w_C 一般为 0.5%~0.85%。含碳量过低，达不到高的屈服强度要求，含碳量过高，不仅屈服强度不高，而且脆性大。一般碳素弹簧钢的 w_C 为 0.6%~0.85%、合金弹簧钢的 w_C 为 0.45%~0.7%。含有的 Mn、Si、Cr 可提高淬透性、强化铁素体；Si 可提高 R_e/R_m；V 可细化晶粒和耐回火性。

③ 热处理及组织特点：

a. 冷成形弹簧：工艺为：冷拔→冷成形→定形处理（250~300℃），即在经铅浴处理成托氏体后再经强烈塑性变形拉制而成，依靠加工硬化和组织细化使钢丝强度显著提高。这种钢丝绕制成弹簧后，无需淬火回火处理，只要进行去应力（250~350℃）退火定形即可。对于合金钢冷拉硬化钢丝，为充分发挥合金元素的作用，也可进行淬火并中温回火处理。这种方法适用于截面小于 ϕ10mm 弹簧。

b. 热成形弹簧：工艺为：热成形→淬火+中温回火，即在成形后经淬火加中温回火处理，以获得 $T_回$ 组织。$T_回$ 组织没有诸如残留奥氏体、铁素体等在微观上容易引起塑性变形的相，而且脆性也不高，所以具有优良的弹性性能。对重要的弹簧，为了提高疲劳强度，可在中温回火后进行喷丸处理，使弹簧表面形成压应力，以抵消交变载荷下的拉应力作用。这种方法适用于截面大于 ϕ10mm 的弹簧。

常用弹簧钢的牌号、热处理、性能和应用范围，见表 5-11。

表 5-11 常用弹簧钢的牌号、热处理、性能和应用范围（摘自 GB/T 1222—2007）

牌号	热处理		力学性能，不大于				应用范围
	淬火	回火	R_m/MPa	R_e/MPa	A（%）	Z（%）	
70	830℃油冷	480℃	1050	850	8	30	ϕ12mm 以下的低应力弹簧
65Mn	830℃油冷	540℃	1000	800	8	30	ϕ15mm 以下的低应力弹簧
60Si2MnA	870℃油冷	440℃	1300	1200	5	25	ϕ30mm 以下的高应力弹簧
50CrVA	850℃油冷	500℃	1300	1100	10	45	ϕ50mm 以下的高温（≤300℃）、高应力弹簧

④ 弹簧的表面质量：弹簧的表面质量对其寿命影响很大。提高表面质量的方法有防止表面脱碳；避免表面缺陷；进行喷丸处理，使表面产生压应力。

5）滚动轴承钢：用于制造轴承套和滚动体的专用钢种。

① 性能要求：轴承工作时，承受的接触应力达 3000~3500MPa，周期性交变载荷频率达数万次/min，不仅有滚动摩擦，还有滑动摩擦。因此要求这种钢材有高硬度和均匀的耐磨性，高的抗拉强度和接触疲劳强度以及足够的韧性、淬透性和耐蚀性。

② 成分特点：传统的滚动轴承钢高碳低铬，w_C 为 0.95%~1.10%、w_{Cr} 为 0.45%~1.65%。Cr 的主要作用是增加钢的淬透性，使淬火、回火后整个截面上获得较均匀的组织。钢中的部分 Cr 存在于渗碳体中，不仅使碳化物比较细小，分布较均匀，而且可增大其稳定性，使淬火加热时奥氏体晶粒不易长大。溶入奥氏体中的 Cr 能提高马氏体的耐回火性，使钢在热处理后能获得较高且均匀的硬度、强度和较好的耐磨性。对大型轴承钢，还需要加入

Si、Mn 等元素，使淬透性进一步提高。有适量的 Si（w_{Si} 为 0.40% ~ 0.60%），还能明显提高钢的强度和弹性极限。当 w_{Cr} > 1.65% 时，会因 A′的增加而使钢材的硬度和稳定性下降。

滚动轴承钢对纯度要求很高，非金属夹杂物，S、P 等杂质应少（w_P < 0.027%，w_S < 0.02%），一般用电炉冶炼，并用真空除气。

③ 热处理和组织特点：滚动轴承钢是过共析钢，热处理为球化退火 + 淬火 + 低温回火。球化退火是预备热处理，其目的是获得粒状珠光体组织，使硬度降低至 207 ~ 229HBW，以保证易于机械加工及获得高的表面质量，并为淬火做组织准备。球化退火工艺一般是将钢材加热到 790 ~ 840℃ 进行保温。温度过高，会出现过热组织，使轴承的韧性和疲劳强度下降；温度过低，会使奥氏体中溶解的 Cr 量不足，影响淬火后的硬度。淬火后要立即回火。回火温度为 150 ~ 160℃，保温 2 ~ 4h，可去除内应力，提高韧性并稳定尺寸。为使回火性能均匀一致，回火温度应严格控制，最好在油中进行。

滚动轴承钢经淬火与回火后的组织为极细的回火马氏体（80%）、分布均匀的细粒状碳化物（5% ~ 10%）以及少量残留奥氏体（5% ~ 10%），硬度为 62 ~ 66HRC。

生产精密轴承或量具时，由于低温回火不能彻底消除内应力和残留奥氏体，在长期保存或使用过程中会发生变形，因而淬火后应立即进行一次冷处理，并在回火及磨削加工后，再于 120 ~ 130℃ 进行 10 ~ 20h 的尺寸稳定化处理。

常用滚动轴承钢的热处理规范及用途列于表 5-12 中。

表 5-12 常用滚动轴承钢的热处理规范及用途

牌号	热处理规范			用途
	淬火	回火	HRC	
GCr6	800 ~ 820℃	150 ~ 170℃	52 ~ 66	直径 <10mm 的滚珠、滚柱和滚针
GCr9	800 ~ 820℃	150 ~ 160℃	62 ~ 66	直径为 20mm 以内的各种滚动轴承
GCr9SiMn	810 ~ 830℃	150 ~ 200℃	61 ~ 65	壁厚 <14mm，外径 <250mm 的轴承套；直径为 25 ~ 50mm 的钢球；直径为 25mm 左右的滚柱等
GCr15	820 ~ 840℃	150 ~ 160℃	62 ~ 66	
GCr15SiMn	820 ~ 840℃	170 ~ 200℃	≥62	壁厚 ≥14mm，外径为 250mm 的套圈，直径为 20 ~ 200mm 的钢球，其他同上
GMnMoVRe	770 ~ 810℃	170 ± 5℃	≥62	可代替 GCr15，用于军工和民用方面的轴承
GSiMoMnV	780 ~ 820℃	170 ~ 200℃	≥62	

滚动轴承钢应用最广的是 GCr15，大量用于大中型轴承；大型轴承用 GCr15SiMn，这类钢还可用于制造模具、量具等。

6) 耐磨钢：在冲击载荷作用下发生冲击硬化的高锰钢，只有 ZGMn13 一个钢号。

① 成分特点：高的含碳量（w_C 为 1.0% ~ 1.3%），以保持高耐磨性；高的含锰量（w_{Mn} = 11% ~ 14%），以保证形成奥氏体组织。

② 热处理及组织：铸态组织为奥氏体 + 碳化物，性能硬而脆。热处理采用水韧处理，即将钢加热到使碳化物溶入奥氏体，并进行水淬，显微组织为过饱和的单相奥氏体。

③ 使用及用途：高锰钢经水韧处理后，韧性高，硬度低。它在使用时，在压力及冲击载荷作用下，表面奥氏体迅速加工硬化，形成马氏体并析出碳化物，使表面硬度提高到 500 ~ 550HBW，获得高耐磨性，而心部仍为奥氏体组织，具有高耐冲击能力。

高锰钢广泛用于既要求耐磨又要求耐冲击的零件。如拖拉机的履带板、球磨机衬板、破碎机牙板、挖掘机铲齿等。

4. 合金工具钢

合金工具钢根据成分可分为低合金工具钢、高合金工具钢和碳素工具钢三类。

(1) 低合金工具钢

① 用途和性能要求：这类钢主要用来制造低速切削刃具（如车刀、铣刀、钻头等）、冷成形模具以及量具等。这些工具最主要的性能要求是有高的硬度和耐磨性，一定的韧性和塑性。

② 成分特点：钢的含碳量较高，w_C 一般在 0.85%~1.5% 之间，使马氏体中溶有足够多的碳，并与合金元素形成大量的碳化物，来提高硬度和耐磨性。钢中的合金元素大多为碳化物形成元素，如 Mn、Cr、W、V 等，可提高淬透性和耐磨性，个别非碳化物形成元素如 Si，主要是为了提高淬透性和耐回火性。

③ 热处理特点：这类钢的供货状态均为球化退火态，硬度不高，可机械加工成形，最后进行淬火和低温回火处理，得到的组织为高碳马氏体+粒状碳化物+A′（少量），从而保证性能要求。如果在机械加工前进行锻造，则锻后应进行退火处理，使组织均匀的同时也使碳化物球化，为淬火前的组织做准备。

常用低合金工具钢的牌号、热处理工艺、性能和用途，见表 5-13。

表 5-13 常用低合金工具钢的牌号、热处理工艺、性能和用途

牌号	球化退火			最终处理			用　途
	加热	等温	HBW	淬火	回火	HRC	
9Mn2V	700℃	690℃	~229	800℃	160~180℃	>60	冷作模具等
9SiCr	800℃	710℃	197~241	860℃	160~190℃	>60	丝锥板牙等
CrMn	800℃	710℃	197~241	840℃	160~200℃	>60	量具、拉刀、铣刀等
CrWMn	780℃	700℃	217~225	830℃	160~200℃	>60	量具、刀具等

这类钢应用最广的是 9SiCr。它主要用于制造形状复杂、要求变形小的低速刃具，如丝锥、板牙等。

(2) 高合金工具钢　高合金工具钢可分为高速钢和冷作模具钢。

1) 高速钢

① 性能特点：具有高的热硬性（600℃）、耐磨性和淬透性。

② 成分特点：含碳量高，w_C 一般为 0.7%~1.5%，以便同合金元素形成大量的碳化物，满足硬度、耐磨性和热硬性要求。通常，含有的 Cr 可提高淬透性，含有的 W、Mo、V 可提高热硬性。这些元素可以形成稳定的碳化物，细化奥氏体晶粒和增加耐磨性，在高温奥氏体化时可部分溶入奥氏体中，从而提高淬透性，还可以固溶于淬火后的马氏体中，能显著提高耐回火性；在回火时从马氏体、残留奥氏体内析出弥散的碳化物，使钢的硬度再次增加，即二次硬化作用。

③ 热处理特点：高速钢的加工工艺路线为：下料→锻造→退火→机加工→淬火→回火→磨削。高速钢是莱氏体钢，其铸态组织为亚共晶组织，如图 5-7 所示，由鱼骨状 L 与树枝状 M+T 组成，脆性大且无法进行热处理改善，制造中应反复锻造，使碳化物破碎、细化，

在预备热处理中应进行球化退火，使组织均匀，得到粒状碳化物，如图 5-8 所示，并使硬度降至 207~255HBW，以利于机械加工。高速钢最终的热处理特点是高温奥氏体化后进行淬火和多次高温下的回火。高的淬火加热温度会使部分稳定碳化物溶入奥氏体，提高淬透性并提高二次硬化效果，但也增加了淬火后残留奥氏体的数量。淬火冷却通常在油中进行，但复杂刀具为减小淬火变形可以空冷，也可进行分级淬火，即在 M_s 点附近等温停留一段时间后油冷或空冷。

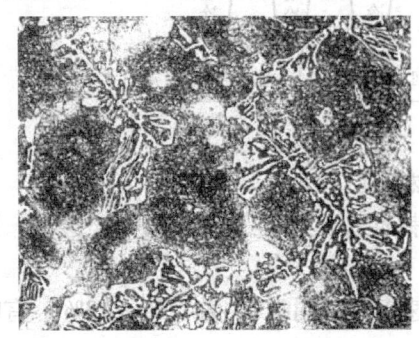
图 5-7　高速钢 W18Cr4V 的铸态组织（400×）

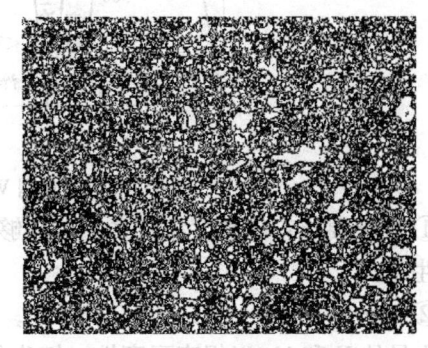
图 5-8　高速钢 W18Cr4V 的退火态组织（400×）

高速钢进行三次 560℃下的回火，其目的是：①第一次回火是对淬火得到的马氏体进行回火，并使大量残留奥氏体析出弥散碳化物，从而提高 M_s 点，使残留奥氏体在回火冷却过程中转变为马氏体；②第二次和第三次回火是对回火得到的马氏体再进行回火，并使马氏体析出弥散的 W_2C、Mo_2C 和 VC 等碳化物，从而使钢的硬度和强度明显提高。所以，高速钢回火组织如图 5-9 所示。

常用高速钢的牌号、热处理、性能和用途见表 5-14。其中有的钢中含有较多的钼，主要用来代替钨元素，1% 的钼大约可代替 2% 的钨，并能同时改善钢的塑性。

图 5-9　高速钢 W18Cr4V 的回火组织（400×）

高速钢 W18Cr4V 的热处理工艺如图 5-10 所示。

表 5-14　常用高速钢的牌号、热处理、性能和用途

类型	牌号	退火		最终处理			用途
		温度/℃	HBW	淬火	回火	HRC	
高速钢	W18Cr4V	850	≤255	1280℃	560℃	>63	切削温度小于 600℃ 的高速切削刀具
	W12Cr4V4Mo	850	≤262	1260℃	560℃	>64	
	W6Mo5Cr4V2	830	≤255	1220℃	560℃	>64	
	W6Mo5Cr4V2Al	830	≤269	1230℃	550℃	>65	
冷变形模具钢	Cr12	860	250	1000℃	170℃	62	大型精密模具
	Cr12MoV	860	250	1040℃	160℃	62	

2）冷作模具钢。冷作模具钢主要用来制造尺寸大、精度和硬度高、耐磨性好的冷作模具。

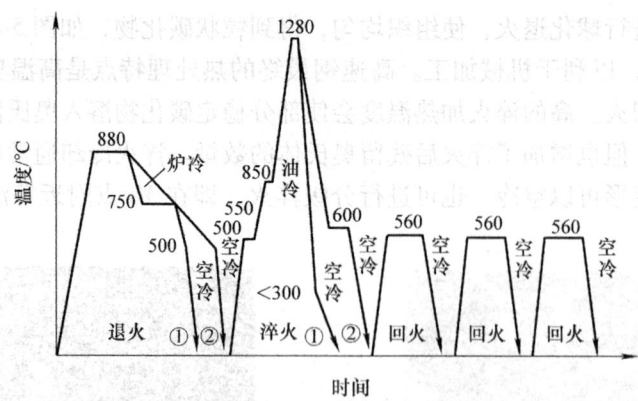

图 5-10 高速钢 W18Cr4V 的热处理工艺曲线

① 性能要求：高硬度和耐磨性；足够的强度和韧性；良好的工艺性能如淬透性、切削加工性等。

② 成分特点：w_C 为 1.45%~2.3%，一般比高速钢高，同时 w_{Cr} 为 11%~13%，有时还加入少量的 V 和 Mo 以提高耐磨性，细化晶粒。由于 w_{Cr} 为 11%~13%，所以这类钢常称为 Cr12 型工具钢。

加入高含量的 C 和 Cr 的作用是：形成大量碳化物，以提高硬度和耐磨性。供货状态钢中碳化物粗大、不均匀，使用时应进行锻造，将碳化物破碎、变细后，进行退火，使组织均匀，降低硬度，以利机械加工成形；高温奥氏体化时提高奥氏体的稳定性，提高淬透性，如厚度为 300mm 的模具，空冷也可淬透，但同时也形成较多的残留奥氏体，生产上常利用对残留奥氏体量的控制，来提高模具尺寸的精度；提高马氏体硬度，强化使用状态下的基体。

③ 加工及热处理：Cr12 型模具钢也是莱氏体钢，需进行锻造、退火，目的与高速钢相同。最终热处理：淬火 + 低温回火。使用状态下的组织：$M_{回}$ + 颗粒状碳化物 + A'（少量）。常用 Cr12 型钢的牌号、热处理、性能和用途见表 5-14。

(3) 中碳合金工具钢

① 用途和性能要求：这类钢主要用来制造热作模具，如热锻模、压铸型和热挤压模等，故又称为热作模具钢。在退火状态要有较好的加工成形性，易于制造模具；在使用状态要求具有高温下良好的综合力学性能，高的抗冷热疲劳性能、抗氧化性能和淬透性以及优良的导热性。

② 成分和热处理特点：w_C 通常在 0.3%~0.6% 之间，使钢具有足够的强度、硬度和韧性的配合。这类钢的合金元素通常为 Mn、Si、Cr、W、Mo、V 等。Mn、Si、Cr 可提高淬透性和耐回火性，W、Mo 可抑制回火脆性，而 V 可细化奥氏体晶粒。这类钢的最终热处理为淬火 + 高温回火。不同钢种回火后的组织不尽相同，例如 3Cr2W8V，由于合金元素含量高，淬火后马氏体的耐回火性高，高温回火后马氏体未分解，并产生二次硬化（W_2C，VC 的析出强化）作用，回火后组织为 $M_{回}$ + 碳化物 + A'（少量），硬度为 50HRC 左右，主要用于压铸型。而 5CrNiMo 和 5CrMnMo 淬火 + 高温回火后则为 $S_{回}$ + $T_{回}$ 组织，硬度通常处于 40~50HRC 之间，前者用于大型热锻模，后者用于一般热锻模。

常用热作模具钢的牌号、成分、热处理和用途如表 5-15 所示。

表 5-15　常用热作模具钢的牌号、成分、热处理和用途（摘自 GB/T 24594—2009）

牌号	化学成分 w（%）							退火		最终处理			用途
	C	Mn	Si	Cr	Ni	Mo	W	温度/℃	HBW	淬火	回火	HRC	
5CrNiMo	0.5~0.6	0.5~0.8		0.5~0.8	1.4~1.8	0.15~0.3		780~800	197~241	820~850℃	520~550℃	35~45	大型热锻模
5CrMnMo	0.5~0.6	1.2~1.9		0.6~0.9		0.15~0.35			197~241	820~850℃	540~600℃	35~45	一般热锻模
4Cr5MoSiV	0.3~0.4		0.8~1.2	4.5~5.5		0.3~0.5				1000℃	580℃两次	51	热锻和挤压模
3Cr2W8V	0.3~0.4			2.2~2.7		0.2~0.5	7.5~9.0	830~850	207~255	1050~1100℃	560~620℃	40~48	压铸、挤压、顶锻模
H13	0.35~0.45		0.9~1.1	5.0~5.5		1.2~1.5	0.85~1.15			1000~1050℃	550~570℃	50~54	压铸、挤压、塑料膜

四、特殊性能钢

特殊性能钢是指具有特殊物理、化学性能的钢。本节只介绍不锈钢和耐热钢。

1. 不锈钢

在腐蚀介质中具有耐蚀性能的钢。

（1）钢铁材料的抗腐蚀方法　腐蚀分为化学腐蚀和电化学腐蚀。化学腐蚀是指金属在非电解质中的腐蚀。电化学腐蚀是指金属在电解质溶液中的腐蚀，是有电流参与作用的腐蚀。在金属中不同组织、成分、应力区域之间都可构成微电池，形成电化学腐蚀。金属的腐蚀主要是电化学腐蚀。

为了提高钢的耐蚀性，主要依靠加入合金元素和适当的热处理。具体措施有：

1）获得均匀的单相组织。有些扩大奥氏体区的元素（例如 Ni、Mn）含量达到一定值后，可使钢成为单相奥氏体，一些扩大铁素体区的元素（例如 Cr）含量达到一定值后，可使钢成为单相铁素体，由于没有第二相，不能构成微电池，因而提高了耐蚀性。据此原理制成了奥氏体不锈钢和铁素体不锈钢。

2）提高合金的电极电位。若是多相合金，加入能提高基体电位的合金元素，使基体电位与其他相（通常是碳化物）的电位持平，也可避免微电池腐蚀。如在马氏体不锈钢中，常有电位高的碳化物第二相存在，但马氏体基体中因含有大量 Cr 而提高了电极电位，也有较高的耐蚀性。

3）在钢表面形成钝化膜。在钢中加入某些元素后，在钢表面能形成一层薄而致密的钝化膜，隔绝电解质的作用，从而达到耐腐蚀。Cr 是最有效的元素，在表面形成致密的 Cr_2O_3 钝化膜，所以不锈钢中都含有 Cr。

成分均匀化和消除内应力退火可使单相组织的成分均匀，消除成分不均匀区域和应力大小不同的区域之间形成的微电池作用，所以可提高钢铁的耐蚀性。

（2）不锈钢中合金元素的作用

1) 含碳量低可提高耐蚀性。
2) Cr 是提高耐蚀性的主要元素，作用主要有：
① 形成稳定致密的 Cr_2O_3 氧化膜。
② $w_{Cr} > 13\%$ 时，形成单相铁素体组织。
③ 提高基体电极电位（n/8 规律），如图 5-11 所示。

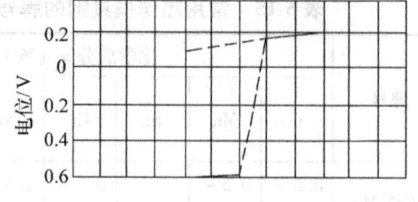

图 5-11 Cr 含量对铁基固溶体电极电位的影响

3) Ni 可获得单相奥氏体组织。
4) Mo 可耐有机酸腐蚀。
5) Ti、Nb 可防止奥氏体钢晶间腐蚀。

(3) 马氏体不锈钢 常用的马氏体不锈钢有 Cr13 型和 Cr18 型等，主要用于要求有一定强度、硬度和韧性相配合的耐蚀结构件，如轴、齿轮和螺栓等；350℃ 以下工作的不锈弹性零件以及高硬度和耐磨性的零件，如轴、轴承和不锈工具等。

1) 成分特点

① 含铬量高。Cr 溶于钢的基体并超过一定值时，可显著提高基体的电位，由图 5-10 可知，$w_{Cr} > 12\%$ 时，可显著提高钢基体的电极电位，故不锈钢的 w_{Cr} 均在 12% 以上。

② 含碳量低。在一般情况下，马氏体不锈钢的 w_C 介于 0.1% ~ 0.4% 之间，含碳量高，碳化物 $Cr_{23}C_6$ 数量多，淬火、回火后的硬度、强度高，但碳化物和基体之间构成微电池的数量增多，且使基体固溶的含铬量下降，从而使不锈钢耐腐蚀能力下降。因此，若要增高含碳量来提高硬度和耐磨性，须相应增加 Cr 的含量。

2) 热处理特点。对 Cr13 型马氏体不锈钢，可通过淬火获得马氏体组织，以提高强度和硬度。由于奥氏体化在 1000℃ 左右的高温进行，使大量 Cr 的碳化物溶入奥氏体，相变后仍保留在马氏体中，故能提高耐蚀性。

(4) 铁素体不锈钢 典型钢号有 06Cr13、10Cr17 等。

1) 成分特点。与马氏体不锈钢一样，这种钢含铬量高，含碳量低，无 α↔γ 相变，不能进行热处理强化。

2) 性能特点。铁素体不锈钢耐酸蚀，抗氧化能力强，塑性好，但有脆化倾向。

① 475℃ 脆化：加热到 450 ~ 550℃ 停留，产生脆化，再加热到 600℃ 快冷可消除。

② σ 相脆化：在 600 ~ 800℃ 长期加热时，析出硬而脆的 σ 相。

3) 用途。广泛用于硝酸和氮肥工业的耐蚀件。

(5) 奥氏体不锈钢

奥氏体不锈钢与马氏体不锈钢相比，具有更高的耐蚀性、更好的塑性加工成形性和焊接性，以及更高的使用温度，但力学性能不如马氏体不锈钢。奥氏体不锈钢无磁性。

1) 成分特点。为了在正火态获得奥氏体单相组织，不锈钢中的 w_{Ni} 至少大于 9%，相应地 $w_{Cr} = 18\%$。为了提高耐蚀性，钢中的 w_C 通常应控制在 0.1% 甚至在 0.03% 以下，以抑制形成 Cr 的碳化物，减少微电池腐蚀作用。

2) 热处理特点。奥氏体不锈钢采用固溶处理，即加热到 1100℃ 使碳化物溶入奥氏体，然后迅速水冷，获得组织为单相奥氏体。

3) 晶间腐蚀和应力腐蚀。奥氏体不锈钢在 600℃ 左右温度下工作时，会从奥氏体晶界处析出碳化物 $Cr_{23}C_6$，消耗晶界附近基体中的含铬量，造成晶界附近的铬贫乏区域。当 w_{Cr}

<12% 时，电极电位明显下降，造成晶间腐蚀，如图 5-12 所示。

晶间腐蚀使钢的强度、塑性急剧下降，严重时受力即破碎。为防止晶间腐蚀，通常采用以下两种措施：

① 降低钢的含碳量，形成 Cr 的碳化物尽可能少，如奥氏体不锈钢中有 06Cr19Ni10、022Cr18Ni9 等低碳或超低碳的不锈钢。

② 在钢中加入强碳化物形成元素 Ti、Nb，钢中的 C 与 Ti 或 Nb 先于 Cr 形成不易溶于奥氏体的 TiC 或 NbC，而不形成 $Cr_{23}C_6$，避免晶界贫 Cr 造成晶间腐蚀。但加入 Ti 或 Nb 的不锈钢，在固溶处理之后须再进行一次稳定化处理，即加热到 850~950℃，使 $Cr_{23}C_6$ 充分溶解于奥氏体中，而使 TiC 或 NbC 完全形成。经这样处理的钢在 600℃ 左右使用时，不会再产生晶间腐蚀。

奥氏体不锈钢易发生应力腐蚀，即在特定合金环境体系中，应力与腐蚀共同作用引起的破坏。应力腐蚀易在含 Cl^- 的介质中发生，裂纹为树枝状，如图 5-13 所示。

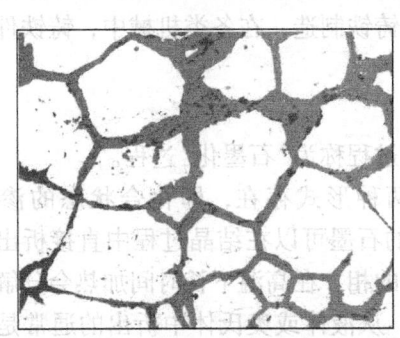

图 5-12 奥氏体不锈钢的晶间腐蚀

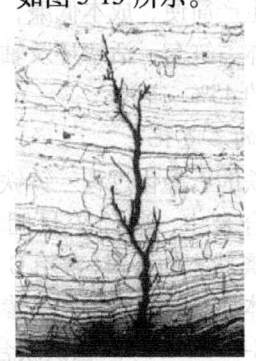

图 5-13 奥氏体不锈钢的应力腐蚀

典型马氏体、铁素体和奥氏体不锈钢的牌号、化学成分、热处理、力学性能和用途见表 5-16。

表 5-16 典型马氏体、铁素体和奥氏体不锈钢的牌号、成分、热处理、力学性能和用途（摘自 GB/T 1220—2007）

类别	牌号	化学成分 w（%）					热处理	力学性能			用途
		C	Si	Mn	Cr	其他		R_m/MPa	A（%）	HBW	
马氏体	30Cr13	0.26~0.35	≤1.00	≤1.00	12.00~14.00	Ni≤0.60	淬火 920~980℃ 油 回火 600~750℃ 快冷	≥735	≥12	≥217	制作硬度较高的耐蚀、耐磨刃具、量具、喷嘴、阀座、阀门、医疗器械等
铁素体	10Cr17	≤0.12	≤1.00	≤1.00	16.00~18.00	Ni≤0.60	退火 780~850℃ 空冷或缓冷	≥450	≥22	≤183	耐蚀性良好的通用不锈钢，用于建筑装潢、硝酸和氮肥工业的耐蚀件
奥氏体	06Cr19Ni10	≤0.08	≤1.00	≤2.00	18.00~20.00	Ni8.00~10.50	固溶处理 1010~1150℃ 快冷	≥520	≥40	≤187	应用最广，制作食品、化工、核能设备的零件

第二节 铸铁和铸钢

一、铸铁

铸铁是 $w_C > 2.11\%$ 并含有较多 Si、Mn、S、P 等元素的多元铁基合金。

1. 铸铁的成分和性能

常用铸铁的化学成分有：w_C 为 2.5%~4.0%，w_{Si} 为 1.0%~3.5%，w_{Mn} 为 0.5%~1.5%，$w_P < 0.2\%$，$w_S < 0.15\%$，有时还含有一定量的合金元素，如 Cr、Mo、V、Cu、Al 等。铸铁的强度、塑性和韧性较差，不能锻造，其含碳量接近于共晶成分，所以熔点低，流动性好，具有优良的铸造性能。此外，它的含碳量和含硅量较高，碳大部分不再以碳化物(Fe_3C)而以游离的石墨状态存在。石墨本身具有润滑作用，使铸铁具有良好的减摩性和切削加工性能，且铸铁生产简便、成本低廉，因而是应用最广泛的工程材料之一。例如，机床床身、内燃机的汽缸体、缸套、活塞环及轴瓦、曲轴等都可用铸铁制造，在各类机械中，铸铁件约占机器总重量的 45%~90%。

2. 铸铁的石墨化

（1）铸铁的石墨化过程 铸铁组织中石墨的形成过程称为"石墨化"过程。

在铁碳合金中，碳除少量固溶于基体中外以两种形式存在，即化合状态的渗碳体（Fe_3C)和游离状态的石墨（常用 G 来表示)。铸铁中的石墨可以在结晶过程中直接析出，也可以由渗碳体加热时分解得到。渗碳体是一种亚稳定的相，在高温下长时间加热会分解为铁和石墨($Fe_3C \rightarrow 3Fe + G$)。在铁碳合金的结晶过程中，从液体或奥氏体中析出的通常是渗碳体而不是石墨，这主要是因为渗碳体的含碳量（$w_C = 6.69\%$）较之石墨的含碳量（$w_C \approx 100\%$）更接近合金成分的含碳量（w_C 为 2.5%~4.0%)，析出渗碳体时所需的原子扩散量较小，渗碳体晶核的形成较容易。但在极其缓慢冷却（即提供足够的扩散时间）的条件下，或在合金中含有可促进石墨形成的元素（如 Si 等）时，在铁碳合金的结晶过程中，便会直接从液体或奥氏体中析出稳定的石墨相。因此，对铁碳合金的结晶过程来说，实际上存在两种相图，如图 5-14 所示，图中实线部分为亚稳定的 Fe-Fe_3C 相图，虚线部分是稳定的 Fe-G 相图。根据合金的具体结晶条件，铁碳合金可以全部或部分地按照其中的一种或另一种相图进行结晶。

如果全部按照 Fe-G 相图进行结晶，则铸铁（w_C 为 2.5%~4.0%）的石墨化过程可分为二个阶段：

在 P'S'K' 线以上发生的石墨化称为第一阶段石墨化。包括结晶时一次石墨、共晶石墨的析出（在 1154℃时通过共晶反应而形成石墨：$L_{c'} \rightarrow A_{c'} + G$）和加热时一次渗碳体、二次渗碳体及共晶渗碳体分解的二次石墨 G_{II}。

在 P'S'K' 线以下发生的石墨化称为第二阶段石墨化。包括冷却时共析石墨的析出（在 738℃时通

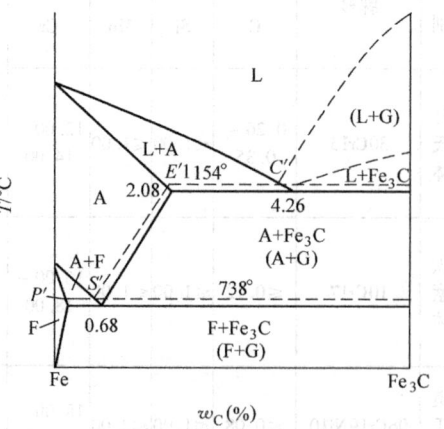

图 5-14 铁碳合金的双重相图

过共析反应而形成石墨：$A_s' \rightarrow F_p' + G$)和加热时共析渗碳体的分解。

由于铸铁在高温区冷却时，原子的扩散能力较强，其第一阶段的石墨化是较易进行的，即可按照 Fe-G 相图进行结晶，凝固后得到 A + G 组织；随后在较低温度下的第二阶段石墨化，则常因铸铁的成分及冷却速度等条件的不同，被全部或部分地抑制，从而得到三种不同的组织，即 F + G、F + P + G 及 P + G。但若第一阶段石墨化被部分抑制或完全抑制，则得到麻口铸铁或白口铸铁。铸铁的石墨化程度与其组织之间的关系(以共晶铸铁为例)见表5-17所示。

表5-17 铸铁的石墨化程度与其组织之间的关系(以共晶铸铁为例)

石墨化进行程度		铸铁的显微组织	铸铁类型
第一阶段石墨化	第二阶段石墨化		
完全进行	完全进行	F + G	灰铸铁
	部分进行	F + P + G	
	未进行	P + G	
部分进行	未进行	$L_e' + P + G$	麻口铸铁
未进行	未进行	L_e'	白口铸铁

(2) 影响石墨化的因素　影响石墨化的主要因素是化学成分和冷却速度。

1) 化学成分的影响。C 与 Si 是强烈促进石墨化的元素。C、Si 含量过低，易出现白口组织，力学性能和铸造性能变差；C、Si 含量增高，石墨化进行充分。试验表明，在铸铁中 w_{Si} 每增加 1.0%，能使共晶点的 w_C 相应降低 0.33%，但 C、Si 含量过高会使石墨数量多且粗大，基体内铁素体量增多，降低铸件的性能。Si 还可改善铸造性能，如提高铸铁的流动性和降低断面收缩率等。C、Si 的控制范围：w_C 为 2.5% ~ 4.0%，w_{Si} 为 1.0% ~ 3.0%。

P 对铸铁的石墨化作用并不显著，但能提高铁液的流动性，改善其铸造性能。由于 P 在铸铁中易生成 Fe_3P，常与 Fe_3C 形成共晶组织分布在晶界上，增加铸铁的硬度和脆性，故一般应限制其含量。只在耐磨铸铁中 P 的含量较高，其 w_P 可达 0.3% 以上。

S 是强烈阻碍石墨化的元素，并降低铁液的流动性，使铸铁的铸造性能恶化，因此必须严格控制其含量。

Mn 也是阻碍石墨化的元素。但它和 S 有很大的亲和力，在铸铁中能与 S 形成 MnS，减弱 S 对石墨化的有害作用，故 Mn 的含量允许在较高的范围。

Al、Cu、Ni、Co 等元素对石墨化有促进作用；Cr、W、Mo、V 等元素阻碍石墨化。

2) 冷却速度的影响。冷却速度对铸铁石墨化的影响也很大，冷却速度慢，有利于石墨化的进行。冷却速度受造型材料、铸造方法和铸件壁厚等因素的影响。例如，金属型铸造冷却快，砂型铸造冷却较慢；薄壁铸件冷却快，厚壁铸件冷却慢。

图5-15 表示化学成分(C + Si)和冷却速度(铸件壁厚)对铸件组织的综合影响。从图中可以看出，对于薄壁铸件，容易形成白口铸铁组织。要获得灰口组织，应增加铸铁的 C、Si 含量。而对于厚大的铸件，为避免得到过多的石墨，应适当减少铸铁的 C、Si 含量。因此，必须按照铸件的壁厚选定铸铁的化学成分和牌号。

3. 铸铁的分类和性能特点

根据铸铁在结晶过程中石墨化的程度不同，铸铁可分为三类。

(1) 灰铸铁 即在第一阶段石墨化过程中都得到充分石墨化的铸铁,其断口为暗灰色。工业上所用的铸铁几乎都属于这类铸铁,其特点为:

由于石墨相当于钢基体中的裂纹或空洞,破坏了基体的连续性,且易导致应力集中,故灰铸铁的力学性能较差。

由于石墨本身有润滑作用,并可以吸收振动能量,故灰铸铁的耐磨性、消振性均好。

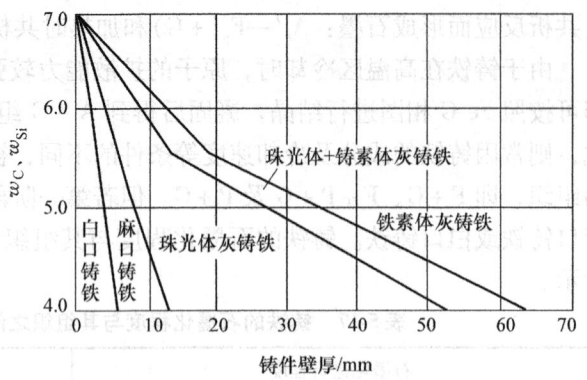

图 5-15 铸件壁厚和 C、Si 含量对铸铁组织的影响

此外铸铁中 Si 的含量高,成分接近于共晶,而且石墨使车屑容易脆断,不粘刀,因而灰铸铁的铸造性、切削性能好。

(2) 白口铸铁 即在两个阶段的石墨化全部被抑制,完全按照 $Fe-Fe_3C$ 相图进行结晶而得到的铸铁。这类铸铁组织中的 C 全部呈化合碳的状态,形成渗碳体,并具有莱氏体组织,其断口白亮,性能硬脆,在工业上很少应用,主要用作耐磨铸铁和炼钢原料。

(3) 麻口铸铁 即在第一阶段的石墨化过程中未得到充分石墨化的铸铁,其组织介于白口与灰口之间,含有不同程度的莱氏体,具有较大的硬脆性,工业上也很少应用。

根据铸铁中石墨形态的不同,铸铁又分为灰铸铁、可锻铸铁、球墨铸铁、蠕墨铸铁等。

4. 常用铸铁

(1) 灰铸铁 灰铸铁是指石墨呈片状分布的灰口铸铁。其产量约占铸铁总产量的 80% 左右。灰铸铁的牌号以其汉语拼音的缩写 HT 及三位数的最小抗拉强度值来表示。例如 HT200 表示该灰铸铁浇注出的 $\phi 30mm$ 的单铸试棒测得的抗拉强度值不小于 200MPa。GB/T 9439—1988 将灰铸铁按强度级别分为六个牌号,其中后三个牌号必须进行孕育处理才能获得。灰铸铁的牌号、性能及应用如表 5-18 所示。

表 5-18 灰铸铁的牌号、性能及应用(摘自 GB/T 9439—2010)

牌号	铸件壁厚 /mm	R_m/MPa (min)	铸件预期抗拉强度 R_m/MPa(min)	特性与用途
HT100	5~40	100	—	铸造性能号 工艺简单 减震性能好 用于载荷较小 对摩擦、磨损无特殊要求的零件,如端盖、外罩、手轮、支架、底板、重锤等
HT150	5~10	150	155	性能特点与HT100基本相同,用于承受中等载荷的零件,如支柱、机座、箱体法兰、泵体、阀体、轴承座、工作台、带轮等
HT150	10~20	150	130	
HT150	20~40	150	110	
HT150	40~80	150	95	
HT150	80~150	150	80	
HT150	150~300	150	—	

(续)

牌号	铸件壁厚/mm	R_m/MPa(min)	铸件预期抗拉强度 R_m/MPa(min)	特性与用途
HT200	5~10	200	205	强度较高，耐热、耐磨损性能较好，减振性能好，铸造性能也较好，需进行人工时效处理，适用于承受较大载荷的零件，如：汽缸体、汽缸盖、活塞、刹车轮、液压缸、泵体、阀体、齿轮、机床座、机床床身及立柱等
HT200	10~20	200	180	
HT200	20~40	200	155	
HT200	40~80	200	130	
HT200	80~150	200	115	
HT200	150~300	200	—	
HT250	5~10	250	250	
HT250	10~20	250	225	
HT250	20~40	250	195	
HT250	40~80	250	170	
HT250	80~150	250	155	
HT250	150~300	250	—	
HT300	10~20	300	270	高强度、高耐磨性的灰铸铁，其铸造性能较差，需人工时效处理。适用于大的载荷或某些重要零件，如剪床压力机、自动车床和其他重型机床的床身、机床座、机架及受力较大的齿轮、凸轮、衬套、大型发动机曲轴、缸体、缸盖、缸套、受高压的液压缸、水缸、泵体、阀体等
HT300	20~40	300	240	
HT300	40~80	300	210	
HT300	80~150	300	195	
HT300	150~300	300	—	
HT350	10~20	350	315	
HT350	20~40	350	280	
HT350	40~80	350	250	
HT350	80~150	350	225	
HT350	150~300	350	—	

1) 灰铸铁的组织与性能特点　灰铸铁是由液态铁液缓慢冷却时通过石墨化过程形成的，其基体组织有铁素体、珠光体和铁素体加珠光体三种，石墨形态为片状，相当于在钢的基体上嵌入了大量石墨片。灰铸铁的金相组织如图 5-16 所示。

石墨的强度、塑性和韧性极低，接近于零，因此灰铸铁的组织相当于钢的基体上存在很多裂纹。这就决定了灰铸铁的力学性能较差，抗拉强度很低（$R_m = 100 \sim 400$ MPa），塑性几乎为零（$A = 0.5\%$），但抗压强度与钢相近，并且具有良好的铸造性能（流动性好、收缩小）、减振性、耐磨性和低的缺口敏感性。另外由于成本低廉，所以应用广泛。

铸铁的性能与铸件壁厚尺寸有关，因此表 5-18 中所列各种铸铁牌号的性能均对应铸件壁厚尺寸，在根据零件的性能要求选择铸铁牌号时，必须同时注意到零件的壁厚尺寸。例如，一壁厚为 30~50mm 的零件，要求抗拉强度为 200MPa，选择的牌号应为 HT250 而不用 HT200。若零件的壁厚过大或较小而表中所列数据不够用时，应根据具体情况适当提高或降低铸铁的牌号。

2) 灰铸铁的孕育处理。为了改善灰铸铁的组织，提高其强度和其他性能，生产中常进

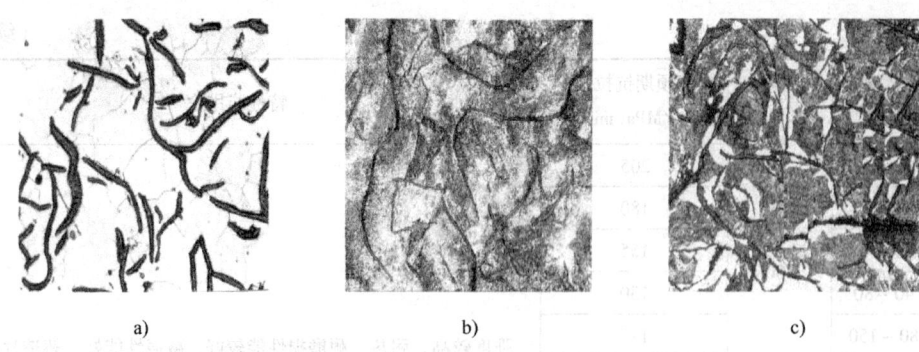

图 5-16　灰铸铁的金相组织（200×）
a）铁素体基体　b）珠光体基体　c）铁素体 + 珠光体基体

行孕育处理。孕育处理就是在浇注前往铁液中加入孕育剂，使石墨细化，基体组织细密（珠光体基体）。生产中常用的孕育剂是 w_{Si} 为 75% 的硅铁或硅钙合金，加入量为铁液质量的 0.25% ~ 0.6%。经孕育处理的灰铸铁称为孕育铸铁。孕育铸铁的强度、硬度比普通灰铸铁显著提高，如 R_m 为 250 ~ 400MPa，硬度为 170 ~ 270HBW。孕育铸铁的金相组织如图 5-17 所示。

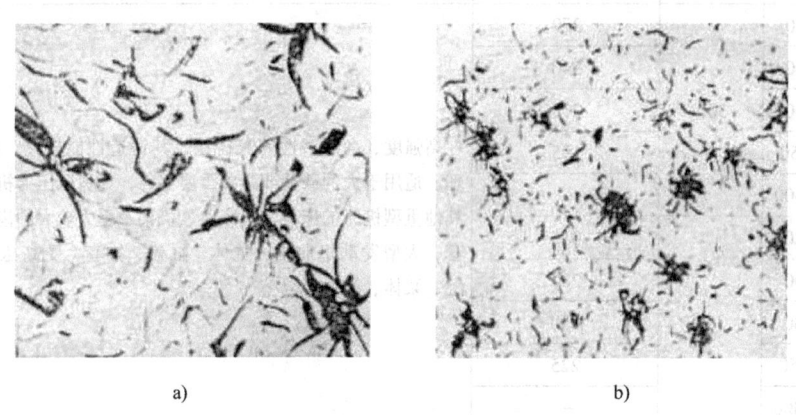

图 5-17　灰铸铁孕育处理前后的金相组织（200×）
a）孕育处理前　b）孕育处理后

孕育铸铁适用于静载荷下要求较高强度、高耐磨性或高气密性的铸件，特别是厚、大铸件。

3）灰铸铁的热处理。灰铸铁热处理只改变基体组织，不改变石墨形态。灰铸铁强度只有碳素钢的 30% ~ 50%，热处理强化效果不大。

灰铸铁常用的热处理有：① 消除内应力退火（又称人工时效）；② 消除白口组织退火；③ 表面淬火。

（2）球墨铸铁　球墨铸铁是经球化、孕育处理后石墨呈球状的铸铁。

1）组织与牌号。基体（F、F + P、P）+ 球状 G，球状石墨是铁液经球化处理得到的，球化剂为镁、稀土和稀土镁。为避免白口，并使石墨细小均匀，在球化处理同时还进行孕育处理，常用孕育剂为硅铁和硅钙合金。

球墨铸铁的牌号用其汉语拼音缩写 QT 及两组分别代表其最低抗拉强度和伸长率的数字组成。常用球墨铸铁的牌号、力学性能和用途见表 5-19。图 5-18 为球墨铸铁石墨形态和分布情况。

2）性能与热处理。生产中常采用的退火球墨铸铁的基体上分布着球状石墨，由于球状石墨对基体组织的割裂作用和应力集中作用很小，所以球墨铸铁的力学性能优于灰铸铁，约是碳素钢的 70%~90%。它的突出特点是屈强比（$R_{p0.2}/R_m$）高，约为 0.7~0.8，而钢一般只有 0.3~0.5，铸造工艺性能比钢好，因此，球墨铸铁可代替铸钢、锻钢、有色金属和可锻铸铁，制造各种受力复杂，强度、韧性和耐磨性能要求较高的零件，如柴油机的曲轴、凸轮轴、连杆，拖拉机的减速齿轮，大型中压阀门，轧钢机的轧辊等。

表 5-19 球墨铸铁的牌号、性能和用途（摘自 GB/T 1348—2009）

牌 号	R_m /MPa	$R_{p0.2}$ /MPa	A(%)	HBW	基体组织	用 途
QT350-22	350	220	22	≤160	F	泵、阀体、受压容器
QT400-18	400	250	18	120~175	F	泵、阀体、受压容器、受冲击零件
QT400-15			15	120~180		
QT450-10	450	310	10	160~210	F	箱体零件、要求韧性的零件
QT500-7	500	320	7	170~230	F+P	机器底座、齿轮、支架等
QT550-5	550	350	5	180~250	F+P	机器底座、齿轮、支架等
QT600-3	600	370	3	190~270	F+P	连杆、曲轴、液压缸等
QT700-2	700	420	2	225~305	P	曲轴、凸轮、齿轮等高强度零件
QT800-2	800	480		245~335	P 或 S	
QT900-2	900	600	2	280~360	$M_回$ 或 T+S	高速、重负荷零件

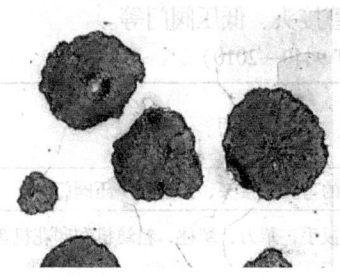 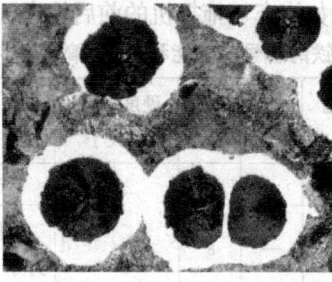 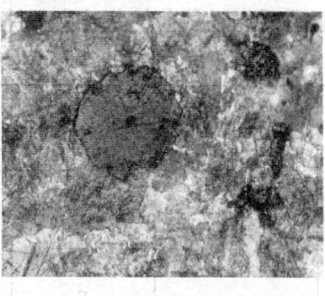

a)   b)   c)

图 5-18 球墨铸铁的金相组织（200×）
a）铁素体基体 b）珠光体+铁素体基体 c）珠光体基体

球墨铸铁可进行各种热处理，如退火、正火、淬火加回火、等温淬火等，以改变球墨铸铁的基体组织，改善球墨铸铁的性能，从而满足不同的使用要求。退火的目的是为了去除铸态组织中的自由渗碳体，从而获得铁素体球墨铸铁，主要用于 QT400-18 和 QT450-10 的生产。正火的目的在于增加金属基体中珠光体的含量，并使其细化，提高强度、硬度和耐磨性，主要用于 QT600-3、QT700-2 和 QT800-2。正火后须进行回火，以消除应力。对于承受交变载荷的球墨铸铁件，须进行调质处理来提高其综合力学性能。QT900-2 等更高强度级别的球墨铸铁则是通过等温淬火获得 B 组织，适用于要求更高的工件。

球墨铸铁的热处理特点是：①由于含硅量高，奥氏体化温度比碳素钢高；②淬透性比碳素钢高;③奥氏体中含碳量可控。

(3) 可锻铸铁

1) 可锻铸铁的组织、牌号、性能和用途。可锻铸铁又称马铁,是白口铸铁通过石墨化退火而得到的,石墨呈团絮状,金相组织如图 5-19 所示。团絮状石墨对金属基体的割裂作用和应力集中作用较小,故力学性能比灰铸铁好,适宜制作薄壁、形状复杂的小型铸件。但其工艺复杂,生产周期长,已逐渐被球墨铸铁所代替。可锻铸铁虽有一定的伸长率和冲击韧度,但实际上是不能锻造成形的。

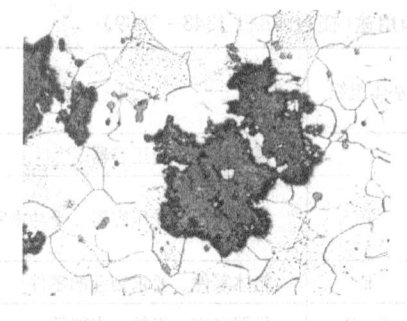 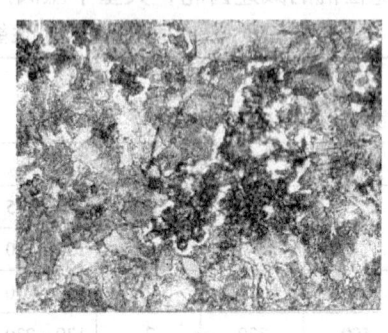

a)   b)

图 5-19 可锻铸铁的金相组织(200×)
a) 黑心(铁素体)可锻铸铁   b) 珠光体可锻铸铁

可锻铸铁的牌号是用"KTH、KTB、KTZ + 两组数字"组成,KTH 代表黑心可锻铸铁(断口心部呈黑色),KTB 代表白心可锻铸铁(断口心部呈白色),KTZ 代表珠光体可锻铸铁,两组数字分布表示其抗拉强度和伸长率。其牌号、性能和用途见表 5-20 所示。可锻铸铁主要用于制造形状复杂且承受振动载荷的薄壁小型件,如汽车、拖拉机的前后轮壳、管道接头、低压阀门等。

表 5-20 可锻铸铁的牌号、性能和用途(摘自 GB/T 9440—2010)

分类	牌号	基体组织	R_m/MPa	$R_{p0.2}$/MPa	A(%)	硬度 HBW 不大于	用途
黑心可锻铸铁	KTH300-06	F	300	—	6	150	管道的弯头、接头、三通,中压阀门
	KTH330-08		330	—	8		各种扳手、犁刀、犁柱、粗纺机和印花机盘头等
	KTH350-10		350	200	10		汽车、拖拉机的前后轮毂,变速器壳,制动器支架,农机的犁刀、犁柱以及瓷瓶铁帽,铁道扣扳,船用电机壳
	KTH370-12		370		12		
珠光体可锻铸铁	KTZ450-06	P	450	270	6	150~200	曲轴、凸轮轴、连杆、齿轮、摇臂、活塞环、轴套、犁刀、耙片、万向接头、棘轮、扳手、传动链条、矿车轮等
	KTZ550-04		550	340	4	180~230	
	KTZ650-02		650	430	2	210~260	
	KTZ700-02		700	530	2	240~290	
白心可锻铸铁	KTB350-04	表层 F,心部根据截面尺寸可以是 F 或 P+F 或 P	350		4	230	适用于制作厚度在 15mm 以下的薄壁铸件和焊后不需进行热处理的零件
	KTB380-12		380	200	12	200	
	KTB400-05		400	220	5	220	
	KTB450-07		450	260	7	220	

2）可锻铸铁的生产。可锻铸铁的生产分为两个过程。

① 白口铸铁的铸造。为了保证生产过程中得到白口铸铁，铸铁中 C、Si 的含量应控制在较低水平，一般 w_C 为 2.1%～2.8%，w_{Si} 为 1.2%～1.8%。同时在铁液浇注前加入一定量的多元复合孕育剂如 Al-Bi、B-Bi 等合金，这些孕育剂起阻碍石墨化的作用。

② 石墨化退火。可锻铸铁的石墨化退火工艺如图 5-20 所示。当白口铸铁在 900～950℃保温时，莱氏体中的渗碳体分解为奥氏体＋石墨，然后以较慢的速度（100℃/h）冷却，奥氏体转变为珠光体，则可获得珠光体可锻铸铁；若在 650～720℃再进行低温石墨化，使共析组织中的渗碳体分解为铁素体＋石墨，则形成了铁素体可锻铸铁。

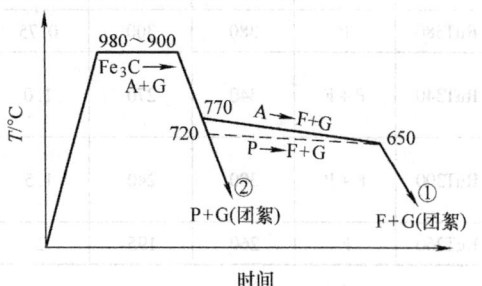

图 5-20　可锻铸铁的石墨化退火工艺

（4）蠕墨铸铁　蠕墨铸铁是 20 世纪 60 年代发展起来的一种新型铸铁，是由铁液经蠕化处理和孕育处理得到的。蠕化剂为稀土硅铁镁合金、稀土硅铁合金、稀土硅铁钙合金等。

蠕墨铸铁的组织为基体（F、F＋P、P）＋蠕虫状 G，如图 5-21 所示，蠕虫状 G 短而厚，端部圆滑，分布均匀，对基体的破坏作用比片状石墨小。蠕墨铸铁保留了灰铸铁的优良工艺性能和球墨铸铁的优良力学性能，其力学性能介于相同基体组织的灰铸铁与球墨铸铁之间，具有良好的导热率和耐热性。蠕墨铸铁件一般不进行热处理，而以铸态使用。

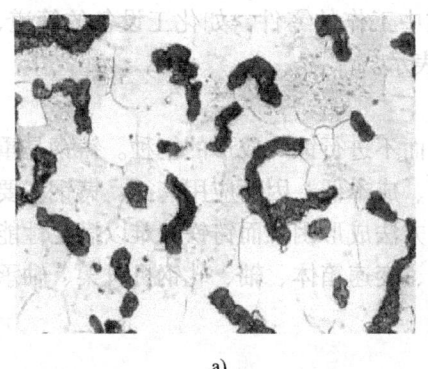
a)

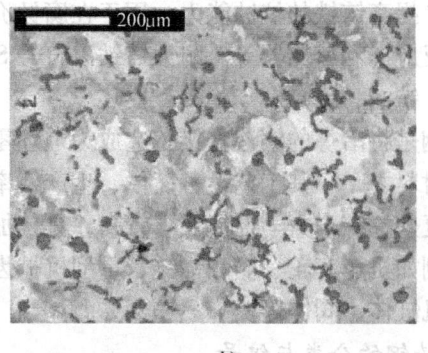
b)

图 5-21　蠕墨铸铁的金相组织（200×）
a）铁素体基体蠕墨铸铁金相组织　b）珠光体基体蠕墨铸铁金相组织

蠕墨铸铁的牌号用其汉语拼音缩写 RuT 加一组代表其最低抗拉强度的数字组成。常用蠕墨铸铁的牌号、力学性能和用途见表 5-21。蠕墨铸铁常用于制造承受热循环载荷的零件和结构复杂、强度要求高的铸件，如钢锭模、玻璃模具、柴油机气缸、气缸盖、排气阀、液压阀的阀体、耐压泵的泵体等。

表 5-21　常用蠕墨铸铁的牌号、力学性能和用途(摘自 GB/T 26655—2011)

牌号	基体组织	R_m/MPa	$R_{p0.2}$/MPa	A(%)	HBW	用途
		不小于				
RuT420	P	420	335	0.75	200~280	活塞环、制动盘、钢珠研磨盘、吸淤泵体等
RuT380	P	380	300	0.75	193~274	
RuT340	P+F	340	270	1.0	170~249	重型机床件、大型齿轮箱体、端盖、机床座、飞轮、起重机卷筒等
RuT300	F+P	300	240	1.5	140~217	排气管、变速箱体、气缸盖、液压件、烧结机篦条等
RuT260	F	260	195	3	121~197	增压器废气进气壳体、汽车底盘零件等

5. 特殊性能铸铁

在铸铁中加入一定数量的合金元素或经过某种处理后，可具有一些特殊性能(如耐磨性、耐热性、耐蚀性等)，称为特殊性能铸铁。

1) 耐磨铸铁

① 耐磨灰铸铁：在铸铁中加入 Cr、Mo、Cu 等少量合金元素，提高灰铸铁的耐磨性，可用于机床导轨、汽车发动机缸套、活塞环等耐磨零件。耐磨灰铸铁以符号 MT 表示。

② 冷硬铸铁：在灰铸铁表面通过激冷处理形成一层白口层，使表层获得高硬度和高耐磨性，可用于轧辊、凸轮轴等零件。冷硬铸铁以符号 LT 表示。

2) 耐热铸铁　在铸铁中加入 Al、Si、Cr 等合金元素，提高铸铁的耐热性，可用于炉底、换热器、坩埚和热处理炉内的运输链条等零件。耐热铸铁以符号 RT 表示。

3) 耐蚀铸铁　在铸铁中加入 Al、Si、Cr 等合金元素，使铸铁表面形成一层连续致密的保护膜，提高铸铁的抗蚀能力，用于在腐蚀介质中工作的零件，如化工设备的管道、阀门、泵体、反应釜和盛储器等。耐蚀铸铁以符号 ST 表示。

二、铸钢

铸钢是将冶炼的钢液直接铸造成为毛坯零件而不进行锻轧成形的钢种。铸钢是重要的金属结构材料之一，其工艺设备简单、生产效率高、成本低，因而应用广泛。铸钢主要用于制造形状复杂，综合力学性能要求较高，其他加工方法成形困难而铸铁又难以满足性能要求的零件，例如机车车轮、船舶锚链、重型机械齿轮、变速箱体、轴、轧钢机机架、轴承座、电站汽轮机缸体、阀体等。

1. 铸钢的分类与编号

铸钢的种类很多，通常按化学成分和用途分类。按化学成分可分为碳素铸钢和合金铸钢；按用途可分为铸造结构钢、铸造工具钢和铸造特殊钢。

铸造碳素钢钢号一般用"ZG"(表示"铸钢"二字)+两组数字，第一组数字表示最低屈服强度值，第二组数字表示最低抗拉强度值，单位均为 MPa。如 ZG270—500 表示铸钢最低屈服强度值为 270MPa、最低抗拉强度值为 500MPa。

若以化学成分为主要验收依据的铸钢牌号由"ZG"+两位数字(这两位数字表示平均含碳量的万分之几)，再加上带有百分数数字的合金元素符号组成。当合金元素平均质量分数为 0.9%~1.4% 时，除 Mn 只标符号不标质量分数外，其他元素需在符号后标注数字 1；当合金元素平均质量分数大于 1.5% 时，标注方法同合金结构钢，如 ZG15Cr1Mo1V、ZG20Cr13。

2. 碳素铸钢的化学成分与力学性能

几种常见的工程用铸造碳素钢的牌号、化学成分及力学性能和应用见表 5-22。C 是影响铸造碳素钢性能的主要元素。在亚共析钢范围内，随含碳量的增加，铸钢的强度、硬度提高，塑性、韧性下降。随含碳量的增加，抗拉强度比屈服强度提高得更快。当 w_C 超过 0.5% 后，屈服强度不仅不再提高，反而有所下降，由于塑性和韧性的显著下降，硬度过高，使钢的切削加工性能恶化。提高含碳量可增加钢液的流动性，这是由于随含碳量的增加，钢的熔化温度降低，在生产中常用的碳素钢铸件的 w_C 上限一般不超过 0.5%。

表 5-22 常用铸造碳素钢的牌号、化学成分、力学性能和用途（摘自 GB/T 11352—1989）

钢 号	化学成分 w(%) 小于					力学性能 大于等于			应 用 举 例
	C	Si	Mn	S	P	R_e/MPa	R_m/MPa	A(%)	
ZG 200-400	0.20	0.50	0.80	0.04	0.04	200	400	25	受力不大、要求韧性的机件，如机床座、变速器壳体
ZG 230-450	0.30		0.90			230	450	22	机床座、机床盖、箱体
ZG 270-500	0.40					270	500	18	飞轮、机架、蒸汽锤、水压机工作缸、横梁
ZG 310-570	0.50	0.60				310	570	15	载荷较大的零件，如大齿轮、联轴器、气缸
ZG 340-640	0.60					340	640	10	起重运输机中的齿轮、联轴器

注：表中所列的各钢号性能适应于厚度为 100mm 以下的铸件。

Si 和 Mn 对碳素钢铸造性能的影响与 C 类似，但它们的质量分数高时会增大钢的热裂倾向。S 使钢的热裂倾向增大，P 使钢的冷脆倾向增大，偏析加重，应严格控制。

与铸铁相比，铸钢的塑性和强韧性都较高，但铸造流动性差、断面收缩率较大。如果对铸件生产各个环节控制不当或工艺制订不合理，就容易产生气孔、夹杂、偏析、冷裂、热裂、缩孔、疏松、夹砂等冶金和铸造缺陷。对此可通过适当提高浇注温度来改善流动性，采用大的冒口来解决断面收缩率大的问题。

3. 铸钢的组织与热处理

对于铸造中碳钢而言，由于浇注时温度较高，冷却速度又慢，因而会造成奥氏体晶粒粗大，易形成魏氏组织，使钢的塑性和韧性恶化。魏氏组织是指铁素体以与原奥氏体晶界呈一定角度的片状或针状存在于珠光体中形成的组织。

可通过退火、正火和调质等热处理工艺来改善铸件的组织，消除偏析和内应力。经退火或正火处理后的铸造碳素钢件组织由细小的铁素体和珠光体组成，可使力学性能提高。

第三节 有色金属及其合金

在工业生产中，通常把铁及其合金称为黑色金属，把其他非铁金属及其合金称为有色金属。有色金属的产量和用量不如黑色金属多，但由于其具有许多优良的特性，如特殊的电、磁、热性能，耐蚀性及高的比强度（强度与密度之比）等，已成为现代工业中不可缺少的金属材料。有色金属种类很多，主要有 Al、Cu、Mg、Ti 等金属及其合金。

一、铝及铝合金

1. 铝的性能特点

纯铝具有银白色金属光泽，密度小 2.702g/cm³，熔点低（660.4℃），塑性、导电、导热性能优良，易于加工成形，耐大气腐蚀性好。纯铝具有面心立方晶格，无同素异构转变，无磁性。纯铝强度和硬度较低，不宜用来制作承重结构件，但可主要用来制造电线、电缆，强度要求不高的器皿、用具以及配制各种铝合金等。

我国工业纯铝的牌号是按其纯度来编制的，以"L 加顺序号"表示，如 L1、L2、L3、L4、L5、L6、L7。其中"L"为铝字汉语拼音的首字母，其后的序号越大，表示纯度越低。

纯铝的强度很低，但若加入 Mn、Mg、Cu、Zn、Si 等合金元素，就可以极大地提高其力学性能，而仍能保持其比重小、耐腐蚀的优点。一些铝合金还可以通过热处理强化，是制作轻质结构零件的重要材料。

2. 铝合金的分类

工业上应用的铝合金，加入的合金元素大多能与铝形成有限固溶体。这些元素在铝中的溶解度都随温度的降低而下降，因此，二元铝合金状态图一般都具有图 5-22 所示的共晶形状。按此可将铝合金分为变形铝合金和铸造铝合金两大类。

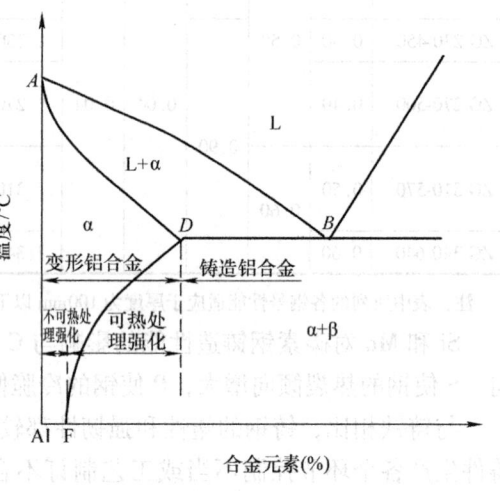

图 5-22 二元铝合金状态图

成分在 D 点以左的合金，当加热到 DF 线以上时能形成单相固溶体 α 相，塑性好，适于进行压力加工，属于变形铝合金。这类合金又可分为：①热处理不可强化的变形铝合金，即成分位于 F 点以左的合金，它在加热时不发生相变；②热处理可强化的变形铝合金，即成分在 F 与 D 点之间的合金，其 α 相的溶解度随 DF 线而下降，可用热处理强化。

3. 铝合金的热处理

可热处理强化变形铝合金的热处理方法为：固溶处理 + 时效。

固溶处理是指将合金加热到固溶线以上，保温并淬火后获得过饱和的单相固溶体组织的处理，这种固溶体的强度比淬火前提高不多。

时效是指将过饱和的固溶体加热到固溶线以下某温度保温，析出弥散强化相，引起固溶体晶格严重畸变，强度、硬度显著提高的热处理。在室温下进行的时效称为自然时效；在加热条件下进行的时效称为人工时效。

时效强化效果与加热温度和保温时间有关。温度一定时，随时效时间延长，时效曲线上出现峰值，超过峰值时间，析出相聚集长大，强度下降，为过时效。随时效温度提高，峰值强度下降，出现峰值的时间提前。

4. 常用铝合金

（1）变形铝合金　变形铝合金又称为压力加工铝合金。根据其主要性能、特点，变形铝合金又可分为防锈铝、硬铝、超硬铝、锻铝合金等。GB/T 3190—2008 已对老标准中的牌号作了修订。表示方法为：防锈铝合金用 LF + 序号；硬铝合金用 LY + 序号；超硬铝合金用 LC + 序号；锻铝合金用 LD + 序号，同时与铝合金新牌号标准 GB/T 16474—1996，作了替代说明。GB/T 16474—1996 规定，变形铝合金采用四位字符牌号来表示，即用 2×××～8××× 系列表示。牌号的第一位数字是依主加合金元素 Cu、Mn、Si、Mg、Mg + Si、Zn、其他元素的顺序来表示的组别；第二位为字母表示原始纯铝的改型；最后两位数字为序号区分同一组中的不同铝合金。

1) 防锈铝合金。防锈铝合金主要是 Al-Mg 和 Al-Mn 合金。合金元素 Mg 和 Mn 主要起固溶强化作用，使合金具有比纯铝高的强度。这类合金在锻造退火后呈单相固溶体，故耐蚀性能好，塑性好。此外，将 Mg 加入 Al 中，能使合金的密度降低，制成的零件比纯铝还轻；将 Mn 加入 Al 中，能使合金具有较好的耐蚀性。

防锈铝合金热处理不可强化，只能以冷塑性变形产生加工硬化来提高其强度、硬度。

常用的防锈铝合金 Al-Mn 系合金有 LF21(3A21)，其耐蚀性和强度高于纯铝，用于制造油罐、油箱、管道、铆钉等需要弯曲、冲压加工的零件。常用的 Al-Mg 系合金有 LF5(5A05)，其密度比纯铝小，强度比 Al-Mn 合金高，在航空工业中得到广泛应用，如制造管道、容器、铆钉及承受中等载荷的零件。

2) 硬铝合金。硬铝合金主要是 Al-Cu-Mg 合金。合金中加入 Cu 和 Mg 是为了形成强化相，时效时起强化作用；加入 Mn 主要是为了提高合金的耐蚀性，并有一定的固溶强化作用，但 Mn 的析出倾向小，不参与时效。各种硬铝均可进行时效强化，也可进行冷变形强化，故具有较好的力学性能，但它的耐蚀性比纯铝和防锈铝低。硬铝合金按合金元素含量及性能不同，又可分为以下三类：

① 低合金硬铝：如 LY1、LY10 等。合金中 Mg 和 Cu 含量较少，塑性好，强度低，可进行淬火自然时效，但时效速度较慢，主要用于制作铆钉。

② 标准硬铝：如 LY11。合金元素含量中等，强度和塑性均属于中等水平。经退火后工艺性能良好，可以进行冷弯、冲压等工艺过程；时效后，切削加工性能也比较好。标准硬铝主要用于制作中等负荷的结构零件。

③ 高合金硬铝：如 LY12、LY16 等。合金中 Mg 和 Cu 含量较多，强度和硬度较高，但塑性及变形加工性能较差。这种硬铝主要用于制作航空锻件和重要的销、轴等零件。

最常用的硬铝合金有 LY11(2A11)、LY12 (2A12)等，用于制造冲压件、锻件和铆接件，如螺旋桨、梁、铆钉等。

3) 超硬铝合金。超硬铝合金主要是 Al-Cu-Mg-Zn 合金，并含有少量的 Cr 和 Mn。常用牌号有 LC4、LC6 等。合金元素 Zn、Cu、Mg 可与 Al 形成固溶体和多种复杂的强化相，例如 $MgZn_2$、Al_2CuMg、AlMgZnCu 等，所以经淬火和人工时效后，可获得很高的强度和硬度。它是强度最高的铝合金，但塑性降低，冲压性能不好。此外，它的耐蚀性和耐热性均较差，当工作温度超过 120℃时，会较快软化。常用合金有 LC4(7A04)、LC9(7A09)等，主要用于工作温度较低、受力较大的结构件，如飞机大梁、起落架等。

4) 锻铝合金。锻铝合金主要有 Al-Cu-Mg-Si 系和 Al-Cu-Mg-Fe-Ni 系合金两类。Al-Cu-Mg-Si 系合金可锻性和力学性能好，用于形状复杂的锻件和模锻件，如喷气发动机压气机叶轮、导风轮等。Al-Cu-Mg-Fe-Ni 系合金耐热锻铝合金，常用的牌号有 LD7(2A70)、LD8

(2A80)、LD9(2A90)等,用于制造150~225℃以下工作的零件,如压气机叶片、超音速飞机蒙皮等。

部分变形铝合金的牌号、成分、性能和用途见表5-23。

表5-23 部分变形铝合金的牌号、成分、性能和用途

类别	牌号	主要化学成分 w(%)					材料状态	力学性能			用途
		Cu	Mg	Mn	其他	Al		R_m/MPa	A(%)	HBW	
防锈铝合金	LF5	0.1	4.8~5.5	0.3~0.6		余量	M	280	20	70	焊接油箱、油管、焊条、铆钉以及中等载荷零件及制品
	LF11		4.8~5.5	0.3~0.6	Ti 或 V 0.02~0.15	余量	M	280	20	70	
	LF21	0.2		1.0~1.6		余量	M	130	20	30	
硬铝合金	LY1	2.2~3.0	0.2~0.5	0.2		余量	CZ	300	24	70	中等强度和工作温度≤100℃的结构用铆钉材料
	LY11	3.8~4.8	0.4~0.8	0.4~0.8		余量	CZ	420	18	100	中等强度结构零件,如模锻的固定接头、支柱、螺旋桨叶片及螺栓、铆钉等
	LY12	3.8~4.9	1.2~1.8	0.3~0.9		余量	CZ	470	17	105	高强度结构零件,如骨架、蒙皮、翼肋、翼梁、铆钉等在150℃以下工作的零件
超硬铝合金	LC4	1.4~2.0	1.8~2.8	0.2~0.6	Zn:5.0~7.0 Cr:0.10~0.25	余量	CS	600	12	150	结构中主要受力件,如飞机大梁、桁架、加强框及起落架等
	LC6	2.2~2.8	2.5~3.2	0.2~0.5	Cr:0.10~0.25 Zn:7.6~8.6	余量	CS	680	7	190	
锻铝合金	LD5	1.8~2.6	0.4~0.8	0.4~0.8	Si:0.7~1.2	余量	CS	420	13	105	形状复杂和中等强度的锻件和冲压件
	LD7	1.9~2.5	1.4~1.8	Ti:0.02~0.10	Ni:0.9~1.5 Fe:0.9~1.5	余量	CS	415	13	120	内燃机活塞、压气机叶片、叶轮、圆盘及其他在高温下工作的复杂锻件
	LD10	3.9~4.8	0.4~0.8	0.4~1.0	Si:0.6~1.2	余量	CS	480	19	135	形状简单且高负荷的锻件和模锻件

注:热处理代号:M——退火;CZ——淬火+自然时效;CS——淬火+人工时效。

(2)铸造铝合金 按照主加合金元素的不同,铸造铝合金可分为Al-Si系:代号为ZL1+两位数字顺序号;Al-Cu系:代号为ZL2+两位数字顺序号;Al-Mg系:代号为ZL3+两位数字顺序号;Al-Zn系:代号为ZL4+两位数字顺序号四类。如ZL102即为02号铸造铝硅合金,ZL302即为02号铸造铝镁合金。

1)铸造铝硅合金 铸造铝硅合金又称为硅铝明。由于具有良好的力学性能、耐蚀性和铸造性能，所以是应用最广泛的铸造铝合金。

ZL102(ZAlSi12)是 $w_{Si}=12\%$ 的铝硅二元合金，称为简单硅铝明。在普通铸造条件下，ZL102 组织几乎全部为共晶体，由粗针状的硅晶体和 α 固溶体组成，强度和塑性都较差。生产上常用钠盐变质剂(2/3NaF+1/3NaCl)进行变质处理，得到细小且均匀的共晶体加一次 α 固溶体组织，可提高合金的强度和塑性。由于 Si 在 Al 中几乎不溶解，硅铝明不能进行热处理强化。如向合金中加入能形成强化相的 Cu、Mn 等元素，则合金除能进行变质处理外，还能进行淬火时效，可以提高硅铝明的强度。加入其他合金元素的铝硅铸造合金称为复杂（或特殊）硅铝明。

Al-Si 系铸造铝合金的铸造性能好，具有优良的耐蚀性、耐热性和焊接性能，用于制造飞机、仪表、电动机壳体、气缸体、风机叶片、发动机活塞等。

2）铸造铝铜合金。铸造铝铜合金以 $CuAl_2$ 为强化相，因而强化效果较好，具有较高的强度和耐热性，但密度大，铸造性能差，有热裂和疏松倾向，耐蚀性较差。常用的牌号有 ZL201(ZAlCu5Mn)、ZL203(ZAlCu4)等，主要用于制造在较高温度下工作的高强零件，如内燃机气缸头、汽车活塞等。

3）铸造铝镁合金。铸造铝镁合金强度高、密度最小($2.55g/cm^3$)，耐蚀性好，但铸造性能差，耐热性低，可以进行淬火时效处理。常用牌号为 ZL301(ZAlMg10)、ZL303(ZAlMg5Si1)等，主要用于制造外形简单、承受冲击载荷、在腐蚀性介质下工作的零件，如舰船配件、氨用泵体等。

4）铸造铝锌合金。铸造铝锌合金价格便宜，铸造性能优良，经变质处理和时效处理后强度较高，但密度大，耐蚀性较差，热裂倾向大。常用牌号为 ZL401(ZAlZn11Si7)、ZL402(ZAlZn6Mg)等，主要用于制造形状复杂、受力较小的汽车、飞机、仪器零件及日用品等。

部分铸造铝合金的牌号、成分、性能和用途见表 5-24 所示。

二、铜及铜合金

铜及铜合金具有优良的物理性能、化学性能，良好的冷热加工性能。工业生产应用的主要有工业纯铜、黄铜、青铜和白铜。

1. 纯铜

纯铜呈紫红色，因此也称为紫铜。铜的密度为 $8.96g/cm^3$，熔点为 1083℃，具有面心立方晶格，无同素异构转变，不能热处理强化，一般通过加工硬化来强化。

纯铜突出的优点是导电、导热性好，耐大气腐蚀性较好，无磁性。纯铜强度不高，硬度较低，但塑性好（伸长率 A 约为 45%），有良好的冷热加工成形性和焊接性，所以纯铜在电器工业和动力机械中得到广泛应用，如用来制造电导线、散热器、冷凝器以及配制铜合金等。

工业纯铜按纯度分为 T1、T2、T3 和 T4 四种。"T"为"铜"的汉语拼音字首，其后的数字代表纯度，数字越小，纯度越高。如 T1 的纯度为 99.95%，而 T4 的纯度为 99.5%。

2. 黄铜

（1）黄铜的分类和编号　黄铜是以 Zn 为主加元素的铜合金，因含 Zn 而呈金黄色，故称为黄铜。按其化学成分的不同，可分为普通黄铜和特殊黄铜；按工艺可分为加工黄铜和铸造黄铜。

表 5-24　部分铸造铝合金的牌号、成分、性能和用途（摘自 GB/T 1173—1995）

类别	牌号	代号	化学成分 w(%)						铸造方法	热处理	力学性能		用途
			Si	Cu	Mg	Mn	Ti	Al	其他			R_m/MPa	A(%)	HBW
铝硅合金	ZAlSi7Mg	ZL101	6.50~7.50		0.25~0.45			余量		金属型 砂型变质	淬火+自然时效 淬火+人工时效	190 230	4 1	50 70	飞机、仪器零件
	ZAlSi12	ZL102	10.00~13.00					余量		砂型变质 金属型		143 153	4 2	50 50	仪表、抽水机壳体等外形复杂零件
	ZAlSi9Mg	ZL104	8.00~10.50		0.17~0.30			余量		金属型	人工时效 淬火+人工时效	200 240	1.5 2	70 70	电动机壳体、气缸体等
	ZAlSi5Cu1Mg	ZL105	4.50~5.50	1.00~1.50	0.40~0.60			余量		金属型 金属型	淬火+不完全时效 淬火+人工时效	240 180	0.5 1	70 60	风冷发动机气缸头、液压泵壳体
	ZAlSi12-Cu1Mg1Ni1	ZL109	11.00~13.00	0.50~1.50	0.80~1.30			余量	Ni:0.80~1.50	金属型	人工时效 淬火+人工时效	200 250	0.5 —	90 100	活塞及高温下工作的零件
铝铜合金	ZAlCu5Mn	ZL201		4.50~5.30		0.60~1.00	0.15~0.35	余量		砂型 砂型	淬火+自然时效 淬火+不完全时效	300 340	8 4	70 90	内燃机气缸头、活塞
	ZAlCu10	ZL202		9.00~11.00				余量		砂型 金属型	淬火+人工时效	170 170	— —	100 100	高温下工作不受冲击的零件
铝镁合金	ZAlMg10	ZL301			9.50~11.00			余量		砂型	淬火+人工时效	280	9	60	舰船配件
	ZAlMg5Si	ZL303	0.80~1.30		4.50~5.50	0.1~0.4		余量		砂型 金属型	—	150	1	55	氨用泵体
铝锌合金	ZAlZn11Si7	ZL401	6.00~8.00		0.10~0.30			余量	Zn:9.00~13.00	金属型	人工时效	250	1.5	90	结构或形状复杂的汽车、飞机仪器零件
	ZAlZn6Mg	ZL402			0.50~0.60		0.15~0.25	余量	Zn:5.0~6.5 Cr:0.40~0.60	金属型	人工时效	240	4	70	同上

普通黄铜是铜锌二元合金,又称为简单黄铜。普通黄铜的牌号以"H+数字"表示。"H"为"黄"字的汉语拼音字首,数字表示铜的质量分数,如 H80 即表示 w_{Cu} = 80% 和 w_{Zn} = 20% 的普通黄铜。特殊黄铜是在铜锌合金中再加入其他合金元素的铜合金,又称为复杂黄铜。特殊黄铜的牌号用"H+主加元素化学符号+铜含量+主加元素含量"表示。如 HPb59-1 表示 w_{Cu} = 59%、w_{Pb} = 1%、其余为 Zn 的铅黄铜。

铸造黄铜以"Z+Cu+主加元素符号+数字"的方法表示,其中数字为主加元素的平均质量分数,如 ZCuZn16Si4 表示 w_{Zn} = 16%、w_{Si} = 4% 的铸造硅黄铜。

(2)普通黄铜　工业中应用的普通黄铜,其 w_{Si} 一般不超过 47%,这主要是因为 Zn 的含量对其组织和力学性能有显著的影响。Zn 加入 C 中不但使其强度增高,也能使塑性增高。图 5-23 所示为黄铜含锌量与力学性能的关系。从图中可看到,当 w_{Si} 增加到 30% ~ 32% 时,塑性最高;当 w_{Si} 增加到 40% ~ 42% 时,塑性下降而强度最高;当 w_{Si} 超过 47% 以后,强度和塑性均急剧下降。

上述含锌量与力学性能的关系可从铜锌合金组织来分析。图 5-24 为 Cu-Zn 二元合金状态图,w_{Zn} < 32% 为单相 α 固溶体,α 固溶体为面心立方晶格,塑性好,具有优良的冷变形加工能力;w_{Zn} > 32%(不超过 47%)出现 β′ 相,为 α + β′ 两相黄铜,β′ 相是以电子化合物 Cu-Zn 为基的固溶体,室温下为有序固溶体,较脆,对基体有强化作用,黄铜强度升高、塑性下降;w_{Zn} 超过 47%,组织全部为 β′,强度和塑性均下降。β′ 在加热到有序化温度(456℃)以上,将转变为无序固溶体 β 相,具有良好的塑性变形能力,因此黄铜适宜于热加工。

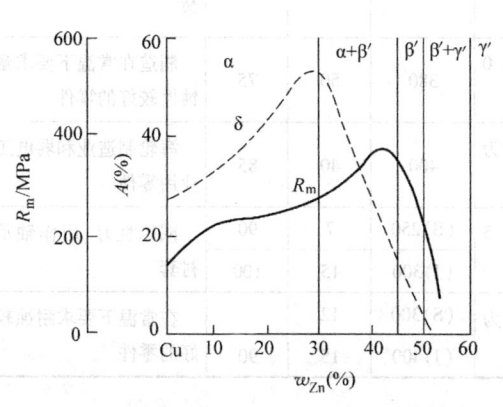

图 5-23　黄铜含锌量与力学性能的关系

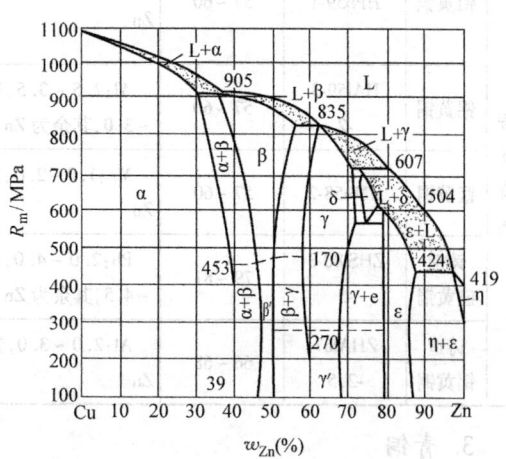

图 5-24　Cu-Zn 二元合金状态图

当黄铜以冷加工状态使用时,由于有残余内应力存在,在湿气(特别是含氨气体)的作用下,腐蚀易沿着应力分布不均匀的晶界进行,并在应力作用下发生破裂。这一现象因发生在空气潮湿的雨季,故也称为季裂。w_{Zn} 超过 20% 的黄铜,发生这种现象的可能性较大。为防止季裂的产生,冷加工后的黄铜件须进行消除内应力退火(250 ~ 300℃,保温 1h 以上)。

普通黄铜的牌号、成分、性能和用途见表 5-25 所示。常用的单相黄铜牌号有 H80、H70、H68,适于制造冷变形零件,如弹壳、冷凝器管等。常用的两相黄铜牌号有 H59、

H62，适于制造受力件，如垫圈、弹簧、导管、散热器等。

（3）特殊黄铜　特殊黄铜除主加元素 Zn 外，常加入的其他合金元素有 Al、Pb、Si、Mn、Fe、Sn、Ni 分别称为铝黄铜、铅黄铜、硅黄铜、锰黄铜等。这些元素的加入都能提高黄铜的强度，其中 Al、Mn、Sn、Ni 还能提高黄铜的耐蚀性和耐磨性。

特殊黄铜分为加工黄铜和铸造黄铜。前者加入的合金元素较少，使之能溶入固溶体中，保证较高的塑性；后者对塑性要求不高，目的是提高强度和铸造性能，故加入的合金元素较多。

常用特殊黄铜的牌号、成分、性能和用途见表 5-25 所示。

表 5-25　黄铜的牌号、成分、性能和用途（摘自 GB/T 5231—2001）

类别	牌号	化学成分 w(%)		力学性能　不小于			用途
		Cu	其他	R_m/MPa	A(%)	HBW	
普通黄铜	H80	79~80	Zn	320	52	53	色泽美观，用于镀层及装饰品
	H70	69~72	Zn	320	55		多用于制造弹壳（又称弹壳黄铜）
	H62	60.5~63.5	Zn	330	49	56	价格较低，多用作散热器垫片，各种网、螺钉等
特殊黄铜	铅黄铜 HPb59-1	57~60	Pb:0.8~0.9,其余为 Zn	400	45	90	切削加工性良好，用于制造销子、螺钉、垫圈等
	铝黄铜 HAl59-3-2	57~60	Al:2.5~3.5,Ni:2.0~3.0,其余为 Zn	380	50	75	制造在常温下要求耐蚀性较好的零件
	锰黄铜 HMn58-2	57~60	Mn:1.0~2.0,其余为 Zn	400	40	85	海轮制造业和弱电工业用零件
	铸造硅黄铜 ZHSi80-3-3	79~81	Pb:2.0~4.0,Si:2.5~4.5,其余为 Zn	(S)250 (J)300	7 15	90 100	减摩性好，用作轴承衬套
	铸造铝黄铜 ZHAl67-2.5	66~68	Al:2.0~3.0,其余为 Zn	(S)300 (J)400	12 15	90	在常温下要求耐蚀较好的零件

3. 青铜

（1）青铜的分类和编号　除黄铜和白铜外的其他铜合金统称为青铜。青铜中使用最早的是铜锡合金，因其外观呈青黑色，故称为锡青铜。近代工业中广泛应用了含 Al、Be、Si、Pb 等的铜基合金，称为铝青铜、铍青铜、硅青铜、铅青铜等。

青铜以工艺可分为加工青铜和铸造青铜。

加工青铜的牌号为：Q + 主加元素符号及其平均质量分数 + 其他元素平均质量分数，如 QSn4-3 为 w_{Sn} = 4%，w_{Zn} = 3% 的锡青铜。铸造青铜的牌号表示方法与铸造黄铜的牌号表示方法相同。

青铜的牌号、成分、性能和用途见表 5-26 所示。

表 5-26 青铜的牌号、成分、性能和用途

类别		牌号	化学成分 $w(\%)$（其余为Cu）	状态	力学性能			用途
					R_m/MPa	$A(\%)$	HBW	
锡青铜	铸造锡青铜	ZQSn10-1	Sn:6~11 P:0.8~1.2	S	200~300	3	80~100	轴承、齿轮等
				J	250~350	7~10	90~120	
		ZQSn6-6-3	Sn:5~7 Zn:5~7 Pb:2~4	S	150~250	8~12	60	轴承、轴套等
				J	180~250		65~75	
	压力加工锡青铜	QSn4-4-4	Sn:3~5 Zn:3~5 Pb:3.5~4.5	软	310	46	62	航空仪表材料等
				硬	550~650	2~4	16~180	
		QSn6.5-0.1	Sn:6~7 Pb:0.1~0.25	软	350~450	60~70	70~90	耐磨零件和弹簧等
				硬	700~800	0.75~1.2	160~200	
无锡青铜	铝青铜	QAl9-4	Al:8~9 Fe:2~4	软	500~600	40	110	重要用途的齿轮、轴套等
				硬	800~1000	5	160~200	
	铍青铜	QBe2	Be:1.9~2.2	软	500	35	100	重要用途的弹簧、齿轮等
				硬	1250	2~4	330	

(2) 锡青铜 锡青铜是以 Sn 为主加元素的铜合金，其组织、力学性能随 Sn 含量的不同而变化，如图 5-25 所示。当 w_{Sn} 为 5%~6% 时，Sn 溶于 Cu 中形成单相 α 固溶体，属面心立方晶格，塑性好，强度随 Sn 含量的增加而增高；当 $w_{Sn}>6\%$ 时，组织中出现硬而脆的 δ 相（$Cu_{31}Sn_8$ 化合物），使塑性急剧下降。工业用锡青铜的 w_{Sn} 一般为 3%~14%。

$w_{Sn}<8\%$ 的锡青铜具有较好的塑性，适于压力加工；$w_{Sn}>10\%$ 的锡青铜，由于塑性较低，只适合铸造。锡青铜在铸造时，由于其流动性差，易于形成分散缩孔，因此铸造断面收缩率很小，适于铸造外形及尺寸要求较严的铸件（如艺术品），但不宜用作要求致密度较高的铸件。

锡青铜耐蚀性良好，在大气、海水及无机盐溶液中的耐蚀性比纯铜和黄铜好，但在硫酸、盐酸和氨水中的耐蚀性较差。此外锡青铜还具有良好的减摩性、抗磁性和低温韧性。

含 P 和 Al 的锡青铜具有良好的耐磨性，适于用作轴承材料。

常用锡青铜牌号有 QSn4-3、QSn6.5-0.4、ZCuSn10Pb1 等。它们主要用于耐腐蚀承载件，如弹簧、轴承、齿轮轴、蜗轮、垫圈等。

(3) 铝青铜 铝青铜是以 Al 为主加元素的铜合金，其 w_{Al} 一般为 5%~11%。它的强度、硬度、耐磨性、耐热性及耐蚀性均高于黄铜和锡青铜，特别是强度与钢相当。铝青铜的

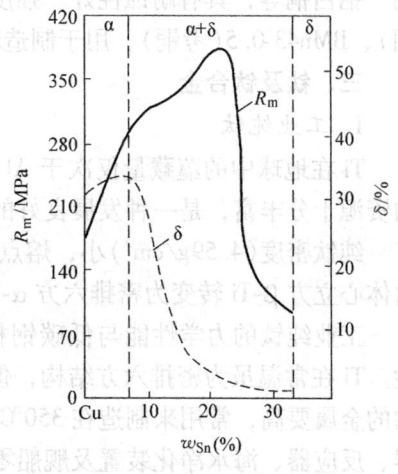

图 5-25 锡青铜的含锡量与组织、性能的关系

结晶温度间隔小，流动性好，铸造时形成集中缩孔，可获得致密的铸件。含铝量较高（$w_{Al}>10\%$）的铝青铜，还能通过热处理方法（淬火与回火）强化。所以铝青铜铸造性能好，但焊接性能较差。

常用的铝青铜牌号有 QAl5、QAl7、ZCuAl8Mn13Fe3Ni2 等。它们主要用于制造船舶、飞机及仪器中的高强、耐磨、耐蚀件，如齿轮、轴承、摩擦片、蜗轮、轴套、螺旋桨等。

（4）铍青铜　铍青铜是以 Be 为主加元素的铜合金，其 $w_{Be}=1.7\% \sim 2.5\%$。因为 Be 在 Cu 中的固溶度随温度下降而急剧降低，室温时仅能溶解 0.16%，所以铍青铜可以通过淬火和时效的方法进行强化，而且强化的效果很好。铍青铜的淬火加热温度为 700~800℃，水中淬火，可得到过饱和的固溶体，然后在 300~350℃ 温度范围内保温 2h 进行时效，从固溶体中析出弥散的强化相，使合金强化。经时效处理强化后的铍青铜，强度和硬度很高，R_m 可达 1200~1500MPa，HBW 为 300~400，远高于其他铜合金，甚至与高强度钢相当。它还具有很高的弹性极限、耐磨性、耐蚀性，良好的导电性、导热性、冷热加工及铸造性能，是综合性能很好的一种合金，但价格较贵。

铍青铜常用牌号有 QBe2、QBe1.7、QBe1.9 等，多用于重要的弹性件、耐磨件，如仪表齿轮、精密弹簧、膜片、高速高压轴承、防爆工具、电焊机电极及航海罗盘等重要机件。

4. 白铜

以 Ni 为主要合金元素的铜合金称为白铜。白铜分为普通白铜和特殊白铜。普通白铜是 Cu-Ni 二元合金，具有较高的耐蚀性和抗腐蚀疲劳性能及优良的冷热加工性能。

普通白铜牌号：B + Ni 的平均质量分数，如 B5。常用牌号有 B5、B19 等，用于在蒸汽和海水环境下工作的精密机械、仪表零件及冷凝器、蒸馏器、热交换器等。

特殊白铜是在普通白铜基础上添加 Zn、Mn、Al 等元素形成的，分别称为锌白铜、锰白铜、铝白铜等，具有耐蚀性好、强度和塑性高、成本低等特点。常用牌号有 BMn40-1.5（康铜）、BMn43-0.5（考铜），用于制造精密机械、仪表零件及医疗器械等。

三、钛及钛合金

1. 工业纯钛

Ti 在地球中的蕴藏量仅次于 Al、Fe、Mg，而居金属元素中的第四位，尤其在我国，Ti 的资源十分丰富，是一种发展良好的金属材料。

纯钛密度（4.59g/cm³）小，熔点（1667℃）高。在 882.5℃ 发生同素异构转变 β-Ti ⇌ α-Ti，由体心立方 β-Ti 转变为密排六方 α-Ti。

工业纯钛的力学性能与低碳钢相似，具有高的比强度和较好的塑性、低温韧性和耐蚀性。Ti 在常温虽为密排六方结构，但由于其晶格常数 $c/a<1.633$，塑性比其他密排六方结构的金属要高，常用来制造在 350℃ 以下工作、强度要求不高的零件，如石油化工用热交换器、反应器、海水净化装置及舰船零部件。

2. 钛的合金化及钛合金分类

（1）钛的合金化　Ti 中加入合金元素会影响它的同素异构转变温度。升高同素异构转变温度的合金元素，扩大了 α 相区，称为 α 相稳定元素，主要有 Al、N 及 B 等；降低同素异构转变温度的合金元素，扩大了 β 相区，称为 β 相稳定元素，主要有 V、Mo、Cr、Mn 等；Sn、Zr 等元素对转变温度影响不明显，故称为中性元素。

（2）钛合金的分类　按退火组织钛合金可分为三类：

1) 组织为 α 固溶体的合金，称为 α 型钛合金，其牌号以"TA"加序号表示。工业纯钛牌号也归入其中，即 TA0～TA3 为工业纯钛。

2) 组织为 β 固溶体的合金，称为 β 型钛合金，其牌号以"TB"加序号表示。

3) 组织为两相 α+β 固溶体的合金称为 α+β 型钛合金，其牌号以"TC"加序号表示。

3. 钛及钛合金的特性

钛及钛合金主要有以下几方面的优点：

（1）比强度高　工业纯钛的强度为 350～700MPa，钛合金强度可达 1200MPa，和调质结构钢相近。由于钛合金的密度比钢低很多，钛合金的比强度比其他金属材料都高，因此钛及钛合金适用于作航空航天材料。

（2）热强度高　钛的熔点高，再结晶温度也高，因而钛及钛合金的热强度较高。目前钛合金的使用温度可达 500℃，并向 600℃ 的温度发展。

（3）耐蚀性好　钛表面能形成一层致密、牢固的由氧化物和氮化物组成的保护膜，因此具有好的耐蚀性。钛及钛合金在潮湿大气、海水、氧化性酸（硝酸、铬酸等）和大多数有机酸中，其耐蚀性与不锈钢相当，甚至超过不锈钢。钛及钛合金作为一种耐蚀性材料，已广泛用于航空航天、化工、造船及医疗等行业。

但钛及钛合金也有不利的一面，使其应用受到一定的限制，主要缺点有：

1) 切削加工性能差。钛的导热性差，摩擦因数大，切削时容易升温，也易黏刀，因而切削速度较低，刀具寿命短，并影响到工件的表面精度。

2) 热加工性能差。加热到 600℃ 以上时，钛及钛合金易吸收 H、N、O 等气体，其组织变脆，使得铸造、锻压、焊接和热处理等工艺都存在一定的困难，热加工工艺过程只能在真空或保护气氛中进行。

3) 冷压加工性能差。由于钛及钛合金的屈强比较高，弹性模量小，故冷压加工成形时回弹较大，成形困难，一般须采用热压加工成形。

4) 硬度低、耐磨性较差。不宜用来制造要求耐磨性高的零件。

随着化学切削、激光切削、电解加工、超塑性成形等特种加工技术及化学热处理技术的发展，上述问题正在逐步解决。钛合金将得到更加广泛的应用。

4. 钛合金的热处理

钛合金的热处理主要有淬火和时效强化处理，以及退火处理，以提高塑性、韧性、消除应力、稳定组织。

（1）淬火　钛合金淬火时因合金成分及淬火温度不同，会形成不同的介稳定相。现以含有 β 相稳定元素的钛合金状态图（见图 5-26）为例来说明钛合金淬火相变的特点。

当 α 型钛合金和含 β 相稳定元素较少的钛合金自高温 β 相区淬火时，可发生无扩散的马氏体转变，其转变产物有 α′ 和 α″ 两种马氏体。α′ 和 α″ 是 β 相稳定元素在密排六方结构的 α-Ti 中的过饱和固溶体，α′ 为板条或针状组织；α″ 为细针状的正交结构。钛合金中的马氏体为置换式的过饱和固溶体，固溶强化作用较小，仍保持着 α 相较软的特性。

当钛合金和含 β 相稳定元素较多的 α+β 型钛合金自高温相区淬火时，来不及析出 α 相，形成过饱和的 β 相固溶体，称为亚稳的 β′ 相，在一定条件下，它能转变为平衡组织，起到时效强化作用。

α 型钛合金淬火得不到亚稳的 β' 相，得到的 α' 相强化效果又不大，因此 α 型钛合金一般不进行淬火，多在退火状态下使用。

α+β 型钛合金的淬火加热温度一般选在 α+β 两相区的上部范围，这样可以获得数量较多的 β' 相，而且晶粒也不会长大。

成分位于 $C_β$ 稍左的 β 型钛合金的淬火温度应选在 $AC_β$ 线附近，淬火后可得到 β' 相。加热到这个温度时，晶粒不会过分长大，因而不会降低合金的力学性能。

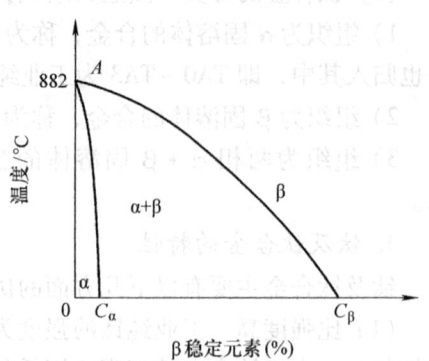

图 5-26 含有 β 相稳定元素的钛合金状态图

(2) 时效 与铝合金时效不同，钛合金时效主要是依靠 β'、α"、α' 等相在时效过程中分解析出高度弥散的 α+β 组织，使合金强化。

钛合金的时效强化效果与淬火加热温度有关，这是因为淬火加热温度决定了淬火组织中 β' 相的成分和数量。当淬火加热温度一定时，时效强化效果决定于时效温度。时效温度过高，析出的 α 相粗大，强化效果差；时效温度过低，保温时间需要很长。因此钛合金的时效温度一般控制在 500℃ 左右。

(3) 退火

1) 再结晶退火。其目的是为了消除加工硬化，恢复塑性，并获得比较稳定的组织。加热温度通常高于再结晶温度，但低于 "α+β→β" 相变温度（β 型钛合金除外），以避免晶粒粗大。

2) 去应力退火：其目的是为了消除机械加工或焊接过程中所形成的内应力。加热温度一般都低于再结晶温度。

3) 稳定化退火：对于一些含有 Fe、Mn、Cr 等成分并在高温下长期工作的钛合金，为使合金组织尽可能接近平衡状态，以免在使用过程中发生分解，热稳定性下降，应进行稳定化退火。这种退火多采用分级退火法，例如 TC9 合金退火时，先在 930℃ 加热 1h，然后空冷进行再结晶，再在 530℃ 加热 1h，空冷，以稳定组织。

除了上述几种热处理方法外，为提高钛合金的耐磨性，还可进行渗氮等化学热处理。

5. 常用钛合金

常用钛合金的牌号、成分、性能和用途分别列于表 5-27 和表 5-28 中。

(1) α 型钛合金 α 型钛合金的主加元素为 Al，此外还有 Sn、B 等。这类合金的退火组织为 α 单相固溶体，不能进行热处理强化，通常在退火状态下使用，室温强度低于另两类钛合金，但组织稳定，高温强度、低温韧性及耐蚀性优良。α 型钛合金在室温下为密排六方结构，压力加工性较差，多采用热压加工成形。

α 型钛合金的常用牌号有 TA5、TA7 等，主要用于制造 500℃ 以下工作的零件，如飞机压气机叶片、导弹的燃料罐、超音速飞机的蜗轮机匣及飞船上的高压低温容器等。

(2) β 型钛合金 β 型钛合金加入的合金元素有 Mo、Cr、V、Al 等，经淬火加时效处理后，组织为 β 相基体上分布着细小的 α 相粒子，故室温时强度较高，但由于淬火时效后的组织不够稳定，且含 Al、Sn 较少，故耐热性不高。

表 5-27 常用钛合金的成分(摘自 GB/T 3620.1—2007)

类型	牌号	主要化学成分 $w(\%)$									
		Al	Cr	Mo	Sn	Mn	V	Fe	Cu	Si	Zr
α型合金	TA7	4.0~5.5			2.0~3.0						
	TA8	4.5~5.5			2.0~3.0				2.5~3.2		1.0~1.5
β型合金	TB1	3.0~4.0	10.0~11.5	7.0~8.0							
	TB2	2.5~3.5	2.5~8.5	4.7~5.7			4.7~5.7				
α+β型合金	TC2	2.0~3.5				0.8~2.0					
	TC4	5.5~6.8					3.5~4.5				
	TC9	5.8~6.8		2.8~3.8	1.8~2.8					0~0.4	
	TC10	5.5~6.5		1.5~2.5			5.5~6.5	0.35~1.0	0.35~1.0		

表 5-28 常用钛合金的牌号、状态、性能和用途

类别	牌号	状态	室温性能,小于			高温性能,小于		用途
			R_m/MPa	$A(\%)$	$Z(\%)$	T/℃	R_m/MPa	
α型合金	TA7	棒材、退火	800	10	27	350	500	500℃以下长期工作的结构件
		棒材、退火	1000	10	25	500	700	500℃以下长期工作的零件
	TA8	棒材、淬火	≤1100	18	30	—	—	处于试用阶段
		棒材、时效	1300	5	10			
β型合金	TB1	棒材、淬火	≤1000	18	40	—	—	处于试用阶段
	TB2	棒材、时效	1400	7	10			
α+β型合金	TC4	棒材、退火	950	10	30	400	630	400℃以下长期工作的零件
	TC9	棒材、退火	1140	9	25	500	850	500℃以下长期工作的零件
	TC10	棒材、退火	1050	12	25	400	850	450℃以下长期工作的零件

这类合金在室温、高温下均为体心立方结构,因而压力加工性能较好。由于它的冶炼工艺复杂,难于焊接,应用受到一定的限制。

常用的 β 型钛合金有 TB2、TB3、TB4 三个牌号,主要用于 350℃ 以下工作的结构件和紧固件,如飞机压气机叶片、轴、弹簧、轮盘等。

(3) α+β 型钛合金 α+β 型钛合金加入的合金元素有 Al、V、Mo、Cr 等。这类合金的退火组织为 α+β,兼有 α 型及 β 型钛合金的优点。在化学成分上既含有 α 相稳定元素,又含有 β 相稳定元素;在组织结构上含有 α 及 β 两种固溶体;在热处理方法上既可以使用退火态,又可以使用淬火、时效态;在力学性能上既有较高的室温强度,又有较高的高温强度,而且塑性、低温韧性和耐蚀性也较好,因此这类合金的应用最广泛。

这类合金虽然可以通过淬火和时效进行强化,但由于在较高温度使用时,淬火及时效后

的组织不如退火后的组织稳定，因此多在退火状态下使用。

α+β型钛合金共有九个牌号，其中以 TC4 应用最广、用量最大，它经过淬火加时效处理后，组织为 α+β+时效析出的针状α，具有良好的综合力学性能，组织稳定性也较高。α+β型钛合金主要用于制造 400℃ 以下工作的飞机压气机叶片、火箭发动机外壳、火箭和导弹的液氢燃料箱部件及舰船耐压壳体等。

四、滑动轴承合金

制造滑动轴承的轴瓦及其内衬的耐磨合金称为滑动轴承合金。滑动轴承是许多机器设备中对旋转轴起支撑作用的重要部件，由轴承体和轴瓦两部分组成。与滚动轴承相比，滑动轴承具有承载面积大，工作平稳，无噪声及拆装方便等优点。

1. 组织性能要求

当轴承高速旋转时，由于轴瓦与轴颈发生强烈摩擦，承受轴颈施加的交变载荷和冲击力，故对轴承合金的性能要求如下：

1）有足够的疲劳强度和抗压强度、良好的塑性和韧性，以承受轴颈施加的交变冲击载荷。

2）较小的线膨胀系数，良好的导热性和耐蚀性，以防止轴与轴瓦之间咬合。

3）低的摩擦因数、良好的耐磨性，以减少轴颈磨损，保证轴与轴瓦良好的磨合。

为满足上述性能要求，滑动轴承合金理想的组织应是在软基体上分布着硬质点或在硬基体上分布着软质点。当轴旋转时，软基体（或质点）被磨损而凹陷，减少了轴颈与轴瓦的接触面积，有利于存储润滑油以及轴与轴瓦间的磨合，而硬质点（基体）则支撑着轴颈，起承载和耐磨作用。软基体（或质点）还能起嵌藏外来硬杂质颗粒的作用，以避免擦伤轴颈。

2. 常用滑动轴承合金

（1）锡基轴承合金　锡基轴承合金是以 Sn 为基体并加入少量 Sb、Cu 等元素组成的合金。其熔点较低，是软基体硬质点组织类型的轴承合金。典型牌号为 ZChSnSb11Cu6，其组织为 α 基体 + 白亮块状 SnSb + 星状 Cu_3Sn，如图 5-27 所示。

锡基轴承合金具有较高的耐磨性、导热性、耐蚀性，摩擦因数和线膨胀系数小，但疲劳强度较低，工作温度不超过 150℃，价格相对较高。锡基轴承合金广泛用于重型动力机械，如汽轮机、涡轮机和内燃机等大型机器的高速轴瓦。

（2）铅基轴承合金　铅基轴承合金是以 Pb 为基体并加入少量 Sb、Sn、Cu 等元素的合金，也是软基体硬质点型轴承合金，组织为（α+β）+β。其中 α+β 共晶体为软基体，β 相块状 SnSb 和针状 Cu_2Sb 为硬质点，如图 5-28 所示。铅基轴承合金的强度、硬度、耐蚀性和导热性都不如锡基轴承合金，但其成本低，高温强度好，有自润滑性。典型牌号为 ZChPbSb16Sn16Cu2，常用于低速、低载条件下工作的设备，如汽车、拖拉机曲轴的轴承等。

锡基和铅基轴承合金的强度比较低，为提高其承载能力和使用寿命，生产上常采用离心浇注法，将它们镶铸在低碳钢轴瓦上，形成一层薄而均匀的内衬，成为双金属轴承。

（3）其他轴承合金　除了巴氏合金外，还有铝基和铜基轴承合金，它们的特点是承载能力高、导热性和疲劳强度好、工作温度较高、价格便宜，所以也较广泛地用于汽车、内燃机等一般工业轴承。

常用的轴承合金牌号、成分、性能和用途见表5-29。

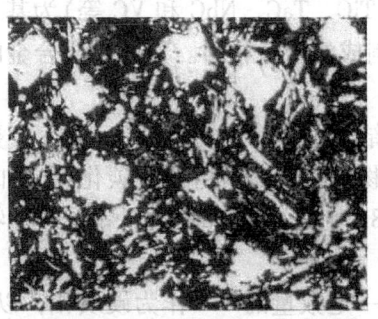

α 基体+白亮块状 SnSb+星状 Cu_3Sn

图 5-27　ZChSnSb11Cu6 的金相组织

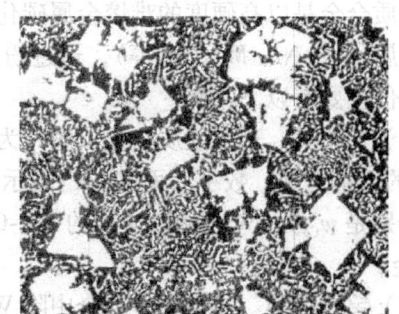

(α+β)共晶基体+方块状 SnSb+针状 Cu_3Sn

图 5-28　ZChPbSb16Sn16Cu2 的金相组织

表 5-29　常用的轴承合金牌号、成分、性能和用途

类别	牌号	化学成分 w(%)					力学性能			用途
		Sb	Sn	Pb	Cu	其他	R_m/MPa	A(%)	HBW	
锡基	ZChSnSb11-6	10.0~12.0	余量		5.5~6.5		90	6	30	1500kW以上高速汽轮机、400kW涡轮机、高速内燃机轴承
	ZChSnSb8-4	7.0~8.0	余量		3.0~4.0		80	10.6	24	大型机械轴承、轴套
铅基	ZChPbSb16-16-2	15.0~17.0	15.0~17.0	余量	1.5~2.0		78	0.2	30	汽车、轮船、发动机等轻载荷轴承
	ZChPbSb15-5-3	14.0~16.0	5.0~6.0	余量	2.5~3.0				32	机车车辆、拖拉机轴承
铜基	ZCuPb30			30	余量		60	4	25	高速高压航空发动机、高压柴油机轴承
	ZCuSn10P1		9.0~11.0		余量	Pt:0.6~1.2	250	5	90	高速高载柴油机轴承

第四节　其他工程材料

一、粉末冶金材料

粉末冶金是研究制造各种金属材料粉末和以粉末为原料通过成形、烧结和必要的后续处理制取金属材料和制品的学科。粉末冶金原材料是以粉末形式出现的材料，这些材料经过粉末冶金可制成各种制品，主要有：难熔金属及其合金；组元彼此不熔合、熔点十分悬殊的烧结合金；难熔金属及其碳化物的粉末制品（硬质合金）；金属与陶瓷材料的粉末制品（金属陶瓷）；含油轴承和摩擦零件以及其他孔性制品。这里主要介绍硬质合金。

1. 硬质合金的分类

硬质合金是以高硬度的难熔金属碳化物（如 WC、TiC、TaC、NbC 和 VC 等）为基，加入粘结金属（Co、Ni、Mo、Fe 等），通过粉末冶金技术制成的合金材料。目前硬质合金的种类繁多，但主要有以下几类：

（1）钨钴类　这类硬质合金以 WC 为主，加入粘结金属 Co。代号为 YG + 数字，数字表示 Co 的质量分数，数字后面的"X"表示细颗粒碳化物，"C"表示粗颗粒碳化物，如 YG3、YG6 分别是 w_{Co} 为 3%、6%、8% 的 WC-Co 合金，YG8C 则是 w_{Co} 为 8% 的粗颗粒碳化物 WC-Co 合金。

（2）钨钛钴类　这类硬质合金中除 WC 外还加入一定数量的 TiC 作为硬质相，以 Co 为粘结金属。代号为 YT + 数字，后面的数字表示 TiC 的质量分数，如 YT5、YT30 等。

（3）钨钛钽（铌）钴类　这类硬质合金中除 WC、TiC 外还加入少量的 TaC(NbC) 作为硬质相，以 Co 为粘结金属。代号为 YW + 数字，后面的数字只表示序号，如 YW1、YW2 等。

（4）碳化钛类硬质合金　这类硬质合金是以 TiC 作为主要硬质相，而以 Ni、Mo 作为粘结金属。这类合金的代号为 YN，常用的型号有 YN10、Yn05 等。

（5）钢结硬质合金　这类硬质合金也是以 WC、TiC 为基，但是其粘结金属为高速钢、不锈钢或高锰钢等高合金钢。代号为 YE。这类合金的硬度比钨钴类低，但具有很高的耐磨性、优良的可加工性和焊接性，适于制造大型复杂模具和耐磨损机械零件。

2. 硬质合金的物理、力学性能

硬质合金的物理、力学性能与钢差别较大。硬质合金是一种高密度材料，密度在 6.0 ~ 16.0g/cm³ 之间，视其成分而定。硬质合金与钢的物理性能比较见表 5-30 所示。

表 5-30　硬质合金与钢的物理性能比较

钢　种	传热系数 K /W·m⁻²·K⁻¹	线胀系数 α /×10⁻⁶·K⁻¹	电阻率 ρ /(Ω·mm²/m)	比热容 C /J·(kg·k)⁻¹
硬质合金	20.9 ~ 75.4	4.5 ~ 7	0.2 ~ 0.7	0.17 ~ 0.23
45	54.42	11.65	0.15	0.46
40Cr	46.05		0.15	—

硬质合金的组织，是钴基固溶体加大量的粒状碳化物，其力学性能主要取决于其成分和晶粒度。硬质合金硬度高达 86 ~ 93 HRA（1000 ~ 1750 HV），在 800℃ 以下能保持高硬度。

在钨钴类合金中，WC 含量越高，其硬度也越高，但其抗弯强度和冲击韧度则降低。在相同的 WC-Co 比例时，WC 晶粒越细，其硬度和耐磨性也越高，但其抗弯强度和冲击韧度则较差。硬质合金作为刀具与高速钢相比，切削速度可提高 4 ~ 7 倍，寿命可提高 5 ~ 8 倍，但脆性大，易崩刃，只能被磨削加工，不能被切削加工。

表 5-31 为常用硬质合金的牌号、成分和性能。这些硬质合金主要用于切削刀具，有些牌号则广泛用于模具、矿山地质勘探和石油钻井工具，如 YG3、YG8、YG15、YG20 等。表 5-32 为部分典型钛基硬质合金。它们主要用于金属切削刀具。

表 5-31 常用硬质合金牌号、成分和性能

牌号 YB		WC	TiC	TaC(NbC)	Co	抗弯强度 R_{bb} /MPa	硬度 HRA	冲击韧度 a_K /J·cm^{-2}	线胀系数 /×10^{-6}·K^{-1}	相当于 ISO
钨钴类	YG3	97			3	1200	91			K01
	YG3X	96.5		<0.5	3	1100	91.5			K01
	YG6	94			6	1450	89.5	2.55	4.5	K20
	YG6X	93.5		<0.5	6	1400	91		4.4	K10
	YG8	92			8	1500	89	2.45	4.5	K30
	YG8C	92			8	1750	88	2.94	4.8	K30
	YG11C	89			11	2000	87	3.72		
	YG15	85			15	2000	87	3.92	5.3	
	YG20	80			20	2600	85.5	4.70	5.7	
钨钛钴类	YT30	66	30		4	900	92.5	0.78		P01
	YT15	79	15		6	1150	91		6.51	P10
	YT14	78	14		8	1200	90.5	0.69	6.21	P20
	YT5	85	5		10	1400	89.5P		6.06	P30
钨钛钽钴类	YG6A	91		3	6	1400	91.5			K10
	YG8N	91		1	8	1500	89.5			K30
	YW1	84	6	4	6	1200	91.5			M10
	YW2	82	6	4	8	1100	90.5			M20

表 5-32 典型钛基硬质合金牌号、成分和性能

牌号	成分 w(%)				密度 /g·cm^{-3}	硬度 HRA	抗弯强度 R_{bb}/MPa	相当于 ISO
	WC	TiC	Ni+Mo	其他				
YN10	15	62	12+10	NbC,	6.3	92	1100	P05
YN05		78	10+12		5.9	93	900	P01
YN01		79	21		5.3~5.9	93	800	P01
YN15	21	43	25	TaCCo	7.1~7.5	90.5	1250	P15

二、陶瓷材料

1. 陶瓷材料的分类

陶瓷材料是无机非金属固体材料中的一类。按其原料来源不同可分为普通陶瓷(传统陶瓷)和特种陶瓷两大类。普通陶瓷是以粘土、长石和石英等天然矿物原料,经粉碎、成型和烧结而制成的。特种陶瓷是以人工制造的化合物为原料制成的具有特殊力学、物理或化学性能的陶瓷。按陶瓷用途可分为日用陶瓷、建筑陶瓷、绝缘陶瓷等;按陶瓷性能可分为高强度陶瓷、高温陶瓷、耐磨陶瓷、耐酸陶瓷、电解质陶瓷、半导体陶瓷、磁性陶瓷、透明陶瓷、生物陶瓷等;按化学成分还可将陶瓷分成氧化物陶瓷和非氧化物陶瓷两类。

2. 陶瓷材料的特点

(1) 陶瓷材料的相组成特点 陶瓷材料通常由三种不同的相组成,即晶相、玻璃相和气相(气孔)。晶相是陶瓷材料中主要的组成相,决定陶瓷材料的物理化学性质;玻璃相的作用是充填晶粒间隙、粘结晶粒、提高材料致密度、降低烧结温度和抑制晶粒长大;气相是在烧结工艺过程中形成并保留下来的。

(2) 陶瓷材料的结合键特点 陶瓷材料的主要成分是氧化物、碳化物、氮化物、硅化物等,其结合键是以离子键(如 Al_2O_3)、共价键(如 Si_3N_4)及两者的混合键为主,键合能量高。

(3) 陶瓷材料的性能特点

1) 力学性能

① 硬度。硬度陶瓷材料重要的力学性能指标之一，陶瓷通常具有高硬度和高耐磨性。

② 强度。由于陶瓷材料的结合键是共价键、离子键或者它们的混合键，组织中通常含有气孔。陶瓷材料在拉应力作用下，由于气孔产生应力集中，使裂纹迅速扩展，并引起脆断，所以抗拉强度低。但在压应力作用下，裂纹趋于愈合状态，不易造成破裂，因而陶瓷材料的抗压强度高。

提高陶瓷材料强度的措施是减少杂质和气孔，提高致密度和均匀性，同时还应细化晶粒。如陶瓷制成的纤维或很细的单晶体，由于不存在杂质，无晶体缺陷，陶瓷的强度可接近理论强度值。

③ 塑性。陶瓷在常温下塑性很低，伸长率接近为零。这种塑性特征代表绝大多数陶瓷材料的性质，但个别陶瓷材料如 MgO，在常温下具有微量的塑性。陶瓷材料在高温受应力作用时则能显示出一定的伸长率。高温下能表现出塑性是由于晶界在高温和应力作用下能产生的滑动及晶内位错能够产生运动，若加载速度慢，则有利于这两个过程的进行，故加载慢要比加载快显示出更好的高温塑性。

④ 高温性能。高温性能也是陶瓷材料的重要特点之一，包含陶瓷在高温下抗氧化、耐腐蚀、抗蠕变以及高的硬度。抗氧化和耐腐蚀，是因为陶瓷结合键强，不与周围介质起作用；蠕变强度高，一方面是因为陶瓷原子结构复杂以致空位和间隙原子难以参与扩散，另一方面是因为陶瓷材料的晶界虽可滑动，位错可以运动，但比金属困难得多。由于陶瓷具备耐高温的特性，有可能制造高温结构材料，目前在广泛研究中。

陶瓷作为高温结构材料，其耐急冷、急热性能差，因为在急冷、急热时，由于导热性差，陶瓷内部温度梯度很大，引起较大的热应力，导致开裂。

2) 化学性能。陶瓷不仅抗氧化，而且耐大多数酸、碱、盐腐蚀，但多数一般陶瓷不耐熔盐、熔融金属的侵蚀。

3) 功能性能。在功能材料中，陶瓷占有重要地位。功能材料是指用于工业技术中具有特定物理功能，即具有特定电、磁、光、热等特性的材料，这些材料是能源、计算机、电子、通信、激光和现代空间技术的基础。

① 电性能。陶瓷具有极高的电阻率，可作为电气工业的绝缘材料，有些陶瓷具有半导体特性，可作整流器件。

② 磁性能。铁氧体是以氧化铁为主要成分的磁性氧化物，可用作软磁材料，也可用作硬磁材料，同时也是制作磁带的磁记录材料。

③ 热性能。多孔泡沫陶瓷可用于 $-240 \sim -120$℃ 低温下的隔热材料，解决高速飞行器液氢、液化天然气的低温储藏和运输。用泡沫陶瓷或陶瓷毡制成骨架，将高分子烧蚀物质嵌于骨架中，可以解决重返飞船、卫星和洲际导弹 $4000 \sim 5000$℃ 高温的防热问题。

④ 光学性能。一些金属氧化物如掺有 Cr 离子时，可以产生激光。

4) 功能转换性。有些陶瓷材料在受应力作用时，可引起电极化并形成电场，即正压电效应；而有些陶瓷受电场作用时，产生与电场强度成正比的应变，即逆压电效应。这些陶瓷成为机械能与电能相互转换的压电材料。

(4) 陶瓷材料的工艺特点　陶瓷是脆性材料，大部分陶瓷是通过粉体成形和高温烧结来成形的，因此陶瓷是烧结体。烧结体也是晶粒的聚集体，有晶粒和晶界，所存在的问题是其存在一定的气孔率。

3. 常用工业陶瓷

(1) 普通陶瓷　普通陶瓷是用粘土（$Al_2O_3 \cdot 2SiO_2 \cdot 2H_2O$）、长石（$K_2O \cdot Al_2O_3 \cdot 6SiO_2$，$Na_2O \cdot Al_2O_3 \cdot 6SiO_2$）和石英（$SiO_2$）为原料，经成型、烧结而成的陶瓷。组织中的主晶相为莫来石（$3Al_2O_3 \cdot 2SiO_2$），占25%～30%，玻璃相，占35%～60%，气相，占1%～3%。

普通陶瓷加工成形性好，成本低，产量大。除日用陶瓷、瓷器外，大量用于电器、化工、建筑、纺织等工业部门。

(2) 新型结构陶瓷

1) 氧化铝陶瓷。氧化铝陶瓷是以 Al_2O_3 为主要成分，含有少量 SiO_2 的陶瓷，又称为高铝陶瓷。

根据 Al_2O_3 含量不同分为75瓷（含 Al_2O_3 75%，称为刚玉—莫来石瓷）、95瓷和99瓷，后两者又称为刚玉瓷。氧化铝陶瓷 Al_2O_3 随含量增加，抗压、抗弯强度提高，耐热性提高，可使用到1950℃。氧化铝陶瓷还具有良好的电绝缘性能及耐磨性。微晶刚玉的硬度极高（仅次于金刚石）。氧化铝陶瓷的物理和力学性能见表5-33。

氧化铝陶瓷被广泛用作耐火材料，如耐火砖、坩埚、热偶套管、淬火钢的切削刀具、金属拔丝模、内燃机的火花塞、火箭、导弹的导流罩及轴承等。

表5-33　主要氧化铝陶瓷的物理和力学性能

材料名称		氧化铝			氧化铍	氧化锆	氧化硅
主要成分		Al_2O_3 75	Al_2O_3 95	Al_2O_3 99	BeO	ZnO_2（稳定化）	$2MgO \cdot SiO_2$
体积密度/$g \cdot cm^{-3}$		3.6	3.75	3.90	2.8	3.5	2.8
抗压强度/MPa		2354	2452	2630	1472	2060	579
抗弯强度/MPa		314	343	490	172	600～700	137
弹性模量/GPa		304	304	382	294	205	—
线胀系数 /$\times 10^{-6} \cdot K^{-1}$	25～300℃	6.6	6.7	6.8	6.8	>10	10
	25～700℃	7.5	7.7	8.0	8.4	—	12
传热系数 /$W(cm \cdot K)^{-1}$	25℃	0.168	0.218	0.314	1.592	0.0195	0.034
	300℃	0.109	0.126	0.159	0.838	0.0205	—
熔点/℃		—	—	2025	2570	2550	1885
电阻率 /$\Omega \cdot cm$	20℃	$>10^{14}$	$>10^{14}$	$>10^{14}$	$>10^{14}$	$>10^{14}$	$>10^{14}$
	300℃	1×10^{11}	3×10^{11}	$<10^{14}$	$<10^{14}$	$<10^{11}$	7×10^{11}
	500℃	3×10^{8}	4×10^{9}	3×10^{12}	1×10^{13}	10^{8}	1×10^{10}
Te 值[①]/℃		960	1000	>1000	>1000	780	>1000
介电常数 1MHz		815	9.0	9.8	6.5	—	6.0
介质损耗 $\tan\delta \times 10^{-4}$	1MHz	5	3	1	1	—	5
介电强度/$MV \cdot m^{-1}$		15	14	15	15	—	13

① 当材料电阻率达到 $10^6 \Omega \cdot cm$ 时的温度。

2)氧化锆陶瓷。氧化锆在2300℃和1100℃会发生晶型转变：立方相⇌四方相⇌单斜相。四方相转变为单斜相非常迅速，引起很大的体积变化，易使制品开裂。

在氧化锆中加入某些氧化物(如CaO、MgO、Y_2O_3等)能形成稳定立方固溶体，不再发生相变，具有这种结构的氧化锆称为完全稳定氧化锆(FSZ)，其力学性能低，抗热冲击性差。减少加入的氧化物数量，使部分氧化物以四方相的形式存在。由于这种材料只能使一部分氧化锆稳定，所以称为部分稳定氧化锆(PSZ)。

氧化锆中四方相向单斜相的转变可通过应力诱发产生。当受到外力作用时，这种相变将吸收能量而使裂纹尖端的应力场松弛，增加裂纹扩展阻力，从而大幅度提高陶瓷材料的韧性。

部分稳定氧化锆的热导率低，绝热性好；线膨胀系数大，接近于发动机中使用的金属，抗弯强度与断裂韧度高，除在常温下使用外，已成为绝热柴油机的主要候选材料，如发动机气缸内衬、推杆、活塞帽、阀座、凸轮、轴承等。

3)氮化硅陶瓷。氮化硅是由Si_3N_4四面体组成的共价键固体。

① 氮化硅的制备。氮化硅由工业硅直接氮化($3Si+2N_2\rightarrow Si_3N_4$)或二氧化硅还原氮化($3SiO_2+6C+2N_2\rightarrow Si_3N_4+6CO$)制得。

② 氮化硅烧结工艺。氮化硅的烧结有反应烧结法和热压烧结法。反应烧结法得到的是α-Si_3N_4，烧结时几乎没有收缩，能得到复杂的形状，缺点是密度低、强度低、耐蚀性差；用热压烧结法得到的是β-Si_3N_4。用热压烧结的氮化硅，其密度和弯曲强度要比用反应烧结法制得的陶瓷高得多，这是由于热压烧结陶瓷气相数量少，但缺点是只适用于形状简单的零件。

③ 性能特点及应用。氮化硅陶瓷是键能高而稳定的共价键晶体，晶体内无正离子，也无自由电子。氮化硅的强度、比强度、比弹性模量高；硬度仅次于金刚石、碳化硼等；摩擦因数仅为0.1~0.2；线膨胀系数小；抗震性高于其他陶瓷材料；在1400℃以下化学稳定性高。氮化硅陶瓷的物理和力学性能见表5-34。

反应烧结氮化硅用于形状复杂、尺寸精度要求高的零件，如机械密封环等；热压烧结氮化硅用于形状简单、精度要求不高的零件，如切削刀具、高温轴承等。

近年来，在Si_3N_4中添加50%的Al_2O_3，可实现常压下烧结，得到和热压烧结近似的陶瓷，而且抗氧化性更高。这种添加Al_2O_3的Si_3N_4陶瓷又称为赛隆(Sialon)陶瓷，可制作柴油机气缸、活塞及燃气轮机转子叶片等零件。塞隆陶瓷的物理和力学性能见表5-34。

表5-34 主要的非氧化物陶瓷的物理和力学性能

性 能	氮化硅 S_3N_4		塞隆 Sailon		碳化硅 SiC		氮化硼 BN		氮化铝
	热压 S_2N_4	反应烧结 S_3N_4	常压 Sailon	热压 Sailon	热压 SiC	常压 SiC	六方 BN	立方 BN	AlN
熔点(分解点)/℃	1900（升华）	1900（升华）	—	—	2600（分解）	2600（分解）	3000（分解）	3000（分解）	2450（分解）
密度/g·cm^{-3}	3~3.2	2.2~2.6	3.18	3.29	3.2	3.00	2.27	—	3.32
硬度 HRA	91~93	80~85	92~93	95	93	90~92	2（莫氏）	4.8（莫氏）	1400（HV）

(续)

性能	氮化硅 S_3N_4		塞隆 Sailon		碳化硅 SiC		氮化硼 BN		氮化铝
	热压 S_2N_4	反应烧结 S_3N_4	常压 Sailon	热压 Sailon	热压 SiC	常压 SiC	六方 BN	立方 BN	AlN
弹性模量/GPa	320	160~180	290	31.5	450	405	—	—	279
断裂韧度 $K_{OC}/MPa \cdot \sqrt{m}$	4.5	2.85	6.0	8.2	—	4			
抗弯强度/MPa(室温)	650	200~1000	700~800	970~1160	780~900	450			400~500
线胀系数 ($\times 10^{-6} \cdot K^{-1}$)	3	2.7	3.39	3.5	4.6~4.8	4	7.5		4.5~4.7
传热系数 $/W(cm \cdot K)^{-1}, 25℃$	0.30	0.14			0.81	0.43			0.7~2.7
电阻率/$\Omega \cdot cm, 20℃$	$>10^{13}$	$>10^{13}$	$>10^{52}$	$>10^{12}$	$>10^{14}$	$>10^{54}$	$>10^{13}$	$>10^{14}$	$>10^{54}$
电介常数	9.4~9.5	9.4~9.5	—	—	45	45	3.4~5.3	3.4~5.3	8.8
介质损耗 $\tan\delta$ 1MHz	$(1~100) \times 10^{-3}$	$(1~100) \times 10^{-3}$	—	—	5×10^{-2}	5×10^{-2}	$(3~8) \times 10^{-4}$	$(3~8) \times 10^{-4}$	$(5~10) \times 10^{-4}$
抗热震性 $\Delta T/℃$	500~700	450~500							250

4) 碳化硅(SiC)陶瓷。碳化硅是通过键能很高的共价键结合的晶体,用石英砂(SiO_2)加焦碳直接加热至高温还原而成的,$SiO_2 + 3C \rightarrow SiC + 2CO$。

碳化硅的烧结工艺也有热压和反应烧结两种。由于碳化硅表面有一层薄氧化膜,因此很难烧结,需添加烧结助剂促进烧结。常加的助剂有 B、C、Al 等。

碳化硅的最大特点是高温强度高,有很好的耐磨损、耐腐蚀、抗蠕变性能,其热传导能力很强,仅次于氧化铍陶瓷。碳化硅陶瓷的物理和力学性能见表 5-34。

碳化硅陶瓷用于制造火箭喷嘴、浇注金属的喉管、热电偶套管、炉管、燃气轮机转子叶片及轴承,泵的密封圈、拉丝成形模具等。

5) 氮化硼(BN) 工业上使用的氮化硼陶瓷有两种晶格类型,一种是六方晶格,另一种是立方晶格。

① 六方晶型氮化硼。这种陶瓷可用 BCl_4 和 NH_3 在一定条件下制成氮化硼粉,而后压制、烧结。其性能特点是:和石墨相似,硬度很低,耐热性好,且有自润滑性,故又称为白石墨;高温下绝缘、耐腐蚀,而且导热性和抗热冲击性能高。这种陶瓷主要用作高温耐磨(如高温轴承)、高温电绝缘材料和金属、非金属熔体的容器材料。

② 立方晶型氮化硼:将六方晶型氮化硼在约 2000℃ 的高温下,用碱金属作触媒,施加 8.1GPa 左右的压力,便转变成立方晶型氮化硼。这种陶瓷硬度极高,与金刚石近似,所以用立方晶型氮化硼粉经压制、烧结,可制成切削刀具,也可制作高温模具。

立方氮化硼陶瓷的物理和力学性能见表 5-34。

6) 人造金刚石 金刚石是 C 的结晶体,为自然界中最硬的物质。人造金刚石以石墨为原料,以 Fe、Co、Ni 等金属作触媒,在 1500℃ 左右的高温及 600MPa 的压力作用下,使石墨转变成金刚石。其粉末经压制、烧结可制成超硬工模具，如高速切削刀具和拉丝模等。

三、高分子材料

1. 高分子材料的基本概念

（1）高分子材料的组成　高分子材料是以高分子化合物为主要组分的材料，常称为聚合物或高聚物。高分子化合物的分子量一般 $>10^4$。高分子化合物有天然的，也有人工合成的。工业用的高分子材料主要是人工合成的。由简单的结构单元重复连接而成。组成聚合物的低分子化合物称为单体。聚合物的分子为很长的链条，称为大分子链。

（2）高分子材料的结构

1）大分子链的柔顺性。大分子链主链共价键有一定的键长和键角，保持键长和键角不变时单键可任意旋转，称为单键的内旋转。内旋转使大分子链卷曲成各种不同形状，对外力有很大的适应性，这种特性称为大分子链的柔顺性。柔顺性与单键内旋转的难易程度有关。

2）大分子链的形状。按照大分子链的几何形状，可将高分子化合物分为线型结构、支链型结构和体型结构，如图5-29所示。线型结构高聚物的弹性、塑性好，硬度低，是热塑性材料；支链型结构近于线型结构；体型结构高聚物硬度高，脆性大，无弹性和塑性，是热固性材料。

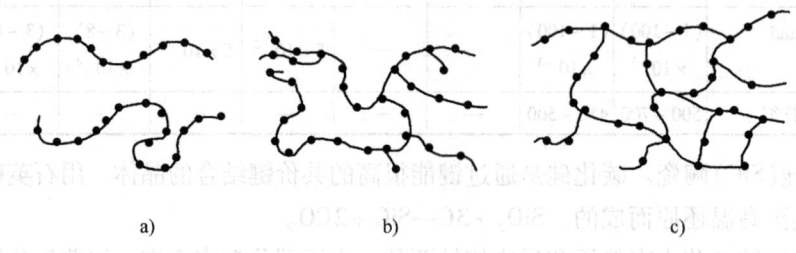

图 5-29　高分子材料大分子链的形状
a）线型　b）支链型　c）体型

（3）高分子材料的力学状态

1）线型非晶态高分子材料的力学状态如图5-30所示，分为玻璃态、高弹态、粘流态。

玻璃态：低温下，链段不能运动，在外力作用下，只发生大分子原子的微量位移，产生少量弹性变形。高聚物呈玻璃态的最高温度称为玻璃化温度，用 T_g 表示。用于这种状态的材料有塑料和纤维。

高弹态：温度高于 T_g，分子活动能力增加，受力时产生很大的弹性变形。用于这种状态的高聚物是橡胶。

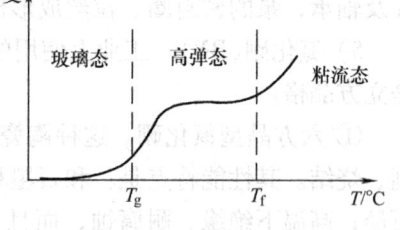

图 5-30　线型非晶态高分子材料的力学状态

粘流态：由于温度高，分子活动能力很强，在外力作用下，大分子链可以相对滑动。粘流态是高分子材料的加工态，大分子链开始发生粘性流动的温度称为粘流温度，用 T_f 表示。

2）线型晶态高分子材料的力学状态　如图5-31所示，可分为一般分子量和大分子量两种情况。一般分子量的高聚物在低温时，链段不能活动，变形小，在 T_m 以下与非晶态的玻璃相似，高于 T_m 则进入粘流态。分子量很大的晶态存在高聚物高弹态，部分结晶高聚物在

非晶区 T_g 与晶区 T_m 间，非晶区柔性好，晶区刚性好，处于韧性状态，即皮革态。

2. 高分子材料的分类

1）按用途分为塑料、橡胶、纤维、胶粘剂、涂料等。

2）按聚合物反应类型分为加聚物和缩聚物。

3）按聚合物的热行为分为热塑性聚合物和热固性聚合物。

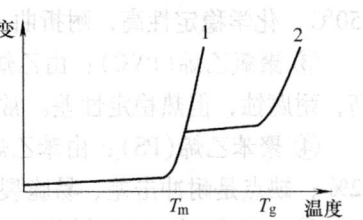

图 5-31 线型晶态高分子材料的力学状态

这里主要通过用途介绍机械工程上常用的塑料和橡胶。

3. 塑料

（1）塑料的组成 在机械工程中，塑料是应用最广泛的高聚物材料。塑料是以树脂为主要成分，加入各种添加剂而成的。树脂对塑料性能起决定性作用，添加剂则用于改善塑料的某些性能。常用添加剂为：

① 填料：主要起增强作用；

② 增塑剂：用于提高树脂的可塑性和柔软性；

③ 固化剂：用于使热固性树脂由线型结构转变为体型结构；

④ 稳定剂：用于防止塑料老化，延长其使用寿命；

⑤ 润滑剂：用于防止塑料加工时粘在模具上，使制品光亮；

⑥ 着色剂：用于塑料制品着色。

其他的还有发泡剂、催化剂、阻燃剂、抗静电剂等。

塑料是在玻璃态下使用的高分子材料。在一定温度、压力下可塑制成型，在常温下能保持其形状不变。

（2）塑料的分类 按树脂受热时的行为可分为热塑性塑料和热固性塑料。

按使用范围可分为通用塑料、工程塑料和特种塑料。通用塑料产量大、价格低、用途广；工程塑料力学性能及耐热、耐蚀性能好；特种塑料是指具有某些特殊性能如耐高温、耐腐蚀的塑料，这类塑料产量少、价格贵，只用于特殊需要的场合。

（3）塑料的性能特点 塑料的优点：相对密度小（一般为 $0.9 \sim 2.3 \mathrm{g/cm}^3$）；耐蚀性、电绝缘性、减摩、耐磨性好；有消音、吸振性能。

塑料的缺点：刚性差（为钢铁材料的 1/100 ~ 1/10），强度低；耐热性差、线膨胀系数大（是钢铁的 10 倍）、热导率小（只有金属的 1/600 ~ 1/200）；蠕变温度低、易老化。

（4）常用工程塑料

1）一般结构用塑料。这种塑料包括聚乙烯（PE）、聚丙烯（PP）、聚氯乙烯（PVC）、聚苯乙烯（PS）和 ABS 塑料等。

① 聚乙烯（PE）：由低分子乙烯聚合而成，可分为高压聚乙烯和低压聚乙烯。前者是在高压和 200 ~ 300℃ 下，以过氧化物为催化剂聚合而成，其分子质量、结晶度、体积质量较低，称为低密度聚乙烯，用作塑料薄膜、家庭用品；后者是在常压或稍加压力和 60 ~ 80℃ 下聚合而成，其分子质量、结晶度、体积质量较高，称为高密度聚乙烯，常用作齿轮、轴承、管道及电线外皮。

② 聚丙烯（PP）：由丙烯单体聚合而成。其特点是密度仅为 $0.9 \sim 0.91 \mathrm{g/cm}^3$，耐热可达

150℃，化学稳定性高，耐折曲。常用作法兰、阀体配件、电器壳体等。

③ 聚氯乙烯(PVC)：由乙炔和氯化氢合成氯乙烯，再聚合而成。其特点是抗压强度较高，耐腐蚀，但热稳定性差。常用作贮槽、通风机、泵体等。

④ 聚苯乙烯(PS)：由苯乙烯和乙烯聚合而成。表面有光泽，无毒无味，透光达 88% ~ 92%；缺点是耐冲击差、易脆裂、不耐高温。常用作仪表壳体、光学仪器等。

⑤ ABS 塑料：以丙烯腈(A)、丁二烯(B)、苯乙烯(S)的三元共聚物 ABS 树脂为基的塑料，也是一种热塑性塑料。兼有聚苯乙烯的良好成形性、聚丁二烯的橡胶态韧性和弹性，聚丙烯腈的高化学稳定性和高硬度，因此 ABS 塑料具有较好的综合性能，即具有较高的强度和冲击韧度，良好的耐热性和耐磨性，较高的化学稳定性、绝缘性以及良好的成形性和可加工性强。缺点是耐高温、耐低温性能差，易燃，不透明。ABS 塑料主要用于制造齿轮、泵叶轮、轴承、把手、仪表盘、仪表壳、冰箱衬里等各种容器、管道和零件，以及飞机舱内装饰板、窗框、隔音板等。ABS 塑料是应用较广泛的工程塑料。

2) 摩擦传动零件用塑料。这种塑料包括聚酰胺(PA)、聚甲醛(POM)、聚四氟乙烯(PTFE)、聚碳酸酯(PC)等。

① 聚酰胺(PA)。聚酰胺又称尼龙或绵纶。常用的有尼龙 6、尼龙 66、尼龙 610、尼龙 1010 等。尼龙是一种热塑性塑料，具有较高的强度、韧性，低的摩擦因数，并有自润滑性，其耐磨性比青铜好，可代替青铜使用。缺点是吸水性较大，影响了尺寸的稳定性。目前，新型尼龙已克服这一缺点。一般尼龙的使用温度在 100℃ 以下。聚酰胺主要用于制造轴承、齿轮、凸轮、导板、轮胎、帘布等耐磨零件。

此外，铸造尼龙(MC 尼龙)是采用聚合成形结合的工艺而得到制品的，因而成形方便，投资少，其力学性能高于尼龙 6，多用于齿轮、蜗轮、轴承、导轨等大型机械零件。而芳香尼龙具有最好的耐热性，多用于高温下(200℃ 以下)工作的耐磨零件、绝缘材料和太空服等。

② 聚甲醛(POM)。聚甲醛是一种热塑性塑料，是以聚甲醛树脂为基的塑料，有固定的熔点(180℃)和优良的综合性能。它具有高强度、高弹性模量(高于尼龙 66、ABS 及聚碳酸酯)，强度接近金属，且摩擦因数小，并具有自润滑作用，因而耐磨性好。此外，还具有好的耐水、耐油、耐化学腐蚀性和绝缘性。缺点是热稳定性差，易燃，长期在大气中曝晒会老化。

聚甲醛塑料价格低廉，透明无毒，可代替有色金属和合金，并逐步取代尼龙制作轴承、衬套、齿轮、叶轮、阀、管道及化工容器等，尤其适用于制造不允许使用润滑油的齿轮、轴承和衬套。

③ 聚四氟乙烯(PTFE)。聚四氟乙烯也是一种热塑性塑料。它是以聚四氟乙烯为基的塑料，具有优异的耐化学腐蚀性(耐强酸、强碱、强氧化剂)，故有"塑料王"之称。它具有极优越的化学稳定性和热稳定性以及优越的电性能，在 -195 ~ +250℃ 范围内长期使用，其力学性能几乎不发生变化。此外，其摩擦因数极低，只有 0.04，并有自润滑作用，吸水性也很小，在极其潮湿的条件下仍能保持良好的绝缘性。缺点是加工成形性差(不能用注射法成形)，只能采用类似于粉末冶金的预压、烧结方法成形，而且硬度、强度较低，特别是耐压强度不高，只能用于制作低载荷零件。

聚四氟乙烯主要用于制作减磨密封件、化工机械中的耐腐蚀零件以及在高频或潮湿条件下的绝缘材料,如化工管道、泵、内衬、电气设备、隔离防护屏、腐蚀介质过滤器等。由于聚四氟乙烯价格较贵,因而其应用受到一定的限制。

④ 聚碳酸酯(PC)。聚碳酸酯也是一种热塑性塑料,是以透明的聚碳酸酯为基的塑料,具有高的透光率,优异的冲击韧度和尺寸稳定性,较好的耐低温性能($-100 \sim +130℃$),良好的绝缘性和加工成形性。缺点是化学稳定性差,易受碱、胺、酮、酯、芳香烃的侵蚀,在四氯化碳中会发生应力开裂现象。其用途较广,主要用于制造精度高的结构零件,如齿轮、齿条、蜗轮、蜗杆、灯罩、防弹玻璃、飞机挡风罩、空气调节管道及电容器和其他高级绝缘材料。

3) 耐腐蚀用塑料。耐腐蚀用塑料主要有聚四氟乙烯、氯化聚醚(PENTON)、聚甲基丙烯酸甲酯(PMMA)、聚丙烯等。

① 氯化聚醚(PENTON)。氯化聚醚的化学稳定性仅次于聚四氟乙烯,但工艺性比聚四氟乙烯好,成本低。在化学工业和机电工业获得广泛应用,如化工设备零件、管道、衬里等。

② 聚甲基丙烯酸甲酯(PMMA)。聚甲基丙烯酸甲酯俗称有机玻璃,也是一种热塑性塑料。其特点是有最高的透明率91%~93%,超过玻璃,抗拉强度是玻璃的7~18倍。缺点是耐磨性低,易老化。它主要用于制造飞机座舱盖、炮塔观察孔盖、窗玻璃、仪表灯罩及光学镜片等,还可用作防弹玻璃、电视和雷达标图的屏幕、汽车风挡、仪器设备的防护罩、仪表外壳等。

4) 耐高温件用塑料。耐高温件用塑料主要有聚砜(PSF)、聚苯醚(PPO)、聚酰亚胺(PI)等。

① 聚砜(PSF)。聚砜是以透明微黄色的聚砜树脂为基的塑料,也是一种热塑性塑料。其强度高、弹性模量大、耐热性好(可达150~174℃)、蠕变抗力高、尺寸稳定性好。缺点是耐溶剂性差。它主要用于制作要求高强度、耐热、抗蠕变的结构件、仪表零件和电气绝缘零件,如精密齿轮、凸轮、真空泵叶片、仪器仪表壳体、罩、线圈骨架、仪表盘、衬垫、垫圈、电动机、收音机、电子计算机的积分电路板。此外,还可通过电镀金属制成印制电路板和印制线路薄膜。

② 聚苯醚(PPO)。聚苯醚具有良好的综合性能,用于机电等方面。

③ 聚酰亚胺(PI)。聚酰亚胺耐热性好,可在260℃环境下长期使用,主要用于特殊条件下使用的精密零件。

5) 热固性塑料。热固性塑料是在树脂中加入固化剂压制成型而形成的体形聚合物。主要有酚醛塑料、环氧塑料、氨基塑料。

① 酚醛塑料。酚醛塑料是以酚醛树脂为基的热固性塑料(通称电木粉)。它具有较高的强度、硬度,特别是用玻璃布增强的层压酚醛塑料的强度可与金属媲美,并具有较高刚度和尺寸稳定性。此外,这种塑料还具有较高的耐热性(可在110~140℃下使用)、耐磨性、耐蚀性及良好的绝缘性。它主要用于制造齿轮、耐酸泵、刹车片、滑轮、雷达罩、整流罩及插头、开关和仪表外壳等。缺点是性脆易碎,抗冲击强度低,在阳光下易变色。

② 环氧塑料。环氧塑料是以环氧树脂为主的热固性塑料,它具有高的比强度,高的耐热性、耐蚀性和绝缘性以及良好的加工成形性。缺点是价格较贵。它主要用于制造模具、精密量具、电气及电子元件等重要零件。

③ 氨基塑料。氨基塑料是以一种具有氨基管能团的原料与醛类经缩聚反应而成。如尿醛塑料，俗称电玉。它的成本低，表面硬度高，耐电弧性好，着色好，有良好的绝缘性。缺点是耐热性差，长期浸泡会使绝缘性下降。常用作日用品，电气仪表外壳。

4. 橡胶

(1) 橡胶的组成、性能和分类　橡胶是以生胶为主体，加入适量填料、增塑剂、硫化剂、硫化促进剂、防老剂等添加剂组成的高分子弹性材料。

橡胶的最大特点是具有高弹性，在很宽的温度范围(-50~150℃)，均处于高弹态；在很小的力作用下可发生很大的弹性变形，外力去除后能瞬间恢复原来的状态。橡胶有储能、耐磨、隔音、绝缘等性能。

橡胶按原料来源可分为天然橡胶和合成橡胶两大类；按应用范围可分为通用合成橡胶和特种合成橡胶两大类。

通用合成橡胶是指用于制造轮胎、工业用品、日常生活用品的量大而广的橡胶。

特种合成橡胶是指用于制造在特殊条件(如高温、低温、酸、碱、油、辐射等)下使用的零、部件所采用的橡胶。

(2) 通用合成橡胶　通用合成橡胶包括丁苯橡胶、顺丁橡胶、氯丁橡胶等。

1) 丁苯橡胶。丁苯橡胶由丁二烯和苯乙烯共聚而成，其种类很多，主要有丁苯-10、丁苯-30、丁苯-50，后面的数字代表苯乙烯的质量分数。苯乙烯含量越高，耐溶剂性能越好，可塑性提高，耐蚀性更好，硬度增加，但弹性下降。此外，丁苯橡胶的耐磨性、耐热性、耐油及抗老化性比天然橡胶好，并能以任意比例与天然橡胶混用，价格低廉；缺点是生胶强度低，黏结性差，成形困难，硫化速度较慢，制成的轮胎弹性不如天然橡胶。

丁苯橡胶主要与其他橡胶混合使用，并可代替天然橡胶，主要用于制造轮胎、胶带、胶管、胶鞋等。

2) 顺丁橡胶。顺丁橡胶由顺丁二烯聚合而成，其弹性、耐磨性、耐热性、耐寒性均优于天然橡胶，是制造轮胎的优良材料；缺点是强度较低、加工性能差、抗撕性差。它主要用于制造轮胎，也可用于制造胶带、弹簧、减振器、耐热胶管、电绝缘制品、鞋底等。

3) 氯丁橡胶。氯丁橡胶由氯丁二烯聚合而成，具有与天然橡胶相似的高弹性、高绝缘性、高耐碱性和较高的强度，而且还具有天然橡胶和一般通用橡胶所没有的优良性能，如耐油、耐溶剂、耐氧化、耐老化、耐酸、耐热、耐燃烧、耐挠曲等性能，故有"万能橡胶"之称。它既可作通用橡胶，又可作特种橡胶。缺点是耐寒性差、密度大、生胶稳定性差。氯丁橡胶应用广泛，可用于制作地下矿井的输送带、风管、电缆等。

(3) 特种合成橡胶　特种合成橡胶包括丁腈橡胶、硅橡胶、氟橡胶等。

1) 丁腈橡胶。丁腈橡胶由丁二烯与丙烯腈聚合而成，其突出的优点是耐油性好，同时具有高的耐热、耐燃烧、耐磨、耐老化、耐水、耐碱、耐有机溶剂等优良性能。缺点是耐寒性差，其脆化温度为 $-20 \sim -10$℃，且耐酸性和绝缘性差，不能用作绝缘材料。

丁腈橡胶主要用于制作耐油制品，如油箱、贮油槽、输油管、油封、燃料液压泵、耐油输送带等。

2) 硅橡胶。硅橡胶由二甲基硅氧烷与其他有机硅单晶共聚而成。它具有高柔性和高稳定性，并具有高的耐寒性和耐热性，在 $-100 \sim +350$℃ 范围内能保持良好的弹性，而且还具有优异的抗老化性能。缺点是强度低，耐磨性差，耐酸、碱性也差，价格较贵。它主要用于制造飞机和宇航飞行器中的密封件、薄膜、胶管等，也用于制作耐高温的电线、电缆、电子设备等。

四、复合材料

1. 复合材料的含义

复合材料是由两种或两种以上物理和化学性质不同的物质组合而成的一种多相固体材料。复合材料一般由强度低、韧性好、低模量的材料作为基体材料，用高强度、高模量、脆性大的材料作为增强材料复合而成，既能克服单一材料的弱点，又可充分发挥材料的综合性能。如20世纪50年代研制的玻璃钢，60年代研制的C、B增强纤维材料。

复合材料是多相材料，主要包括基体相和增强相。基体相是一种连续相，它把改善性能的增强相材料固结成一体，并起传递应力的作用；增强相起承受应力（结构复合材料）和显示功能（功能复合材料）的作用。

复合材料的主要优点是能根据人们的要求来改善材料的使用性能，保持各组成材料的最佳特性，从而有效地利用材料。例如由树脂和玻璃纤维复合而成的玻璃钢，既提高了树脂的强度和刚度，又改善了玻璃纤维的脆性。原来玻璃纤维的断裂韧性只有 7.5×10^{-4} J，树脂的断裂韧性也只有 22.6×10^{-3} J 左右，而玻璃钢的断裂韧性可达 17.6J 之多。

2. 复合材料的分类

按基体材料分类，可分为聚合物基、金属基、陶瓷基和水泥基复合材料。

按增强相形状分类，可分为纤维增强复合材料、粒子增强复合材料和叠层复合材料。

按复合材料的性能分类，可分为结构复合材料和功能复合材料。

3. 复合材料的性能特点

复合材料和其他材料相比有以下特点：

1）比强度和比弹性模量高。其中纤维增强复合材料的最高。

2）抗疲劳性能好。碳纤维增强材料的 R_{-1} 可达 R_m 的 70% ~ 80%。因纤维对疲劳裂纹扩展有阻碍作用。

3）减振性能良好。复合材料中的大量界面对振动有反射吸收作用，不易产生共振。

4）高温性能好。

此外，复合材料还具有良好的减摩、耐磨、自润滑性能、隔音性、化学稳定性及电、光、磁等特殊性能。

4. 常用复合材料

（1）纤维增强复合材料

纤维增强复合材料是指以各种金属和非金属作为基体，以各种纤维作为增强材料的复合材料。在纤维增强复合材料中，纤维是材料的主要承载组分，其增强效果主要取决于纤维的特征、纤维与基体间的结合强度、纤维的体积分数、尺寸和分布。

纤维的种类主要有：

① 玻璃纤维：它的主要成分是 SiO_2，其次是各种金属氧化物。玻璃性脆，但拉成纤维后就非常柔软。纤维越细，强度越高，单丝强度可高达 1000 ~ 3000MPa，弹性模量为 (30 ~ 70) $\times 10^3$ MPa，约为钢的 1/6 ~ 1/3，而相对密度仅为 2.5 ~ 2.7，因此它的比强度和比弹性模量均高于钢。玻璃纤维用量最大，价格最便宜。

② 碳纤维：以人造纤维或天然纤维为原料，在隔绝空气的条件下经高温碳化而成。目

前,工业上用来生产碳纤维的原料主要有聚丙烯氰纤维、人造黏胶纤维和沥青纤维。它的制作过程是:先在 200~300℃ 空气中施加一定的张力,进行预氧化处理,然后在惰性气体的保护下,经 1000~1500℃ 高温碳化处理,便可得到 w_C 为 85%~95% 的碳纤维。若再将碳纤维放在氩气中进行 2500~3000℃ 高温石墨化处理,则可得到高弹性模量的石墨纤维。碳纤维抗拉强度比玻璃纤维略高一点,而弹性模量是玻璃纤维的 4~6 倍。碳纤维还具有较好的高温性能。

③ 碳化硅纤维:采用化学气相沉积法或先驱体转化法制备,具有拉伸强度大、弹性模量高、密度小、耐热和耐化学腐蚀、耐辐射、吸波等优点。

④ 硼纤维:是用化学气相沉积法在钨丝上用 H 还原 BCl_3 制成的,其抗拉强度与玻璃纤维相近,而弹性模量高五倍。

⑤ 金属纤维:成丝容易,弹性模量高。

⑥ 陶瓷纤维:用于高温、高强复合材料。

⑦ 芳香族聚酰胺纤维(芳纶纤维):强度、弹性模量高,具有优良的减振性、耐磨性、耐冲击性、耐热性等。

⑧ 聚乙烯纤维:韧性极好,密度非常小。

⑨ 晶须:是直径小于 30μm、长度只有几毫米的针状单晶体,断面呈多角形,是一种高强度材料。它分为金属晶须和陶瓷晶须。金属晶须中,Fe 晶须已投入生产;工业生产的陶瓷晶须主要是 SiC 晶须。

1) 聚合物基纤维增强复合材料。常用的纤维有碳纤维、玻璃纤维和芳纶纤维(常用的为开芙拉 49)。这类复合材料的性能较环氧树脂等基体有较大幅度的提高,比强度也高得多,特性如表 5-35 所示。

表 5-35 几种纤维增强树脂复合材料的特点

项 目	玻纤/树脂	开芙拉-49/树脂	碳纤维/树脂
成本	低	中等	高
密度	大	小	中等
加工	容易	困难	较容易
抗冲击能力	中等	好	差
透波性	良好	最佳	不透电波,半导体性质
可选用形式	多	厚度规格较少	厚度规格较少
使用经验	丰富	不多	较多
强度	较高	比拉伸强度最高,比压缩强度最低	比拉伸强度高,比压缩强度最高
刚度	低	中等	高
断裂伸长率	大	中等	小
耐湿性	差	差	好
热膨胀系数	适中	沿纤维方向接近零	沿纤维方向接近零

① 玻璃纤维—树脂复合材料。以塑料为基体与玻璃纤维复合,俗称玻璃钢。按所用塑料基体不同,玻璃钢分为热塑性玻璃钢和热固性玻璃钢两种。前者以热塑性塑料(如尼龙、聚苯乙烯等)为基体;后者以热固性塑料(如环氧树脂、酚醛树脂等)为基体。

热塑性玻璃钢与热塑性塑料相比，基体材料相同时，强度和疲劳性能可提高2~3倍，冲击韧度可提高2~4倍，达到或超过某些金属强度。例如，40%玻璃纤维增强尼龙6、尼龙66的抗拉强度超过铝合金。

热固性玻璃钢的性能特点是强度较高，接近或超过铜合金和铝合金，由于密度小（1.5~2g/cm³），所以比强度比铜、铝合金高，甚至超过高级合金钢。此外它的耐蚀性、介电性优良，加工成形性良好。

玻璃钢的缺点是刚度差、易变形、耐热性差（不超过200℃）、导热性差、易蠕变等。

玻璃钢主要用于要求自重轻的受力结构件，如汽车和机车车身、车门、窗框、直升飞机的旋翼等，还用于耐腐蚀结构件，如轻型船体、扫雷艇、石油化工管道、阀门等，以代替有色金属制造轴承、轴承架、齿轮、仪表壳及电器上的绝缘零件等。

② 碳纤维—树脂复合材料。碳纤维和环氧树脂、酚醛树脂、聚四氟乙烯树脂等基体组成的复合材料，既保持了玻璃钢的优点，又弥补了玻璃钢弹性模量低的缺点，其密度比玻璃钢还要小，是目前比强度和比弹性模量极高的复合材料之一。此外，在抗冲击、抗疲劳、减摩、耐磨、自润滑、耐腐蚀及耐热等方面都非常显著。

碳纤维—树脂复合材料在机械工业中主要用于一些承载零件（如连杆、齿轮）、耐磨零件（如轴承、密封圈、活塞）和耐腐蚀零件（如化工泵、高压泵、管道、容器）等。此外，它还可用于航空、航天器的构件材料，如飞机翼尖、尾翼、起落架、人造卫星支架、火箭喷嘴等。

③ 芳纶纤维—树脂复合材料。芳纶纤维的比强度、比弹性模量优于玻璃纤维，可用于制造航空航天的各种整流罩、顶棚、仓壁方向舵等。它的冲击韧度好，还可用于制造防弹材料和汽车部件如变速箱支架、缓冲器、压簧、传动轴等。

2) 金属基纤维增强复合材料。金属基纤维增强复合材料的纤维由于复合加工的原因主要有硼纤维、碳化硅纤维、碳纤维等，而基体主要为铝及其铝合金。

① 硼纤维—铝基复合材料。硼纤维—铝基复合材料一般采用预制带成型法制备，具有很高的抗拉强度、蠕变强度和持久强度，在500℃以下单向增强的硼纤维—铝基复合材料的轴向蠕变和持久强度都超过了目前所有的工程合金。这种材料主要用于制造航空航天领域的起落架、涡轮叶片、高温发动机零部件等。

② 碳化硅—铝基复合材料。碳化硅—铝基复合材料具有优良的高温力学性能和耐热性，与铝的界面状态较好。这种复合材料的性能较好，可用于飞机、导弹结构件以及发动机构件等的制造。

3) 晶须增强复合材料。晶须是一种自由长大的金属或陶瓷型针状单晶纤维，其直径在30μm以下，长度约为几mm，它的强度极高，因此，用它作为增强材料的复合材料，性能特别优良。但由于晶须制造成本高，目前多用于尖端工业或用作玻璃钢制品的局部辅助增强材料。

(2) 叠层复合材料　层状复合材料是指在基体中含有多重层片状高强度、高模量增强物的复合材料。这种材料是各向异性的（层内两维同性），如碳化硼片增强钛、胶合板等。叠层复合材料是为了发挥各组成材料的最佳性能，得到更有用的材料。用叠层增强法可使复合材料的强度、刚度、耐蚀、绝热、隔热、隔音等性能得到提高和改善。叠层复合材料主要有以下几种：

1)双金属复合材料。用压力加工、铸造、热压、焊接、喷涂等方法将两种不同的金属复合在一起。如在化工设备上用的包钛钢代替全钛材料制造容器、不锈钢—普通钢复合钢板等。

2)塑料覆层材料。近年来国际上盛行一种彩色涂层钢板,就是以锌板或酸洗后冷热轧带钢为基底,表面涂覆聚氯乙烯、聚四氟乙烯、环氧树脂等配制成多种色彩的有机涂料。这种材料常用于化工和食品工业。

3)夹层玻璃。如两层玻璃板夹一层聚乙烯醇缩丁醛可制成安全玻璃。

结构层状材料根据材质不同,可分别用于飞机制造、运输及包装等。

(3)粒子增强复合材料 它是将一种或多种材料的粒子高度弥散地分布在基体中,使其阻碍导致塑性变形的位错运动(金属基体)和分子链运动(聚合物基体)。这种复合材料是各向同性的。

酚醛树脂中掺入木粉的电木、碳酸钙粒子改性热塑性塑料的钙塑材料(合成木材)、陶瓷基颗粒增强复合材料如氧化锆增韧陶瓷、混凝土、硬质合金等都是聚合物基颗粒增强复合材料。

此外,还有石墨—铝合金颗粒复合材料,用它浇注的铸件具有优良的减摩、消振性能及较小的相对密度,是新型的轴承材料。

颗粒增强体主要有 SiC、TiC、B_4C、WC、Al_2O_3、MoS_2、Si_3N_4、TiB_2、BN、$CaCO_3$、C 等,常见的颗粒增强材料性能见表5-36。

表5-36 常见的颗粒增强材料的性能

颗粒名称	密度/(g·cm^{-3})	熔点/℃	热膨胀系数/×10^{-6}/℃	热导率/(W·m^{-1}·K^{-1})	硬度/(9.8N·mm^{-2})	弯曲强度/MPa	弹性模量/GPa
碳化硅(SiC)	3.21	2700	4.0	75.31	2700	400~500	
碳化硼(B_4C)	2.52	2450	5.73		3000	300~500	260~460
碳化钛(TiC)	4.92	3200	7.4		2600	500	
氧化铝(Al_2O_3)		2050	9.0				
氮化硅(Si_3N_4)	3.2~3.35	2100 分解	2.5~3.2	12.55~29.29	89~93HRA	900	330
莫来石($3Al_2O_3·SiO_2$)	3.17	1850	4.2		3250	约1200	
硼化钛(TiB_2)	4.5	2980					

除了上述复合材料外,还有一些正在发展的更为先进的复合材料,如碳—碳复合材料、纳米复合材料、功能复合材料(压电复合材料、导电复合材料、磁性复合材料、摩擦功能复合材料、阻尼复合材料、机敏复合材料及智能复合材料)、梯度功能复合材料等,它们在军事、航天航空、生物医学、民用工业上得到越来越多的应用。总之,复合材料是一种新型的、前途广阔的工程材料。

第五节 材料的选用

一、机械零件失效分析

在机械零件设计和制造过程中,若要正确合理地选择和使用材料,必须了解材料的工况条件及其失效形式,才能较准确地提出对零件材料的主要性能要求,从而选择合适的材料。

机械产品丧失其规定功能的现象称为失效。轻度失效的机器虽能工作,但性能变差,或机器无法安全工作;严重失效则导致机器完全不能工作,甚至造成机毁人亡的重大事故。对失效零件进行分析的目的就是确定各零件失效的先后顺序,找出最先失效部件、零件以及该零件最先失效的部位,然后对失效的零件进行分析,确定失效的特性,找出失效的原因,以便采取改进和预防的技术措施,防止同类失效再次发生,为改进产品设计,提高产品质量,使产品安全可靠提供依据。

1. 机械零件常见的失效形式

(1) 常温载荷下的过量变形失效　指零件在工作过程中受力变形超过了允许量,导致整个机器无法正常工作或虽然能正常工作,但被加工零件精度却严重下降的现象。这种失效分过量弹性变形和过量塑性变形两种变形失效形式。

(2) 断裂失效　零件在工作过程中完全断裂,导致整个机器或设备无法工作的现象。断裂方式有韧性断裂、脆性断裂、疲劳断裂等。

(3) 表面磨损失效　零件在摩擦过程中其表面损坏造成机器或设备无法正常工作或失去精度的现象。磨损方式有粘着磨损、磨粒磨损、腐蚀磨损、表面疲劳磨损等。

(4) 高温下零件的失效　其失效形式与室温下的失效相似,但更容易失效。

2. 机械零件失效原因

根据零件损坏的特点、所受载荷的类型及外在条件,零件失效的类型可分为变形、断裂和表面损伤三类,如表5-37所示。机械零件失效的原因很多,错综复杂,主要有设计、材质、加工、装配及使用等方面的问题,如表5-38所示。

表5-37 零件失效类型

变形失效	弹性变形失效
	塑性变形失效
断裂失效	塑性断裂失效
	低应力脆性断裂失效
	疲劳断裂失效
	蠕变断裂失效
表面损伤失效	磨损失效
	表面疲劳失效
	腐蚀失效

表5-38 零件失效的主要原因

设计	结构外形不合理
	工况条件估算不准
	计算错误
材料	选材不合理
	材质差
加工	加工毛坯缺陷
	冷热加工不当
安装及使用	安装不合理
	维护不当
	过载使用
	操作失误

(1) 设计不当引起的失效　一是零件结构外形不合理,结构工艺性差及存在较大的应力集中区;二是设计时许用应力过小,使零件因过载而失效。

(2) 选材不当引起的失效　在设计时选材错误使材料的性能指标不能满足工作条件,或者材料中杂质过多、组织状态不好引起性能下降,是引起零件失效的主要原因。

(3) 材质加工缺陷导致失效　材料的生产一般要经过冶炼、铸造、锻造、轧制、焊接、热处理、机械加工等几个阶段,在这些工艺过程中所造成的缺陷往往会导致早期失效。

(4) 安装使用不当引起失效　工件安装不良、操作失误、过载使用、维修保养不当等,均可导致零件在使用中失效。

二、机械零件选材的原则

选材是机械零件设计中重要的工作。机械零件选材的一般原则是：①使用性能原则；②工艺性能原则；③经济性原则。选材时应首先保证使用性能，同时兼顾工艺性和经济性。

1. 使用性能与选材

使用性能包括物理、化学和力学性能。

(1) 零件工作条件分析　分析零件的工作条件，确定使用性能。工作条件主要指：①零件的受力情况，包括受力形式、载荷性质、承受摩擦的状况；②环境状况，如温度、介质；③特殊要求如导热性、导电性等。根据以上分析，确定零件的失效形式，从而确定其使用性能。

(2) 由材料的性能要求选材　从零件的使用性能要求提出对材料的性能要求，从而选择材料。

(3) 根据抗力指标选材需注意的问题

1) 材料性能指标与结构强度关系。材料性能指标一般是使用形状比较简单、尺寸较小的标准试样以较简单的加载方法得到的。机械零件的结构强度在很大程度上表示零件的承载能力、寿命与可靠性，这是由工作条件（应力、零件形状、尺寸、环境等）、材料（材料成分、组织、性能）、工艺（加工工艺方法及过程）等因素决定的。评定结构强度所用的性能指标是否正确，重要标志是实验室试样的失效形式与实际零件工作条件下的失效形式是否相似。考虑两者加载、尺寸等条件的不同，在使用相关手册上的性能数据时要考虑一定的安全系数，非常重要的零件或构件，要从预选材料制成的实际零件上取样试验或模拟工作条件试验，以验证所选性能指标及其大小是否恰当。

2) 性能指标在设计中的作用。有些性能指标，如 R_m、$R_{p0.2}$、R_{-1} 和 K_{IC} 等可直接用于设计计算，而有些指标，如 Z 和 A_{KU} 等则不能直接用于设计计算，要根据这些性能指标的数值大小，估计它们对零件失效的作用。一般认为，这些指标是保证安全性的。但是对于特定零件，这些指标的数值大小，要根据零件之间类比、零件和使用安全等方面的经验来确定。正因为如此，有时因性能指标规定不恰当，不能充分发挥材料的潜力。例如为避免疲劳破坏，用降低强度提高塑性和韧性的办法，使零件设计得又大又笨重，这样造成材料的浪费。

对一定的材料，在特定状态下，它的硬度与强度、塑性指标间存在一定的关系。对于一般的机械零件，图样上只提出硬度要求，只要硬度达到规定的要求范围，R_m 和 A 以及一定条件下的 A_{KU} 值也基本确定。只有重要的零件，才能在图样上标出其他指标的具体数值。

3) 注意性能数据的试验条件。相关手册上所列的性能数据是用规定尺寸和形状的试样来测定的，试样尺寸不同，对大多数性能指标影响不大，但对 A 有影响，而 A_{KU}、R_{-1}、K_{IC} 等性能指标受试样尺寸和形状的影响更大。

相关手册上的性能数据是材料处于某种处理状态时测定的，同一牌号的材料，在不同的状态，它们的性能值不同。同一牌号的材料，锻造与铸造状态的性能值不同；不仅未经冷变形与冷变形后的性能值不同，而且冷变形程度不同，其性能值也不一样；不同的热处理工艺也得到不同的性能值。所以，选用材料时必须注意它是在何种状态下的性能值，通常在设计图样上除了注明材料牌号外，还要在技术条件中注明对加工工艺的要求。

试样的取样部位对测定性能也有影响。例如，锻件在顺纤维方向的性能较好；铸件的心部晶粒比表层粗，因此，其心部力学性能较差。所以重要零件的锻、铸毛坯要在图样上注明切取检验试样的部位。

2. 工艺性能和选材

机械零件都是由设计选用的工程材料，通过一定的加工方式制造出来的。金属材料有铸造、压力加工、焊接、机械加工、热处理等加工方式。陶瓷材料通过粉末压制烧结成型，有的还需进行磨削加工、热处理；高分子材料通过热压、注塑、热挤等方法成型，有的还需进行切削加工、焊接等。

材料工艺性能的好坏与零件加工的难易程度、生产效率、生产成本有很大关系。表5-39给出了各种材料机械加工工艺性能的对比，加工工艺性指数越大，可加工性越好。

表 5-39　各种材料机械加工工艺性指数

材　料	机械加工工艺性指数	材　料	机械加工工艺性指数
Y12	100	18-8 不锈钢	25
Y12Pb	52	18-8 易切削不锈钢	45
Y45	95	灰铸铁	58～80
45	60	可锻铸铁	70～120
30CrMo	65	铝	1000
40CrNiMoA	45	硬铝	1000
50CrV	45	铜	60
GCr15	30	黄铜	80
W18CrV	25	磷青铜	40

因此，选用的材料应具有良好的工艺性，至少要有可行的工艺性。几种主要加工方法的良好工艺性表现为：

（1）铸造　铸造合金应有高的流动性，小的疏松、缩孔、偏析和吸气性倾向，最好选用共晶或靠近共晶成分的合金。

（2）塑性加工　塑性加工材料应有高的塑性和低的变形抗力，最好选择固溶体组织的合金。

（3）切削加工　切削加工的材料应有小的切削力，切屑处理容易，对刀具的磨损小等，应选用切削性能好的材料。

（4）热处理　应选择热敏感性小，氧化和脱碳倾向小，淬透性高，变形和开裂倾向小的材料。

应当指出，材料在不同状态具有不同的工艺性，而且某种工艺性好，不等于其他工艺性也好。例如，2Cr13等马氏体不锈钢退火后切削加工性尚好，但焊接时容易开裂。奥氏体不锈钢塑性加工性好，但切削加工性差。镁合金和有些钛合金冷变形性差，而在加热状态下有良好的变形加工能力。

3. 经济性与选材

在满足使用性能和工艺性能的前提下，选用的材料要价格便宜，成本低廉。材料成本包括材料本身的价格、材料的加工费用及其他相关费用，如材料的利用率、回用性等。常用金属材料的相对价格见表5-40。

在金属材料中，碳素钢和铸铁的价格比较低廉，加工方便，故可优先选择。但在选择材料时不能单纯以单价来比较材料的优劣，还应考虑加工等其他费用，即以综合经济效益来评价。

表 5-40　常用金属材料的相对价格

材　料	相对价格	材　料	相对价格
碳素结构钢	1	铬不锈钢	5
低合金结构钢	1.25	铬镍不锈钢	15
优质碳素结构钢	1.3~1.5	普通黄铜	13~17
易切钢	1.7	锡青铜、铝青铜	19
合金结构钢(除铬-镍)	1.7~2.5	灰铸铁	0.5
铬镍合金结构钢	5	球墨铸铁	0.7
滚动轴承钢	3	可锻铸铁	2~2.2
合金工具钢	1.6	碳素铸钢件	2.5~3
低合金工具钢	3~4	铸造铝合金、铜合金	8~40
高速钢	16~20	铸造锡基轴承合金	23
硬质合金	150~200	铸造铅基轴承合金	10

4. 选材的一般方法

选材的一般步骤为：

1) 分析零件的工作条件及失效形式，提出关键的性能要求，同时考虑其他性能。
2) 对与成熟产品中相同类型的零件、通用或简单零件，可采用经验类比法选材。
3) 确定零件应具有的主要性能指标值。
4) 初步选定材料牌号并决定热处理和其他强化方法。
5) 对关键零件批量生产前要进行试验，初步确定材料的选择、热处理方法是否合理、冷热加工性的好坏，试验满意后可批量生产。

三、典型零件选材实例

1. 齿轮类零件的选材

齿轮在机器中主要用来传递功率和调节速度。根据齿轮的工作条件可知，齿轮承受周期性的弯曲应力和接触应力，齿面承受强烈的摩擦和冲击，所以要求齿轮材料应具有高的弯曲、疲劳和接触疲劳强度，齿面有高的硬度和耐磨性，齿轮心部有足够的强度和韧性。故可选用调质钢和渗碳钢。

(1) 调质钢　调质钢用于制造两种齿轮，一种用于制造耐磨性要求较高、冲击韧度要求一般的硬齿面(>40HRC)齿轮，如车床、钻床、铣床等机床的变速箱齿轮，一般采用 45、40Cr、42SiMn 等材料，齿面经高频淬火再回火使用；另一种用于软齿面(<350HBW)、低速低载下工作的齿轮，如车床溜板箱、车床挂轮架齿轮等，通常用 45、40Cr、35SiMn 等材料，经调质或正火处理使用。

(2) 渗碳钢　渗碳钢用于制造高速、重载、冲击较大的硬齿面(>55HRC)齿轮，如汽车变速器齿轮等，常用 20CrMnTi、20CrMo 等材料，齿面经渗碳淬火再低温回火使用。

(3) 塑料等　对一些受力不大或无润滑条件下工作的齿轮，如仪表齿轮等，可选用塑料(如尼龙、聚碳酸酯)。

2. 轴类零件的选材

(1) 轴类零件的受力特点　轴主要用来支承传动零件并传递运动和动力，受力特点如下：

1）要传递一定的转矩。
2）大都要承受一定的冲击载荷。
3）需要用轴承支承，在轴径处应有较高的耐磨性。
4）可能还承受一定的弯曲应力或拉压应力。

（2）性能要求　轴类零件应具有优良的综合力学性能，以防变形和断裂；应具有高的疲劳强度，以防疲劳断裂；轴颈应具有良好的耐磨性。

（3）选材方法　根据轴的受力情况不同，选择的材料如下：

1）承受交变拉应力和动载荷的轴类零件，如船用推进器轴、锻锤锤杆等，应选用淬透性好的调质钢，如 30CrMnSi、40MnVB 等。

2）主要承受弯曲和扭转应力的轴类零件，如变速箱传动轴、发动机曲轴、机床主轴等，其表面应力较大，心部较小，不需要淬透性很高的钢种，可选用 45 钢或合金调质钢。

3）高精度和高速传动的轴类零件，如镗床主轴，可选用渗氮钢 38CrMoAlA 等，并进行调质及渗氮处理。

3. 箱体和支架类零件的选材

主轴箱、变速箱、缸体、缸盖、机床床身等可视为箱体和支架类零件，其形状结构大多较为复杂，常采用铸造或焊接方法来生产。

1）受力较大，要求高强度、高韧性，在高温高压下工作的箱体类零件，如汽轮机机壳可选用铸钢。
2）受冲击力不大，主要受静压力的箱体或机架一般选用灰铸铁。
3）受力不大，要求轻或导热性良好的可选用铸造铝合金，如摩托车发动机缸体。
4）受力很小，自重轻或有绝缘要求的可选用工程塑料，如电动工具外壳。
5）受力较大，形状简单，批量少的可采用型钢焊接。

4. 常用工具的选材

（1）锉刀　钳工工具，要求有高硬度、高耐磨性，可采用 T12、13。
（2）手工锯条　要求有高硬度、高耐磨性、较好的韧性和弹性，可采用 T10、T12、20 钢渗碳。
（3）钳工锤　要求有高硬度和抗冲击性，可采用 T7、T8。
（4）麻花钻　要求有较高的热硬性和强韧性，可采用高速钢。

复习思考题

1. 钢中有哪些杂质？它对钢的力学性能影响如何？
2. 合金钢中常用的合金元素有哪些？对钢的影响如何？
3. 指出下列各钢号的钢种、大致含碳量值、质量及用途：
Q235B、45、08F、T10A、Q215A、ZG200-400
4. 为什么大多数合金钢热处理加热温度比含碳量相同的碳素钢高，保温时间长？
5. 低合金结构钢中的合金元素主要以什么途径强化？这类合金用途如何？
6. 为什么综合力学性能高的钢都为中碳钢？调质钢中合金元素有哪些，主要作用是什么？
7. 为什么弹簧钢都为中、高碳钢？合金弹簧钢中合金元素有哪些，主要作用是什么？

8. 为什么滚动轴承钢要有很高的含碳量？滚动轴承钢中合金元素有哪些，主要作用是什么？
9. 高速工具钢常含有哪些合金元素？为什么具有很高的热硬性？
10. 合金模具钢分为几类？各采用哪种热处理工艺？为什么？
11. 常用不锈钢有哪几种？为什么不锈钢中 w_{Cr} 都超过 11.7%，Cr13 类钢和 Cr12 类钢中 w_{Cr} 都超过 11.7%？为什么 Cr13 类钢可作为不锈钢，而 Cr12 类不可以？
12. 为什么铸铁的力学性能与钢相差很大？请说明灰铸铁、蠕墨铸铁和球墨铸铁的性能变化，为什么？
13. 说明下列钢号属于哪种合金钢，其数字的含义及用途是什么？
   Q345、40Cr、9SiCr、W18Cr4V、1Cr18Ni9Ti、2Cr13、Cr12MoV、GCr15、ZGMn13、5CrNiMo、60Si2MnA、3Cr2W8V
14. 说明下列铸铁牌号属于哪种铸铁，其数字的含义及用途是什么？
   HT250、RuT340、QT600-3、KTH370-12、KTZ550-04
15. 说明固溶处理、人工时效和自然时效的过程和作用。
16. 说明下列铝合金牌号的意义：
   ZL102、2A70、7A04、ZL301、3A21、2B50
17. 简述铜合金的分类、牌号和用途。
18. 简述钛合金的分类、牌号及用途。
19. 简述硬质合金的分类、牌号和用途。
20. 指出下列牌号的具体金属名称，并说明字母和数字的意义。
   T1、H62、HPb60-1、QSn6.5-0.4、QBe2、ZChSnSb11-6、ZChPbSb16-16-2、TA7、TC4、YG6X、YW2
21. 现用 40Cr 钢制造车床主轴，心部要求有良好的综合力学性能，轴颈要求硬而耐磨（54～58HRC）。请回答下列问题：
   ① 应进行哪些热处理工艺？
   ② 热处理后各获得什么组织？
   ③ 热处理工艺在加工工艺路线中如何安排？
22. 现用 20CrMnTi 钢生产汽车齿轮，要求齿面硬度 58～62HRC，硬化层 1.0～1.2mm，心部硬度 35～40HRC，试确定最终的热处理工艺及得到的齿面和心部组织。
23. 对于下列零件，应选用如下哪种材料，为什么？
   零件为：冲模冲头、压铸型、铣刀刀头、挖掘机铲齿、简单手术刀、化工管道、弹簧钢板、轴承滚珠、高级眼镜架、精密弹簧、飞机起落架、发动机活塞、汽轮机高速轴瓦。
   材料为：ZGMn13、W18Cr4V、QBe2、7A09、5CrNiMo、1Cr18Ni9Ti、TB3、GCr15、ZCHSnSb11-6、3Cr13、9Mn2V、Cr12MoV、ZAlCu4。

第六章 金属的液态成形

将液态金属浇注到与零件形状、尺寸相适应的铸型型腔中，待其冷却凝固后，获得一定形状的毛坯或零件的方法，称为铸造。铸造是生产机器零件毛坯的主要方法之一，其实质是液态金属逐步冷却凝固而成形，也称为金属液态成形。

这种方法能够制成形状复杂、特别是具有复杂内腔的毛坯，而且铸件的大小几乎不受限制，重量可从几克到几百吨。铸造常用的原材料来源广泛，价格低廉，所以铸件的成本也较低。因此，铸造在机器制造业中应用极其广泛，各种类型的现代机器设备中铸件所占的比重很大。例如，在机床、内燃机、重型机械中，铸件占机器总重的70%～90%，在风机、压缩机中占60%～80%，在拖拉机中占50%～70%，在农业机械中占40%～70%，在汽车中占20%～30%。但铸造生产也存在不足。液态成形给铸造带来某些缺点，比如铸造组织疏松、晶粒粗大，内部易产生缩孔、缩松、气孔等缺陷。因此，铸件的力学性能、特别是冲击韧度，比同样材料锻件的力学性能低；铸造工序多，且难以精确控制，使得铸件质量不够稳定，铸件的废品率较高；劳动条件差，劳动强度比较大。

随着铸造技术的发展，铸造工艺的不足正在不断被克服。各种铸造新工艺及铸造机械化、自动化使铸件的质量和成品率提高，工人的劳动强度减小，劳动条件改善；某些新研制的铸造合金使铸件的力学性能大为提高。精密铸造工艺使铸件的尺寸精度及表面质量都得到提高，成为"少切屑、无切屑工艺"的重要方法之一。

第一节 液态成形理论基础

一、金属的凝固

1. 液态金属的结构与性质

液态金属是通过加热将金属由固态熔化转变为熔融状态而得到的。由于铸造生产中得到的液体金属过热度不高（一般高于熔点100～300℃），这种液态金属靠近固态而远离气态。

试验表明，金属的熔化是从晶界开始的，是原子间结合的局部破坏。熔化后得到的液态金属由许多近呈有序排列的游动原子集团所组成，集团中原子排列和原有固体相似，但存在很大的能量起伏和剧烈的热运动，温度越高，原子集团尺寸越小，游动越快。

这些结构特点决定了液态金属具有粘度和表面张力等特性。粘度表征了介质中一部分质点对另一部分质点作相对运动时所受到的阻力。与气体不同，液体（与固体相似）分子处于连续的相互作用之中，并且作用力很大。液体在外力作用下其形状的改变，只需很小的作用力。与固体受力变形不同，这种小作用力下的变形是非弹性的、不可逆的。表面张力是在液体表面上平行于表面方向、且在各方向均相等的张力。液体表面最显著的特点之一，就是液面在表面张力的作用下在靠近器壁处产生弧形弯曲。

2. 液态金属的凝固

物质由液态转化为固态的过程称为凝固。铸造的实质是液态金属逐步冷却凝固而成形。

固态金属为晶体,金属的凝固过程又称为结晶。结晶包括形核和长大两个基本过程。

就宏观状态而言,凝固组织指的是铸态晶粒的形态、大小、取向和分布等情况;铸件的微观组织指晶粒内部结构的形态、大小和分布,以及各种缺陷等。铸件的凝固组织对金属材料的力学性能、物理性能影响甚大。一般情况下,晶粒越细小均匀,金属材料的强度和硬度越高,塑性和韧性越好。影响铸件凝固组织的因素有成分、冷却速度、形核条件等。

3. 铸件的凝固方式

在铸件凝固过程中,其断面上一般存在三个区域,即固相区、凝固区和液相区,如图6-1所示。其中,对铸件质量影响较大的主要是液相和固相并存的凝固区的宽窄。铸件的"凝固方式"就是依据凝固区的宽窄来划分的。

(1) 逐层凝固 纯金属或共晶成分合金在凝固过程中因不存在液、固并存的凝固区(图6-1a),故断面上外层的固体和内层的液体由一条界限(凝固前沿)清楚地分开。随着温度的下降,固体层不断加厚、液体层不断减少,直达铸件的中心,这种凝固方式称为逐层凝固。

(2) 糊状凝固 如果合金的结晶温度范围很宽,且铸件的温度分布较为平坦,则在凝固的某段时间内,铸件表面并不存在固体层,而液、固并存的凝固区贯穿整个断面(图6-1c)。由于这种凝固方式与水泥类似,即先呈糊状而后固化,故称为糊状凝固。

(3) 中间凝固 大多数合金的凝固介于逐层凝固和糊状凝固之间(图6-1b),称为中间凝固。铸件质量与其凝固方式密切相关。一般来说,逐层凝固时,合金的充型能力强,便于防止缩孔和缩松;糊状凝固时,难以获得结晶紧实的铸件。

铸件的凝固方式决定了铸件的组织结构形式,是影响铸件质量的内在因素。

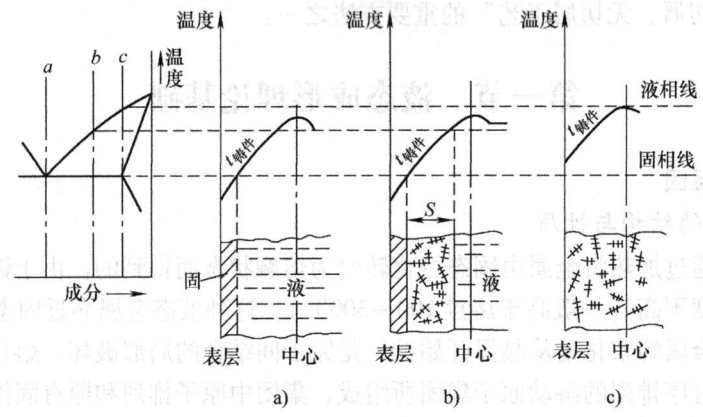

图6-1 铸件的凝固方式
a) 逐层凝固 b) 中间凝固 c) 糊状凝固

4. 影响铸件凝固方式的因素

影响铸件凝固方式的主要因素有合金的结晶温度范围和铸件的温度梯度。

(1) 合金的结晶温度范围 如前所述,合金的结晶温度范围越小,凝固区域越窄,越倾向于逐层凝固。如砂型铸造时,低碳钢为逐层凝固;高碳钢结晶温度范围甚宽,为糊状凝固。

(2) 铸件的温度梯度 在合金结晶温度范围已定的前提下,凝固区域的宽窄取决于铸件内外层间的温度梯度(图6-2)。若铸件的温度梯度由小变大,则其对应的凝固区由宽变窄。

铸件的温度梯度主要取决于以下几点。

1) 合金的性质。合金的凝固温度越低、热导率越高、结晶潜热越大，铸件内部温度均匀化能力越大，而铸型的激冷作用变小，故温度梯度小（如多数铝合金）。

2) 铸型的蓄热能力。铸型蓄热能力越强，激冷能力越强，铸件温度梯度越大。

3) 浇注温度。浇注温度越高，因带入铸型中的热量增多，铸件的温度梯度减小。

通过以上讨论可以得出：具有逐层凝固倾向的合金（如灰铸铁、铝硅合金等）易于铸造，应尽量选用。当必须采用有糊状凝固倾向的合金（如锡青铜、铝铜合金、球墨铸铁等）时，需考虑采用适当的工艺措施，例如选用金属型铸造等，以减小其凝固区域。

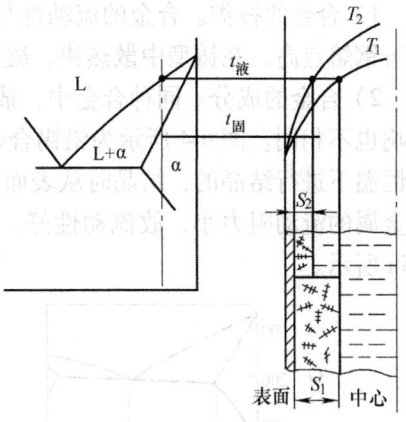

图 6-2 温度梯度对凝固区域的影响

二、金属与合金的液态成形性能

金属与合金的液态成形性能，也就是金属与合金的铸造性能，是指金属与合金在铸造成形的工艺过程中，容易获得外形正确、内部健全的铸件的性质。铸造性能是重要的工艺性能指标，铸造合金除应具备符合要求的力学性能和物理性能、化学性能外，还必须有良好的铸造性能。铸造性能通常用充型能力、收缩性等来衡量，除合金的化学成分外，工艺因素对铸造性能的影响很大。掌握金属与合金的铸造性能，对采取合理的工艺措施，防止缺陷，提高铸件质量具有重要意义。

1. 合金的充型能力

熔化合金填充铸型的过程，简称充型。熔融合金充满铸型型腔，获得形状完整、轮廓清晰铸件的能力，称为合金的充型能力。充型能力首先取决于熔融金属本身的流动能力（即流动性），同时又受外界条件，如铸型性质、浇注条件、铸件结构等因素影响。因此，充型能力是上述各种因素的综合反映。这些因素通过两个途径发生作用：影响金属与铸型之间的热交换条件，从而改变金属液的流动时间；影响金属液在铸型中的水动力学条件，从而改变金属液的流动速度。延长金属液的流动时间、加快流动速度，都可以改善充型能力。

下列为影响合金充型能力的主要因素。

(1) 合金的流动性　流动性是指熔融金属的流动能力，它是影响充型能力的主要因素之一，是液态金属固有的属性。流动性仅与金属本身的化学成分、温度、杂质量以及物理性质有关。合金的流动性好，充填铸型的能力就强，易于获得尺寸准确、外形完整和轮廓清晰的铸件，可避免产生铸造缺陷。合金的流动性用浇注流动性试样的方法来衡量。流动性试样的种类很多，如螺旋形、球形、真空试样等，应用最多的是螺旋形标准试样，如图 6-3 所示。

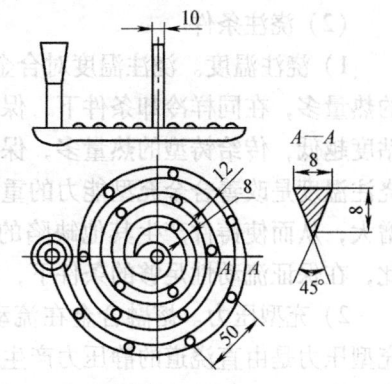

图 6-3 螺旋形标准试样

决定合金流动性的因素主要有以下几种:

1) 合金的种类。合金的流动性与合金的熔点、热导率、合金液的粘度等物理性能有关。如铸钢熔点高,在铸型中散热快,凝固快,而流动性差。

2) 合金的成分。同种合金中,成分不同的铸造合金具有不同的结晶特点,对流动性的影响也不相同。图6-4所示为铅锡合金的流动性与状态图的关系曲线。纯金属和共晶合金是在恒温下进行结晶的,结晶时从表面向中心逐层凝固,凝固层的表面比较光滑,对尚未凝固的金属的流动阻力小,故流动性好。特别是共晶合金,熔点最低,因而流动性最好,如图6-5a所示。

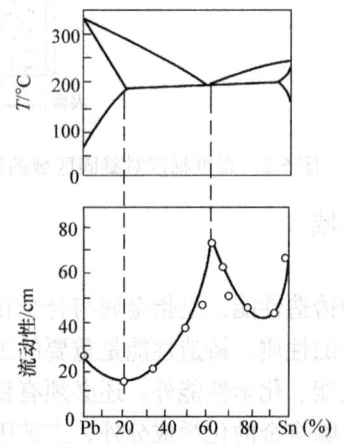

图6-4 铅锡合金的流动性与状态图的关系

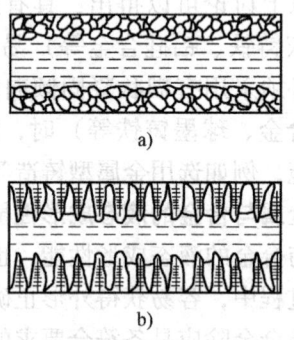

图6-5 结晶特性对流动性的影响
a) 恒温下 b) 一定温度范围

在一定温度范围内结晶的亚共晶合金,其结晶过程是在铸件截面上一定的宽度区域内同时进行的。在结晶区域中,既有形状复杂的枝晶,又有未结晶的液体。复杂的枝晶不仅阻碍熔融金属的流动,而且使熔融金属的冷却速度加快,所以流动性差。结晶区间越大,流动性越差,如图6-5b所示。

3) 杂质与含气量。熔融金属中出现的固态夹杂物,将使液体的粘度增加,合金的流动性下降。如灰铸铁中的锰和硫,多以MnS(熔点1650℃)的形式悬浮于铁液中,阻碍铁液的流动,使流动性下降。熔融金属中的含气量越少,合金的流动性越好。

(2) 浇注条件

1) 浇注温度。浇注温度对合金的充型能力有决定性影响。浇注温度高,液态金属所含的热量多,在同样冷却条件下,保持液态的时间长,所以流动性好。浇注温度越高,合金的粘度越低,传给铸型的热量多,保持液态的时间延长,流动性好,充型能力强。因此,提高浇注温度是改善合金充型能力的重要措施。但浇注温度过高,会使金属的吸气量和总收缩量增大,从而使铸件产生其他缺陷的可能性(如缩孔、缩松、粘砂、晶粒粗大等)增大。因此,在保证流动性足够的条件下,浇注温度应尽可能低些。

2) 充型压力。熔融合金在流动方向上所受的压力越大,充型能力越好。砂型铸造时,充型压力是由直浇道的静压力产生的,适当提高直浇道的高度,可提高充型能力。但过高的砂型浇注压力,使铸件易产生砂眼、气孔等缺陷。在低压铸造、压力铸造和离心铸造时,因人为加大了充型压力,故充型能力较强。

(3) 铸型条件　熔融合金充型时，铸型的阻力及铸型对合金的冷却作用，都将影响合金的充型能力。

1）铸型的蓄热能力。表示铸型从熔融合金中吸收并传出热量的能力，铸型材料的比热容和热导率越大，对熔融金属的冷却作用越强，合金在型腔中保持流动的时间缩短，合金的充型能力越差。

2）铸型温度。浇注前将铸型预热到一定温度，减小了铸型与熔融金属的温度差，减缓了合金的冷却速度，延长了合金在铸型中的流动时间，则使合金充型能力提高。

3）铸型中的气体。浇注时因熔融金属在型腔中的热作用而产生大量气体。如果铸型的排气能力差，则型腔中气体的压力增大，阻碍熔融金属的充型。铸造时，除应尽量减小气体的来源外，应增加铸型的透气性，并开设出气口，使型腔及型砂中的气体顺利排出。

4）铸件结构。当铸件壁厚过小，壁厚急剧变化、结构复杂，或有大的水平面时，均会使充型困难。因此在进行铸件结构设计时，铸件的形状应尽量简单，壁厚应大于规定的最小壁厚。对于形状复杂、薄壁、散热面大的铸件，应尽量选择流动性好的合金或采取其他相应措施。

2. 合金的收缩

(1) 收缩的概念　合金从浇注、凝固直至冷却到室温的过程中，其体积或尺寸缩减的现象，称为收缩。收缩是合金的物理本性，是影响铸件几何形状、尺寸、致密性，甚至造成某些缺陷的重要铸造性能之一。

合金的收缩量常用体收缩率或线收缩率来表示。金属从液态到常温的体积改变量称为体收缩。金属在固态由高温到常温的线尺寸改变量称为线收缩。体收缩率和线收缩率分别以单位体积和单位长度的变化量来表示

体收缩率 $\quad \varepsilon_v = \dfrac{v_0 - v_1}{v_0} \times 100\% = \alpha_v (t_0 - t_1) \times 100\%$ (6-1)

线收缩率 $\quad \varepsilon_l = \dfrac{l_0 - l_1}{l_0} \times 100\% = \alpha_l (t_0 - t_1) \times 100\%$ (6-2)

式中　v_0、v_1——金属在 t_0、t_1 时的体积（m³）；

l_0、l_1——金属在 t_0、t_1 时的长度（m）；

α_v、α_l——金属在 t_0 至 t_1 温度范围内的体积收缩系数和线收缩系数（1/℃）。

合金的收缩可分为三个阶段，如图6-6所示。

1）液态收缩。从浇注温度冷却到凝固开始温度（液相线温度）的收缩，即金属在液态时由于温度降低而发生的体积收缩。

2）凝固收缩。从凝固开始温度冷却到凝固终止温度（固相线温度）的收缩，即熔融金属在凝固阶段的体积收缩。

3）固态收缩。从凝固终止温度冷却到室温的收缩，即金属在固态由于温度降低而发生的体积收缩。

合金的液态收缩和凝固收缩表现为合金的体积缩小，通常以体积收缩率来表示。它们是铸件产生缩孔、缩松缺陷的基本原因。合金的固态收缩，尽管也是体积变化，但它只引起铸件各部分尺寸的变化。因此，通常用线收缩率来表示。固态收缩是铸件产生内应力、裂纹和变形等缺陷的主要原因。

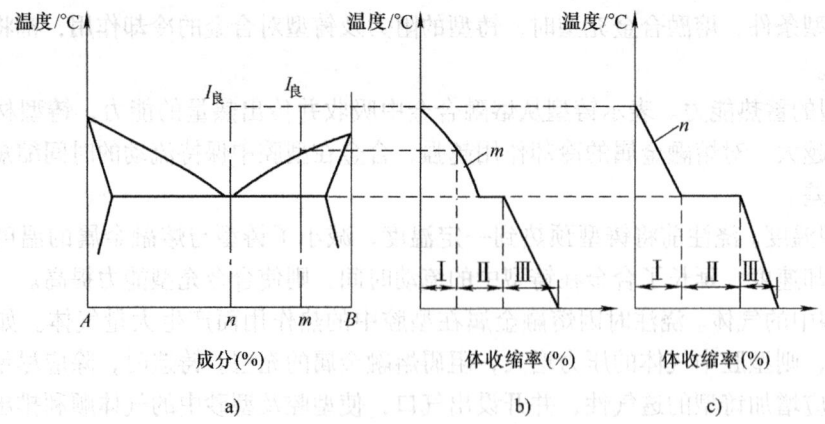

图 6-6 铸造合金收缩过程示意图
a) 合金状态图 b) 一定温度范围合金（m）的合金收缩过程 c) 共晶合金（n）的收缩过程
Ⅰ—液态收缩 Ⅱ—凝固收缩 Ⅲ—固态收缩

合金的总体收缩为上述三个阶段收缩之和。它与合金的成分、温度和相变有关。不同合金的断面收缩率是不相同的。表 6-1 给出了几种铁碳合金的体收缩率。

表 6-1 几种铁碳合金的体收缩率

合金种类	w_C（%）	浇注温度/℃	液态收缩（%）	凝固收缩（%）	固态收缩（%）	总体积收缩（%）
碳素铸钢	0.35	1610	1.6	3	7.86	12.46
白口铸铁	3.0	1400	2.4	4.2	5.4~6.3	12
灰铸铁	3.5	1400	3	0.1	3.3~4	6.9~7.8

（2）影响收缩的因素

1）化学成分。碳素钢随含碳量的增加，凝固收缩增加，而固态收缩略减。灰铸铁中，碳是形成石墨化元素，硅是促进石墨化元素，所以碳硅含量增加，收缩率减小。硫阻碍石墨的析出，使铸铁的收缩率增大。适量的锰，可与硫合成 MnS，抵消硫对石墨的阻碍作用，使收缩率减小。但锰含量过高，铸铁的收缩率又有增加。

2）浇注温度。浇注温度越高，过热度越大，合金的液态收缩增加。

3）铸件结构和铸型条件。铸型中的铸件冷却时，因形状和尺寸不同，各部分的冷却速度不同，结果对铸件收缩产生阻碍。此外，铸型和型芯对铸件的收缩也将产生机械阻力，铸件的实际线收缩率比自由线收缩率小。因此设计模样时，应根据合金的种类、铸件的形状、尺寸等因素，选取适合的收缩率。

三、液态成形性能对铸件质量的影响

液态成形性能对铸件质量有显著的影响。收缩是铸件中许多缺陷，如缩孔、缩松、应力、变形和裂纹等产生的基本原因。而充型能力不好，铸件则易产生浇不到、冷隔、气孔、夹杂、缩孔、热裂等缺陷。

1. 缩孔和缩松

铸型内的熔融合金在凝固过程中，由于液态收缩和凝固收缩所缩减的体积得不到补充，在铸件最后凝固部位将形成孔洞。按孔洞的大小和分布可分为缩孔和缩松。大而集中的空洞称为缩孔，细小而分散的空洞称为缩松。缩孔和缩松可使铸件的力学性能、气密性和物理化

学性能大大降低,以至成为废品。缩孔和缩松是极其有害的铸造缺陷,必须设法防止。

(1) 缩孔和缩松的形成

1) 缩孔。缩孔通常隐藏在铸件上部或最后凝固部位,有时在机械加工中可暴露出来。缩孔形状不规则,孔壁粗糙。缩孔产生的条件是金属在恒温或很小的温度范围内结晶,铸件壁以逐层凝固的方式进行凝固。缩孔的形成过程如图 6-7 所示。液态金属填满铸型(图 6-7a)后,因铸型吸热,靠近型腔表面的金属很快就降到凝固温度,凝固成一层外壳(图 6-7b),温度下降,合金逐层凝固,凝固层加厚,内部的剩余液体,由于液态收缩和补充凝固层的凝固收缩,体积缩减,液面下降,铸件内部出现空隙(图 6-7c),直到内部完全凝固,在铸件上部形成缩孔(图 6-7d)。已经形成缩孔的铸件继续冷却到室温时,因固态收缩使铸件的外形轮廓尺寸略有缩小(图 6-7e)。

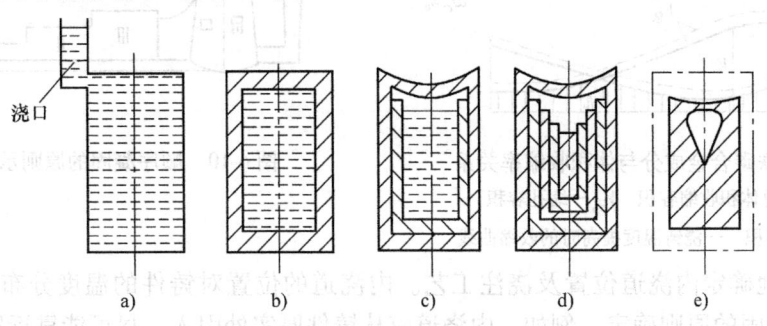

图 6-7 缩孔的形成过程示意图

2) 缩松。形成缩松的基本原因和形成缩孔的相同,但形成的条件却不同。缩松主要出现在结晶温度范围宽、以糊状凝固方式凝固的合金或厚壁铸件中。缩松形成过程如图 6-8 所示。一般合金在凝固过程中都存在液—固两相区,枝晶在其中不断扩大。当枝晶长到一定程度(图 6-8a),枝晶分叉间的熔融金属被分离成彼此孤立的状态,它们继续凝固时也将产生收缩(图 6-8b),这种凝固方式称为糊状凝固。这时铸件中心虽有液体存在,但由于枝晶的阻碍使之无法补缩,在凝固后的枝晶分叉间就形成许多微小的孔洞(图 6-8c)。这些孔洞有时只有在显微镜下才能辨认出来,这种很细小的孔洞称为疏松或显微缩松。

由以上缩孔和缩松的形成过程,可得到以下规律:①合金的液态收缩和凝固收缩越大(如铸钢,白口铸铁,铝青铜),铸件越易形成缩孔;②合金的浇注温度越高,液态收缩越大,越易形成缩孔;③结晶温度范围宽的合金,倾向于糊状凝固,易形成缩松。纯金属和共晶成分合金倾向于逐层凝固,易形成集中缩孔。

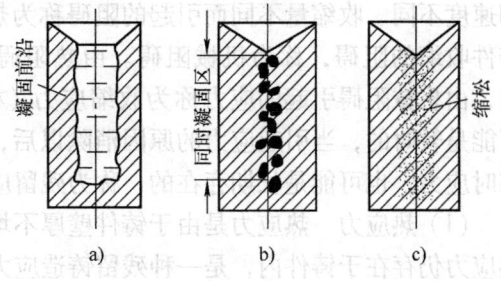

图 6-8 缩松的形成过程示意图

(2) 缩孔和缩松的防止 对一定成分的合金,缩孔和缩松的数量可以相互转化,但其总容积基本一定。图 6-9 所示为铁碳合金成分与总体积收缩率、缩孔和缩松形成倾向的关系。防止铸件中产生缩孔和缩松的基本原则就是针对合金的收缩和凝固特点制订正确的铸造工艺,使铸件在凝固过程中建立良好的补缩条件,尽可能使缩松转化为缩孔,并通过控制铸件的凝固过程使之符合顺序凝固的原则,并在铸件最后凝固的部位放置合理的冒口,使缩孔移

至冒口中,即可获得合格的铸件。主要工艺措施有:

1) 按照定向凝固原则进行凝固。定向凝固原则是指采用各种工艺措施,使铸件上从远离冒口的部分到冒口之间建立一个逐渐递增的温度梯度,从而实现由远离冒口的部分向冒口的方向定向地凝固,如图6-10所示。这样铸件上每一部分的收缩都得到稍后凝固部分的合金液的补充,缩孔转移到冒口部位,将其切除后便可得到无缩孔的致密铸件。

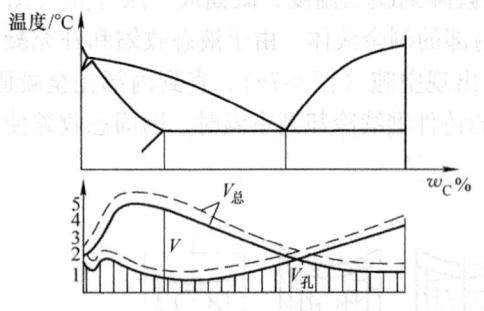 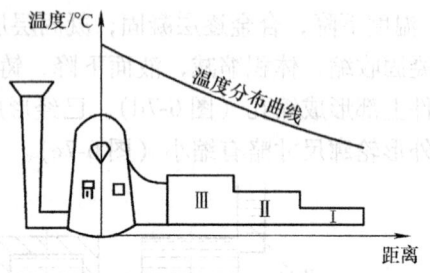

图6-9　铁碳合金成分与体积收缩率关系　　　图6-10　顺序凝固的原则示意图
　　$V_总$—总体积收缩容积　$V_孔$—缩孔容积
　　V—缩松容积　----浇铸温度提高时的收缩曲线

2) 合理地确定内浇道位置及浇注工艺。内浇道的位置对铸件的温度分布有明显影响,应按照定向凝固的原则确定。例如,内浇道应从铸件厚实处引入,尽可能靠近冒口或由冒口引入。

3) 合理地应用冒口、冷铁和补贴等工艺措施。冒口、冷铁和补贴的综合运用是消除缩孔、缩松的有效措施。图6-11所示是冷铁和冒口的应用。

2. 铸造应力

铸件在凝固、冷却过程中,由于各部分的体积变化不一致、彼此制约而使其固态收缩受到阻碍引起的内应力,称为铸造应力。按阻碍收缩原因的不同,铸造内应力分为热应力和收缩应力。铸造内应力是液态成形件产生变形和裂纹的基本原因。铸件各部分由于冷却速度不同、收缩量不同而引起的阻碍称为热阻碍,铸型、型芯对铸件收缩的阻碍,称为机械阻碍。由热阻碍引起的应力称为热应力,由机械阻碍引起的应力称为收缩应力(机械应力)。铸造应力可能是暂时的,当引起应力的原因消除以后,应力随之消失,称为临时应力;也可能是长期存在的,称为残留应力。

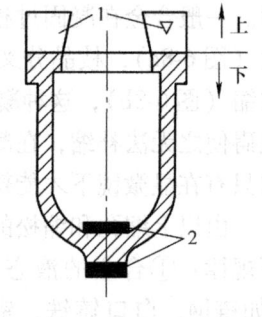

图6-11　冒口冷铁的作用
1—冒口　2—冷铁

(1) 热应力　热应力是由于铸件壁厚不均匀,各部分收缩受到热阻碍而引起的。落砂后热应力仍存在于铸件内,是一种残留铸造应力。

现以图6-12所示的框形铸件来说明热应力的形成过程。它由一根粗杆Ⅰ和两根细杆Ⅱ组成,图6-12上部表示杆Ⅰ和杆Ⅱ的冷却曲线,$t_临$表示金属弹塑性临界温度。当铸件处于高温阶段时,$T_0 \sim T_1$间两杆均处于塑性状态。尽管杆Ⅰ和杆Ⅱ的冷却速度不同,收缩不一致,但两杆都是塑性变形,不产生内应力。继续冷却到$T_1 \sim T_2$间,此时杆Ⅱ温度较低,已进入弹性状态,但杆Ⅰ仍处于塑性状态。由于冷却速度快,杆Ⅱ收缩大于杆Ⅰ,在横杆的作用下将对杆Ⅰ产生压应力而杆Ⅰ反过来给杆Ⅱ以拉应力(图6-12b)。处于塑性状态的杆Ⅰ

受压应力作用产生压缩塑性变形,使杆Ⅰ、Ⅱ的收缩趋于一致,也不产生内应力(图6-12c)。当进一步冷却至 $T_2 \sim T_3$ 间,杆Ⅰ和杆Ⅱ均进入弹性状态,此时杆Ⅰ温度较高,冷却时还将产生较大收缩,杆Ⅱ温度较低,收缩已趋停止,在最后阶段冷却时,杆Ⅰ的收缩将受到杆Ⅱ强烈阻碍,因此杆Ⅰ受拉,杆Ⅱ受压。到室温时形成残留应力(图6-12d)。

热应力使冷却较慢的厚壁处受拉伸,冷却较快的薄壁处或表面受压缩。铸件的壁厚差别越大,合金的线收缩率或弹性模量越大,热应力越大。定向凝固时,由于铸件各部分冷却速度不一致,产生的热应力较大,铸件易出现变形和裂纹,采用时应予以考虑。

(2)收缩应力 铸件在固态收缩时,因受铸型、型芯、浇冒口等外力的阻碍而产生的应力称为收缩应力。一般当铸件冷却到弹性状态后,收缩受阻都会产生收缩应力。收缩应力常表现为拉应力,与铸件部位无关。形成原因一经消除(如铸件落砂或去除浇冒口后),收缩应力也随之消失,因此收缩应力是一种临时应力。但在落砂前,如果铸件的收缩应力和热应力共同作用,其瞬间应力大于铸件的抗拉强度时,铸件会产生裂纹,如图6-13所示。

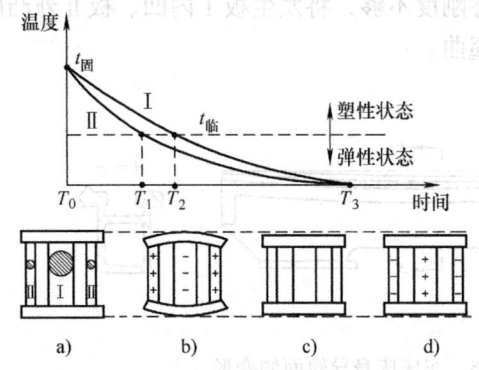

图6-12 热应力的形成
+—拉应力 −—压应力

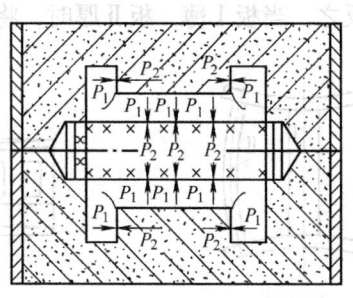

图6-13 收缩应力的形成
P_1—铸件对砂型的作用力 P_2—砂型对铸件的反作用力

(3)减小和消除铸造应力的措施

1)合理地设计铸件结构,铸件的形状越复杂,各部分壁厚相差越大,冷却时温度越不均匀,铸造应力就越大。因此,在设计铸件时应尽量使铸件形状简单、对称、壁厚均匀。

2)尽量选用线收缩率小、弹性模量小的合金。

3)采用同时凝固的工艺。

所谓同时凝固是指采取一些工艺措施,使铸件各部分温差很小,几乎同时进行凝固,如图6-14所示。因各部分温差小,不易产生热应力和热裂,铸件变形小。

4)设法改善铸型、型芯的退让性,合理设置浇冒口等。

5)对铸件进行时效处理是消除铸造应力的有效措

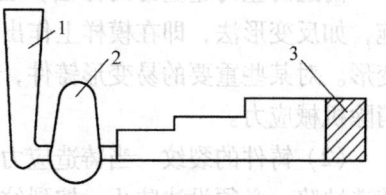

图6-14 同时凝固原则
1—直浇口 2—暗冒口 3—外冷铁

施。时效处理分为自然时效、热时效和共振时效等。所谓自然时效,是将铸件置于露天场地半年以上,让其内应力自然消除。热时效(人工时效)又称去应力退火,是将铸件加热到550~650℃之间,保温2~4h,再随炉冷却至150~200℃之间,然后出炉。共振时效是将铸件在其共振频率下振动10~60min,以消除铸件中的残留应力。

3. 铸件的变形与裂纹

当残留铸造应力超过铸件材料的屈服极限时，铸件将发生塑性变形，当铸造应力超过材料的抗拉强度时，铸件将产生裂纹。铸件产生变形以后，常因加工余量不够或因铸件放不进夹具无法加工而报废。在铸件中存在任何形式的裂纹都将严重损害其力学性能，使用时会因裂纹扩展而发生铸件断裂的事故。

（1）铸件的变形　对于厚薄不均匀、截面不对称以及具有细长特点的杆类、板类及轮类等铸件，当残留铸造应力超过铸件材料的屈服极限时，往往产生翘曲变形。如前述框形铸件，粗杆Ⅰ受拉伸，细杆Ⅱ受压缩，但两杆都有恢复自由状态的趋势，即杆Ⅰ总是力图压缩，杆Ⅱ总是力图伸长，如果连接两杆的横梁刚度不够，将会出现图6-15所示的翘曲变形。变形使铸造应力重新分布，残留应力会减小一些，但不会完全消除。图6-16所示T形梁铸钢件，当板Ⅰ厚、板Ⅱ薄时，浇注后板Ⅰ受拉、板Ⅱ受压，各自都有力图恢复原状的趋势，板Ⅰ力图缩短一点，板Ⅱ力图伸长一点。若铸钢件刚度不够，将发生板Ⅰ内凹、板Ⅱ外凸的变形。反之，当板Ⅰ薄、板Ⅱ厚时，将发生反向翘曲。

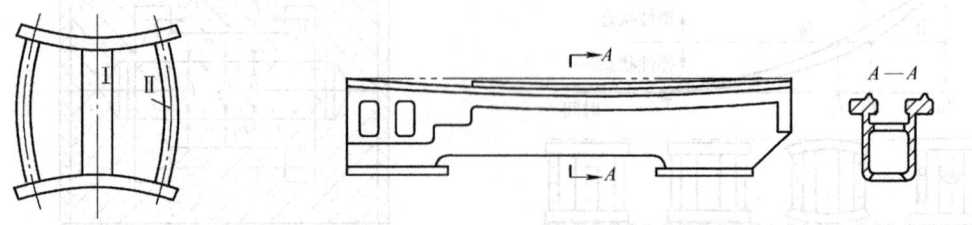

图6-15　框形铸件的变形　　　　　图6-16　车床床身导轨面的变形

对于形状复杂的铸件，也可应用上述分析方法来确定它的变形方向。如图6-17所示，车床床身的导轨部分厚，侧壁部分薄，铸造后导轨产生拉应力，侧壁产生压应力，往往发生导轨面下凹变形。有的铸件虽无明显变形，但经切削加工后，破坏了铸造应力的平衡，将产生变形甚至裂纹。

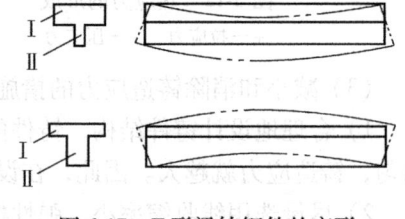

图6-17　T形梁铸钢件的变形

前述防止铸造应力的方法，也是防止变形的根本方法。此外，工艺上还可采取某些措施，如反变形法，即在模样上作出与挠曲量相等、但方向相反的预变形量来消除床身导轨的变形。对某些重要的易变形铸件，可采取提早落砂，落砂后立即将铸件放入炉内焖火的办法消除机械应力。

（2）铸件的裂纹　当铸造应力超过金属的强度极限时，铸件便产生裂纹。裂纹是严重的铸造缺陷，必须设法防止。按裂纹形成的温度范围可分为热裂和冷裂两种。

1）热裂。热裂是铸件在凝固后期，在接近固相线的高温下形成的。因为合金的线收缩并不是在完全凝固后开始的，在凝固后期，结晶出来的固态物质已形成了完整的骨架，开始了线收缩，但晶粒间还存有少量液体，故金属的高温强度很低。在高温下，铸件的线收缩若受到铸型、型芯及浇注系统的阻碍，机械应力超过了其高温强度，即发生热裂。热裂的形状特征是：裂纹短，缝隙宽，形状曲折，缝内呈氧化色。

防止热裂的措施有：①应尽量选择凝固温度范围小，热裂倾向小的合金；②应提高铸型和型芯的退让性，以减小机械应力；③浇冒口的设计要合理；④对于铸钢件和铸铁件，必须严格控制硫的含量，以防止热脆性。

2）冷裂。冷裂是在较低温度下，由于热应力和收缩应力的综合作用，铸件内应力超过合金的强度极限而产生的。冷裂多出现在铸件受拉应力的部位，尤其是具有应力集中处（如尖角、缩孔、气孔以及非金属夹杂物等的附近）。冷裂的特征是：裂纹细小，呈连续直线状，缝内有金属光泽或轻微氧化色。

铸件的冷裂倾向与热应力的大小密切相关。铸件的壁厚差别越大，形状越复杂，特别是大而薄壁的铸件，越易产生冷裂纹。不同铸造合金的冷裂倾向不同。灰铸铁、白口铸铁、高锰钢等塑性差的合金较易产生冷裂；塑性好的合金因内应力可通过其塑性变形来自行缓解，冷裂倾向小。铸钢中含磷量越高，冷裂倾向越大。

凡是减小铸件内应力或降低合金脆性的因素均能防止冷裂。

第二节　液态金属的成形方法

液态金属的成形方法主要有砂型铸造和特种铸造两大类。其中，砂型铸造是应用最为广泛的铸造方法。目前，世界各国砂型铸件占铸件总产量的80%以上。掌握砂型铸造是合理选择铸造方法和正确设计铸件的基础。砂型铸造的基本工艺过程如图6-18所示。

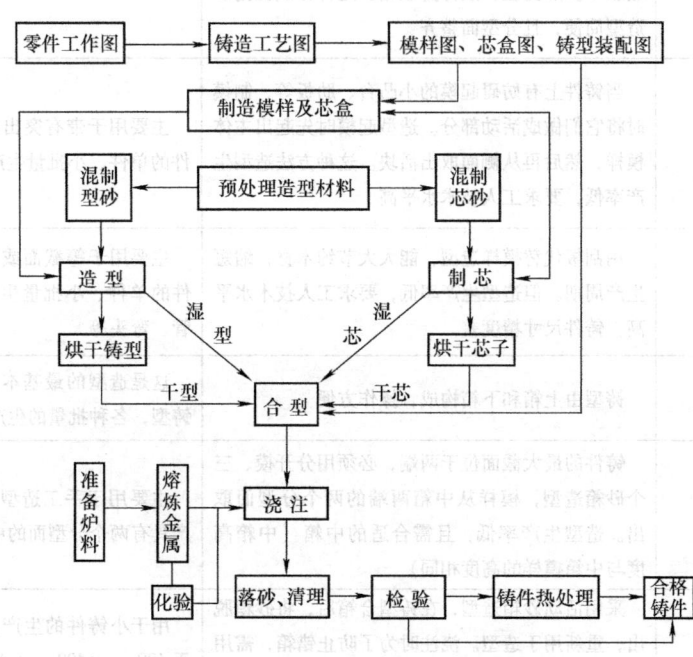

图6-18　砂型铸造工艺过程示意图

造芯是砂型铸造最基本的工序，按型芯砂紧实型和起模方法不同，造型方法分为手工造型和机器造型两大类。

一、砂型铸造成形

1. 手工造型

全部用手工或手动工具完成的造型工序称为手工造型。手工造型操作灵活，工艺装备简单，适应性强，但劳动强度大，生产率低，常用于单件和小批量生产，适用于各种形状的铸件。手工造型的方法很多，各种手工造型方法的特点和应用见表6-2。

表6-2 常用手工造型方法的特点和应用范围

	造型方法	主要特点	适用范围
按模样特征分类	整模造型	模样为整体模，分型面是平面，铸型型腔全部在一个砂箱内。这种方法造型简单，铸件精度和表面质量较好	最大截面位于一端并且为平面的简单铸件的单件、小批量生产
	分模造型	模样沿最大截面分为两半，型腔位于上、下两个砂箱内。这种方法造型简便，节省工时	最大截面在中部，一般为对称性铸件，适用于套类、管类及阀体等形状较复杂的铸件的单件、小批量生产
	挖砂造型	模样虽为整体，但分型面不为平面。为了取出模样，造型时用手工挖去阻碍起模的型砂。其造型费工时，生产率低，要求工人技术水平高	用于分型面不是平面的铸件的单件、小批量生产
	假箱造型	为了克服上述挖砂造型的缺点，在造型前特制一个底胎（假箱），然后在底胎上造下箱。由于底胎不参加浇注，故称为假箱。这种方法比挖砂造型简便，且分型面整齐	用于成批生产需挖砂的铸件
	活块造型	当铸件上有妨碍起模的小凸台、肋板等，制模时将它们做成活动部分。造型起模时先起出主体模样，然后再从侧面取出活块。这种方法造型生产率低，要求工人技术水平高	主要用于带有突出部分难以起模的铸件的单件、小批量生产
	刮板造型	用刮板代替模样造型，能大大节约木材，缩短生产周期。但造型生产率低，要求工人技术水平高，铸件尺寸精度差	主要用于等截面或回转体大、中型铸件的单件、小批量生产。如大带轮、铸管、弯头等
按砂箱特征分类	两箱造型	铸型由上箱和下箱构成，操作方便	这是造型的最基本方法，适用于各种铸型，各种批量的生产
	三箱造型	铸件的最大截面位于两端，必须用分开模、三个砂箱造型，模样从中箱两端的两个分型面取出。造型生产率低，且需合适的中箱（中箱高度与中模样的高度相同）	主要用于手工造型，单件、小批量生产具有两个分型面的中、小型铸件
	脱箱造型（无箱造型）	采用活动砂箱造型，在铸型合箱后，将砂箱脱出，重新用于造型。浇注时为了防止错箱，需用型砂将铸型周围填紧，也可在铸型上加套箱	用于小铸件的生产。砂箱尺寸大多小于400mm×400mm×400mm
	地坑造型	在地面砂床中造型，不用砂箱或只用上箱，减少了制造砂箱的投资和时间，但操作麻烦，劳动强度大，要求工人技术水平较高	用于生产要求不高的大、中型铸件，或用于砂箱不足时批量不大的中、小型铸件

2. 机器造型

用机器全部完成或至少完成紧砂操作的造型工序称为机器造型。机器造型生产效率高，劳动条件好，对环境污染小。机器造型铸件的尺寸精度和表面质量高，加工余量小。但设备和工装费用高，生产准备时间较长，适用于中、小型铸件的成批或大量生产。

(1) 紧砂方法　目前机器造型绝大部分都是以压缩空气为动力来紧实型砂的。机器造型的紧砂方法为压实、震实、震压和抛砂四种基本方式，其中以震压式应用最广。图 6-19 所示为震压紧砂机构原理图。工作时首先将压缩空气自震实进气口引入震实气缸，使震实活塞带动工作台及砂箱上升，震实活塞上升使震实气缸的排气孔露出压气排出，工作台便下落，完成一次振动。如此反复多次，将型砂紧实。当压缩空气引入压实气缸时，工作台再次上升，压头压入砂箱，最后排除压实气缸的压缩空气，砂箱下降，完成全部紧实过程。

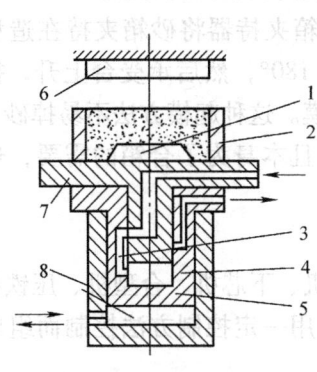
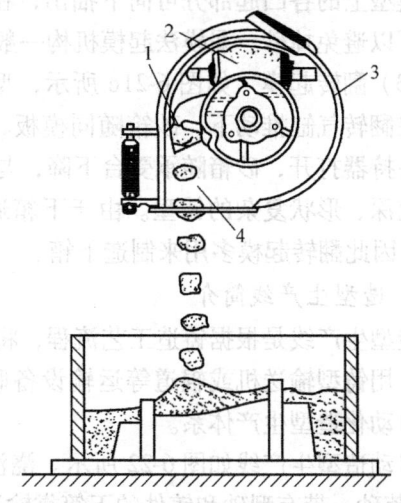

图 6-19　振压紧砂机构原理图
1—模板　2—砂箱　3—震实进气口　4—震实活塞
5—压实活塞　6—压头　7—工作台　8—震实气缸

图 6-20　抛砂紧实机构原理图
1—铁勺　2—带轮　3—抛砂头　4—砂团

抛砂紧实机构原理如图 6-20 所示，它是利用抛砂机头的电动机驱动高速叶片（900~1500r/min），连续地将传送带运来的型砂在机头内初步紧实，并在离心力作用下，呈团状的型砂被高速（30~60m/s）抛到砂箱中，使型砂逐层地紧实。抛砂紧实同时完成填砂与紧实两个工序，生产效率高、型砂紧实密度均匀。抛砂机适应性强，可用于任何批量的大、中型铸型或大型芯的生产。

(2) 起模方法　型砂紧实以后，就要从型砂中正确地把模样起出，使砂箱内留下完整的型腔。造型机大都装有起模机构，图 6-21 为起模方法示意图，其动力多半也是应用压缩空气，目前应用广泛的起模方法有顶箱、漏模和翻转三种。

1) 顶箱起模。图 6-21a 所示为顶箱起模。型砂紧实后，开动顶箱机构，使四根顶杆自模板四角的孔（或缺口）中上升，把砂箱顶起，此时固定模型的模板仍留在工作台上，这样就完成了起模工序。顶箱起模的造型机构比较简单，但起模时易漏砂，因此只适用于型腔简单且高度较小的铸型，多用于制造上箱，以省去翻箱工序。

2) 漏模起模。漏模起模如图 6-21b 所示。为了避免起模时掉砂，将模型上难以起模的

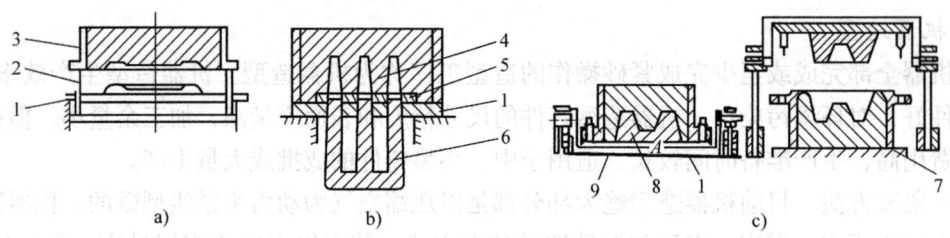

图 6-21 起模方法示意图
a) 顶箱起模 b) 漏模起模 c) 翻转起模
1—模板 2—顶杆 3—砂箱 4—型砂 5—模型平面部分 6—模型凸起部分 7—承受台 8—铸型 9—转板

部分作成可以从漏板的孔中漏下,即将模型分成两部分,模型本身的平面部分固定在模板上,模型上的各凸起部分可向下抽出,在起模过程中由于模板托住图 6-21c 中 A 处的型砂,因而可以避免掉砂。漏模法起模机构一般用于形状复杂或高度较大的铸型。

(3) 翻转起模 如图 6-21c 所示,型砂紧实后,砂箱夹持器将砂箱夹持在造型机转板上,在翻转气缸推动下,砂箱随同模板、模型一起翻转 180°,然后承受台上升,接住砂箱后,夹持器打开,砂箱随承受台下降,与模板脱离而起模。这种起模方法不易掉砂,适用于型腔较深、形状复杂的铸型。由于下箱通常比较复杂,且本身为了合箱的需要,也需翻转 180°,因此翻转起模多用来制造下箱。

3. 造型生产线简介

造型生产线是根据铸造工艺流程,将造型机、翻转机、下芯机、合型机、压铁机、落砂机等,用铸型输送机或辊道等运输设备联系起来,并采用一定控制方法控制而组成的机械化、自动化造型生产体系。

自动造型生产线如图 6-22 所示。浇注冷却后的上箱在工位 1 被专用机械卸下并送到工位 13 落砂,带有型砂和铸件的下箱靠输送带 16 从工位 1 移至工位 2,并进入落砂机 3 中落砂。落砂后的铸件跌落到专用输送带送至清理工段,型砂由另一输送带送往砂处理工段。落砂后的下箱被送往自动造型机 4 处,上箱则被送往造型机 12,模板更换靠小车 11 完成。

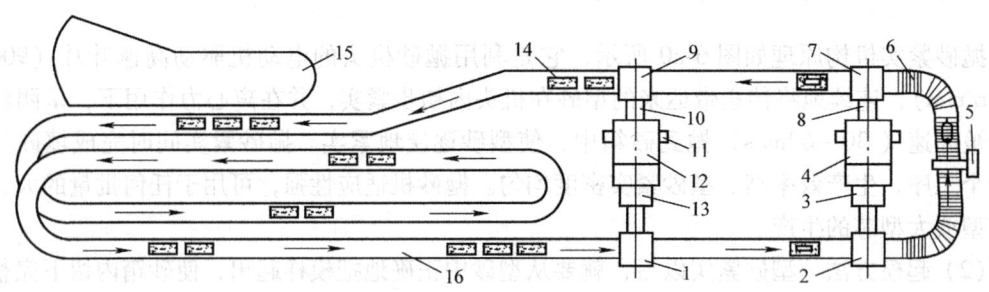

图 6-22 自动造型生产线
1—工位 1 2—工位 2 3—落砂机 4—造型机 5—清理刷 6—平车 7—工位 7 8—翻转机 9—合型机
10—辊道 11—小车 12—造型机 13—落砂机 14—铸型 15—浇注机 16—输送带

自动造型机制作好的下型用翻转机 8 翻转 180°,并于工位 7 被放置到输送带 16 的平车 6 上,被运至合型机 9,平车 6 预先用特制刷 5 清理干净。自动造型机 12 上制作好的上型顺辊道 10 运至合型机 9,与下型装配在一起。合型后的铸型 14 沿输送带移至浇注工段 15 进行浇注。浇注后的铸型沿交叉的双水平形线冷却后再输送到工位 1、2。下芯的操作是在铸型从工位 7 移至工位 9 的过程中完成的。造型生产线由于劳动组织合理，极大地提高了生产效率。

二、特种铸造方法

与普通砂型铸造不同的其他铸造方法统称为特种铸造。各种特种铸造方法均有突出的特点和一定的局限性，下面简要介绍常用的特种铸造方法。

1. 熔模铸造

在易熔模样（简称熔模）的表面包覆多层耐火材料，然后将模样熔去制成无分型面的型壳，经焙烧、浇注而获得铸件的方法称为熔模铸造。

(1) 熔模铸造的工艺过程

1) 制造压型。图 6-23a 所示的压型是制造熔模的模具。压型尺寸精度和表面质量要求高，它决定了熔模和铸件的质量。批量大、精度高的铸件所用压型常用钢或铝合金加工制成，小批量生产则可用易熔合金。

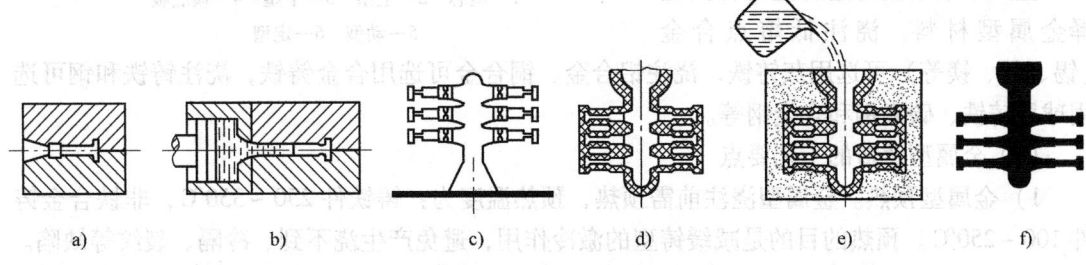

图 6-23 熔模铸造工艺过程
a) 压型 b) 压制蜡模 c) 焊蜡模组 d) 结壳脱模 e) 浇注 f) 带有浇注系统的铸件

2) 制造熔模。熔模材料主要有蜡基模料和松香基模料，后者用于生产高精度铸件。生产中常把由 50% 石蜡和 50% 硬脂酸配成的糊状蜡基模料压入压型（图 6-23b），待其冷凝后取出，然后将多个熔模焊在蜡制的浇注系统上制成熔模组，如图 6-23c 所示。

3) 制造型壳。在熔模组表面浸涂一层石英粉水玻璃涂料，然后撒一层细石英砂并浸入氯化铵溶液中硬化。重复挂涂料、撒砂、硬化 4~8 次，便制成 5~10mm 厚的型壳。型壳内面层撒砂粒度细小，外表层（加固层）粒度粗大。制得的型壳如图 6-23d 所示。

4) 脱模、焙烧。通常脱模是把型壳浇口向上浸在 80~90℃ 的热水中，模料熔化后从浇口溢出。焙烧是把脱模后的型壳在 800~950℃ 焙烧，保温 0.5~2h，以烧去型壳内的残蜡和水分，并使型壳强度提高。

5) 浇注、清理。型壳焙烧后可趁热浇注，如图 6-23e 所示。去掉型壳，清理型砂、毛刺，便得到所需铸件，如图 6-23f 所示。

(2) 熔模铸造的特点和应用范围　熔模铸造方法具有以下特点：

1) 由于铸型精密又无分型面，铸件精度高，表面质量好，尺寸公差等级为 IT4~IT7，表面粗糙度值可达 $Ra12.5~1.6\mu m$。

2) 可制造形状复杂的铸件，最小壁厚可达 0.7mm，最小孔径可达 1.5mm。

3) 能适应各种铸造合金，尤其适于生产高熔点和难加工的合金铸件。

4) 工序复杂，生产周期长，铸件成本较高，铸件尺寸和质量均受到限制，一般不超过 25kg。

熔模铸造主要用于汽轮机、燃汽轮机叶片、切削刀具、仪表元件、汽车、拖拉机及机床等零件的生产。

2. 金属型铸造

金属型铸造是将液体金属自由浇入到金属铸型内而获得铸件的方法。由于金属型可重复使用多次，故又称为永久型。

（1）金属型的构造 按照分型面的位置，金属型分为整体式、垂直分型式、水平分型式和复合分型式。图6-24所示为水平分型式和垂直分型式结构简图，其中垂直分型式便于布置浇注系统，铸型开合方便，容易实现机械化，应用较广。

生产中常根据铸造合金的种类选择金属型材料，浇注低熔点合金

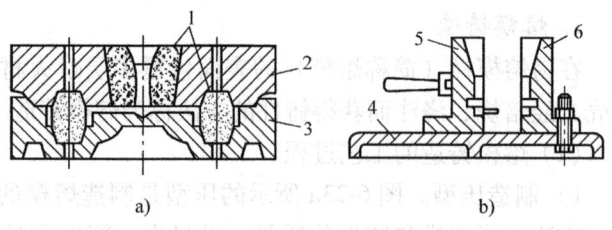

图 6-24 金属型结构简图
a）水平分型式 b）垂直分型式
1—型芯 2—上型 3—下型 4—模底板
5—动型 6—定型

（锡、锌、镁等）可选用灰铸铁，浇注铝合金、铜合金可选用合金铸铁，浇注铸铁和钢可选用球墨铸铁、碳素钢和合金钢等。

（2）金属型铸造的工艺要点

1）金属型预热。金属型浇注前需预热，预热温度为：铸铁件250～350℃，非铁合金铸件100～250℃。预热的目的是减缓铸型的激冷作用，避免产生浇不到、冷隔、裂纹等缺陷。

2）涂料。为保护铸型，调节铸件冷却速度，改善铸件表面质量，铸型表面应喷刷涂料。涂料由粉状耐火材料（氧化锌、石墨、石英粉等）、水玻璃粘结剂和水制成。

3）浇注温度。由于金属型导热快，所以浇注温度应比砂型铸造高20～30℃，铝合金为680～740℃，铸铁为1300～1370℃。

4）及时开型。因为金属型无退让性，铸件在金属型内停留时间过长，容易产生铸造应力而开裂，甚至会卡住铸型。因此，铸件凝固后应及时从铸型中取出。通常铸铁件出型温度为780～950℃，出型时间为10～60s。

（3）金属型铸造的特点和应用范围

1）铸件冷却速度快，组织致密，力学性能好。

2）铸件精度和表面质量较高，铸件尺寸公差等级为IT9～IT6，表面粗糙度 Ra 值12.5～6.3μm。

3）实现了"一型多铸"，提高了生产率，改善了劳动条件。

4）金属型不透气且无退让性，铸件易产生浇不到、裂纹或白口等缺陷。

金属型铸造适于批量生产非铁合金铸件，如发动机活塞、缸体、缸盖、泵体、轴瓦、轴套等。对于铸铁件只限于形状简单的中、小件生产。

3. 压力铸造

熔融金属在高压下高速充型并凝固而获得铸件的方法称为压力铸造，简称压铸。常用压射比为30～70MPa，压射速度为0.5～50m/s，有时高达120m/s，充型时间为0.01～0.2s。高压、高速充填铸型是压铸的重要特征。

（1）压铸设备及压铸工艺过程 压铸通过压铸机完成，压铸机分为热压室和冷压室两大

类。热压室压铸机的压室与坩埚连成一体,适于压铸低熔点合金。冷压室压铸机的压室和坩埚分开,广泛用于压铸铝、镁、铜等合金铸件。卧式冷压室压铸机应用最广,其工作原理如图 6-25 所示。合型后,把金属液浇入压室,压射冲头将液态金属压入型腔,保压冷凝后开型,利用顶杆顶出铸件。

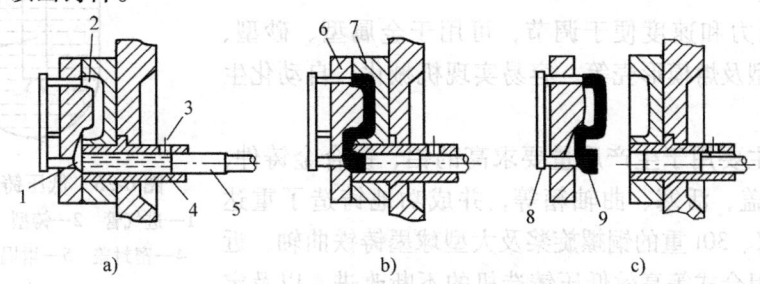

图 6-25 卧式冷压室压铸机工作原理图
a) 合型 b) 压铸 c) 开型
1—浇道 2—型腔 3—浇入液态金属处 4—液态金属 5—压射冲头
6—动型 7—定型 8—顶杆 9—铸件及余料

(2) 压力铸造的特点和应用范围

1) 铸件尺寸精度高,尺寸公差等级为 IT8~IT4,表面粗糙度 Ra 值可达 3.2~0.8μm,压铸件大都不需机加工即可直接使用。

2) 可压铸形状复杂的薄壁精密铸件,铝合金铸件最小壁厚可达 0.5mm,最小孔径 φ0.7mm,在铸件表面可获得清晰的图案及文字,可直接铸出螺纹和齿形。

3) 铸件组织致密,力学性能好,其强度比砂型铸件提高 25%~40%。

4) 生产率高,冷压室压铸机的生产率为 75~85 次/h,热压室压铸机高达 300~800 次/h,并容易实现自动化。

5) 由于压射速度高,型腔内气体来不及排除而形成针孔。铸件凝固快,补缩困难,易产生缩松,影响铸件内在质量。

6) 设备投资大,铸型制造费用高,周期长,故只适于大批大量生产。

压铸主要用于生产铝、锌、镁等合金铸件,在汽车、拖拉机等工业中得到广泛应用。目前,生产的压铸件重的达几十千克,轻的只有几克,如发动机缸体、缸盖、箱体、支架、仪表及照相机壳体等。近年来,真空压铸、加氧压铸、半固态压铸的开发利用,进一步扩大了压铸的应用范围。

4. 低压铸造

用较低的压力 (0.02~0.06MPa) 使金属液自下而上充填型腔,并在压力下结晶以获得铸件的方法称为低压铸造。

(1) 低压铸造的工艺过程 低压铸造的工艺过程如图 6-26 所示。把熔炼好的金属液倒入保温坩埚,装上密封盖,升液导管使金属液与铸型相通,锁紧铸型。将干燥的压缩空气通入坩埚内,金属液便经升液导管自下而上平稳地压入铸型并在压力下结晶,直至全部凝固。撤除液面压力,升液导管内金属液流回坩埚,开启铸型,取出铸件。

(2) 低压铸造的特点和应用范围

1) 充型平稳,无冲击、飞溅现象,不易产生夹渣、砂眼、气孔等缺陷。

2) 借助压力充型和凝固，铸件轮廓清晰，组织致密，对于薄壁、耐压、防渗漏、气密性好的铸件尤为有利。

3) 浇注系统简单，浇口兼冒口，金属利用率高，通常可达 90% 以上。

4) 充型压力和速度便于调节，可用于金属型、砂型、石膏型、陶瓷型及熔模形壳等，容易实现机械化、自动化生产。

低压铸造主要用于生产质量要求高的铝、镁合金铸件，如气缸体、缸盖、活塞、曲轴箱等，并成功地铸造了重达 200kg 的铝活塞、30t 重的铜螺旋桨及大型球墨铸铁曲轴。近年来侧铸式、组合式等高效低压铸造机的不断改进，以及定向凝固及大型铸件生产技术的进步，铸件质量不断提高。

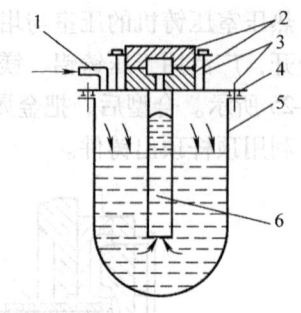

图 6-26 低压铸造示意图
1—进气管 2—铸型 3—紧固螺栓
4—密封盖 5—坩埚 6—升液导管

5. 离心铸造

离心铸造是将液态金属浇入高速旋转的铸型，在离心力作用下凝固成形的铸造方法。离心铸造适合生产中空的回转体铸件，并可省去型芯。

(1) 离心铸造的类型

根据铸型旋转轴空间位置不同，离心铸造可分为立式和卧式两大类，如图 6-27 所示。

立式离心铸造的铸型绕垂直轴旋转，如图 6-27a 所示。由于离心力和液态金属本身重力的共同作用，使铸件的内表面为一回转抛物面，造成铸件上薄下厚，而且铸件越高，壁厚差越大。因此，它主要用于生产高度小于直径的圆环类铸件，也能浇注成形铸件，如图 6-27b 所示。

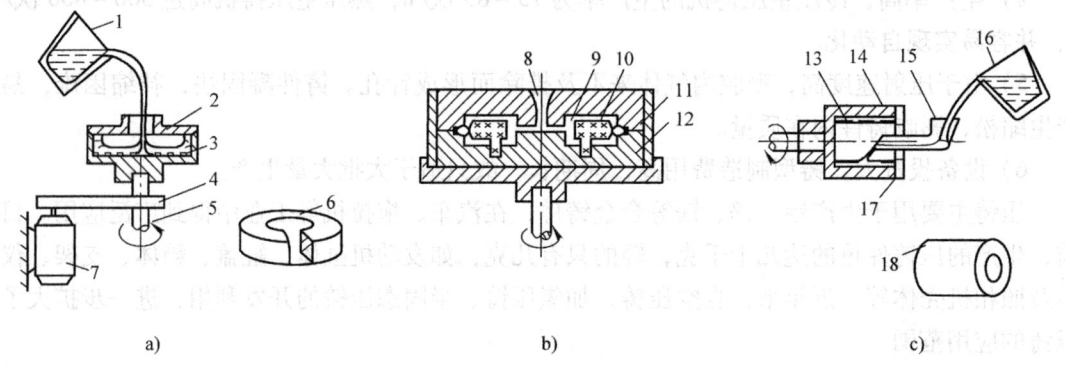

图 6-27 离心铸造示意图
a) 立式离心铸造 b) 立式离心浇注成形铸件 c) 卧式离心铸造
1、6—浇包 2、14—铸型 3、13—液体金属 4—带轮和传送带 5—旋转轴 6、18—铸件 7—电动机
8—浇注系统 9—型腔 10—型芯 11—上型 12—下型 15—浇注槽 16—浇包 17—端盖

卧式离心铸造的铸型绕水平轴旋转，如图 6-27c 所示。由于铸件各部分冷却条件相近，故其壁厚均匀。适于生产较长的管、套类铸件。

(2) 离心铸造的特点和应用范围

1) 铸件在离心力作用下结晶，组织致密，无缩孔、缩松、气孔、夹渣等缺陷，力学性能好。

2）铸造圆形中空铸件时，可省去型芯和浇注系统，简化了工艺，节约了金属。

3）便于铸造双金属铸件，如钢套镶铸铜衬，不仅表面强度高，内部耐磨性好，还可节约贵重金属。

4）离心铸件内表面粗糙，尺寸不易控制，需增大加工余量来保证铸件质量，不适宜生产易偏析的合金。

离心铸造是生产管、套类铸件的主要方法，如铸铁管、铜套、气缸套、双金属钢背铜套、双金属轧辊、加热炉辊道、造纸机滚筒等。

6. 挤压铸造

挤压铸造（又称液态模锻）是用铸型的一部分直接挤压金属液，使金属在压力作用下成形、凝固而获得零件或毛坯的方法。

（1）挤压铸造的原理及工艺过程　最简单的挤压铸造法如图6-28所示。其工作原理是在铸型中浇入一定量的液态金属，上型随即向下运动，使液态金属自下而上充型。挤压铸造的压力和速度较低，无涡流飞溅现象，且铸件成形时伴有局部塑性变形，因此铸件致密而无气孔。

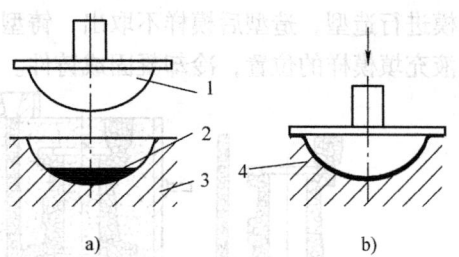

图 6-28　挤压铸造原理
a）合型前　b）合型后
1—上型　2—金属液　3—下型　4—铸件

挤压铸造所采用的铸型大多是金属型。图6-29所示为挤压大型薄壁铝合金铸件的工艺过程。挤压铸型由两扇半型组成，一扇固定，另一扇活动。挤压工艺过程如下：

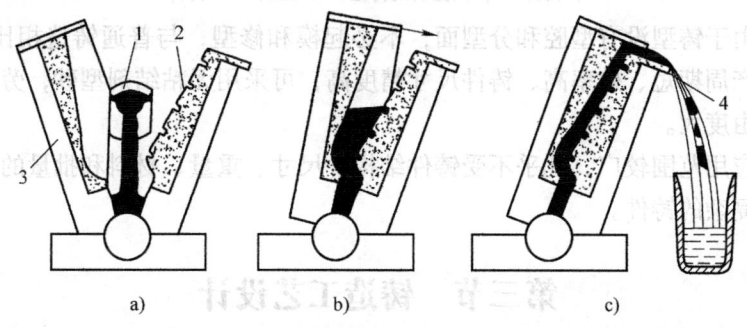

图 6-29　挤压铸造工艺
a）浇注　b）挤压　c）去除多余的金属
1—浇包　2—型芯　3—挤压铸造机　4—多余的金属

1）铸型准备。清理铸型、型腔内的喷涂料、预热等，使铸型处于待浇注状态。

2）浇注。向敞开的铸型底部浇入定量的金属液。

3）合型加压。逐渐合拢铸型，液态金属被挤压上升，并充满铸型，而多余的金属液由顶部挤出。同时，金属液中所含的气体和杂质也随同一起挤出，进而升压并在预定压力下保持一定时间，使金属液凝固。

4）完成。卸压，开型，取出铸件。

（2）挤压铸造的特点和应用范围　挤压铸造与压力铸造、低压铸造具有共同点，即利用比压的作用使铸件赋形并予"压实"，以获得致密铸件。其特点是：

1) 挤压铸件的尺寸精度和表面质量高。尺寸公差等级为IT11～IT13，表面粗糙度值Ra值达6.3～1.6μm。

2) 无需开设浇冒口，金属利用率高。

3) 适应性强，大多数合金都可采用挤压铸造。

4) 工艺简单，节省能源和劳力，容易实现机械化和自动化。

5) 生产率比金属型铸造高一倍。

挤压铸造可用于生产要求强度较高、气密性好的铸件及薄板类铸件，如各种阀体、活塞、机架、轮毂和铸铁锅等。

7. 实型铸造

实型铸造又称为消失模铸造，其原理是用泡沫塑料（包括浇冒口系统）代替木模或金属模进行造型，造型后模样不取出，铸型呈实体，浇入液态金属后，模样燃烧气化消失，金属液充填模样的位置，冷却凝固成铸件。图6-30所示为实型铸造工艺过程。

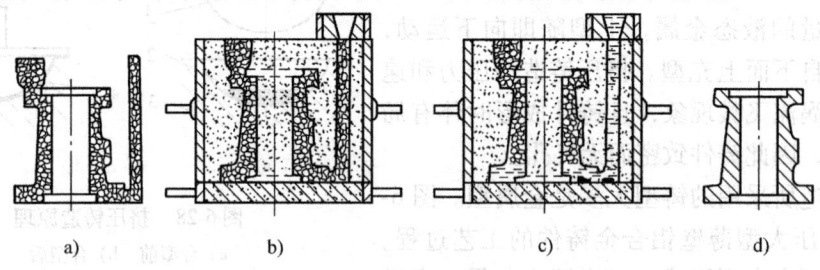

图6-30 实型铸造工艺过程示意图
a) 铸型 b) 浇注前的铸型 c) 浇注 d) 铸件

实型铸造由于铸型没有型腔和分型面，不必起模和修型，与普通铸造相比有以下优点：工序简单、生产周期短、效率高、铸件尺寸精度高，可采用无粘结剂型砂，劳动强度低，而且零件设计自由度大。

实型铸造应用范围较广，几乎不受铸件结构、尺寸、重量、材料和批量的限制，特别适用于生产形状复杂的铸件。

第三节 铸造工艺设计

一、铸造工艺设计的内容

铸造工艺设计是根据铸件结构特点、技术要求、生产批量、生产条件等，确定铸造方案和工艺参数，并绘制工艺图，编制工艺卡和工艺规范。其主要内容包括选择铸件的浇注位置、分型面、浇注系统，确定加工余量、收缩率和起模斜度、设计砂芯等。

1. 浇注位置的选择

浇注位置是指浇注时铸件在铸型中所处的空间位置。浇注位置选择得正确与否对铸件质量影响很大。选择时应考虑以下原则：

1) 铸件的重要加工面应朝下或位于侧面。这是因为铸件上部凝固速度慢，晶粒较粗大，易在铸件上部形成砂眼、气孔、渣孔等缺陷。铸件下部的晶粒细小，组织致密，缺陷少，质量优于上部。当铸件有几个重要加工面或重要面时，应将主要的和较大的加工面朝下或侧立,受力部位也应置于下部。当铸件上部出现加工面时,应适当加大加工余量,以保证加工后的铸件质量。图 6-31 中机床床身导轨和铸造锥齿轮的锥面都是主要工作面,浇注时应朝下。图 6-32 所示为吊车卷筒,主要加工面为外侧柱面,采用立位浇注,卷筒的全部圆周表面均位于侧位,能保证质量均匀一致。

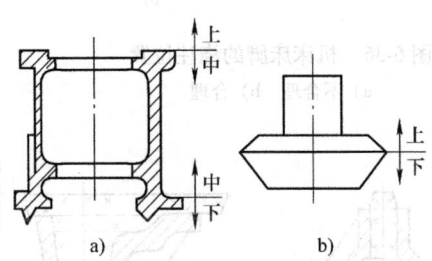

图 6-31 主要工件面朝下原则
a) 床身导轨 b) 锥齿轮

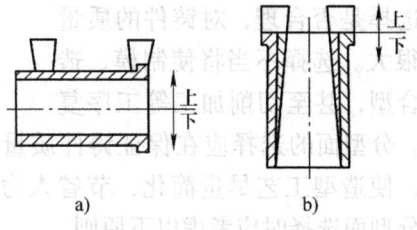

图 6-32 吊车卷筒浇注位置
a) 不合理 b) 合理

2)铸件宽大平面应朝下。这是因为在浇注过程中,熔融金属对型腔上表面的强烈辐射,容易使上表面型砂急剧地膨胀而拱起或开裂,在铸件表面造成夹砂、结疤缺陷,如图 6-33 所示。

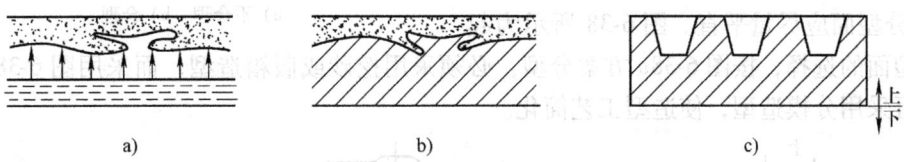

图 6-33 大平面的浇注位置选择
a) 拱起、开裂 b) 夹砂结疤 c) 平板的浇注位置

3)面积较大的薄壁部分应置于铸型下部或垂直、倾斜位置。图 6-34 所示为箱盖铸件,将薄壁部分置于铸型上部,易产生浇不足、冷隔等缺陷,改置于铸型下部后,可避免出现缺陷。

4)形成缩孔的铸件,应将截面较厚的部分置于上部或侧面,这样便于安放冒口,使铸件自下而上(朝冒口方向)定向凝固,如图 6-35 所示。

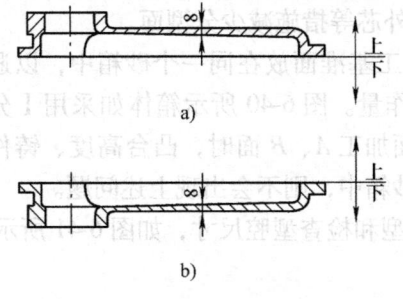

图 6-34 箱盖的浇注位置
a) 不合理 b) 合理

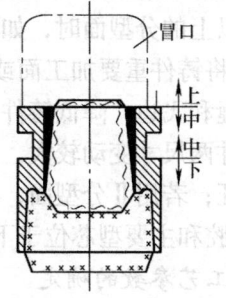

图 6-35 双排链轮的浇注位置

5)应尽量减小型芯的数量,且便于安放、固定和排气。图 6-36 所示为机床床脚铸件,采用图 6-36a 所示方案,中间空腔需要一个很大的型芯,增加了制芯的工作量。而采用图

6-36b所示方案，中间空腔由自带芯形成，简化了造型工艺，便于合型和排气，且安放型芯牢靠、合理。

2. 铸型分型面的选择(图6-37)

分型面为铸型之间的结合面，它的选择是否合理，对铸件的质量影响很大。选择不当将使制模、造型、合型，甚至切削加工等工序复杂化。分型面的选择应在保证铸件质量的前提下，使造型工艺尽量简化，节省人力、物力。分型面选择时应考虑以下原则。

1) 便于起模，使造型工艺简化。

① 为了便于起模，分型面应选择在铸件的最大截面处。

② 分型面的选择应尽量减小型芯和活块的数量，以简化制模、造型、合型工序。

③ 分型面应尽量平直。图6-38所示为起

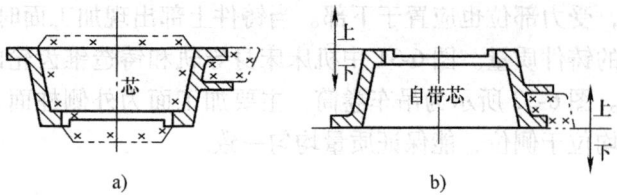

图6-36 机床床脚的浇注位置
a) 不合理　b) 合理

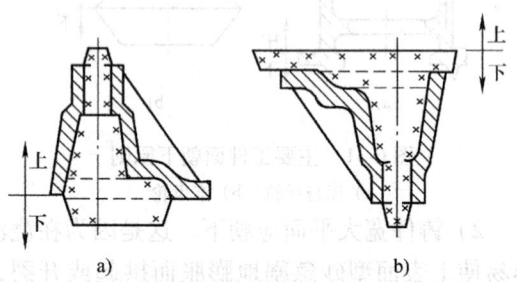

图6-37 支架的浇注位置
a) 不合理　b) 合理

重臂分型面的选择，按图6-38a方案分型，必须采用挖砂或假箱造型；而采用图6-38b方案分型，可采用分模造型，使造型工艺简化。

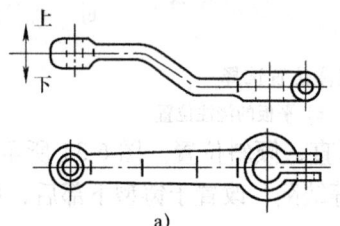
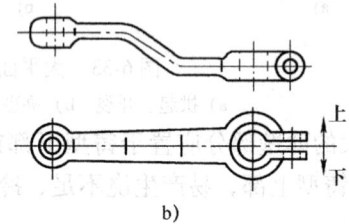

图6-38 分型面的选择
a) 不合理　b) 合理

④ 尽量减少分型面，特别是在机器造型时，只能有一个分型面。如果铸件不得不采用两个或两个以上的分型面时，如图6-39所示，利用外芯等措施减少分型面。

2) 尽量将铸件重要加工面或大部分加工面、加工基准面放在同一个砂箱中，以避免产生错箱、披缝和飞边，降低铸件精度和增加清理工作量。图6-40所示箱体如采用Ⅰ分型面选型时，铸件两尺寸变动较大，以箱体底面为基准面加工A、B面时，凸台高度、铸件的壁厚等难以保证；若用Ⅱ分型面，整个铸件位于同一砂箱中，则不会出现上述问题。

3) 使型腔和主要型芯位于下箱，便于下芯、合型和检查型腔尺寸，如图6-41所示。

3. 铸造工艺参数的确定

铸造工艺参数包括收缩余量、加工余量、起模斜度、铸造圆角及芯头、芯座等。

(1) 收缩余量　为了补偿收缩，模样比铸件图样尺寸增大的数值称为收缩余量。收缩余量的大小与铸件尺寸大小、结构的复杂程度和铸造合金的线收缩率有关，通常以铸件线收缩率表示。

（2）加工余量　铸件为进行机械加工而加大的尺寸称为机械加工余量。在零件图上标有加工符号的地方，制模时必须留有加工余量。加工余量的大小，要根据铸件的大小、生产批量、合金种类、铸件复杂程度及加工面在铸型中的位置来确定。灰铸铁件表面光滑平整，精度较高，加工余量小；铸钢件的表面粗糙，变形较大，其加工余量比铸铁件要大；有色金属件由于表面光洁、平整，其加工余量可以小些；机器造型比手工造型精度高，故加工余量可小一些。

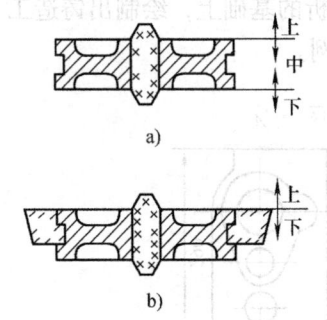 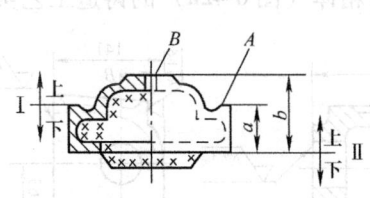 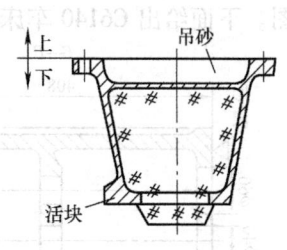

图6-39　外芯减少分型面　　图6-40　箱体分型面的选择　　图6-41　机床床脚的铸造工艺图

零件上的孔与槽是否铸出，应考虑工艺上的可行性和使用上的必要性。一般来说，较大的孔与槽应铸出，以节约金属、减少切削加工工时，同时可以减小铸件的热节；较小的孔，尤其是位置精度要求高的孔、槽则不必铸出，留待机加工反而更经济。砂型铸造最小铸孔见表6-3。

表6-3　砂型铸造最小铸孔　　（单位：mm）

铸造合金	壁　厚	最小孔径
灰铸铁	3~10	6~10
	20~25	10~15
	40~50	12~18
铸钢	—	30~50
铝合金、镁合金	—	20
铜合金	—	25

（3）起模斜度　为使模样容易地从铸型中取出或型芯自芯盒中脱出，所设计的平行于起模方向在模样或芯盒壁上的斜度，称为起模斜度。起模斜度的大小根据立壁的高度、造型方法和模样材料来确定。立壁越高，起模斜度越小；外壁起模斜度比内壁小；机器造型的起模斜度一般比手工造型的小；金属起模斜度比木模小。

（4）芯头　芯头指型芯的外伸部分，不形成铸件轮廓，只落入芯座内，用以定位和支承型芯。模样上用以在型腔内形成芯座并放置芯头的突出部分也称为芯头。因此芯头的作用是保证型芯能准确地固定在型腔中，并承受型芯本身所受的重力、熔融金属对型芯的浮力和冲击力等。此外，型芯还利用芯头向外排气。铸型中专为放置芯头的空腔称为芯座。芯头和芯座都应有一定斜度，便于下芯和合型。

4. 铸造工艺简图的绘制

铸造工艺简图是利用各种工艺符号，把制造模样和铸造所需的资料直接绘在零件图上的图样。它决定了铸件的形状、尺寸、生产方法和工艺过程。

铸造工艺简图通常是在零件蓝图上加注红、蓝色等各种工艺符号，把分型面、加工余量、起模斜度、芯头、浇冒口系统等表示出来，铸件线收缩率可用文字说明。

对于大批量生产的定型产品或重要的试验产品，应画出铸件图、模样（或模板）图、芯盒图、砂箱图和铸型装配图等。

二、铸造工艺实例

铸造工艺设计的内容，最终要归结到在对零件图进行工艺分析的基础上，绘制出铸造工艺图。下面给出 C6140 车床进给箱体（图 6-42a）的铸造工艺实例。

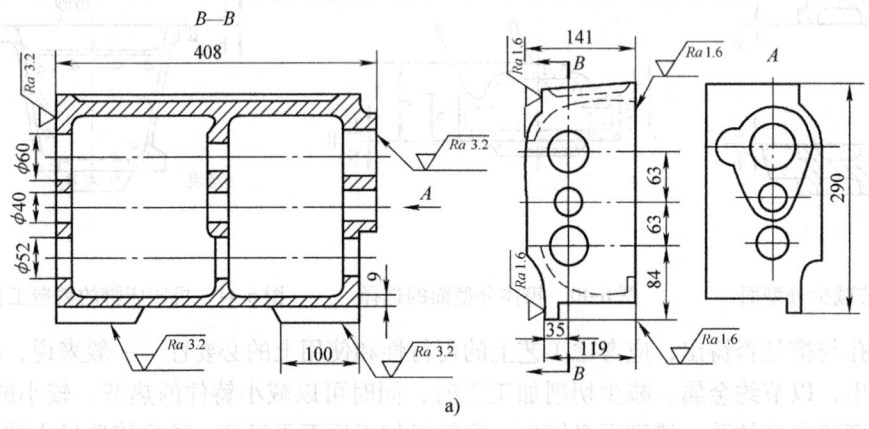

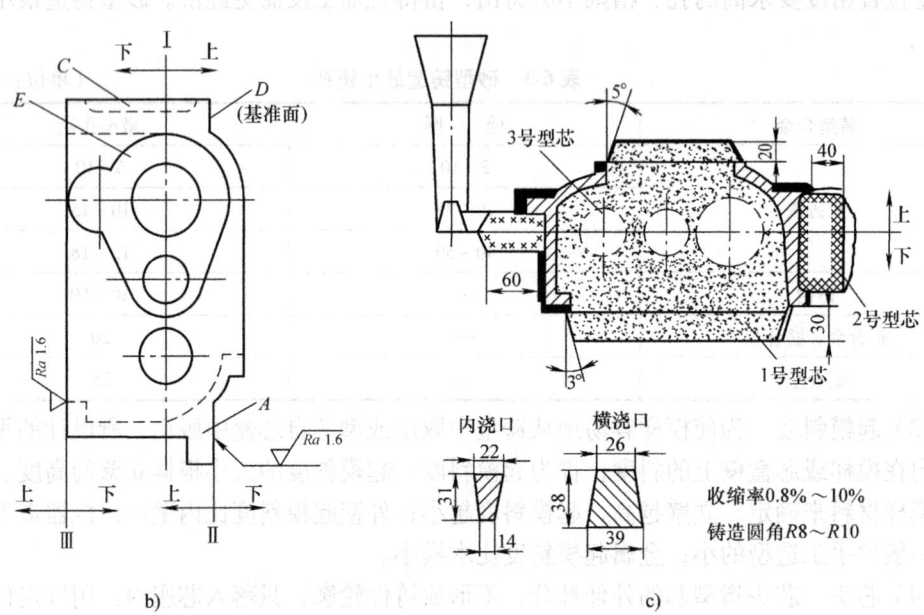

图 6-42 车床进给箱体
a) 零件图 b) 分型面的选择 c) 铸造工艺简图

材料：HT200。

生产批量：单件、小批或大批大量生产。

工艺分析：因该铸件没有质量要求特殊的表面，故浇注位置和分型面的选择主要以简化造型工艺为主要原则，同时应尽量保证基准面 D 的质量。进给箱体的工艺设计有图 6-42b 所示的三种方案。

方案Ⅰ——分型面在轴孔中心线上，此时，凸台A距分型面较近，又处于上箱，若采用活块，型砂易脱落，故改用型芯来成形，槽C则用型芯或活块制出。本方案的主要优点是适于铸出轴孔，铸后轴孔的飞边少，便于清理。同时，下芯头尺寸较大，型芯稳定性好。其主要缺点是基准面D朝上，使该面较易产生缺陷，且型芯数量较多。

方案Ⅱ——从基准面D分型，铸件绝大部分位于下箱，此时，凸台A不妨碍起模，但凸台E和槽C妨碍起模，也需采用活块或型芯来克服。它的缺点除基准面朝上外，其轴孔难以直接铸出。若拟铸出轴孔，因无法制出型芯头，必须加大型芯与型壁的间隙，致使飞边清理困难。

方案Ⅲ——从B面分型，铸件全部位于下箱，其优点是铸件不会产生错箱缺陷，基准面朝下，其质量易于保证，同时铸件最薄处在铸型下部，铸件不易产生浇不足、冷隔的缺陷。缺点是凸台E、A和槽C都需采用活块或型芯，内腔型芯上大下小，稳定性差。若拟铸出轴孔，其缺点与方案Ⅱ相同。

上述诸方案虽各具优缺点，但结合具体生产条件，仍可对比找出最佳方案。

1. 大批大量生产

在大批大量生产条件下，为减少切削加工量，需要铸出轴孔。此时，为了使下芯、合箱及铸件的清理简便，只能按照方案1从轴孔中心线处分型。为便于采用机器造型，应避免活块，故凸台和凹槽均采用型芯。为了克服基准面朝上的缺点，必须加大D面的加工余量。

2. 单件、小批生产

在此条件下，因采用手工造型，故采用活块较型芯更为经济；同时，因铸件的精度较低，尺寸偏差较大，轴孔不必铸出，而留待直接切削加工。显然，在单件生产条件下，宜采用方案Ⅱ或方案Ⅲ；小批生产时，三个方案均可考虑，视具体条件而定。

铸造工艺简图的绘制：在工艺分析的基础上，根据生产批量及具体生产条件，首先确定浇注位置和分型面，然后确定工艺参数，包括机械加工余量、起模斜度、铸造圆角、铸造收缩率等。同时还要确定型芯的数量、芯头尺寸以及浇注系统的尺寸等。图6-42c所示是在大批量生产条件下所绘制的铸造工艺简图。图中组装而成的型腔大型芯的细节未能表示。

第四节 铸件结构工艺性

铸件结构工艺性是指铸件结构应符合铸造生产要求，即满足铸造性能和铸造工艺对铸件结构的要求。合理的铸件结构不仅能保证铸件质量，满足使用要求，而且工艺简单、生产率高、成本低。

一、铸造合金性能的影响

铸件的结构，如果不能满足合金铸造性能的要求，将可能产生浇不足、冷隔、缩松、气孔、裂纹和变形等缺陷。

1. 铸件壁厚的设计

（1）铸件的最小壁厚　在确定铸件壁厚时，首先要保证铸件达到所要求的强度和刚度，同时还必须从合金的铸造性能的可行性来考虑，以避免铸件产生某些铸造缺陷。由于每种铸造合金的流动性不同，在相同铸造条件下，所能浇注出的铸件最小允许壁厚也不同。如果所设计铸件的壁厚小于允许的"最小壁厚",铸件就易产生浇不足、冷隔等缺陷。在各种工艺条件下,铸造合金能充满型腔的最小厚度,称为铸件的最小壁厚。铸件的最小壁厚主要取决于合金的种类、铸件的大小及形状等因素。表 6-4 给出了一般砂型铸造条件下的铸件最小壁厚。

表 6-4 砂型铸造条件下几种合金的铸件最小壁厚 （单位：mm）

铸造方法	铸件尺寸	合金种类					
		铸钢	灰铸铁	球墨铸铁	可锻铸铁	铝合金	铜合金
砂型铸造	<200×200	8	5~6	6	5	3	3~5
	200×200~500×500	10~12	6~10	12	8	4	6~8
	>500×500	15~20	15~20	15~20	10~12	6	10~12

（2）铸件的临界壁厚　在铸造厚壁铸件时,容易产生缩孔、缩松、结晶组织粗大等缺陷,从而使铸件的力学性能下降。因此,在设计铸件时,如果一味地采取增加壁厚的方法来提高铸件的强度,其结果可能适得其反。因为各种铸造合金都存在一个临界壁厚。在最小壁厚和临界壁厚之间就是适宜的铸件壁厚。

在砂型铸造条件下,各种铸造合金的临界壁厚约等于其最小壁厚的三倍。

（3）**铸件壁厚应均匀,避免厚大截面**　铸件壁过厚容易使铸件内部晶粒粗大,产生缩孔、缩松等缺陷。图 6-43a 所示铸件,其内孔需装配一根轴。现因壁厚过大,而出现缩孔。若采用图 6-43b 所示挖空或图 6-43c 所示设置加强筋,则其壁厚呈均匀分布,在保证使用性能的前提下,既可消除缩孔缺陷,又能节约金属材料。当铸件各部分壁厚难以做到均匀一致,甚至存在很大差别时,为减小应力集中,应采用逐步过渡的方法,以防壁厚突变,如图 6-44 所示。

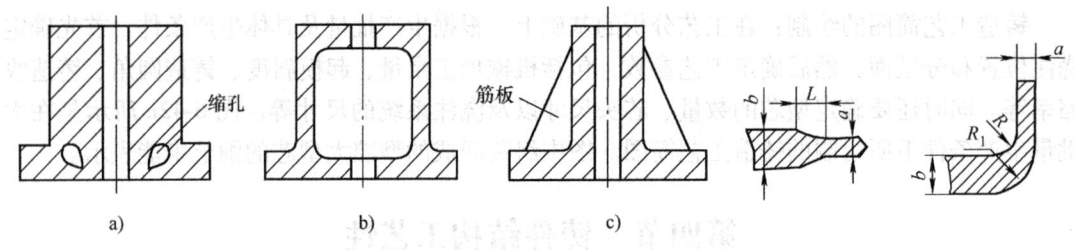

图 6-43　壁厚对铸件的影响　　　　　图 6-44　逐步过渡方法

2. 铸件壁间连接的设计

为减少热节、防止缩孔、减少应力、防止裂纹,壁间连接应有圆角,并应逐步过渡,避免十字交叉和锐角连接,如图 6-45 所示。

3. 避免铸件收缩受阻的设计

当铸件收缩受到阻碍,产生的内应力超过材料的抗拉强度时将产生裂纹。

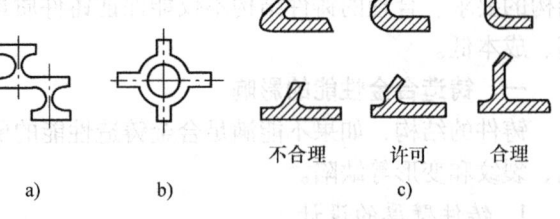

图 6-45　铸件接头结构
a) 交错接头　b) 环状接头　c) 锐角连接过渡形式

如图 6-46 所示轮形铸件,可借助弯曲轮辐的微量变形自行减缓内应力,或采用奇数轮辐数,防止开裂。

4. 防止铸件翘曲变形的设计

细长形或平板类铸件在收缩时易产生翘曲变形。如图 6-47 所示,将不对称结构改为对称结构,或采用加强筋,提高刚度,均可有效地防止铸件变形。

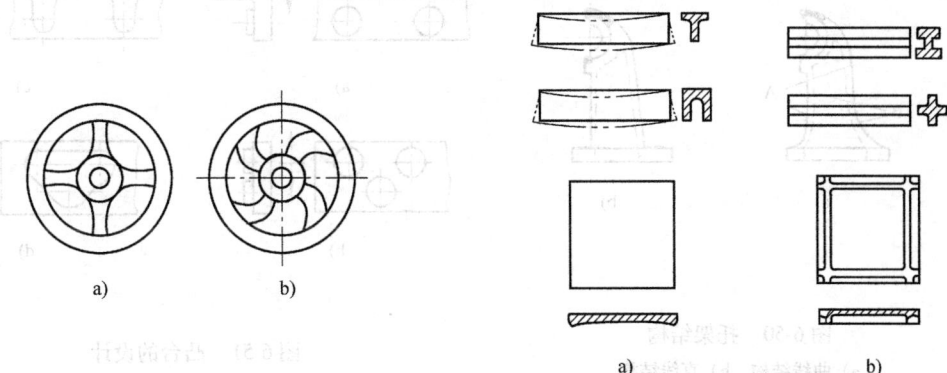

图 6-46 轮辐的设计

图 6-47 防止变形的铸件结构设计
a) 不合理 b) 合理

二、铸造工艺的影响

合理的铸件结构设计,除了满足零件的使用性能要求外,还应使其铸造工艺过程尽量简化,以提高生产效率,降低废品率,为生产过程的机械化创造条件。

1. 铸件外形设计

(1) 避免侧凹、窄槽和不必要的曲面,以简化外形,便于操作 如图 6-48a 所示端盖存在侧凹,需用三箱造型或增加环状型芯。若改为图 6-48b 所示结构,就可采用简单的两箱造型,使造型过程大为简化。如图 6-49a 所示箱体具有窄小沟槽,操作困难,容易掉砂。若改为图 6-49b 所示结构,既便于操作又能保证铸件质量。又如图 6-50a 所示,托架 A、B 为曲面,制造模样、芯盒费工、费料。若改为图 6-50b 所示的直线结构,能降低制模费 30%。

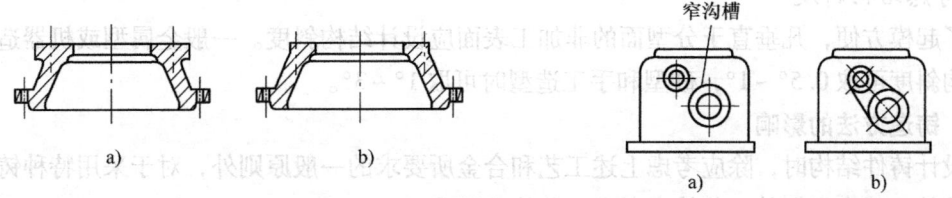

图 6-48 端盖铸件

图 6-49 箱体的结构

(2) 凸台、筋条的设计应便于起模 如图 6-51a 和 c 中凸台、筋条的设计均阻碍起模,需采用活块或型芯。图 6-51b 和 d 所示结构避免了活块或型芯,且造型简单。

2. 铸件内腔设计

由于型芯增加材料、消耗且工艺复杂,提高成本,并容易产生铸造缺陷。因此,设计铸件内腔时应尽量少用或不用型芯。如图 6-52a 所示铸件,其内腔只能用型芯成形,若改为图 6-52b 所示结构,可用自带型芯成形。图 6-53 为便于型芯固定、排气和清理,铸件有两个型芯,其中水平芯呈悬臂状态,需用芯撑 (A) 支承,若按图 6-53b 改为整体芯,支承稳固,排气畅通,清砂方便。薄壁或进行耐压试验的铸件尽量不用芯支承,可在铸件上设计工艺孔,增加芯头支承点,也便于排气和清理。

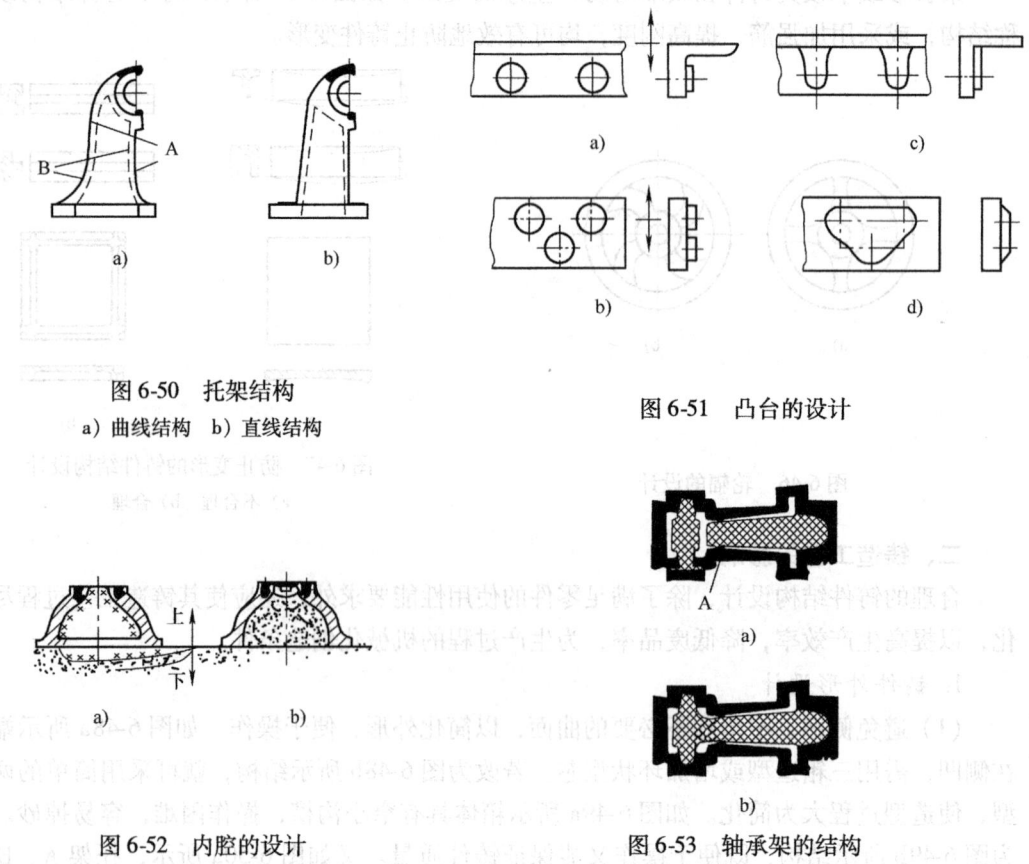

图 6-50 托架结构
a) 曲线结构 b) 直线结构

图 6-51 凸台的设计

图 6-52 内腔的设计
a) 改进前 b) 改进后

图 6-53 轴承架的结构
a) 改进前 b) 改进后

3. 考虑结构斜度

为了起模方便,凡垂直于分型面的非加工表面应设计结构斜度。一般金属型或机器造型时,结构斜度可取 0.5°~1°,砂型和手工造型时可取 1°~3°。

三、铸造方法的影响

在设计铸件结构时,除应考虑上述工艺和合金所要求的一般原则外,对于采用特种铸造方法的铸件,还应根据其工艺特点考虑一些特殊要求。

1. 熔模铸件的结构特点

(1) 便于从压型中抽出蜡模和型芯 图 6-54a 所示由于带孔凸台朝内,注蜡后无法从压型中抽出型芯;而图 6-54b 所示结构则克服了上述缺点。

(2) 孔、槽不宜过小或过深 为了便于浸渍涂料和撒砂,孔径应大于 2mm。对于通孔,孔深/孔径≤4~6;对于盲孔时,孔深/孔径≤2,槽深为槽宽的 2~6 倍,槽深应大于 2mm。

(3) 壁厚应尽可能满足顺序凝固要求 不要有分散的热节,以便利用浇口进行补缩。

(4) 因蜡模具有可熔性,可铸出各种复杂形状的铸件 可将几个零件合并为一个熔模铸件,以减小加工和装配工序。图 6-55 所示为车床的手轮手柄。

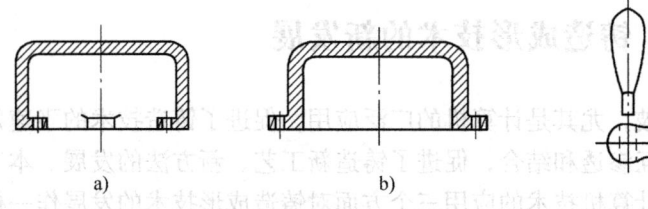
图 6-54 便于抽出蜡模和型芯的设计
a) 原结构 b) 改进后的结构

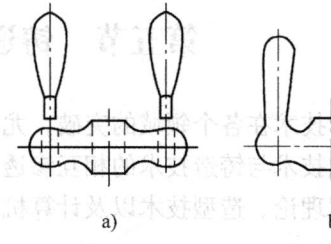
图 6-55 车床手柄
a) 加工装配件 b) 整铸的熔模铸件

2. 金属型铸件的结构特点

(1) 铸件的外形和内腔应力求简单

尽可能加大铸件的结构斜度,避免采用直径过小或过深的孔,以保证铸件能从金属型中顺利取出,以及尽可能地采用金属型芯。图 6-56a 所示铸件,其内腔内大外小,而 $\phi 18 \mathrm{mm}$ 孔过深,金属型芯难以抽出。在不影响使用的条件下,改成图 6-56b 所示结构后,内腔结构斜度加大,能保证金属型芯顺利抽出。

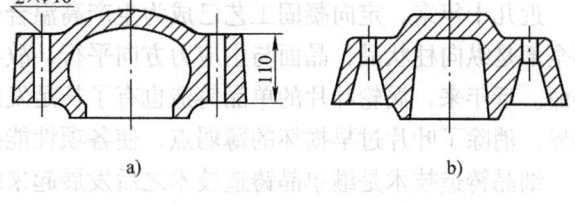
图 6-56 金属型铸件结构与抽芯
a) 无法抽芯 b) 便于抽芯

(2) 铸件的壁厚要适中 铸件壁厚差别不能太大,以防出现缩松或裂纹。

同时为防止浇不足、冷隔等缺陷,铸件的壁厚也不能太薄。如铝合金铸件的最小壁厚为 2~4mm。

3. 压铸件的结构特点

1) 压铸件的外形应使铸件能从压型中取出,内腔也不应使金属型芯抽出困难。因此要尽量消除侧凹,在无法避免而必须采用型芯的情况下,也应便于抽芯。如图 6-57a 所示,B 处妨碍抽芯,而改成图 6-57b 所示结构后,就便于抽芯了。

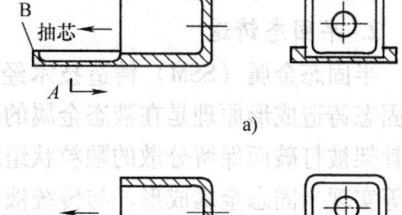
图 6-57 压铸件结构与抽芯
a) 妨碍抽芯 b) 便于抽芯

2) 压铸件壁厚应尽量均匀一致,且不宜太厚。对厚壁压铸件,应采用加强筋,减小壁厚,以防壁厚处产生缩孔和气孔。

3) 充分发挥镶嵌件的优越性,以便制出复杂件,改善压铸件局部性能和简化装配工艺。为使嵌件在铸件中联接可靠,应将嵌件镶入铸件的部分制出凹槽、凸台或滚花等。

4. 离心铸件的结构特点

离心铸件的内外直径应相近,否则浇注时内外壁的离心力相差太大导致铸件壁厚不均匀。此外,若是绕垂直轴旋转,铸件的直径应大于高的三倍,否则内壁下部的加工余量过大。

第五节 铸造成形技术的新发展

随着科学技术在各个领域的突破，尤其是计算机的广泛应用，促进了铸造技术的飞速发展。各种工艺技术与铸造技术的相互渗透和结合，促进了铸造新工艺、新方法的发展。本节将从铸造凝固理论、造型技术以及计算机技术的应用三个方面对铸造成形技术的发展作一概述。

一、凝固理论推动了铸造新工艺的发展

随着凝固理论研究的发展和深入，人们逐渐认识到凝固过程与铸件质量的密切关系，从而促使人们去寻求通过控制凝固过程来获得优质铸件的新途径。

1. 定向凝固和单晶、细晶铸造

近几十年来，定向凝固工艺已成为生产高温合金涡轮叶片的主要手段之一。由于叶片内部全部是纵向柱状晶，晶面与主应力方向平行，故各项性能指标均较高，延长了叶片的使用寿命。近年来，涡轮叶片的单晶铸造也有了长足发展，由于整个叶片由一个晶粒组成，没有晶界，消除了叶片过早损坏的薄弱点，使各项性能指标大为提高。

细晶铸造技术是继单晶铸造技术之后发展起来的又一新型的铸造工艺技术，它为改善中低温条件下使用的铸件的组织和力学性能开辟了新的途径。细晶铸造技术是通过控制普通熔模铸造工艺强化形核，阻止晶粒长大，获得平均晶粒尺寸小于 $1.6\mu m$ 的均匀、细小、各向同性的等轴晶铸件，改善了铸件的组织形态，显著提高了铸件的中低温疲劳性能，同时也改善了铸件的拉伸、持久性能。

2. 半固态铸造

半固态金属（SSM）铸造技术经过近 20 年的研究和发展，目前已进入工业应用阶段。半固态铸造成形原理是在液态金属的凝固过程中进行强烈搅拌，使普通铸造易形成的枝晶网络骨架被打破而保留分散的颗粒状组织形态，从而可利用常规的成形技术，如压铸挤压、模锻等实现半固态金属成形。与传统液态成形技术相比，它具有以下优点：成形温度低，能延长模具的使用寿命；节省能源，改善生产条件和环境；铸件质量提高；加工余量小；增加压铸合金的范围并可以发展金属复合材料。

3. 快速凝固铸造

快速凝固要求金属与合金凝固时具有极大的过冷度，它可由极快速冷却（>104～105℃/s）或液态金属的高度净化来实现。快速凝固可以显著细化晶粒；可极大地提高固溶度（远超过相图中的固溶度极限），从而提供了显著增加强化效果的可行性；可能出现常规凝固条件所不会出现的亚稳相；还可能凝固成非晶体金属。这就可能赋予快速凝固金属或合金各种优异的力学及化学物理性能。例如，铝合金制作汽车发动机连杆材料是人们过去不可想象的，而快速凝固所赋予材料的优异性能，使它能满意地应用于这一领域。

4. 其他凝固铸造

在凝固理论指导下还出现了悬浮铸造、旋转振荡结晶法和扩散凝固铸造。悬浮铸造又称为悬浮浇注，可分为外在悬浮铸造和内生悬浮铸造两种，前者在浇注过程中将一定量的金属粉末加入合金流作为外来晶核；后者是凝固前在合金液中促成活化晶核（如机械搅拌促成晶核）。悬浮铸造可消除柱状晶区，减少缺陷和液态收缩，减小偏析和改变组织形貌。而旋

转振荡结晶法则是巧妙地将定向凝固、离心铸造的振荡结合起来的复合铸造方法。扩散凝固铸造是将含低溶质的球形金属粉粒充满型腔，然后把高溶质液体压入金属粉粒之间，依靠液体中高溶质扩散，均匀成分及微观组织，缩短凝固时间，消除壁厚效应，减小凝固收缩，甚至在大多数情况下可以不用冒口。这为提高铸件质量、降低金属消耗等方面都创造了良好的条件。

5. 差压铸造

差压铸造又称为"反压铸造"，其实质是使液态金属在压差的作用下，充填到预先有一定压力的型腔内，进行结晶、凝固而获得铸件，它成功地将低压铸造和压力下结晶两种先进的工艺方法结合起来，从而使理想的浇注、充型条件和优越的凝固条件相配合，展示了巨大的发展前途。

由于差压铸造能有效地控制压力差，针对不同铸件给出最佳的压差值，获得最佳的充型速度，所以金属液补缩能力强，对结晶温度范围宽的合金也具有良好的补缩效果。又因在压力下结晶，它迫使刚刚结晶的晶粒发生塑性变形而消除微观缩松，且压力下结晶有利于减少气体的析出而减小针孔的危害。

二、造型技术的新发展

1. 气体冲压造型

这是近年来迅速发展的低噪声造型方法，其主要特点是在紧实前先将型砂填入砂箱和辅助框内，然后在短时间内开启快速阀门给气，对松散的型砂进行脉冲冲击，使其紧实成形，气体压力达 3×10^5Pa，且压力增长率 $\Delta P/\Delta t > 40$MPa/s，可一次紧实成形，无需辅助紧实。气体冲压造型具有砂型紧实度高、均匀，能生产复杂铸件，噪声小、节能、设备简单等优点，主要用于汽车、拖拉机、纺织机械所用的铸件。

2. 静压造型

静压造型的特点是消除了振、压造型机的噪声污染，改善了铸造厂的环境。其工艺过程是：首先将砂箱置于装有通气塞的模板上，通入压缩空气，使之穿过通气塞排出，然后将型砂压向模板，越靠近模板，型砂密度越高，最后用压实板在型砂上进一步压实，使其上、下硬度均匀，起模即成铸型。由于型砂紧实效果好，所以铸件尺寸精度高。目前静压造型主要用于汽车和拖拉机的气缸等复杂结构的铸件。

3. 真空密封造型

真空密封造型也称为V法造型，是一种全新的物理造型方法，其基本原理是在特制的砂箱内填入无水粘结剂的干砂，用塑料薄膜将砂箱密封后抽成真空，借助铸型内外的压力差，使型砂紧实成形。这种方法用于生产面积大、壁薄、形状不太复杂及表面粗糙度值较小，轮廓十分清晰的铸件。目前在叉车配重块、艺术铸件、大型标牌、钢琴弦架、浴缸等生产领域得到广泛应用。

4. 冷冻造型

冷冻造型又称为低温造型，由英国BCD公司首先研制出来，并于1977年建成世界上第一条冷冻造型自动生产线。冷冻造型采用石英砂作为骨架材料，加入少量水，必要时还加入少量粘土，按普通造型方法制好铸型后送入冷冻室，用液态氮或二氧化碳作为制冷剂，使铸型冷冻，借助于包覆在砂粒表面的冰冻水分实现砂粒的结合，使铸型具有很高的强度和硬度。浇注时，铸型温度升高，水分蒸发，铸型逐渐解冻，稍加振动立即溃散，可方便地取出铸件。

与其他造型方法相比，这种造型方法具有型砂配制简单、落砂清理方便，对环境污染少；铸型强度高、硬度大、透气性好、铸件表面光洁、缺陷少，成本低等特点。

三、计算机技术推动铸造的新发展

铸造过程计算机模拟仿真是铸造学科的前沿领域，是改造传统铸造产业的必由之路，也是当今世界各国铸造领域学者关注的热点。运用计算机对铸造生产过程进行设计、仿真、模拟，可以帮助工程技术人员优化工艺设计，缩短产品制造周期，降低生产成本，确保铸件质量。

1. 铸造过程的数值模拟

大部分铸造缺陷产生于凝固过程，通过凝固过程的数值模拟，可以帮助工程技术人员在实际铸造前对铸件可能出现的各种缺陷及其大小、部位和发生的时间予以有效的预测，在浇注前采取对策以确保铸件的质量。目前，铸造凝固过程数值模拟的研究主要在以下几方面：

1) 铸件收缩缺陷判据和铸件缩孔、缩松定量预测。此方法已经在铸造厂得到应用，并取得满意效果，尤其是对大型铸钢件的预测，与生产实际吻合良好。

2) 应力场的模拟。铸造过程应力场的数值模拟能帮助工程师预测和分析铸件裂纹、变形及残余应力，为提高铸件尺寸精度及稳定性提供科学依据。

3) 凝固组织模拟。凝固组织是继温度场、流场计算机模拟之后，美国、英国等发达国家开始研究的计算机模拟问题，近几年我国也开始这方面的研究工作。利用数值模拟可以预先设计凝固组织、预测材料性能、预报铸造缺陷、优化铸造工艺，具有很大的理论意义和实用价值。凝固组织计算机模拟比温度场模拟、流场模拟要复杂很多，随着技术的发展和研究工作的深入，先后出现了蒙特—卡洛模型、相场模型及基于界面稳定性理论的晶体生长模型等凝固组织的计算机模拟技术。

目前，微观组织模拟取得了显著成果，能够模拟枝晶、共晶生长，柱状晶等轴转变等。微观组织模拟可以分毫米、微米和纳米量级，并通过宏观量如温度、速度、变形等，利用相应的方程进行计算。如对汽车曲轴中的球墨铸铁微观组织进行数值模拟，模拟结果与试验结果相比，实际石墨球的数量、尺寸与模拟结果基本吻合，结果令人满意。

2. 铸造工艺 CAD

目前，铸造工艺 CAD 技术越来越受到铸造技术人员的青睐。通过计算机进行铸造工艺辅助设计，为铸造工艺设计的科学化、精确化提供了良好的工具，成为铸造技术开发和生产发展的重要内容之一。利用 CAD 技术可进行冒口、浇口、加工余量、冷铁、分型面、型芯的形状和尺寸的确定。近年来，国内外在铸造工艺计算机辅助设计方面已作了较多的研究和开发，相继出现了一批较实用的软件。如美国铸造协会（AFS）的 AFS-software 软件，可用于铸钢、铸铁的浇冒口设计；英国 Foseco 公司的 FEEDERALC 软件可计算铸钢件的浇冒口尺寸、补缩距离及选择保温冒口套等；国内清华大学研制开发的 FTCAD 软件适用于球墨铸铁浇冒口的系统设计等。铸造工艺计算机辅助设计程序的功能主要表现在以下几方面：

1) 铸件的几何、物理量计算，包括铸件体积、表面积、重量及热模数的计算。

2) 浇注系统的设计计算，包括选择浇注系统的类型和各部分截面积的计算。

3) 补缩系统的设计计算，包括冒口、冷铁的设计计算及合理补缩通道的设计。

4）绘图，包括铸件图、铸造工艺图、铸造工艺卡等图形的绘制和输出。

3. 铸造过程的计算机控制

铸造生产过程中，有效地实施铸造过程控制，是铸造生产的重要环节。提高检测技术水平，才能使铸件质量得到保证。在现代铸造生产中常用计算机控制型砂处理、造型操作；控制压力铸造的生产过程；控制合金液的自动浇注等。带有计算机的设备将会随时记录、储存和处理各种信息，实现过程最优控制。例如，一条机械化树脂砂生产线，实施全过程实时控制需要 40 台可编程序控制器（PC），砂温低时控制器便起动加热器将原砂加热至一定温度范围，在砂温未达到预定温度之前，控制器能向树脂砂多加固化剂，以保证脱模时间一定。控制过程中，计算机将读得的树脂流量与预期值进行比较，根据差值自动调整树脂泵转速以达到预期流量。计算机的这种调整周期仅需 1s 的时间，这样便能及时地弥补由于树脂泵泄漏、管道堵塞和粘度变化等造成的流量损失，使得系统质量和实时性大为提高。

复习思考题

1. 什么是液态合金的充型能力？它与流动性有何关系？流动性对铸件质量有何影响？
2. 合金收缩由哪三个阶段组成？各会产生哪些铸造缺陷？
3. 试述提高液态金属充型能力的方法，采用这些方法时应注意什么问题？
4. 何谓合金的收缩？影响合金收缩的因素有哪些？
5. 什么是熔模铸造？试述其过程。在不同批量下，其压型生产方法有何不同？
6. 压力铸造有何优点？它与熔模铸造的使用范围有何显著不同？
7. 为什么在进行铸件设计时需要分析铸件的初步分型方案？试举例说明。
8. 什么是铸件的结构斜度？它与起模斜度有何异同？
9. 铸件的浇注位置对铸件的质量有何影响？应按什么原则选取？
10. 浇注系统一般由哪几个基本组元组成？各组元的作用是什么？

第七章 金属的塑性成形

塑性成形是指固态金属在外力作用下产生塑性变形，获得所需形状、尺寸及力学性能的毛坯或零件的加工方法。各类钢和有色金属大都具有一定的塑性，均可在冷态或热态下进行塑性成形加工。

塑性成形与其他成形工艺相比，具有以下特点：

（1）**能改善金属组织，提高金属的力学性能** 金属坯料经过锻压加工后，可消除金属铸锭内部的气孔、缩孔和粗大的树枝状结晶等缺陷，并且因金属的塑性变形和再结晶，可使粗大的晶粒细化，得到致密的金属组织，从而提高金属材料的力学性能。在坯料内部的杂质随着塑性变形而形成纤维状组织，在零件设计时，若正确选用零件受力方向与纤维组织方向的配合，可提高零件的冲击韧度。因此，采用塑性成形加工方法制成的零件强度高，在承受同样大小载荷的情况下，零件的尺寸可以较小，既能节省金属，又可减轻机器的重量。例如，美国用 315000kN 模锻水压机模锻 F-102 歼击机上所用的整体大梁，取代了用 272 个零件和 3200 个铆钉组装成的骨架，其强度和刚性都较好，节省了高强度合金钢，使飞机质量减轻了 45.5～54.5kg。所以，用塑性成形加工方法生产毛坯与一般铸造方法相比，在改善金属内部组织，提高力学性能方面具有优势。

（2）**能节约金属材料和机械加工工时，提高金属材料的利用率和经济效益** 塑性成形加工方法是金属材料在外力作用下，使其体积重新再分配，从而获得毛坯（或零件）的形状和尺寸。而机械加工是依靠切掉多余的金属而获得零件的形状和尺寸。因此，采用塑性成形制坯，再经机械加工成为所需要的零件比用普通坯料（如圆钢、方钢等）直接加工，能节省大量金属，提高金属材料的利用率，也可节约加工工时。如某型号汽车上用的曲轴，质量为 17kg，采用钢坯直接加工时，切屑为轴重的 189%；而用塑性成形件再经机械加工后，切屑只占轴重的 30%，并可减少六分之一的加工工时。

（3）**具有较高的劳动生产率** 以生产内六角头螺钉为例，用模锻成形，生产率比用棒料直接机械加工成形提高约 50 倍，如果采用多工位冷锻工艺，则可提高 400 倍以上。据国外资料介绍，每模锻 10^7t 钢，由于生产率提高，相当于可减少机械加工工人 2～3 万人，少用 15000 台机床。特别是板料冲压加工方法，有很高的劳动生产率不能用其他加工方法所代替。在实际生产中，尤其是在大批量生产中，塑性成形方法具有显著的经济效果。

（4）**适应性广** 用塑性成形加工方法能生产出小至几克的仪表零件，大至上吨重的大型锻件。但是塑性加工方法也存在以下几方面的缺点：

如锻件的结构工艺性要求较高；对形状复杂特别是内腔复杂的零件或毛坯难以甚至不能锻压成形；通常锻压件（主要指锻造毛坯）的尺寸精度不高，还需配合切削加工等方法来满足精度要求；塑性加工方法需要重型的机器设备和较复杂的模具，模具的设计制造周期长，初期投资费用高等。

塑性成形加工方法主要有自由锻、模锻、挤压、拉拔、轧制、板料冲压等，如图 7-1 所示。

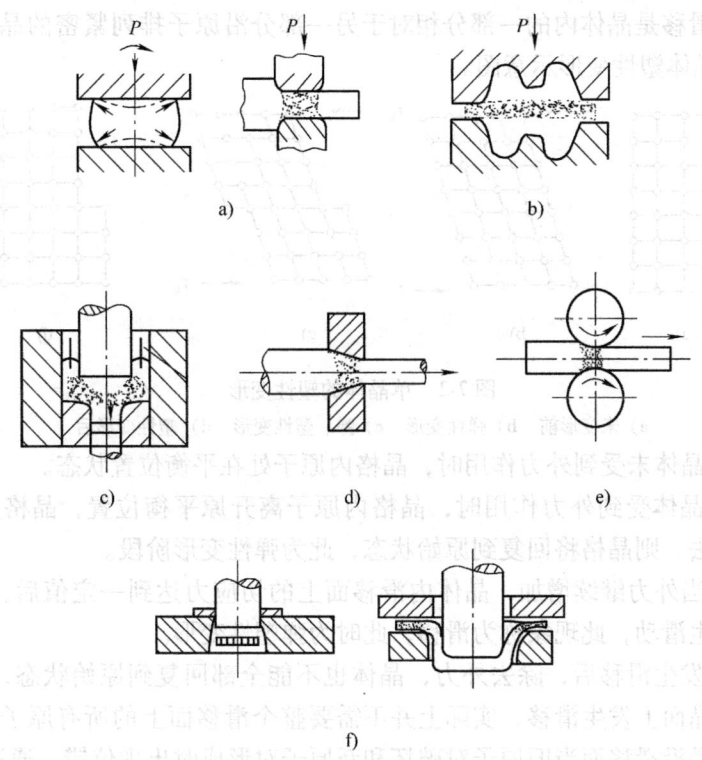

图 7-1 各种塑性成形方法
a) 自由锻 b) 模锻 c) 挤压 d) 拉拔 e) 轧制 f) 板料冲压

总之,塑性成形具有独特的优越性,已获得广泛的应用。凡承受重载荷、对强度和韧性要求高的机器零件,如机器的主轴、曲轴、连杆、重要齿轮、凸轮、叶轮及炮筒、枪管、起重吊钩等,通常均采用锻件作毛坯。据统计,在飞机上,锻件质量占总质量的85%,在汽车上占80%,在机车上占60%。

第一节 塑性成形的理论基础

一、塑性成形的实质

具有一定塑性的金属坯料在外力作用下,当坯料内的应力达到一定条件,便发生塑性变形,这是能够制造塑性成形件的根据。塑性成形加工是研究创造怎样的条件使金属产生所需要的塑性变形。

所有金属都是晶体结构,金属材料能够产生塑性变形的原因要从其晶体结构进行研究、说明。工业上常用的金属材料都是由很多晶粒组成的多晶体,而每个晶体是由无数多具有一定位向的原子呈有规律排列的晶格所组成。要研究多晶体塑性变形的实质,首先必须研究单个晶粒或单晶体的塑性变形机理。

1. 单晶体的塑性变形

单晶体是指原子排列方式完全一致的晶体。单晶体的晶格只有受到切应力作用,并达到临界值时,才发生塑性变形。单晶体塑性变形的主要方式有两种,一种为滑移变形,另一种为孪晶变形(亦叫孪晶)。而滑移是主要变形方式。

（1）滑移 滑移是晶体内的一部分相对于另一部分沿原子排列紧密的晶面作相对运动，图 7-2 所示是单晶体塑性变形示意图。

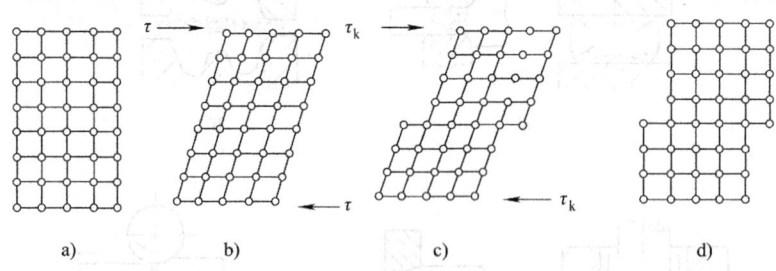

图 7-2 单晶体的塑性变形
a）未变形前 b）弹性变形 c）弹、塑性变形 d）塑性变形后

图 7-2a 中，晶体未受到外力作用时，晶格内原子处在平衡位置状态。

图 7-2b 中，晶体受到外力作用时，晶格内原子离开原平衡位置，晶格发生弹性歪曲，此时若将外力除去，则晶格将回复到原始状态，此为弹性变形阶段。

图 7-2c 中，当外力继续增加，晶体内滑移面上的切应力达到一定值后，晶体的一部分相对另一部分发生滑动，此现象称为滑移，此时为弹塑性变形。

图 7-2d 晶体发生滑移后，除去外力，晶体也不能全部回复到原始状态，这就产生了塑性变形。晶体在晶面上发生滑移，实际上并不需要整个滑移面上的所有原子同时一起移动，即刚性滑移，而是沿滑移面当旧原子对破坏和新原子对形成时出现位错，通过位错在切应力作用下的不断运动来实现滑移，如图 7-3 所示。

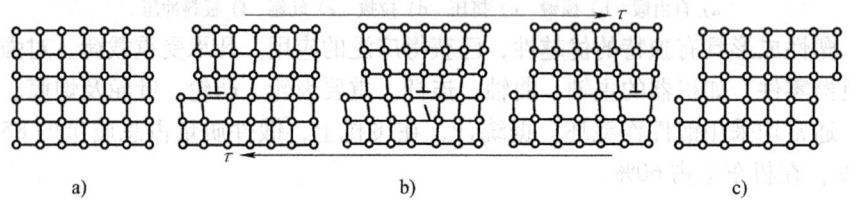

图 7-3 通过位错运动形成滑移的示意图
a）未变形前 b）位错运动 c）塑性变形后

在晶体内一个晶面发生滑移后，晶体的变形量很小，很多晶面同时滑移积累起来就形成滑移带，如图 7-4 所示，形成可见的变形。常见的三种金属晶格中，体心立方晶格和面心立方晶格对称性好，滑移系多，晶体可在多方向上发生滑移。晶体发生滑移后，其外表形状发生变化，体积保持不变，相对滑移后晶体的两部分仍保持晶格位向的一致性。

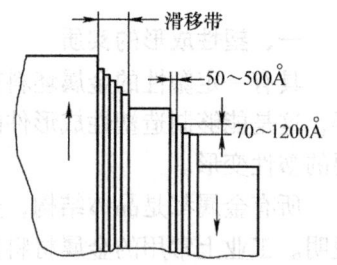

图 7-4 很多晶面滑移组成的滑移带

（2）双晶 双晶又称为孪晶。双晶是晶体在外力作用下晶格的一部分相对另一部分发生转动。未变形部分和变形部分的交界面称为双晶面，并在双晶面两侧形成镜面对称，如图 7-5 所示。产生双晶变形所需要的切应力一般都高于产生滑移变形所需要的切应力。双晶变形量虽然很小，但是由于双晶变形改变了晶格的位向，可以有利于进一步产生滑移变形。

双晶一般发生在晶体内滑移系少的金属中，具有六方晶格的金属产生双晶变形的倾向较大。增加变形速度会促使双晶的发生。在冲击力的作用下容易产生双晶。

2. 多晶体的塑性变形

工业上所用的金属绝大部分是多晶体，是由大量的形状、大小、晶格排列位向各不相同的晶粒所组成。各晶格之间是一层很薄的晶粒边界，晶界是相邻两个位向不同晶粒的过渡层，又因晶界处有杂质存在，原子排列是不规则的。由此可知，多晶体塑性变形比单晶体塑性变形复杂得多。

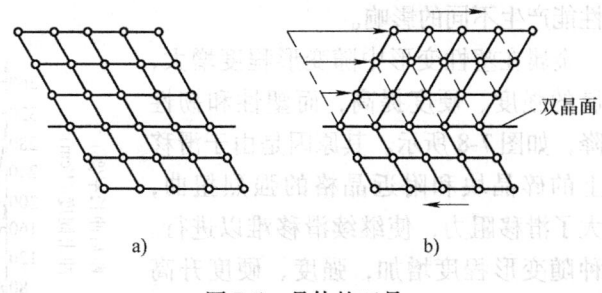

图 7-5　晶体的双晶
a) 变形前　b) 变形后

多晶体塑性变形可分为晶内变形与晶间变形。晶粒内部的塑性变形称为晶内变形。晶粒之间相互移动或转动称为晶间变形。在多晶体内，单就一个晶粒来分析，其塑性变形方式和单晶体塑性变形方式是一样的，即主要变形方式为滑移和双晶。图 7-6 所示为多晶体塑性变形示意图。

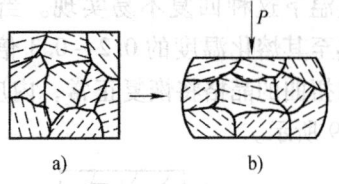

图 7-6　多晶体塑性变形示意图
a) 变形前　b) 变形后

多晶体的晶内变形方式虽然和单晶体的塑性变形方式一样，但是，多晶体的晶粒各位向不同，因此在外力作用下各晶粒所处的塑性变形条件不同。有些晶粒处于有利的塑性变形条件，有些则相反。这主要取决于晶粒内晶格排列的方向性，即滑移平面所处的方向。在许多滑移平面中，与外力作用方向成 45°角的滑移平面，产生的切应力最大，易于达到发生塑性变形所需要的临界值，产生塑性变形。而其邻近的晶粒，其沿滑移平面的切应力尚未达到临界值，处于非塑性变形状态，只能通过晶粒转动或者双晶变形，才能进一步产生滑移变形。如图 7-7 为多晶体晶粒位向与受力变形关系的示意图，图中②、③晶粒易于产生滑移，①、④晶粒不易于产生滑移。

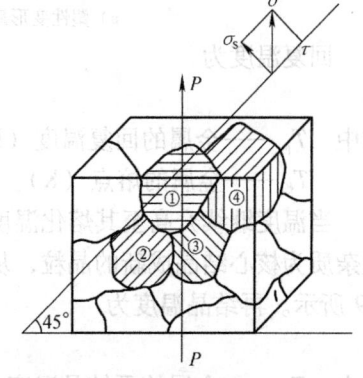

图 7-7　多晶体晶粒位向与受力变形关系示意图

在多晶体的晶界处，由于相邻晶粒间的位向差别，产生晶格的畸变，并有杂质存在，以及晶粒间犬牙交错状态，对多晶体的变形造成很大障碍。在低温时，晶界的强度一般比晶粒内部强度高，变形抗力大，不易变形。在高温时，晶界强度降低，晶粒间易于相互移动。晶界相对于晶粒的体积所占比例大，其强度高，变形抗力大，不易塑性变形。大量试验结果表明，多晶体的塑性变形正是由于存在着晶界和各晶粒的位向差别，其变形抗力要比同种金属的单晶体高得多。同时，由于晶粒越细，在一定体积的晶体内晶粒数目就越多，变形就可以分散到更多的晶粒内进行，使各晶粒的变形比较均匀，不致产生太大的应力集中，所以细晶粒金属的塑性和韧性均较好。

二、冷变形强化与再结晶

金属的塑性变形可在不同的温度下产生，由于变形时温度不同，塑性变形将对金属组织和性能产生不同的影响。

金属在塑性变形中随变形程度增大，金属的强度、硬度提高，而塑性和韧性下降，如图7-8所示。其原因是由于滑移面上的碎晶块和附近晶格的强烈扭曲，增大了滑移阻力，使继续滑移难以进行。这种随变形程度增加，强度、硬度升高而塑性、韧性下降的现象称为冷变形强化（或加工硬化）。

冷变形强化是一种不稳定现象，具有自发地回复到稳定状态的倾向，但在室温下这种回复不易实现。当将金属加热至其熔化温度的0.2~0.3倍时，晶粒内扭曲的晶格将恢复正常，内应力减少，冷变形强化部分消除，这一过程称为回复，如图7-9所示。

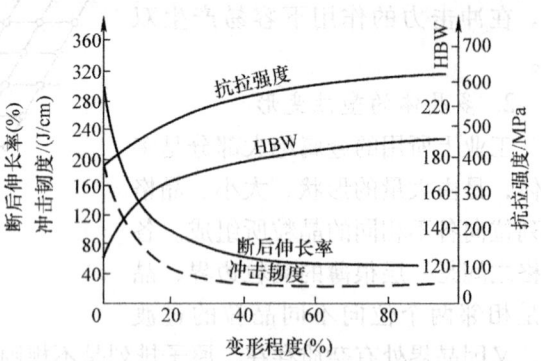

图7-8 常温下塑性变形对低碳钢力学性能的影响

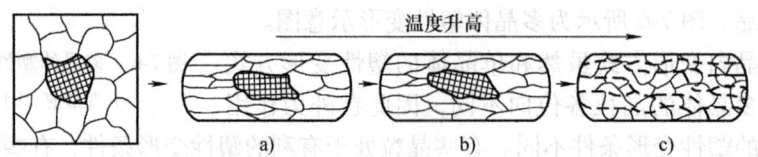

图7-9 金属的回复和再结晶示意图
a）塑性变形后的组织　b）金属回复后的组织　c）再结晶组

回复温度为

$$T_{回} = (0.2 \sim 0.3) T_{熔}$$

式中　$T_{回}$——金属的回复温度（K）；
　　　$T_{熔}$——金属的熔点（K）。

当温度继续升高至其熔化温度的0.4倍时，金属原子获得更多的热能，开始以某些碎晶或杂质为核心结晶成新的晶粒，从而消除全部冷变形强化现象。这一过程称为再结晶，如图7-9所示。再结晶温度为

$$T_{再} = 0.4 T_{熔}$$

式中　$T_{再}$——金属的再结晶温度（K）。

利用金属的冷变形强化可提高金属强度，这是工业生产中强化金属材料常用的一种手段。但是，在塑性加工生产中，冷变形强化给金属继续进行塑性变形带来困难，应加以消除。在实际生产中，常采用加热的方法使金属发生再结晶，从而再次获得良好塑性，这种工艺操作称为再结晶退火。

金属的塑性变形一般分为冷变形和热变形两种。在再结晶温度以下的变形称为冷变形，变形过程中无再结晶现象，变形后的金属只具有冷变形强化现象。所以在变形过程中变形程度不宜过大，以避免产生破裂。冷变形能使金属获得较高的硬度，产品表面质量好，尺寸精度高，一般不需再进行加工。生产中常用冷变形来提高产品的表面质量和性能，冷冲压、冷挤压、冷锻等都属于冷变形。

在再结晶温度以上的变形称为热变形。其中，再结晶速度大于变形强化速度，则变形产生的强化会随时因再结晶软化而消除，变形后金属具有再结晶组织，从而消除冷变形强化痕迹。因此，在热变形过程中金属始终保持低的塑性变形抗力和良好的塑性，可以加工尺寸较大或形状较复杂的工件，塑性加工生产多采用热变形来进行。但热变形过程中金属表面易形成氧化皮，产品表面质量和尺寸精度较低。自由锻、热模锻、热轧、热挤压等都属于热变形。

三、锻造比与锻造流线

冶炼后的金属液不可能十分纯净，总是或多或少地存在着一些低熔点的杂质。铸锭冷凝后，这些杂质分布在晶界上，无明显的方向，在热变形过程中，粗大的晶粒破碎，并沿着金属流动方向拉长，如图7-10所示。与此同时，铸锭中的脆性杂质顺着金属主要伸长方向呈碎粒状或链状分布；而塑性杂质随着金属变形，并沿主要伸长方向呈带状分布，这样热锻后的金属组织就具有一定的方向性，通常称为锻造流线，又称为纤维组织，如图7-11所示。

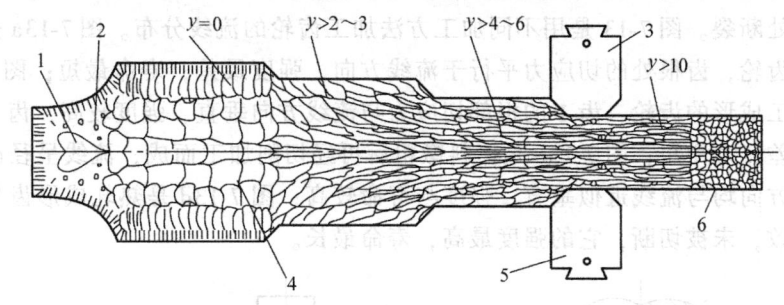

图7-10 热轧对晶粒组织的影响
1—缩孔 2—缩松 3—上砧块 4—等轴晶 5—下砧块 6—再结晶的等轴晶

纤维组织的形成使金属产生各向异性，锻件在纵向（平行于纤维方向）上的塑性和韧性增加，而在横向（垂直于纤维方向）上则下降。杂质分布的流线化程度与锻造比有关，流线化程度越高，这种差别越明显。锻造比是锻造时变形比的一种表示方法，通常用变形前后的截面比、长度比或高度比来表示。

拔长锻造比 $Y_{拔} = \dfrac{A_0}{A} = \dfrac{L}{L_0}$

镦粗锻造比 $Y_{镦} = \dfrac{A}{A_0} = \dfrac{H_0}{H}$

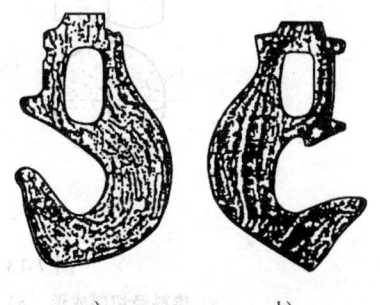

图7-11 拖钩的锻造流线
a) 模锻钩　b) 切削加工钩

式中　A_0、L_0、H_0——变形前坯料的横截面积、长度和高度；

　　　A、L、H——变形后坯料的横截面积、长度和高度。

锻造比对金属的组织和性能有很大影响。一般情况下，增加锻造比，可使金属组织细密化，提高锻件的力学性能。但是，当锻造比过大，金属组织的紧密程度和晶粒细化程度都已达到了极限状况，锻件的力学性能不再提高。

锻造比越大，锻造流线越明显。锻造流线的形成使金属的力学性能呈现方向性。图7-12是碳素结构钢钢锭采用不同锻造比进行拔长后的力学性能变化曲线。由图可以看出：

锻造比增加时,钢的强度在横向和纵向上差别不大,而塑性和韧性差别很大,纵向的塑、韧性明显好于横向。

锻造流线的稳定性很高,形成后不能用热处理方法消除,只有经过塑性加工使金属变形才能改变其方向和形状。因此,在设计和制造零件时,应尽量使零件工作时的最大正应力与流线方向一致,使切应力或冲击力与流线方向垂直,使流线组织分布尽可能与零件外形轮廓相符而不被切断,使材料的力学性能得到最充分的发挥。例如,图7-11a所示为模锻钩,流线分布合理,使用寿命长且材料消耗少,而图7-11b所示是用板材直接切削加工出的拖钩,拖钩内侧流线组织被切断,使用时容易沿切断处断裂。图7-13是用不同加工方法加工齿轮的流线分布。图7-13a是用棒料直接切削成形的齿轮,齿根处的切应力平行于流线方向,强度最差,寿命最短;图7-13b是用扁钢经切削加工成形的齿轮,齿1的根部切应力与流线方向垂直,强度较高,齿2的情况正好相反,性能差,寿命短;图7-13c是棒料镦粗后再经切削加工而成,流线呈径向放射状,各齿的切应力方向均与流线近似垂直,强度与寿命较高;图7-13d是热轧成形齿轮,流线完整且与齿廓一致,未被切断,它的强度最高,寿命最长。

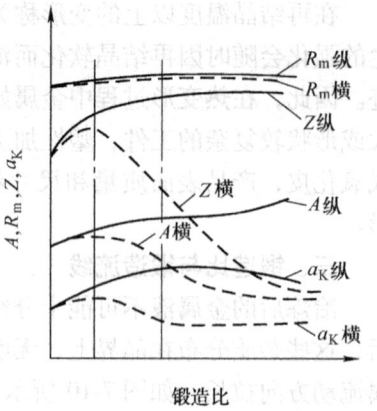

图7-12 锻造比对力学性能的影响

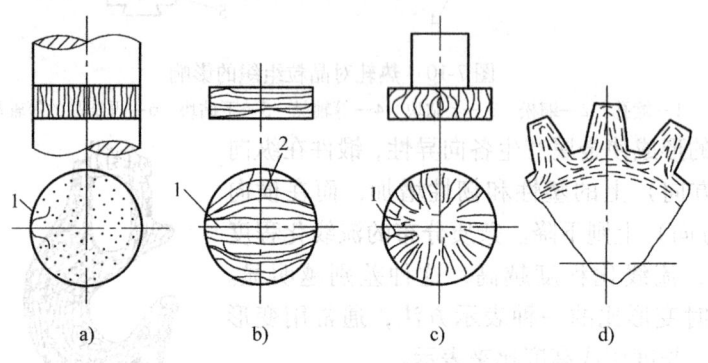

图7-13 不同加工方法成形齿轮的流线分布
a) 棒料经切削成形 b) 扁钢经切削成形 c) 棒料镦粗后切削成形 d) 热轧成形

四、塑性成形基本规律

为合理制订塑性成形工艺规程,正确使用工具和掌握操作技术,必须掌握塑性成形加工时金属的成形规律。所谓成形规律,就是塑性成形时金属质点流动的规律,它应该阐明:在给定的条件下,变形体内将出现什么样的位移速度(位移增量)场和位移场。根据位移场就可求得物体形状、尺寸的变化,并可方便地求得应变场。掌握了流动规律也就可以合理地选择工步和设计成形模具,以及分析成形工件的质量问题。

1. 体积不变定律

金属塑性变形后的体积等于变形前的体积,称为体积不变定律。实际上,因变形中压合了气孔、缩松和内部的微裂纹,使密度略有增加。此外,加热中产生的氧化皮等使变形后体积略有减小,但其数值很小,可忽略不计。应用体积不变定律可计算出各工序的尺寸。

2. 最小阻力定律

塑性变形时金属各质点首先向阻力最小方向移动,称为最小阻力定律。一般金属的某一质点移动时阻力最小的方向是通过该质点向金属变形部分的周边所作的法线方向,因为质点沿此方向移动的距离最短,所需的变形功最小。例如,圆形截面的金属径向流动,方形、长方形截面则分成四个区域分别朝着垂直于四个边流动,最后逐渐变成圆形、椭圆形,如图 7-14 所示。由此可知,圆形截面金属在各方向上流动均匀,故镦粗时总是先把坯料锻成圆柱体。

圆柱形坯料镦粗时,与上、下砧铁接触的两端其金属移动速度比无摩擦力的中部要慢(因金属移动受到摩擦力阻碍),所以成形后呈腰鼓形,如图 7-15 所示。

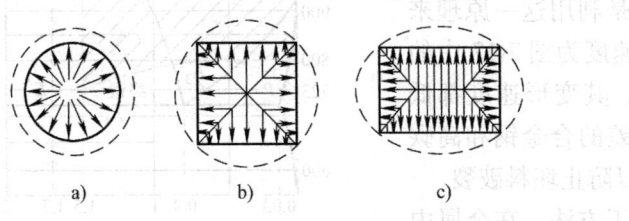

图 7-14 不同截面的金属流动情况
a) 圆形 b) 正方形 c) 长方形

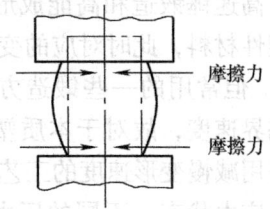

图 7-15 金属镦粗组变形

五、金属的锻造性能

金属的锻造性能是衡量材料经受塑性成形加工变形时,成形的难易程度。金属锻造性能的好坏,常用塑性和变形抗力两个指标来衡量。塑性越高,变形抗力越低,则该金属的锻造性能好。金属的锻造性能取决于金属的本质和变形条件。

1. 金属本质的影响

(1) 化学成分 不同化学成分的金属,锻造性能不同。一般地说,纯金属的锻造性能比合金的锻造性能好。碳素钢随含碳量的增加,锻造性能变差。钢中合金元素含量越多,合金成分越复杂,锻造性能越差。钢中硫、磷含量多也会使锻造性能变差。例如纯铁、低碳钢和高合金钢,它们的锻造性能是依次下降的。

(2) 金属组织 纯金属和固溶体(如奥氏体)具有良好的锻造性能,金属化合物(如渗碳体)使锻造性能变坏;铸态柱状组织和粗晶结构不如细小而又均匀的晶粒结构的锻造性能好。

2. 变形条件的影响

(1) 变形温度 随着变形温度的升高,金属内原子动能增加,原子间的结合力减弱,表现为材料的塑性提高而变形抗力减小。对于碳素钢而言,当加热温度超过 Ac_m 或 Ac_3 线时,其组织转变为塑性良好的单相奥氏体组织,再结晶过程也加快,所有这些都能提高金属的锻造性能。因此,适当提高变形温度对改善金属的锻造性能有利。但温度过高,会使金属产生氧化、脱碳、过热等缺陷,甚至使锻件产生过烧而报废,所以应该严格控制锻造温度范围。

锻造温度范围是指始锻温度(开始锻造的温度)与终锻温度(停止锻造的温度)间的温度范围。它的确定以合金相图为依据。例如,碳素钢的锻造温度范围如图 7-16 所示,始锻温度比 AE 线低 200℃ 左右,终锻温度约为 800℃。终锻温度过低,金属的冷变形强化严重,变形抗力急剧增加,使加工难于进行,强行锻造,将导致锻件破裂、报废。而始锻温度过高,会造成过热、过烧等缺陷。

(2) 变形速度　变形速度对金属锻造性能的影响比较复杂,变形速度在不同范围内对锻造性能可能有相反的影响。随着变形速度的提高,金属的回复和再结晶过程来不及消除加工硬化的影响,使金属的塑性下降,变形抗力提高。但当变形速度超过某个临界值后,由于塑性变形的热效应,使金属内的温度升高,从而又改善了锻造性能。如图 7-17 所示,当变形速度在 b 和 c 附近时,变形抗力较小,塑性较高,锻造性能较好。高速锤锻造和高能成形就是利用这一原理来加工低塑性材料,此时对应的变形速度为图 7-17 中的 c 点附近。但常用的一些锻造方法,其变形速度都低于上述临界速度,故对于本质塑性差的合金钢和高碳钢,均采用减慢变形速度的工艺,以防止坯料破裂。

(3) 应力状态　不同的压力加工方法,在金属内部产生的应力状态也不同。甚至在同一种变形方式下,金属内部不同部位的应力状态也可能不一样,如图 7-18 所示。挤压时,坯料内部的应力状态为三向受压应力;拉拔时,沿坯料的径向为压应力,轴向为拉应力;平砧镦粗时,在坯料中心附近存在三向压应力,而在侧面层,水平方向的切应力转变为拉应力。

拉应力使不同晶面间的原子趋向分离,从而可能导致坯料的破裂。相反,压应力有利于压合金属内部在塑性变形中产生的微小裂纹,增加金属的塑性。实践证明,压应力越大,塑性越好;拉应力越大,塑性越差。例如坯料在自由镦粗时,外侧层呈两压一拉的

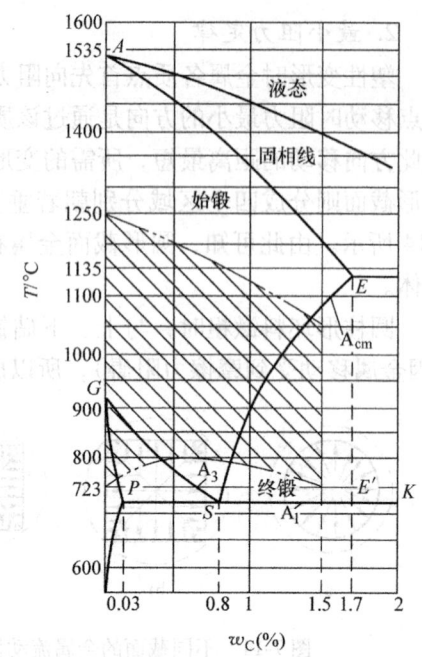

图 7-16　碳素钢的锻造温度范围

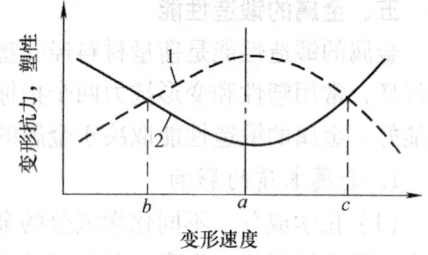

图 7-17　变形速度对塑性及变形抗力的影响
1—变形抗力曲线　2—塑性变化曲线

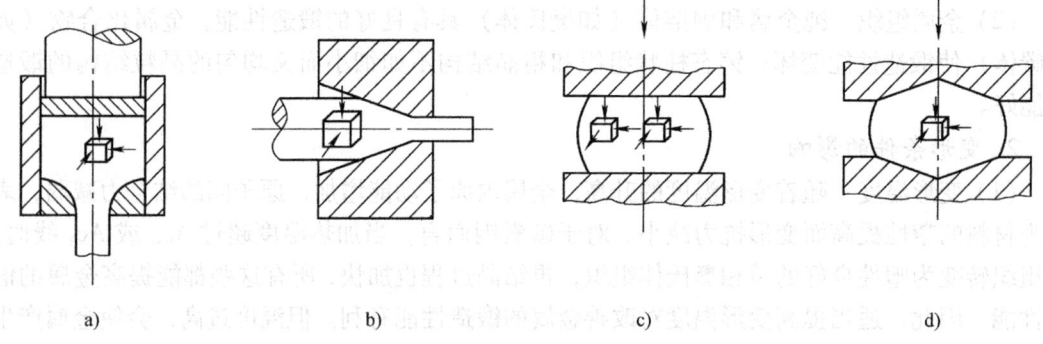

图 7-18　不同变形方式时的应力状态
a) 挤压　b) 拉拔　c) 自由锻　d) 带 V 形砧的自由锻

应力状态,所以在外侧表面易产生裂纹。

当然,压应力状态也会增加金属变形时的内部摩擦,使变形抗力增大,为实现变形加工,就要相应增加设备的标称压力。

综上所述，影响金属锻造性能的因素是很复杂的。选择压力加工方法和制订锻造工艺的原则是，在充分发挥金属塑性、满足成形要求的前提下，尽量减少变形抗力，减少能耗，使锻件生产达到优质、低耗的要求。

第二节　塑性成形方法

一、锻造

1. 自由锻

将金属坯料放在铁砧上，用冲击力或压力使其自由变形获得所需形状的成形方法，称为自由锻。自由锻时坯料的变形不受模具限制，锻件的形状和尺寸主要靠锻工的技术来保证，所用设备和工具有很大的通用性。这种方法主要用于单件生产，锻件质量可小到1kg以下，也可大到数百吨，并且是生产大锻件的唯一方法。因此，在重型机械制造中自由锻具有特别重要的作用。由于自由锻件的形状和尺寸主要依靠锻工的操作来保证，故对锻工的技术水平要求较高。自由锻主要应用于单件、小批生产以及维修工作中。

（1）自由锻的设备　自由锻过程中主要靠坯料的局部变形，所以需要的设备能力比模锻小。常用的自由锻设备有锻锤和压力机两大类。通常，几十公斤的小锻件采用空气锤，2t以下的中小型锻件采用蒸汽—空气锤，大钢锭和大锻件则在水压机上锻造。

1) 空气锤，它是利用电动机直接驱动的锻锤，它结构小，打击速度快，有利于小件一火打成。空气锤的标称压力是以落下部分的质量来表示，最小为65kg，最大可达1000kg。

2) 蒸汽—空气锤，大都以 0.6~0.9MPa 的蒸汽或压缩空气为动力来进行工作。

3) 水压机，水压机是用水泵产生的高压水为动力进行工作的。水压机加工具有工作行程大，变形速度低，工件变形均匀等优点，并且在工作中无振动，可制成大型设备，适合以钢锭为坯料的大件加工。水压机的缺点是结构较大，供水和操作系统等附属设备较复杂。

（2）自由锻的工序　根据作用与变形要求不同，自由锻的工序分为基本工序、辅助工序和精整工序三类。

1) 基本工序：改变坯料的形状和尺寸以达到锻件基本成形的工序，包括镦粗、拔长、冲孔、弯曲、切割、扭转、错移等，其中最常用的是镦粗、拔长和冲孔。自由锻的基本工序见表7-1。

表 7-1　自由锻的基本工序

序号	工序	内　容	示　意　图	用　途
1	镦粗	使毛坯高度减小，横断面积增大的锻造工序		主要用于锻造齿轮坯、圆饼类锻件
2	拔长	使坯料横断面积减小、长度增加的锻造工序		常用于锻造套筒类长空心锻件

（续）

序号	工序	内容	示意图	用途
3	冲孔	在坯料上冲出通孔或不通孔的锻造工序		
4	弯曲	采用一定的工模具将坯料弯成所规定的外形的锻造工序		
5	切割	将坯料分成几部分或部分地割开，或从坯料的外部割掉一部分，或从内部割出一部分的锻造工序		
6	扭转	是将坯料的一部分相对于另一部分绕其轴线旋转一定角度的锻造工序		该工序多用于锻造多拐曲轴和校正某些锻件
7	错移	是指将坯料的一部分相对于另一部分平行错开一段距离，但仍保持轴心平行的锻造工序		常用于锻造曲轴零件
8	锻接	是将坯料在炉内加热至高温后，用锤快击，使两者在固态结合的锻造工序		

2）辅助工序：为基本工序操作方便而进行的预先变形工序，如压钳口、倒棱、切肩等。

3) 精整工序：修整锻件的最后尺寸和形状，消除表面的不平和歪扭，使锻件达到图样要求的工序，如修整鼓形、平整端面、校直弯曲等。

2. 模锻

模锻是使加热到锻造温度的金属坯料在锻模模腔内一次或多次承受冲击力或压力的作用而被迫流动成形以获得锻件的加工方法。

与自由锻相比，模锻的优点是：生产率提高，锻件的尺寸精度高，表面粗糙度值低，材料利用率提高。能锻制形状比较复杂的锻件，操作简单，易于实现机械化等。但锻模制造周期长，成本高，锻件不能太大。因此，模锻适用于中小型锻件的大批大量生产。图 7-19 所示为典型锻件。

由于现代化大生产的要求，模锻生产越来越广泛地应用在国防工业和机械制造业中。如飞机制造厂、坦克厂、汽车厂、拖拉机厂、轴承厂等。按质量计算：飞机上的锻件中锻件占85%，坦克上占70%，汽车上占80%，机车上占60%。

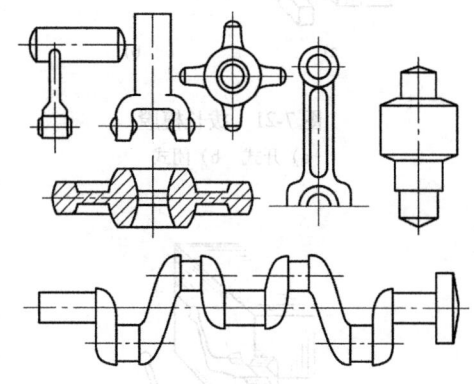

图 7-19 典型锻件

模锻按使用设备不同可分为：锤上模锻、胎模锻、压力机上模锻等。

(1) 锤上模锻　锤上模锻所用的设备主要是蒸汽—空气模锻锤，其工作原理与自由锻锤基本相同。模锻锤的标称压力一般为 10000～160000kN，锻件的质量一般在 150kg 以下。与其他模锻方法相比，锤上模锻具有适应性强，可以独立完成各种类型锻件的锻造以及设备费用较低等优点，在锻造生产中的地位非常重要。

锻模结构如图 7-20 所示，由带有燕尾的上模和下模两部分组成。上模靠楔铁紧固在锤头上，随锤头一起作上下往复运动；下模用紧固楔铁固定在模垫上、上、下模合在一起，其中部形成完整的模膛。

模膛根据其功用不同可分为制坯模膛和模锻模膛两大类。

1) 制坯模膛。它用于将形状复杂的锻件初步锻成近似锻件形状的模膛。制坯模膛有以下几种：

① 拔长模膛，用它来减小坯料某部分的横截面积，以增加该部分的长度。拔长模膛有开式和闭式两种，如图 7-21 所示，它一般设在锻模的边缘。操作时一边送进坯料，一边翻转。

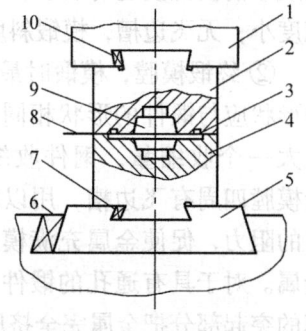

图 7-20 锤上模锻
1—锤头　2—上模　3—飞边槽
4—下模　5—模垫　6、7、10—紧固楔铁　8—分型面　9—模膛

② 滚压模膛，用它来减小坯料某部分的横截面积，以增大另一部分的横截面积，主要是使金属按锻件的形状来分布。滚压模膛有开式和闭式两种（见图 7-22）。操作时需不断翻转坯料。

③ 弯曲模膛，如图 7-23 所示，用以使坯料弯曲。

④ 切断模膛，如图 7-24 所示，它是在上模与下模的角部组成一对刀口，用来切断金属。

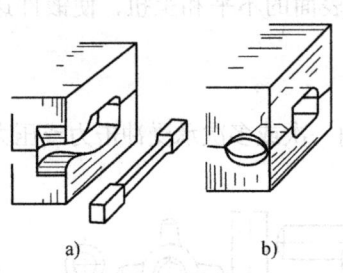

图 7-21 拔长模膛
a) 开式 b) 闭式

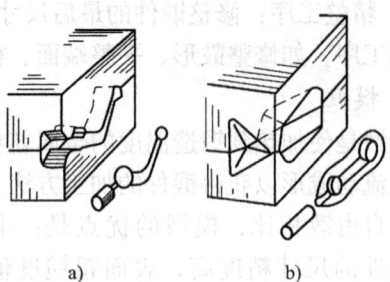

图 7-22 滚压模膛
a) 开式 b) 闭式

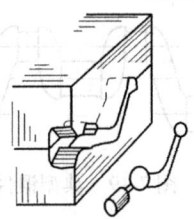

图 7-23 弯曲模膛

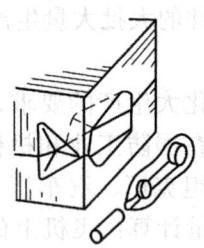

图 7-24 切断模膛

此外，还有成形模膛、镦粗台、击扁面等制坯模膛。

2) 模锻模膛 用于锻件成形的模膛，可分为预锻模膛和终锻模膛。

① 预锻模膛，为了改善终锻时金属的流动条件，避免产生充填不满和折叠，使锻坯最终成形前获得接近终锻形状的模膛。它可提高终锻模膛的寿命，其结构比终锻模膛高度大，宽度小，无飞边槽，模锻斜度和圆角大。

② 终锻模膛，模锻时最后成形用的模膛。它的形状应与锻件的形状相同，尺寸需按锻件尺寸放大一个收缩量，钢件收缩量取 1.5%。另外，沿模膛四周有飞边槽，用以增加金属从模膛中流出的阻力，促使金属充满模膛，同时容纳多余的金属。对于具有通孔的锻件，由于不可能靠上下

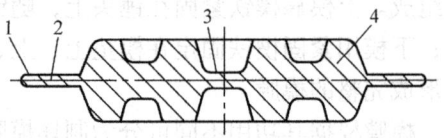

图 7-25 带有冲孔连皮及飞边的锻件
1—飞边 2—分型面 3—冲孔连皮 4—锻件

模的突起部分把金属完全挤压掉，故终锻后在孔内留下一薄层金属，称为冲孔连皮如图 7-25 所示。把冲孔连皮和飞边冲掉后，才能得到有通孔的锻件。

根据锻件的复杂程度不同，所需变形的模膛数量不等，可将锻模设计成单膛锻模或多膛锻模。单膛锻模是在一副锻模上只具有终锻模膛一个模膛，如齿轮坯锻件，就可将截下的圆柱形坯料直接放入单膛锻模中成形。多膛锻模是在一副锻模上具有两个以上模膛的锻模，如弯曲连杆锻件的锻模即为多膛锻模，如图 7-26 所示。

(2) 胎模锻 胎模锻是在自由锻设备上使用胎模生产锻件，是介于自由锻造和模锻之间的一种锻造方法，因此兼有这两种锻造方法的特点。一般先用自由锻造法使坯料预成形，然后放在胎模中终锻成形。胎模一般不固定在锤头或砧座上，操作简单灵活，锻模结构也较简

单。它在没有模锻设备的中小型企业得到广泛采用。

通常，按胎模结构不同，胎模可分为以下几种类型：

1）摔模：是一种简单的胎模，一般用于锻造回转体锻件，其中普通摔模用于修整光圆轴类锻件，成型摔模用于台阶轴类锻件的成型锻造，如图7-27a所示。

2）扣模：用于具有平直侧面的非回转体锻件的成形。锻造时锻件不翻转，扣形后翻模90°，在锤砧上平整侧面。它具有敞开式的模膛，锻件不产生飞边，如图7-27b所示。

3）套筒模：主要用于生产以镦粗为主要成形方式的锻件，其结构可分为开式和闭式两种，如图7-27c、d所示。

4）合模：用来锻造形状比较复杂的锻件。合模由上、下模及导向凸凹台组成，如图7-27e所示。在锻造过程中，多余金属流入飞边槽形成飞边。合模是一种通用性较强的胎模，适用于各种锻件的终锻成形，特别是非回转体类锻件，如连

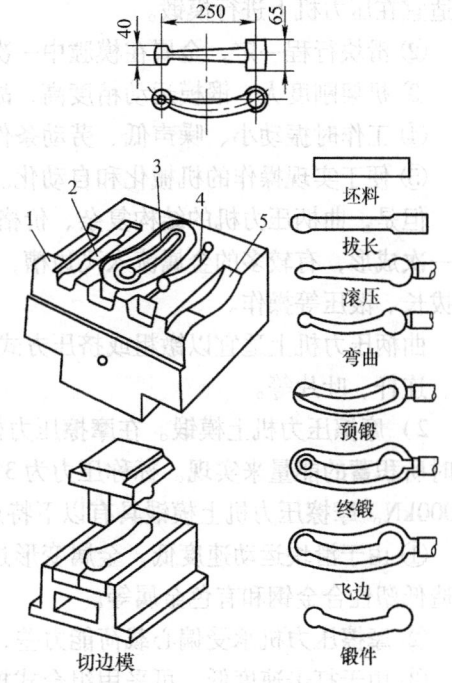

图 7-26 弯曲连杆的多膛锻模
1—拔长模膛 2—滚压模膛 3—终锻模膛
4—预锻模膛 5—弯曲模膛

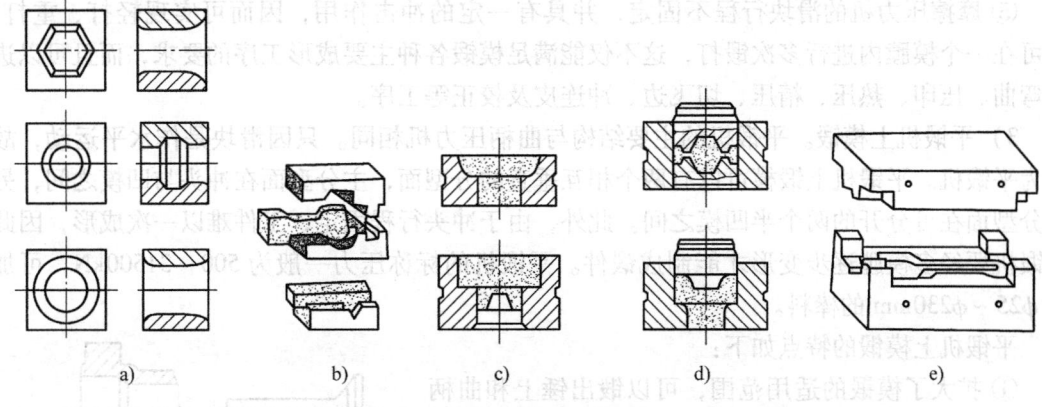

图 7-27 胎模种类
a）摔模 b）扣模 c）开式套筒模 d）闭式套筒模 e）合模

杆、叉形锻件等。

（3）压力机上模锻　锤上模锻具有工艺较简便，金属在高度方向上充填性较好等优点，但也存在锻打振动大、噪声高、劳动条件差、蒸汽效率低等缺点。因此大型模锻锤有逐步被压力机所取代的趋势。用于模锻的压力机可分为曲柄压力机、摩擦压力机、平锻机等。

1）曲柄压力机上模锻。曲柄压力机的标称压力一般为200~1200kN。与锤上模锻相比曲柄压力机上模锻具有下列特点：

① 滑块运动速度较低，金属变形速度低，有较充分的时间进行再结晶，所以低塑性金

属适宜在压力机上进行模锻。

② 滑块行程一定，金属在模膛中一次便可锻压成形，生产率较高。

③ 机架刚度大，锻模运动精度高，故锻件精度比锤上模锻的高。

④ 工作时振动小、噪声低、劳动条件好。

⑤ 便于实现操作的机械化和自动化。

但是，曲柄压力机的结构复杂、价格高，锻模的造价也较贵；由于金属变形速度低而且是一次成形，有较多的金属流入飞边槽，所以模膛高度方向上的填充性比锻锤差，也不能完成拔长、滚压等操作。

曲柄压力机上适宜以镦粗或挤压方式变形，且批量较大、精度较高的锻件有：齿轮、气阀、连杆、叶片等。

2）摩擦压力机上模锻。在摩擦压力机上进行模锻主要是利用飞轮、螺杆及滑块向下运动时所积蓄的能量来实现。标称压力为3500kN的摩擦压力机使用较多，最大标称压力可达10000kN。摩擦压力机上模锻具有以下特点：

① 由于滑块运动速度低，金属变形过程中的再结晶现象可以充分进行，因而特别适宜锻造低塑性合金钢和有色金属等。

② 摩擦压力机承受偏心载荷能力差，通常只适用于单膛锻模进行模锻。

③ 由于打击速度低，可采用组合式模具。因组合式模具的许多零件易于标准化，能使模具设计和制造得到简化，能节约材料，降低生产成本。

④ 摩擦压力机设有下顶出器，可锻出小斜度和小余块的锻件，使锻件更接近零件的形状和尺寸。

⑤ 摩擦压力机的滑块行程不固定，并具有一定的冲击作用，因而可实现轻打、重打。它可在一个模膛内进行多次锻打，这不仅能满足模锻各种主要成形工序的要求，而且可以进行弯曲、压印、热压、精压、切飞边、冲连皮及校正等工序。

3）平锻机上模锻。平锻机的主要结构与曲柄压力机相同。只因滑块是作水平运动，故称为平锻机。平锻机上锻模可以有两个相互垂直的分型面，主分型面在冲头与凹模之间，另一分型面在可分开的两个半凹模之间。此外，由于冲头行程固定，工件难以一次成形，因此平锻机要经多模膛逐步变形才能制成锻件。平锻机的标称压力一般为500~31500kN，可加工 $\phi 25 \sim \phi 230\mathrm{mm}$ 的棒料。

平锻机上模锻的特点如下：

① 扩大了模锻的适用范围，可以锻出锤上和曲柄压力机上无法锻出的锻件，如图7-28所示。还可以进行切飞边、切断、弯曲和热精压等工步。

② 生产率高，每小时可生产400~900件。

③ 锻件尺寸精确，表面粗糙度值低。

④ 节约金属，材料利用率可达85%~95%。

⑤ 对非回转体及中心不对称的锻件较难锻造，且平锻机造价较高。

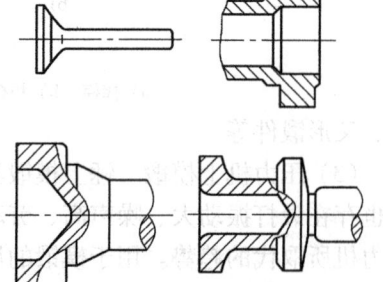

图7-28 平锻机锻件

4）精密模锻。精密模锻是锻制高精度锻件的一种先进工艺，它能够锻出形状复杂的零件，如锥齿轮、叶片等。图7-29所示为精锻汽车差速器行星锥齿轮,其齿形可直接锻出。

精密模锻的特点如下:

① 锻件公差小,表面质量高,可以不用机械加工或只经过磨削加工成形,因而可大大减少切削加工工作量,提高材料的利用率。锻件的尺寸公差等级可达 IT15~IT12,表面粗糙度为 $Ra3.2~1.6\mu m$。

② 锻件内部形成按轮廓形状分布的封闭纤维组织,因而力学性能好。

③ 精密模锻的模具费用高,仅适合大批大量生产。

精密模锻的工艺要点:首先是坯料选择。确定坯料尺寸时,应考虑零件形状及充型条件。例如精锻锥齿轮,坯料直径是重要参数,如果直径过大(图7-30a),则坯料端面缺陷,如裂纹、夹渣等将会移至齿面,降低齿轮寿命。因此,坯料直径应接近锥齿轮小端直径(图7-30b)。坯料表面质量也应严格要求,不允许有麻点、裂纹等缺陷,以保证齿面质量良好。

坯料加热应在少(无)氧加热炉中进行,最好采用感应加热,使坯料氧化层厚度最小。精密模锻应选择运动精度高的压力机,如热模锻曲柄压力机。

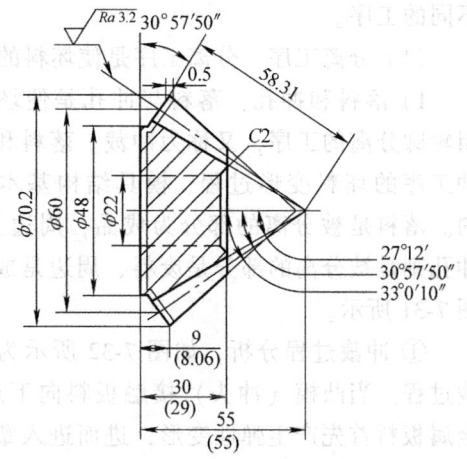

图7-29 差速器行星锥齿轮锻件图

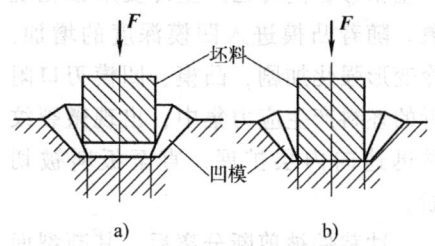

图7-30 精密模锻坯料与凹模接触情况
a) 不合理 b) 合理

二、板料冲压

利用冲模使板料产生分离或变形,以获得零件的加工方法称为板料冲压。板料冲压通常在室温下进行,故也称为冷冲压;只有当板料厚度超过8mm时才采用热冲压。

板料冲压具有下列特点:

1)可以冲压出形状复杂的零件,废料较少。

2)产品具有足够高的精度和较低的表面粗糙度值,互换性能好。

3)能获得质量轻、材料消耗少、强度和刚度较高的零件。

4)冲压操作简单,工艺过程便于实现机械化、自动化,生产率高,故零件成本低。

但冲模制造复杂,模具材料及制作成本高,只有大批大量生产才能充分显示其优越性。冲压工艺广泛应用于汽车、飞机、农业机械、仪表电器、轻工和日用品等工业部门。

板料冲压所用的原材料要求在室温下具有良好的塑性和较低的变形抗力。常用的金属材料有低碳钢,高塑性低合金钢,铜、铝、镁及其合金的金属板料、带料等。板料冲压工艺还可以加工非金属板料,如纸板、绝缘板、纤维板、塑料板、石棉板、硬橡胶板等。

冲压生产中的常用设备有剪床和压力机等。剪床用来把板料剪切成一定宽度的条料,以供下一步冲压工序使用。压力机用来实现冲压工序,制成所需形状和尺寸的成品零件。

1. 板料冲压的基本工序

板料冲压的基本工序按变形性质可分为分离工序和变形工序两大类,每一类又包括许多不同的工序。

(1) 分离工序　分离工序是使坯料的一部分与另一部分相分离的工序。主要有：

1) 落料和冲孔：落料与冲孔是使坯料按封闭轮廓分离的工序，又称为冲裁。落料和冲孔两种工序的坯料变形过程、模具结构基本是一样的。落料是被分离的部分为成品，周边为废料；冲孔则是被分离的部分是废料，周边是成品，如图 7-31 所示。

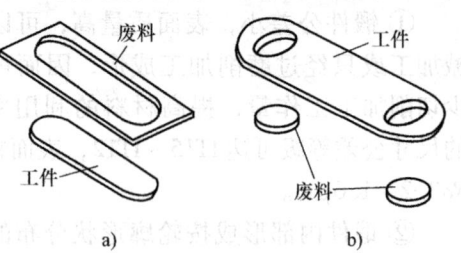

图 7-31　落料与冲孔示意图
a) 落料　b) 冲孔

① 冲裁过程分析，如图 7-32 所示为金属冲裁过程。当凸模（冲头）接触板料向下运动时，金属板料首先产生弹性变形，进而进入塑性变形阶段，一部分坯料相对另一部分坯料产生错移，同时也产生冷变形强化现象。随着凸模进入凹模深度的增加，冷变形强化加剧，凸模、凹模刃口附近的坯料产生应力集中，出现微裂纹并迅速向内层扩展，直至板料被切断。

冲裁件被剪断分离后，其断裂面分成两部分。塑性变形过程中，由冲头挤压切入所形成的表面很光滑，表面质量最佳，称为光亮带。材料在剪断分离时所形成的断裂表面较粗糙，称为断裂带。

冲裁件断面质量主要与凹凸模间隙、刃口锋利程度有关，同时也受模具结构、材料性能及厚度等因素的影响。

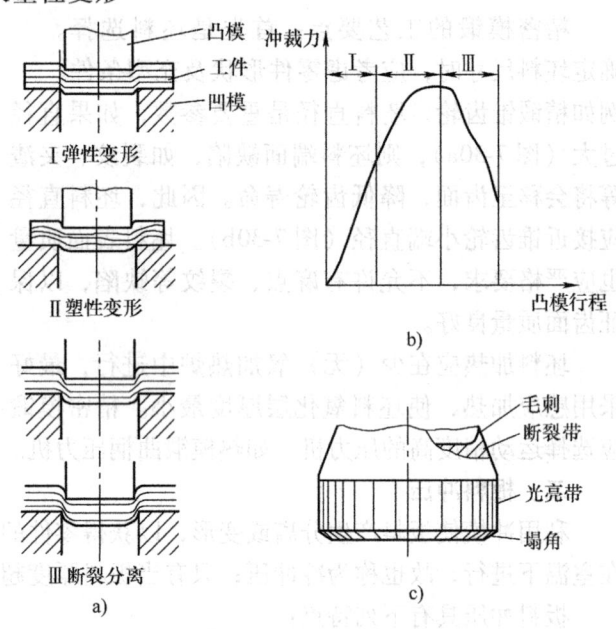

图 7-32　冲裁过程
a) 变形三阶段　b) 冲裁力的变化
c) 冲裁零件断面

② 凹凸模间隙对冲裁件质量、冲裁力大小、模具寿命等有很大影响。间隙合适，上下裂纹重合，冲裁件断口表面平整、毛刺小，且冲裁力小；间隙过小，上下裂纹不重合，上下裂纹中间将产生二次剪切，在断口中部留下撕裂面，出现第二个光亮带，端面出现被挤长的飞边，而且模具刃口很快磨损钝化，降低模具寿命；间隙过大，材料的弯曲拉伸变形增大，裂纹在距刃口稍远的侧面上产生，上下不重合，致使断口光亮带较窄，飞边大而厚，难以去除。

③ 凹凸模刃口尺寸设计应遵循以下原则：落料时凹模刃口尺寸等于落料件尺寸，凸模尺寸为凹模尺寸减去间隙值 Z；冲孔时凸模尺寸等于孔的尺寸，凹模尺寸为凸模尺寸加上 Z。

④ 冲裁力是选用压力机标称压力和检验模具强度的重要依据。平刃冲模的冲裁力按下式计算

$$F = KLs\tau \times 10^{-3}$$

式中　F——冲裁力（kN）；
　　　L——冲裁件周边长度（mm）；
　　　τ——板料剪切强度（MPa）；
　　　s——板料厚度（mm）；
　　　K——系数，与模具间隙、刃口钝化、板料的力学性能、厚度等的波动有关，一般取 1.3。

⑤ 冲裁件的排样是指落料件在条料、带料或板料上进行合理布置的方法。排样合理可使废料最少，材料利用率大为提高。图 7-33 为同一个冲裁件采用四种不同的排样方式时材料的消耗对比。

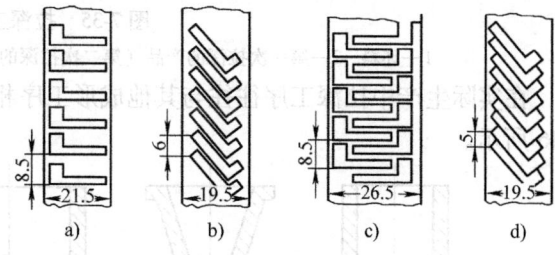

图 7-33　不同排样方式材料消耗对比

落料件的排样有两种类型：无搭边排样和有搭边排样。无搭边排样是用落料件形状的一个边作为另一个落料件的边缘，如图 7-33d 所示。这种排样材料的利用率高，但飞边不在同一个平面内，而且尺寸不易精确。因此，只有在对冲裁件质量要求不高时才采用。有搭边排样即是在各个落料件之间均留有一定尺寸的搭边。其优点是飞边小，而且在同一个平面内，冲裁件尺寸准确，质量较高，但材料消耗较多，如图 7-33a、b、c 所示。

2）修整。修整是利用修整模沿冲裁件外缘或内孔刮去一薄层金属，以提高冲裁件的加工精度和降低剪断面表面粗糙度的冲压方法。

修整冲裁件的外形称为外缘修整，修整冲裁件的内孔称为内缘修整，如图 7-34 所示。修整后冲裁件的公差等级可达 IT6～IT7，表面粗糙度值可达 $Ra0.8\sim1.6\mu m$。

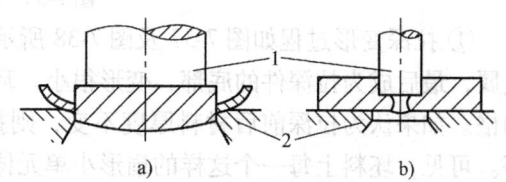

图 7-34　修整工序简图
a）外缘修整　b）内缘修整
1—凸模　2—凹模

3）切断。切断是指用剪刀或冲模将板料沿不封闭的轮廓进行分离的工序。剪刀安装在剪床上，把大板料剪成一定宽度的条料，以供下一步冲压工序使用。而冲模是安装在压力机上，用以制取形状简单、精度要求不高的平板零件。

4）精密冲裁。用压边圈使板料冲裁区处于静压作用下，抑制剪裂纹的发生，实现塑性变形分离的冲裁方法称为精密冲裁。目前大中型工厂使用的冲裁模多数设计出压边圈。

5）切口。将材料沿不封闭的曲线部分地分离开，其分离部分的材料发生弯曲，这种冲压方法称为切口。

（2）变形工序　变形工序是使坯料的一部分相对于另一部分产生相对位移而不发生破裂的工序。

1）拉深。拉深是指通过模具把板料加工成空心体或对已初拉成形的空心体进行继续拉深成形的工序，又称为拉延。拉深件的种类很多，大体可分为旋转体、矩形和复杂形状零件，如图 7-35 所示。

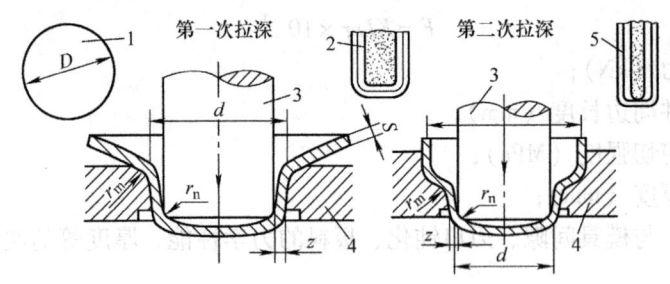

图 7-35 拉深工序图

1—坯料 2—第一次拉深的产品（第二次拉深的坯料） 3—凸模 4—凹模 5—成品

在实际生产中拉深工序往往与其他成形工序相结合，而制成各种极为复杂的零件，如图 7-36 所示。

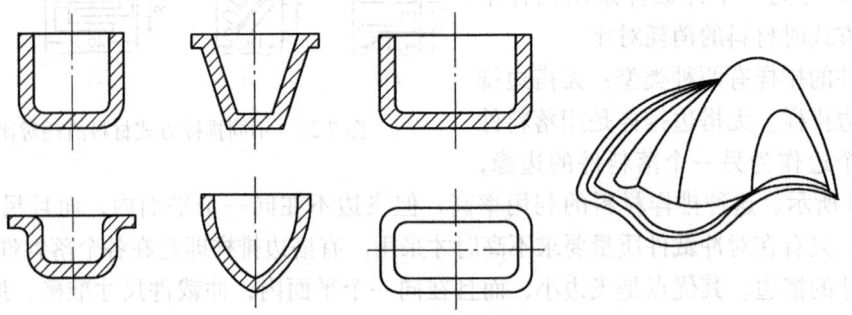

图 7-36 各种拉深件

① 拉深变形过程如图 7-37 及图 7-38 所示。在拉深过程中，与凸模底部相接触的那部分金属，最后成为拉深件的底部，变形很小。环形部分则变形成为侧壁，扇形网格变成了矩形网格。如果认为拉深前后材料厚度不变，则拉深前的扇形小面积与拉深后的矩形小面积相等。可见，坯料上每一个这样的扇形小单元体在切向受到压应力作用，而在半径方向上受到拉应力作用。

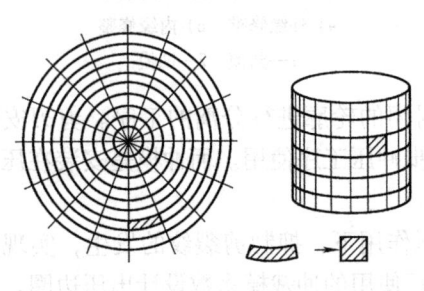

图 7-37 拉深件上的网格变化

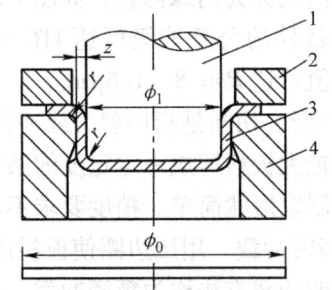

图 7-38 拉深过程

1—凸模 2—压边圈 3—工件 4—凹模

② 在正常的拉深过程中工件的厚度变化可以忽略不计，所以在确定拉深件毛坯尺寸时，可按照拉深前后毛坯与工件的表面积不变的原则计算。

考虑到材料具有某种程度的方向性和凸凹模之间的间隙不均等原因，拉深后的工件顶端一般都不整齐，通常都需要修边，将不平整部分切去，故在计算毛坯前，要在拉深件高度方向加修边余量，其值为 2~8mm。

③ 在进行拉深变形时，为了使毛坯内部的应力不超过材料的抗拉强度，同时又能充分利用材料的塑性，必须正确地确定拉深件的拉深次数。而坯料的每一次拉深变形的程度取决于拉深系数 $m=d/D$，即拉深件直径与坯料直径的比例。m 越小，则变形程度越大，坯料被拉入凹模越困难，从底部到边缘过渡部分的应力也越大，如果应力超过金属的抗拉强度，拉深件底部就会被拉穿。所以 m 不能太小，一般取 0.5~0.8，对于塑性好的金属可取较小的值。如果拉深系数过小，不能一次拉制成深度和直径合乎成品要求时，则可进行多次拉深。这时，拉深系数应比前一次取得大些，一般取 0.7~0.8。多次拉深操作往往需进行中间退火处理。

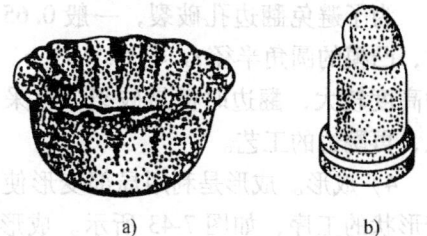

图 7-39 起皱与拉穿
a）起皱　b）拉穿

④ 从拉深过程可以看出，当毛坯中多余三角形在拉深过程中不能顺利变厚及沿高度方向伸长时，拉深件未拉入凹模中的凸缘部分就会起皱。起皱严重时，凸缘部分将不能通过凹凸模间隙，从而导致坯料拉穿，如图 7-39 所示。

为防止坯料被拉穿，应采取以下几种工艺措施：a. 凹凸模必须有合理的圆角；b. 合理的凹凸模间隙 Z；c. 合理的拉深系数 m；d. 为了减小摩擦，降低拉深件壁部的拉应力，减少模具的磨损，拉深时通常要加润滑剂。

2）弯曲。弯曲是坯料的一部分相对于另一部分弯曲成一定角度的工序，如图 7-40 所示。弯曲时材料内侧受压缩，外侧受拉伸。当外侧拉应力超过坯料的抗拉强度时，即会造成金属破裂。坯料越厚，内弯曲半径 r 越小，则压缩及拉伸应力越大，越容易弯裂。为防止弯裂，弯曲的最小半径应为 $r_{\min}=(0.25~1)s$，s 为金属板料的厚度 (mm)。材料塑性

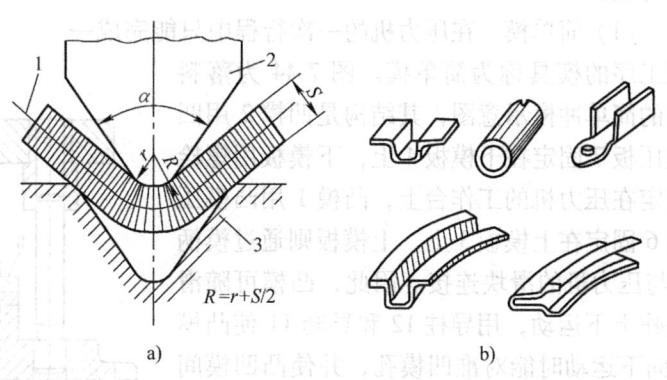

图 7-40 弯曲过程中金属变形简图
a）弯曲过程　b）弯曲产品
1—锻件　2—凸模　3—凹模

好，则弯曲半径可小些。弯曲时还应尽可能使弯曲线与坯料纤维方向垂直，如图 7-41 所示。若弯曲线与纤维方向一致，则容易产生破裂，此时可用增大最小弯曲半径来避免。

在弯曲结束后，由于弹性变形的恢复，坯料略微回弹一点，使被弯曲的角度增大。此现象称为回弹现象。一般回弹角为 0°~10°。因此在设计弯曲模时，必须使模具的角度比成品件角度小一个回弹角，以便在弯曲后得到准确的弯曲角度。

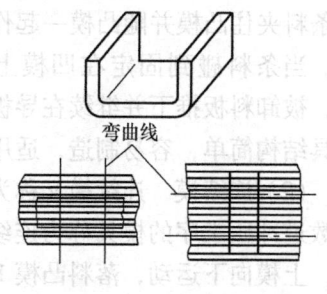

图 7-41 弯曲时的纤维方向

3）翻边。翻边是使平板坯料上的孔或外圆获得内、外凸缘的变形工序，如图 7-42 所示。翻边时易出现的质量问题是翻边边缘破裂，这是由于翻边时的塑性变形过大所致。

翻边时的塑性变形程度用翻边系数 K_0 表示

$$K_0 = d_0/d$$

式中 d_0——翻边前的孔径尺寸（mm）；

d——翻边后的内孔尺寸（mm）。

为了避免翻边孔破裂，一般 $0.65 \leqslant K_0 \leqslant 0.72$，同时，凸模的圆角半径 $r_凸 = (4\sim9)s$。若零件所需凸缘的高度较大，翻边时极易破裂，可采用先拉深、后冲孔，再翻边的工艺。

4）成形。成形是利用局部变形使坯料或半成品改变形状的工序，如图7-43所示。成形主要用于制造刚性筋条或增大半成品的部分内径等。图7-43a是用橡皮压筋，图7-43b是用橡胶芯子胀形。

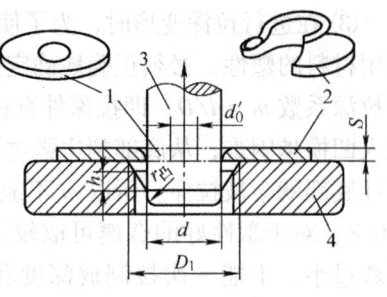

图7-42 翻边简图

1—坯料 2—翻边 3—凸模 4—凹模

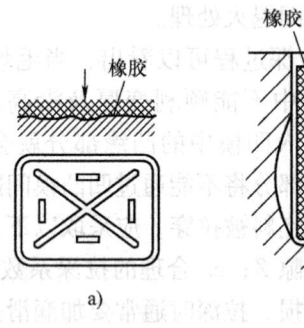

2. 冲模的分类与构造

冲模是冲压生产中必不可少的模具。冲模结构合理与否对冲压件质量、冲压生产的效率及模具寿命等都有很大影响。冲模按结构可分为简单模、连续模和复合模。

图7-43 成形工序简图

(1) 简单模 在压力机的一次行程中只能完成一道工序的模具称为简单模。图7-44为落料用的简单冲模示意图，其结构是凹模2用凹模压板7固定在下模板4上，下模板用螺栓固定在压力机的工作台上，凸模1用凸模压板6固定在上模板3上，上模板则通过模柄5与压力机的滑块连接。因此，凸模可随滑块作上下运动，用导柱12和导套11使凸模1向下运动时能对准凹模孔，并使凸凹模间保持均匀间隙。工作时，条料在凹模上沿两个导板9之间送进，碰到定位销10停止。当凸模向下冲压，冲下的零件进入凹模孔，则条料夹住凸模并随凸模一起作回程向上运动。当条料碰到固定在凹模上的卸料板8

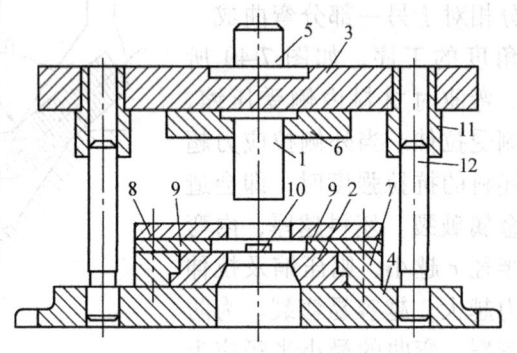

图7-44 简单模

1—凸模 2—凹模 3—上模板 4—下模板
5—模柄 6—凸模压板 7—凹模压板 8—卸料板
9—导板 10—定位销 11—导套 12—导柱

时，被卸料板推下并继续在导板间送进。上述动作不断重复，冲出一个又一个的零件。这种模具结构简单，容易制造，适用于冲压件的小批量生产。

(2) 连续模 连续模又称为级进模。在压力机的一次冲程中，在模具不同部位上同时完成数道冲压工序的模具称为连续模，如图7-45所示。工作时定位销2对准预先冲出的定位孔，上模向下运动，落料凸模1进行落料，冲孔凸模4进行冲孔。当上模回程时，卸料板6从凸模上推下残料。这时再将坯料7向前送进，执行第二次冲裁。如此循环，每次送进距离由挡料销控制。连续模生产率高，易于实现自动化，但要求定位精度高，制造比较麻烦，成本高，适于大批大量生产。

(3) 复合模 在压力机的一次行程中，在模具的同一位置完成一道以上工序的模具称为复合模。图 7-46 所示为一落料及拉深复合模。其结构特点是有一个凸凹模，凸凹模外端为落料的凸模，而内孔则为拉深时的凹模。因此，压力机一次行程内可完成落料和拉深两道工序。压板既可作为卸料板，又可作为压边圈。此种模具能保证较高的零件精度、平整性及生产率，但模具制造复杂，成本高，适合于大批量生产中小型零件。

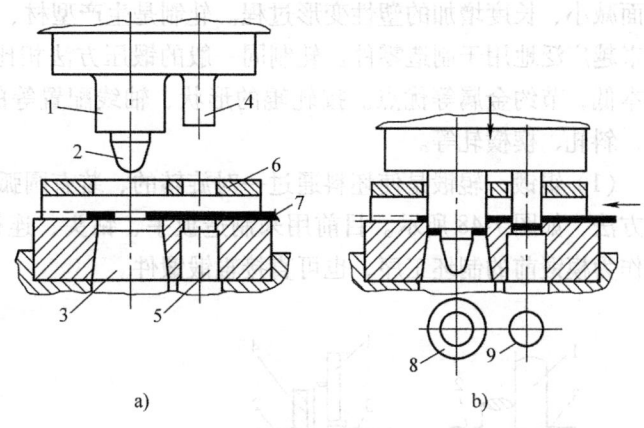

图 7-45 连续模
1—落料凸模 2—定位销 3—落料凹模 4—冲孔凸模
5—冲孔凹模 6—卸料板 7—坯料 8—成品 9—废料

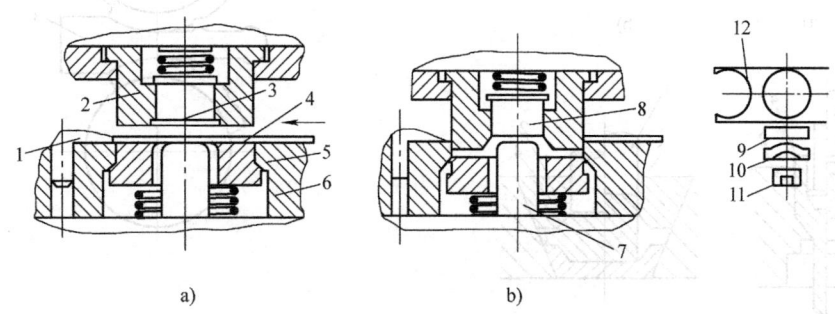

图 7-46 落料及拉深的复合模
a) 冲压前 b) 冲压时
1—挡料销 2、3—凸凹模（落料凸模、拉深凹模） 4—条料 5—压板（卸料器） 6—落料凹模
7—拉深凸模 8—顶出器 9—落料成品 10—开始拉深件 11—零件（成品） 12—废料

三、其他塑性加工方法

为了满足工业生产飞速发展的需要，新的压力加工方法和工艺不断出现，并迅速在生产中得到推广和应用，如挤压成形、轧制成形、拉拔成形、超塑性成形、高速高能成形等。

1. 挤压成形

挤压是用强大的压力作用于模具，迫使模具内的金属坯料产生定向塑性变形并从模孔中挤出，从而获得所需零件或半成品的加工方法。挤压产品的尺寸精确，表面质量高，生产效率高，可生产出用轧制方法所不能生产的形状复杂的管材、型材及零件。

挤压方法有多种。根据金属坯料加热温度不同，可分为热挤压、冷挤压、温挤压。根据金属的流动方向不同，又可分为正挤压、反挤压、复合挤压和径向挤压等，如图 7-47 所示。

2. 轧制成形

轧制也称为压延，它是指金属坯料通过一对旋转轧辊之间的间隙而使坯料受挤压产生横截面减小、长度增加的塑性变形过程。轧制是生产型材、板材和管材的主要方法，近年来还越来越广泛地用于制造零件。轧制同一般的锻压方法相比，具有生产效率高，产品质量好，成本低，节约金属等优点。按轧辊的形状、轴线配置等的不同，轧制分为辊锻、辗环、横轧、斜轧、楔横轧等。

（1）辊锻　辊锻是使坯料通过一对旋转的、装有圆弧形模块的轧辊时受辗压而变形的加工方法，如图 7-48 所示。目前用来制造扳手、钻头、连杆、履带板、汽轮机叶片等。它既可作为模锻前的制坯工序，也可直接辊锻锻件。

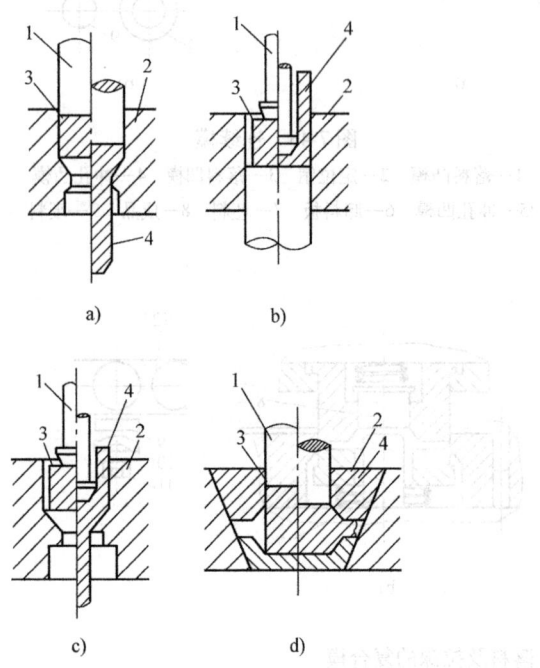

图 7-47　挤压的几种方式
a）正挤压　b）反挤压　c）复合挤压　d）径向挤压
1—凸模　2—凹模　3—坯料　4—挤压产品

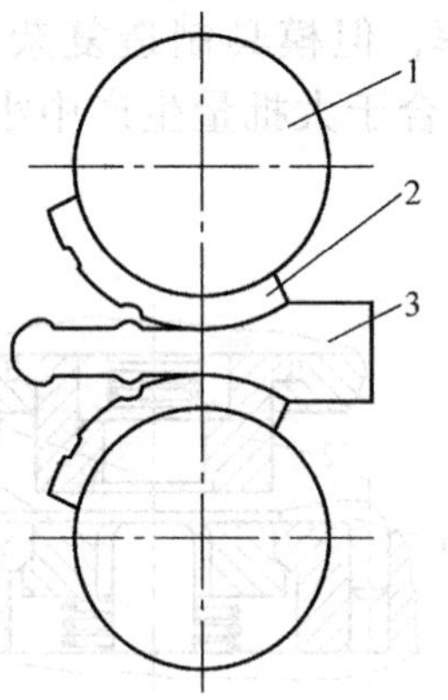

图 7-48　辊锻
1—锻辊　2—模块　3—坯料

（2）辗环　辗环是通过扩大环形坯料的内、外径来获得各种环形零件的工艺方法，如图 7-49 所示。这种方法生产的环类件，其横截面可以是各种形状的，如火车轮箍、轴承座圈、齿轮及凸缘等。

（3）横轧　横轧是轧辊轴线与坯料轴线平行，且轧辊与坯料作相对转动的轧制方法。图 7-50 所示为齿轮横轧，坯料在图示位置被高频感应加热，带齿形的轧辊由电动机带动旋转，并作径向进给，迫使轧轮与坯料发生对辗。在对辗过程中，坯料上受轧辊齿顶挤压的地方变成齿槽，而相邻金属受轧辊齿部反挤而上升，形成齿顶。

（4）斜轧　轧辊相互倾斜配置，以相同方向旋转，坯料在轧辊的作用下反向旋转，同时还作轴向运动，即螺旋运动，这种轧制称为斜轧。图 7-51a 所示为轧制钢球；图 7-51b 所示为轧制周期变截面型材。斜轧可以直接热轧出带螺旋线的高速滚刀体、自行车后闸壳以及冷轧丝杠等。

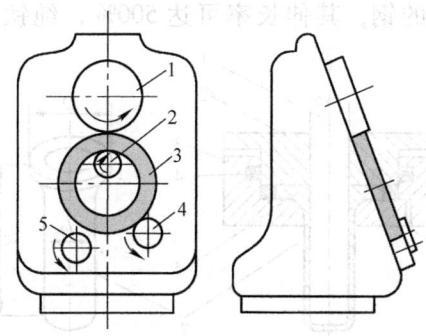

图 7-49 辗环
1—驱动辊 2—芯辊 3—坯料 4—导向辊 5—信号辊

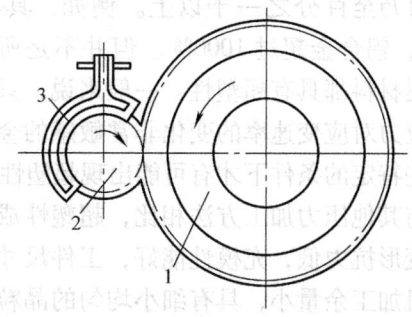

图 7-50 热轧齿轮示意图
1—带形轧轮 2—坯料 3—感应加热器

(5) 楔横轧 利用两个外表面镶有楔形凸块、作同向旋转的平行轧辊对沿轧辊轴向送进的坯料进行轧制的方法称为楔横轧，如图 7-52 所示。楔横轧的变形过程，主要是靠两个楔形凸块压缩坯料使坯料径向尺寸变小、长度增加。根据轧辊数目不同和楔形凸块的几何形状不同，楔横轧可分为两辊楔横轧、三辊楔横轧、板式楔横轧及弧形楔横轧四种。楔横轧主要用于加工阶梯轴、锥形轴等各种对称的零件或毛坯。

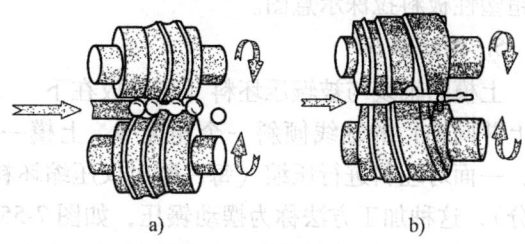

图 7-51 螺旋斜轧
a) 轧制钢球 b) 轧制周期变截面型材

3. 拉拔成形

拉拔是使金属坯料通过一定形状的模孔，使其横截面减小、长度增加的加工方法。金属丝、细管材包括一些异型材皆可用拉拔的方法生产，如图 7-53 所示。

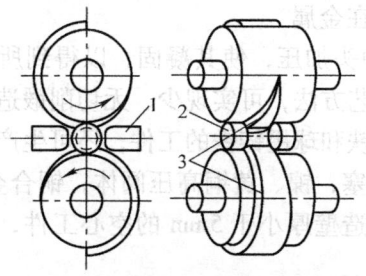

图 7-52 两辊楔横轧
1—导板 2—轧件 3—带楔形凸块的轧辊

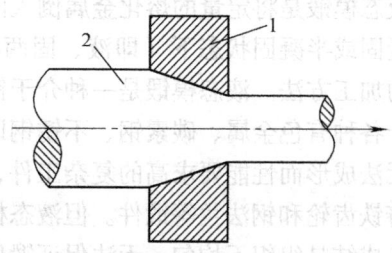

图 7-53 拉拔示意图
1—模具 2—坯料

拉拔一般是在冷态下进行的。拔制产品的形状和尺寸精确，表面质量好，机械强度高。由于在拉拔过程中有加工硬化效应，故每道拔制过程中的变形量有限，否则易断裂。另外，为保证拉拔质量，坯料在拔制前要经表面处理，在拉拔时要采用润滑剂，在多道拉拔过程中还要安排再结晶退火。

4. 超塑性成形

超塑性是指金属材料在特定条件下所表现出来的极大的异常塑性的现象。

一般塑性较好的金属材料伸长率只有百分之几十，但在超塑性情况下其伸长率可达百分之几百乃至百分之一千以上。例如，具有超塑性的钢，其伸长率可达500%，纯钛超过300%，铝合金超过1000%。但并不是所有的金属材料都具有超塑性。一般来说，只有流动应力对应变速率的变化非常敏感的金属在某些特定的条件下才有可能出现超塑性。

与其他压力加工方法相比，超塑性成形具有变形抗力低，充模性能好，工件尺寸精确，机加工余量小，具有细小均匀的晶粒组织等特点。另外，一些难于变形加工的材料，也可以进行超塑性成形。图7-54所示为超塑性板料拉深示意图。

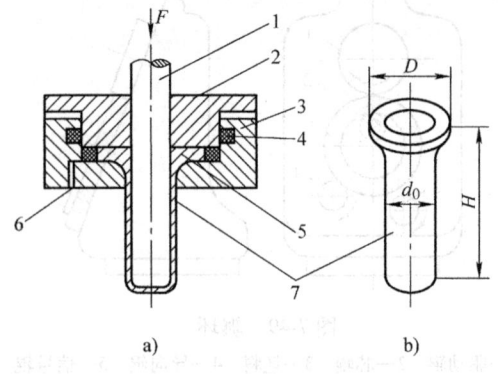

图 7-54 超塑性板料拉深示意图
1—凸模 2—压板 3—凹模 4—电热元件
5—板料 6—高压油孔 7—工件

5. 摆动辗压

上模的轴线与被辗压坯料（坯料放在下模上并同轴）的轴线倾斜一个角度 γ，上模一面绕轴线旋转，一面对坯料进行压缩（每一瞬时仅压缩坯料横截面的一部分），这种加工方法称为摆动辗压，如图7-55所示。若上模母线是一直线，则辗压的表面为平面；若母线为一曲线，则辗压出的上表面为形状较复杂的曲面。

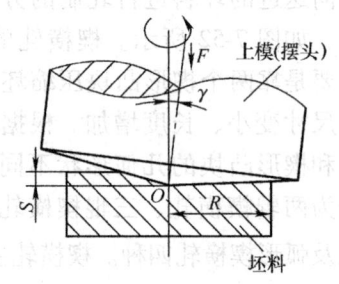

图 7-55 摆动辗压

摆动辗压为局部变形，省力，没有冲击，噪声和振动都很小，生产率高，易实现自动化。它主要适用于加工回转体类、盘类或带凸缘的半轴类锻件，如汽车半轴、扬声器导磁体、推力轴承圈和齿轮等。

6. 液态模锻

液态模锻是将定量的熔化金属倒入凹模型腔内，在金属即将凝固或半凝固状态下（即液、固两相共存）用冲头加压，使其凝固，以得到所需形状锻件的加工方法。液态模锻是一种介于铸锻之间的工艺方法，可实现少、无切削锻造，可用于生产各种有色金属、碳素钢、不锈钢以及脆性灰铸铁和球墨铸铁的工件，还可生产用普通模锻无法成形而性能要求高的复杂工件，如铝合金活塞、镍、黄铜高压阀体、铜合金蜗轮、球墨铸铁齿轮和钢法兰等锻件。但液态模锻不适于制造壁厚小于5mm的空心工件，因为这样会造成结晶组织不均匀，无法保证锻件质量。

7. 高速高能成形

高速高能成形的共同特点是在极短时间（几毫秒）内，将化学能、电能、电磁能或机械能传递给被加工的金属材料，使之迅速成形。其主要加工方法有：

（1）爆炸成形　利用炸药爆炸时所产生的高能冲击波，通过不同介质使坯料产生塑性变形的方法。

（2）电液成形　利用在液体介质中高压放电时所产生的高能冲击波，使坯料产生塑性变形的方法。

（3）电磁成形　利用电流通过线圈所产生的磁场，其磁力作用于坯料使工件产生塑性变形。

第三节 锻件的工艺设计

一、自由锻工艺规程的制订

自由锻工艺规程包括绘制锻件图、计算坯料质量和尺寸、确定变形工序、选定设备和工具、确定锻件加热和冷却及锻后热处理规范等内容。

1. 绘制锻件图

锻件图是根据零件图并考虑机加工余量、锻造公差和余块等绘制而成的。自由锻件一般均需后续机械加工，表面应留有加工余量。加工余量的大小取决于零件的形状、尺寸、精度要求和生产数量，同时还应考虑设备条件和工人的技术水平等。在技术上可行和经济合理的条件下，应尽量减少加工余量。为了简化锻件形状，便于锻造，往往在锻件的某些部位添加一部分附加金属，这部分附加金属称为余块。当零件上带有较小的凹档、台阶、凸肩、法兰和孔时，皆需附加余块。添加余块会增加金属材料消耗和切削加工工时，故应合理安排锻件的余块。

典型锻件图的画法如图 7-56 所示。在锻件图中，锻件的外形用粗实线描绘。零件的主要形状用双点画线描绘，以供工人锻造操作时参考。锻件的尺寸和锻造公差标注在尺寸线上面，相应的零件尺寸标注在尺寸线的下面并用括号括起来。

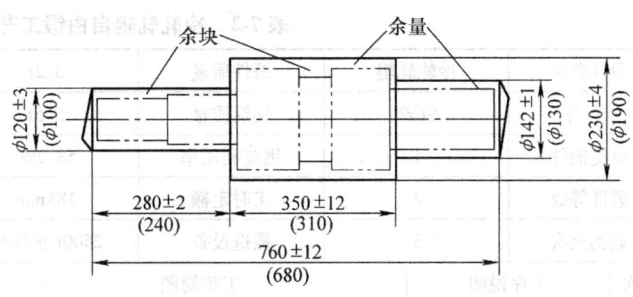

图 7-56 余量、余块及锻件图的画法

为了便于生产，大型锻件的尺寸尾数取 0 或 5，小型锻件的尺寸尾数取 0 或偶数。当需检验锻件的力学性能时，还要考虑试样的尺寸和取位。

2. 计算坯料质量和尺寸

（1）坯料质量　坯料质量为锻件的质量与锻造时各种金属损耗的质量之和。可按下式进行计算

$$m_{坯} = m_{锻} + m_{烧} + m_{芯} + m_{切}$$

式中　$m_{坯}$——坯料质量；

　　　$m_{锻}$——锻件质量；

　　　$m_{烧}$——坯料在加热时因表面氧化而烧损的质量，它与坯料的材料种类、加热火次等有关，常取锻件质量的 2.5% 左右；

　　　$m_{芯}$——冲孔时的芯料质量；

　　　$m_{切}$——锻造中被切掉部分的质量，如修切端部的料头，采用钢锭时切掉的钢锭头部和尾部等。

（2）坯料尺寸　确定坯料尺寸时，先根据计算得到的坯料质量算出坯料体积，然后考虑锻造比和采取的变形方式等因素确定坯料截面尺寸，最后再确定坯料的长度尺寸或钢锭尺寸。确定坯料尺寸时，应考虑到坯料在锻造过程中的变形程度，即锻造比问题。对于以碳素

钢锭作为坯料并采用拔长方法锻制的锻件,锻造比一般不小于2.5~3;如果采用轧材作坯料,则锻造比可取1.3~1.5。根据计算所得的坯料质量和截面大小,即可确定坯料长度尺寸或选择适当尺寸的钢锭。

3. 确定变形工序

确定变形工序的依据是锻件的形状、尺寸及技术要求等。对于盘类锻件,基本变形工序是镦粗或局部镦粗;对于轴杆类锻件,基本变形工序是拔长;若需增大锻造比,应先镦粗(或局部镦粗)后再拔长。对于空心类锻件,基本变形工序是镦粗加冲孔(有时还需扩孔)。对于曲轴类锻件,基本变形工序是拔长和错移。若用钢锭作为坯料,通常需增加切割头部和尾部等工序。

工艺规程的内容还包括:选择锻造设备,确定加热火次,确定所用工、夹具和加热设备,加热及冷却规范,热处理及锻件的后续热处理等。

二、自由锻工艺规程实例

为了说明自由锻工艺的编制,现以冷轧轧辊为例。锻造工艺规程一般用文字写在工艺卡上,作为锻件生产的准则。表7-2给出了冷轧轧辊自由锻的工艺卡。

表7-2 冷轧轧辊自由锻工艺卡

锻件名称	冷轧轧辊	锻件质量	3.2t	锻造比	6.43
材料	9Cr2	钢锭质量	5.5t	炉子温度	1200℃
每锭锻件	1	钢锭利用率	58.2%	始锻温度	1150℃
锻件等级	2	工时定额	185min	终锻温度	850℃
锻钢火次	3	锻造设备	2500t 水压机	冷却方式	坑冷

火次	工序说明	工步简图	设备	工时	工具
	钢锭加热至1150℃	(φ610,φ630,长1405)			
I	1. 在头部锻出料柄 2. 倒棱成直径为φ630mm	(φ630,30)	2 000t	40.5	上、下砧块,剁刀,套筒
II	3. 镦粗至直径为φ1050mm 4. 拔长直径为φ620mm	(D1050;D620,250,770,385,I II III)	2 000t	38	上球凹面压板,下漏盘
	中间退火	780~800℃,保温6小时			

(续)

火次	工序说明	工步简图	设备	工时	工具
Ⅲ	5. 镦粗至直径为 $\phi1050$mm 6. 拔长成直径为 $\phi620$mm 7. 分段克压	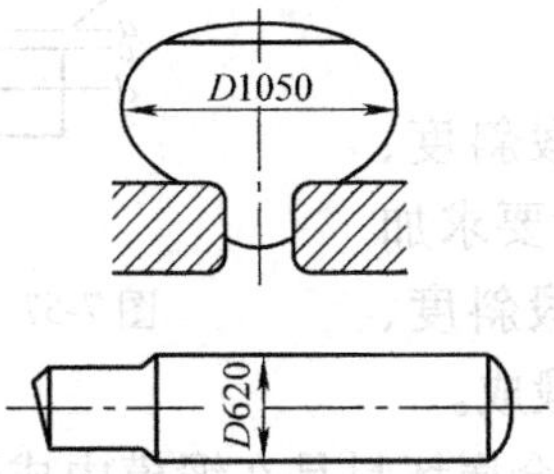	2 000t	108	球凹面压板,下漏盘,上、下砧块,克压棍,剁刀,套筒
Ⅳ	8. 按克压锻出Ⅲ 9. 锻出Ⅰ 10. 进一步修整,切去头部	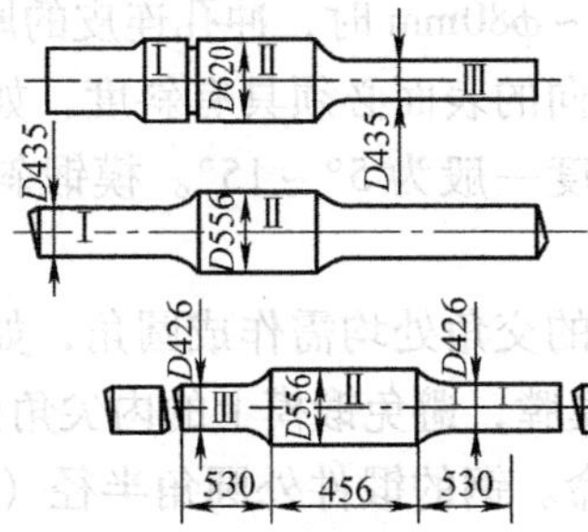	2 000t	108	上、下砧块,套筒

三、模锻工艺规程的制订

模锻工艺规程包括绘制锻件图、计算坯料尺寸、确定模锻工步(模膛)、选择设备及安排修整工序等。模锻工艺规程是指导锻件生产、规定操作规范、控制和检验产品质量的依据。

1. 绘制锻件图

锻件图是生产和检验锻件及设计锻模的依据。根据零件图来锻件图时,工艺上应考虑下列问题:

(1) 分型面的确定 分型面即上、下锻模在锻件上的分界面。锻件分型面的位置选择得合适与否,关系到锻件成形、出模、材料利用率等一系列问题。选择分型面应遵循以下原则:

1) 保证锻件能从模膛中取出,一般应选在锻件最大尺寸的截面上。如图 7-57 所示零件,若选 a—a 面为分型面,则无法从模膛中取出锻件。

2) 防止上、下锻模产生错模现象,分型面的位置应保证其上、下模膛的轮廓相同。如图 7-57 所示的 c—c 面就不符合此原则。

3) 为有利于金属充满模膛,便于模具加工,节约金属材料,分型面要选在能使模膛深度最浅的位置上。如图 7-57 所示的 b—b 面就不适合作为分型面。

4) 节约金属材料,减少切削加工工作量。当图 7-57 所示的 b—b 面作分型面时,零件中间的孔锻造不出来,只能作余块,所以该面不宜选作分型面。

5）最好使分型面为一个平面，使上、下锻模的模膛深度基本一致，差别不宜过大，以便于制造锻模。

通过按上述原则综合分析，可知图7-57中的 $d—d$ 面是最合理的分型面。

（2）加工余量、公差、余块、模锻斜度、圆角半径、冲孔连皮　在锻件图中，除要求加工余量、公差、余块外，还要设计模锻斜度、圆角半径、冲孔连皮，以便锻件能顺利锻成。

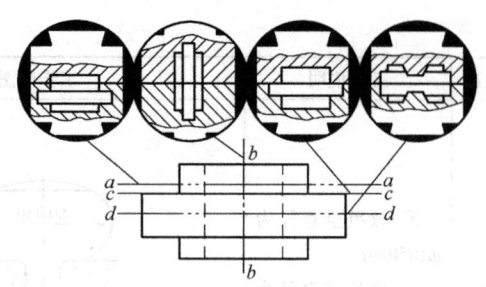

图7-57　分型面的选择比较图

1）加工余量、公差和余块。模锻时金属坯料是在锻模中成形的，因此，锻件的尺寸较精确，其公差和加工余量比自由锻件小得多。加工余量一般为 1～4mm，公差一般取在 ±0.3～3mm之间。对于孔径 $d > \phi 25mm$ 的带孔锻件，应锻出孔，但需留冲孔连皮。冲孔连皮的厚度与孔径 d 有关，当孔径 $d = \phi 30 ～ \phi 80mm$ 时，冲孔连皮的厚度为 4～8mm。

2）模锻斜度。锻件上平行于锤击方向的表面必须具有斜度，如图7-58所示，以便从模膛中取出锻件。对于锤上模锻，模锻斜度一般为 5°～15°。模锻斜度与模膛深度和宽度有关。

3）圆角半径。在锻件上所有两平面的交角处均需作成圆角，如图7-59所示。这样，可增大锻件强度，使锻造时金属易于充满模膛，避免锻模上的内尖角处产生裂纹，减缓锻模外尖角处的磨损，从而提高锻模的使用寿命。钢的锻件外圆角半径（r）取 1.5～12mm，内圆角半径（R）为外圆角半径的 2～3 倍。模膛深度越深，圆角半径取值就越大。

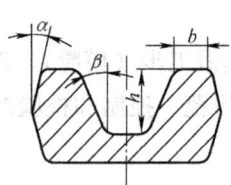

图7-58　模锻斜度

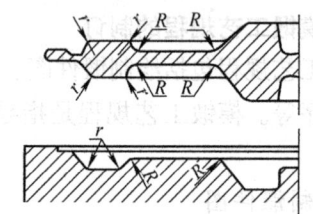

图7-59　圆角半径

上述内容确定后，即可绘制锻件图。绘制方法与自由锻件图类似。图7-60所示为齿轮坯锻件图。图中的双点画线为零件轮廓外形，分型面选在锻件高度方向的中部，零件轮辐部分不加工，故不留加工余量。图上内孔中部的两条直线为冲孔连皮切掉后的痕迹线。

2. 确定模锻工步

模锻工步主要根据锻件的形状和尺寸

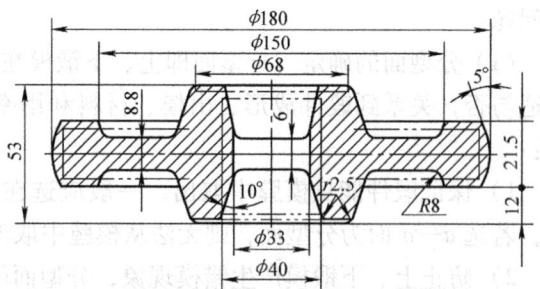

图7-60　齿轮坯锻件图

来确定。锻件按形状可分为轴与盘两大类。

（1）轴类　此类零件的长度明显大于其宽度和高度，如台阶轴、曲轴、连杆、弯曲摇臂等，如图7-61所示。锻造过程中锤击方向垂直于锻件的轴线，终锻时金属沿高度与宽度方向流动，而长度方向流动不显著，因此常选用拔长、滚压、弯曲、预锻和终锻等工步。

拔长和滚压时，坯料沿轴线方向流动，金属体积重新分配，使坯料的横截面积与锻件相应的横截面积近似相等。坯料的横截面积大于锻件最大横截面积时，可只选用拔长工步；而当坯料的横截面积小于锻件最大横截面积时，采用镦粗和滚压工步。

锻件的轴线为曲线时，应选用弯曲工步。

对于小型长轴类锻件，为减少钳口料和提高生产率，常采用一根棒料同时锻造几个锻件的锻造方法，因此应增设切断工步，将锻好的锻件切离。

对于形状复杂的锻件，还需选用预锻工步，最后在终锻模膛中模锻成形。如锻造弯曲连杆锻件，其模锻过程如图 7-26 所示。

（2）盘类 此类锻件主轴尺寸较短，在分型面上投影为圆形或长宽尺寸相近，如齿轮、凸缘、十字轴、万向节叉等，如图 7-62 所示。模锻过程中，锤击方向与坯料轴线方向相同，终锻时金属沿高度、宽度及长度方向均产生流动，因此常选用镦粗、终锻等工步。

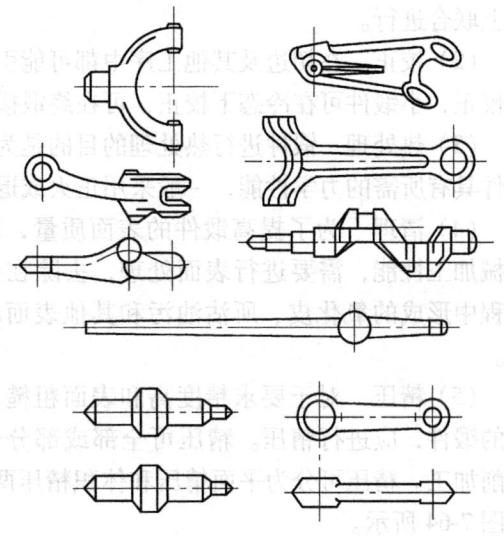

图 7-61 轴类锻件

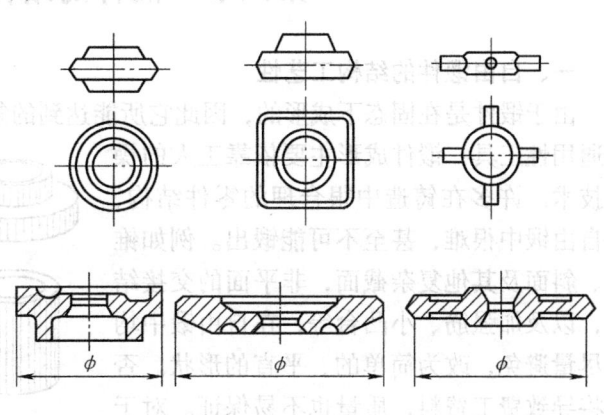

图 7-62 盘类锻件

对于形状简单的盘类锻件，可只用终锻工步成形；对于形状复杂、有深孔或高筋的锻件，则应增加镦粗工步。

3. 坯料计算

模锻的计算方法与自由锻相同。坯料质量为锻件、飞边、连皮、钳口料头和氧化皮质量的总和。一般飞边是锻件质量的 20%~25%，氧化皮是锻件、飞边、连皮等质量总和的 2.5%~4%。

4. 选择模锻设备

模锻锤标称压力的选择请参阅有关文献。

5. 安排修整工序

（1）切边和冲孔 锻件一般都带有飞边和连皮，需在压力机上的切边模和冲孔模上将其切去，如图 7-63 所示。当锻件为大量生产时，切边和冲连皮可在一个较复杂的复合模或连续

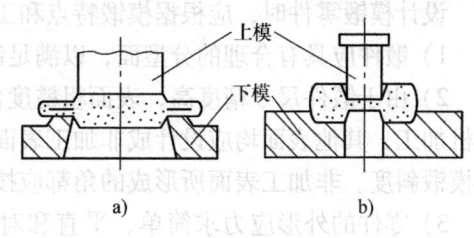

图 7-63 切边模及冲孔模
a）切边模 b）冲孔模

模上联合进行。

（2）校正　在切边及其他工序中都可能引起锻件变形，应进行校正。大中型锻件在热态下校正，小锻件可在冷态下校正，可在终锻模膛或专门的校正模具中进行。

（3）热处理　锻件进行热处理的目的是为了消除其中的过热组织或冷变形强化组织，使锻件具有所需的力学性能，一般采用正火或退火。

（4）清理　为了提高锻件的表面质量，改善机械加工性能，需要进行表面处理，去除在生产过程中形成的氧化皮、所沾油污和其他表面缺陷等。

（5）精压　对于要求精度高和表面粗糙度值低的锻件，应进行精压。精压可全部或部分代替切削加工。精压可分为平面精压和体积精压两类，如图 7-64 所示。

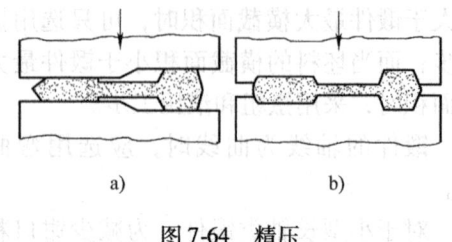

图 7-64　精压
a) 平面精压　b) 体积精压

第四节　锻件的结构工艺性

一、自由锻件的结构工艺性

由于锻件是在固态下成形的，因此它所能达到的复杂程度不如铸件。自由锻使用简单的和通用性工具，锻件成形主要依靠工人的操作技术。许多在铸造中很合理的零件结构，在自由锻中很难，甚至不可能锻出。例如锥面、斜面及其他复杂截面，非平面的交接结构，以及加强筋、小凸台等，在自由锻中均应尽量避免，改为简单的、平直的形状。否则将导致费工费料，质量也不易保证。对于必需的复杂结构，可以应用余块，以简化锻

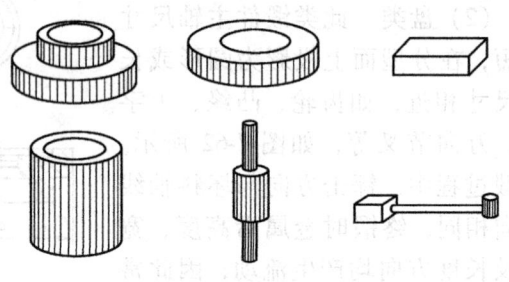

图 7-65　自由锻件的类型

件外形，最后再用切削加工制出。但在不影响使用性能的条件下，应尽可能修改设计，使之适应自由锻的工艺性。因此，对设计自由锻件结构工艺性总的要求是在满足使用要求的前提下，应尽量使零件形状简单和规则。表 7-3 是锻件设计的一些例子。常见的自由锻件类型如图 7-65 所示。

二、锻件的结构工艺性

设计模锻零件时，应根据模锻特点和工艺要求，使零件结构符合下列原则：

1) 锻件应具有合理的分型面，以满足制模方便，锻件易于出模等要求。

2) 由于锻件尺寸精度高，表面粗糙度值低，因此只有与其他机件相配合的表面才需进行机加工，其他表面均应设计成非加工表面。零件上与锤击方向平行的非加工表面，应设计出模锻斜度。非加工表面所形成的角都应按模锻圆角设计。

3) 零件的外形应力求简单、平直和对称，截面相差不宜过于悬殊，避免高筋、薄壁、凸起等不利于成形的结构。如图 7-66a 所示零件的最小截面与最大截面之比若小于 0.5 就不宜采用模锻，因该零件凸缘高而薄，中间凹槽过深，难于用模锻方法制造；图 7-66b 所示的

零件扁而薄，薄的部位金属冷却快，变形抗力提高，难以成形；图 7-66c 零件的凸缘高而薄，不仅制造锻模困难，而且不利于金属充满和锻件出模，若能改成图 7-66d 的形状，模锻成形就容易了。

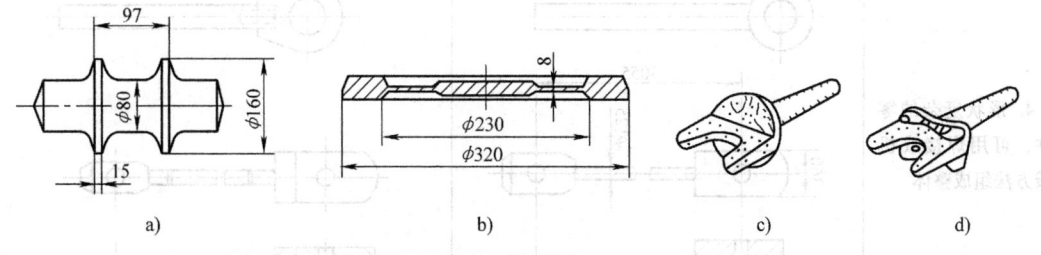

图 7-66　模锻零件形状

4) 应避免窄沟、深槽、深孔及多孔结构，以利于金属的充满、模具制造和延长寿命。

5) 形状复杂的锻件应采用锻-焊或锻-机械联接组合工艺，以减少余块，简化模锻工艺，见表 7-3。

表 7-3　自由锻件结构工艺性要求

要求	工艺性不好的结构	工艺性好的结构
1. 避免锥面或斜面		
2. 避免圆柱面与圆柱面相交		
3. 避免筋板及凸台等结构		

(续)

要　求	工艺性不好的结构	工艺性好的结构
4. 形状复杂的零件，可用焊接或机械方法组成整体	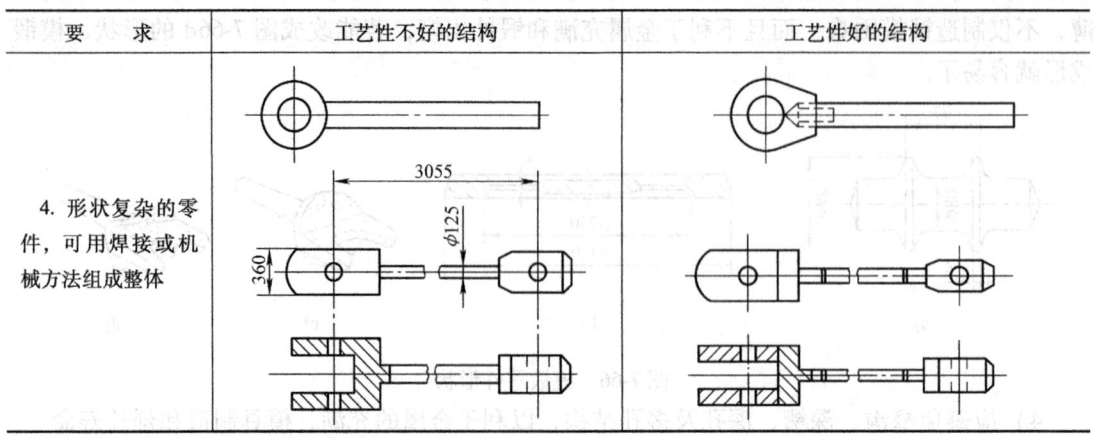	

三、板料冲压件的结构工艺性

在设计冲压件时，应在满足使用要求的前提下，尽量使冲压件具有良好的工艺性能，这对于保证产品质量，提高生产率，节约金属材料和降低生产成本具有重要意义。

1. 对各类冲压件的要求

1) 尽量采用普通材料代替贵重材料，如用碳素钢代替合金钢。尽可能采用较薄的板料，而在刚度较弱的部位采用压筋结构，这样，既能降低材料费用，又能减小冲压力，如图 7-67 所示。

2) 冲压件尽量采用简单而对称的外形，使冲压时坯料受力均衡，简化加工工序，便于模具制造。图 7-68 为汽车消声器后盖，形状简化后，使冲压过程由八道工序减为两道工序。

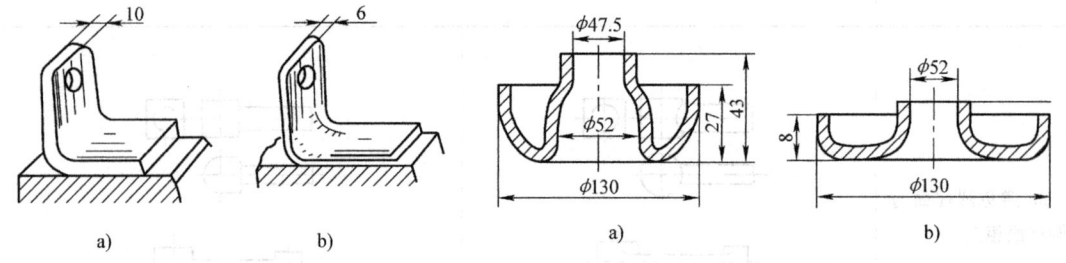

图 7-67　加强筋
a) 无加强筋　b) 有加强筋

图 7-68　消声器后盖形状的改进
a) 改进前　b) 改进后

3) 对冲压件的精度要求不宜过高，否则要增加精整工序。一般对冲压件表面质量的要求应尽量避免高于原材料所具有的表面质量。

4) 改进结构，简化工艺，节省材料。如图 7-69 所示为冲-焊组合结构，图 7-70 所示为冲口工艺应用。

2. 对冲裁件的要求

1) 工件外形应尽量采用既好又无废料的排样，如图 7-71 所示，以提高材料的利用率。

2) 冲孔时应力求简单、对称，尽可能采用圆形、矩形等规则形状。

3) 对于长槽与细长悬臂结构，长臂、窄槽的宽度应大于板料的厚度，如图 7-72 所示，孔径、孔与边缘间的距离不得小于板厚。

4) 圆孔直径大于板料厚度 δ，方孔的边长大于 0.9δ，孔与孔之间及孔到工件边缘的距离不得小于 δ，外缘凸出或凹进尺寸大于 1.5δ，如图 7-73 所示。

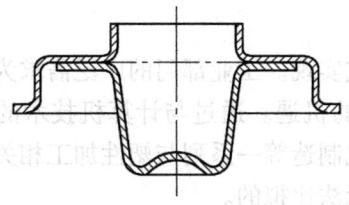

图 7-69　冲—焊结构

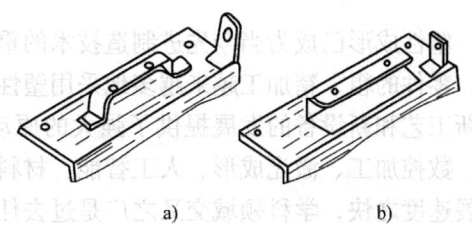

图 7-70　冲口工艺应用
a) 铆接　b) 冲压工艺

5) 冲裁线相交处应有圆角过渡，以免尖角导致应力集中而使模具开裂。其圆角半径应大于板厚的 1/2。

3. 对拉深件的要求

1) 外形力求简单，最好采用轴对称形状，以减少拉深次数。

2) 应尽量避免深度过大。否则需要增加拉深次数，而且也易出现废品。

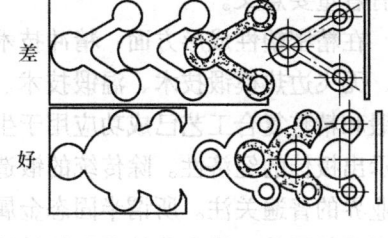

图 7-71　零件形状与材料利用率的关系

3) 拉深件的圆角半径要合适。一般来说，拉深件上各处的圆角半径应尽量大些，以利于成形和减少拉深次数。尤其是在底部转角和凸缘处转角应有较大的圆角半径，否则将增加拉深次数与整形工序。

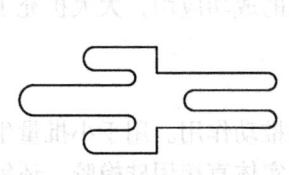

图 7-72　不合理的长槽结构

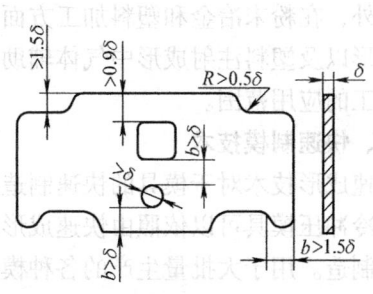

图 7-73　冲孔件尺寸与厚度的关系

4. 对弯曲件的要求

1) 弯曲件形状应尽量对称，弯曲半径不得小于材料允许的最小弯曲半径 r_{min}。r_{min} 一般为 $(0.25\sim1)\delta$。若弯曲时产生的拉伸应力垂直于纤维组织方向，则弯曲半径还应加倍。

2) 弯曲边不宜过短，否则难以弯曲成形。如果要求具有很短的弯曲边，可先留出余量，以增大弯曲边，弯好后再切去。

3) 弯曲带孔件时，为避免孔的变形，孔的位置应如图 7-74 所示。孔壁至弯曲中心的距离为 L，$L > (1.5\sim2)\delta$。

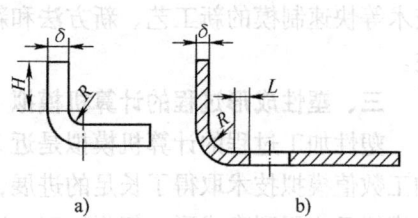

图 7-74　弯曲件结构工艺性
a) 弯曲边高　b) 带孔的弯曲件

第五节 塑性成形技术的新发展

塑性成形已成为当今先进制造技术的重要发展方向，零件的粗、精加工越来越多地采用塑性成形的方式实现。工业部门的广泛需求为塑性成形新工艺和新设备的发展提供了强大的原动力和空前的机遇。通过与计算机技术的紧密结合，数控加工、激光成形、人工智能、材料科学和集成制造等一系列与塑性加工相关的技术发展速度之快，学科领域交叉之广是过去任何时代所无法比拟的。

一、精密塑性成形技术

精密塑性成形技术对于提高产品精度、缩短产品交货期、减少切削加工和降低生产成本均有着重要意义。

在精密塑性成形方面，精冲技术、超塑成形技术、航空制造技术、冷挤压技术、成形轧制、无飞边热模锻技术、温锻技术、多向模锻技术发展很快。例如 700mm 汽轮机叶片精密辊锻和精整复合工艺已成功应用于生产；楔横轧技术在汽车、拖拉机精密轴类锻件的生产中显示出极佳的经济性。除传统的锻造工艺外，近年来半固态金属成形技术也日趋成熟，引起工业界的普遍关注。所谓半固态金属成形，是指对液态金属合金在凝固过程中经搅拌等特殊处理后得到的、具有非枝晶组织结构、固液相共存的半固态坯料进行的各种成形加工。这种新的金属加工技术，可分为半固态锻造、挤压、轧制和压铸等几种主要工艺类型，具有节省原材料、降低能耗、提高模具寿命、改善制品性能等一系列优点，并可生产复合材料的产品。

此外，在粉末冶金和塑料加工方面，金属粉末超塑性成形、粉末注射成形、粉末喷射和喷涂成形以及塑料注射成形中气体辅助技术和热流道技术的成功应用，大大扩充了现代精密塑性加工的应用范围。

二、快速制模技术

快速成形技术对于模具的快速制造产生了重要影响和推动作用。用于小批量生产的塑料模具和冷冲压模具可以依照由快速成形方法所获得的产品实体直接用硅橡胶、环氧树脂或金属材料制造。用于大批量生产的各种模具也可由快速成形和铸造技术相结合的方法制造。

快速制模技术由于具有制造周期短、成本低、综合经济效益高等优点，十分适合于新产品开发和小批量、多品种的生产方式，近十年来发展非常迅速。除了快速成形在快速制模中应用外，电弧喷涂成形技术、实型铸造制模技术、锌基合金制模技术、低熔点合金制模技术、铜基合金制模技术、电铸技术在注塑模具中的应用，环氧树脂制模技术、叠层钢板制模技术等快速制模的新工艺、新方法和新设备层出不穷，显示出强大的生命力和显著的经济效益。

三、塑性成形过程的计算机模拟

塑性加工过程的计算机模拟是近 20 年来最活跃的研究领域。20 世纪 90 年代以来塑性加工数值模拟技术取得了长足的进展，基本达到了实用化，得到了很多大型企业的应用。数值模拟已应用到净成形、切削加工，以及当前的塑性成形的前沿领域——微成形、液压成形和镁、铝等难变形轻合金的成形。目前数值模拟在板、管材成形和机械加工时材料的流动应力、摩擦、逆向工程中材料参数等的数值处理方面已取得较大的进展。而未来发展方向主要在三维复杂零件成形加工过程的模拟、并行处理的计算机系统。如板料成形数值模拟对制订成形工艺和设计模具结构展现出了越来越显著的作用。

复习思考题

1. 模具 CAD\CAM 系统由哪几个功能模块组成？各功能模块的作用是什么？
2. 一个完整的冲裁模 CAD 系统，一般包括哪几个功能模块？
3. 模具材料优化专家系统一般由哪几个功能模块组成？
4. 金属压力加工的主要生产方式有几种？其特点如何？
5. 塑性变形是如何实现的？
6. 冷变形和热变形后金属组织和性能各发生什么变化？
7. 如何提高金属的塑性？最常用的措施有哪些？
8. 金属变形遵循什么基本规律？如何运用？
9. 何谓自由锻？它在应用上有何特点？
10. 自由锻所用设备和模锻在原理和结构上有何不同？
11. 自由锻工序如何分类、应用？
12. 简述曲柄压力机的工作原理及状况。
13. 汽车制造中的大量齿轮、连杆和十字轴等锻件，应选用何种锻造方法和设备？
14. 冲压基本工序包括哪些最主要的形式？
15. 冲裁变形分为哪几个阶段？如何评定冲裁件的断面质量？

第八章 焊 接

焊接是一种永久性连接金属材料的工艺方法。它是现代工业生产中用来制造各种金属结构和机械零件的主要工艺方法之一。焊接不同于螺钉联接、铆钉联接等机械联接的方法，其实质就是利用加热或加压，使分离的两部分金属靠得足够近，原子互相扩散，形成原子间的结合。

焊接的优点是节省材料，减轻结构重量；接头的密封性好，可承受高压；加工与装配工序简单，可缩短加工周期；易于实现机械化和自动化生产，提高生产率及产品质量。但焊接是一个不均匀的加热和冷却过程，焊接件会产生焊接应力和变形，因此，必须采取一定的工艺措施予以防止。焊接工艺广泛应用于汽车、船舶、飞机、锅炉、压力容器、建筑、电子等工业部门。

焊接方法的种类很多，各种焊接方法从原理理论到焊接技术、工艺都有很多的不同。但按焊接过程的物理特点可归纳为三大类，即熔焊、压焊和钎焊。

（1）熔焊 熔焊是利用局部加热的方法，把工件的焊接处加热到熔化状态，形成熔池，然后冷却结晶，形成焊缝，将两部分金属连接成为一个整体的工艺方法。

（2）压焊 压焊是在焊接过程中需要加热或加热、加压的一类焊接方法。

（3）钎焊 钎焊是利用熔点比母材低的填充金属熔化之后，填充接头间隙并与固态的母材相互扩散实现连接的一种焊接方法。

第一节 焊接成形基础

一、熔焊的冶金过程

熔焊是应用最广泛的焊接方法。熔焊的关键是要有一个能量集中、加热温度足够高的热源。因此，熔焊方法常以热源的种类命名，如气焊（气体火焰为热源）、电弧焊（电弧为热源）、电渣焊（熔渣电阻热为热源）、激光焊（激光束为热源）、电子束焊（电子束为热源）、等离子弧焊（压缩电弧为热源）等。其中电弧焊是目前应用最广泛的焊接方法，因此，这里仅以电弧焊来分析焊接成形的理论基础。

1. 焊接电弧

（1）焊接电弧的产生 焊接电弧是在焊条（电极）与工件（电极）之间产生的强烈、持久而又稳定的气体放电现象。焊接时先将焊条与工件相接触，在电路闭合瞬间，强大的电流流经焊条与焊件接触点，在此处产生强烈电阻热将焊条与工件表面加热到熔化，甚至蒸发、汽化，为气体介质电离和电子发射做好准备。然后迅速将焊条拉开至一定距离，当两个电极脱离瞬间，由于电流的急剧变化，产生比电源电压高得多的感应电动势，使得极间电场强度达到很大数值（$>10^6 V/cm$），因此阴极材料表面的热电子获得足够的动能（逸出功），自阴极高速射向阳极。飞射中，高速运行的电子猛烈撞击两极间的气体分子、原子和从电极材料上蒸发的中性粒子，把它们电离成带电粒子，即离子和电子，这种带电粒子束即是电弧。

(2) 焊接电弧的结构　电弧由阴极区、阳极区和弧柱区三部分组成，其结构如图 8-1 所示。

阴极区是电子供应区。在阴极表面发射电子最集中处形成一个很亮的斑点，称为阴极斑点，斑点处电流密度高达 $10^3 A/cm^2$。由于发射电子要消耗一定能量，所以阴极区提供的热量比阳极区低，约占电弧热的 36%。阳极区是受电子轰击的区域。在阳极表面，由于电子束的轰击形成阳极斑点。阳极区不需要消耗能量发射电子，产生的热量约占电弧热的 43%。弧柱区是位于阴、阳两极区中间的区域，几乎占电弧长度的整个部分。弧柱中心温度虽高，但由于电弧周围的冷空气和焊接熔滴的外溅，所产生的热量只占电弧热的 21% 左右。

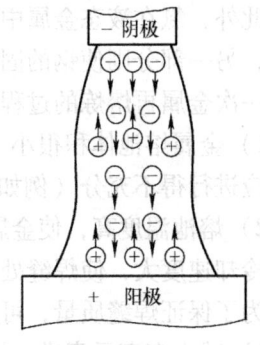

图 8-1　电弧的结构示意图

用钢焊条焊接钢材时，阴极区的温度约为 2400K，阳极区的温度约为 2600K。高温之下，一般难熔的材料也会熔化和沸腾。

为保证顺利引弧，焊接电源的空载电压（引弧电压）应是电弧电压的 1.8~2.25 倍，电弧稳定燃烧时所需的电弧电压（工作电压）约为 29~45V。

2. 焊接的冶金过程

焊接的冶金过程如图 8-2 所示。电弧焊时，母材和焊条受到电弧高温作用而熔化形成熔池。金属熔池可看作是一个微型冶炉，其内要进行熔化、氧化、还原、造渣、精炼及合金化等一系列物理、化学过程。由于大多数熔焊是在大气中进行，金属熔池中的液态金属与周围的熔渣及空气接触，产生复杂、激烈的化学反应，这就是焊接的冶金过程。

在焊接冶金反应中，金属与氧的作用对焊接影响最大。焊接时由于电弧高温作用，氧气分解为氧原子，氧原子要和多种金属发生氧化反应，如下列几种。

$Fe + O \rightarrow FeO$　　$Mn + O \rightarrow MnO$　　$Si + 2O \rightarrow SiO_2$　　$2Cr + 3O \rightarrow Cr_2O_3$　　$2Al + 3O \rightarrow Al_2O_3$

有的氧化物（如 FeO）能溶解在液态金属中，冷凝时因溶解度下降而析出，成为焊缝中的杂质，影响焊缝质量，是一种有害的冶金反应物；大部分金属氧化物（如 SiO_2、MnO）则不溶于液态金属，会浮在熔池表面进入渣中。不同元素与氧的亲和力的大小是不同的，几种常见的金属元素按与氧亲和力的大小顺序排列为

$Al \rightarrow Ti \rightarrow Si \rightarrow Mn \rightarrow Fe$

在焊接过程中，将一定量的脱氧剂，如 Ti、Si、Mn 等加在焊丝或药皮中，进行脱氧，使其生成的氧化物不溶于金属液而成渣浮出，从而净化熔池，提高焊缝质量。

在焊接冶金反应过程中，氢与熔池作用对焊缝质量也有较大影响。氢易在焊缝中造成气孔，即使溶入的氢不足以形成气孔，但固态焊缝中多余的氢也会在焊缝中的微缺陷处集中形成氢分

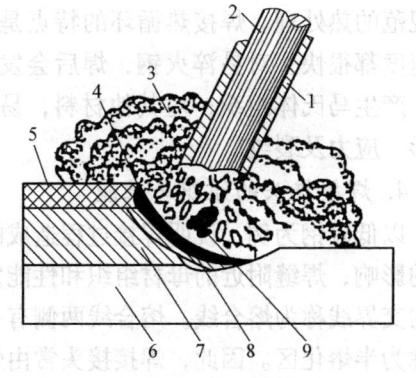

图 8-2　焊条电弧焊过程
1—焊条药皮　2—焊条芯　3—气体　4—液态熔渣
5—固态渣壳　6—工件　7—焊缝　8—熔池
9—金属熔滴

子,这种氢的聚集往往在微小空间内形成局部的极大压力,使焊缝变脆(氢脆)。

此外,氮在液态金属中也会形成脆性氮化物,其中一部分以片状夹杂物的形式残留于焊缝中,另一部分则使钢的固溶体中含氮量大大增加,从而使焊缝严重脆化。焊缝的形成,实质是一次金属再熔炼的过程,它与一般冶金过程比较,具有以下特点:

1) 金属熔池体积很小(约 $2 \sim 3 cm^3$),熔池处于液态的时间很短(10s 左右),各种冶金反应进行得不充分(例如冶金反应产生的气体来不及析出,杂质来不及上浮)。

2) 熔池温度高,使金属元素产生强烈的烧损和蒸发。同时,熔池周围又被冷的金属包围,冷却速度大,使焊缝处产生应力和变形,严重时甚至会开裂。

为了保证焊缝质量,可从以下两方面采取措施:

1) 减少有害元素进入熔池。其主要措施是机械保护,如气体保护焊中的保护气体(CO 和 Ar 气)、埋弧焊焊剂所形成的熔渣及焊条药皮产生的气体和熔渣等,使电弧空间的熔滴和熔池与空气隔绝,防止空气进入。此外,还应清理坡口及焊缝两侧的锈、水、油污,烘干焊条,去除水分等。

2) 清除已进入熔池中的有害元素,增添合金元素。主要通过在焊接材料中加入合金元素等,进行脱氧、脱硫、脱磷、去氢和渗合金,从而保护和调整焊缝的化学成分,如:

$$Mn + FeO \rightarrow MnO + Fe \quad Si + 2FeO \rightarrow SiO_2 + 2Fe$$
$$MnO + FeS \rightarrow MnS + FeO \quad CaO + FeS \rightarrow CaS + FeO$$

3. 焊接热循环

焊接时,电弧沿着工件逐渐前移并对工件进行局部加热,因此,在焊接过程中,焊缝附近的金属都将由常温状态被加热到较高的温度,然后再逐渐冷却到室温。由于各点金属所在的位置不同,与焊缝中心的距离不相同,所以各点的最高加热温度是不同的,它们所达到最高加热温度的时间也不同。焊缝及其母材上某点的温度随时间变化的过程称为焊接热循环,如图 8-3 所示。

热循环使焊缝附近的金属相当于受到一次不同规范的热处理。焊接热循环的特点是加热和冷却速度都很快,对易淬火钢,焊后会发生空冷淬火,产生马氏体组织;对其他材料,易产生焊接变形、应力及裂纹。

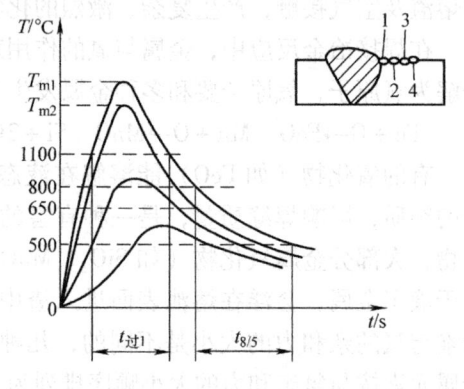

图 8-3 焊接热循环曲线

4. 焊接接头的组织与性能

以低碳钢为例,说明焊接过程造成的金属组织性能的变化,如图 8-4 所示。受焊接热循环的影响,焊缝附近的母材组织和性能发生变化的区域,称为焊接热影响区。熔焊焊缝和母材的交界线称为熔合线。熔合线两侧有一个很窄的焊缝与热影响区的过渡区,称为熔合区,也称为半熔化区。因此,焊接接头常由焊缝区、熔合区、热影响区组成。

(1) 焊缝区 热源移走后,熔池中的液体金属立刻开始冷却结晶,从熔合区许多未熔化完的晶粒开始,以垂直熔合线的方式向熔池中心生长为柱状树枝晶。这样,低熔点物质将被推向焊缝最后结晶部位,形成成分偏析。同时,焊缝组织是由液体金属结晶成的铸态组织,宏观组织是柱状粗晶粒,成分偏析严重,组织不致密。但由于熔池金属受到电弧吹力,保护气体吹动和焊条摆动等干扰作用，使焊缝金属的柱状晶呈倾斜层状。这相当于小熔池炼钢，冷却快，且使晶粒有所细化。利用焊接材料的渗合金作用，可调整其合金元素含量，从而使焊缝金属的力学性能不低于母材。

（2）熔合区 熔合区是焊缝向热影响区过渡的区域，是焊缝和母材金属的交界区，其加热温度处于固相线和液相线之间。焊接过程中，部分金属熔化，部分未熔化，冷却后，熔化金属成为铸态组织，未熔化金属因加热温度过高而形成过热粗晶组织。这种组织使此区强度下降，塑性、韧度极差，常是裂纹及局部脆性破坏的发源区。在低碳钢焊接接头中，尽管此区很窄（仅 0.1 ~ 1mm），但在很大程度上决定着焊接接头的性能。

（3）热影响区 热影响区是焊接过程中，母材因受热（但未熔化）而发生组织性能变化的区域。对碳素钢而言，由图 8-4 所示，由于焊缝附近各点受热程度不同，故热影响区常由以下几部分组成：

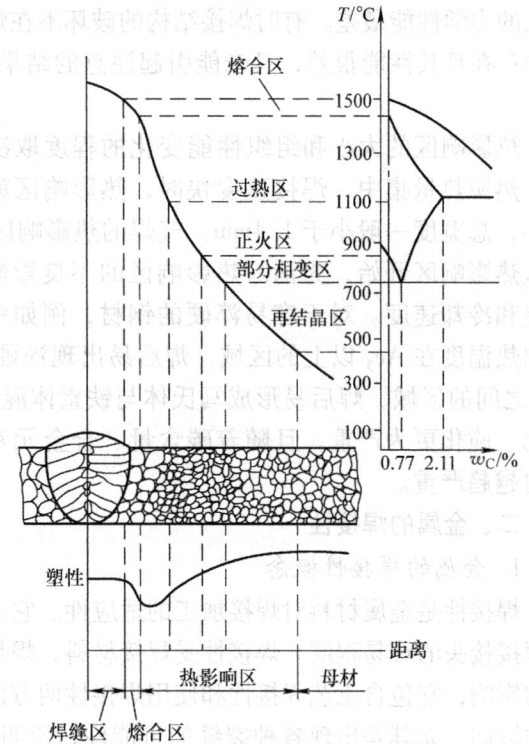

图 8-4 低碳钢焊接接头的组织变化

1）过热区。对于过热区，是指热影响区内具有过热组织或晶粒显著粗大的区域，宽约 1~3mm。其加热温度在 1100℃ 至固相线之间。由于加热温度高，奥氏体晶粒急剧长大，冷却后得到粗晶组织。该区金属的塑性、韧度很低，焊接刚度大的结构或含碳量较高的易淬火钢，易在此区产生裂纹。

2）正火区。正火区是指热影响区内相当于受到正火热处理的区域，宽约 1.2~4mm。其加热温度在 Ac_3 ~1100℃之间。此温度下金属发生重结晶加热，形成细小的奥氏体组织，空冷后即获得细小而均匀的铁素体和珠光体组织，因此，该区的力学性能优于母材。

3）部分相变区。热影响区内发生部分相变的区域，其加热温度在 Ac_1 ~ Ac_3 之间。受热影响，此区中珠光体和部分铁素体转变为细晶粒奥氏体，而另一部分铁素体因温度太低来不及转变，仍为原来的组织，因此，已发生相变组织和未发生相变组织在冷却后会使晶粒大小不均匀，力学性能较母材差。

低碳钢焊接接头的组织、性能变化如图 8-5 所示。分析其变化可知：焊接接头中熔合区和过

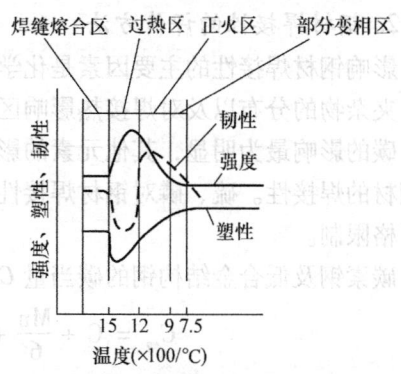

图 8-5 低碳钢焊接接头的性能

热区的力学性能最差。有时焊接结构的破坏不在焊缝上而在热影响区内，就是因为有热影响区的存在且其性能很差，又未能引起注意的结果。所以，对于焊接结构，热影响区越小越好。

热影响区的大小和组织性能变化的程度取决于焊接方法、焊接规范、接头形式等因素。热源热量集中、焊接速度快时，热影响区就小。实际应用中，电子束焊的热影响区最小，总宽度一般小于 1.4mm。气焊的热影响区总宽度最大可达 27mm。由于接头的破坏常从热影响区开始，为消除热影响区的不良影响，焊前可先预热工件，以减缓焊件上的温差和冷却速度。对于容易淬硬的钢材，例如中碳钢、高强度合金钢等，热影响区中最高加热温度在 Ac_3 以上的区域，焊后易出现淬硬组织——马氏体；最高加热温度在 $Ac_1 \sim Ac_3$ 之间的区域，焊后易形成马氏体与铁素体混合组织。所以，易淬硬钢焊接热影响区的硬化、脆化更为严重，且随着碳含量、合金元素含量的增加，其热影响区的硬化、脆化倾向越趋严重。

二、金属的焊接性

1. 金属的焊接性概念

焊接性是金属材料对焊接加工的适应性。它主要是指在一定的焊接工艺条件下，获得优质焊接接头的难易程度。焊接性受焊接材料、焊接方法、构件类型及使用要求等四个方面因素的影响，它包含工艺焊接性和使用焊接性两方面内容。工艺焊接性，是指焊接接头产生缺陷的倾向，尤其是出现各种裂缝的可能性；说明该金属材料能不能焊接的问题。使用焊接性，是指焊接接头在使用中的可靠性，包括焊接接头的力学性能及其他特殊性能（如耐热、耐蚀性能等），说明焊接后能不能使用的问题。

金属材料的焊接性不是一成不变的。同一种金属材料采用不同的焊接方法、焊接材料与焊接工艺（包括预热和热处理等），其焊接性能可能有很大差别。工艺焊接性就是指在某一焊接工艺条件下，能得到优质焊接接头的能力。它不是金属材料所固有的性能，可随着新的焊接方法、焊接材料和工艺措施的不断出现及完善而变化，某些原来不能焊接或不易焊接的金属材料也会变成能够焊接或易于焊接。例如，化学活泼性极强的钛的焊接是比较困难的，曾一度认为钛的焊接性不好，但自从氩弧焊的应用比较成熟以后，钛及其合金的焊接结构已在航空等工业部门中得到广泛应用。由于新能源的发展，等离子弧焊接、真空电子束焊接、激光焊接等新的焊接方法相继出现，钨、钼、钽、铌、锆等高熔点金属及其合金的焊接都已成为可能。

2. 钢材焊接性的评价方法

影响钢材焊接性的主要因素是化学成分。各种化学元素加入钢中以后，对焊缝组织、性能、夹杂物的分布以及对焊接热影响区的淬硬程度等影响不同，产生裂缝的倾向也不同。其中，碳的影响最为明显，其他元素的影响可折算成碳的影响，因此，常用碳当量法来评价被焊钢材的焊接性。硫、磷对钢材焊接性的影响也很大，在各种合格钢材中，硫、磷含量要受到严格限制。

碳素钢及低合金结构钢的碳当量 C_{eq}（%）经验公式为

$$C_{eq} = C + \frac{Mn}{6} + \frac{Cr + Mo + V}{5} + \frac{Ni + Cu}{15}(\%)$$

根据经验，一般 $C_{eq} < 0.4\%$ 时，钢材塑性良好，钢材热影响区淬硬和冷裂倾向较小，焊

接性优良，在一般的焊接工艺条件下，焊件不会产生裂缝，但对厚大工件或低温下焊接时应予预热。当 C_{eq} 在 0.4% ~ 0.6% 之间时，钢材塑性下降，淬硬及冷裂倾向增加，焊接性下降。焊前需采用保护性措施，如焊前适当预热，焊后缓慢冷却。当 $C_{eq} > 0.6\%$ 时，钢材塑性较低，淬硬和冷裂倾向严重，焊接性很差，焊前需高温预热，焊接时要采取减少焊接应力和防止开裂的工艺措施，焊后需要进行适当的热处理等。

利用碳当量法评价钢材焊接性是粗略的，因为钢材的焊接性还受结构刚度、焊后应力条件、环境温度等影响。例如，当钢板厚度增加时，结构刚度增大，焊后残余应力也较大，焊缝中心部位将出现三向拉应力，这时实际允许的碳当量值将降低。因此，在实际工作中确定材料焊接性，除初步估算外，还应根据具体情况进行抗裂试验及焊接接头使用焊接性试验，为制订合理的工艺规程与规范提供依据。

三、焊接应力和变形

焊接后焊件内产生的应力，将会影响其后续的机械加工精度，降低结构承载能力，严重时导致焊件开裂。变形则会使焊件形状和尺寸发生变化，若变形量过大，则会因无法矫正而使焊件报废。

1. 焊接应力与变形产生的原因

焊件在焊接过程中受到局部加热和冷却是产生焊接应力和变形的主要原因。图 8-6 为低碳钢平板对焊时产生的应力和变形示意图。

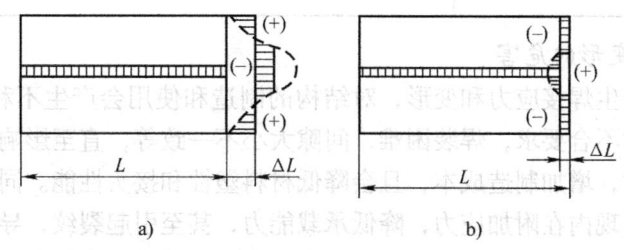

图 8-6 平板对焊时的应力和变形示意图
a) 焊接过程中 b) 冷却后

平板焊接加热时，焊缝区的温度最高，其余区域的温度随离焊缝距离的变远而降低。热胀冷缩是金属特有的物理现象，由于各部分加热温度不同，所以，单位长度的胀缩量 $\varepsilon = \alpha \pm \Delta T$ 也不相同。即受热时按温度分布的不同，焊缝各处应有不同的伸长量。假如这种自由伸长不受任何阻碍，则钢板焊接时的变化如图 8-6a 中虚线所示。但实际上由于平板是一个整体，各部分的伸长必须相互协调，不可能各处都能实现自由伸长，最终平板整体只能协调伸长 ΔL。因此，被加热到高温的焊缝区金属因其自由伸长量受到两侧低温金属自由伸长量的限制而承受压应力（-），当压应力超过屈服强度时产生压缩塑性变形，使平板整体达到平衡。同时，焊缝区以外的金属则需承受拉应力（+）。所以，整个平板存在着相互平衡的压应力和拉应力。

一般情况下，焊件塑性较好，结构刚度较小时，焊件自由收缩的程度就较大。这样，焊接应力将通过较大的自由收缩变形而相应减小。其结果必然是结构内部的焊接应力较小而结构外部表现的焊接变形较大；相反，如果焊件刚度大，其自由收缩受到很大限制，则内部焊接应力就会较大,而外部焊接变形则较小。焊接变形的基本形式见表8-1。

表8-1 焊接变形的基本形式

焊接变形	焊接变形基本形式图	产 生 原 因
收缩变形		焊接后纵向(沿焊缝方向)和横向(垂直于焊接方向)收缩引起的
角变形		V形坡口对焊后,由于焊缝截面形状上下不对称,焊缝收缩不均所致
弯曲变形		焊接T形梁时,由于焊缝布置不对称,焊缝纵向收缩引起的
扭曲变形		焊接工字梁时,由于焊接顺序和焊接方向不合理所致
波浪形变形		焊接薄板时,由于焊缝收缩使薄板局部产生较大压应力而失去稳定性所致

2. 焊接应力与变形的危害

工件在焊接后产生焊接应力和变形,对结构的制造和使用会产生不利影响。焊接变形,可能使焊接结构尺寸不合要求,焊装困难,间隙大小不一致等,直至影响焊件质量。矫正焊接变形不仅浪费工时,增加制造成本,且会降低材料塑性和接头性能。同样焊接变形会使结构形状发生变化,出现内在附加应力,降低承载能力,甚至引起裂纹,导至脆断;应力的存在也有可能诱发应力腐蚀裂纹。除此之外,残余应力是一种不稳定状态,在一定条件下会衰减而使结构产生一定变形,造成结构尺寸不稳定。所以,减小和防止焊接应力与变形是十分必要的。

3. 焊接应力和变形的防止

(1) 焊接应力的防止及消除措施

1)设计时焊缝不要密集交叉,截面和长度也要尽可能小,以减小焊接应力。

2)选择合理的焊接顺序。焊接时,应尽量让焊缝自由收缩或牵制。焊接的顺序一般为:①焊接收缩量较大的焊缝;②焊接工作时受力较大的焊缝,这样可使受力较大的焊缝预受压应力;③先焊错开的短焊缝,后焊直通的长焊缝,如图8-7所示。

3)当焊缝仍处在较高温度时,锤击或碾压焊缝,使焊件伸长,以减小焊接残余应力。

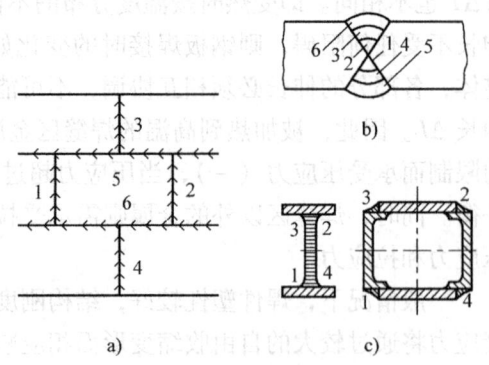

图8-7 合理安排焊接顺序

4) 采用小能量,多层焊,也可减小焊接残余应力。

5) 焊前将工件预热后进行焊接,可使焊缝与周围金属的温差缩小,焊后又能均匀地缓慢冷却,有效地减小了焊接残余应力,同时也能减小焊接变形。

6) 焊后进行去应力退火,也可消除焊接残余应力。工艺上将焊件缓慢加到 550~650℃ 之间,保温一定时间,再随炉冷却,利用材料在高温时屈服强度下降和发生蠕变现象来达到松弛残余应力的目的。这种方法可消除 80% 左右的残余应力。

(2) 焊接变形的防止及消除措施

1) 设计时焊缝不要密集交叉,截面和尺寸要尽可能小,以减小焊接变形。

2) 采用反变形法,如图 8-8 和图 8-9 所示,即焊前正确判断焊接变形的大小和方向,在焊接时让工件反向变形,以此矫正焊接变形。

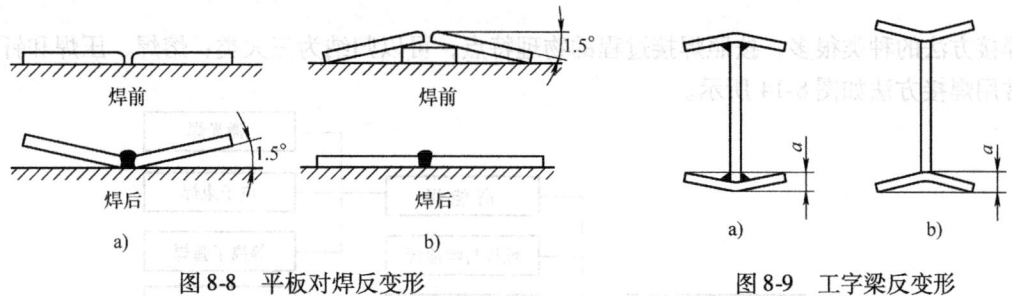

图 8-8　平板对焊反变形　　　　图 8-9　工字梁反变形

3) 采用焊前刚性固定,如图 8-10 所示,即采用强制手段(如用夹具或点焊固定等)来约束焊接变形,但会形成较大的焊接应力,且焊后去除约束后,焊件会出现少量回弹。

4) 采用合理的焊接规范。焊接变形一般随焊接电流的增大而增大,随焊接速度的增加而减小。因此,可通过调整焊接规范来减小变形。

5) 选用合理的焊接顺序,如对称焊,如图 8-7 所示。焊接时使对称于截面中性轴的两侧焊缝的收缩能够互相抵消或减弱,以减小焊接变形。此外,长焊缝的分段退焊也能减小焊接变形,如图 8-11 所示。

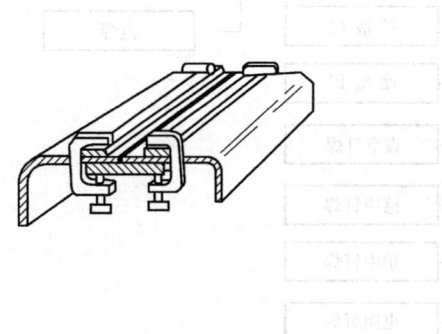

图 8-10　刚性固定防止变形

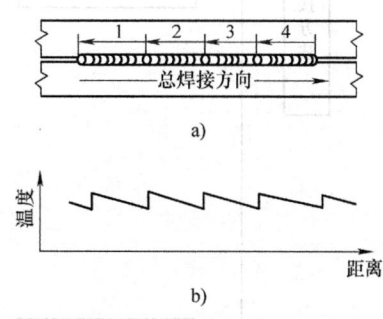

图 8-11　长焊缝的分段退焊
a) 焊接顺序　b) 焊接温度分布

6) 采用机械或火焰矫正法来减小焊接变形,如图 8-12、图 8-13 所示,就是使焊接结构产生新的变形,以抵消原有焊接变形。机械矫正是依靠新的塑性变形来矫正焊接变形,适用于塑性好的低碳钢和普通低合金钢。火焰矫正是依靠新的收缩变形来矫正原有的焊接变形,此法仅适用于塑性好,且无淬硬倾向的材料。

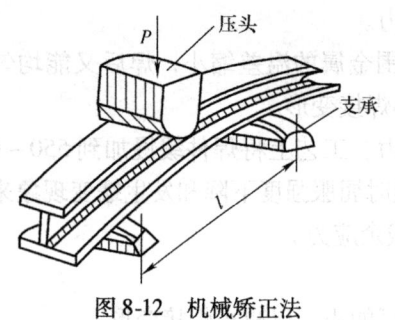
图 8-12 机械矫正法

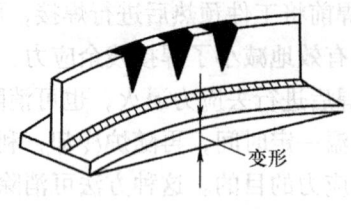
图 8-13 火焰矫正法

第二节 焊接方法

焊接方法的种类很多，按照焊接过程的物理特点，可以归纳为三大类：熔焊、压焊和钎焊。常用焊接方法如图 8-14 所示。

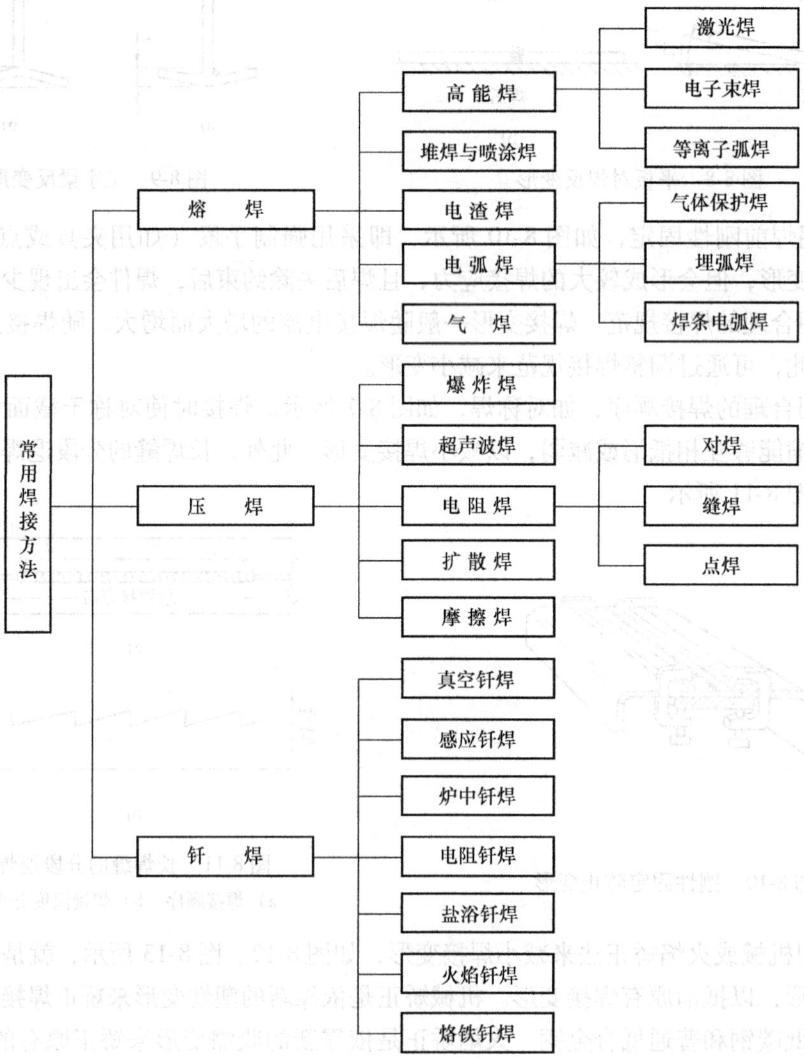

```
                            ┌─ 激光焊
                  ┌─ 高能焊 ─┼─ 电子束焊
                  │         └─ 等离子弧焊
                  ├─ 堆焊与喷涂焊
         ┌─ 熔焊 ─┼─ 电渣焊
         │        │         ┌─ 气体保护焊
         │        ├─ 电弧焊 ─┼─ 埋弧焊
         │        │         └─ 焊条电弧焊
         │        └─ 气焊
         │        ┌─ 爆炸焊
常用焊接  │        ├─ 超声波焊      ┌─ 对焊
方法  ────┼─ 压焊 ─┼─ 电阻焊 ──────┼─ 缝焊
         │        ├─ 扩散焊        └─ 点焊
         │        └─ 摩擦焊
         │        ┌─ 真空钎焊
         │        ├─ 感应钎焊
         │        ├─ 炉中钎焊
         └─ 钎焊 ─┼─ 电阻钎焊
                  ├─ 盐浴钎焊
                  ├─ 火焰钎焊
                  └─ 烙铁钎焊
```

图 8-14 常用焊接方法

一、熔焊

1. 焊条电弧焊

利用电弧作为热源，用手工操纵焊条进行焊接的方法称为焊条电弧焊。手工操作包括引燃电弧、送进焊条和沿焊缝移动焊条。电弧在焊条与工件（母材）之间燃烧，电弧热使母材熔化形成熔池，焊条金属芯熔化以熔滴的形式借助重力和电弧吹力进入熔池，燃烧、熔化的药皮进入熔池成为熔渣浮在熔池表面，保护熔池不受空气侵害。药皮分解产生的气体环绕在电弧周围，隔绝空气，保护电弧、熔滴和熔池金属。当焊条向前移动熔化新母材时，原熔池和熔渣凝固，形成焊缝和渣壳。

焊条电弧焊设备简单、操作灵活，可焊接多种金属材料，室内外焊接效果相近，但对焊工操作水平要求较高，生产率较低。

2. 埋弧焊

埋弧焊是电弧在焊剂层下燃烧进行焊接的方法，电弧的引燃、焊丝的送进和电弧沿焊缝的移动，是由埋弧焊设备自动完成的。

（1）埋弧焊设备　埋弧焊设备由焊车、控制箱和焊接电源三部分组成。小车式埋弧焊焊机的示意图各实习教材均有。焊车由送丝机头、行走小车、控制盘（带有电流、电压表、焊速调节器和各种开关按钮）、焊丝盘和焊剂漏斗等组成。控制箱内装有控制和调节焊接工艺参数的各种电器元件。埋弧焊电源有交流和直流两种。除上述小车式焊机外，还有适用于大型结构焊件的门架式、悬臂式埋弧焊焊机。

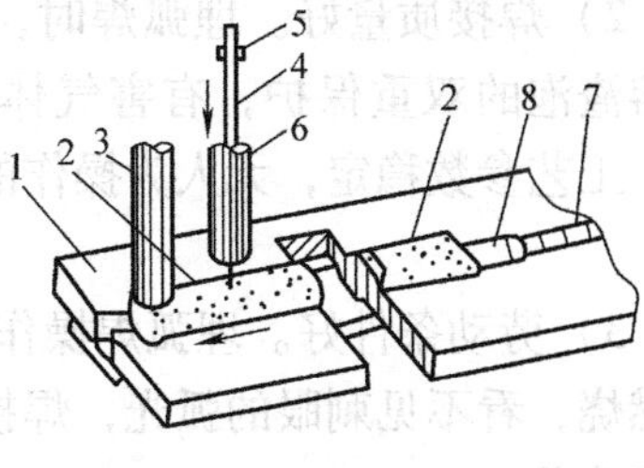

图8-15　埋弧焊焊接过程
1—焊件　2—焊剂　3—焊剂漏斗　4—焊丝
5—送丝滚轮　6—导电嘴
7—焊缝　8—渣壳

（2）埋弧焊的焊接过程及工艺　埋弧焊焊接过程如图8-15所示。电源接在导电嘴6和焊件1上，焊剂2流经漏斗3均匀地堆覆在焊件1上，形成厚度为40～60mm的焊剂层。焊丝4经送丝滚轮5和导电嘴6连续进入焊剂层下的电弧区，维持电弧平稳燃烧。随着焊车的匀速行走，完成电弧沿焊缝自行移动的操作。

埋弧焊焊缝形成过程如图8-16所示，在颗粒状焊剂层下燃烧的电弧使其附近的焊丝、焊件和焊剂熔化，并蒸发出气体。焊丝、焊件熔化形成熔池，焊剂熔化形成熔渣，蒸发的气体使液态熔渣形成一个笼罩着电弧和熔池的封闭的熔渣泡。具有表面张力的熔渣泡有效阻止空气侵入熔池和熔滴，使熔化金属得到焊剂层和熔渣泡的双重保护，同时阻止熔滴向外飞溅，减少热量损失，加大熔深。随着焊丝沿焊缝前移，熔池凝固成焊缝，比重轻的熔渣结成覆盖焊缝的渣壳。没有熔化的大部分焊剂回收后可重新使用。

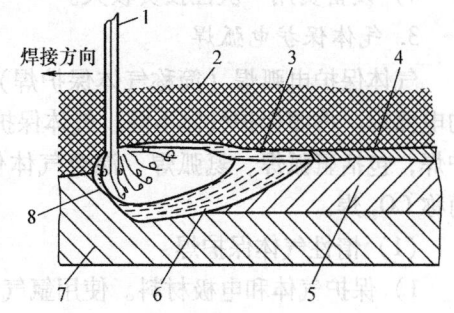

图8-16　环焊缝埋弧焊示意图（一）
1—焊丝　2—焊剂　3—熔化的焊剂　4—渣壳
5—焊缝　6—熔池　7—焊件　8—电弧

埋弧焊焊丝从导电嘴伸出的长度较短，所以可大幅度提高焊接电流，使熔深明显加大。一般埋弧焊电流强度比焊条电弧焊高四倍左右。当板厚在24mm以下对接时，不开坡口也能将工件焊透，但为保证焊接质量，一般板厚在 10mm 以上就要开坡口。

埋弧焊也适于焊接大直径（>250mm）筒体环焊缝，焊接时应采用滚轮架，使被焊筒体转动，如图 8-17 所示。为防止熔池和液态熔渣从筒体表面流失，焊丝施焊位置要偏离中心线一定距离。

（3）埋弧焊的特点及应用　埋弧焊与焊条电弧焊相比，具有以下优点：

1）生产率高，节省焊接材料。由于埋弧焊时电流比焊条电弧焊大得多，电弧在焊剂层下稳定燃烧，无熔滴飞溅，热量集中，焊丝熔敷速度快，焊件熔深大，较厚的焊件不开坡口也能焊透，节省加工坡口的工时和费用，减少焊丝填充量，焊接时无焊条头更换，比焊条电弧焊快 5~10 倍左右，焊接生产率高。未熔化的焊剂可回收重用，又无焊条头浪费，能节省焊接材料。

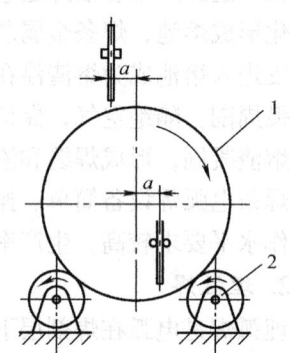

图 8-17　环焊缝埋弧焊示意图（二）
1—焊件　2—滚轮架

2）焊接质量好。埋弧焊时，熔滴、熔池金属得到焊剂和熔渣泡的双重保护，有害气体侵入减少。焊接操作自动化，工艺参数稳定，无人为操作的不利因素，焊缝成形光洁平直，内部组织均匀，焊接质量好。

3）劳动条件好。埋弧焊操作过程的自动化，大大降低了焊工的劳动强度电弧在焊剂层下燃烧，看不见刺眼的弧光，焊接烟雾少，无飞溅，焊工操作可省去面罩，劳动条件得到大幅度改善。

埋弧焊与焊条电弧焊相比，也有一些缺点，如：

1）埋弧焊适于焊接长直的平焊缝或较大直径的环焊缝，不适于立焊、横焊、仰焊和不规则形状的焊缝。另外，焊前的准备工作量较大，对焊件坡口加工、接缝装配均匀性等要求较高。

2）埋弧焊电流强度较大，低于 100A 时电弧不稳定，所以不适于焊接 3mm 以下厚度的薄板。

3）埋弧焊焊剂的成分主要是 MnO、SiO_2 等氧化物，难以完成 Al、Ti 等氧化性极强金属及合金的焊接。

4）设备费用一次性投资较大。

3. 气体保护电弧焊

气体保护电弧焊（简称气体保护焊）是用外加气体作为电弧介质并保护电弧和焊接区的电弧焊。按照保护气体不同，气体保护焊分为两类：使用惰性气体作为保护的惰性气体保护焊，包括氩弧焊、氦弧焊、混合气体保护焊等；使用 CO_2 气体作为保护的气体保护焊，简称 CO_2 焊。

（1）惰性气体保护焊

1）保护气体和电极材料。使用氩气（Ar）作为保护气体的气体保护焊称为氩弧焊。同理，使用氦气（He）或氩气和氦气混合气体作为保护气体的气体保护焊分别称为氦弧焊或混合气体保护焊。Ar 和 He 是惰性气体，在高温下，既不溶入金属中也不同金属发生任何化学反应。而且它们都是单原子分子气体，高温下不再吸热分解，在这种气体中燃烧的电弧热量损失较少,是理想的保护气体。Ar 的优点是成本低,电弧燃烧非常稳定,熔化的焊丝熔滴很容易呈稳定的轴向射流过渡,飞溅极小。He 的优点是电弧燃烧温度高,焊速较快,但飞溅大,成本高。以 Ar 作为基体,加入一定量的 He 形成混合气体,可以取长补短,应用更加广泛。

氩弧焊按所用电极不同,分为钨极氩弧焊和熔化极氩弧焊两种,如图 8-18 所示。

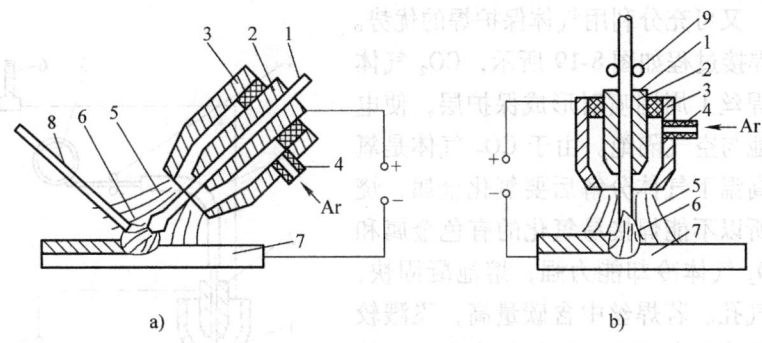

图 8-18 氩弧焊示意图
a) 钨极氩弧焊 b) 熔化极氩弧焊
1—焊丝或电极 2—导心嘴 3—喷嘴 4—进气管 5—氩气流 6—电弧
7—工件 8—填充焊丝 9—送丝滚轮

纯钨的电子逸出功较高,不利于电子发射。为降低电子逸出功,易于引弧,常用钍钨极和铈钨极两种电极。钍是放射性元素,就劳动健康防护而言,铈钨极更好。

钨合金电极在焊接过程中本身不熔化。钨极氩弧焊需要另外填充金属,可采用母材焊丝或含所需合金元素的焊丝,从钨极前方添加。还可采用焊件夹条(代替焊丝的金属夹条先放在焊缝中)或焊件卷边等形式焊接。

为防止钨合金熔化,钨极氩弧焊焊接电流不能太大,所以一般适于焊接小于 4mm 的薄板。熔化极氩弧焊用焊丝做电极,为提高焊丝熔敷速度,可使用大电流,因而母材熔深大,生产率高,适于焊接中厚板。但为减少飞溅,保护气体中 He 的比例应小于 10%。

氩弧焊设备由送丝系统、主电路系统、供气系统、水冷系统、控制系统、焊枪(或焊接小车)等组成。

2)电源种类和极性。氩弧焊焊接铝合金及镁合金,为去除熔池表面存在的高熔点氧化膜(如 Al_2O_3 的熔点为 2050℃),防止焊缝出现氧化物造成的表面皱皮或内部气孔、夹渣等,应使工件为负极,利用"阴极破碎"作用消除氧化膜。

钨极氩弧焊时,为防止直流反接时电子轰击钨极使之过热熔化,除铝合金、镁合金以外其他金属焊接以直流正接为好,交流电源次之。

3)惰性气体保护焊的特点及应用。

① 用惰性气体作保护可焊接化学性质活泼的有色金属及其合金或特殊性能钢等,如不锈钢。

② 电弧燃烧稳定,飞溅小,表面无熔渣,焊缝成形美观,焊接质量好,可用于厚工件单面焊的打底焊。

③ 电弧在气流压缩下燃烧,热量集中,焊缝周围气流冷却,热影响区小,焊后变形小,适宜薄板焊接。

④ 明弧可见，操作方便，易于自动控制焊缝。

⑤ 氩气、氦气价格较贵，焊件成本高。

综上所述，氩弧焊主要适用于焊接铝、镁、钛及其合金，稀有金属锆、钼，不锈钢，耐热钢，低合金钢等。脉冲钨极氩弧焊还适于焊接 0.8mm 以下的薄板。

(2) CO_2 气体保护焊（简称 CO_2 焊） CO_2 焊是利用廉价的 CO_2 作为保护气体，既可降低焊接成本，又可充分利用气体保护焊的优势。

CO_2 焊的焊接过程如图 8-19 所示，CO_2 气体经焊枪喷嘴沿焊丝 1 周围喷射形成保护层，使电弧、熔滴和熔池与空气隔绝。由于 CO_2 气体是氧化性气体，在高温下气体分解后要氧化金属，烧损合金元素，所以不能焊接易氧化的有色金属和不锈钢。因 CO_2 气体冷却能力强，熔池凝固快，焊缝中易产生气孔。若焊丝中含碳量高，飞溅较大。因此要使用冶金中能产生脱氧和渗合金的特殊焊丝来完成 CO_2 焊。

CO_2 焊分为自动焊和半自动焊两种。单件、小批量生产焊件或短曲、不规则焊缝采用半自动焊（送丝自动，电弧移动靠手工操作），成批生产焊件或长直焊缝和环焊缝采用自动焊（送丝和电弧移动均自动进行）。

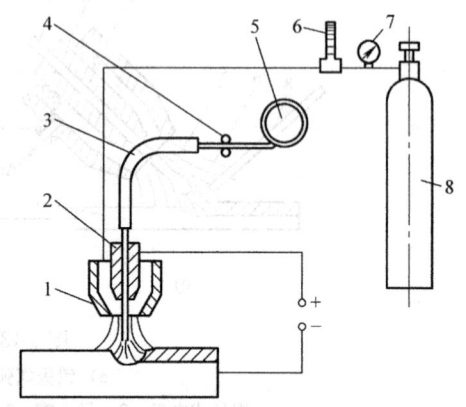

图 8-19 CO_2 焊示意图

1—焊枪喷嘴 2—导电嘴 3—送丝软管
4—送丝机构 5—焊丝盘 6—流量计
7—减压器 8—CO_2 气瓶

CO_2 焊设备包括：主电路系统（弧焊电源）、控制系统、焊枪（或行走小车）、供气系统、冷却系统（水冷和气冷）。

CO_2 焊的特点如下：

1) 生产率高。CO_2 焊电流大，焊丝熔敷速度快，焊件熔深大；CO_2 焊易于自动化；焊后焊缝表面无渣壳，生产率比焊条电弧焊提高 1~4 倍。

2) 成本低。焊接时不需要涂料焊条和焊剂，且 CO_2 气体价格低廉，尽管焊丝成本高一些，但总成本仅为焊条电弧焊和埋弧焊的 40% 左右。

3) 焊缝质量较好。由于保护气流的压缩使电弧热量集中，加上 CO_2 气流强冷却，焊接热影响区小，焊后变形小，用细丝适于焊接 0.8~4mm 的薄板，用粗丝加大电流可焊接较厚工件。由于 CO_2 气体将空气隔离，焊丝中含锰量高，所以焊缝含氢量低，焊接接头抗裂性好，焊接质量较好。

4) 焊缝操作位置不受限制。

5) 由于是氧化性保护气体，不宜焊接有色金属和不锈钢。

6) 焊缝成形稍差。飞溅较大，不能在有风的地方施焊。

7) 焊接设备较复杂，使用和维修不方便。

CO_2 焊主要用于焊接低碳钢和强度级别不高的普通低合金结构钢焊件，焊件厚度最厚可达 50mm（对接形式）。CO_2 焊广泛应用于造船、汽车、机车车辆等工业部门。

4. 电渣焊

电渣焊是利用电流通过液态熔渣所产生的电阻热熔化母材和填充金属进行焊接的方法。

电渣焊的基本系统如图 8-20 所示。两焊件垂直放置（呈立焊缝），相距 25～35mm，两侧装有水冷铜滑块，底部加装引弧板，顶部安装引出板。

开始焊接时，焊丝与引弧板短路引弧，电弧将不断加入的焊剂熔化为熔渣并形成渣池。当渣池达一定厚度时，将焊丝迅速插入其内，电弧熄灭，电弧过程转变为电渣过程，依靠渣池电阻热，使焊丝和焊件熔化形成熔池，并保持在 1700～2000℃ 之间。随着焊丝的不断送进，熔池逐渐上升，冷却块上移，同时熔池底部被水冷铜滑块强迫凝固形成焊缝。渣池始终浮于熔池上方，既产生热量，又保护熔池，此过程一直延续到接头顶部。根据焊件厚度不同，焊丝可采用一根或多根。

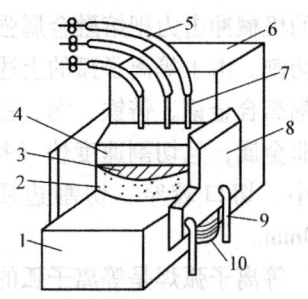

图 8-20　CO_2 电渣焊

1、6—焊件　2—凝固金属　3—熔池
4—渣池　5—导电嘴　7—焊丝
8—水冷铜滑块　9—冷却水管
10—焊缝

电渣焊的接头形式有对接、角接和 T 形接头。其中以均匀截面的对接接头最容易焊接；对于形状复杂的不规则截面应改成矩形截面再焊接。

电渣焊与其他焊接方法相比较有以下特点：

1) 很厚的工件可一次焊成，如单丝可焊厚度为 40～60mm；单丝摆动可焊厚度为 60～150mm；而三丝摆动可焊厚度达 450mm。

2) 生产率高，焊接材料消耗少，任何厚度焊件均不开坡口，仅留 25～35mm 间隙，即可一次焊成。

3) 焊缝金属较纯净，渣池覆盖在熔池上，保护良好；且焊缝自下而上结晶，有利于熔池中气体和杂质的上浮排出。

但是该方法由于焊接区高温持续时间较长，故热影响区比其他焊接方法都宽，晶粒粗大，易产生过热组织，因此，焊缝力学性能下降。对于较重要构件，焊后须正火处理，以改善其性能。电渣焊主要用于厚壁压力容器和铸—焊、锻—焊、厚板拼焊等大型构件的制造，焊接厚度一般应大于 40mm。焊件材料常用碳素钢、合金钢和不锈钢等。

5. 高能焊

高能焊是利用高能量密度的束流，如等离子弧、电子束、激光束等作为焊接热源的熔焊方法的总称。

(1) 离子弧焊和切割　等离子弧实质是一种导电截面被压缩得很小、能量转换非常剧烈、电离度很大、热量非常集中的压缩电弧。如果将前述钨极氩弧焊的钨极缩入焊炬内，再加一个带小直径孔道的铜质水冷喷嘴 (图 8-21)，这样电弧在冲出喷嘴时就会产生三种压缩作用：一是两极间的电弧通过喷嘴细孔道的机械压缩，称为机械压缩效应；二是水冷喷嘴使弧柱外层冷却，迫使带电粒子流向弧柱中心收缩，称为热压缩效应；三是无数根平行导体所产生的自身磁场，使弧柱进一步压缩，称为磁压缩效应。这样就将电弧压缩成能量高度集中的高温等离子弧，温度可达 24000～50000K，能量密度可达 $10^5～10^6 W/cm^2$（一般钨极氩弧最高温度为 10000～24000K，能量密度在 $10^4 W/cm^2$ 以下）。弧柱内的气体被充分电离，形成离子化的导电气体，即等离子体，故称为等离子弧。等离子弧弧焰流速可达数倍声速，表现出强大的冲击力。

等离子弧技术可用于等离子弧切割。这是利用等离子弧的高温将被割件熔化，并借助弧焰的机械冲击力把熔融金属强制排除，从而形成割缝，以实现切割。由于等离子弧的上述特点，等离子切割特别适用于切割高合金钢、铸铁、铜、铝、镍、钛及其合金、难熔金属和非金属，且切割速度快（每小时几十至上百米）、热影响区小、切口较窄、切割边质量高、切割厚度可达 150～200mm。

等离子弧焊是等离子弧的又一应用，与等离子弧切割的区别在于把等离子弧调成温度较低、冲击较小的"柔性弧"，且在等离子弧周围通入保护气（氩气），以排除空气的有害影响。大电流等离子弧焊对于厚度在 13mm 以下的工件不开坡口可一次焊透。施焊时，等离子流在熔池前方穿透一个小孔，热源向前移动时，小孔也随之向前运行，小孔前端熔化金属便从小孔旁流向熔池后方，逐渐填满原先产生的小孔，形成双面焊缝。

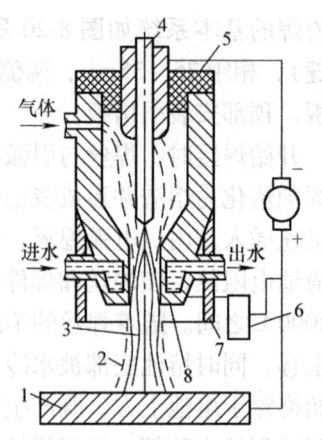

图 8-21 等离子弧焊
1—焊件 2—保护气体 3—等离子弧
4—电极 5—陶瓷垫圈 6—高频振
荡器 7—同轴喷嘴 8—水冷喷嘴

15A 以下的等离子弧焊称为微束等离子弧焊。电流小到 0.1A 的等离子弧仍很稳定，可保持良好的电弧挺度和方向性，主要用于焊接厚度为 0.01～1mm 的箔材和薄板。

综上所述，等离子弧焊除了具有能量集中、热影响区小、焊接质量好、生产率高等优点外，还具有以下特点：一是小孔效应，能较好地实现单面焊双面成形；二是微束等离子弧焊可焊箔材和薄板。离子焊特别适用于各种难熔、易氧化及某些热敏感性强的金属材料（如钨、钼、铍、铜、铝、钽、镍、钛及其合金以及不锈钢、超高强度钢）的焊接。

（2）电子束焊　利用加速和聚焦的电子束轰击置于真空或非真空中的焊件所产生的热能进行焊接的方法，称电子束焊。电子束产生原理如图 8-22 所示，它是由一个加热的钨丝作阴极，通电加热到高温而发射大量电子，这些电子在阴极和阳极（与焊件等电位）间的高压作用下加速，经电磁透镜聚焦而成高能量密度（可达 $10^9 W/cm^2$）的电子束，以极大的速度冲击到焊件极小的面积上，使焊件迅速熔化甚至汽化。根据焊件的熔化程度适当移动焊件，即可得到所需焊接接头。

随着科学技术的发展，尤其是原子能和导弹技术的发展，大量应用了锆、钛、钽、钼、铌、铂、镍及其合金，焊接这些金属用一般气体保护焊不能得到满意的结果，而以电子束为能源的电子束焊可顺利解决上述稀有和难熔金属的焊接问题。电子束焊可分为真空电子束焊、低真空电子束焊和非真空电子束焊。

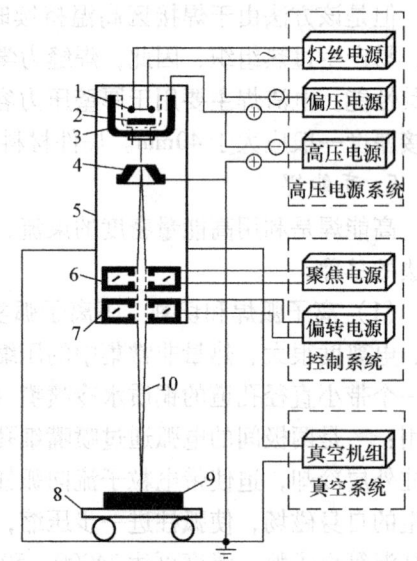

图 8-22 真空电子焊
1—灯丝 2—阴极 3—聚束极 4—阳极
5—电子枪 6—聚焦透镜 7—偏转线圈
8—焊接台 9—焊件 10—电子束

真空电子束焊是目前应用最广的一种电子束焊，

它需把工件放在真空室（真空度在 0.0666Pa 以上）内。低真空电子束焊是使电子束通过隔离阀和气阻孔道引入低真空室（真空度 1~13Pa）。非真空电子束也称大气电子束焊，它是将真空条件下形成的电子束流经充氩的气室，然后与氩气一起进入大气的环境中施焊。非真空电子束焊摆脱了真空工作室的限制，扩大了电子束焊的应用范围。电子束焊一般不填充焊丝，如要保证焊缝正面和背面有一定堆高时，可在焊缝上预加垫片。采用真空电子束焊，焊前必须进行严格除锈和清洗，不允许有残留有机物。对接缝隙约为 0.1 倍的板厚，但不能超过 0.2mm。

电子束焊具有以下特点：

1) 保护效果极佳，焊接质量好。真空电子束焊是在真空中进行，因此焊缝不会氧化、氮化，也不会吸氢，不存在焊缝金属污染问题。所以，真空电子束焊特别适于焊接化学活泼性强、纯度高且易被大气污染的金属，如铝、钛、锆、钼、铍、钽、高强度钢、高合金钢和不锈钢等。

2) 能量密度大。电子束束斑能量密度可达 $10^6 \sim 10^8 \text{W/cm}^2$，比电弧能量密度约高 100~1000 倍。因此，可焊难熔金属，如铌、钽、钨等；可焊厚截面工件，如钢板厚度达 200~300mm，铝合金厚度可超过 300mm。

3) 焊接变形小。可焊一些已加工好的组合零件，如齿轮组合件等。

4) 电子束焊工艺参数调节范围广，适应性强。电子束焊工艺参数可各自单独调节，而且调节范围很宽，它可焊 0.1mm 的薄板，也能焊 200~300mm 厚板；可焊低合金结构钢、不锈钢，也可焊难熔金属、活泼金属以及复合材料、异种金属，如铜—镍、钼—镍、钼—铜、钼—钨、铜—钨等，还能进行一般焊接方法难以焊接的复杂形状焊件。

5) 真空电子束焊设备复杂、造价高，且焊件尺寸受真空室限制。

还应指出，由于电子束焊是在压强低于 10Pa 的真空进行，由于易蒸发的金属及其合金和含气量较多的材料，会妨碍焊接过程的进行。因此，一般含锌较高的铝合金（如铝—锌—镁）和铜合金（如黄铜）以及未脱氧处理的低碳钢，不能用真空电子束焊。

(3) 激光焊与切割　激光是一种强度高、单色性好、方向性好的相干光，聚焦后的激光束能量密度极高，可达 10^{13}W/cm^2，在千分之几秒甚至更短时间内，光能转变成热能，其温度可达 1 万摄氏度以上，极易熔化和汽化各种对激光有一定吸收能力的金属和非金属材料，可以用来焊接和切割。

激光焊设备的结构框图如图 8-23 所示。激光发生器利用固体（如红宝石、钕玻璃）、气体（如 He-Ne、CO_2）及其他介质受激辐射效应而产生激光。常用的激光发生器有固体和气体两种。

以脉冲形式输出的红宝石激光器和钕玻璃激光器对电子工业和仪表工业微型焊件特别合适，可实现薄片（0.2mm 以上）、薄膜（几微米到几十微米）、丝与丝（直径 0.02~0.2mm）、密封缝焊以及异种金属、异种材料的焊接，如集成电路外引线的焊接，集成线路内引线（硅片上蒸镀有 1.8μm 厚的铝膜与 50μm 厚铝箔间）的焊接，小于 1mm 的不锈钢、铜、镍、钽等金属丝的对接、重迭、十字接、T 形

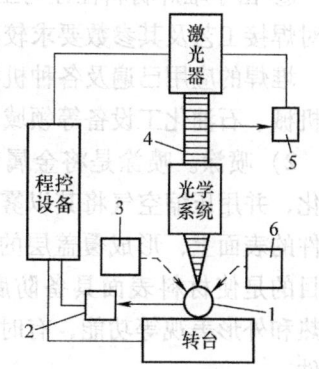

图 8-23　激光焊示意图
1—焊件　2、5—信号器　3—观测瞄准器　4—激光束　6—辅助能源

接、集成电路块、密封微型继电器、石英晶体等器件外壳、航空仪表零件的密封焊接。而连续输出的 CO_2 气体激光发生器适合于缝焊进行从薄板精密焊到 50mm 厚板深穿入焊的多种焊接。

普通焊接方法焊接接头形式也适合于激光焊，但由于激光焊接的光斑很小，所以接头的间隙要小，装配要严格。

激光焊具有以下特点：

1) 能量密度大。激光焊适于高速加工，能避免"热损伤"和焊接变形，故可进行精密零件、热敏感性材料的焊接，在电子工业和仪表工业中应用广泛。

2) 灵活性大。激光焊接时，激光焊装置不需要和被焊工件接触，激光束能用偏转棱镜或通过光导纤维引导到难接近的部位进行焊接。激光还可以穿过透明材料进行焊接，如真空管中电极的焊接。

3) 激光辐射能量的释放极其迅速。不仅使焊接生产率高，而且被焊材料不易氧化，可在大气中焊接，不需要真空环境和气体保护。

激光切割的原理是利用聚焦后的激光束使工件材料瞬间汽化而形成割缝。大功率 CO_2 气体激光发生器所输出的连续激光可以切割钢板、钛板、石英、陶瓷和塑料等。切割金属材料时，采用同轴吹氧工艺，可大大提高切割速度。

(4) 堆焊与喷涂

1) 堆焊。堆焊是为增大或恢复焊件尺寸，或使焊件表面获得具有特殊性能的熔敷金属而进行的焊接。在零件表面堆焊的目的在于修复零件或增加其耐磨、耐热蚀等方面的性能。

堆焊是焊接的一个特殊分支，有振动电弧堆焊、等离子弧堆焊、气体保护堆焊和电渣堆焊等。

堆焊加工的主要特点是：

① 修复已失去精度或表面破损的零件。可节省材料、省费用、省工时，延长零件的使用寿命。

② 堆焊层的特殊性能可提高零件表面耐磨、耐热、耐蚀等性能，发挥材料的综合性能和工作潜力。

③ 由于堆焊材料往往与工件材料差别较大，故堆焊具有明显的异种金属焊接特点，因此对焊接工艺及其参数要求较高。

堆焊的应用已遍及各种机械产品的制造和维修部门。在冶金机械、重型机械、汽车、动力机械、石油化工设备等领域均有广泛的应用。

2) 喷涂。喷涂是将金属粉末或其他物质熔化，并用压缩空气将其以雾状喷射到被加工工件的表面上，形成覆盖层的工艺方法。喷涂的目的是使材料表面具备防腐、导电、耐蚀、耐热和外形美观等功能，有时也用于修复磨损零件。

目前常用在热喷涂中的热源为氧乙炔、电弧、等离子弧、电子束、激光束等，热源使喷涂材料熔化，并运用压缩空气等使熔融液态材

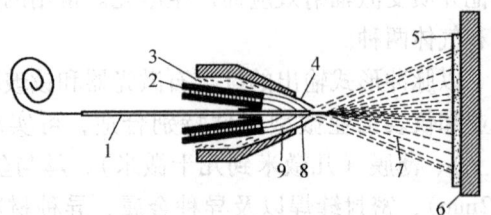

图 8-24　火焰线材喷涂
1—金属丝　2—可燃气体　3—压缩空气　4—气封层
5—涂层　6—基体　7—雾滴　8—外焰　9—焰心

料雾化后,喷涂在零件表面上;也可借高压静电引力将材料粉末喷涂到零件表面上,然后,根据涂层材料类型在适当温度下进行热处理,以获得均匀、平整并与基体材料结合牢固的涂层。喷涂原理如图 8-24 所示。

喷涂所用材料很广,各种低熔点金属和高熔点金属以及各种合金都可作为喷涂材料。此外,一些金属氧化物、碳化物、非金属陶瓷、塑料等也可作为喷涂材料。

常用的喷涂方法有氧乙炔焰喷涂、氢氧焰喷涂、等离子弧喷涂等。

喷涂加工的主要特点是:

① 喷涂的加热温度较低,工件表面的温升较小,因而对工件的组织和性能影响小。

② 可喷涂加工的对象广泛,金属和大部分非金属材料均可通过喷涂获得表面覆层。

③ 喷涂操作工艺过程简单,被喷涂零件的大小不受限制。

二、压焊

压焊是焊接过程中,对焊件施加一定压力(加热或不加热),以完成焊接的方法。压焊的类型很多,其中最常用的是电阻焊和摩擦焊。压焊是指在加热或不加热状态下对组合焊件加压,使其产生塑性变形,并通过再结晶和扩散等作用,使两个分离表面的原子达到形成金属键(晶格距离 $0.3 \sim 0.5 \mu m$),而连接的焊接方法。压焊在汽车制造、铁路机车车辆等工业部门广泛使用。

1. 电阻焊

电阻焊是对组合焊件经电极加压,利用电流通过焊接接头的接触面及邻近区域产生的电阻热来进行焊接的方法。根据接头形式常分为点焊、缝焊和对焊。

(1) 点焊 点焊是将焊件装配成如图 8-25 所示的搭接接头,压紧在两柱状电极间,使之密贴,加压通电,利用电阻热局部熔化母材形成焊点的电阻焊方法,如图 8-26 所示。

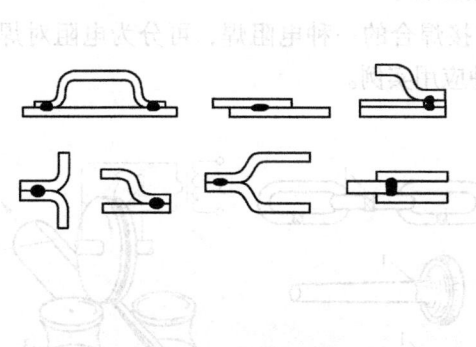

图 8-25 点焊接头形式

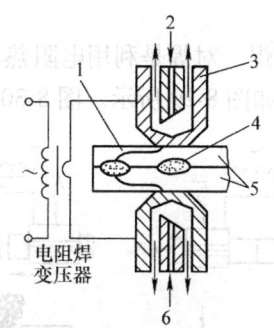

图 8-26 点焊示意图

1—分流 2、6—冷却水 3—电极 4—焊点 5—焊件

点焊时,先加压使两焊件紧密接触,然后通电加热。由于焊件接触处电阻较大,热量集中,使该处的温度迅速升高,金属熔化,形成一定尺寸的熔核。当切断电流,去除压力,两焊件接触处的熔核凝固而形成组织致密的焊点。电极与焊件接触处所产生的热量因被导热性好的铜(或铜合金)电极与冷却水传走,故电极与焊件接触处不会焊合。

对大面积冲压件,比如汽车覆盖件,常采用多点焊法,以提高生产率。多点点焊机可以有 1~100 对电极,相应地同时完成 2~200 个焊点。多点点焊机可以是全部电极同时压下,同时进行焊接。这样,焊接变形最小。更多情况下是电极依次放下,分批点焊,以缩小设备容量。

点焊的主要工艺参数是电极压力、焊接电流和通电时间。电极压力过大，接触电阻下降，热量减少，造成焊点强度不足；电极压力过小，则焊件间接触不良，热源虽强，但不稳定，甚至出现飞溅、烧穿等缺陷。焊接电流不足，则热量不足，熔深过小，甚至造成未熔化；电流过大，熔深过大，并有金属飞溅，甚至引起烧穿。通电时间对点焊质量的影响与电流相似。

点焊前，需严格清理焊件表面的氧化膜、油污等，避免因焊件接触电阻过大而影响点焊质量和电极寿命。此外，点焊时有部分电流流经已焊好的焊点，使焊接处电流减小，出现分流现象。为减少分流现象，点焊间距不应过小。

（2）缝焊 缝焊是连续的点焊过程，它是用连续转动的盘状电极代替柱状电极，焊后获得相互重叠的连续焊缝，如图8-27所示。其盘状电极不仅对焊件加压、导电，同时依靠自身的旋转带动焊件前移，完成缝焊。

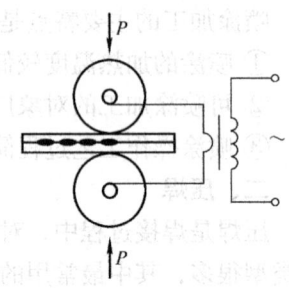

图 8-27 电阻缝焊

缝焊时的分流现象较严重，焊接相同板厚的工件时，焊接电流约为点焊的 1.5~2 倍。缝焊接头形式如图 8-28 所示。

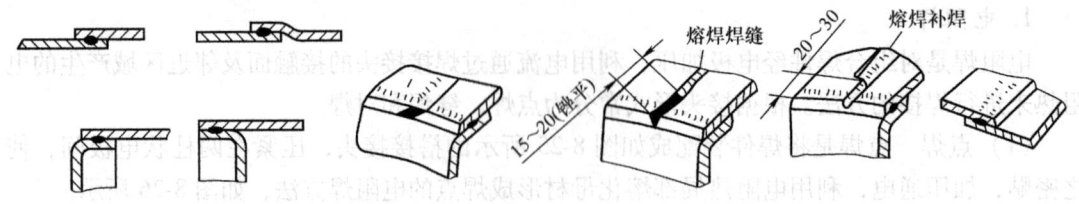

图 8-28 缝焊接头形式

（3）对焊 对焊是利用电阻热将焊件断面对接焊合的一种电阻焊，可分为电阻对焊和闪光对焊，如图 8-29 所示。图 8-30 是对焊的几种应用实例。

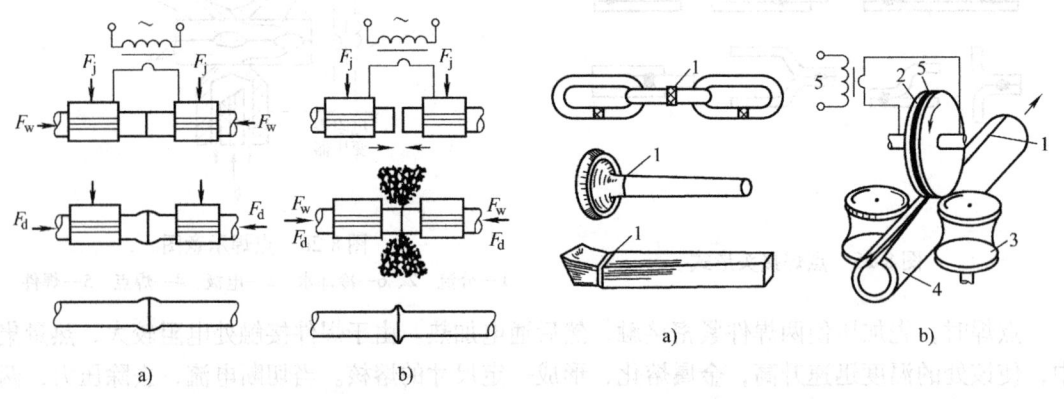

图 8-29 对焊示意图
a）电阻对焊 b）闪光对焊
F_j—夹紧力 F_w—挤压力 F_d—顶锻力

图 8-30 对焊应用实例
a）对焊工件 b）对焊管材
1—焊缝 2—滚盘 3—挤压滚 4—工件 5—绝缘层

电阻对焊时，将焊件夹紧在电极上，预加压力并通电，接触处迅速加热到塑性状态后增大压力，同时断电，接触处产生塑性变形并形成牢固接头。

电阻对焊操作简单，接头较光滑，但焊件接头表面清理要求严格，否则易造成加热不均匀或夹渣。

闪光对焊时，焊件夹紧在电极上，然后接通电源，并使焊件缓慢接触。强电流通过少数触点使其迅速熔化、汽化。在磁场作用下，液态金属爆破飞出，造成"闪光"。由于焊件不断送进，可保持一定的闪光时间。当焊件端面加热到全部熔化时，迅速对焊件加压并断电，焊件即在压力下产生塑性变形而焊合在一起。在闪光对焊过程中焊件端面的氧化物及杂质，部分随闪光火花带走，部分在加压时随液体金属挤出，故接头中夹渣少，质量高。但金属损耗多，焊后有毛刺需要清理。

不论哪种对焊，焊接断面形状尺寸尽量相同，以保证焊件接触端面加热均匀。

(4) 电阻焊的特点及应用

1) 加热迅速且温度较低，焊件热影响区及变形小，易获得优质接头。
2) 不需外加填充金属和焊剂。
3) 无弧光，噪声小、烟尘、有害气体少，劳动条件好。
4) 电阻焊件结构简单、重量轻，气密性好，易于获得形状复杂的零件。
5) 易实现机械化、自动化，生产率高。

但因影响电阻大小的因素都可使热量波动，故接头质量不稳定，在一定程度上限制了电阻焊在某些重要构件上的应用。

此外，电阻焊耗电量较大，焊机复杂，造价较高。点焊适用于低碳钢、不锈钢、铜合金、铝镁合金等，主要用于板厚4mm以下的薄板冲压结构及钢筋的焊接。缝焊主要用于板厚3mm以下、焊缝规则的密封结构的焊接，如油箱、消音器、自行车大梁等。对焊主要用于制造封闭形零件（如自行车圈、锚链）、轧制材料接长（如钢管、钢轨的接长）、异种材料制造（如高速钢与中碳钢对焊成的铰刀、铣刀、钻头等）。

2. 摩擦焊

摩擦焊是两焊件相对旋转并加压，利用摩擦所产生的热量，使端面达到热塑性状态迅速顶锻，完成焊接的一种压焊方法。

(1) 摩擦焊的工艺过程　摩擦焊工艺过程如图8-31所示，它可分为连续驱动式和储能式（惯性式）两种。

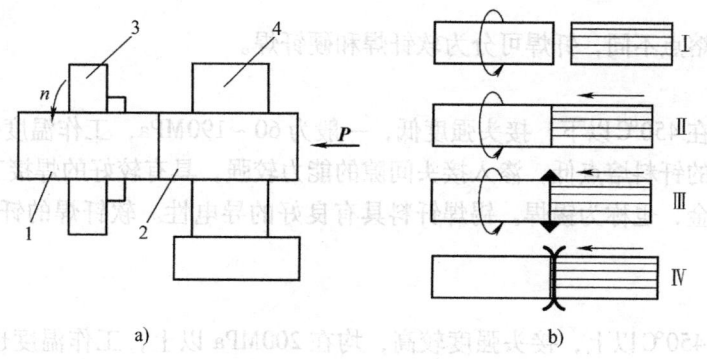

图8-31 摩擦焊工艺过程
a) 连续驱动式　b) 储能式
1、2—工件　3—旋转夹头　4—移动夹头　n—工件转速　P—轴向压力连续驱动式摩擦焊是使一个工件高速旋转，另一工件则以相当大的压力压向旋转件，使接头摩擦升温。当加热至塑性状态时，利用制动器或断电使旋转件停转，同时保持或增大轴向压力进行顶锻，直至焊接完成。

储能式摩擦焊是将飞轮和一个焊件加速到预定速度，使飞轮与电动机脱开或断电，同时使两工件接触并加压，飞轮的动能转化成热能。当飞轮停止转动时，加压顶锻，完成焊接。

储能式摩擦焊所需的电动机功率比连续驱动式摩擦焊要小。

(2) **摩擦焊接头形式** 摩擦焊接头一般是等断面的，也可是不等断面的，但必须有一个断面是圆形，图8-32仅给出几种适用形式。

(3) **摩擦焊的特点及应用**

1) 接头质量好且稳定。摩擦焊温度低于焊件金属的熔点，热影响区小；接头在顶锻力作用下，完成塑性变形和再结晶，组织致密；另外，焊件端面的氧化膜和油污被摩擦清除，接头不易产生气孔和夹渣，接头质量较好。

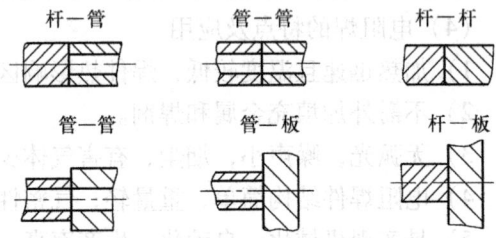

图8-32 摩擦焊接头形式

2) 焊接生产率高、成本低。摩擦焊操作简单且不需填充金属，易于自动控制，生产率较高；设备简单、能耗少，仅为闪光对焊的1/10~1/5，成本低。

3) 适用范围广。摩擦焊不仅适用于常用的黑色金属和有色金属，也适于在常温下力学性能、物理性能差异很大的特种材料、异种材料。

4) 生产条件好。摩擦焊无火花、弧光及尘毒，操作方便，工人劳动强度小。

摩擦焊广泛应用于圆形工件和棒料管子的对接。实心焊件直径为2~100mm，管子外径在数百毫米范围内。

三、钎焊

钎焊是采用比母材熔点低的金属材料做钎料，将焊件和钎料加热到高于钎料熔点并低于母材熔点的温度，利用液态钎料润湿母材，填充接头间隙并与母材相互扩散，冷凝后实现连接的焊接方法。钎焊属于物理连接，也称钎接。改善钎料的润湿性，可保证钎料和焊件不被氧化。

按钎料的熔点不同，钎焊可分为软钎焊和硬钎焊。

1. 软钎焊

钎料的熔点在450℃以下，接头强度低，一般为60~190MPa，工作温度低于100℃。软钎焊由于所使用的钎料熔点低，渗入接头间隙的能力较强，具有较好的焊接工艺性。常用的软钎料是锡铅合金，也称为锡焊。锡焊钎料具有良好的导电性。软钎焊的钎剂主要有松香、氯化锌溶液。

2. 硬钎焊

钎料熔点在450℃以上，接头强度较高，均在200MPa以上，工作温度也较高。硬钎料是铝基、银基、铜基合金，钎剂主要有硼砂、硼酸、氟化物、氯化物等。

3. 钎焊接头及加热方式

钎焊接头形式有板料搭接、套件镶接等，如图8-33所示，这些接头都有较大的钎接面，可保证接头有良好的承载能力。

钎焊的加热方式分为火焰加热、电阻加热、感应加热、炉内加热、盐浴加热及烙铁加热等，可依据钎料种类、工件形状与尺寸、接头数量、质量要求及生产批量等综合考虑选择。其中烙铁加热温度较低，一般只适用于软钎焊。

4. 钎焊的特点及应用

1）钎焊要求工件加热的温度较低，接头组织、性能变化小，焊件变形小，接头光滑平整，工件尺寸精确。

2）对焊接性差异大的异种金属，工件厚度也不受限制。

3）生产率高。对焊件整体加热钎焊时，可同时钎焊由多条（甚至上千条）接缝组成的复杂构件。

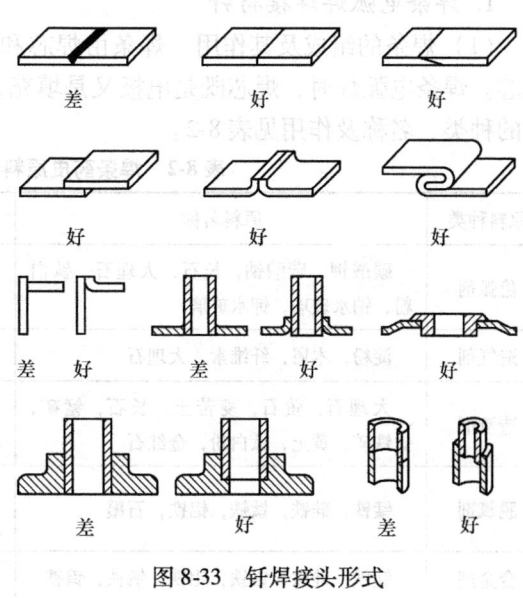

图 8-33　钎焊接头形式

4）钎焊设备简单，生产投资费用少。

钎焊主要用于焊接精密、微型、复杂、多焊缝、异种材料的焊件。目前，软钎焊广泛用于电子、电器仪表等部门，硬钎焊则用于制造硬质合金刀具、钻探钻头、换热器等。

第三节　焊接结构工艺设计

焊接工艺设计是根据产品的生产性质和技术要求，结合生产实际条件，运用现代焊接技术知识和先进生产经验，确定焊接生产方法和程序的过程。焊接工艺设计不仅直接关系到产品制造质量、劳动生产率和制造成本，而且是设计焊接设备和工装、进行生产管理的主要依据。其主要内容是根据焊接结构工作时的负荷大小和种类、工作环境、工作温度等使用要求，合理选择结构材料、焊接材料和焊接方法，正确设计焊接接头、制定工艺和焊接技术条件等。

各种焊接结构，其主要的生产工艺过程为：备料—装配—焊接—焊接变形矫正—质量检验—表面处理（油漆、喷塑或热喷涂等）。

1）备料包括型材选择，型材外形矫正，按比例放样、划线，下料切割，边缘加工，成形加工（折边、弯曲、冲压、钻孔等）；

2）装配是利用专用卡具或其他紧固件装置将加工好的零件或部件组装成一体，进行定位焊，准备焊接；

3）焊接是根据焊件材质、尺寸、使用性能要求、生产批量及现场设备情况选择焊接方法，确定焊接参数，按合理顺序施焊。

一、焊接材料

不同的焊接方法，其焊接材料是不同的。焊条电弧焊的焊接材料是焊丝和焊剂。这里主要介绍焊条电弧焊和埋弧焊的焊接材料。

1. 焊条电弧焊焊接材料

（1）焊条的组成及其作用 焊条由焊芯和药皮所组成，焊芯是焊条中被药皮包覆的金属芯。焊条电弧焊时，焊芯既是电极又是填充金属。药皮是压涂在焊芯表面上的涂料层。药皮的种类、名称及作用见表 8-2。

表 8-2 焊条药皮原料的种类、名称及作用

原料种类	原料名称	作 用
稳弧剂	碳酸钾，碳酸钠，长石，大理石，钛白粉，钠水玻璃，钾水玻璃	改善引弧性能，提高电弧燃烧的稳定性
造气剂	淀粉，木屑，纤维素，大理石	造成一定量的气体，隔绝空气，保护焊接熔滴与熔池
造渣剂	大理石，萤石，菱苦土，长石，锰矿，钛铁矿，黄土，钛白粉，金红石	造成具有一定物理—化学性能的熔渣，保护焊缝；碱性渣中的 CaO 还可脱硫、磷
脱氧剂	锰铁，硅铁，钛铁，铝铁，石墨	降低电弧气氛和熔渣的氧化性，脱除金属中的氧；锰还起脱硫作用
合金剂	锰铁，硅铁，铬铁，钼铁，钒铁，钨铁	使焊缝金属获得必要的合金成分
粘结剂	钾水玻璃，钠水玻璃	将药皮牢固地粘在焊芯上

（2）焊条的种类 国家标准局将焊条按化学成分划分为若干大类，焊接材料产品规范中将焊条按用途划分为十大类。表 8-3 列出了两种分类有关内容的对应关系。

表 8-3 焊条分类

国家标准			样 本			
焊条大类（按化学成分分类）			焊条大类（按用途分类）			
国家标准编号	名 称	代号	类别	名 称	代号 字母	代号 汉字
GB/T 5117—1995	碳素钢焊条	E	一	结构钢焊条	J	结
GB/T 5118—1995	低合金钢焊条	E	一	结构钢焊条	J	结
			二	钼和铬钼耐热钢焊条	R	热
			三	低温钢焊条	W	温
GB/T 983—1995	不锈钢焊条	E	四	不锈钢焊条	G	铬
					A	奥
GB/T 984—2001	堆焊焊条	ED	五	堆焊焊条	D	堆
GB/T 10044—1988	铸铁焊条	EZ	六	铸铁焊条	Z	铸
—	—	—	七	镍及镍合金焊条	Ni	镍
GB/T 3670—1995	铜及铜合金焊条	TCu	八	铜及铜合金焊条	T	铜
GB/T 3669—2001	铝及铝合金焊条	TAl	九	铝及铝合金焊条	L	铝
			十	特殊用途焊条	TS	特

焊条按其药皮性质分为酸性焊条和碱性焊条两大类。药皮中含有多量酸性氧化物的焊条称为酸性焊条；药皮中含有多量碱性氧化物的焊条称为碱性焊条。在碳素钢焊条和低合金钢焊条中，低氢焊条是碱性焊条，如 E5015（J507）、E5016（J506）；其他药皮类型的焊条均

属酸性焊条。酸性焊条适用于焊接一般的结构钢铁；碱性焊条焊成的焊缝金属中有害元素（如硫、磷、氢、氧、氮等）含量很低，抗裂性及强度好，适于焊接重要的结构钢或合金钢结构。但碱性焊条的工艺性能和抗气孔性能差。因此，采用碱性焊条时，必须将焊件接缝处及其附近的油污、锈等清除干净，并烘干焊条，去除水分。

（3）焊条的选用

焊条种类很多，选用是否得当，直接影响焊接质量、生产效率和产品成本。选用焊条时通常考虑以下几个方面：

1）等强度原则。结构钢的焊接，一般应使焊缝金属与母材等强度，即焊条的抗拉强度等级等于或稍高于母材的抗拉强度。对于不要求等强度的接头，可选用强度等级比母材低的焊条。

2）同成分原则。对特殊用钢（耐热钢、低温钢、不锈钢等）的焊接，为保证接头的特殊性能，应使焊缝金属的主要合金成分与母材相同或相近。

3）抗裂性要求。对于焊接或使用中容易产生裂纹的结构，如形状复杂、厚度大、刚度大、高强度钢、母材含碳量高或硫、磷杂质较多，受动载荷作用的焊件，以及在低温环境中施焊或使用的结构等，应选用抗裂性能优良的低氢型焊条。

4）抗气孔要求。对于焊前难以清理、容易产生气孔的焊件，应选用酸性焊条。

5）低成本要求。在酸、碱性焊条都能满足要求时，为降低成本，一般应选用酸性焊条。

对于以上几条，前两条原则一般必须遵循，后三条应视具体情况而定。要综合考虑，全面衡量，选择符合实际需要的焊条。

2. 埋弧焊焊接材料

埋弧焊的焊接材料有焊丝和焊剂。埋弧焊的焊丝，除作为电极和填充金属外，还有渗合金、脱氧、去硫等冶金作用。埋弧焊焊剂有熔炼焊剂和非熔炼焊剂两类，熔炼焊剂呈现玻璃状颗粒，主要起保护作用；非熔炼焊剂除保护作用外，还有渗合金、脱氧、去硫等冶金作用。焊剂易吸潮，使用前一定要烘干。埋弧焊通过焊丝焊剂的合理匹配，能保证焊缝金属化学成分和性能。

二、焊件材料

1. 焊件材料的选择

焊接结构件在选材时，总的原则是在满足使用性能的前提下，选用焊接性好的材料。根据焊接性的概念，可知 $w_C < 0.25\%$ 的碳素钢和 $w_C < 0.2\%$ 的低合金高强度钢由于含碳量低，因而具有良好的焊接性。所以，焊接结构件应尽量选用这一类材料。$w_C > 0.5\%$ 的碳素钢和 $w_C > 0.4\%$ 的合金钢，由于含碳量高，焊接性不好，一般不宜作焊接结构件材料。

对于不同部位选用不同强度和性能的钢材拼焊而成的复合构件，应充分注意不同材料焊接性的差异，一般要求焊接接头强度不低于被焊钢材中的强度较低者。因此，焊接工艺设计时，应对焊接材料提出要求，并且对焊接性较差的钢采取相应措施（如预热或焊后热处理等）。对于焊接结构中需采用焊接性尚不明确的新材料时，则必须预先进行焊接性试验，以便保证设计方案及工艺措施的正确性。焊接结构应尽量采用工字钢、槽钢、角钢和钢管等型材，这样，可以减少焊缝数量，简化焊接工艺，增加结构件的强度和刚性。对于形状比较复杂的部分甚至可采用铸钢、锻件或冲压件焊接而成。此外，还应综合考虑经济性等因素。

2. 常用金属材料的焊接性能

(1) 碳素钢和低合金钢的焊接性能

1) 低碳钢。低碳钢的焊接性优良。一般情况下用任何一种焊接方法和最普通的焊接工艺都能获得优良的焊接接头。但在低温下焊接厚件时应将焊件预热到 100~150℃，某些重要结构件焊后还应进行退火处理，对电渣焊后的焊件应进行正火处理，以细化热影响区的晶粒。

2) 中碳钢。随着含碳量的增加，中碳钢的焊接性降为中等，焊缝中易产生热裂，热影响区易产生淬硬组织，甚至产生冷裂。热裂纹是焊缝金属在高温状态下产生的裂纹。这种裂纹一般产生在焊缝金属中，属于结晶裂纹，其特征是沿晶界开裂。导致热裂纹产生的因素有焊缝金属的化学成分（形成低熔点共晶偏聚于晶界处）、焊缝横截面形状（焊缝熔宽与熔深的比值越大，则热裂倾向越小）、焊件残余应力等；冷裂纹一般是在焊后（相当低的温度下大约在钢 M_s 点附近），有时甚至放置相当长的时间后才产生。产生冷裂纹的因素有：焊接接头处产生淬硬组织、焊接接头内含氢量较多和焊接残余内应力较大等。

中碳钢焊件通常采用焊条电弧焊和气焊。焊接时将焊件适当预热（150~250℃），选用合理的焊接工艺，尽可能选用低氢型焊条，焊条使用前烘干，焊接坡口尽量开成 U 形，焊后尽可能缓冷等，都能防止焊接缺陷的产生。

3) 高碳钢。高碳钢的 $w_C>0.6\%$，其焊接性差，一般仅用焊条电弧焊和气焊对其进行焊补。焊补是为了修补工件缺陷而进行的焊接。为防止焊缝裂纹，应合理选用焊条，焊前应对工件进行退火处理。若采用结构钢焊条，则焊前必须预热（一般为 250~350℃以上），焊后注意缓冷并进行消除应力退火。

4) 低合金钢。强度级别较低的低合金钢（$R_e<392$MPa），合金元素少，含碳量低（$w_C<0.4\%$），焊接性好，一般不需预热。当板较厚或环境温度较低时，才进行预热（100~150℃）。

强度级别较高的低合金钢（$R_e\geq392$MPa）淬硬、冷裂倾向增加，焊接性较差。一般焊前要预热（150~250℃），并对焊件和焊接材料进行严格清理和烘干，同时应选用低氢型焊条并采用合理的焊接顺序。低合金钢常用焊条电弧焊和埋弧焊焊接。

(2) 铸铁的焊接性能

铸铁的焊接性差，其焊接过程会产生以下几个问题：

1) 焊接接头易产生白口及淬硬组织。焊接过程中碳和硅等石墨化元素会大量烧损，焊后冷却速度很快，不利于石墨化，易出现白口及淬硬组织。

2) 裂纹倾向大。由于铸铁是脆性材料，抗拉强度低、塑性差，当焊接应力超过铸铁的抗拉强度时，会在热影响区或焊缝中产生裂纹。

3) 焊缝中易产生气孔和夹渣。铸铁中含较多的碳和硅，它们在焊接时被烧损将形成 CO 气体和硅酸盐熔渣，极易在焊缝中形成气孔和夹渣缺陷。

由于铸铁的焊接性差，一般铸铁不宜作焊接结构材料，当铸铁件出现局部损坏时往往只进行修复性补焊。铸铁的补焊有热焊法和冷焊法。热焊法是焊前将焊件整体或局部预热到 650~700℃，然后用电弧焊或气焊补焊，施焊过程中铸件温度不应低于 400℃，焊后缓冷或再将焊件加热到 600~650℃进行去应力退火；冷焊法是焊前不预热或仅预热到 400℃以下，然后用电弧焊或气焊补焊。

热焊法能有效地防止产生白口组织和裂纹，焊缝利于机加工，但需配置加热设备。焊条电弧焊时采用碳、硅含量较低的 EZC 型灰铸铁焊条和 EZCQ 铁基球墨铸铁焊条。冷焊法易出现白口组织、裂纹和气孔，但成本较低，冷焊时常用 E5016（J506）低碳钢焊条、EZV（Z116）高钒铸铁焊条、EZNi（Z308）纯镍铸铁焊条和 EZNiCu（Z508）镍铜铸铁焊条。

(3) 常用有色金属及其合金的焊接性能

1) 铜及铜合金。铜及铜合金的焊接性比低碳钢差，在焊接时经常出现下列情况：

① 铜及其合金的导热性好，热容量大，母材和填充金属不能很好地熔合，易产生焊不透现象。

② 铜及其合金的线胀系数大，凝固时收缩率大，因此其焊接变形大。如果焊件的刚度大，限制焊件的变形，则焊接应力就大，易产生裂纹。

③ 液态铜熔解氢的能力强，凝固时其溶解度急剧下降，氢来不及逸出液面，易生成气孔。

④ 铜在高温时极易氧化，生成氧化亚铜（Cu_2O），它与铜易形成低熔点的共晶体，分布在晶界上，易引起热裂纹。

⑤ 铜合金中的许多合金元素（锌、锡、铅、铝及锰等）比铜更易氧化和蒸发，从而降低焊缝的力学性能，并易产生热裂、气孔和夹渣等缺陷。

铜及铜合金通常采用氩弧焊、气焊和钎焊进行焊接，焊前需预热，焊后需进行热处理。为保证铜及其合金的焊接质量，常采取以下措施：

① 严格控制母材和填充金属中的有害成分，对重要的铜结构，必须选用脱氧铜做母材。

② 清除焊件、焊丝等表面上的油、锈和水分，以减少氢的来源。

③ 焊前预热以弥补热传导损失，并改善应力分布状况；焊后进行再结晶退火，以细化晶粒和破坏晶界上的低熔点共晶体。

2) 铝及铝合金。铝及铝合金焊接时的特点如下：

① 极易氧化。在焊接过程中，铝及铝合金极易生成熔点高（约 2050℃）且密度大（$3.85g/cm^3$）的氧化铝，阻碍了金属之间的良好结合，并易造成夹渣。解决办法是：焊前清除焊件坡口和焊丝表面的氧化物，焊接过程中采用氩气保护；在气焊时，采用熔剂，并在焊接过程中不断用焊丝挑破熔池表面的氧化膜。

② 容易形成气孔。液态铝的溶氢能力强，凝固时其溶氢能力将大大下降，易形成氢气孔。

③ 容易产生热裂纹。铝及铝合金的线胀系数约为钢的两倍，凝固时的体积收缩率达 6.6% 左右，因此，焊接某些铝合金时，往往由于过大的内应力而在脆性温度区间内产生热裂纹。

④ 铝在高温时强度和塑性很低，焊接时常由于不能支持熔池金属而引起焊缝塌陷或烧穿，因此，焊接时需要采用垫板。

铝及铝合金的焊接常用氩弧焊、气焊等，一般采用通用焊丝 HS311。

3) 钛及钛合金。钛及钛合金焊接时的特点如下：

① 焊接时吸收气体使接头变脆。钛是化学活泼性非常强的元素，在液态或高于 600℃ 的固态下，极易吸收氧、氮、氢这些气体，使钛的性能发生显著脆化。氧易形成固溶体，引起

硬度、强度升高，塑性下降。氮形成很脆的氮化物。氢是钛中最有害的元素，400℃时在钛中具有很大的溶解度，冷却过程中，由于溶解度下降使氢气来不及排出而聚集成气孔。

② 易产生裂纹。由于钛及钛合金的熔点高，导热性差，热导率低，热容量小，所以焊接时熔池具有积累热量多、尺寸大、高温停留时间长和冷却速度慢等特点。易使焊接接头产生过热组织，晶粒变粗大，脆性严重和出现裂纹。

因此，钛及钛合金的焊接须对焊接区域采取有效的保护措施。不能用氧乙炔焊、焊条电弧焊及 CO_2 气体保护焊等方法，而应采用氩弧焊、等离子弧焊、真空电子束焊和点焊等方法。

表8-4列出了常用金属材料的焊接性能，可供选择焊接结构材料时参考。

表8-4 常用金属材料的焊接性能

焊接方法 金属材料	气焊	焊条电弧焊	埋弧焊	CO_2气体保护焊	氩弧焊	电子束焊	电渣焊	点焊缝焊	对焊	摩擦焊	钎焊
低碳钢	A	A	A	A	A	A	A	A	A	A	A
中碳钢	A	A	B	B	A	A	A	B	A	A	A
低合金钢	B	A	A	A	A	A	A	A	A	A	A
不锈钢	A	A	B	B	A	A	B	A	A	A	A
耐热钢	B	A	B	C	A	A	D	B	C	D	A
铸钢	A	A	A	A	A	A	(−)	B	B	B	B
铸铁	B	B	C	C	A	(−)	B	(−)	D	D	B
铜及铜合金	B	B	C	C	B	B	D	D	D	A	A
铝及铝合金	B	C	C	D	A	A	D	A	A	B	C
钛及钛合金	D	D	D	D	A	A	D	B-C	C	D	B

注：A—焊接良好，B—焊接性能较好，C—焊接性能较差，D—焊接性能不好，（−）—很少采用。

三、焊接接头工艺

1. 焊缝形式

焊缝是焊接接头的一个组成部分，焊缝的形式由焊接接头的形式而定。根据焊缝的截面形状，焊缝形式有：对接焊缝、角焊缝和塞焊缝等。这些已在金工实习中有了一定的了解，不在此详述。

2. 焊缝的布置

焊缝布置是否合理，直接影响结构件的焊接质量和生产率。因此，设计焊缝位置时应考虑下列原则。

（1）焊缝应尽量处于平焊位置 各种位置的焊缝，其操作难度不同。以焊条电弧焊焊缝为例，其中平焊操作最为方便，易于保证焊接质量，是焊缝位置设计中的首选方案；立焊、横焊位置次之；仰焊位置施焊难度最大，不易保证焊接质量。

(2) 焊缝要布置在便于施焊的位置　焊条电弧焊时，焊条要能伸到焊缝位置，如图 8-34 所示。点焊、缝焊时，电极要能伸到待焊位置，如图 8-35 所示。埋弧焊时，要考虑焊缝所处的位置能否存放焊剂。设计时若忽略了这些问题，则无法施焊。

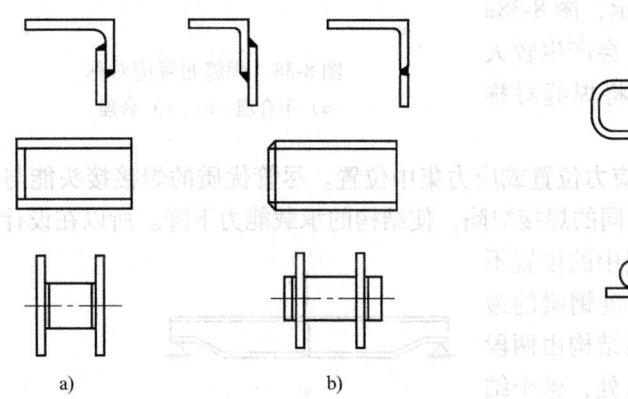 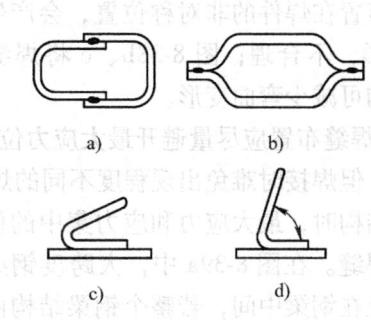

图 8-34　焊条电弧焊焊缝位置
a) 不合理　b) 合理

图 8-35　点焊、缝焊焊缝位置
a)、c) 电极难以伸入　b)、d) 方便操作的设计

(3) 焊缝布置要有利于减少焊接应力与变形

1) 尽量减少焊缝数量及长度，缩小不必要的焊缝截面尺寸。设计焊件结构时，可通过选取不同形状的型材、冲压件来减少焊缝数量。如图 8-36 所示的箱式结构，若用平板拼焊需四条焊缝，但改用槽钢拼焊就只需两条焊缝，这样既可减少焊接应力和变形，又可提高生产率。

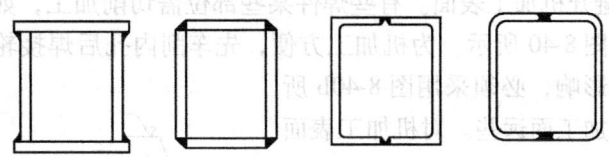

图 8-36　减少焊缝数量示例

焊缝截面尺寸的增大会使焊接变形量随之加大，但过小的焊缝截面尺寸，又可能降低焊件结构强度，且截面过小，焊缝冷却速度过快，易产生缺陷，因此应在满足焊件使用性能的前提下尽量减少不必要的焊缝截面尺寸。

2) 焊缝布置应避免密集或交叉。焊缝密集或交叉，会使接头处严重过热，导致焊接应力与变形增大，甚至开裂。因此两条焊缝之间应隔开一定距离，一般要求大于三倍的板材厚度，且不小于 100mm，如图 8-37 所示。处于同一平面焊缝转角的尖角处相当于焊缝交叉，易产生应力集中，应尽量避免，改为平滑过渡结构。即使不在同一平面的焊缝，若密集堆垛或排布在一列都会降低焊件的承载能力。

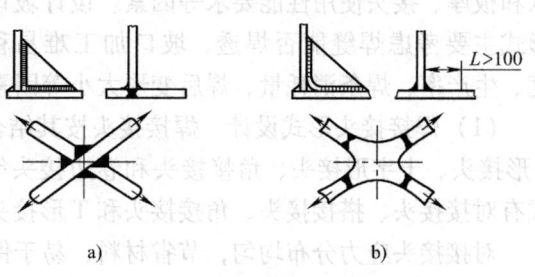

图 8-37　焊缝布置应避免密集和交叉
a) 不合理　b) 合理

3) 焊缝布置应尽量对称。当焊缝布置

对称于焊件截面中心轴或接近中心轴时，可使焊接中产生的变形相互抵消而减少焊后总变形量。焊缝位置对称分布在梁、柱、箱体等结构的设计中尤其重要，如图8-38所示，图8-38a中焊缝布置在焊件的非对称位置，会产生较大弯曲变形，不合理；图8-38b、c将焊缝对称布置，均可减少弯曲变形。

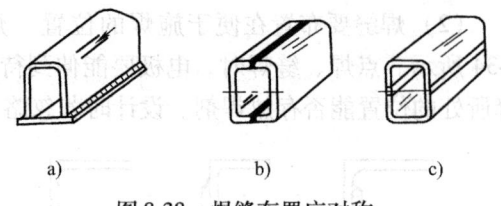

图8-38 焊缝布置应对称
a) 不合理　b)、c) 合理

4) 焊缝布置应尽量避开最大应力位置或应力集中位置。尽管优质的焊接接头能与母材等强度，但焊接时难免出现程度不同的焊接缺陷，使结构的承载能力下降。所以在设计受力的焊接结构时，最大应力和应力集中的位置不应布置焊缝。在图8-39a中，大跨度钢梁的最大应力处在钢梁中间，若整个钢梁结构由两段型材焊成，焊缝正布置在最大应力处，整个结构的承载能力下降；若改用图8-39b所示的结构，钢梁由三段型材焊成，虽增加了一条焊缝，但焊缝避开了最大应力处，提高了钢梁的承载能力。压力容器结构设计，为使焊缝避开应力集中的转角处，不应采用图8-39c所示的无折边封头结构，而应采用图8-39d所示的有折边封头结构。

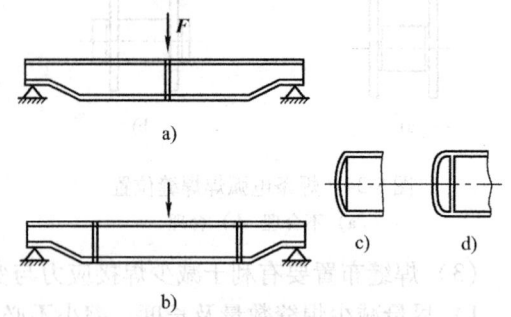

图8-39 焊缝应避开应力集中处的布置
a)、c) 不合理　b)、d) 合理

5) 焊缝布置应避开机加工表面。有些焊件某些部位需切削加工，如采用焊接结构制造的零件如轮毂等，如图8-40所示。为机加工方便，先车削内孔后焊接轮辐，为避免内孔加工精度受焊接变形的影响，必须采用图8-40b所示结构，焊缝布置离加工面远些。对机加工表面要求高的零件，由于焊后接头处的硬化组织影响加工质量，焊缝布置应避开机加工表面，如图8-40d所示结构比图8-40c所示结构合理。

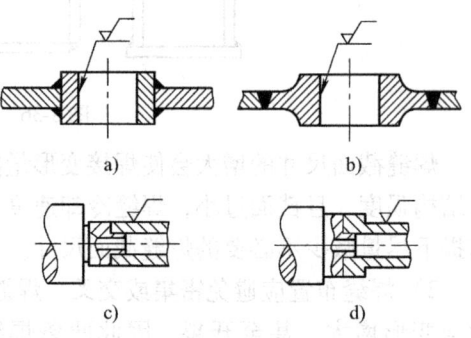

图8-40 焊缝布置应避开机加工表面

3. 焊接接头设计

焊接接头设计包括焊接接头形式设计和坡口形式设计。设计接头形式主要考虑焊件的结构形状和板厚、接头使用性能要求等因素。设计坡口形式主要考虑焊缝能否焊透、坡口加工难易程度、生产率、焊条消耗量、焊后变形大小等因素。

(1) 焊接接头形式设计　焊接接头按其结合形式分为对接接头、盖板接头、搭接接头、T形接头、十字形接头、角接接头和卷边接头等，如图8-41所示。其中常见的焊接接头形式有对接接头、搭接接头、角接接头和T形接头。

对接接头应力分布均匀，节省材料，易于保证质量，是焊接结构中应用较多的一种，但对下料尺寸和焊前定位装配尺寸要求精度高。锅炉、压力容器等焊件常采用对接接头。搭接接头不在同一平面，接头处部分相叠，应力分布不均匀，会产生附加弯曲力，降低了疲劳强

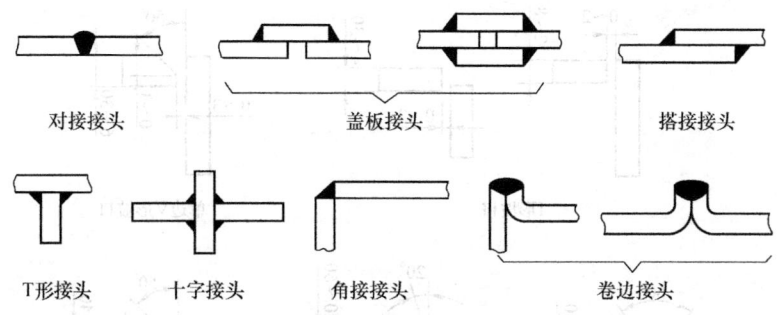

图 8-41 焊接接头形式

度,多耗费材料,但对下料尺寸和焊前定位装配尺寸要求精度不高,且接头结合面大,增加承载能力,所以薄板、细杆焊件如厂房金属屋架、桥梁、起重机吊臂等桁架结构常用搭接接头。点焊、缝焊工件的接头为搭接,钎焊也多采用搭接接头,以增加结合面。角接接头和T形接头根部易出现未焊透的情况,引起应力集中,因此接头处常开坡口,以保证焊接质量。角接接头多用于箱式结构。对于 1~2mm 薄板,气焊或钨极氩弧焊时,为避免接头烧穿又节省填充焊丝,可采用卷边接头。

(2)焊接接头坡口形式设计 开坡口的根本目的是为使接头根部焊透,同时也使焊缝成形美观,此外通过控制坡口大小,能调节焊缝中母材金属与填充金属的比例,使焊缝金属达到所需的化学成分。坡口的常用加工方法有气割、切削加工(车或刨)和碳弧气刨等。

焊条电弧焊的对接接头、角接接头和T形接头中有各种形式的坡口,其选择主要取决于焊件板材厚度。

1)对接接头坡口形式设计。对接接头的坡口基本形式有I形坡口、Y形坡口、双Y形坡口、带钝边U形坡口、带钝边双U形坡口、单边V形坡口、双单边V形坡口、带钝边J形坡口、带钝边双J形坡口等,如图8-42中列出其中五种坡口形式。此外,还有带垫板的I形坡口等。

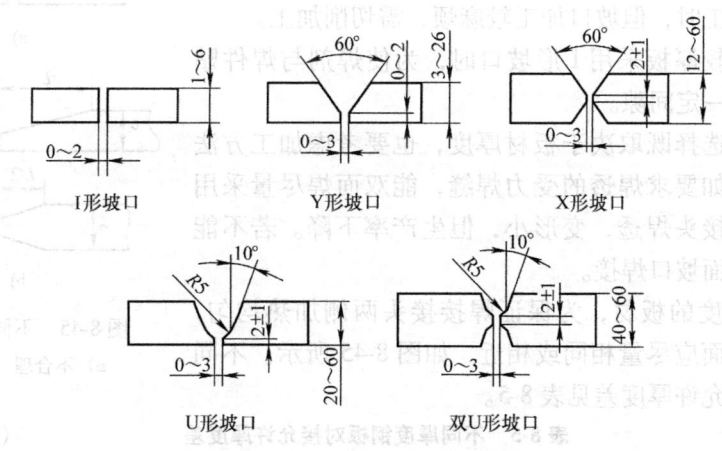

图 8-42 几种对接接头坡口形式

2)角接接头坡口形式设计。角接接头的坡口基本形式有I形坡口、错边I形坡口、Y形坡口、带钝边单边V形坡口、带钝边双单边V形坡口等,如图8-43所示。

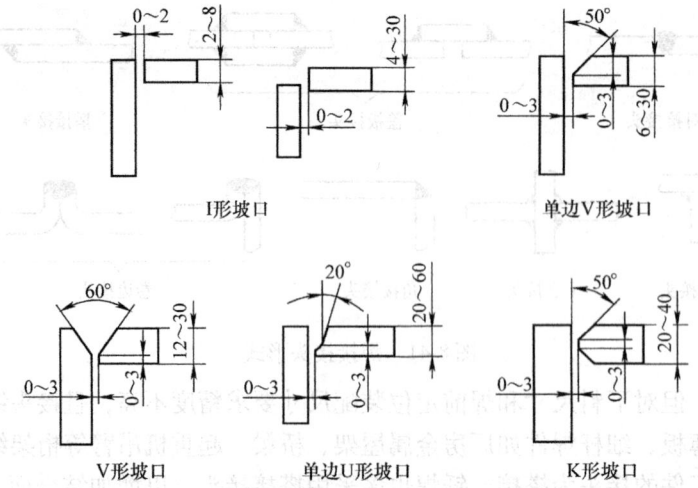

图8-43 角接接头坡口形式设计

3) T形接头坡口形式设计。T形接头的坡口基本形式有I形坡口、带钝边单边V形坡口、带钝边双单边V形坡口等,如图8-44所示。

焊条电弧焊板厚<6mm时,一般采用I形坡口;但重要结构件板厚>3mm就需开坡口,以保证焊接质量。板厚在6~26mm之间可采用Y形坡口,这种坡口加工简单,但焊后角变形大。板厚在12~60mm之间可采用双Y形坡口;同等板厚情况下,双Y形坡口比Y形坡口需要的填充金属量约少1/2,且焊后角变形小,但需双面焊。带钝边U形坡口比Y形坡口省焊条,省焊接工时,但坡口加工较麻烦,需切削加工。

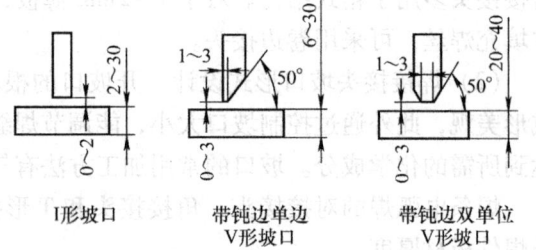

图8-44 T形接头坡口形式设计

埋弧焊焊接较厚板采用I形坡口时,为使焊剂与焊件贴合,接缝处可留一定间隙。

坡口形式的选择既取决于板材厚度,也要考虑加工方法和焊接工艺性。如要求焊透的受力焊缝,能双面焊尽量采用双面焊,以保证接头焊透,变形小,但生产率下降。若不能双面焊时才开单面坡口焊接。

对于不同厚度的板材,为保证焊接接头两侧加热均匀,接头两侧板厚截面应尽量相同或相近,如图8-45所示。不同厚度钢板对接时允许厚度差见表8-5。

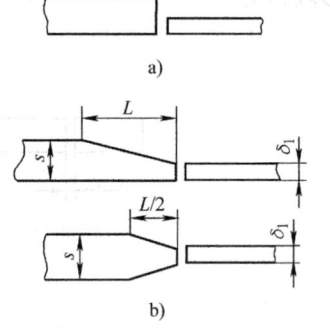

图8-45 不同板厚对接
a) 不合理 b) 合理

表8-5 不同厚度钢板对接允许厚度差 (单位:mm)

较薄板的厚度 δ_1	>2~5	>5~9	>9~12	>12
允许厚度差 $\delta-\delta_1$	1	2	3	4

四、焊接方法的选择

各种焊接方法都有各自特点及适用范围,选择焊接方法时要根据焊件的结构形状及材质、焊接质量要求、生产批量和现场设备等,在综合分析焊件质量、经济性和工艺可能性之后,确定最适宜的焊接方法。选择焊接方法时应依据下列原则:

(1) 焊接接头使用性能及质量要符合结构技术要求 选择焊接方法时既要考虑焊件能否达到力学性能要求,又要考虑接头质量能否符合技术要求。如点焊、缝焊都适于薄板轻型结构焊接,缝焊才能焊出有密封要求的焊缝。又如氩弧焊和气焊虽都能焊接铝材容器,但接头质量要求高时,应采用氩弧焊。又如焊接低碳钢薄板,若要求焊接变形小时,应选用 CO_2 焊或点(缝)焊,而不宜选用气焊。

(2) 提高生产率,降低成本 低碳钢和低合金结构钢焊接性能好,各种焊接方法均可适用。若焊件板厚为中等厚度(10~20mm),可选用焊条电弧焊、埋弧焊和气体保护焊。氩弧焊几乎可以焊接各种金属及合金,但成本较高,一般用于焊接铝、镁、钛合金结构及不锈钢等重要焊接结构。焊接铝合金工件,板厚 > 10mm 时,可采用熔化极氩弧焊,板厚 < 6mm 时,可采用钨极氩弧焊。若焊件为长直焊缝或大直径环形焊缝,生产批量也较大,可选用埋弧焊。若焊件为单件、小批量或焊缝较短且处于不同空间位置,则应选用焊条电弧焊。对于稀有金属或高熔点合金的特殊构件,可考虑选用等离子弧弧焊、真空电子束焊、脉冲氩弧焊,以确保焊接质量。对于微型箔件,则应选用微束等离子弧焊或脉冲激光点焊。若焊件是薄板轻型结构,且无密封要求,则采用点焊,如果有密封要求,则可选用缝焊。表8-6 为常用焊接方法的比较表,可供选择焊接方法时参考。

表8-6 常用焊接方法比较

焊接方法	热影响区大小	变形大小	生产率	可焊空间位置	适用板厚[①]/mm	设备费用[②]
气焊	大	大	低	全	0.5~3	低
焊条电弧焊	较大	较小	较低	全	可焊1以上,常用3~20	较低
埋弧焊	小	小	高	平	可焊3以上,常用6~60	较高
氩弧焊	小	小	较高	全	0.5~25	较高
CO_2 气体保护焊	小	小	较高	全	0.8~30	较低~较高
电渣焊	大	大	高	立	可焊25~1000以上,常用35~450	较高
等离子弧焊	小	小	高	全	可焊0.025~1000以上,常用1~12	高
电子束焊	极小	极小	高	平	5~60	高
点焊	小	小	高	全	可焊10以下,常用0.5~3	较低~较高
缝焊	小	小	高	平	3以下	较高

① 主要指一般钢材。
② 低 < 5000元;较低 5000~10000元;较高 10000元。

五、焊接工艺参数的选择

焊接时,为保证质量而选定的诸物理量(焊条直径、焊接电流、焊接速度和焊接弧长等)的总称即为焊接工艺参数。

(1) 焊条直径 焊条直径的粗、细主要取决于焊件的厚度。焊件较厚,应选较粗的焊条;焊件较薄,选择较细的焊条。立焊和仰焊时,焊条直径比平焊时要细些。焊条直径的选择见表8-7。

表8-7 焊条直径的选择

焊接厚度/mm	2	3	2~7	8~12	>12
焊条直径/mm	1.6, 2.0	2.5, 3.2	3.2, 4.0	4.0, 5.0	4.0~5.8

(2) 焊接电流 焊接电流一般按 $I = (30 \sim 60)d$(d 为焊条直径)选取,但还要根据焊件厚度、接头形式、焊接位置、焊条种类等因素,通过试焊进行调整。

(3) 焊接速度 焊接速度过快,易造成焊缝的熔池浅,焊缝宽度小,甚至可能产生夹渣和焊不透的缺陷;焊接速度过慢,熔池较深,焊缝宽度增加,特别是薄件易烧穿。

(4) 焊接弧长 弧长是指焊接电弧的长度。弧长过长,燃烧不稳定,熔池减小,空气易侵入产生缺陷。一般情况下,尽量采用短弧操作,弧长一般不超过焊条直径,大多为2~4mm。

六、焊接工艺实例

如图8-46a所示为低压贮气罐,壁厚为8mm,压力为1.0MPa,温度为常温,介质为压缩空气,大批量生产。

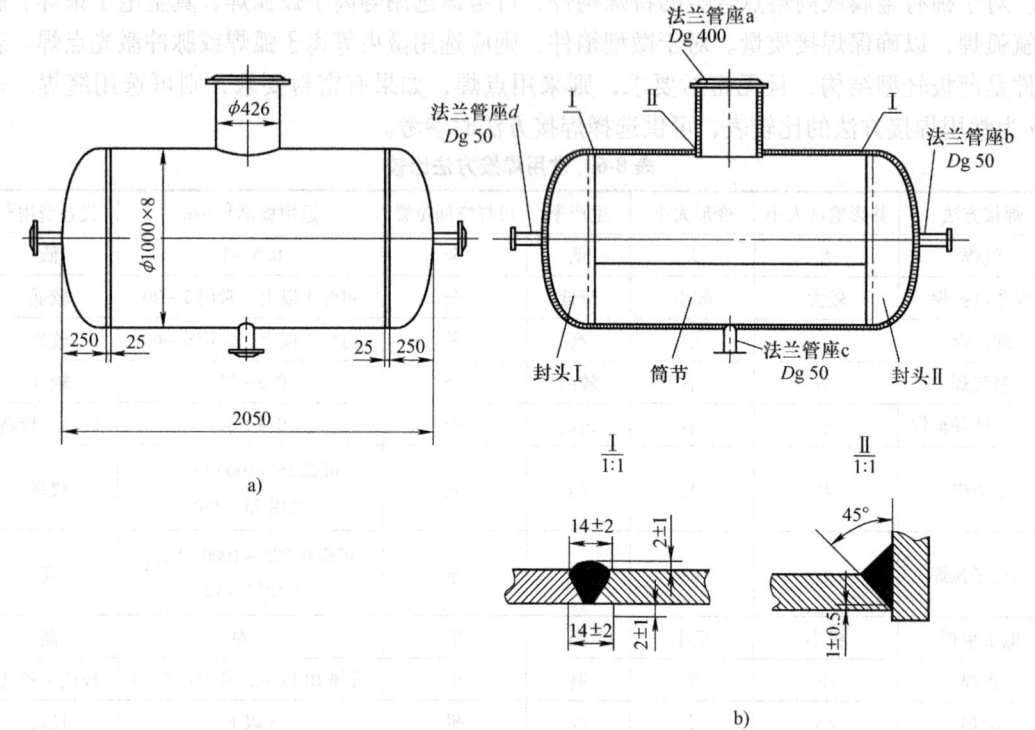

图8-46 低压贮气罐的设计、装配示意图
a) 设计图 b) 装配图

焊接结构工艺设计要求如下:

(1) 结构分析 图8-46b所示为低压贮气罐装配焊接图,筒节、封头Ⅰ、封头Ⅱ焊合成筒体,贮气罐由筒体及四个法兰管座焊合而成。

(2) 选择母材材料 根据技术参数,考虑到封头拉深、筒节卷圆、焊接工艺及成本,筒节、封头及法兰选用塑性和焊接性好的普通碳素结构钢 Q235A，短管选用优质碳素结构钢。

（3）设计焊缝位置及焊接接头、坡口形式　筒节的纵焊缝和筒节与封头相连处的两条环焊缝均采用对接 I 形坡口单面焊，法兰与短管焊合采用不开坡口角焊缝，法兰管座与筒体焊合采用开坡口角焊缝。

（4）选择焊接方法和焊接材料　由于各条角焊缝长度均较短，且大部分焊缝在弧面上，故采用焊条电弧焊方法，焊条选用 E4303（J422），选用弧焊变压器（因用酸性焊条）。焊接三条纵、环焊缝，为保证质量，提高生产率，采用埋弧焊方法，焊丝选用 H08A，配合焊剂 HJ431。

（5）主要工艺流程（图 8-47）

低压贮气罐的制造工艺流程如图 8-47 所示。

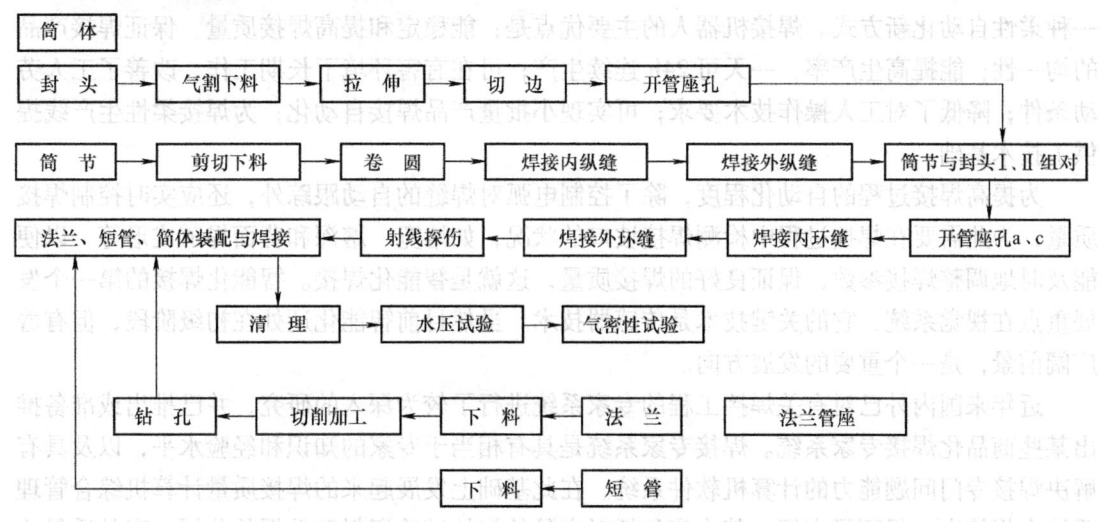

图 8-47　低压贮气罐的制造工艺流程

第四节　焊接技术的发展

焊接技术自发明至今已有百余年的历史，工业生产中的一切重要产品，如航空、航天及核能工业中产品的生产制造都离不开焊接技术。当前，新兴工业的发展促使焊接技术不断前进，如微电子工业的发展促进了微型连接工艺和设备的发展；陶瓷材料和复合材料的发展促进了真空钎焊、真空扩散焊、喷涂以及粘接工艺的发展。所以焊接技术将随着科学技术的进步而不断发展，主要体现在以下几个方面。

一、计算机技术在焊接中的应用

计算机用于焊接生产过程是现代焊接工程的重要标志之一。利用计算机可对焊接电流、电压、焊接速度、气体流量和压力等参数快速综合运算分析和控制；也可对各种焊接过程的数据进行数理统计分析，总结出焊接不同材料、不同板厚的最佳参数方程和图表。利用计算机代替常规数控来控制焊接工卡具自动定位和焊机（或焊件）运动轨迹，其精度可达 ±0.0025mm，且通用性强。计算机图像处理可用于 X 射线底片上焊缝缺陷的识别，以及识别焊接过程中电弧和焊缝熔池的形态与位置。如弧焊设备微机控制可完成对焊接过程的开环和闭环控制，可对焊接电流、焊接速度、弧长等多项参数进行分析和控制，对焊接操作程序和参数变化等作出显示和数据保留，从而给出焊接质量的确切信息。目前以计算机为核心建立的各种控制系统包括焊接顺序控制系统、PID 调节系统、最佳控制及自适应控制系统等。这些系统均在电弧焊、压焊和钎焊等不同的焊接方法中得到应用。

计算机软件技术在焊接中的应用越来越得到人们的重视。目前，计算机模拟技术已用于焊接热过程、焊接冶金过程、焊接应力和变形等的模拟；数据库技术被用于建立焊工档案管理数据库、焊接符号检索数据库、焊接工艺评定数据库、焊接材料检索数据库等；在焊接领域中，CAD/CAM 的应用正处于不断开发阶段，焊接的柔性制造系统也已出现。

二、焊接机器人和智能化

焊接机器人是焊接自动化的革命性进步，它突破了焊接刚性自动化的传统方式，开拓了一种柔性自动化新方式。焊接机器人的主要优点是：能稳定和提高焊接质量，保证焊接产品的均一性；能提高生产率，一天可 24h 连续生产；可在有害环境下长期工作，改善了工人劳动条件；降低了对工人操作技术要求；可实现小批量产品焊接自动化；为焊接柔性生产线提供了技术基础。

为提高焊接过程的自动化程度，除了控制电弧对焊缝的自动跟踪外，还应实时控制焊接质量，为此需要在焊接过程中检测焊接坡口的状况，如熔宽、熔深和背面焊道成形等，以便能及时地调整焊接参数，保证良好的焊接质量，这就是智能化焊接。智能化焊接的第一个发展重点在视觉系统，它的关键技术是传感器技术。虽然目前智能化还处在初级阶段，但有着广阔前景，是一个重要的发展方向。

近年来国内外已对有关焊接工程的专家系统进行了较为深入的研究，并已推出或准备推出某些商品化焊接专家系统。焊接专家系统是具有相当于专家的知识和经验水平，以及具有解决焊接专门问题能力的计算机软件系统。在此基础上发展起来的焊接质量计算机综合管理系统在焊接中也得到了应用，其内容包括对产品的初始试验资料和数据的分析、产品质量检验、销售监督等，其软件包括数据库、专家系统等技术的具体应用。

三、焊接能源

目前，焊接热源已非常丰富，如火焰、电弧、电阻、超声、摩擦、等离子、电子束、激光束、微波等等，但焊接热源的研究与开发并未终止，其新的发展可概括为三个方面：首先是对现有热源的改善，使它更为有效、方便、经济适用，在这方面电子束和激光束焊接的发展较显著。其次是开发更好、更有效的热源，采用两种热源叠加以求获得更强的能量密度，例如在电子束焊中加入激光束等。第三是节能技术。由于焊接所消耗的能源很多，所以出现了不少以节能为目标的新技术，如太阳能焊、电阻点焊中利用电子技术的发展来提高焊机的功率因数等。

四、提高焊接生产率

提高焊接生产率是推动焊接技术发展的重要驱动力。提高生产率的途径有两个方面：其一是提高焊接熔敷率。焊条电弧焊中的铁粉焊、重力焊、躺焊等工艺；埋弧焊中的多丝焊、热丝焊均属此类，其效果显著。例如三丝埋弧焊，其焊接参数分别为 2200A×33V、1400A×40V、1400A×40V，采用坡口截面较小，背面采用挡板或衬垫，50~60mm 的钢板可一次焊透成形，焊接速度达到 0.4mm/min 以上，其熔敷效率是焊条电弧焊的 100 倍以上。其二是减少坡口截面及熔敷金属量,近10年来最突出的成就是窄间隙焊接。窄间隙焊接以气体保护焊为基础,利用单丝、双丝或三丝进行焊接。无论接头厚度如何,均可采用对接形式。例如,钢板厚度为50~300mm时,间隙均可设计为13mm左右,因而所需熔敷金属量成数倍、数十倍地降低,从而大大提高了生产率。窄间隙焊接的主要技术关键是如何保证两侧熔透和保证电弧中心自动跟踪处于坡口中心线上。为解决这两个问题,世界各国开发出多种不同方案,因而出现了种类多样的窄间隙焊接法。电子束焊、激光束焊及等离子弧焊时,可采用对接接头,且不用开坡口,因此是理想的窄间隙焊接法,这是它们受到广泛重视的重要原因之一。

复习思考题

1. 为什么焊条药皮成分中一般都有锰铁?在各种自动焊中,用什么代替药皮的作用?
2. 什么是焊接的热影响区?低碳钢焊接热影响区中各区域组织和性能如何?从焊接方法和工艺上考虑,能否缩小或消除热影响区?
3. 产生焊接应力与变形的主要原因是什么?焊接应力与变形对焊接结构各有哪些影响?试定性说明焊接残余应力分布的一般规律。
4. 消除和减小焊接应力有哪些措施?
5. 对厚件实施多层焊时,为什么有时用圆头小锤敲击红热状态的焊缝?
6. 熔焊、压焊和钎焊各是如何实现原子间结合而达到焊接目的的?
7. 等离子弧和电弧比较有何异同?各自的应用范围如何?
8. 用下列钢材制作容器,各应采用哪种焊接方法和焊接材料?

1)厚20mm的Q235A钢板;2)厚1mm的20钢钢板;3)厚5mm的45钢钢板;4)厚10mm的不锈钢钢板;5)厚5mm的纯铜板;6)厚20mm的铝合金板。

9. 焊接结构的材料选择应考虑哪些问题?

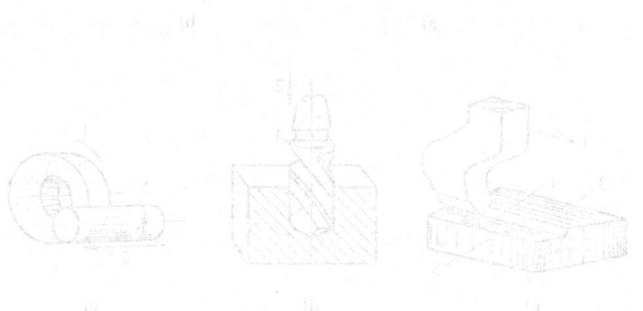

第九章 机械加工

第一节 机械加工基础知识

切削是通过刀具与工件之间的相对运动，从毛坯上切除多余的金属，从而获得合格零件的加工方法。切削加工一般包括机械加工和钳工。

机械加工是利用机械力对工件进行的加工。机械加工的基本形式有车削、铣削、钻削、刨削等。从加工考虑，钳工也属于金属切削加工。钳工是使用手工切削工具对工件进行加工的，其基本形式有錾削、锉削、锯削、刮削，以及钻孔、铰孔、攻螺纹（加工内螺纹）、套螺纹（加工外螺纹）等。

一般情况下，通过铸造、锻造、焊接和各种轧制的型材毛坯精度低和表面粗糙度大，不能满足零件要求，必须进行机械加工才能成为零件。机械加工担负着几乎所有零件的加工任务，在机械制造过程中，处于十分重要的地位。

金属切削加工有很多形式，所用刀具和机床各异，但在它们中间却存在许多共同的现象和基本规律，本章重点介绍机械加工的基础知识。

一、切削运动与切削要素

1. 切削运动

切削运动是为了形成工件表面所必需的刀具与工件之间的相对运动。切削运动按其作用不同，分为主运动和进给运动两种，如图9-1所示。

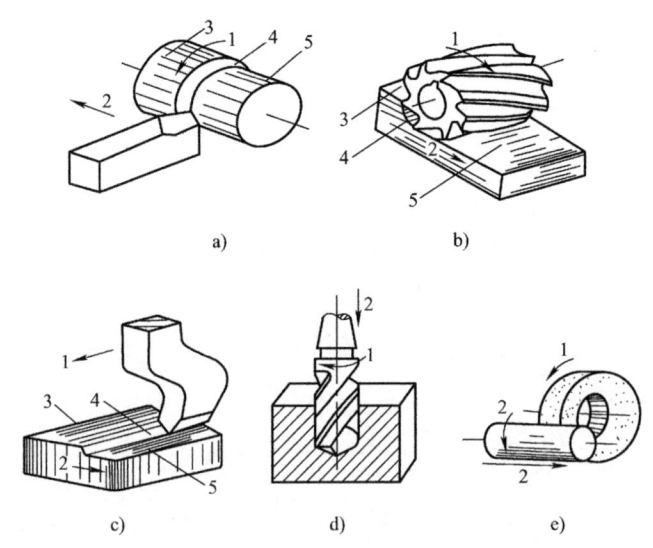

图9-1 切削运动和加工表面
a) 车削　b) 铣削　c) 刨削　d) 钻削　e) 磨削
1—主运动　2—进给运动　3—待加工表面孔　4—过渡表面　5—已加工表面

主运动是切除工件多余金属所需要的最基本的运动，主运动速度高、消耗功率大。大多数主运动采用回转运动，车削主运动是工件的旋转运动；铣削和钻削主运动为刀具的旋转运动；磨削主运动为砂轮的旋转运动；刨削主运动为刀具（牛头刨床）或工件（龙门刨床）的往复直线运动等。一般切削加工中主运动只有一个。

主运动只能切除毛坯的部分多余金属材料，欲使被切削金属连续不断地投入切削，还需要进给运动。

进给运动是使金属层连续投入切削，从而加工出完整表面的运动。车削进给运动为刀具的移动；铣削进给运动为工件的移动；钻削进给运动为钻头沿其轴线方向的移动；内、外圆磨削进给运动是工件的旋转运动和移动等。进给运动可以是一个或多个。

切削过程中，主运动、进给运动合理的组合，便可以加工各种不同的工件表面。切削过程中，工件上形成三个表面，即：①待加工表面——将被切除的表面；②过渡表面——正在切削的表面；③已加工表面——切除多余金属后形成的表面，如图9-2所示。

切削过程中，为提高生产效率，机床除切削运动外，还需要有辅助运动，如切入运动、分度转位运动、空程运动及送夹料运动等。

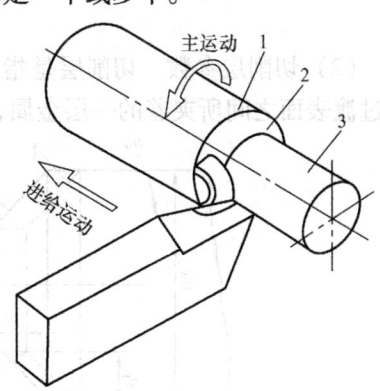

图9-2　车削加工的切削运动及工件上的表面

1—待加工表面　2—过渡表面
3—已加工表面

2. 切削要素

切削要素包括切削用量和切削层参数。

（1）切削用量三要素

1）切削速度v_c：切削刃的选定点相对于工件主运动的瞬时速度。主运动是旋转运动时，切削速度计算公式如下

$$v_c = \frac{\pi d n}{1000}$$

式中　d——工件加工表面或刀具某一点的回转直径（mm）；

n——工件或刀具的转速（r/s或r/min）。

在生产中，磨削速度用m/s，其他加工的切削速度习惯用m/min，但ISO规定均为m/s。

2）进给量：在工件或刀具的每一转或每一往复行程的时间内，刀具与工件之间沿进给运动方向的相对位移。通常用f表示，单位为mm/r或mm/行程。

铣削加工时，为调整机床的方便，需要知道在单位时间内刀具与工件之间沿进给运动方向的相对位移，即进给速度。它也被称为每分进给量，用v_f表示，单位为mm/min。

此外，对多刃刀具（如麻花钻、铰刀、铣刀等），为了衡量每个刀齿的切削负荷，需计算每齿进给量，即刀具与工件之间在每转过一个齿间角期间沿进给运动方向的位移。通常用f_z表示，单位为mm/z。v_f、f及f_z之间的关系如下

$$v_f = fn = f_z z n$$

3）背吃刀量：在通过切削刃基点并垂直于工作平面方向上测量的吃刀量a_p（mm），也就是工件待加工表面与已加工表面之间的垂直距离。

外圆车削时

$$a_p = \frac{D-d}{2}$$

式中 D——工件待加工表面的直径（mm）；
d——工件已加工表面的直径（mm）。

在铣削加工中，a_p 是沿铣刀轴线方向测量的刀具切入工件的深度，通常称为铣削深度；而与 a_p 尺寸及进给运动都相垂直的方向测量的工件被切削部分的尺寸，称为铣削宽度，通常用 a_e 来表示，单位为 mm。

主运动与进给运动的合成称为合成切削运动。如车削时主运动速度 v_c 和进给运动速度 v_f，其合成运动速度矢量 v_e 为

$$v_e = v_c + v_f$$

(2) 切削层参数 切削层是指工件上正被刀具切削刃切削着的一层金属，也就是相邻两过渡表面之间所夹着的一层金属，如图 9-3 所示。

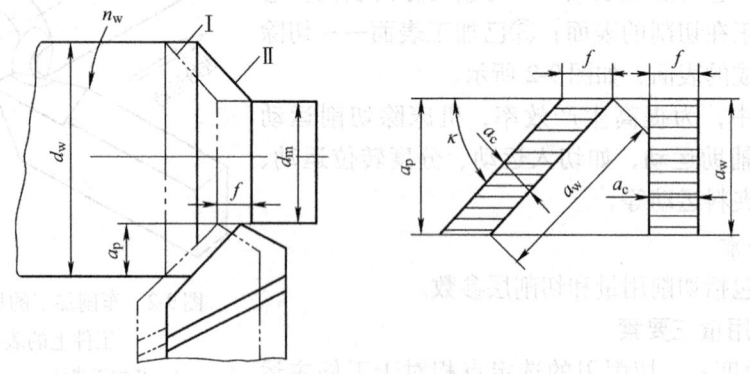

图 9-3 切外圆时的切削层要素

切削层参数包括切削宽度 a_w、切削厚度 a_c 和切削面积 A_c 三个要素。

1）切削层公称厚度：习惯称切削厚度，是相邻两过渡表面之间的垂直距离。通常用 a_c 表示（mm）。切削厚度反映了主切削刃单位长度上的切削负荷，它对切削层的变形、切削力、切削热、刀具磨损及已加工表面质量都有很大的影响。

车外圆时，车刀主切削刃与工件轴线之间的夹角即主偏角 κ_r，则 $a_c = f\sin\kappa_r$。

2）切削层公称宽度：习惯称切削宽度，它是沿主切削刃测量的切削层尺寸。通常用 a_w 表示（mm）。当 $\lambda_s = 0°$ 时，切削宽度也就是主切削刃的工作长度，它对切削力的影响最大。

$$a_w = \frac{a_p}{\sin\kappa_r}$$

3）切削层公称横截面积：习惯称切削面积，它是切削层的断面面积。通常用 A_c 表示（mm^2）。

在车削及刨削时

$$A_c = a_p f = a_c a_w$$

在铣削时，由于 a_c、a_w 都是变化的，故切削过程中每一刀齿的切削面积也随时在变动。而铣刀总的切削面积将是各同时工作刀齿的切削面积之总和。

二、切削刀具

刀具是金属切削加工中不可缺少的重要工具，无论是普通机床，还是先进的数控机床和加工中心以及柔性制造系统，都必须依靠刀具才能完成各种需要的切削加工。实践证明，刀

具的更新可以显著地提高生产效率。例如：群钻与麻花钻相比，工效可提高 3~5 倍，而数控机床、加工中心等先进设备效率的发挥，在很大程度上取决于刀具的性能，刀具所产生的效益远远大于刀具本身的费用。同时，数控机床和自动线的应用又要求刀具可靠性好，精度高，以及具有自动更换、自动识别和自动检测等功能。因此，不断采用新技术、新工艺、新材料是机械制造工业发展的基础。

1. 刀具的分类

刀具的种类很多，根据用途和加工方法不同，通常把刀具分为以下几类：

1) 切刀：包括各种车刀、刨刀、插刀、镗刀、成形车刀等。
2) 孔加工刀具：包括各种钻头、扩孔钻、铰刀、复合孔加工刀具（如钻—铰复合刀具）等。
3) 拉刀：包括圆拉刀、平面拉刀、成形拉刀（如花键拉刀）等。
4) 铣刀：包括加工平面的圆柱铣刀、面铣刀等；加工沟槽的立铣刀、键槽铣刀、三面刃铣刀、锯片铣刀等；加工特形面的模数铣刀、凸（凹）圆弧铣刀、成形铣刀。
5) 螺纹刀具：包括螺纹车刀、丝锥、板牙、螺纹切头、搓丝板等。
6) 齿轮刀具：包括齿轮滚刀、蜗轮滚刀、插齿刀、剃齿刀、花键滚刀等。
7) 磨具：包括砂轮、砂带、油石和抛光轮等。
8) 其他刀具：包括数控机床专用刀具、自动线专用刀具等。

也可从其他方面进行分类，如分为单刃（单齿）刀具和多刃（多齿）刀具；标准刀具（如麻花钻、铣刀、丝锥等）和非标准刀具（如拉刀、成形刀具等）；定尺寸刀具（如扩孔钻、铰刀等）和非定尺寸刀具（如外圆车刀、直刨刀等）；整体式刀具、装配式刀具和复合式刀具等。

2. 刀具切削部分结构要素

尽管各种刀具的形状、结构和功能各不相同，但它们都有功能相同的组成部分，即工作部分和夹持部分。通常，工作部分承担切削加工，夹持部分将工作部分与机床连接在一起，传递切削运动和动力，并保证刀具正确的工作位置。由于刀具切削部分（楔部）总是近似地以外圆车刀的切削部分为基本形态，其他各类刀具可看成是它的演变和组合，故以普通车刀为例，刀具切削部分的结构要素如图 9-4 所示，其定义和说明如下：

1) 前刀面 A_γ：切屑沿其流出的表面。
2) 后刀面 A_α：与工件新形成的过渡表面相对的刀面。
3) 副后刀面 A'_α：与副切削刃毗邻、与工件已加工表面相对的刀面。
4) 主切削刃 S：前刀面与主后刀面的交线。在切削过程中，承担主要的切削工作。
5) 副切削刃 S'：前刀面和副后刀面的交线，配合主切削刃完成切削工作，最终形成已加工表面。
6) 刀尖：主、副切削刃连接处的一小段切削刃。

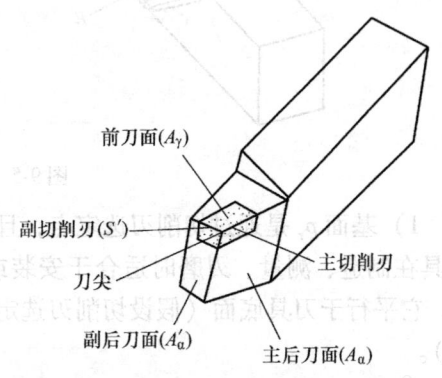

图 9-4 车刀切削部分的结构要素

3. 刀具几何角度参考系

刀具切削部分要使切削工作顺利进行，必须具有合理的几何形状。刀具切削部分的几何形状主要由一些刀面和切削刃组成。为了确定刀具表面在空间的相对位置，可以用一定的几何角度表示。用来确定刀具几何角度的参考系有两类。一类是将刀具看成是一个几何实体，用来确定切削刃、刀面相对于刀具在制造、刃磨及测量时定位基准的几何位置的角度，是在刀具工作图上所标注的角度，这类角度称为刀具的静态角度或标注角度；另一类是在切削过程中用来确定切削刃、刀面相对于工件几何位置的角度，是在刀具工作过程中的实效几何角度，这类角度称为刀具的工作角度。

为了定义刀具的几何角度，必须建立由相应的两套平面组成的参考系。一套是定义刀具工作角度的工作参考系，它的各组成平面要根据实际切削过程中的合成切削方向及进给运动方向来定义；另一套是定义刀具静态角度的静态参考系。在建立静态参考系时，也要先假定刀具是处于某种工作状态下，规定出刀具的假定主运动方向及假定进给运动方向，然后再根据假定的主运动及进给运动方向来定义静态参考系的各组成平面。例如：对车刀，规定假定主运动方向是垂直于刀柄安装面，而假定进给运动方向是平行于刀柄安装面，并且垂直于（外圆车刀）或平行于（内圆车刀、切断车刀等）刀柄轴线；对铣刀，规定假定主运动方向是垂直于切削刃选定点径向平面，而假定进给运动方向是垂直于铣刀轴线；对孔加工刀具，规定假定主运动方向是垂直于切削刃选定点径向平面，而假定进给运动方向是沿刀具轴线。

本节将以外圆车刀为例说明刀具几何角度的定义。

如图 9-5 所示，组成车刀静态参考系的各平面的定义如下：

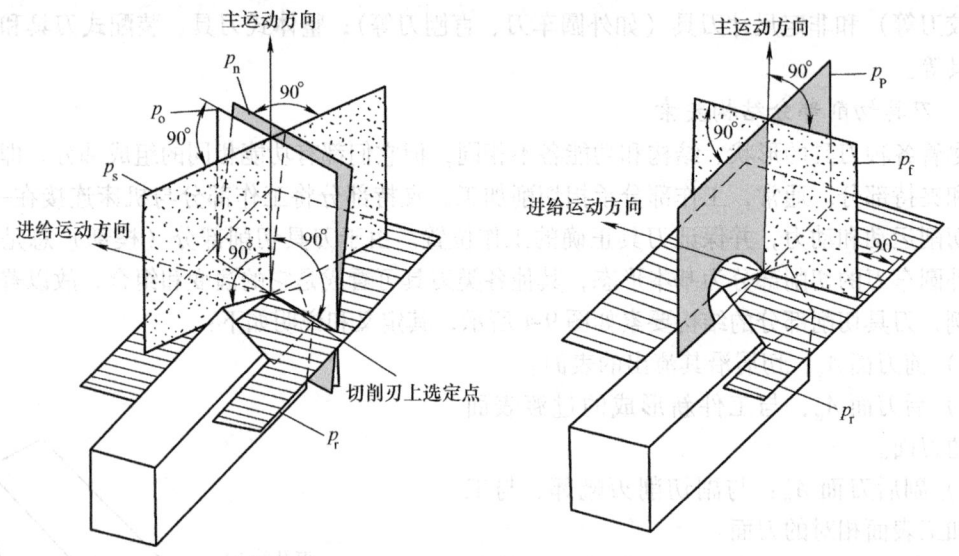

图 9-5 车刀的静态参考系

1）基面 p_r 是通过切削刃选定点，且垂直于主运动方向的平面。通常，它平行或垂直于刀具在制造、测量、刃磨时适合于安装或定位的一个平面或轴线。例如，普通车刀的基面 p_r，它平行于刀具底面（假设切削刃选定点与工件旋转轴线等高；刀杆中心线垂直于进给方向）。

2）主切削平面 p_s 是通过切削刃选定点与切削刃相切、并垂直于基面 p_r 的平面。它是切削刃与切削速度方向构成的平面。

基面和主切削平面是刀具标注角度参考系中两个基本的参考平面，由这两个平面作基准，再加上以下所述的任一剖面，便构成各种不同的刀具标注角度参考系。

3) 正交平面 p_o 和正交平面参考系　正交平面 p_o 是通过切削刃选定点，同时垂直于基面 p_r 和切削平面 p_s 的平面。它必然垂直于切削刃在基面上的投影。图 9-5 中 p_r-p_s-p_o 组成一个正交的主剖面参考系，这是目前生产中最常用的刀具标注角度参考系。

4) 切削刃法剖面 p_n 和法剖面参考系　法剖面 p_n 是通过切削刃选定点，并垂直于切削刃的平面。在图 9-5 中，由 p_r-p_s-p_n 组成一个法剖面参考系。该图将两个参考系画在一起，而实际使用时，是分别使用某一个参考系。

5) 进给剖面 p_f 和切深剖面 p_p 及其组成的进给、切深剖面参考系　进给剖面 p_f 是通过切削刃选定点，平行于进给运动方向，并垂直于基面 p_r 的平面。例如，普通车刀的 p_f 面垂直于刀柄底面；钻头、切断刀等的 p_f 面平行于刀具轴线。切深剖面 p_p 是通过切削刃选定点，同时垂直于 p_r 和 p_f 的平面。在图 9-5 中，由 p_r-p_f-p_p 组成一个进给、切深剖面参考系。

近年来，我国主要采用正交平面参考系，兼用法剖面参考系。这两种参考系内所标注的角度能更好地反映切削过程的物理意义。

4. 刀具的标注角度

刀具在设计、制造、刃磨和测量时，用刀具标注角度参考系中的角度来标明切削刃和刀面在空间的位置，故这些角度称为刀具标注角度。

由于刀具角度的参考系沿切削刃上各点可能是变化的，因此所定义的角度均应指明切削刃选定点处的角度；凡未指明者，则一般是指切削刃上与刀尖相邻的那一点的角度。

下面通过普通车刀在正交平面参考系内给诸标注角度下定义，并加以说明。这些定义具有普遍性，也可以用于其他类型的刀具。图 9-6 所示为车刀的标注角度。

(1) 在正交平面 p_o 内的标注角度

1) 前角 γ_o：在正交平面内度量的基面与前刀面间的夹角。它有正、负之分。当前刀面与切削平面间的夹角小于 90° 时，取正号；大于 90° 时，则取负号。

2) 后角 α_o：在正交平面内度量的后刀面与切削平面间的夹角。它也有正、负之分。当后刀面与基面夹角小于 90° 时，取正号，大于 90° 时，取负号。

3) 楔角 β_o：在正交平面内度量的后刀面与前刀面间的夹角。显然，$\gamma_o + \alpha_o + \beta_o = 90°$。

(2) 在基面 p_r 内的标注角度

1) 主偏角 κ_r：在基面内度量的切削平面与进给平面间的夹角。它也是主切削刃在基面上投影与进给运动方向的夹角。

2) 副偏角 κ_r'：在基面内度量的副切削刃与进给运动方向在基面上投影间的夹角。

3) 刀尖角 ε_r：在基面内度量的切削平面和副切削平面间的夹角。它也是主切削刃和副切削刃在基面上投影间的夹角。

$$\kappa_r + \varepsilon_r + \kappa_r' = 180°$$

4) 余偏角 ψ_r：在基面内度量的切削平面与切深剖面间的夹角，也是主偏角的余角。

(3) 在切削平面 p_s 内的标注角度　刃倾角 λ_s 是在切削平面内度量的主切削刃与基面间的夹角。刃倾角有正、负之分，如图 9-7 所示。当刀尖处在切削刃最高位置时，取正号；若刀尖处于切削刃最低位置时，取负号；当主切削刃与基面平行时，刃倾角为零。

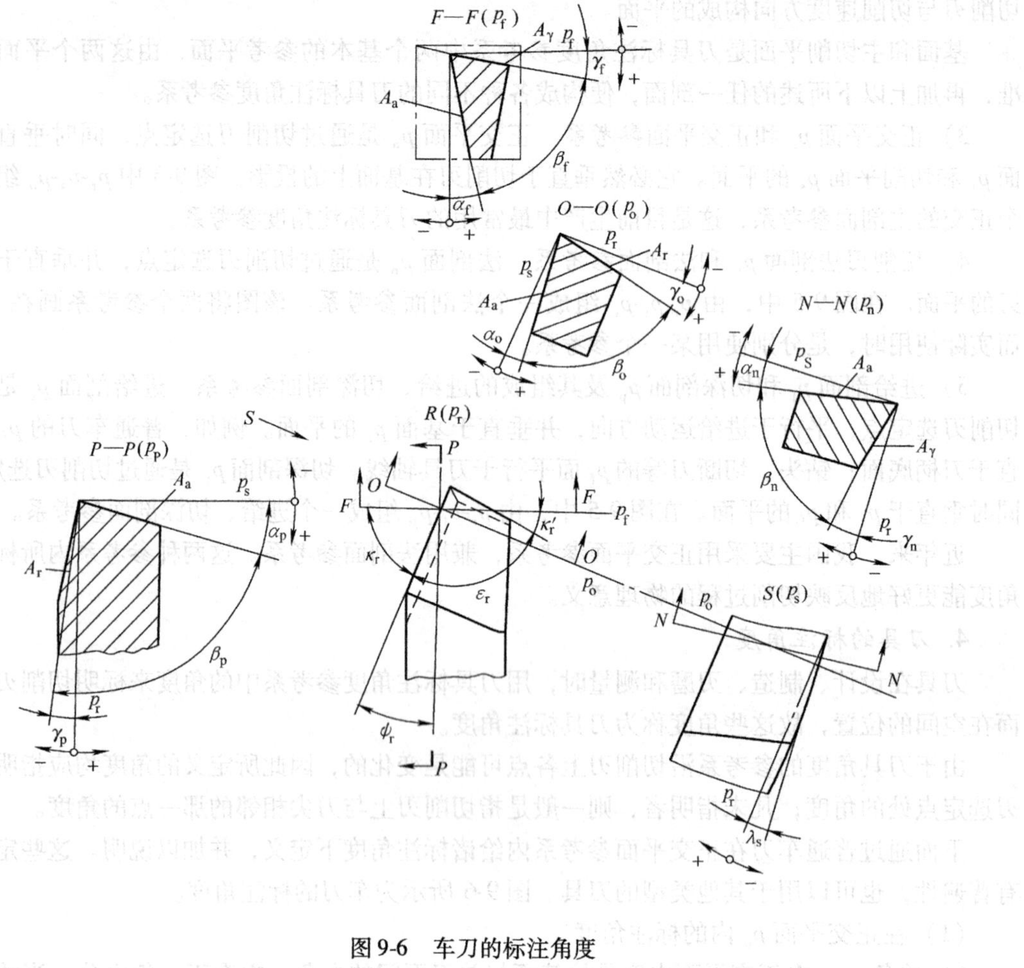

图 9-6 车刀的标注角度

以上所述的八个角度中，β_o、ψ_r 和 ε_r 是派生角度，基本角度只有五个，即 γ_o、α_o、κ_r、κ_r' 和 λ_s，这些基本角度的名称、符号和定义必须清楚。

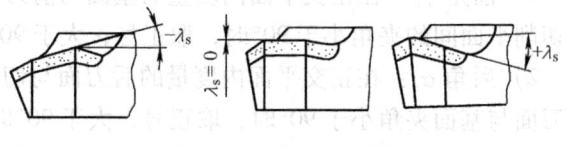

图 9-7 车刀的刃倾角

5. 刀具材料及合理选用

刀具材料主要是指刀具切削部分的材料。在切削过程中，刀具的切削能力，直接影响生产率、加工质量和加工成本。而刀具的切削性能，主要取决于刀具材料；其次是刀具几何参数和刀具结构的选择与设计是否合理。

（1）刀具材料应具备的性能　刀具材料对刀具的寿命、加工质量、切削效率和制造成本均有较大的影响，因此必须正确选择和合理选用。刀具切削部分在切削时要承受高温、高压、强烈的摩擦、冲击和振动。因此，刀具材料应具备以下性能：

1）高的硬度和耐磨性。一般刀具的常温硬度在 62HRC 以上，并要求较高的高温硬度。耐磨性是刀具材料力学性能、组织结构和化学成分的综合反映。一般硬度越高，其耐磨性越好。

2）足够的强度和韧性。能承受切削中的冲击和振动，避免崩刃和折断。一般强度用抗弯强度表示，韧性用冲击韧度表示。

3) 高的耐热性。高温下保持高硬度、高强度和高韧性的能力，并有良好的抗扩散、抗氧化能力。

4) 良好的工艺性。要求刀具材料有较好的可加工性、可磨削性和热处理性。

5) 好的导热性和小的线胀系数。在其他条件相同时，刀具材料的导热系数越大，则由刀具传出的热量就越多，有利于降低切削温度和提高刀具的使用寿命。线胀系数小，可减少刀具的热变形。

另外，还应考虑刀具材料的经济性。

(2) 刀具材料简介

刀具材料有碳素工具钢、合金工具钢、高速钢、硬质合金、陶瓷、金刚石、立方氮化硼等。碳素工具钢（如 T10A、T12A）及合金工具钢（如 9SiCr、CrWMn），因耐热性较差，通常仅用于手工工具和切削速度较低的刀具。陶瓷、金刚石和立方氮化硼等至今仅用于较为有限的场合。目前，刀具材料中使用最广泛的仍是高速钢和硬质合金。

1) 高速钢。高速钢是加入了钨（W）、钼（Mo）、铬（Cr）、钒（V）等合金元素的高合金工具钢。高速钢具有较高的硬度（热处理硬度可达 62~67HRC）和耐热性（切削温度可达 550~600℃），且具有较高的强度和韧性，抗冲击、振动的能力较强。高速钢刀具制造工艺较简单，切削刃锋利，适用于制造各种形状复杂刀具（如钻头、丝锥、成形刀具、拉刀、齿轮刀具等）。常用的通用型高速钢牌号为 W6Mo5Cr4V2 和 W18Cr4V。

2) 硬质合金。硬质合金是用高耐热性和高耐磨性的金属碳化物（如碳化钨、碳化钛、碳化钽等）与金属粘结剂（钴、钨、钼等）在高温下烧结而成的粉末冶金材料，它的硬度可达 89~93HRA，切削温度达 800~1000℃，允许切削速度可达 100~300m/min。因此硬质合金是当今主要的刀具材料之一，大多数车刀、端铣刀和部分立铣刀等均已采用硬质合金制造。但其抗弯强度低，不能承受较大的冲击载荷。

通常，硬质合金可分为 K、P、M 三个主要类别。

① K 类硬质合金（旧牌号 YG 类）。它适宜加工短切屑的脆性金属和有色金属材料，如灰铸铁、耐热合金、铜铝合金等，其牌号有 K01、K10、K20、K30、K40 等，精加工可用 K01，半精加工选用 K10，粗加工宜用 K30。

② P 类硬质合金（旧牌号 YT 类）。它适宜加工长切屑的塑性金属材料，如普通碳素钢、合金钢等，其牌号有 P01、P10、P20、P30、P50 等，精加工可用 P01，半精加工选用 P10、P20，粗加工宜用 P30。

③ M 类硬质合金（旧牌号 YM 类）。它具有较好的综合切削性能，适宜加工长切屑或短切屑的金属材料，如普通碳素钢、铸钢、冷硬铸铁、耐热钢、高锰钢、有色金属等，其牌号有 M10、M20、M30、M40 等，精加工可用 M10，半精加工选用 M20，粗加工宜用 M30。

3) 涂层刀具材料。它是在硬质合金或高速钢基体上，涂敷一层几微米厚的高硬度、高耐磨性的金属化合物（如碳化钛、氮化钛、氧化铝等）而制成的。涂层硬质合金的刀具寿命至少可提高 1~3 倍，涂层高速钢的刀具寿命可提高 2~10 倍。

4) 金刚石。它是目前已知的最硬材料，它的硬度接近于 10000HV（硬质合金为 1300~1800HV）。金刚石刀具既能对陶瓷、高硅铝合金、硬质合金等高硬度耐磨材料进行切削，又能切削其他有色金属及其合金，使用寿命极高。在正确使用条件下，金刚石车刀可工作

100h以上。金刚石的热稳定性较差,当切削温度高于700℃时,碳原子即转化为石墨结构而丧失硬度,因此不宜加工钢铁材料。

5) 立方氮化硼（CBN）。立方碳化硼的硬度为 8000~9000HV,它的硬度仅次于金刚石。立方氮化硼的热稳定性和化学惰性比金刚石好得多,立方氮化硼可耐 1300~1500℃ 的高温,不发生相变,仍然保持其硬度。立方氮化硼能以加工普通钢和铸铁的切削速度切削淬硬钢、冷硬铸铁和高温合金等,从而提高生产效率。当对淬硬零件进行半精车和精车时,其加工精度与表面质量足以代替磨削加工。立方氮化硼刀片可用机械夹固或焊接的方法固定在刀杆上,也可以将立方氮化硼与硬质合金压制在一起成为复合刀片。

6) 陶瓷。按化学成分,制作刀具的陶瓷可分为：纯氧化铝 Al_2O_3 陶瓷、复合氧化铝 Al_2O_3-TiC 陶瓷、复合氮化硅 Si_3N_4-TiC-Co 陶瓷。

陶瓷刀具有很高的高温硬度,在1200℃时,硬度能达到80HRA,仍具有较好的切削性能。在高温下不易氧化,与普通钢不易产生粘结和扩散作用；还有较低的摩擦因数,可用于加工钢、铸铁,对于冷硬铸铁、淬硬钢的车削和铣削特别有效,其使用寿命、加工效率和已加工表面质量常高于硬质合金刀具。

陶瓷刀具的主要缺点是：抗弯强度低,冲击韧度差,导热能力低和线胀系数大；对冲击十分敏感,容易破裂。因此,应用受到限制。

三、切削过程

1. 切削变形

在金属切削过程中,工件上的被切削层材料在刀具的作用下,或因切应力的关系产生塑性滑移,或因拉应力的关系产生拉伸破坏而形成切屑。切削塑性金属材料,如钢材、铝、纯铜等时,可用图9-8所示的卡片模型来说明切屑的形成过程：工件上的被切削层材料可看成是一排斜置的卡片,当刀具相对其作切削运动时,各卡片将在材料内部形成的切应力作用下依次错动滑移成切屑,并沿前刀面流出。平常所看到的带状切屑其上侧呈层状的锯齿形,即为塑性滑移的结果,而其底面由于刀具前刀面的推挤关系已变得很光滑平整；在切削脆性材料时,如铸铁、青铜等,由于这类材料的塑性变形能力差,在材料产生明显的塑性滑移前,内部的张应力已达到了破坏强度,于是材料发生崩碎,并沿切削速度方向飞散,形成崩碎状的切屑。

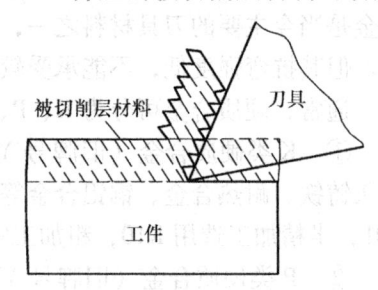

图9-8 切屑的形成过程

(1) 切屑类型　由于工件材料性质和切削条件不同,切削层变形程度也不相同,因而产生的切屑也多种多样。归纳起来,主要有以下四种类型,如图9-9所示。

1) 带状切屑如图9-9a所示。切屑延续成较长的带状,这是一种最常见的切屑。一般切屑钢材（塑性材料）时,如果切削速度较高、切削厚度较薄、刀具前角较大,则切出内表面光滑、而外表面呈毛茸状的切屑。它的切削过程较平衡,切削力波动较小,已加工表面粗糙度较小。

2) 挤裂切屑如图9-9b所示。挤裂切屑的外形与带状切屑的不同之处在于内表面有时有裂纹,外表面呈锯齿形。在加工塑性金属材料时,如果切削速度较低、切削厚度较大、刀具前角较小,容易得到这种屑型。它的切削过程剪切应变较大,切削力波动大,易发生振颤,已加工表面粗糙度较大。在使用硬质合金刀具时，容易发生崩刃。

3) 单元切屑如图9-9c所示。切削塑性金属材料时，如果整个剪切平面上的切应力超过了材料的断裂强度，挤裂切屑便被切离成单元切屑。采用小前角或负前角，以极低的切削速度和大的切削厚度切削时，会产生这种形态的切屑，此时，切削过程更不稳定，工件表面质量也更差。

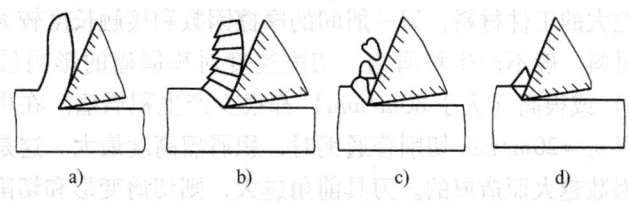

图9-9 切屑形态
a) 带状切屑 b) 挤裂切屑 c) 单元切屑 d) 崩碎切屑

4) 崩碎切屑如图9-9d所示。这是属于脆性材料的切屑。切屑的形状不规则，加工表面凸凹不平。加工铸铁等脆性材料时，由于抗拉强度较低，刀具切入后，切削层金属只经受较小的塑性变形就被挤裂，或在拉应力状态下脆断，形成不规则的碎块状切屑。工件材料越脆、切削厚度越大、刀具前角越小，越容易产生这种切屑。

(2) 积屑瘤　在用中等或较低的切削速度切削塑性较大的金属材料时，往往会在切削刃上粘附一个楔形硬块，称为积屑瘤。积屑瘤的硬度约为工件材料的2~3倍，可以替代切削刃进行切削，有增大刀具实际工作前角和保护切削刃的作用，但其不规则的形状和周期性的脱落与生成会引起已加工表面的粗糙不平，影响已加工表面的质量。

通常认为积屑瘤是切屑底层材料在前刀面上粘结并不断层积的结果。在切削过程中，由于刀—屑间的摩擦，使刀具前刀面十分洁净，在一定温度和压力下，切屑底层金属与前刀面接触处发生粘结，使与前刀面接触的切屑底层金属流动较慢，而上层金属流动较快。流动较慢的切屑底层称为滞流层。而滞流层金属产生的塑性变形大，晶粒纤维化程度高，纤维化的方向几乎与前刀面平行，并发生加工硬化。如果温度和压力适当，滞流层与前刀面粘结成一体，形成了积屑瘤，如图9-10所示。随后，新的滞流层在此基础上，逐层积聚，使积屑瘤逐渐长大，直到该处的温度和压力不足以产生粘结为止。积屑瘤在形成过程中是一层层增高的，到一定高度便会脱落，它经历了一个生成、长大、脱落的周期性过程。

积屑瘤对切削过程有积极作用，也有消极影响。具体有以下几点：

1) 保护刀具。从图9-10看出，积屑瘤包围着切削刃，同时覆盖着一部分前刀面。积屑瘤一旦形成，便代替切削刃和前刀面进行切削，从而减少了刀具磨损，起到保护刀具的作用。

2) 增大前角。积屑瘤具有30°左右的前角，因而减少了切削变形，降低了切削力。

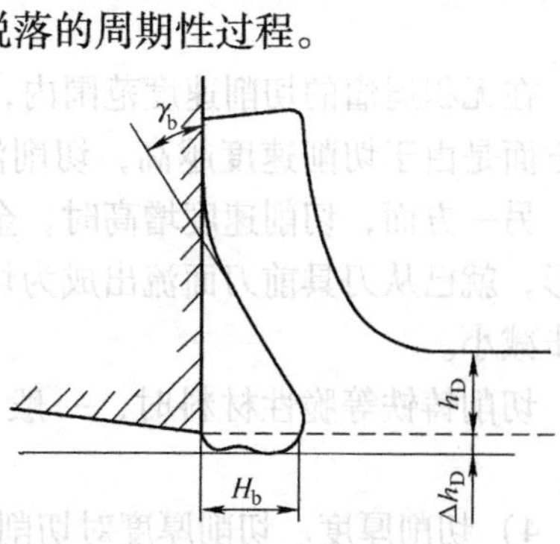

3) 增大切削厚度。积屑瘤前端伸出切削刃之外，使切削厚度增加了 Δh_D 值，且是变化的，因而影响了工件的尺寸精度。

图9-10 积屑瘤

4) 增大已加工表面粗糙度。积屑瘤增大已加工表面粗糙度的原因是：积屑瘤高度的周期性变化，使切削厚度不断变化，以及由此而引起振动；积屑瘤粘附在切削刃上很不规则，导致在已加工表面上刻划出深浅和宽窄不同的沟纹；脱落的积屑瘤碎片留在已加工表面上。

在切削条件中影响积屑瘤的主要因素是：工件材料、切削速度、刀具前角及切削液等。

塑性大的工件材料，刀—屑间的摩擦因数和接触长度较大，生成积屑瘤的可能性就大，而脆性材料一般不产生积屑瘤。切削速度对积屑瘤的影响最大，切削速度很低（小于 1~3m/min）或很高（大于 80m/min）都很少产生积屑瘤。在中等速度范围内最容易产生积屑瘤，当以 v_c = 20m/min 切削普通钢时，积屑瘤高度最大。这是因为切削速度越高，切削温度和摩擦因数越大而造成的。刀具前角越大，则切屑变形和切削力减小，降低了切削温度，从而抑制积屑瘤的产生或减小积屑瘤的高度，因此精加工时可以采用大前角切削。使用切削液，可以降低切削温度，改善摩擦，因此可抑制积屑瘤的产生或减小积屑瘤的高度。

(3) 影响切削变形的主要因素　影响切削变形的主要因素有：工件材料、刀具前角、切削速度和切削厚度。

1) 工件材料。工件材料的强度和硬度越大，则摩擦因数越小。这是由于材料的硬度和强度增大时，切削温度增加，τ_s 降低，故摩擦因数 μ 减小，使剪切角 ψ 增大，则变形系数 ξ 减小。

2) 刀具前角。刀具前角越大，切削刃越锋利，前刀面对切削层的挤压作用越小，则切削变形就越小。

3) 切削速度。在切削塑性金属材料时，切削速度对切削变形的影响比较复杂，如图 9-11 所示，需要分别讨论。在有积屑瘤的切削速度范围内（$v_c \leqslant$ 40m/min），切削速度通过积屑瘤来影响切削变形。在积屑瘤增长阶段，切削速度增加，积屑瘤高度增大，实际前角增大，从而使切削变形减小；在积屑瘤消退阶段，切削速度增加，积屑瘤高度减小，实际前角减

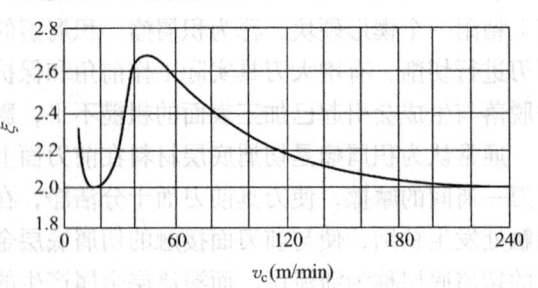

图 9-11　切削速度对切削变形的影响

小，切削变形随之增大。积屑瘤最大时切削变形达最小值，积屑瘤消失时切削变形达最大值。

在无积屑瘤的切削速度范围内，切削速度越大，则切削变形越小。这有两方面的原因：一方面是由于切削速度越高，切削温度越高，摩擦因数降低，使剪切角增大，切削变形减小；另一方面，切削速度增高时，金属流动速度大于塑性变形速度，使切削层金属尚未充分变形，就已从刀具前刀面流出成为切屑，从而使第一变形区后移，剪切角增大，切削变形进一步减小。

切削铸铁等脆性材料时，一般不形成积屑瘤。当切削速度增大时，切削变形相应减小。

4) 切削厚度。切削厚度对切削变形的影响是通过摩擦因数影响的。切削厚度增加，作用在前刀面上的法向力增大，摩擦因数减小，从而使摩擦角减小，剪切角增大，因此切削变形减小。

2. 切削力与切削功率

在切屑形成过程中除了材料发生变形外，所形成的切屑与刀具前刀面之间及工件上的切削表面与刀具的后刀面之间还要发生摩擦，因此刀具在工作时必然要克服材料的变形抗力及前、后刀面上的摩擦阻力。这些作用在刀具上所有力的合力称为刀具的一个切削部分上的总

切削力，故也称为切削合力。总切削力的方向、大小将随工件材料的性质、切削用量的大小及刀具几何形状的变化而变化，因此通常将其分解成几个方向既定的分力。如图 9-12 所示为外圆车削时的总切削力及其各分力，其中，切削力是切削时刀具切入工件，使被加工工件材料发生变形成为切屑所需的力。它是设计和使用机床、刀具、夹具的必要依据。

（1）切削力的产生及分解　切削力来自变形与摩擦，它们是：克服被加工材料对弹性变形、塑性变形的抗力；克服切屑对刀具前刀面的摩擦力和刀具后刀面对过渡表面和已加工表面之间的摩擦力。这些力的总和形成作用在刀具上的合力 F_r。为了实际应用，F_r 可分解为相互垂直的三个分为 F_c、F_f、F_p。

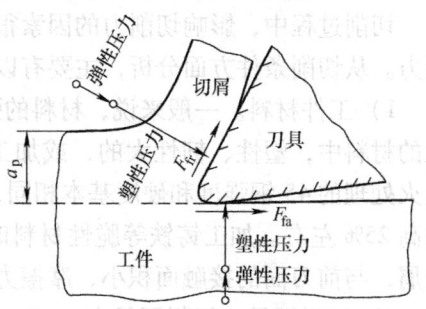

图 9-12　切削力的来源

1) 主切削力（切向力）F_c：它是主运动方向上的切削分力，切于过渡表面并与基面垂直，消耗功率最多，它是计算刀具强度、设计机床零件、确定机床功率的主要依据。

2) 进给力（轴向力）F_f：它是作用在进给方向上的切削分力，处于基面内并与工件轴线平行的力。它是设计进给机构、计算刀具进给功率的依据。

3) 背向力（径向力）F_p：它是作用在吃刀方向上的切削分力，处于基面内并与工件轴线垂直的力。它是确定与工件加工精度有关的工件挠度、切削过程的振动的力，如图 9-13 所示。

$$F_r = \sqrt{F_c^2 + F_n^2} = \sqrt{F_c^2 + F_p^2 + F_f^2}$$

根据试验，当 $\kappa_r = 45°$ 和 $\gamma_o = 15°$，F_c、F_f、F_p 之间有以下近似关系

$$F_p = (0.4 \sim 0.5)F_c$$
$$F_f = (0.3 \sim 0.4)F_c$$
$$F_r = (1.12 \sim 1.18)F_c$$

随着切削条件的不同，F_c、F_p、F_f 之间的比例可在较大范围内变化。

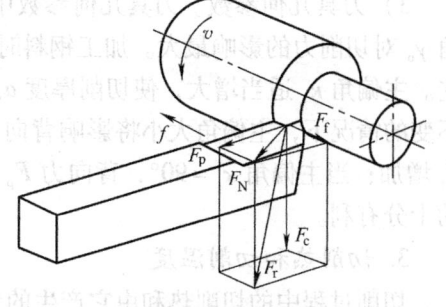

图 9-13　切削力的分角

（2）切削功率　消耗在切削过程中的功率称为切削功率 P_c（kW），它是 F_c、F_f、F_p 在切削过程中单位时间内所消耗的功的总和。在进行外圆车削时，因 F_p 方向没有位移，故消耗功率为零。于是

$$P_m = \left(F_c v_c + \frac{F_f n_w f}{1000}\right) \times 10^{-3}$$

式中　F_c——主切削力（N）；
　　　F_f——进给力（N）；
　　　f——进给量（mm/r）；
　　　v_c——切削速度（m/s）；
　　　n_w——工件转速（r/s）。

一般来说，因 F_f 相对于 F_c 所消耗功率很小（<1% ~2%），可略去不计，于是

$$P_c = F_c v \times 10^{-3}$$

当计算选择机床电动机功率 P_E 时，$P_E \geq P_c/\eta_m$

式中　P_E——机床电动机功率（kW）；

　　　η_m——机床的传动效率，一般 $\eta_m = 0.75 \sim 0.85$。

(3) 影响切削力的主要因素

切削过程中，影响切削力的因素很多。凡影响切削变形和摩擦因数的因素，都会影响切削力。从切削条件方面分析，主要有以下几个方面：

1) 工件材料。一般来说，材料的强度越高、硬度越大，切削力越大；在强度、硬度相近的材料中，塑性、韧性大的，或加工硬化严重的，切削力大。例如不锈钢 1Cr18Ni9Ti 与正火处理的 45 钢强度和硬度基本相同，但不锈钢的塑性、韧性较大，其切削力比正火 45 钢约高 25% 左右。加工铸铁等脆性材料时，切削层的塑性变形很小，加工硬化小，形成崩碎切屑，与前刀面的接触面积小，摩擦力也小，故切削力就比加工钢时小。

2) 切削用量。切削用量中 a_p 和 f 对切削力的影响较明显。当 a_p 和 f 增大时，分别会使 a_w、a_c 增大，即切削面积 A_c 增大，从而使变形力、摩擦力增大，引起切削力增大，但两者对切削力的影响程度不一。背吃刀量 a_p 增加一倍时，切削厚度 a_c 不变，切削宽度 a_w 增加一倍，因此刀具上的负荷也增加一倍，切削力增加约一倍；但当进给量 f 增加一倍时，切削宽度 a_w 保持不变，而切削厚度 a_c 增加一倍，在刀刃半径钝圆的情况下，切削力只增加 68% ~ 86%。可见在同样切削面积下，采用大的 f 较采用大的 a_p 省力和节能。切削速度 v_c 对切削力的影响不大，当 $v_c > 50$m/min，切削塑性材料时，v_c 增大，μ 减小，切削温度增高，使材料硬度、强度降低，剪切角 ψ 增大，变形系数 ξ 减小，使得切削力减小。

3) 刀具几何参数。刀具几何参数中前角 γ_o 和主偏角 κ_r 对切削力的影响比较明显。前角 γ_o 对切削力的影响最大。加工钢料时，γ_o 增大，切削变形 ξ 明显减小，切削力减小的多些。主偏角 κ_r 适当增大，使切削厚度 a_c 增加，单位切削面积上的切削力 P 减小。在切削力不变的情况下，主偏角大小将影响背向力和进给力的分配比例，当主偏角 κ_r 增大，背向力 F_f 增加；当主偏角 $\kappa_r = 90°$，背向力 $F_p = 0$ 时，对防止车削细长轴类零件弯曲变形，减少振动十分有利。

3. 切削热和切削温度

切削过程中的切削热和由它产生的切削温度，直接影响刀具的磨损和寿命，并影响工件的加工精度和已加工表面质量。

(1) 切削热的产生和传出

在切削加工中，切削变形与摩擦所消耗的能量几乎全部转换为热能。所以三个变形区就是三个发热源，如图 9-14 所示。

产生的热量由切屑、刀具、工件和周围介质传导出去。影响热传导的主要因素是工件和刀具材料的热导率、加工方式和周围介质的状况。

(2) 切削温度的测量方法　测量切削温度的方法很多，如自然热电偶法和人工热电偶法，现只介绍常用的自然热电偶法。

自然热电偶法的工作原理比较简单，它是利用工件材

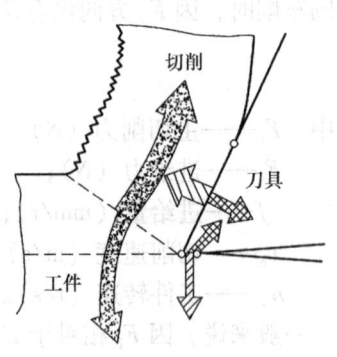

图 9-14　切削热的产生和传出

料和刀具材料化学成分的不同而组成热电偶的两极。当工件与刀具接触区内因切削热的作用而使温度升高时，就形成热电偶的热端，将刀具与工件的引出端保持室温，形成热电偶的冷端。这样在刀具与工件的回路中有热电动势产生。用毫伏表或电位差计把电动势记录下来，根据预先标定的刀具—工件热电偶标定曲线，便可测得接触面上切削温度的平均值，也就是平时所说的切削温度。

（3）影响切削温度的主要因素　从实践中可知，工件材料的热导率和硬度、切削用量、刀具的几何参数、刀具的磨损构成了影响切削温度的主要因素。

1）切削用量。当 v、f、a_p 增大时，单位时间金属切除量增多，变形和摩擦加剧，切削中消耗的功率增大，产生的热量多。但是其温度升高的程度各不相同，以切削速度 v_c 影响最为显著，进给量 f 次之，吃刀深度 a_p 最小。其原因为：切削速度 v 增加，单位时间金属切除量成正比增加，功率消耗也增大，使切削温度提高。进给量 f 增加，金属切除量相应地增加，切削功率消耗也增大，使热量增加。吃刀深度 a_p 增加时，被切金属层的变形和摩擦所消耗的功都相应地增大，切削热也增大。

2）刀具几何参数。前角增大时，切削中的变形、摩擦均减小，使产生的切削热减小，切削温度降低。如果前角进一步增大，不但切削刃强度降低，而且切削区散热体积减小；主偏角减小，使切削厚度减小，切削宽度增大，切削刃散热条件得到改善，故切削温度下降；负倒棱及刀尖圆弧半径增大时，均使切削变形增大，切削热也随之增多，但同时又改善了散热条件，因此对温度影响很小。

3）工件材料。当工件材料的强度、硬度、塑性增加时，切削中消耗的功率增多，产生的热量也多，使切削温度升高。热导率大时则热量传出得多，使切削温度降低。

4）刀具磨损。刀具后刀面磨损时，使刃前区塑性变形增加，刀具与工件间的摩擦加剧，均使切削温度升高。在切削中使用切削液，可降低切削温度。

4. 刀具磨损和刀具寿命

磨损是在切削过程中，由于工件—刀具—切屑的接触区里发生着强烈的摩擦，以致刀具表面某些部位（如前、后刀面）的材料被切屑或工件逐渐带走。刀具的磨损影响加工质量、生产率及加工成本。因此，刀具磨损是影响切削加工的极为重要的问题之一。研究刀具磨损过程，目的是保证加工质量、提高生产效率、减小刀具磨损、降低加工成本。

（1）刀具磨损的形成　切削时刀具的前、后刀面在高温、高压下，与切屑、工件相互接触，产生剧烈摩擦，因而在前、后刀面上产生磨损，如图9-15所示。

（2）刀具寿命　刀具寿命是指刀具新刃磨之后，从开始使用起到刀具磨损至规定的磨损限度为止的实际切削时间。在磨损限度已确定后，刀具寿命与磨损速度有关。磨损速度越慢，刀具寿命越长。为了提高刀具寿命，一般可从改善工件材料的可加工性、合理设计刀具的几何参数、改进刀具材料的切削性能、采用性能优良的切削液及合理选择切削用量等多方面着手。

在工件材料、刀具材料、刀具几何参数及切削液等已确定的条件下，刀具寿命主要取决于切削用量的大小。切削用量越大，切削温度越高，刀具磨损也越快，刀具寿命就随之

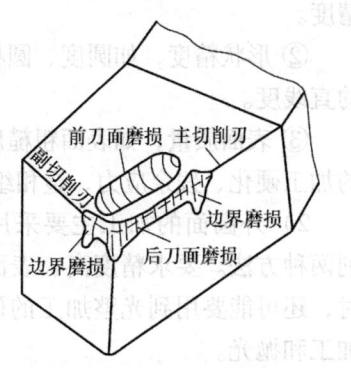

图9-15　刀具的磨损形式

缩短。反之，刀具寿命随之延长。显然，刀具寿命的长短将影响切削加工的效率及加工成本。若刀具寿命规定得较长，则切削用量必然很小，加工的机动时间长，不利于提高生产率及降低加工成本；但也不能将刀具寿命规定得很短，因为这样固然可提高切削用量，但需经常换刀，增加生产辅助时间，刀具的消耗也大，同样会使生产率下降，加工成本上升。因此，刀具寿命的确定要综合考虑具体的加工情况，做到既有较高的生产率，也要有较低的加工成本。

第二节　常规机械加工方法

组成零件的各典型表面，如外圆面、孔、平面、一般成形面、螺纹面、齿轮齿面等，不仅有一定的形状和尺寸，而且还有一定的技术要求，如尺寸精度、形状和位置精度、表面质量等。工件表面的加工过程，也就是逐步实现符合技术要求的过程。

由于表面的类型和要求各不相同，所采用的方法也不一样，这就构成了机械加工的方法和工艺的百花齐放。但是，无论哪种表面，其加工方法和工艺的选择都应遵循以下两个基本原则。

1) 粗、精加工要分开。粗加工是切除大部分赘余的材料，为精加工做好准备；精加工则是获得符合技术要求的表面。先后两工序目的不同，所采取的技术措施也不相同。

2) 要组合采用多种不同的加工方法。一般来说，采用某种单一的加工方法，是难以经济、高效地实现加工目标的；要综合考虑各种加工方法的特点，采用多种方法相组合的加工方案。

本节将以各典型表面为例，讨论各种加工方法的综合运用。

一、外圆面的加工

外圆面是轴、圆盘、套筒类零件的主要或辅助表面，在零件的切削加工中占有很大的比重。不同零件的外圆面，或是同一零件的不同外圆面，往往有不同的技术要求，需要结合生产条件拟定出合理可行的加工方案。

1) 对外圆提出的技术要求，主要有：

① 尺寸精度，如圆直径和长度的尺寸精度。

② 形状精度，如圆度、圆柱度和轴线的直线度。

③ 表面质量，如表面粗糙度、表面层的加工硬化、残余应力、金相组织。

2) 外圆面的加工主要采用车削和磨削两种方法。要求精度高、表面粗糙度低时，还可能要用到光整加工的研磨、超精加工和抛光。

外圆面的加工方案流程框图如图9-16

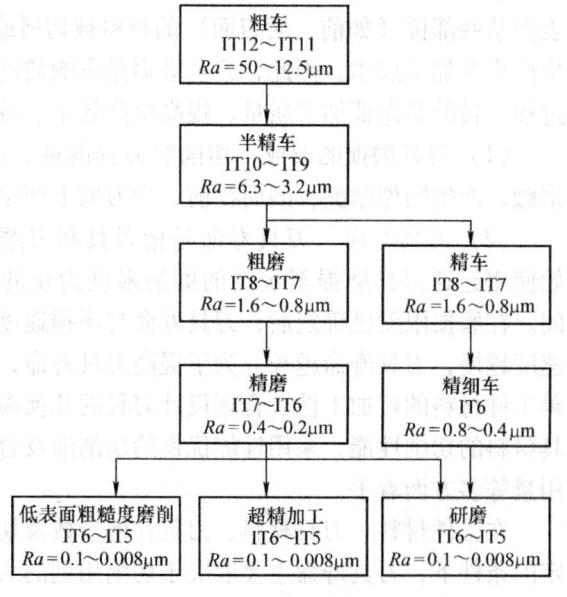

图9-16　外圆面的加工方案流程框图

所示，可作为拟定实施方案的基本依据。

1. 外圆面的车削加工

如果加工质量要求不是太高，车削即可获得零件的最终尺寸和精度。车削可分为粗车、半精车、精车和精细车，所能达到的精度和表面粗糙度均已在图中标出。

实际的加工流程方案，除了技术要求外，显然还应考虑零件结构、材料性能、生产条件等诸多因素。有关车削的工序组合，例如可以有：

（1）粗车　除淬火钢外，各种零件均可采用。如果要求不高，可作为终加工。

（2）粗车→半精车　适用于中等精度和中等粗糙度要求的非淬火钢的加工。

（3）粗车→半精车或精车　适用于低硬度的有色金属，如铜和铝合金的精加工。

车削外圆的主要特点为：

1) 多数是连续切削过程，切削力变化小，过程平衡，容许采用较大的切削用量，生产率高。

2) 易于保证各加工面的位置精度，一般仅需一次装夹即可完成加工。

3) 车刀是最简便的一类刀具，成本低，但效率高。

4) 适用于加工各种钢材和铸铁。它更是低硬度有色金属精加工唯一可用的加工方法。

2. 外圆面的磨削加工

外圆磨削是外圆面精加工的主要方法，一般是作为外圆车削的精加工工序。如是精确的毛坯，也可不经车削而直接进行磨削。

磨削可分为粗磨和细磨。它们的加工精度和表面粗糙度已在图 9-16 中标出。

（1）外圆磨削的特点

1) 较易达到高精度、低粗糙度和较高的几何公差要求。这显然与磨床的高结构刚度、砂轮的切入运动可精确调节，以及砂轮磨粒锐利细微和分布稠密，便于高速切削等因素有关。每个磨粒都仅从工件表面切下极薄一层切屑，表层的残留面积小。

2) 可磨削各种硬度的材料。由于砂轮磨料的硬度和耐热性都很高，既可磨削普通的钢和铸铁，也可磨削难以切削的淬硬钢和硬质合金。

3) 磨削的温度很高，必须要作强制冷却。砂轮的磨粒以负前角高速切削金属，挤压和摩擦严重，表层变形剧烈，磨削热大，瞬时温升可达约 1000℃。高温易使表层产生变形、烧伤、残余应力甚至裂纹，致使加工质量降低。

（2）研磨、超精加工及抛光　精磨之后的更高表面质量要求，则要用到研磨、超精加工及抛光等精密的加工工艺。

1) 研磨是一种常用的光整加工方法。它采用研具与磨料从工件表面磨去一层极薄的金属，用于外圆表面，可使公差等级提高到 IT6～IT5，表面粗糙度 Ra 降至 $0.1～0.008\mu m$。

研磨的特点主要有：

① 速度低，压力小，切削力与切削热均很小，可得到很好的加工表面质量。

② 能部分纠正形状误差，但对位置误差无能为力。

③ 方法简便、可靠，设备简单，成本低，但生产率并不高。

④ 研磨的磨削量很少，因此对前道工序提出了高的要求。

⑤ 适用范围广，工件材料几乎不受限制。

2) 超精加工是将工件装夹在顶尖上作低速回转，装有油石的磨头轻压在工件上作短距离密集交叉的网纹,从而获得良好的表面质量。

超精加工的特点:

① 设备简单,操作方便,生产率高。

② 它能从切削过程自动地过渡到抛光过程,可使表面粗糙度 Ra 降至 $0.1 \sim 0.008 \mu m$。但要注意,它仅能除去表面的细微凸起,不能提高加工精度,因面对前道工序要求较高。

3)抛光是用涂有抛光膏的软轮对工件表面进行高速光整加工的过程。抛光可使表面的粗糙度 Ra 降到 $0.012 \mu m$,但不能提高工件的加工精度。

抛光方法简便,成本低。由于抛光轮的弹性,除了外圆表面外,也适于其他曲面的光整加工。

二、孔的加工

孔加工的技术要求主要有:

1)尺寸精度,如孔的直径和深度的尺寸精度。

2)形状精度,如孔的圆度和圆柱度,轴线的直线度。

3)位置精度,如孔与孔或外圆表面的同轴度和平行度,孔与其他表面的垂直度。

4)表面质量,如表面粗糙度,表面层的加工硬化、残余应力、金相组织。

根据孔的结构和用途,可以将孔分为以下几种类型。

(1)紧固孔和辅助孔　前者如螺钉孔和螺栓过孔;后者如油孔和气孔等。此类孔技术要求不高,公差等级通常为 IT12~IT11,表面粗糙度 Ra 为 $12.5 \sim 6.3 \mu m$。

(2)回转体零件的轴心孔　如轴类、圆盘类、套筒类零件的轴心孔。此类孔一般是带孔零件与轴类零件的配合表面,还可能是加工其他表面的基准面。因此,孔的精度和表面粗糙度以及孔与其他表面的位置精度要求较高。

(3)箱体、支架类零件的轴承孔　此类孔分布在一条或几条相互平行或垂直的轴线上,是确定传动轴相对位置的主要依据。因此,这类孔本身的精度和表面粗糙度要求较高,孔与孔或与基准面之间也有较高的位置精度要求。

另外,根据孔的形状,可分为圆柱孔和圆锥孔;根据孔的长度与孔径之比,可分为深孔与浅孔等等。

1. 孔的钻削加工

孔的加工方法较多,常用的有钻、扩、镗、拉、磨、研磨和珩磨等。其中孔的钻削加工,是用钻头在零件的实体部分加工出孔的唯一方法,也是最基本的孔加工方法。

(1)钻孔　钻孔的精度较低,表面粗糙度大,一般公差等级为 IT10 以下,Ra 为 $50 \sim 12.5 \mu m$,所以只能用作粗加工。对于要求不高的孔,如螺钉孔、油孔等紧固孔和辅助孔,将其钻出即可;对于要求较高的轴心孔、轴承孔等,钻孔后还需采用其他方法进行半精加工和精加工。

钻孔的主要问题有:

1)钻孔的精度低,表面质量差,易产生"引偏"现象。

2)钻孔的生产率低,钻头易磨损。

引偏是指加工时因钻头弯曲而引起孔径扩大、孔轴线歪斜和圆度误差等。产生的原因是多方面的,如钻头呈细长状,又有两条较大排屑槽,钻心截面积小,刚性很差;横刃及靠近横刃处的切削条件极差,轴向力大;两条主切削刃很难磨得对称,切削力不对称等。

钻孔有图 9-17 所示的两种基本方式:一是钻头旋转并作直线进给,工件不动,如在钻床上钻孔。如图 9-17a 所示,由于引偏,它会造成被加工孔的轴线歪斜。二是钻头不转只作直线进给,工件旋转,如在车床上钻孔。如图 9-17b 所示,它会造成被加工孔的孔径变化,形成锥度或腰鼓形等。

此外,钻头的主切削刃全部参加切削,切屑宽,排屑困难,切屑与孔壁(已加工表面)发生较大摩擦和挤压,易刮伤和拉毛孔壁,降低加工质量。

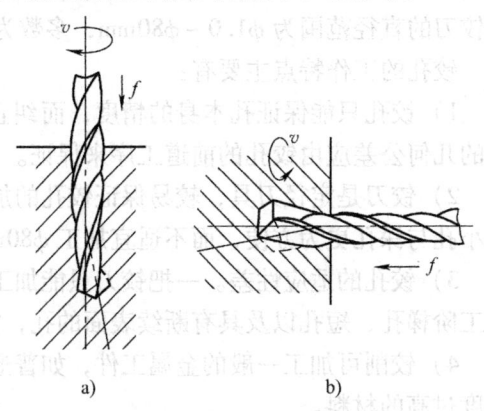

图 9-17 钻头引偏引起的加工误差
a) 钻床上钻孔 b) 车床上钻孔

钻削时,大量高温切屑不能及时排出,切削液难以注入切削区,因而切削温度高,刀具与切屑及工件间的摩擦很大,因此刀具磨损剧烈,致使切削用量的提高受到限制。

(2) 扩孔 扩孔是用扩孔钻对工件上已有的孔进行加工,以扩大孔径,并提高加工质量。扩孔后,公差等级可达 IT10~IT9,表面粗糙度 Ra 为 6.3~3.2μm。扩孔量 $(d_o - d_m)$ 一般为 0.5~4mm。

扩孔加工如图 9-18 所示,加工直径为 $\phi10$~$\phi80$mm。与麻花钻相比,扩孔钻的结构及其切削条件有以下一些特点:

1) 切削深度小,切屑窄,易于排出,也不易刮伤已加工表面。容屑槽可做得浅而窄,钻心较粗,所以刚性较好,有利于提高切削用量和加工质量。

2) 切削刃不必自外缘延伸到中心,避免了横刃引起的不良影响。切削条件好,加工精度和生产率均较钻孔高。

3) 由于容屑槽较浅窄,刀体上可作出 3~4 个刀齿,导向性好,切削平衡,可提高生产率。

扩孔常作为半精加工方法而成为铰孔等精加工的前道工序。它也可作为要求较低的孔的最终加工方法。扩孔能在一定程度上纠正原钻孔的轴线歪斜。用于扩孔加工的机床可以有车床、钻床、镗床和铣床。

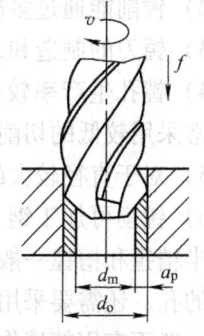

图 9-18 扩孔加工示图

2. 孔的铰、镗、拉、磨削加工

本小节继续讨论对已有的孔进行加工的各种方法,包括铰孔、镗孔、拉孔和磨孔等。

(1) 铰孔 铰孔是用铰刀从工件孔壁上切削下微量金属的加工方法。它是为了提高加工质量,继扩孔和半精镗孔后较普遍采用的精加工方法之一。铰孔的公差等级可达 IT8~IT6,表面粗糙度 Ra 为 1.6~0.4μm。铰削之所以能达到较高的精度和表面质量,是因为铰孔的余量小(粗铰为 0.15~1.35mm,精铰为 0.05~0.15mm),铰削速度低,因而切削力小,切削热也较少,不会产生积屑瘤。此外,铰刀具有修光部分,可校正孔径和修光壁,它也具有与扩孔相仿的优点。

铰刀有手铰刀和机铰刀。手铰刀的直径范围为 $\phi1.0 \sim \phi50mm$，直柄，尾部为四方头；机铰刀的直径范围为 $\phi1.0 \sim \phi80mm$，多数为锥柄。

铰孔的工作特点主要有：

1) 铰孔只能保证孔本身的精度，而纠正位置误差和原孔轴线歪斜的能力很差。因此，孔的几何公差应由铰孔的前道工序来保证。

2) 铰刀是定径刀具，较易保证铰孔的加工质量。与其他孔的精加工方法相比，铰削加工小孔与深孔更为方便，而不适宜加工 $\phi80mm$ 以上的大孔。

3) 铰孔的适应性差。一把铰刀只能加工一种尺寸与公差的孔。此外，铰削也不适宜于加工阶梯孔、短孔以及具有断续表面的孔，如内花键等。

4) 铰削可加工一般的金属工件，如普通钢、铸铁、有色金属，但不适宜加工淬火钢等硬度过高的材料。

铰孔一般用于中等尺寸以下精密孔的精加工，生产率较高。

(2) 镗孔　镗孔是用镗刀对已有的孔进行加工的常用方法之一。镗孔可分为粗镗、半精镗、精镗和精细镗。精镗时公差等级可达 IT7，表面粗糙度 Ra 为 $1.6 \sim 0.8\mu m$。精细镗公差等级可达 IT6，表面粗糙度 Ra 为 $0.6 \sim 0.2\mu m$。

镗孔可分为车床上镗孔和镗床上镗孔两种。车床上镗孔主要用于回转体零件轴心孔的加工，镗床上镗孔则可用于加工箱体、支架类零件上的孔或有相互位置精度要求的孔系。

镗孔的特点主要有：

1) 镗孔的适应性强。一把镗刀可以加工一定孔径和长度范围内的孔，可以加工单个孔、孔系、通孔、台阶孔和孔内环槽等。

2) 镗削能通过多次进给来校正原孔的轴线偏斜。

3) 镗刀的制造和刃磨较简单，费用较低。

4) 镗孔生产率较低。镗刀刀杆受孔径的限制，刚性一般较差。为避免产生振动与变形，常采用较低的切削速度和较小的切削深度。此外，镗床和镗刀加工时调整较为费时。

5) 对于直径较大的孔（一般直径大于 $\phi80 \sim \phi100mm$），镗孔是唯一合适的加工方法。

6) 镗削可加工钢、铸铁和有色金属零件，但不适宜加工淬火钢等硬度过高的材料。粗镗、半精镗和精镗一般可分别作为较低要求、一般要求和较高要求孔的最终加工。对于要求很高的孔，还需要采用光整加工的方法以进一步提高其精度和表面质量。对于硬度较高的孔，一般不宜用精镗作为其最终加工工序，而应采用磨孔等其他方法。

(3) 拉孔　拉孔是一种高生产率的孔加工方法。一般加工公差等级可达 IT7，表面粗糙度 Ra 为 $0.8 \sim 0.4\mu m$。

拉孔加工的特点主要有：

1) 拉孔的精度高，表面粗糙度值小。由于拉刀是定径刀具，其校准部分可校正孔和修光孔壁，提高加工质量高。另外，拉削速度低，每齿切削厚度很小，拉削过程平稳，不会产生积屑瘤。

2) 生产率高。拉刀在一次行程中能切除全部加工余量，完成粗、精加工，故生产率较其他孔加工方法高出许多。

3) 与铰孔相似，拉孔不能纠正孔的位置误差，原孔的位置精度应由前道工序来保证。

4) 拉孔对孔的前道工序加工要求不高，一般在钻孔、扩孔或粗镗后即可进行。

5) 拉刀的制造和刃磨复杂，成本较高，但在大批量生产中，由于拉削速度低，拉刀磨损小，寿命长，拉刀又可重磨多次，故总加工成本不高。

6) 拉削只适宜于加工短孔。当孔的长径比超过 3~5 时，由于拉刀长度受刚性限制，不宜采用。不通孔、阶梯孔和薄壁孔也不能采用拉削加工。

所以，拉削一般只用于大批量有较高要求的通孔的终加工。

(4) 磨孔　磨孔是用砂轮对已经粗加工或半精加工的孔进一步精加工的方法。磨孔可分为粗磨和精磨。精磨的公差等级可达 IT7，表面粗糙度 Ra 为 $1.6~0.4\mu m$。

与铰孔相比，磨孔有以下特点。

1) 磨削的适应性广。可以用同一砂轮磨削一定直径范围的内孔，尤其是非标准孔径的孔，但不适宜于小孔与深孔的加工。因为砂轮轴直径小，砂轮直径受孔径限制，悬伸长，刚性差。

2) 不仅能磨削普通钢件和铸铁件，也能磨削淬火钢等硬度很高的材料，但不适于磨削有色金属。

3) 不仅能保证孔本身的尺寸精度和表面质量，还可提高几何精度，纠正原孔的轴线偏斜。

4) 生产率比铰孔低。

(5) 孔的研磨和珩磨　研磨和珩磨是对精镗、精铰或精磨后的孔进一步作光整加工的常用方法。

研磨孔的公差等级可达 IT7~IT6，表面粗糙度 Ra 为 $0.1~0.008\mu m$，还能部分提高孔的形状精度。

研磨孔的方法和特点与研磨外圆面相似，这里不再赘述。

珩磨孔的精度、表面粗糙度和形状精度与研磨孔相同。

珩磨孔的特点主要有：

1) 生产率较高。珩磨时可以有多个磨条同时参与磨削，磨条与孔接触面积大，轴向往复速度较高，表面质量好，但它不能纠正孔的位置误差。

2) 珩磨适应范围广，可加工直径 $\phi 8~\phi 500mm$，甚至更大的孔，并可加工塑性较大的有色金属。

珩磨已广泛用于汽车、拖拉机、机床、军工等产业部门，如发动机汽缸体和汽缸套、液压缸、枪炮筒等的光整加工。

3. 孔加工方案的选用

拟定孔加工方案的原则与外圆面相同，即首先要满足加工表面的技术要求，同时还要考虑经济性和生产率。但拟定孔的加工方案要比外圆面复杂得多，主要是因为：

1) 孔的类型很多，各种孔的功用不同，使得孔径、长径比及技术要求等各方面差异很大。另外，孔加工刀具受孔径及长度的限制，刀体一般呈细长形，刚性差，切削条件也较恶劣，因而加工孔要比加工同样质量要求的外圆困难。

2) 加工外圆面的基本方法只有车削、磨削和光整加工等几种，而常用的孔加工方法有钻、扩、铰、镗、拉、磨和光整加工等多种，每一种方法都有一定的应用范围和局限性，因而在拟定加工方案时，要根据孔的尺寸、技术条件、零件材料以及生产条件等众多因素作综合考虑，才能选择出合理的加工方法。

3）带孔零件的结构和尺寸是多种多样的，除回转体零件外，还有大量其他类型的零件。相同孔的加工又可在不同的机床上进行。因而在拟定方案时，还需根据具体情况才能选出合适的机床和装夹方式。

各类常用机床可以使用的孔加工方法见表9-1。

表9-1 常用的孔加工机床及加工方法

加工方法	钻	扩	铰	镗	拉	磨	研磨	珩磨
车床		⊕	⊕	○			⊕	
钻床	○	○	○	⊖			⊕	⊖
镗床		⊕	⊕	○				
铣床	⊖	⊖	⊖	⊖				
磨床						○		
拉床					○			
研磨机床							○	
珩磨机床								○

注：○为最适用的机床；⊕为较适用的机床；⊖为兼可使用的机床。

孔加工的方案流程如图9-19所示，其中还列出了可能达到的加工精度和表面粗糙度。

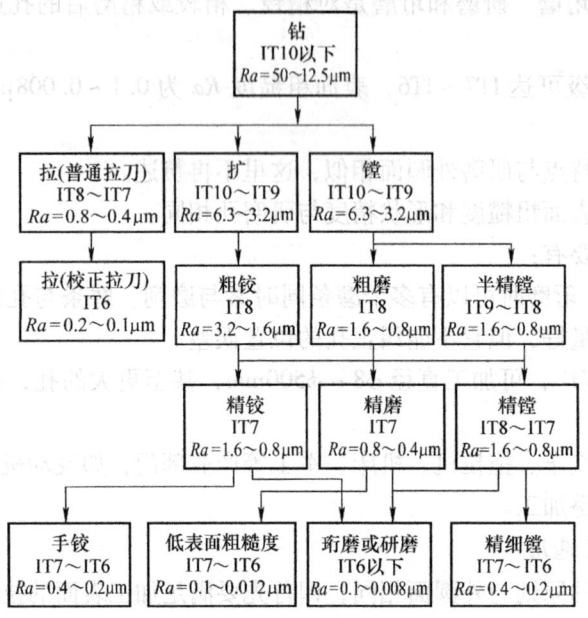

图9-19 孔的加工方案流程框图

关于孔加工方案的选用，作如下几点说明。

1）在实体材料上加工孔，必须先钻孔。若是已铸出或锻出的孔，则可直接进行扩孔或精镗加工。

2）普通钢件和铸件上中等公差等级（IT8～IT7）和表面粗糙度（$Ra1.6～0.4\mu m$）要求的孔加工，可以有以下几种选择：

① 孔径小于$\phi 10mm$时，一般要求可采用钻→粗铰→精铰方案。

② 孔径大于 $\phi 10 mm$ 时，宜采用钻→扩→铰方案，因为扩孔钻的直径一般均大于 $\phi 10 mm$。

③ 孔径大于 $\phi 30 mm$ 时，若长径比较小，钻后的半精加工常用镗孔，因为镗孔虽然生产率较低，但适应范围广，费用低，且能有效地消除前道工序造成的孔轴线的偏斜，特别适合于位置精度和形状精度要求高的孔。半精镗后的精加工可采用铰、磨和精镗。回转体零件常用铰或磨，箱体、支架类零件常用铰或精镗。在大批量生产中，盘类和套类零件的短通孔，常采用钻→拉方案，以提高效率。若长径比较大时，则可采用钻→扩→铰方案，而不宜用刀杆刚性差的镗和磨。

④ 孔径大于 $\phi 80 mm$ 时，一般不采用扩、铰或拉的方法，因为这些方法使用的都是定径刀具，尺寸太大的刀具不经济也不好用，所以一般采用钻后全部镗削的方案，或是采用钻→镗→磨方案。

⑤ 淬火钢件中的孔加工，应在淬火前完成粗加工与半精加工，方法与上述相同。淬火应排在半精加工与精加工之间。淬火后的精加工，应采用磨削，它可以消除变形，以达到技术要求。所以加工方案一般为钻→镗→（淬火）→磨。

⑥ 较精密的孔（公差等级在 IT7 级以上，表面粗糙度 Ra 为 $0.4 \mu m$ 以下）的加工，应在精加工之后进行光整加工。由于珩磨生产率高，加工范围广，并可加工深孔，所以生产批量较大或孔径较大时，应优先选用。研磨对大、小孔都可加工，但受生产率和设备条件限制，只适宜于单件或小批量的加工。

⑦ 对于有色金属，其精密加工和光整加工一般不宜采用磨削和珩磨，而常采用精镗、精细镗、精铰或研磨等方法。

三、平面的加工

平面是盘形和板形零件的主要表面，也是箱体类零件的重要表面之一。平面加工的技术要求主要有：

1）形状精度，如直线度和平面度。
2）位置精度，如平面之间或平面与其他表面之间的平行度和垂直度。
3）表面质量，如表面粗糙度，表面层的加工硬化、残余应力、金相组织等。

按平面的结构和用途，可以将平面分为以下几种类型：

1）固定联接平面：一般为两个零部件联接的结合面，如减速器箱体和箱盖的结合面，技术要求有高有低。
2）导向平面：如机床的导轨面，两部件通过它互相配合并相对运动，因此要求具有良好的导向精度，技术要求一般均较高。
3）端面：各种回转体零件上与其回转轴线垂直的平面，多起定位作用。对位置精度和表面粗糙度有较严格的要求。
4）板形零件平面：如平行垫铁工作面等，技术要求一般较高。精密平板、量块等测量工具的测量平面，其技术要求极高。

1. 平面的机械加工

平面的加工方法较多，有车削、刨削、插削、拉削、铣削、磨削和光整加工的研磨及刮研等。其中车削的方法和特点与外圆面相似，主要用于加工回转体零件的端面，这里不再赘述。

(1) 刨削　刨削是刨刀在牛头刨床或龙门刨床上与工件作相对直线往复切削的平面加工方法，是平面的主要加工方法之一。

刨削平面可分为粗刨、精刨和宽刀精刨。精刨的公差等级可达 IT9～IT8，表面粗糙度 Ra 为 $6.3～1.6\mu m$。宽刀精刨的公差等级可达 IT7，表面粗糙度 Ra 为 $1.6～0.4\mu m$。

刨削平面的特点主要有：

1) 适应性好。机床和刀具结构简单，调整方便，可加工多种结构的零件，费用较低。

2) 生产率较低。刨刀往复行程中的回程不切削，增加了辅助时间。刨刀切入和切出工件时，冲击现象严重，限制了刨削速度的提高。对于狭长平面的加工，或是多件、多刀加工时，生产率较高。

3) 加工精度较低。

因此，刨削通常可作为重要平面的粗加工工序，也可作为较低要求平面的最终加工工序。

插削也可看作是刨削的一种，只是插刀作垂直方向往复运动切削。插削主要用于加工工件的内表面，生产率与加工精度较低。

(2) 铣削　铣削可分为粗铣、精铣和高速精铣。精铣的公差等级可达 IT9～IT8，表面粗糙度 Ra 为 $6.3～1.6\mu m$；高速精铣的公差等级可达 IT7～IT6，表面粗糙度 Ra 为 $0.8～0.4\mu m$。

铣削平面的特点主要有：

1) 铣削的适应性比刨削更广泛。铣削方式很多，铣刀种类也多种多样，加之铣床附件多，除了能加工各种平面，还能进行许多刨削无法完成的工作，如加工键槽、等分平面等。

2) 生产率高。铣刀是典型的多齿刀具，同时参加切削的齿数多，且无空行程。铣刀作旋转主运动，可实现高速切削。但加工狭长平面时，铣削的生产率一般要低于刨削。

3) 加工质量一般与刨削相近。

4) 铣削力变化较大，易产生振动，切削不平稳。铣刀刀齿切入与切出时有冲击产生，工作齿数不稳定，且每个刀齿的切削厚度是变化的。

5) 铣刀与铣床结构比刨刀与刨床结构复杂，且铣刀的制造和刃磨也比刨刀复杂，故铣削成本比刨削高。

(3) 拉削　平面拉削的特点与内孔拉削相似，生产率与加工质量高，且对前道工序要求不高。拉削平面主要适用于大批量生产。

拉削平面是一种精加工方法，加工公差等级可达 IT7～IT6，表面粗糙度 Ra 为 $0.8～0.2\mu m$，可作为中等精度要求的平面的最终加工工序，但不适于加工有障碍的平面。

(4) 磨削　平面磨削是平面精加工的主要方法，一般都在铣削、刨削的基础上进行。

精磨后平面的公差等级可达 IT6～IT5，表面粗糙度 Ra 为 $0.8～0.2\mu m$。此外，粗磨还可作为粗加工来代替铣削或刨削。

与内、外圆磨削一样，平面磨削具有加工质量高，磨削温度高等特点。同时，由于平面磨床结构简单，工件装夹可靠，机床—砂轮—工件的系统刚性高，其生产率要比前两种都高。另外，平面磨削可实现多件同时磨削，特别是在加工中小型零件时，生产率更高。

(5) 刮研　刮研是利用刮刀在工件表面上刮去很薄一层金属的光整加工方法。一般是在精刨之后进行。刮研可以获得很高的表面质量：表面粗糙度 Ra 为 $1.6～0.4\mu m$，平面的直线度可达 0.01mm/m。

刮研的特点主要有：

1) 成本低。刮研不需要复杂的设备和工具，手持刮刀即可进行加工。

2) 生产率很低，劳动强度大。刮研一般是靠手工操作，且每一平面需重复多次刮研加工。

3) 刮研能提高两平面的配合精度，又能在两平面间形成贮油空隙，所以能提高工件的耐磨性。

4) 由于刮刀常用碳素工具钢制作，故一般只能刮研未淬火的钢及铸铁、非铁材料等。

刮研多用于单件或小批量生产和修配工作，如加工表面要求高的固定联接面、导向面及大型精密平板、直尺等。在大批大量生产中，刮研多为专用磨床的磨削和宽刀精刨所代替。

(6) 研磨　研磨也是常用的平面光整加工方法之一。平面研磨后，能获得很高的精度和很小的表面粗糙度。研磨后两平面间的尺寸公差等级可达 IT5~IT3，表面粗糙度 Ra 为 0.1~0.008μm，而且平面度和直线度也有所提高。研磨平面的特点与研磨外圆和孔相似，常用来加工小型平板、直尺及量块的测量平面。

2. 平面加工方案的选用

平面加工的流程方案框图如图 9-20 所示。表中还列出了各种加工方法所能达到的加工公差等级和表面粗糙度值 Ra 的范围。

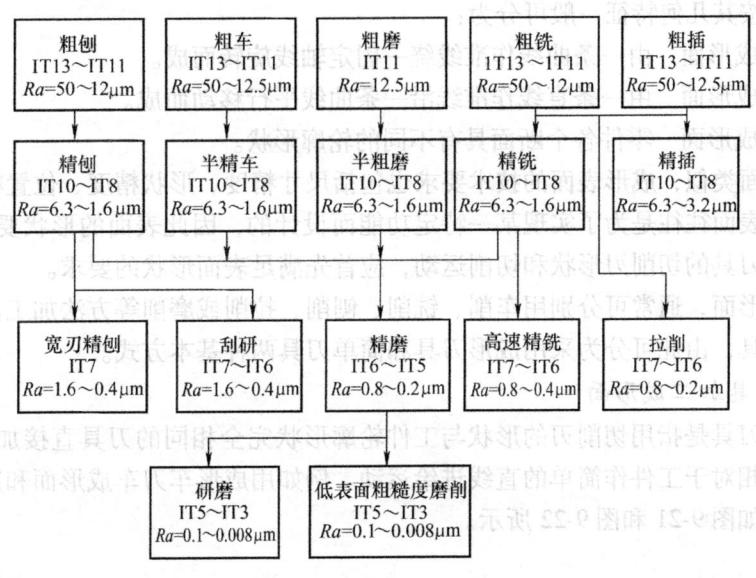

图 9-20　平面的加工方案流程框图

与外圆面和孔加工相似，在选择平面的加工方案时，除了考虑平面的技术要求外，还应考虑零件的结构与尺寸、材料性能、热处理要求及生产条件等。关于加工方案的选用，有如下几点说明：

1) 要求不高的平面，采用粗刨、粗铣或粗车等方法即可。但对于要求光滑的表面，仍需进行精加工和光整加工。

2) 板形零件的平面，常采用铣或刨加磨的方案。无论零件有无热处理要求，精加工一般都采用磨削，这比单一的铣或刨更为经济。平板、直尺和量块等精密测量平面，还需进一步研磨。

3）回转体零件的端面加工，应与零件的外圆和孔加工结合进行。常采用粗车→半精车→精磨方案。

4）箱体、支架类零件的固定连接平面，当要求中等精度和表面粗糙度时，常采用粗铣（刨）→精铣（刨）的方案。其中窄长平面宜用刨削，宽大平面宜用铣削，以利于提高生产率。要求更高的平面，还需进行磨削或刮研。

5）各种导向平面，如机床导轨面或其他重要的联接面，常用粗刨→精刨→宽刀精刨或刮研方案。

6）单件或小批量生产中加工内平面，常采用粗插→精插方案，但插削前需先开孔。

7）大批量生产中，面积不大、技术要求较高的平面或内平面，常采用粗铣（粗插）→拉削的方案，以提高生产率。

8）有色金属零件，由于其硬度低、韧性大，不宜采用刨削和磨削等方法，而应采用粗铣→精铣→高速精铣的方案。

四、成形表面的加工

机械设备中，有些零件的表面不是简单的圆柱面、圆锥面或平面，而是复杂的成形表面，如凸轮、叶片等。本节讨论它们的机械加工方法。

成形表面按其几何特征一般可分为：

（1）回转成形面　由一条曲线作准线绕一固定轴线旋转而成。

（2）直线成形面　由一条直线作准线沿一条曲线平行移动而成。

（3）立体成形面　零件各个断面具有不同的轮廓形状。

与其他表面类似，成形表面的技术要求也包括尺寸精度、形状精度、位置精度和表面质量等。但成形表面往往是为了实现某一特定功能而设计的，因此表面的形状要求十分重要。所以加工时，刀具的切削刃形状和切削运动，应首先满足表面形状的要求。

一般的成形面，通常可分别用车削、铣削、刨削、拉削或磨削等方法加工。问题的核心是所采用的刀具，由此可分为采用成形刀具和简单刀具两种基本方式。

1. 成形刀具加工成形面

采用成形刀具是指用切削刃的形状与工件轮廓形状完全相同的刀具直接加工出成形面。加工时，刀具相对于工件作简单的直线进给运动。例如用成形车刀车成形面和用成形铣刀铣成形面，分别如图9-21和图9-22所示。

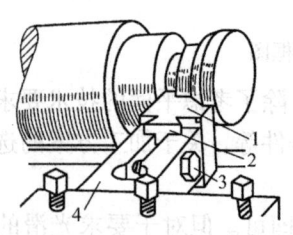

图9-21　用成形车刀车成形面
1—成形车刀　2—燕尾　3—夹紧螺钉　4—夹持体

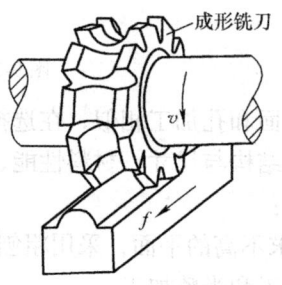

图9-22　用成形铣刀铣成形面

用成形刀具加工成形面常用的方法有：
1）车削成形面：用成形车刀加工回转体内、外成形面。
2）铣削成形面：用成形铣刀加工直线成形面。
3）刨削成形面：用成形刨刀加工尺寸较小、形状简单的直线成形面。
4）拉削成形面：用成形拉刀加工大批大量生产中的内、外直线成形面。
5）用成形砂轮磨削成形面。

成形刀具加工的特点主要有：
1）加工质量稳定。工件成形面的精度取决于刀具的精度。各工件被加工表面的形状、尺寸的一致性和互换性较好。
2）生产率高。
3）刀具费用高。成形刀具的设计、制造和刃磨都比较复杂。
4）刀具寿命长，成形刀具的可重磨次数较多。
5）切削力较大，要求机床和工件刚性好。

2. 简单刀具加工成形面

简单刀具加工成形面也就是利用普通刀具对工件特定的相对运动来加工成形面。加工时，刀具或工件的进给运动不止一个。它的控制方式，可以有手动控制，也可以用靠模或仿形装置进行控制加工。

用手动控制进给加工时，由人工操纵机床，使刀具相对于工件作成形运动，从而加工出成形面。这种方法的设备和刀具都比较简单，成形面的形状和大小也不受限制，但要求工人有较高的技术水平。一般来说，加工的质量不高，生产率低，只适合在单件或小批量生产中采用，或是作为成形面的粗加工工序。

用靠模或仿形装置进行加工如图9-23所示。

这种方法的加工精度高，生产率也高，但设备与靠模较复杂，成本高，主要用于成批生产中加工较高要求的成形面。

3. 成形面加工的工艺特点

成形表面的几何形状复杂，加工方法及路线要比外圆面、孔及平面复杂很多。

1）回转成形面较为简单，常用车削加工。当精度和表面粗糙度要求较高时，再进行磨削。

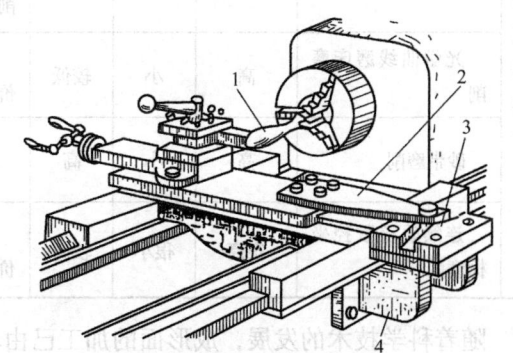

图9-23 利用靠模车削成形面
1—工件 2—连板 3—靠模 4—托架

2）直线成形面较为复杂，外成形面的粗加工，可用铣削或刨削，精加工则要用磨削或研磨；内成形面的粗加工多用铣削或插削，精加工则由钳工作修整，某些内成形面也可用磨削加工。

3）立体成形面更加复杂。粗加工只能用铣削，精加工大多是由钳工作修整、研磨或抛光。

常用的成形面加工方法及其采用的机床、加工条件和适用范围见表9-2。表中对磨削加工还列出一些很先进的设备，如光学曲线磨床和数控坐标磨床。

表 9-2 常用的成形面加工方法

加工方法		加工精度	表面粗糙度	生产率	机床	适用范围
成形面的切削加工	成形刀具加工					
	车削	较高	较小	较高	车床	成批生产尺寸较小的回转成形面
	铣削	较高	较小	较高	铣床	成批生产尺寸较小的外直线成形面
	刨削	较低	较大	较高	刨床	成批生产小尺寸的外直线成形面
	拉削	较高	较小	高	拉床	大批量生产各种小型直线成形面
	单刀具加工					
	手动进给	较低	较大	低	各种普通机床	单件小批量生产各种成形面
	靠模装置	较低	较大	较低	各种普通机床	成批生产各种直线成形面
	仿形装置	较高	较大	较低	仿形机床，价格较贵	单件小批量生产各种成形面
	数控装置	高	较大	较高	数控机床，价格昂贵	单件及中、小批量生产各种成形面
成形面的磨削加工	成形砂轮磨削	较高	小	较高	平面磨床，工具磨床，外圆磨床，附加成形砂轮修整器（通用）	成批生产加工外直线成形面和回转成形面
	成形夹具磨削	高	小	较低	成形磨床，平面磨床，附加成形磨削夹具（通用）	单件小批量生产加工外直线成形面
	光学曲线磨床磨削	高	小	较低	光学曲线磨床，价格贵	单件小批量生产加工外直线成形面
	砂带磨削	高	小	高	砂带磨床	各种批量生产加工外直线成形面和回转成形面
	连续轨迹数控坐标磨削	很高	很小	较高	数控坐标磨床，价格昂贵	单件小批量生产加工内、外直线成形面

随着科学技术的发展，成形面的加工已由单纯的机械加工方法发展到采用特种加工、塑性加工、精密铸造和数控加工等多种加工方法，这些方法均能不同程度地提高加工质量和生产效率。

五、螺纹的加工

螺栓、丝杠和齿轮在各类机械中的作用是人所共知的。本节和下一节将讨论螺纹和齿形面这两种特定的成形表面的加工。螺纹根据其用途的不同可分为两大类：

1）联接螺纹：用于零件间的固定联接，常用的普通螺纹和管螺纹，螺纹牙型一般为三角形。

2）传动螺纹：用于传递动力、运动和位移，牙型一般为梯形、锯齿形或方形，如机床丝杠的螺纹。三种不同的螺纹牙型如图 9-24 所示。

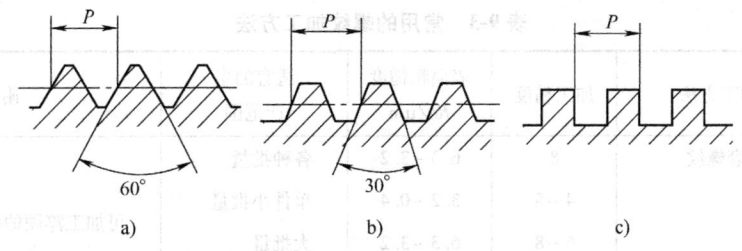

图 9-24 螺纹的三种牙型
a) 三角形螺纹 b) 梯形螺纹 c) 方形螺纹

1. 螺纹的几何参数及精度

螺纹总是成对使用的,也即总是由外螺纹与内螺纹相配合使用的。为了达到正确的配合,螺纹应具备下列五个基本几何要素,如图 9-25 所示。

1) 大径 d 或 D。外螺纹为牙顶直径,内螺纹为牙底直径(小写字母表示外螺纹,大写字母表示内螺纹,以下同)。

2) 小径 d_1 或 D_1。外螺纹为牙底直径,内螺纹为牙顶直径。

3) 中径 d_2 或 D_2。轴向剖面上牙厚等于牙间距的圆柱直径。

4) 螺距 P。相邻两螺纹牙平行侧面间的轴向距离即为螺距。

5) 牙型半角 $\alpha/2$。普通螺纹的 $\alpha/2 = 30°$。

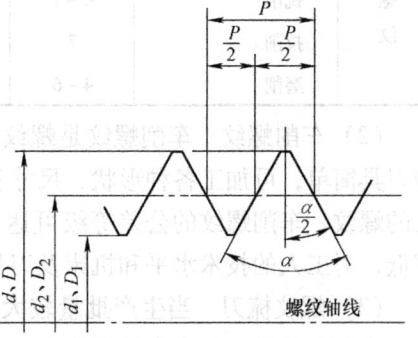

图 9-25 螺纹的几何要素

其中螺距、牙型半角和中径对螺纹配合精度影响最大,称为螺纹三要素。

螺纹与其他表面一样,也有一定的尺寸精度、形状和位置精度以及表面质量等技术要求,由于螺纹的用途和使用要求不同,其技术要求也各不相同,具体有以下两点:

1) 联接螺纹和无传动精度要求的传动螺纹,一般只要求中径和顶径的精度。普通螺纹的主要要求是可旋入性和联接的可靠性,管螺纹的主要要求是密封性和联接的可靠性。

2) 有传动精度要求或用于读数的螺纹,除要求中径和顶径的精度外,还要求螺距和牙型角的精度。对螺纹的表面粗糙度和硬度也有较高的要求。

2. 螺纹的加工方法

螺纹的加工方法很多。选择螺纹的加工方法时,应考虑工件的结构形状、螺纹牙型、螺纹的尺寸和精度、工件材料、热处理以及生产条件等多方面因素。常用的螺纹加工方法,包括可能达到的加工质量和适宜的生产条件,见表 9-3。

(1) 攻螺纹和套螺纹 攻螺纹和套螺纹是应用较广的螺纹加工方法。单件或小批量生产中,常用手用丝锥或板牙以手工方式进行攻螺纹或套螺纹;批量生产时,可在机床上进行加工。

小尺寸的内螺纹,攻螺纹几乎是唯一有效的加工方法。套螺纹的螺纹直径一般不超过 $\phi16\text{mm}$。

由于攻螺纹和套螺纹的加工精度较低,故主要用于加工精度要求不高的普通螺纹。

表9-3 常用的螺纹加工方法

螺纹类别	加工方法		加工精度	表面粗糙度 $Ra/\mu m$	适宜的生产范围	附注
外螺纹	板牙套螺纹		8	6.3~3.2	各种批量	可加工淬硬的外螺纹
	车削		4~8	3.2~0.4	单件小批量	
	铣削		6~8	6.3~3.2	大批量	
	磨削		4~6	0.4~0.1	各种批量	
	滚压	搓丝板	6~8	1.6~0.8	大批量	
		滚丝轮	4~6	1.6~0.2	大批量	
内螺纹	攻螺纹		6~7	6.3~1.6	各种批量	采用拉削丝锥,适于加工方牙螺纹及梯形螺孔
	车削		4~7	3.2~0.4	单件小批量	
	铣削		6~7	6.3~3.2	成批大量	适于加工直径大于 $\phi 30mm$ 的淬硬内螺纹
	拉削		7	1.6~0.8	大批量	
	磨削		4~6	0.4~0.1	单件小批量	

(2) 车削螺纹　车削螺纹是螺纹加工的基本方法之一,它的适应性很广,使用的设备和刀具简单,可加工各种形状、尺寸和精度的非淬硬钢的内、外螺纹,特别适于加工尺寸较大的螺纹。车削螺纹的公差等级可达IT4,表面粗糙度 Ra 可达 $0.4\mu m$。但车削螺纹的生产率低,对工人的技术水平和机床及刀具的精度要求均较高,一般仅适于单件或小批量生产。

(3) 螺纹梳刀　当生产批量较大时,为提高生产率,常采用螺纹梳刀进行加工。螺纹梳刀实际上就是一种多齿的螺纹车刀。这种加工方法只需一次走刀就能车出全部螺纹,所以生产率较高。但螺纹梳刀不能加工精密螺纹和带有轴肩的工件。

(4) 铣削螺纹　铣削螺纹的生产率比车削螺纹高,在成批生产中应用广泛。铣削可用来加工未经淬火的内、外螺纹,但精度不高。它仅适宜于加工一般精度的螺纹,或是作为精密螺纹的预加工。

铣削螺纹一般是在专门的螺纹铣床上进行,根据铣刀的结构不同,可分为三种方法。

1) 盘形螺纹铣刀铣削　铣刀轴线与工件轴线倾斜成 γ 角(即螺纹升角)。铣刀作快速旋转运动,同时工件和刀具作相应的螺旋进给运动。这种方法的加工精度不高,一般只用作粗加工。它适于加工螺距大的长螺纹,如丝杠、螺杆等。

2) 梳形螺纹铣刀铣削　它可看成是多个盘形铣刀的组合。它的生产率较高,但加工精度和盘形铣刀相仿。它一般用于加工螺距小的三角形内、外螺纹。

3) 铣刀盘旋风铣削　它是用装在特殊旋转刀盘上的硬质合金刀头进行高速(17~50r/s)铣削。因其速度极快而称为旋风,它的生产率比普通铣削高2~8倍,公差等级可达IT8~IT6级,表面粗糙度 Ra 为 $1.6\mu m$,常用于大批大量生产螺杆和丝杠。

(5) 磨削螺纹　螺纹的磨削是一种高精度的螺纹加工方法,一般在专门的螺纹磨床上进行,主要用于加工淬火后具有高硬度的高精度螺纹。磨削后螺纹的公差等级可达IT4级,表面粗糙度 Ra 为 $0.4~0.1\mu m$。

螺纹在磨削前可用车或铣等方法作粗加工。小螺距的螺纹也可不经粗加工,在热处理后直接磨出。

外螺纹的磨削方法有两种。

1) 单线砂轮磨削。这种方法与盘形螺纹铣刀加工相仿。单线砂轮磨削的加工精度高，砂轮修整和机床调整较方便，适于加工各种螺距和长度的螺纹，但生产率较低。直径大于 $\phi 25mm$ 的内螺纹，也可用单线砂轮磨削。

2) 多线砂轮磨削。这种方法与梳形螺纹铣刀加工相仿，生产率高，但加工精度较低，砂轮修理困难，只适于磨削升角较小、长度较短的螺纹。

(6) 滚压螺纹　滚压螺纹是一种在常温下使工件材料产生塑性变形的无屑加工方法。常用的搓丝板滚压和滚丝轮滚压方法如图 9-26 所示。

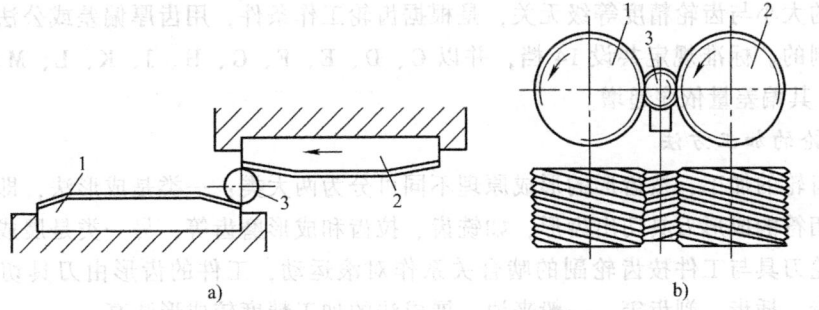

图 9-26　滚压螺纹示意
a) 搓丝板滚压　　b) 滚丝轮滚压
1—下搓板　2—上搓板　3—工件　　1—左丝轮　2—右丝轮　3—工件

1) 搓丝板滚压由上、下两搓丝板组成。工作面的截面形状应与被加工螺纹相同，但方向相反。两板的螺纹应错开半个螺距。工作时，下板固定，上板作直线往复运动。

2) 滚丝轮滚压。两个丝轮工作面的截面形状应与被加工螺纹相同，但方向相反。两轮的螺纹应错开半个螺距。滚丝轮在带动工件旋转的同时，作渐进式的径向进给运动。

滚丝与搓丝相比，滚丝压力小，且滚丝轮工作表面经热处理后，可在螺纹磨床上精磨，因此滚丝的加工精度高，表面质量好。但滚丝的生产率比搓丝低。

与切削螺纹相比，滚压螺纹具有生产率高，螺纹强度和硬度高，表面粗糙度低，材料利用率高和加工费用低等优点。

但滚压螺纹对工件毛坯尺寸精度要求高，而且一般只能加工小直径的外螺纹，并且是塑性较好、硬度不高的材料，也不宜于加工薄壁的管件。

六、齿轮齿形的加工

齿轮是机器中传递运动和动力的重要零件。常用的齿轮有圆柱齿轮、锥齿轮和蜗轮等。圆柱齿轮应用最广。它可分为直齿、斜齿和人字齿齿轮。齿轮的齿廓有渐开线、摆线和圆弧等，但常用的是渐开线齿轮。这里主要介绍渐开线圆柱齿轮的加工。

1. **齿轮的精度**

齿轮的加工精度对机械的工作性能、承载能力和使用寿命都有很大影响。根据齿轮传动的特点和不同用途，对其精度提出以下三个组别的不同要求：

1) 运动的准确性，或称为第Ⅰ公差组。要求齿轮在一转范围内，最大的转角误差应限制在一定范围内，以保证传递运动的准确性。

2) 传动的平衡性，或称为第Ⅱ公差组。要求齿轮传动的瞬时速比变化小，以免引起冲击和噪声。

3) 载荷分布的均匀性，或称为第Ⅲ公差组。要求齿轮啮合时齿面接触良好，以免引起载荷集中，造成齿面局部磨损，影响齿轮寿命。

在圆柱齿轮传动公差标准 GB/T 10095.2—2001 中，将渐开线圆柱齿轮的精度分为 12 级，其中 1~2 级是远景级，目前尚难达到；3~6 级为高精度级，7~8 级为中等精度级，9~12 级为低精度级。

一对齿轮啮合时，非工作的齿面间应具有一定的间隙，以便储存润滑油，并补偿齿轮因传动受力的弹性变形与热膨胀，以及补偿齿轮制造和安装的误差。

侧隙的大小与齿轮精度等级无关，是根据齿轮工作条件，用齿厚偏差或公法线平均长度偏差来控制的。标准规定共设 14 档，并以 C、D、E、F、G、H、J、K、L、M、N、P、R、S 来表示，其偏差量依序递增。

2. 齿轮的加工方法

圆柱齿轮的加工，按齿形的形成原理不同可分为两大类：一类是成形法，即用与齿轮的齿槽形状相符的成形刀具切出齿形，如铣齿、拉齿和成形磨齿等；另一类是展成法，也称包络法，齿轮刀具与工件按齿轮副的啮合关系作对滚运动，工件的齿形由刀具切削刃包络而成，如滚齿、插齿、剃齿等，一般来说，展成法的加工精度较成形法高。

常用的齿轮加工方法，包括可能达到的加工质量、生产设备及其应用范围见表 9-4。

表 9-4 常用的齿形加工方法

加工方法	加工原理	加工质量		生产率	生产设备	应用范围
		公差等级	轮齿表面粗糙度 $Ra/\mu m$			
铣齿	成形法	9	6.3~3.2	较插齿、滚齿低	普通铣床	单件修配生产中，加工低精度外圆柱齿轮、锥齿轮、蜗轮
拉齿	成形法	7	1.6~0.4	高	拉床	大批量生产 7 级精度的内齿轮，因外轮拉刀制造甚为复杂，故少用
插齿	展成法	8~7	3.2~1.6	一般较滚齿低	插齿机	单件和成批生产中，加工中等质量的内外圆柱齿轮、多联齿轮
滚齿	展成法	8~7	3.2~1.6	较高	滚齿机	单件和成批生产中，加工中等质量的外圆柱齿轮、蜗轮
剃齿	展成法	7~6	0.8~0.4	高	剃齿机	精加工未淬火的圆柱齿轮
珩齿	展成法	改善不大	0.8~0.4	很高	珩齿机	光整加工已淬火的圆柱齿轮，适用于成批和大量生产
磨齿	成形法，展成法	6~3	0.8~0.2	成形法高于展成法	磨齿机	精加工已淬火的圆柱齿轮

(1) 铣齿 铣齿加工是成形法,是利用成形齿轮铣刀在铣床上加工齿轮齿形的方法,如图 9-27 所示。加工时,工件安装在分度头上,铣刀旋转作主运动切削,工件作直线进给。加工完一个齿槽后,对工件作分度转位,再铣下一个齿槽。

由于模数相同而齿数不同的齿轮,其渐开线齿形的曲率也不同,所以齿槽形状各不相同。为减少标准刀具的数量,节省费用,同一模数的成形铣刀,一般作成 8 把或 15 把,每把铣刀只能铣削一定齿数范围的齿轮,具体情况见表 9-5。某一刀号的铣刀齿形,与其加工齿数范围中最小齿数的齿槽形状相同。因此对其他齿数的齿轮,只能加工出近似的齿形。

铣齿加工的特点主要有:

1) 成本低。铣齿可在普通铣床上进行,刀具简单。

2) 生产率较低。由于铣刀每切一个齿槽,都要重复消耗切入、切出、退刀以及分度等辅助时间,所以效率不高。

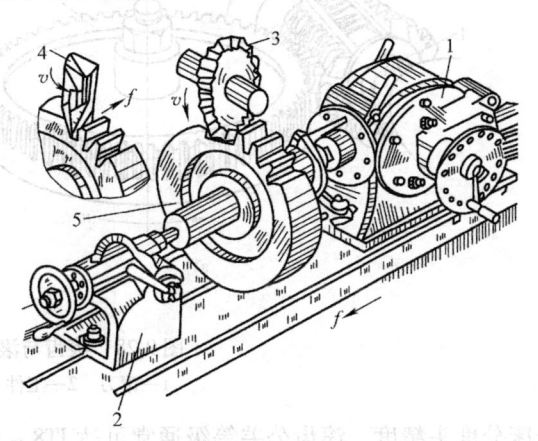

图 9-27 铣齿示意图
1—分度头 2—尾架 3—盘状模数铣刀
4—指状模数铣刀 5—工件

表 9-5 盘状齿轮铣刀刀号与铣齿范围

刀号	1	2	3	4	5	6	7	8
加工齿数范围	12~13	14~16	17~20	21~25	26~34	35~54	55~134	134 以上及齿条
齿形	∧	∧	∧	∧	∧	∧	∧	∧

3) 加工质量低。铣齿只能切出近似的齿形,齿形误差大;分度头分度精度低,会引起分齿不均;铣刀杆刚性差,铣削冲击和振动较大。所以铣齿公差等级为 IT9,表面粗糙度 Ra 为 6.3~3.2μm。

铣齿一般用于加工直齿、斜齿和人字齿圆柱齿轮及齿条等,仅适用于单件或小批量生产,或是维修加工低精度的低速齿轮。

(2) 滚齿 滚齿是用滚刀在滚齿机上按展成原理来加工齿轮的方法,是齿轮的主要加工方法之一。

滚刀相当于一个齿数很少、螺旋角很大的螺旋齿轮,由于轮齿很长,绕轴线几周,因而成为蜗杆状。滚刀与待加工的齿轮相当于一对螺旋齿轮啮合。如图 9-28 所示,当滚刀绕自身轴线转动时,相当于假想齿条做轴向移动,因而待加工的齿轮绕自身轴线作相应转动。滚刀不停转动,即可连续地切出齿轮齿形。

齿条与同模数、不同齿数的渐开线齿轮都能正确啮合,故用滚刀滚切同一模数、任何齿数的齿轮,都能获得所要求的齿形。

与铣齿相比,滚齿的特点主要有:

1) 齿形精度和分齿精度高。因为滚齿不存在齿形误差,滚齿机分齿运动链的精度高于

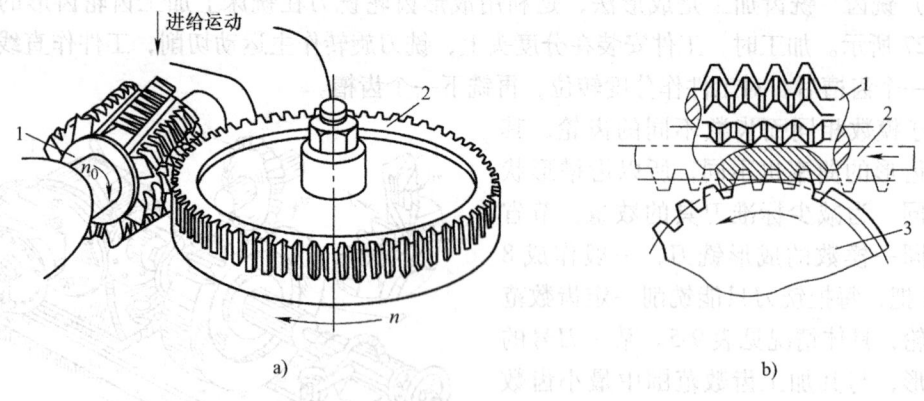

图 9-28 滚齿与滚齿原理示意图
1—滚刀 2—工件 3—假想齿条

铣床分度头精度。滚齿公差等级通常可达 IT8～IT7 级，表面粗糙度 Ra 为 3.2～1.6μm。

2）生产率高。滚齿的分度运动和切削运动是同时进行的，因而效率很高。

3）设备和刀具复杂，费用高。

滚齿适用于生产各种批量的直齿、斜齿圆柱齿轮和蜗轮，但不能加工内齿轮和相靠很近的多联齿轮。

(3) 插齿　插齿也是展成法加工齿轮的一种方法，是根据齿轮的啮合原理进行加工的。

根据齿轮啮合原理，一个齿轮可以与同一模数的任何齿数的齿轮相啮合。如果把其中一个齿轮的轮齿作出前角和后角，以形成切削刃，就成为插齿刀。插齿刀和待加工的齿坯工件作强制的啮合运动，并作上下往复切削，就能在齿坯上切出齿形来。其工作情况如图 9-29 所示。

插齿加工的特点主要是：

1）加工质量与滚齿相近。插齿的精度和表面粗糙度与滚齿相同。但由于插齿机运动链较复杂，故插齿的运动精度比滚齿低。另外，插齿刀制造和刃磨较为方便，齿形较精确，插齿时切削刃包络形成的齿形更接近渐开线，故齿形精度比滚齿高。

2）生产率较滚齿低，但比铣齿高。

3）插齿刀与待加工的齿轮属平行轴间齿轮啮合，不易加工斜齿轮。但插齿能完成某些其他方法不能完成的工作，如加工内齿轮、人字齿轮，相靠很近的多联齿轮等。

(4) 剃齿、磨齿及珩齿　剃齿也是展成法加工的齿轮中的一种，是齿轮精加工的方法，用来加工已经经过滚齿或插齿但未经淬火的直齿和斜齿圆柱齿轮。剃齿后的精度可达公差等级 IT7～IT6，表面粗糙度 Ra 为 0.8～0.4μm。

剃齿的生产效率很高。剃齿是在专门的剃齿机上进行的，刀具与工件之间不需要作强制的啮合运动，故不能提高齿轮的运动精度。而滚齿的运动精度较插齿略高，因此剃齿前的齿轮常用滚齿加工。

磨齿是齿轮齿形精加工的主要方法，可加工淬硬和未淬硬的齿轮。

磨齿的最大优点在于能纠正齿形预加工的各项误差，所以加工精度比其他方法都高，公差等级一般可达 IT6～IT4 级，最高可达 IT3 级，表面粗糙度 Ra 为 0.8～0.2μm。

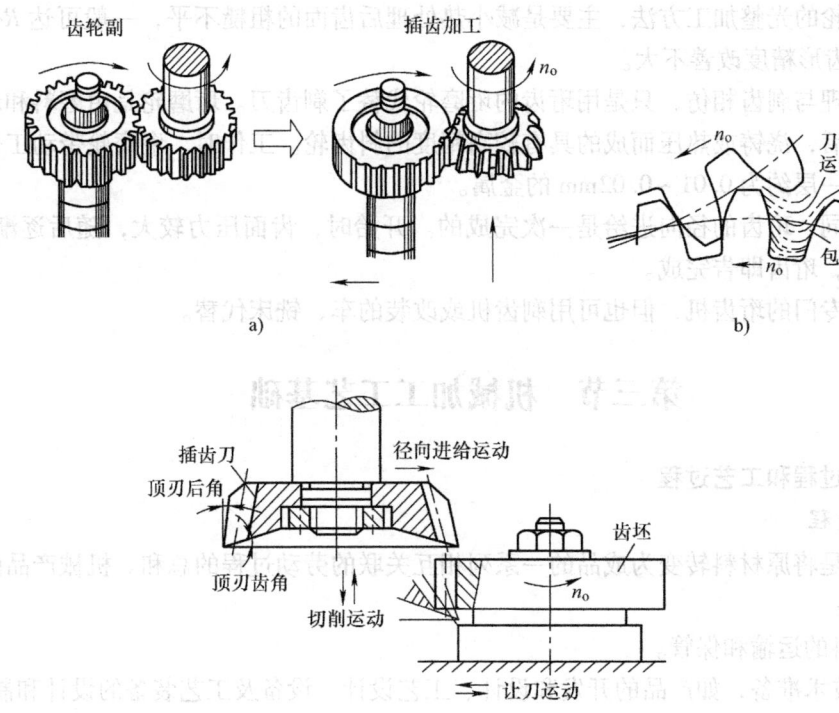

图9-29 插齿与插齿原理示意图
a）插齿原理 b）插齿刀刀齿侧面运动轨迹及包络线 c）插齿运动

磨齿加工按其原理也可分为展成法和成形法两种。

1）展成法磨齿。它是根据齿轮和齿条的啮合原理进行加工的。砂轮工作面修整成假想齿条的一个侧面或两个侧面。工作时，假想齿条静止不动，被磨齿轮的分度圆沿假想齿条的节线作往复的纯滚动。如图9-30a所示，是用两个碟形砂轮进行磨齿。

2）成形法磨齿。它与铣齿相仿，是用两侧面已修整成渐开线的成形砂轮，对已经滚齿或插齿加工出的齿轮轮槽逐个进行磨削，如图9-30b所示。

磨齿的加工余量一般为 $0.1 \sim 0.4\mu m$。模数小和淬火变形小的齿轮取小值，反之则取大值；磨斜齿也取大值。

两种磨齿法的特点相比，有：

1）展成法的精度高，公差等级可达IT3，成形法的公差等级仅为IT6。

2）展成法的生产率低于成形法。

3）展成法要有专门的磨齿设备，成本高；成形法则可在花键磨床或配上砂轮修整器的工作磨床上进行，成本较低。

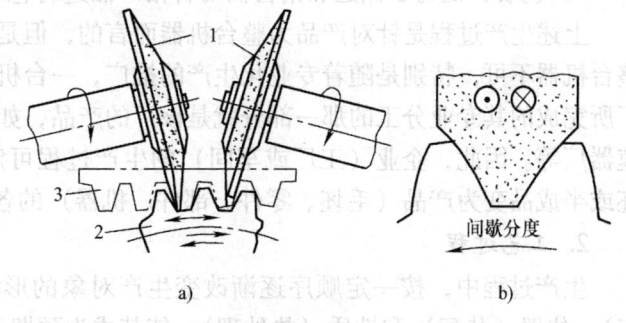

图9-30 磨齿加工示例
a）展成法磨齿 b）成形法磨齿
1—碟形砂轮 2—工件齿轮 3—假想齿条

珩齿是齿轮的光整加工方法，主要是减小热处理后齿面的粗糙不平，一般可达 $Ra0.8 \sim 0.4\mu m$，但对齿形精度改善不大。

珩齿的原理与剃齿相仿，只是用珩齿的珩磨轮代替了剃齿刀。珩磨轮是由磨料和环氧树脂等材料混合后，浇铸或热压而成的具有较高精度的斜齿轮。工作时，珩磨轮带动工件高速旋转，可磨去一层约为 $0.01 \sim 0.02mm$ 的金属。

和剃齿不同，珩齿的径向进给是一次完成的。开始时，齿面压力较大，随后逐渐减少，最后接近消失，珩齿即告完成。

珩齿要用专门的珩齿机，但也可用剃齿机或改装的车、铣床代替。

第三节　机械加工工艺基础

一、生产过程和工艺过程

1. 生产过程

生产过程是将原材料转变为成品的一系列相互关联的劳动过程的总和。机械产品的生产过程主要包括：

1) 原材料的运输和保管。
2) 生产技术准备，如产品的开发和设计、工艺设计、设备及工艺装备的设计和制造。
3) 毛坯准备，如铸造、锻造、冲压和焊接等。
4) 机械加工，直接改变材料、毛坯或零件半成品的尺寸和形状的生产过程。机械加工的工种很多，主要有车、铣、刨、磨等。
5) 热处理，改变材料、毛坯或零件的物理和机械性能，使之适应加工要求或满足机器功能和性能要求的生产过程。
6) 装配和调试，如组装、部装、总装和调试等。
7) 表面修饰，如发蓝、发黑、电镀和油漆等。
8) 质量检验，是按技术条件及各类规范对零件或机器的尺寸、形状、材料、性能、工作精度等进行检验验收的过程。
9) 包装，是为了储运和销售而对合格产品进行包装、装潢的过程。

上述生产过程是针对产品为整台机器而言的，但是一个工厂企业的生产过程不一定非指整台机器不可，特别是随着专业化生产的推广，一台机器通常由几个制造厂协作完成。一个厂所完成的其专业分工的那一部分就是该厂的产品，如专业铸造厂、齿轮厂、热处理厂、减速器厂等。因此，企业（工厂或车间）的生产过程可定义为：该企业将运进的原材料、毛坯或半成品变为产品（毛坯、零件、部件、机器）的各个劳动过程的总和。

2. 工艺过程

生产过程中，按一定顺序逐渐改变生产对象的形状（铸造、锻造等）、尺寸（机械加工）、位置（装配）和性质（热处理），使其成为预期产品的这部分主要过程称为工艺过程。工艺过程是生产过程的主要部分，其中采用机械加工的方法，直接改变毛坯的形状、尺寸和表面质量，使之成为合格零件的过程，称为机械加工工艺过程。

机械加工工艺过程是由一系列工序组合而成的，毛坯依次通过这些工序而变为成品。

(1) 工序　一个或一组工人，在一个工作地点对同一个或同时对几个工件所连续完成的那一部分工艺过程，称为工序。

工序是组成工艺过程的基本单元，也是制订生产计划和进行成本核算的基本单元。

（2）工步与走刀　工步是在加工表面和加工工具（或装配）不变的情况下，所连续完成的那一部分工序。工步是工序的组成单位。

一道工序可由几个工步组成，只要加工表面或加工工具改变了，则就为另一个工步。

如图9-31所示阶梯轴，其工序划分见表9-6。在工序2中，先车工件的一端，然后调头再车另一端。如果先车好一批工件的一端，然后调头再车这批工件的另一端。这时对每个工件来说，两端的加工已不连续，即使在同一台车床上加工也应视作为两道工序。在工序1中，车端面和钻中心孔是两个工步；工序2中，车外圆、切槽和倒角是三个工步。

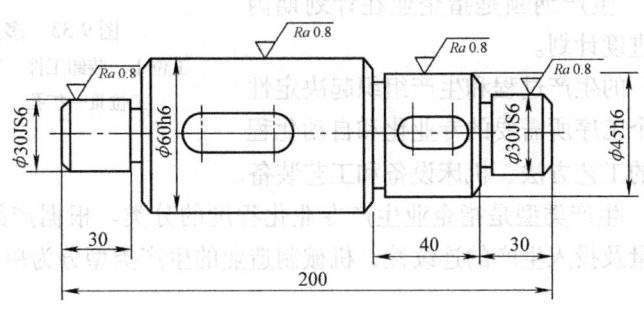

图9-31　阶梯轴简图

表9-6　阶梯轴工艺过程（生产量较小时）

工序号	工序内容	设备
1	车端面，钻中心孔	车床
2	车外圆，切槽和倒角	车床
3	铣键槽，去毛刺	铣床
4	磨外圆	磨床
5	检验	检验台

为了简化工艺文件，对于那些在一次安装中连续进行的若干个相同的工步，通常都看作为一个工步。如图9-32所示零件上四个φ15mm的孔，在一道工序中经连续钻削而成，可视为一个工步——钻4×φ15mm孔。

在一个工步内，有时被加工表面需要切去较厚的金属层，需分几次切削，这时每进行一个切削就是一次走刀。

（3）安装与工位　在同一工序中，工件在机床或夹具中每定位和夹紧一次，称为安装。在一道工序内，工件可能安装一次或数次，安装次数越多，装夹误差就越大。

工位是为了完成一定的工序内容，一次装夹工件后，工件与夹具或设备的可动部分一起相对刀具或设备的固定部分所占据的每一个位置。

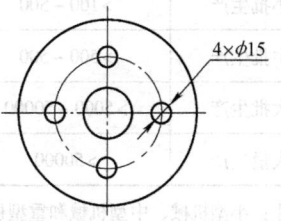

图9-32　简化相同工步

工件每安装一次至少有一个工位。为了减少由于多次安装而带来的安装误差及时间损失,加工中常采用回转工作台、回转夹具或移动夹具,使工件在一次安装中可先后处于几个不同的位置进行加工。如图9-33所示为一利用回转工作台在一次安装中顺次完成装卸工件、钻孔、扩孔和铰孔四工位加工的例子。采用多工位加工,可减少工件的安装次数,缩短辅助时间,提高生产率。

3. 生产纲领与生产类型

(1) 生产纲领 生产纲领是指企业在计划期内应当生产的产量和进度计划。

生产纲领对工厂的生产过程和生产组织起决定性作用。它决定了各个工序所需要的专业化和自动化程度,决定了所选用的工艺方法、机床设备和工艺装备。

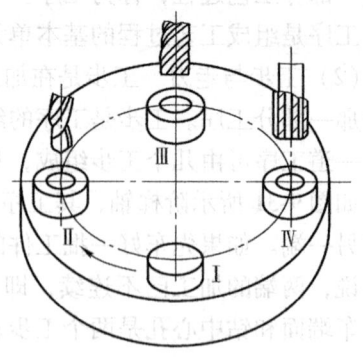

图9-33 多工位加工
工位Ⅰ—装卸工件 工位Ⅱ—钻孔工件
工位Ⅲ—扩孔 工位Ⅳ—铰孔

(2) 生产类型 生产类型是指企业生产专业化程度的分类。根据产品的尺寸大小和特征、生产纲领、批量及投入生产的连续性,机械制造业的生产类型分为单件生产、成批生产和大量生产三种。

1) 单件、小批生产。单件生产是指产品品种多,而每个品种的结构、尺寸不同,且产量很少,各个工作地点的加工对象经常改变,而且很少重复的生产类型。例如新产品试制,工、夹、模具制造,重机械制造,专用设备制造等都属于这种类型。

2) 成批生产。一年中分批地制造相同的产品,生产呈周期性的重复。例如机床制造,电动机和纺织机械的生产均属成批生产。

3) 大量生产。大量生产是指产品品种少、产量大,大多数工作地点(或设备)经常重复地进行某零件的某一道工序的生产。例如,汽车、拖拉机、轴承、自行车、标准件等的生产都属于这种类型。

生产类型的划分主要取决于产品的复杂程度及生产纲领的大小。表9-7所列生产类型与生产纲领的关系,可供确定生产类型时参考。

表9-7 生产类型和生产纲领的关系

生产类型	生产纲领(台/年或件/年)			工作地点每月担负工序数(工序数/月)
	小型机械或轻型零件	中型机械或中型零件	重型机械或重型零件	
单批生产	≤100	≤10	≤5	不作规定
小批生产	>100~500	>10~150	>5~100	>20~40
中批生产	>500~5000	>150~500	>100~300	>10~20
大批生产	>5000~50000	>500~5000	>300~1000	>1~10
大量生产	>50000	>5000	>1000	1

注:小型机械、中型机械和重型机械分别以缝纫机、机床(或柴油机)和轧钢机为代表。

生产类型不同,产品和零件的制造工艺、所用的工艺装备、采取的技术措施也不相同。

各种生产类型的工艺特征可归纳至表9-8中。

表 9-8 各种生产类型的工艺特征

工艺特征	生产类型		
	单件小批	中批	大批大量
零件的互换性	用修配法，钳工修配，无互换性	大部分具有互换性。灵活应用分组装配法和调整法，有时用修配法	所有零件具有互换性。少数装配精度较高，采用分组装配法和调整法
毛坯的制造方法与加工余量	木模手工造型或自由锻造。毛坯精度低，加工余量大	部分采用金属型铸造或模锻。毛坯精度和加工余量中等	广泛采用金属型机器造型、模锻或其他高生产率方法，毛坯精度高，加工余量小
机床设备及其布置形式	采用通用机床。机床按类别采用"机群式"布置	采用部分通用机床和高效机床。机床按工件类别分工段排列	广泛采用高效专用机床及自动机床。机床按流水线形式布置
工艺装备	大多采用通用夹具、标准附件、通用刀具和万能量具。靠划线和试切法达到精度要求	广泛采用夹具，部分靠找正装夹达到精度要求。较多采用专用刀具和量具	广泛采用高效夹具、复合刀具、专用量具和自动检验装置。靠调整法达到精度要求
对工人的要求	需要技术水平较高的工人	需要一定技术水平的工人	对调整工的技术水平要求高，对操作工的技术水平要求较低
工艺文件	有工艺过程卡，关键工序有工序卡	有工艺过程卡，对关键零件有详细的工序卡	有工艺过程卡和工序卡，关键工序需要调整卡和检验卡
成本	较高	中等	较低

二、零件机械加工工艺规程的制订

1. 工艺规程及其应用

将工艺过程的各项内容写成文件，用来指导生产，组织和管理生产，这些技术文件就是工艺规程。常用的工艺规程主要有机械加工工艺过程卡和机械加工工序卡两种基本形式。

机械加工工艺过程卡是以工序为单位，列出整个零件加工所经过的工艺路线（包括毛坯、机械加工、热处理以及装配等），完成各道工序的车间（工段），各工序所用的机床、夹具、刀具、量具和工时定额等内容。该卡主要用于单件小批量生产和中批量零件的生产，以此作为指导生产的依据，同时也是生产管理文件。工艺过程卡是制订其他工艺文件的基础，也是进行技术生产准备、安排生产计划和组织生产的依据，相当于零件加工工艺规程的总纲。

机械加工工序卡是在工艺过程卡的基础上，按每道工序所编制的一种工艺文件。工序卡要详细记录工序内容和加工所必备的工艺资料，如定位基准、装夹方法、工序尺寸和公差以及机床、刀具、夹具、量具、切削用量和工时定额等。工序卡中还要画出工序简图，用于具体指导工人操作，是大批大量生产和中批复杂零件生产或重要零件生产的必备工艺文件。

机械加工工艺规程是指导生产的主要技术文件。按照工艺规程进行生产，才能保证达到产品质量、生产率和经济性的要求。因此一切生产人员都必须严格执行工艺规程。

除常用的工艺过程卡和工序卡外，还有调整卡和检验卡等。

2. 制订工艺规程的步骤

制订工艺规程的基本要求，是在保证产品质量的前提下，尽量提高生产率和降低成本。在充分利用本厂现有条件的基础上，尽可能采用国内、外先进的工艺和经验，并保证良好的劳动条件。

（1）制订工艺规程的主要依据

1）产品的装配图和零件工作图。

2）产品的生产纲领。

3）现有的生产条件和资料，包括毛坯的生产条件或协作关系，工艺装备及专用设备的制造能力，机械加工设备和工艺装备的条件，技术工人的等级水平等。

4）国内、外同类产品的有关工艺资料。

5）产品验收的质量标准。

（2）制订工艺规程的步骤

1）根据零件图和有关的装配图对所加工的零件进行工艺分析。

2）确定毛坯的制造方法。

3）拟定工艺路线，选择定位基准面。

4）确定各工序的设备、工具、夹具、量具和辅助工具。

5）确定各工序的加工余量、计算工序尺寸及公差。

6）确定切削用量及工时定额。

7）确定各主要工序的技术要求及检验方法。

8）填写工艺文件。

3. 零件的工艺分析

在制订机械加工工艺之前，应首先对被加工的零件进行工艺分析，主要包括以下内容：

（1）零件的年生产纲领计算　计算零件的年产量，以便确定生产类型，选用合适的加工方法和设备。

（2）零件结构分析　了解零件的结构和公差要求，检查图样是否正确。明确该零件在部件或机器中的位置、功用和结构特点。

（3）零件的技术要求分析　零件的技术要求包括加工表面的尺寸精度、几何形状精度、相互位置精度、加工表面粗糙度、表面质量要求以及热处理要求等。

（4）零件结构工艺性分析　零件结构工艺性是指所设计零件在能满足使用要求的前提下，制造的可行性和经济性。零件的结构工艺性涉及面很广，必须全面地分析。零件结构对其工艺过程的影响很大。使用性能完全相同，而结构不同的两个零件，它们的加工方法与制造成本可能有很大的差别。

4. 毛坯的选择

制订工艺规程时，选择毛坯的基本任务是根据零件的技术要求、结构特点、材料和生产纲领等，选择毛坯的类型、制造方法及毛坯的形状和尺寸等。所以在确定毛坯时，主要考虑热加工和冷加工方面的要求，以达到降低零件生产总成本，提高零件质量的目的。

5. 定位基准的选择

制订机械加工工艺规程时，正确选择定位基准对保证零件表面间的位置要求（尺寸和精度）以及安排加工顺序都有很大的影响。用夹具装夹时，定位基准的选择还会影响到夹具的结构。

（1）基准的概念及其分类　基准是用来确定生产对象上几何要素间的几何关系所依据的那些点、线、面。根据基准的作用不同，基准分为设计基准和工艺基准两大类。设计基准是在零件图上用以确定某一点、线或面所依据的基准，即标注设计尺寸的起点。工艺基准则是指在工艺过程中所采用的基准。根据其用途，工艺基准又可分为工序基准、定位基准、测量基准和装配基准。

（2）定位基准的选择　在起始工序中，只能选择未经加工的毛坯表面作为定位基准，这种基准称为粗基准。用加工过的表面作定位基准，则称为精基准。在制订工艺规程时，总是先考虑选择怎样的精基准把各个表面加工出来，然后考虑选择怎样的粗基准把精基准的各基面加工出来。

1）精基准的选择　选择精基准时，主要考虑如何减少加工误差、保证加工精度和装夹方便，可按下列原则选择。

① 基准重合原则。选择零件上的设计基准作为定位基准称为基准重合原则，这样可以避免因基准不重合而引起的基准不重合误差。

② 基准统一原则。在工件的加工过程中尽可能地采用统一的定位基准称为基准统一原则。

工件上往往有多个表面要加工，会有多个设计基准。若都按基准重合原则选择定位基准，会使夹具的种类很多，设计和制造夹具的周期变长，特别是对于自动化生产方式来说，由于定位基面的转换，使定位复杂，不利于自动装夹。为解决这一矛盾，可设法在工件上找到或专门设计一组定位面（如一面二孔），用它们定位来加工工件上多个表面，既简化了夹具结构，又保证了各加工面之间的相互关系。

③ 互为基准原则。当零件的两个表面之间有较高的位置精度要求时，可以选择其中一个面作为另一个表面的定位基准，反复加工，互为基准，这就是互为基准原则。

④ 自为基准原则。对某些要求加工余量小而均匀的精加工工序，可选择加工表面本身作为定位基准，称为自为基准原则。用自为基准原则时，不能提高加工面的位置精度，只能提高加工面本身的精度。如浮动镗刀镗孔、浮动铰刀铰孔和拉刀拉孔等加工方法都是自为基准的实例。

⑤ 保证工件定位准确、夹紧可靠、操作方便的原则。所选精基准应能保证工件定位准确、稳定，夹紧可靠以及使刀具结构简单、操作方便。为此精基准应是精度较高、表面粗糙度较小、支承面积较大的表面。

2）粗基准的选择　粗基准为零件起始粗加工所应用的基准，它是未经加工过的表面。粗加工的主要目的是去除大量的余量，并为以后的加工准备精基准，因此粗基准的选择应考虑以下原则。

① 为了保证加工面与非加工面之间的位置要求，应尽可能选择不加工面作为粗基准。

② 为保证各加工面都有足够的加工余量，应选择毛坯余量最小的面作为粗基准。

③ 为保证重要加工面的加工余量，应选择重要加工面作为粗基准。

④ 粗基准应避免重复使用，在同一尺寸方向上，通常只允许使用一次。

⑤ 粗基准是毛坯面，其精度和表面粗糙度都很差，如重复使用会造成工件与刀具的相对位置在两个工序中的不一致现象，从而影响加工精度。

⑥ 选择粗基准的表面，应尽可能平整、光洁，不能有飞边、浇口、冒口等，以保证定位准确，夹紧可靠。

上述粗基准选择原则在运用时会遇到矛盾，应注意抓主要矛盾，灵活应用，在保证满足主要要求的同时，尽可能兼顾其他要求。

6. 工艺路线的拟定

拟定工艺路线的主要内容，除了选择定位基准外，还应包括选择各种表面的加工方法、安排工序的先后顺序、确定工序的集中与分散程度以及选择设备和工艺装备等。它是制订工艺规程的关键阶段。通常工艺人员应提出几种方案，通过分析对比，从中选择最佳方案。

（1）表面加工方法的选择

1）各种加工方法的经济加工精度和表面粗糙度。不同的加工方法如车、刨、铣、磨、钻、镗等，因其用途不同，所能达到的精度和表面粗糙度也大不一样。即使是同一种加工方法，在不同的加工条件下所得到的精度和表面粗糙度也是不一样的，这是因为在加工过程中，将有各种因素对精度和表面粗糙度产生影响，如工人的技术水平、切削用量、刀具的刃磨质量、机床调整质量等等。

加工方法与加工精度是相互适应的，加工误差与成本基本上呈反比关系，可以较经济地达到一定的精度，这一精度范围称为这种加工方法的经济精度。

所谓某种加工方法的经济精度，是指在正常的工作条件下（包括完好的机床设备、必要的工艺装备、标准的工人技术等级、标准的耗用时间和生产费用）所能达到的加工精度。

与经济加工精度相似，各种加工方法所能达到的表面粗糙度也有一个较经济的范围。

各种加工方法所能达到的经济精度、表面粗糙度以及表面形状及位置精度可查阅《金属机械加工工艺人员手册》。

2）表面加工方法和加工方案的选择。零件各表面的加工方法，主要根据表面的形状、尺寸大小、精度和表面粗糙度、零件的材料性质、生产类型以及具体的生产条件等来确定。选择加工方案时要注意：工件淬火后的加工，必须用磨削；有色金属材料的加工，因其韧性大，切屑容易堵塞砂轮而不易得到光洁的表面，故不宜采用磨削，常采用高速精车或高速精镗的方法进行精加工。

（2）加工顺序的安排

1）划分加工阶段。工件的加工质量要求较高时，应划分加工阶段。一般可分为粗加工、半精加工和精加工三个阶段。如果加工精度和表面质量要求特别高时，还可增设光整加工和超精密加工阶段。划分加工阶段的原因有如下几点：

① 保证加工质量。粗加工阶段容易引起工件的变形，这是由于切除余量大，一方面毛坯的内应力重新分布而引起变形，另一方面由于切削力、切削热以及夹紧力都比较大，因而造成工件的受力变形和热变形。为了使这些变形充分表现，应在粗加工之后留有一定时间，然后再通过逐渐减少加工余量和切削用量的办法消除上述变形。

② 便于及时发现毛坯缺陷。粗加工阶段切去大部分的金属余量，可以及时发现工件主

要表面上的毛坯缺陷，如裂纹、气孔、杂质或加工余量不够等，避免损失更多的工时和费用。

③ 便于安排热处理工序。例如，粗加工后工件残余应力大，可安排时效处理，消除内应力；在精加工工序之前安排表面处理工序，如淬火等，以使热处理引起的变形等现象在精加工中得到消除。

④ 精加工在后可使加工过的表面不易碰坏。

⑤ 有利于合理使用设备。如粗加工阶段可以使用功率大、精度较低的机床；精加工阶段可以使用功率小、精度高的机床。这样既有利于充分发挥粗加工机床的动力，又有利于长期保持精加工机床的精度。

在某些情况下，划分加工阶段并不是绝对的，例如在加工重型工件时，由于不便于多次安装和运输，因此不必划分加工阶段，可在一次安装中完成全部粗加工和精加工。为了提高加工精度，可在粗加工后松开工件，让其充分变形，再用较小的力夹紧工件进行精加工，以保证零件的加工质量。另外，如果工件的加工精度要求不高，工件的刚度足够，毛坯的质量较好而切除的余量不多，则可不必划分加工阶段。

2) 机械加工顺序安排的原则。

① 先粗后精、粗精分开。

② 先基准后其他。用作精基准的表面，总是优先安排加工，这是确定加工顺序的一个重要原则，也是尽快为后续加工作好准备。例如，轴类零件总是先加工端面和顶尖孔。如在精磨前、淬火后应对两顶尖孔修研一次。盘套类零件则先把孔加工好。

③ 先主后次。先加工主要表面，后加工次要表面。在零件上，常是一些次要表面（如键槽、螺孔等）相对于主要表面有一定的位置精度要求，所以应先加工好主要表面。次要表面则穿插在主要表面的加工中间或以后进行。

④ 先面后孔。先加工平面后加工孔。如箱体、支架和连杆等工件，因先加工好的平面的轮廓平整，安放和定位比较稳定可靠，若以加工好的平面定位加工孔，可保证平面与孔的位置精度。另外，先加工好平面之后，可使钻头正确地钻入工件，不会引偏。

3) 热处理工序的安排。热处理是用于提高材料的力学性能，改善金属的加工性能以及消除残余应力。制订工艺规程时，应注意安排它们的顺序。

① 最终热处理。最终热处理的目的是提高力学性能，如调质、淬火、渗碳淬火、渗氮和碳氮共渗等都属于最终热处理，它应安排在精加工前后。变形较大的热处理如渗碳淬火、淬火等应安排在精加工磨削之前，以便在精加工磨削时纠正热处理造成的变形。调质应放在精加工之前进行。变形较小的热处理如渗氮等，应安排在精加工后进行。表面装饰性电镀（如镀铬）和发蓝处理，一般都安排在机械加工之后进行。

② 预备热处理。预备热处理的目的是消除应力，改善机械加工性能，并为最终热处理作准备，如正火、退火和时效处理等。用于改善粗加工时材料加工性能的热处理，一般放在粗加工之前，在毛坯车间里进行；用于消除残余应力的热处理，可放在粗加工之后进行。调质处理常安排在粗加工之后，用于细化晶粒，改善加工性能。

精度要求较高的精密丝杠和主轴等工件，需要多次安排时效处理，以消除应力，减少变形。

4) 辅助工序的安排。辅助工序的种类较多，包括检验、去毛刺、倒棱、清洗、防锈、去磁和平衡等。辅助工序也是必要的工序，若安排不当或遗漏，将会给后续工序和装配带来困难，影响产品质量，甚至使机器不能使用。检验工序是必不可少的辅助工序，它对保证质量、防止产生废品具有重要的作用。除了工序中自检外，需要在下列场合单独安排检验工序：

① 粗加工阶段结束后。目的在于及时发现质量问题并消除废品，以免浪费精加工工时。

② 重要工序前后。目的在于及时发现废品，节省工时。

③ 送往外车间加工的前后，如热处理工序前后。目的在于及时检验废品，分清责任。

④ 全部加工工序完成后。

(3) 确定工序集中与分散　工序集中就是将工件的加工集中在少数几道工序中完成，每道工序的加工内容较多。而工序分散是指将工件的加工分散在较多的工序中进行，每道工序的加工内容较少。

工序集中与工序分散是拟订工艺路线时，确定工序数目及内容的两种不同的原则，它和设备有密切的关系。

1) 工序集中的特点：

① 采用高生产率的专用设备和工艺装备，可大大提高劳动生产率。

② 工序数目少，工艺路线短，简化了生产计划和生产组织工作。

③ 设备数量少，减少了操作工人和生产面积。

④ 工件安装次数少，缩短了辅助时间，容易保证加工面的相互位置精度。

⑤ 专用设备和工艺装备较复杂，生产投资大，调整和维修复杂，生产准备工作量大，新产品转换周期长。

2) 工序分散的特点：

① 设备与工艺装备比较简单，调整方便，工人容易掌握，生产准备工作量小，容易适应产品的更换。

② 便于采用最合理的切削用量，减少基本时间。

③ 设备数量多，操作人员多，生产面积大。

在拟定工艺路线时，工序集中与分散的程度，即工序数目的多少，主要取决于生产规模、现有的生产条件、零件的结构特点和技术要求。小批量生产时，为简化生产的计划管理工作，一般将工序适当集中，使各机床完成更多表面的加工，以减少工序的数目。大批量生产时，既可采用多刀、多轴和高效机床将工序集中，也可将工序分散后组织流水生产。由于工序集中的优点多，现代生产的发展多趋于工序集中。

对于重型和大型零件，为了减少工件装卸和运输的劳动量，工序应适当集中；对于刚性差且精度高的精密工件，工序应适当分散。

(4) 设备及工艺装备的选择。

1) 设备的选择。生产批量大，产品类型变化少，可采用高效自动加工设备，如多刀、多轴机床；若产品类型变化大，或者生产批量小，可采用通用机床。选择设备时还应考虑：

① 机床精度与工件精度相适应。

② 机床规格与工件的外形尺寸相适应。

③ 与现有的加工条件相适应，如设备负荷的平衡状况等。

2) 工艺装备的选择。工艺装备的选择要考虑生产类型、具体加工条件、工件结构特点和技术要求等因素。

① 夹具的选择。单件小批生产应首先采用各种通用夹具和机床附件，如卡盘、台虎钳、分度头等。有条件的可采用组合夹具。大批大量生产应采用高效专用夹具。

② 刀具的选择。优先采用标准刀具。大批量生产中，应采用各种高效的专用刀具、复合刀具和多刃刀具等。刀具的类型、规格和公差等级应符合加工要求。

③ 量具的选择。单件小批生产应广泛采用通用量具，如游标卡尺、百分表和千分表等。大批大量生产应采用极限量规和高效专用检具和量仪等。量具的精度必须与加工精度相适应。

7. 加工余量及工序尺寸的确定

工艺路线制订之后，在进一步安排各个工序的具体内容时，应正确地确定工序尺寸即工序应保证的加工尺寸。工序尺寸的确定与工序的加工余量有着密切的关系。

(1) 加工余量的概念　加工余量是指加工过程中从加工表面切去的金属层厚度。加工余量可分为工序（工步）加工余量和总加工余量。

工序余量是相邻两个工序的工序尺寸之差；加工总余量是毛坯尺寸与零件图样的设计尺寸之差。由于工序尺寸有公差，故实际切除的余量大小不等。

(2) 影响加工余量的因素　加工余量的大小对于零件的加工质量和生产率均有较大的影响。加工余量过大，不仅增加机械加工的劳动量，降低了生产率，而且增加了材料、工具和电力的消耗，提高了加工成本。但是加工余量过小，又可能无法保证消除前面工序的误差和表面缺陷，甚至产生废品。所以应该合理地确定加工余量，其基本原则是在保证加工质量的前提下，越小越好。影响加工余量的各个因素分析有下列几点：

1) 上工序的各种表面缺陷和误差　本工序必须切除上工序留下的误差，还应切除上工序留下的已遭破坏的金属组织缺陷层 D_a，如图 9-34 所示。

2) 本工序加工时的装夹误差。装夹误差包括工件的定位误差和夹紧误差。若用夹具装夹时，还有夹具在机床上的安装误差。这些误差会使工件在加工时的位置发生偏移。

(3) 确定加工余量的方法

1) 查表法。根据各工厂的生产实践和试验研究积累的数据，先制成各种表格，再汇集成手册。

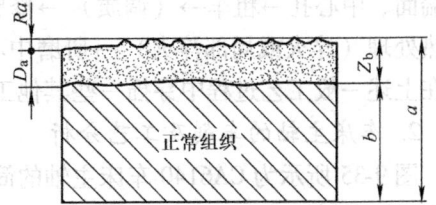

图 9-34　表面粗糙度及缺陷层

确定加工余量时，先查阅这些手册，再结合工厂的实际情况进行适当修改后确定。目前，我国各工厂广泛采用查表法。

2) 经验估计法。经验估计法是根据工艺人员的实际经验确定加工余量的方法。一般情况下，为了防止因余量过小而产生废品，故经验估计法的数值总是偏大。此法常用于单件小批量生产。

3) 分析计算法。分析计算法是根据上述的加工余量计算公式和一定的试验资料，对影响加工余量的各项因素进行分析，并计算确定加工余量。这种方法比较合理，但必须有比较全面和可靠的试验资料。

在确定加工余量时，要分别确定加工总余量（毛坯余量）和工序余量。加工总余量的大小与所选择的毛坯制造精度有关。用查表法确定工序余量时，粗加工工序余量不能用查表法得到，而是由总余量减去其他各工序余量而得。

(4) 确定工序尺寸及其公差　工件上的设计尺寸及其公差是经过各加工工序后得到的。每道工序的工序尺寸逐步向设计尺寸接近。为了保证最终的设计尺寸，要规定各工序的工序尺寸及公差。

工序余量确定之后，就可计算工序尺寸。工序尺寸公差的确定，则要依据工序基准或定位基准与设计基准是否重合，以采取不同的计算方法。此处只介绍工序基准或定位基准与设计基准重合时，工序尺寸及其公差的计算。当基准不重合时，工序尺寸及其公差的计算比较复杂，需用工艺尺寸链来进行分析计算。

当工序基准或定位基准与设计基准重合时，表面经过多次加工，此时计算工序尺寸的方法是：先确定各工序余量的公称尺寸，再由后往前逐个工序推算。即由工件上的设计尺寸开始，由最后一道工序开始向前工序推算，直到毛坯尺寸。工序尺寸的公差按各工序的经济精度确定，并按"入体原则"确定上、下极限偏差。

三、典型零件的工艺过程实例

1. 轴类零件工艺

轴类零件一般长径比较大、刚性较差，在切削力和工件内应力的作用下容易产生变形。因此，应将粗、精加工工序分开安排，以减小加工变形。对各表面应先进行粗加工，再进行半精加工和精加工，主要表面的精加工放在最后进行。在粗车工序中，外圆表面的加工顺序是由大到小，即先加工大直径外圆，再加工小直径外圆，以免过快地削弱工件的刚度。螺纹一般安排在半精车或精车工序中加工，或在之后另安排一道工序加工。淬硬轴上的花键、键槽应安排在淬火前进行铣削加工；在不需淬硬的表面上的花键、键槽尽可能放在后面加工（一般在外圆精车或粗磨后、精磨前），以利于保证其加工精度。

所以，轴类零件的一般工艺过程为：备料（或锻造）→预备热处理（正火或退火）→车端面、中心孔→粗车→（调质）→修整中心孔→半精车（精车）→（键槽、螺纹加工）→热处理（淬火或局部淬火）→研磨中心孔→磨削。对于结构复杂、加工精度高的轴，只需在上述一般工艺过程中穿插一些其他工序，如半精磨、精磨等。

2. 车床主轴的车削及工艺分析

图 9-35 所示为 CA6140 车床主轴的简图。该轴既是阶梯轴又是空心轴，并且是长径比小于 12 的刚性轴。

(1) CA6140 车床主轴技术条件的分析

1) 主轴前、后支承轴颈 A、B 为 1∶12 的锥面，其接触率≥70%，圆度公差为 0.005mm，径向圆跳动公差为 0.005mm，表面粗糙度为 $Ra0.4\mu m$，直径按公差等级 IT5 制造，淬硬至 52HRC。

2) 主轴锥孔的技术要求。主轴莫氏 6 号锥孔对支承轴颈 A、B 的径向圆跳动公差，在轴端的公差为 0.005mm，离轴端 300mm 处公差为 0.01mm，锥面接触率≥70%，表面粗糙度为 $Ra0.4\mu m$，淬硬至 48HRC。主轴锥孔是用来安装顶尖或工具柄的，故要求接触好、跳动小，并淬硬。这样才能保证机床的总装精度和零件的加工精度。

3) 短锥和端面的技术要求。短锥 C 对主轴支承轴颈 A、B 的径向圆跳动公差为 0.008mm，端面 D 对轴颈 A、B 的端面圆跳动公差为 0.008mm。锥面及端面的表面粗糙度均为 $Ra0.4\mu m$，锥面淬硬至 52HRC。

此项要求的目的是为了保证卡盘的定位精度。

4）其他配合表面的技术要求。主要是指与齿轮、轴套等零件相配合的轴颈表面，与齿轮配合的轴颈要求公差等级为 IT5 级，表面粗糙度为 $Ra0.4\mu m$，对轴颈 A、B 的径向圆跳动公差为 $0.01\sim0.015mm$，这样可以保证齿轮啮合和主轴回转的平稳性。

5）螺纹的技术要求。螺纹精度为 2 级，振摆公差为 $0.025mm$，此项精度以主轴螺母端面振摆值来衡量。因为螺母是调整轴承间隙用的，螺母端面振摆过大对轴承内圈压力不均，使内圈中心线倾斜，与轴颈接触不好，致使主轴径向振摆扩大或精度不稳定。

(2) CA6140 车床主轴机械加工工艺路线　CA6140 车床主轴的零件图如图 9-35 所示，生产规模为大批量生产，材料为 45 钢，锻件。机械加工工艺路线见表 9-9。

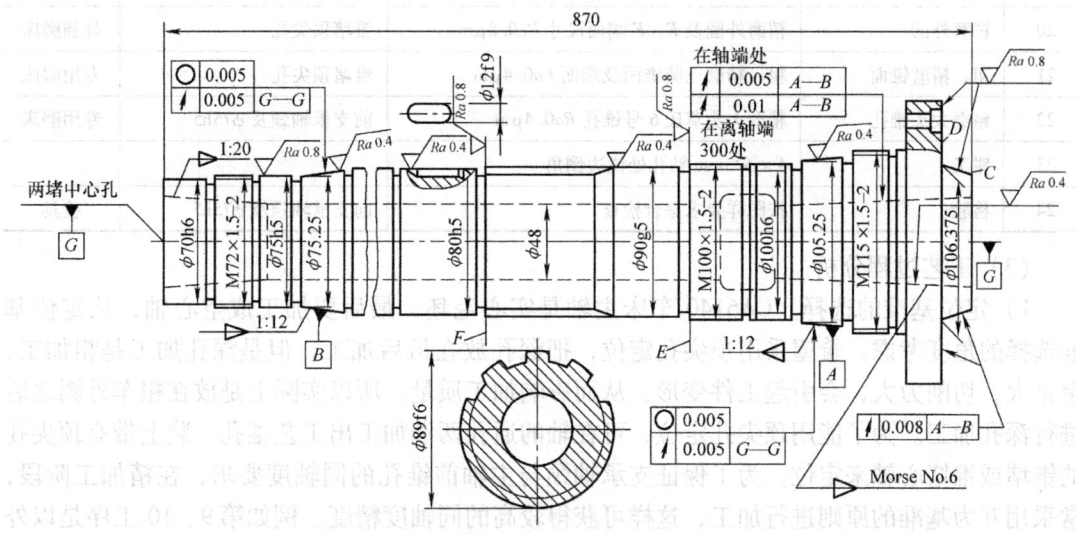

图 9-35　CA6140 车床主轴简图

表 9-9　CA6140 车床主轴机械加工工艺路线

序号	工序名称	工序内容	定位基准及夹紧	设备
1	锻造	—	—	—
2	热处理	正火		
3	铣端面，打中心孔		外圆	专用铣床
4	精车外圆		外圆和顶尖孔	卧式车床
5	热处理	调质	—	—
6	车大端各部	车外圆锥端面及台阶 $Ra6.3\mu m$	顶尖孔	卧式车床
7	仿形车小端各部	车小端各外圆 $Ra6.3\mu m$	顶尖孔	仿形车床
8	钻通孔	钻 $\phi48mm$ 通孔 $Ra6.3\mu m$	夹小头，顶大头	深孔钻床
9	车大头锥孔	车大头锥孔、外短锥及端面配锥堵	夹小头，顶大头	卧式车床
10	车小头锥孔	车小头锥孔，配锥堵 $Ra6.3\mu m$	夹小头，顶大头	卧式车床
11	钻孔	钻大头端面法兰孔 $Ra6.3\mu m$	外圆	摇臂钻床
12	仿形精车各外圆	仿形精车小头各部外圆 $Ra3.2\mu m$	顶尖孔	仿形车床
13	钻孔	钻 $\phi4H7$ 小孔	外圆	钻床

(续)

序号	工序名称	工序内容	定位基准及夹紧	设备
14	热处理	高频淬火前后支承轴颈前锥孔短锥 $\phi90g5$	—	—
15	粗磨外圆	粗磨 $\phi75h5$、$\phi90g5$	锥堵顶尖孔	外圆磨床
16	磨大头锥孔	粗磨大头莫氏 6 号锥孔，重配锥堵	$\phi100h6$ 和 $\phi75h5$ 两处	专用磨床
17	铣花键	$Ra1.2\mu m$	锥堵顶尖孔	花键铣床
18	铣键槽	$Ra3.2\mu m$	$\phi80h5$ 及 $M115\times1.5$ 外圆	立式铣床
19	车螺纹	车三处螺纹（与螺母配车）	锥堵顶尖孔	卧式车床
20	精磨外圆	精磨外圆及 E、F 端面尺寸 $Ra0.8\mu m$	锥堵顶尖孔	外圆磨床
21	粗、精磨锥面	粗、精磨三圆锥面及端面 $Ra0.4\mu m$	锥堵顶尖孔	专用磨床
22	精磨大头锥孔	精磨大头莫氏 6 号锥孔 $Ra0.4\mu m$	前支承轴颈及 $\phi75h5$	专用磨床
23	钳工	$4\times\phi23mm$ 钻孔处锐边倒角		
24	检验	按图样要求综合检查	前支承轴颈及 $\phi75h5$	检具

（3）工艺过程分析

1）定位基准的选择。CA6140 车床主轴是实心毛坯，最后要加工成空心轴，从定位基准选择的角度考虑，希望采用顶尖孔定位，把深孔放在最后加工，但是深孔加工是粗加工，余量大，切削力大，会引起工件变形，从而影响加工质量。所以实际上是放在粗车外圆之后进行深孔加工。为了能用顶尖孔定位，可在轴的通孔两端加工出工艺锥孔，装上带有顶尖孔的锥堵或锥堵心轴来定位。为了保证支承轴颈与主轴前锥孔的同轴度要求，在精加工阶段，常采用互为基准的原则进行加工，这样可获得较高的同轴度精度。例如第 9、10 工序是以外圆柱面定位车前、后锥孔，以便配带锥堵。第 15 工序则以锥堵顶尖孔为基准粗磨外圆，第 16 工序又以外圆为基准粗磨前锥孔，修正淬火后产生的变形，再配锥堵。第 20、21 工序再以锥堵顶尖孔为基准精磨外圆及支承轴颈。最后第 22 工序以前支承轴颈及后轴颈附近的圆柱面为基准精磨前锥孔。这样多次转换，以提高基准精度，保证了同轴度的精度要求。

2）粗、精加工分开，划分加工阶段及工序的安排。精加工要切除毛坯的大部分多余金属并且钻出通孔，必然会引起内应力的重新分布和产生较大的变形。为了保证加工质量，必须将粗、精加工分开。铣花键和键槽等工序安排在精车外圆之后，以防止因断续切削而打刀或影响加工精度。车螺纹、精磨外圆和粗、精磨支承轴颈等重要工序均在修研前将锥孔重新配锥堵，并在获得良好的基准之后进行，这样可防止淬火后锥孔变形的影响。精磨前锥孔放在最后进行，一方面是保证在重新配锥堵后将所有外圆精加工完毕，同时，也为精磨锥孔准备好精基准，保证锥孔对支承轴颈的同轴度要求。

3. 箱体零件工艺

箱体类零件的工艺特点为：

1）加工顺序为先面后孔。箱体类零件的加工顺序均为先加工平面，以加工好的平面定位再来加工孔。因为箱体孔的加工精度高、难度大，先以孔为粗基准加工好平面，再以平面为精基准加工孔，这样既能为孔的精加工提供稳定可靠的定位基准，又可以使孔的加工余量均匀。另外，先加工平面，可以切去铸件表面凹凸不平及砂眼等缺陷，有利于孔的加工，有利于保护刀具、对刀和调整。

2) 加工阶段粗、精分开。箱体的结构复杂,壁厚不均,刚性不好,而加工精度要求又高,故箱体主要加工表面都要划分为粗、精两个加工阶段。

单件小批生产的箱体或大型箱体的加工,如果从工序上也安排粗、精分开,则机床、夹具数量要增加,工件转运也费力,所以实际生产中将粗、精加工放在一道工序内完成。但从工步上讲,粗、精加工还是分开的。如在粗加工后将工件松开一点,然后再用较小的夹紧力夹紧工件,使工件因夹紧力而产生的弹性变形在精加工前得以恢复。

3) 工序间合理安排热处理。箱体毛坯比较复杂,铸造内应力较大,故一般应当在铸造后安排一次去应力处理,以消除残余应力,减少加工后的变形,保证精度的稳定。铸铁箱体一般采用人工时效处理(去应力退火),铝合金铸件箱体采用退火。

对于一些高精度的箱体或形状特别复杂的箱体,在粗加工后还要安排一次人工时效处理,以消除粗加工所带来的残余应力。

4) 以箱体上的重要孔作粗基准,以装配基面或顶面作精基准。箱体零件一般用它上面的重要孔作粗基准。如车床主轴箱都以主轴孔作粗基准。中小批生产时,由于箱体毛坯精度比较低,一般采用画线找正安装。画线时应以重要孔为画线基准。

大批量生产时,箱体的毛坯精度较高,通常采用以重要孔作为定位基面的夹具安装来加工平面。

4. 车床主轴箱箱体加工工艺

车床主轴箱的箱体结构如图9-36所示。

(1) 主轴箱的主要技术要求分析

该箱体的结构比较复杂,加工面较多,技术要求高,加工的关键是主轴孔和纵向平行孔系。

1) 尺寸精度。在三个主轴支承孔内需安装精度高的滚动轴承,故它们的尺寸公差等级均为IT6级,其他传动轴的支承孔尺寸公差等级为IT6~IT7级。各主要孔的中心距尺寸公差为±0.05mm。

2) 表面形状和相互位置精度。主轴孔的圆度误差通过滚动轴承外圈直接影响到加工工件的圆度,前端孔的影响最大,故它的精度要求高,圆度公差为0.006mm,中间和后端孔的圆度公差为0.008mm。

三个主轴孔的同轴度公差为$\phi0.024$mm;孔内端面对孔AB轴线上的端面圆跳动公差为0.006mm;AB孔的轴线对底面M和N的平行度公差为0.1:600mm;N面对M面的垂直度公差为0.1:300mm;M、N、O、P和Q等平面的平面度公差为0.04mm。

3) 表面粗糙度。表面粗糙度基本上与尺寸精度相适应,主轴孔要求为$Ra0.8~0.4\mu m$,其他主要孔为$Ra3.2~1.6\mu m$,装配基准等主要平面为$Ra1.6\mu m$。

(2) 定位基准的选择

选择粗、精基准时应考虑生产批量的不同。

1) 粗基准。加工第一个面(顶面R)时应选择主轴毛坯孔为粗基准。这是因为主轴孔的精度要求最高,与之有关的尺寸也最多。生产类型不同,实现以主轴孔为粗基准的工件安装方式也不同。

① 中、小批生产时,毛坯精度较低,用主轴孔为画线基准,画线找正安装。

② 大批大量生产时,毛坯精度较高,为提高生产率,可采用专用的夹具安装,直接以

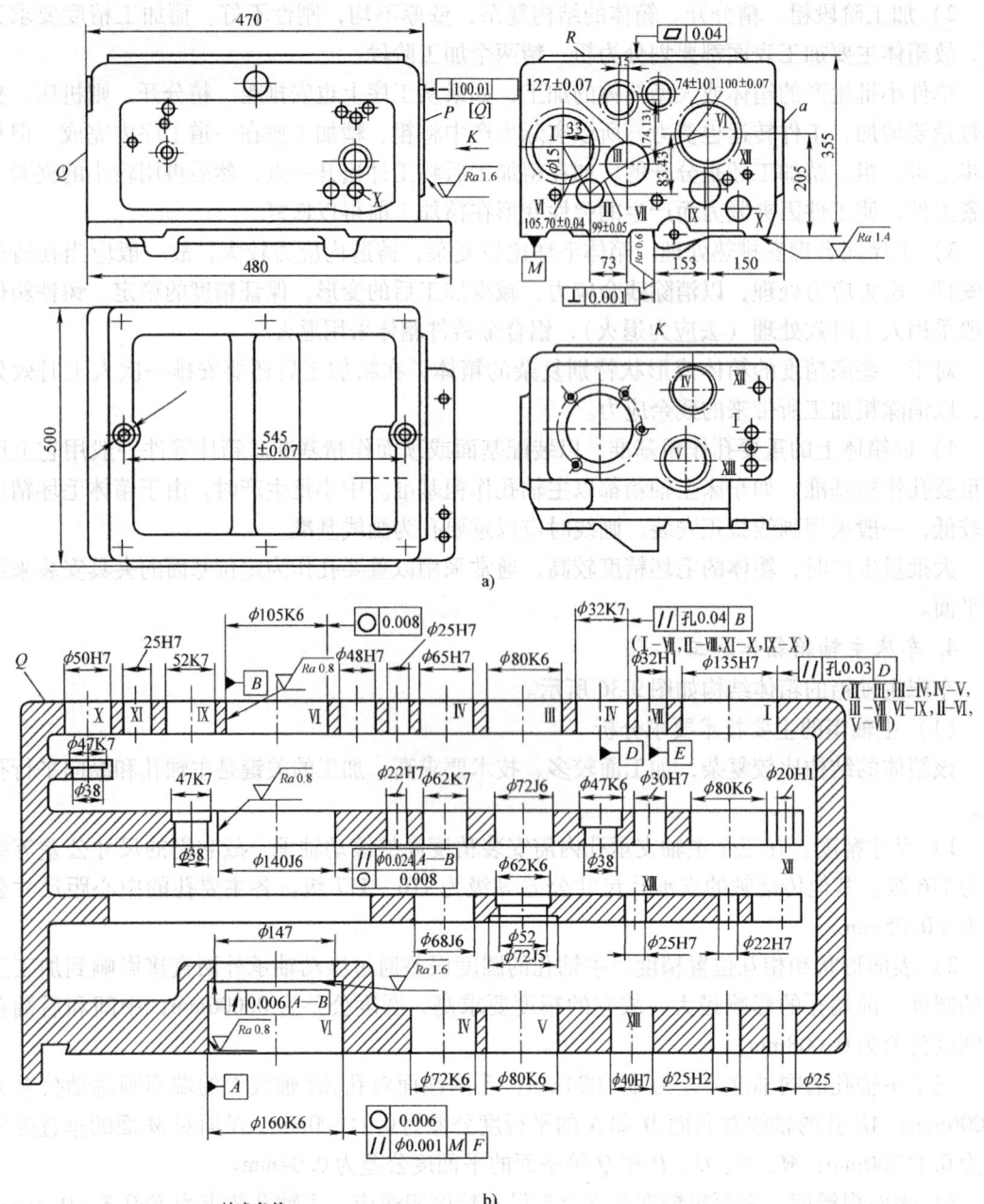

技术条件
1. 铜件单向孔罩(除Ⅵ轴外)齐孔R0.8～R0.4(孔内墙面R3.2～R6.3)
2. 各轴线上的轴承孔座轴。

图9-36 车床主轴箱的箱体结构
a) 外形图　b) 纵向孔系展开图

主轴孔Ⅵ的毛坯孔在夹具上定位，粗铣箱体顶面。

2) 精基准。生产批量不同，精基准的选择也不同。

① 中小批生产时，按照基准重合原则，以箱体底面 M 和导向面 N 作为加工主轴孔和其他表面的精基准。但在镗箱体内壁上的孔时需采用图9-37所示的带有吊架式支承的镗模。

这种吊架式支承的刚性较差，位置精度低，且每加工一个箱体都需拆装一次，比较麻烦。

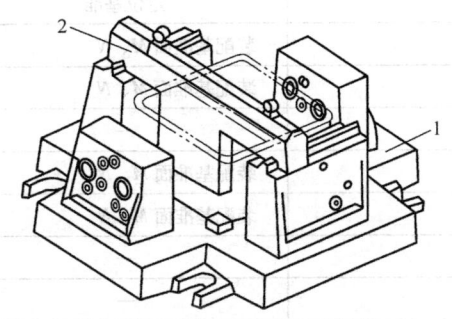

图 9-37　带有吊架式支承的镗模
1—夹具体　2—吊架

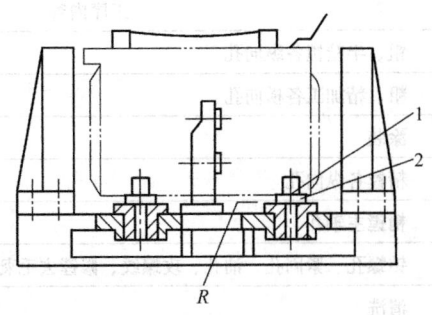

图 9-38　以顶面和两工艺孔定位的镗模
1—定位销　2—支承板

② 在大批生产时，为提高生产率，采用以顶面 R 为主要定位基准面的加工方案，且在该面加工两个 ϕ18H7 的工艺孔，采用"一面两孔"的定位方案，如图 9-38 所示。加工时，工件顶面 R 朝下，在底座的支承板 2 上定位，两个定位销 1 插入 ϕ18H7 工艺孔中，箱体被完全定位。伸入箱体的导向支承架可以直接装在底座上。这种镗模比上述带吊架支承的镗模结构简单，装卸工件方便，但定位基准与设计基准不重合。为了减少基准不重合误差的影响，需提高顶面 R 至底面 M 的尺寸精度，同时还要加工出两个要求较高的工艺销孔。

(3) 加工方法和加工顺序的确定　主轴箱上的主要平面在中、小批量生产时，用龙门刨床进行加工，工艺路线为粗刨→半精刨→精刨；大量生产时采用组合铣床和专用磨床进行加工，工艺路线为粗铣→精铣→磨削。最后工序采用磨削的方法不仅仅是为了提高加工精度和获得较小的表面粗糙度，而且是因为加工孔时以顶面作为定位基准，因此必须提高它的加工精度。另外，其他面经磨削后，在装配时便可减少大量的刮削工作量，从而显著地提高生产效率。

主轴孔和其他主要孔的加工，不论大批量生产或中、小批量生产都采用镗孔，工艺路线为粗镗→半精镗→精镗，只是所用机床不一样。大批量生产时需采用专用镗床，可以同时加工平行孔系，以提高生产率；中、小批量生产时，只能采用普通卧式镗床，依次加工平行孔系。表 9-10 为中、小批量生产时车床主轴箱箱体加工的工艺过程；表 9-11 为大批量生产时车床主轴箱箱体加工的工艺过程。

表 9-10　中、小批量生产时车床主轴箱箱体加工工艺过程

序号	工序内容	定位基准
	铸造、时效、涂底漆	—
1	画线，画Ⅰ、Ⅵ孔十字线，顶面 R，底面 M，导向面 N，端面 P、Q	—
2	粗刨、半精刨顶面 R	按画线找正
3	粗刨、半精刨底面 M、导向面 M、侧面 O	顶面 R 并校正主轴孔中心线
4	粗刨、半精刨两端面 P、Q	装配基准面 M、N
5	精刨顶面 R	装配基准面 M、N
6	精刨底面 M、导向面 N、侧面 Q	顶面 R 及侧面 O
7	精刨两端面 P、Q	装配基准面 M、N

(续)

序号	工序内容	定位基准
8	粗、半精镗各纵向孔	装配基准面 M、N
9	粗、精加工各横向孔	装配基准面 M、N
10	涂装	—
11	精镗各纵向孔	装配基准面 M、N
12	精镗主轴孔	装配基准面 M、N
13	钻螺孔、紧固孔、油孔、攻螺纹、修镗去毛刺	—
14	清洗	—
15	检验	—

表 9-11 大批量生产时车床主轴箱箱体加工工艺过程

序号	工序内容	定位基准
	铸造、时效、涂底漆	
1	粗、精铣顶面 R	Ⅵ轴与Ⅰ轴铸孔
2	钻、扩、铰顶面上两工艺孔 $\phi 18H7$，并钻 8 个 M8 螺孔	顶面 R、Ⅵ轴孔内壁一端
3	粗、精铣 M、N、O、P 及 Q 平面	顶面 R 及两工艺孔
4	磨顶面 R	M 面和 Q 面
5	粗镗各纵向孔	顶面 R 及两工艺孔
6	精镗各纵向孔	顶面 R 及两工艺孔
7	半精镗、精镗主轴孔	顶面 R 及Ⅲ-Ⅴ轴孔
8	加工横向孔和各面上的次要孔	顶面 R 及两工艺孔
9	涂装	—
10	磨 M、N、O、P 及 Q 平面	顶面 R 及两工艺孔
11	钳工攻螺纹、修锉去毛刺	—
12	清洗	—
13	检验	—

第四节　机械加工件的结构工艺性

零件本身的结构，对加工质量、生产效率和经济效益有重要影响。为了获得较好的技术经济效果，在设计零件结构时，不仅要考虑如何满足使用要求，还应考虑是否符合加工工艺的要求，也就是零件的结构工艺性问题。

零件的结构工艺性，是指这种结构的零件在加工工艺上得以实行的难易程度。它既是评价零件结构设计优劣的技术经济指标，又是零件结构设计优劣所产生的结果。

一、结构工艺性的设计原则

零件加工的结构工艺性与其加工方法及工艺过程密切相关。为了获得良好的工艺性，设计人员应当了解和熟悉各种常用加工方法的工艺特点、各典型表面的加工方案及各工艺过程的基本知识。在具体设计零件的结构时，除了考虑满足使用要求外，还应注意遵循某些由大量实践经验总结得出的较为具体的设计准则。

为了使零件在切削加工过程中具有良好的工艺性，对零件的结构设计可提出如下要求：

1) 加工表面的几何形状应尽量简单，尽可能布置在同一平面或同一轴线上。

2) 有相互位置精度，如同轴度、垂直度、平行度等要求的表面，最好能在一次装夹中加工出来。

3) 尽可能减少加工表面的数量和面积，合理地规定加工精度和表面粗糙度，利于减少切削加工量。

4) 应力求零件的某些结构尺寸标准化，如孔径、齿轮模数、螺纹、键槽宽度等，以便采用标准刀具和通用量具，降低生产成本。

5) 零件应便于安装，定位准确，夹紧可靠；便于加工和测量，便于装配和拆卸。

6) 零件结构应与先进的加工工艺方法相适应。

7) 零件应有足够的刚性，能承受切削力和夹紧力，以便加大切削用量，提高生产率。

二、改善结构工艺性示例

通过实际分析，对零件切削加工的结构工艺性优劣作出对比说明，见表 9-12。

表 9-12 零件结构的机械加工工艺性对比

序号	设计准则	不合理结构	合理的结构	说 明
1	外形不规则的零件，应设计工艺凸台以便装夹			车床小刀架作出工艺凸台 A，以便加工下部燕尾导轨面
				为加工立柱导轨面，在斜面上设置工艺凸台 A
2	长轴和大件应考虑工艺吊装位置			杆类长轴应在一端设置吊挂螺孔或吊环，以便吊运、热处理和保管
				划线平板的四侧各增加两个工艺孔，以便加工、刮研、吊运和维修

（续）

序号	设计准则	不合理结构	合理的结构	说　明
3	零件上有同轴度、垂直度要求的表面应在一次装夹下加工	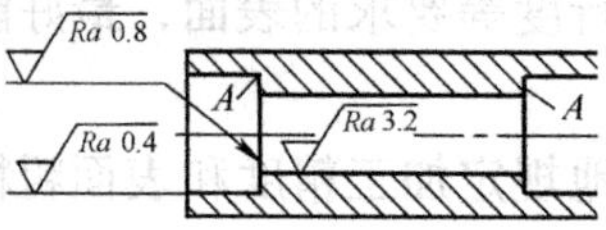	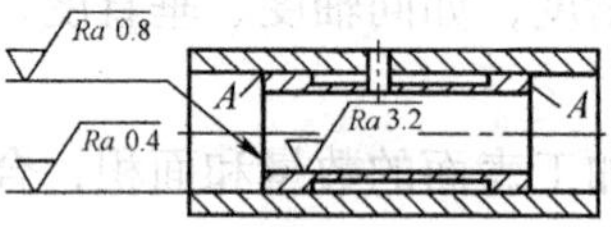	右图结构可在一次装夹下加工内孔，保证了两端孔的同轴度，且易保证孔与端面 A 的垂直度
4	轴上的键槽应布置在同一侧	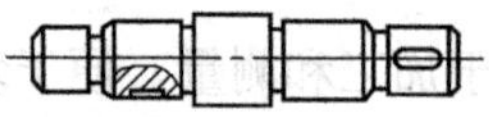	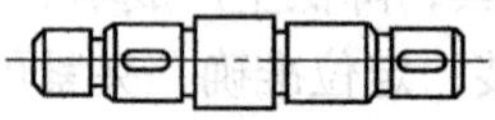	减少装夹次数，在一次安装中，将轴上所有键槽都加工出来
5	被加工面应位于同一平面上	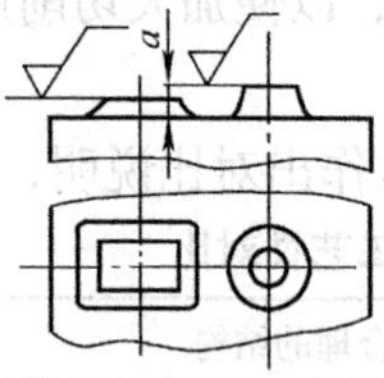	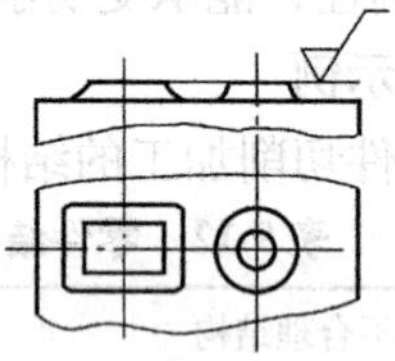	凸台可一次加工完成，并可实现多件加工
6	尽可能减小被加工面的面积	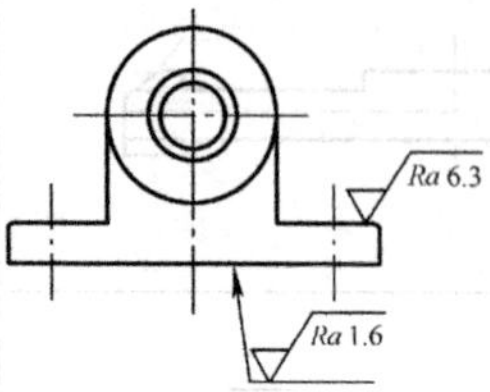	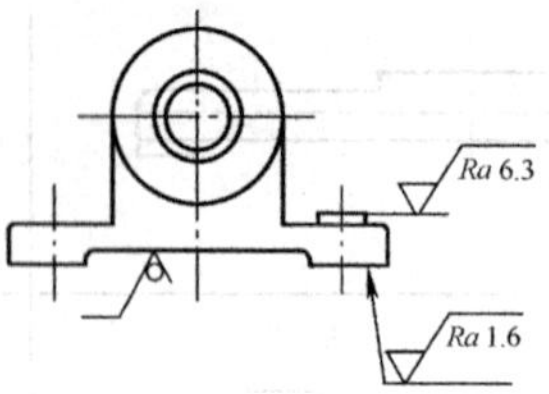	支架底面加凹槽，以减少加工面积；凸台在钻孔的同时用锪钻加工，可减少加工时间
7	以外表面加工代替内表面加工	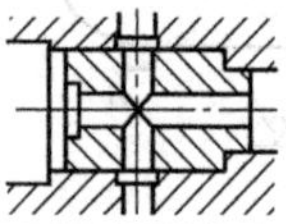	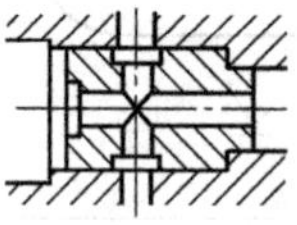	将孔内的环形槽改为轴上的环形槽，以便于加工
8	避免箱体孔的内端面加工	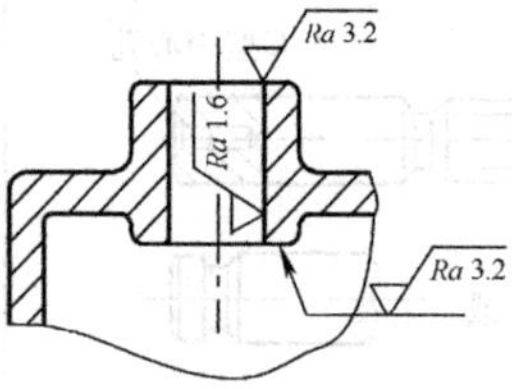	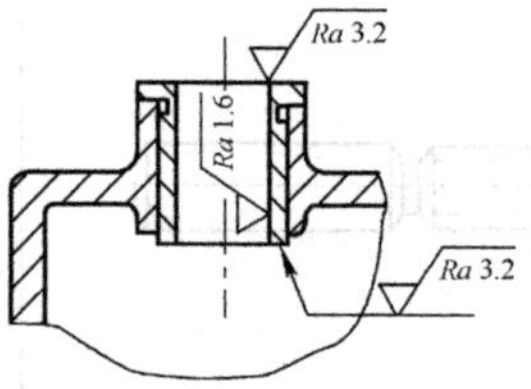	箱体孔的内端面加工比较困难，可用镶套零件代替
9	避免把加工平面布置在低凹处	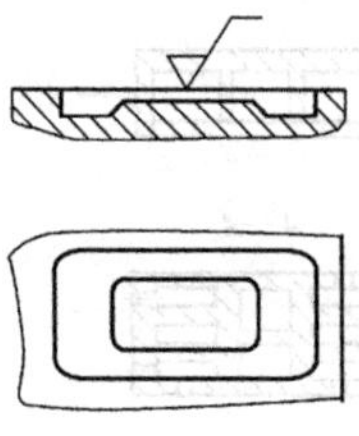	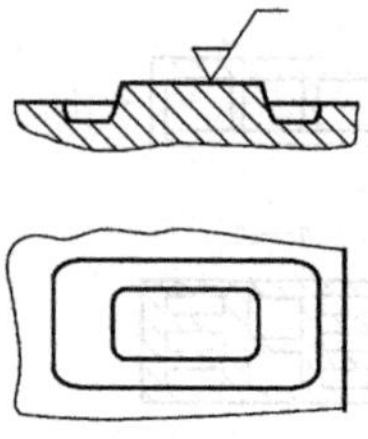	1）可采用大直径面铣刀加工，以提高生产率 2）可进行多件加工

(续)

序号	设计准则	不合理结构	合理的结构	说　明
10	避免在加工平面中间设置凸台			1）可采用大直径面铣刀加工，以提高生产率 2）可进行多件加工
11	设置必要的工艺孔			镗中间隔壁孔时，镗杆悬臂太长，刚性差，设工艺孔后可在箱体外支承镗杆，改善了加工条件
12	精加工孔尽可能作成通孔			研磨孔作成通孔便于加工和测量，研磨后用堵头堵死
13	避免在斜面上钻孔和钻半截孔			防止钻孔引偏和损坏钻头，保证钻孔精度，提高生产率
14	攻螺纹、磨削都应留退刀槽			刀具能自由退刀，以保证加工质量
15	双联齿轮或多联齿轮应设计退刀槽			用插齿刀加工双联齿轮或多联齿轮的小齿轮时，必须留有足够宽的退刀槽，以便刀具退出

(续)

序号	设计准则	不合理结构	合理的结构	说　明
16	用滚刀加工带凸肩的轴齿轮时，需有退刀槽	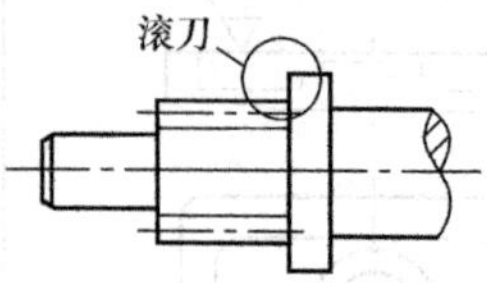	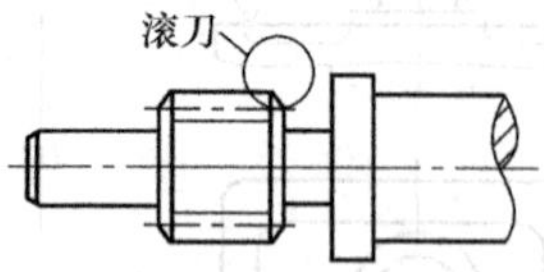	右图有足够的退刀槽，以便刀具退出
17	当尺寸差别不大时，零件上的槽宽、圆角半径、孔、螺孔等尺寸应尽可能一致	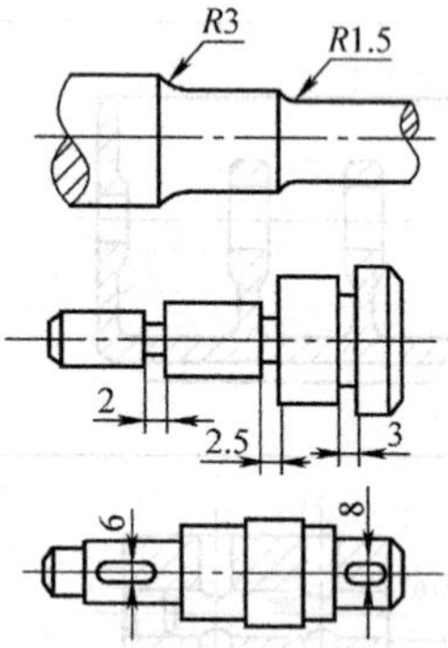 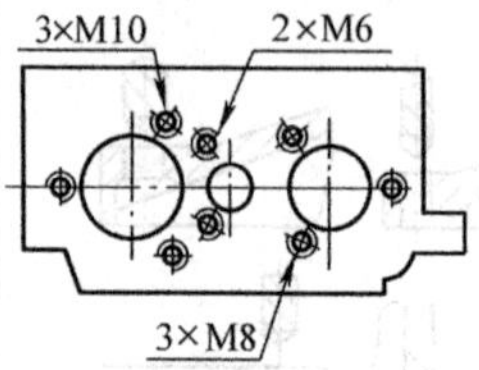	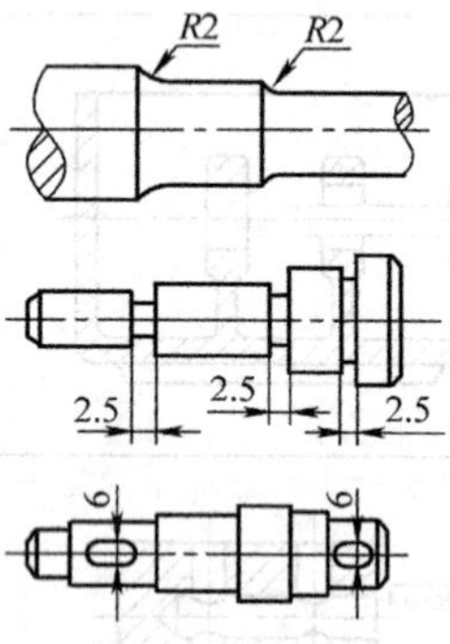 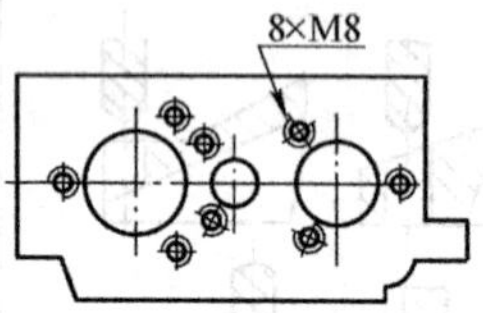	1）减少刀具种类 2）减少更换刀具等辅助时间
18	加工面形状应与刀具轮廓相符			不通孔的孔底和阶梯孔的过渡部分应设计成与钻头顶角相同的圆锥面 凹槽的圆角半径必须与标准立铣刀圆角半径相同
19	采用组合件以简化加工	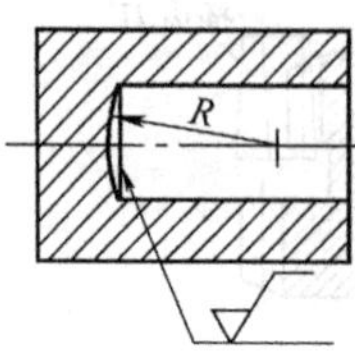	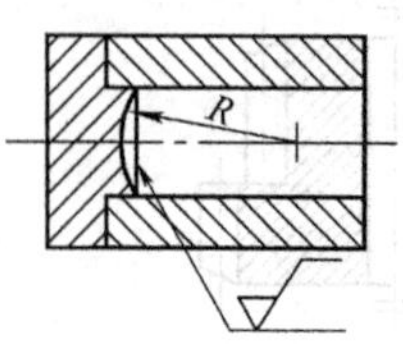	孔内的内球面加工很困难，分成两件则易于加工出球面，有利于保证加工质量

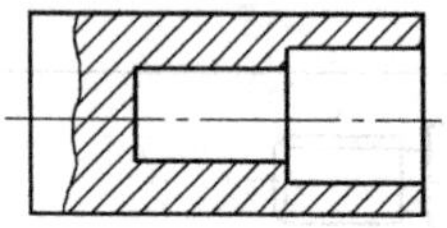

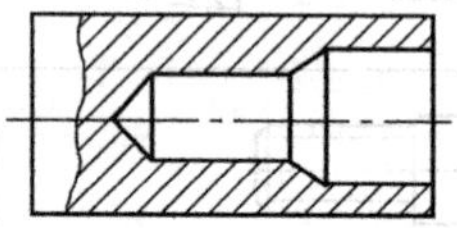

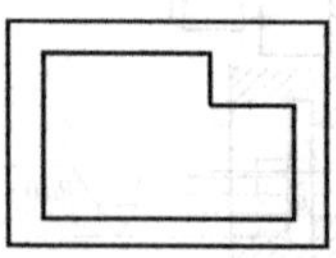

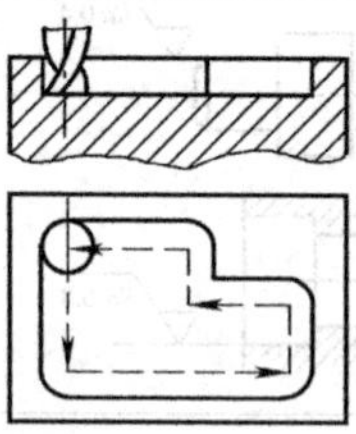

(续)

序号	设计准则	不合理结构	合理的结构	说　　明
20	箱体的同轴孔系的孔径应向一个方向递减，或从两边向中间递减，端面应在一个平面上	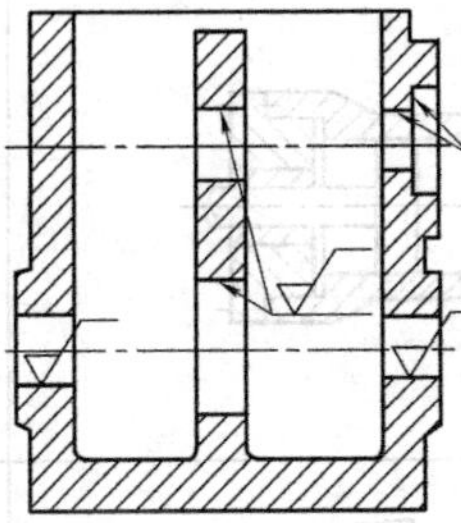	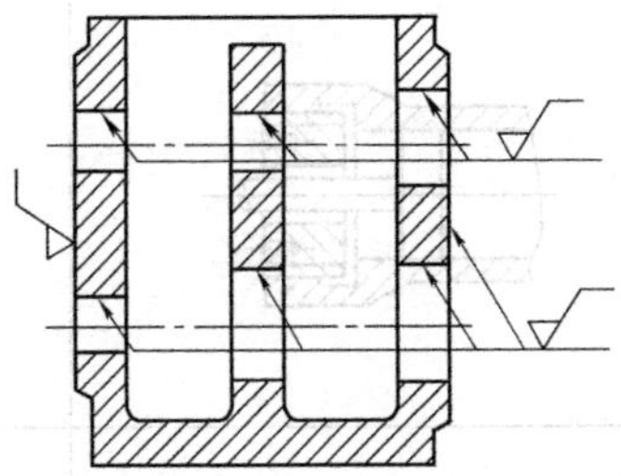	1）孔径从两边向中间递减，可缩短镗杆伸出长度，提高刚度，也可以同时从两面加工 2）端面平齐，可在一次调整中加工出全部端面
21	尽可能采用标准刀具	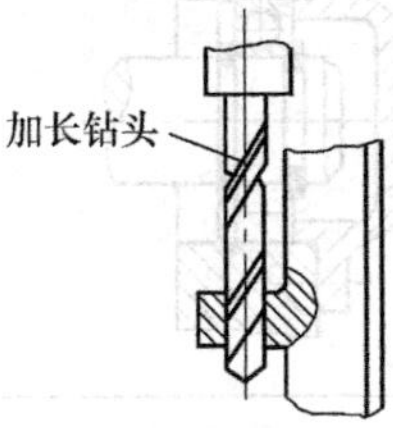	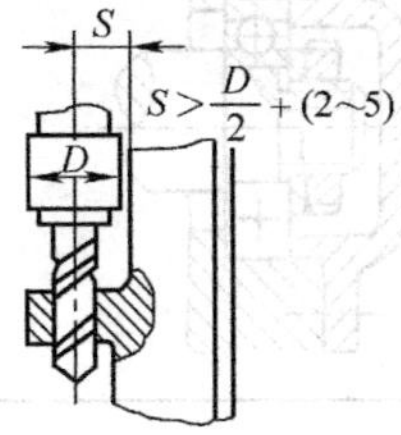 $S > \dfrac{D}{2} + (2 \sim 5)$	合理布置孔的位置，避免采用加长钻头（非标准刀具）
22	应避免不通的内花键	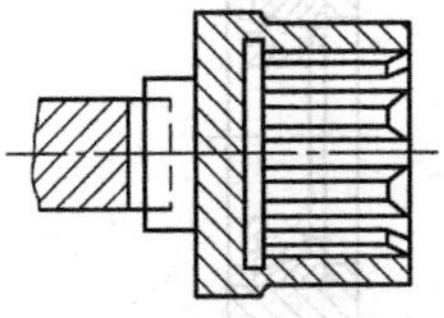	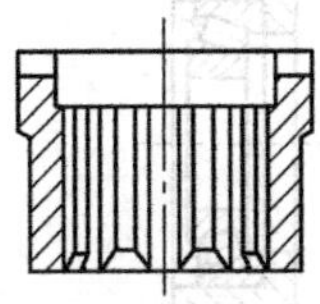	左图只能用花键插齿刀加工，右图采用花键拉刀加工，可提高生产率
23	内花键设计应考虑连续性	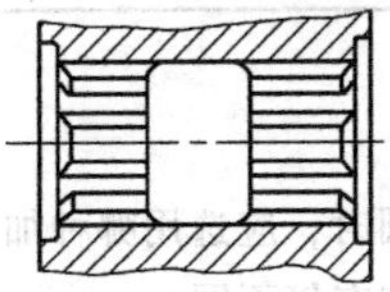	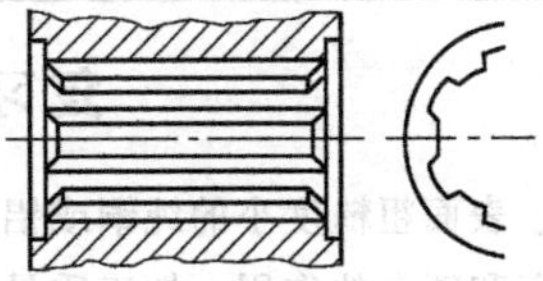	防止损坏拉刀并提高其寿命
24	应使零件有足够的刚度	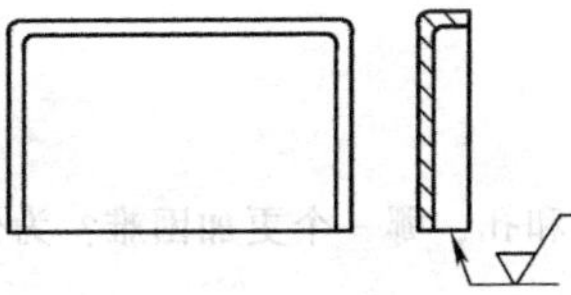	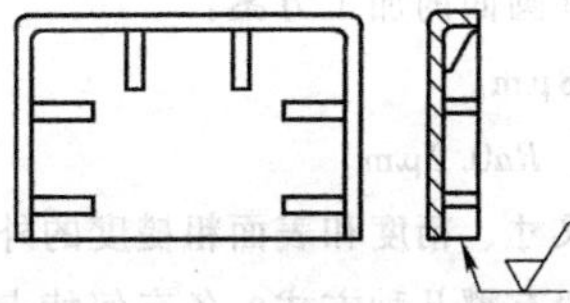	较大面积的薄壁零件（如罩、盖等），刚性不好，应增设必要的加强筋
25	减少机床的调整	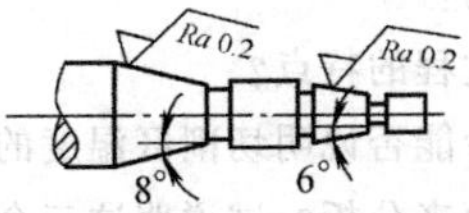	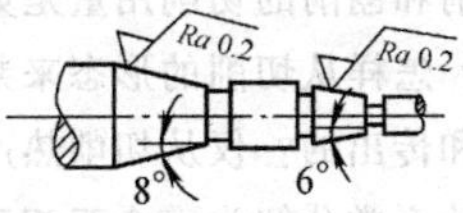	若有可能，应采用相同的锥度，磨床只需作一次调整
26	零件结构应适合进行多件加工	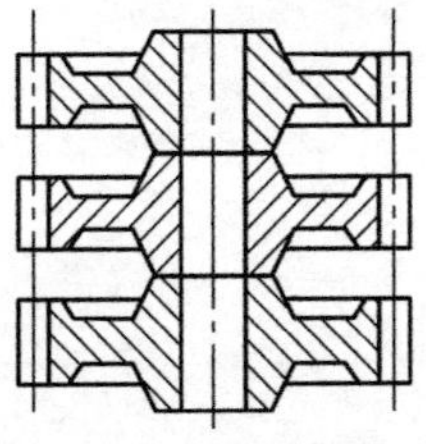	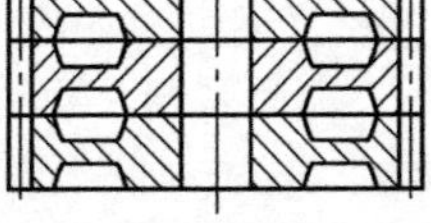	右图结构在滚齿时既能增加加工时的刚性，减小振动，又能减少刀具的空程时间，提高生产率

(续)

序号	设计准则	不合理结构	合理的结构	说　　明
27	避免螺纹作定位面			1）螺纹有间隙，不能保证端盖孔与液压缸的同轴度 2）加工大直径螺孔效率较低
28	零件结构应便于装卸			用弹性挡圈代替轴肩、螺母和阶梯孔，简化了制造，便于滚动轴承的装卸
				轴承或箱体的靠肩孔应当大于圆锥滚子轴承外环小锥直径，以便拆卸

复习思考题

1. 加工要求精度高、表面粗糙度小的纯铜或铝合金轴外圆时，应选用哪种加工方法？为什么？
2. 外圆粗车、半精车和精车的作用、加工质量、技术措施有何不同？
3. 试确定下列零件外圆面的加工方案：
　1）纯铜小轴，$Ra0.8\mu m$。
　2）45 钢轴，$\phi 50h6$，$Ra0.2\mu m$。
4. 加工相同材料、尺寸、精度和表面粗糙度的外圆面和孔，哪一个更加困难？为什么？
5. 成形面的加工一般有哪几种方式？各有何特点？
6. 何谓切削用量？钻削和刨削的切削用量是如何表示的？
7. 切削有哪几种类型？怎样从切削的形态来判别切削过程的特点？
8. 切削热是如何产生和传出的？仅从切削热产生的多少能否说明切削区温度的高低？
9. 车削时切削合力为什么常分解为三个互相垂直的分力来分析？试说明这三个分力的作用。

第十章 其他材料的成形

随着科学技术的发展，非金属材料已越来越多地应用在国民经济的各个领域，非金属材料的成形技术也得到了较快地发展。非金属材料是指除金属以外的工程材料，品种繁多，在工程上常用的主要有塑料、橡胶、陶瓷等。近年来单一材料已经很难满足零件在强韧性、稳定性、耐蚀性、经济性等多方面的要求，从而出现了复合树料。复合材料以其优异的性能得到了迅猛地发展。严格地说，复合材料并不完全属于非金属材料，但它的成形与非金属材料成形有着密切联系，所以常把它归于非金属材料的成形。

由于非金属材料与金属材料在结构和性能上有较大差异，其成形特点也不同，与金属材料的成形相比，非金属材料成形有以下特点：

1) 非金属材料可以是流态成形，也可以是固态成形，成形方法灵活多样，可以制成形状复杂的零件。例如，塑料可以用注塑、挤塑、压塑成形，还可以用浇注和粘接等方法成形；陶瓷可以用注浆成形，也可用注射、压注等方法成形。

2) 非金属材料的成形通常是在较低温度下产生的，成形工艺较为简便。

3) 非金属材料的成形一般要与材料的生产工艺结合。例如，陶瓷应先成形再烧结；复合材料常常是将固态的增强料与呈流态的基料同时成形。

第一节 高分子材料的成形

一、工程塑料的成形

塑料是应用最广泛的有机高分子材料，也是最主要的工程结构材料之一。它是以天然或合成树脂为主要成分，再加入增塑剂、润滑剂、固化剂、稳定剂及填料等组成的高分子材料。在一定的温度和压力下，可以用模具使其成形为具有一定形状和尺寸的塑料制件，当外力解除后，在常温或一定的温度范围内其形状保持不变。

工程塑料的主要特性有：

1) 密度小。塑料的相对密度一般只有 1.0~2.0，约为钢的 1/6，铝的 1/2。这对减轻车辆、飞机、船舶等交通运输工具的自重意义重大。

2) 耐蚀性。大多数塑料化学稳定性好，对酸、碱和有机溶液都有良好的耐蚀能力，有些可与陶瓷材料相媲美。

3) 电绝缘性。绝大多数塑料都具有良好的电绝缘性和较小的介电损耗，因此是理想的电绝缘材料。

4) 良好的耐磨和减摩性。大部分塑料摩擦因数低，有自润滑能力，可在湿摩擦和干摩擦条件下有效工作。

5) 良好的成形性。大部分塑料可以直接采用注塑或挤压成形工艺，无需切削，所以其生产率高，成本低。

塑料制品的主要不足之处在于耐热性差、强度和硬度较低、刚性和尺寸稳定性差、易老化、易蠕变等，使其应用受到一定限制。

根据树脂的热性能，塑料可分为热塑性塑料和热固性塑料两类。

1. 工程塑料的成形性能

塑料具有高分子聚合物独特的大分子链结构，这种结构决定了塑料的成形性能。

（1）塑料形变与温度的关系　热塑性塑料在一定的压力作用下，随着温度的变化，表现出的形变特性（力学性能）不同，如图10-1所示。图中，低于玻璃化温度 T_g 为玻璃态、高于粘流温度 T_f（或结晶温度 T_m）为粘流态，在玻璃化温度和粘流温度之间为高弹态。当温度高于热分解温度（T_d）时，塑料会降解或气化分解。

玻璃态时，高聚物的强度、刚性等力学性能较好，能承受一定的载荷，所以可作为结构材料使用。

高弹态时，高聚物在外力作用下，会产生很大的弹性变形（弹性变形量可达100%~1000%），此时的高聚物具有橡胶的特性。

粘流态时，高聚物开始粘性流动。此时的变形是不可逆变形，一般塑料都在此温度范围成形。

热固性塑料在成形过程中，由于高聚物发生交联反应，分子将由线型结构变为体型结构。其具体过程是：处于稳定态的热固性塑料原料，加热后由稳定态逐步熔融呈塑化态。这时流动性很好，可以很快充填至型腔各处。同时，线性高聚物的分子主链间形成化学键结合（即交联），分子逐渐呈网状的体型结构，高聚物变为既不熔融也不溶解、形状固定的塑料件，这一过程称为固化。热固性塑料受热后的状态变化曲线如图10-2所示。

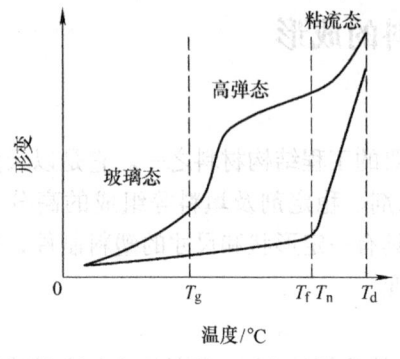
图10-1　塑料的形变与温度的关系

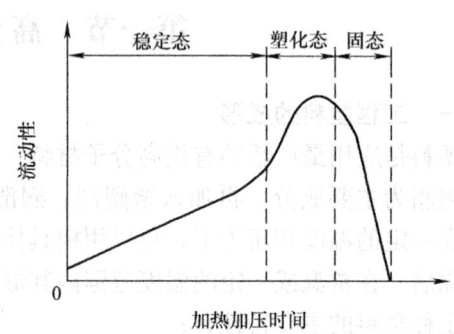
图10-2　热固性塑料受热后的状态变化曲线

（2）塑料的流变性能　由于塑料的大分子结构和运动特点，在正常使用中处于玻璃态，而在成形过程中，除少数工艺外，都要求塑料处于粘流态（或塑化态）成形。因为在这种状态下，塑料聚合物呈熔融的流体，易于流变成形。但塑料流体与金属液体的流动性能不同，主要表现在粘度变化趋势的差异。金属液体是牛顿流体，其粘度随温度和压力的变化基本保持不变；而塑料聚合物熔体是非牛顿流体（或称粘流体），其粘度随流动中的剪切速率、温度、压力的变化而有较大的变化。对于一种塑料，通常其粘度随温度的升高而降低。塑料的粘度越小流动性也越好。图10-3所示为几种常用塑料的粘度与温度变化曲线。从图中可以看出，不同塑料由于其分子结构的差异，粘度对温度的敏感程度不同。粘度也随流动时的剪切速率（或称为速度梯度）的变化而变化，剪切速率增加时粘度会随之降低。当温度一定时,塑料熔体流动,剪切速率越高,其粘度越低,也越有利于塑料成形。生产中可以采用小浇道(如点浇道)来提高流速,进而提高剪切速率,可制出流动性较差的或壁厚较薄的塑料制品。

(3) 塑料的成形工艺性 塑料的成形工艺性是塑料在成形加工中表现出的特有性质,主要表现在以下几个方面:

1) 流动性。塑料在一定的温度和压力下填充模具型腔的能力称为塑料的流动性。

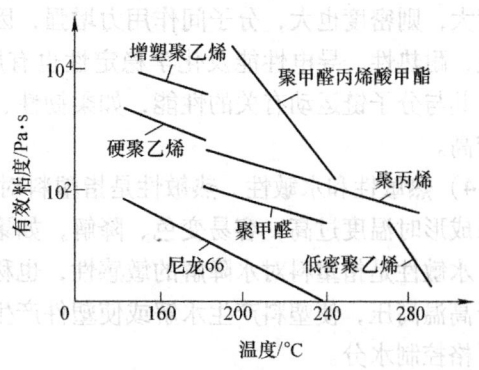

图10-3 几种常用塑料的粘度与温度变化曲线

热塑性塑料的流动性用熔融指数(又称熔融流动率)表示。熔融指数越大,流动性也越好。熔融指数与塑料的粘度有关,粘度越小,熔融指数越大,塑料的流动性也越好。常用塑料的流动性大致可分为三类:流动性好的,如尼龙、聚乙烯、聚苯乙烯、聚丙烯、醋酸纤维素等;流动性中等的,如改性聚苯乙烯、ABS、聚甲基丙烯酸甲酯、聚甲醛、聚醚等;流动性差的,如聚碳酸酯、硬聚氯乙稀、聚苯醚、聚砜、聚芳砜、氟橡胶等。

热固性塑料的流动性指标一般用拉西格流动性表示。不同的塑料其流动性不同。对于同一种塑料,由于交联反应的相对分子质量不同,填料的性质与多少不同,增塑剂和润滑剂的多少不同,拉西格流动性也不同。同一品种塑料的流动性可分为三个不同的等级。第一级:拉西格流动值为100~130mm,用于压制无嵌件、形状简单的一般厚度塑件;第二级:拉西格流动值为131~150mm,用于压制中等复杂程度的塑件。第三级:拉西格流动值为151~180mm,用于压制结构复杂、型腔很深、嵌件较多的薄壁塑件,或用于传递(压注)成形。

2) 收缩性。塑料制品从模具中取出冷却到室温后,发生尺寸变小的特性称为收缩性。影响塑料收缩性的因素很多,其中主要是热收缩,即塑料在较高的成形温度下成形,冷却到室温后产生的收缩。由于塑料的线膨胀系数较钢大3~10倍,塑料件从模具中成形后冷却到室温的收缩相应也比模具的收缩大,故塑料件的尺寸较型腔小。

塑料件的成形收缩值可用收缩率表示

$$k = \frac{L_m - L_1}{L_1} \times 100\%$$

式中 k——塑料收缩率;
L_m——模具在室温时的尺寸(mm);
L_1——塑料件在室温时的尺寸(mm)。

塑料的收缩率是塑料成形加工和塑料模具设计的重要工艺参数,它影响塑料件的尺寸精度及质量。

3) 结晶性。按照聚集态结构的不同,塑料可分为结晶型塑料和无定型塑料两类。结晶型塑料其分子排列规则有序,而无定型塑料其分子排列无序。由于高分子材料分子链很长,每个部分都呈现规则排列是非常困难的,因此一般高聚物的结晶是不完全的。通常把高聚物中晶区所占的比例称为结晶度。结晶型高聚物完全熔融的温度(T_m)为熔点。塑料的结晶度与成形时的冷却速度有很大关系,塑料熔体的冷却速度越慢,其结晶度也越大。塑料的结晶度大，则密度也大，分子间作用力增强，因而塑料的硬度和刚度提高，力学性能和耐磨性增强，耐热性、导电性能及化学稳定性也有所提高；反之，结晶度低的，或成为无定型塑料，其与分子链运动有关的性能，如柔韧性、耐折性、伸长率及冲击强度等则较大，透明度也较高。

4) 热敏性和水敏性。热敏性是指塑料对热降解的敏感性。有些塑料对温度比较敏感，如果成形时温度过高，容易变色、降解，如聚氯乙烯、聚甲醛等。

水敏性是指塑料对水降解的敏感性，也称为吸湿性。水敏性高的塑料，在成形过程中，由于高温高压，使塑料产生水解或使塑件产生气泡等缺陷。所以塑料在成形前要干燥除湿，并严格控制水分。

5) 毒性、刺激性和腐蚀性。有些塑料在加工时会分解出有毒性、刺激性和腐蚀性的气体。例如，聚甲醛会分解产生刺激性气体甲醛，聚氯乙烯及其衍生物或共聚物分解出既有刺激性又有腐蚀性的氯化氢气体。成形加工时，必须严格掌握工艺规程，防止有害气体危害人体、腐蚀模具及加工设备。

除上述工艺性能外，还有吸气性、粘膜性、可塑性、压缩性、均匀性相交联倾向等。

2. 注射成形

塑料注射成形又称为注塑成形或注射法，是热塑性塑料成形的主要加工方法。近年来，注射成形已成功地用于某些热固性塑料的成形加工。注射成形的成形周期短，生产效率高，能一次成形空间几何形状复杂、尺寸精度高、带有各种嵌件的塑料制品，而且它的适应性强，生产过程易于实现自动化。目前大约60%~70%的塑料制件是用注射成形方法生产的。

(1) 注射成形的工艺过程　注射成形的工艺过程是将塑料经过预干燥处理，通过注射机的注射使塑料在模具中成形，开模后取出塑料件并进行处理。注射过程是获得合格塑料件的关键。完整的注射过程包括加料、塑化、注射、保压、冷却定型和脱模等几个步骤。塑化是塑料在注射机料筒中经过加热达到塑化状态（粘流态或塑化态）；注射时将塑化后的塑料流体，在螺杆（或柱塞）的推动下经喷嘴压入模具型腔；塑料充满型腔后，需要保压一定时间，使塑料件在型腔中冷却、硬化、定型；压力撤销后开模，并利用注射机的顶出机构使塑料件脱模并取出。整个过程呈周期性地重复进行，从向料筒加料到开模取出塑料件为一个成形周期，根据塑料品种、尺寸大小及厚度不同，时间从几秒钟到几分钟不等。

注射成形的工艺条件主要有温度、压力和时间等。

1) 温度。在注射成形时需控制的温度有料筒温度、喷嘴温度、模具温度等。料筒温度应控制在塑料的粘流温度 T_f（对结晶型塑料为熔点 T_m）以上，提高料筒温度可使塑料熔体的粘度下降，对充模有利，但必须低于塑料的热分解温度 T_d。喷嘴温度通常略低于料筒的最高温度，以防止塑料流经喷嘴处因升温而产生"流涎"。模具温度根据不同塑料的成形条件，通过模具的冷却（或加热）系统控制。对于要求模具温度较低的塑料，如聚乙烯、聚苯乙烯、聚丙烯、ABS塑料、聚氯乙烯等应在模具上设冷却装置；对于模具温度要求较高的塑料，如聚碳酸脂、聚砜、聚甲醛、聚苯醚等应在模具上设加热系统。

2) 压力。注射成形过程中的压力包括塑化压力和注射压力两种。塑化压力又称为背压，是注射机螺杆顶部熔体在螺杆转动后退时受到的压力。增加塑化压力能提高熔体温度，并使温度分布均匀。注射压力是指柱塞或螺杆头部注射时对塑料熔体施加的压力，它用于克服熔体从料筒流向型腔时的阻力，保证一定充模速率和对熔体压实。注射压力的大小取决于塑料品种、注射机类型、模具的浇注系统结构尺寸、模具温度、塑料件的壁厚及流程大小等多种因素。近年来，采用注塑流动模拟计算机软件，可对注射压力进行优化设计。在注射机上常用表压指示注射压力的大小，一般为 40~130MPa。常用热塑性塑料的注射成形工艺条件见表 10-1。

表10-1 常用热塑性塑料的注射成形工艺条件

塑料品种	注射温度/℃	注射压力/MPa	成形收缩率（%）
聚乙烯	180~280	49.0~98.1	1.5~3.5
硬聚氯乙烯	150~200	78.5~196.1	0.1~0.5
聚丙烯	200~260	68.7~117.7	1.0~2.0
聚苯乙烯	160~215	49.0~98.1	0.4~0.7
聚甲醛	180~250	58.8~137.3	1.5~3.5
聚酰胺（尼龙）	240~350	68.7~117.7	1.5~2.2
聚碳酸酯	250~300	78.5~137.3	0.5~0.8
ABS	236~260	54.9~172.6	0.5~0.8
聚苯醚	320	78.5~137.3	0.7~1.0
氯化聚醚	180~240	58.8~98.1	0.4~0.6
聚砜	345~400	78.5~137.3	0.7~0.8
氟塑料-3	260~310	137.3~392	1.0~2.5

3）时间。注射时间是一次注射成形所需的时间，又称为成形时间，它影响注射机的利用率和生产效率。注射时间一般为 0.5~2min，厚的大件可达 5~10min。

（2）注射机与模具 注射机是注射成形的主要设备。近几年注射机发展很快，品种、规格不断增多，而且还有新的类型不断涌现。按其外形可分为立式、卧式、角式三种。目前应用较多的卧式注射机，如图 10-4 所示。

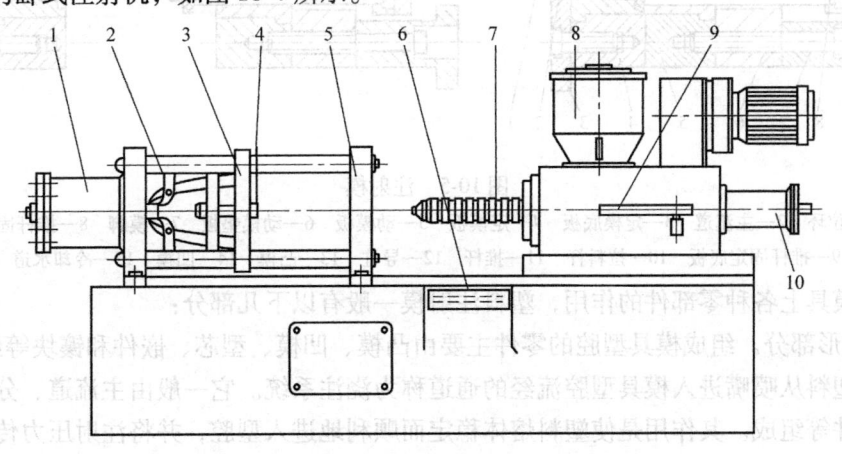

图 10-4 卧式注射机
1—锁模液压缸 2—锁模机构 3—移动板 4—顶杆 5—固定板
6—控制台 7—料筒及加热器 8—料斗 9—定量供料装置

各种注射机尽管外形不同，但基本上都由下列三部分组成。

1）注射系统。该系统由加料装置（料斗）、定量供料装置、料筒及加热器、注射缸等组成。它的作用是使塑料塑化和均匀化，并提供一定的注射压力，通过柱塞或螺杆将塑料注射到模具型腔内。

2）合模、锁模系统。该系统由固定模板、移动模板、顶杆、锁模机构和锁模液压缸等组成。它的作用是将模具的定模部分固定在固定模板上，模具的动模部分固定在移动模板上，通过合模锁模机构，提供足够的锁模力使模具闭合。完成注射后，打开模具，顶出塑件。

3）操作控制系统。安装在注射机上的各种动力及传动装置都是通过电气系统和各种仪表控制的，操作者通过控制系统来控制各种工艺量（注射量、注射压力、温度、合模力、时间等），完成注射工作。较先进的注射机可用计算机控制，实现自动化操作。

注射成形模具是注射成形工艺的主要工艺装备，称为注射模。注射模一般由定模和动模两部分组成，如图10-5所示。动模安装在注射机的移动模板上，定模安装在注射机的固定模板上。注射时，动模与定模闭合构成形腔，定模部分设计有浇注系统，塑料熔体从喷嘴经浇注系统进入型腔成形。开模时动模与定模分离。模具上的脱模机构推出塑件。

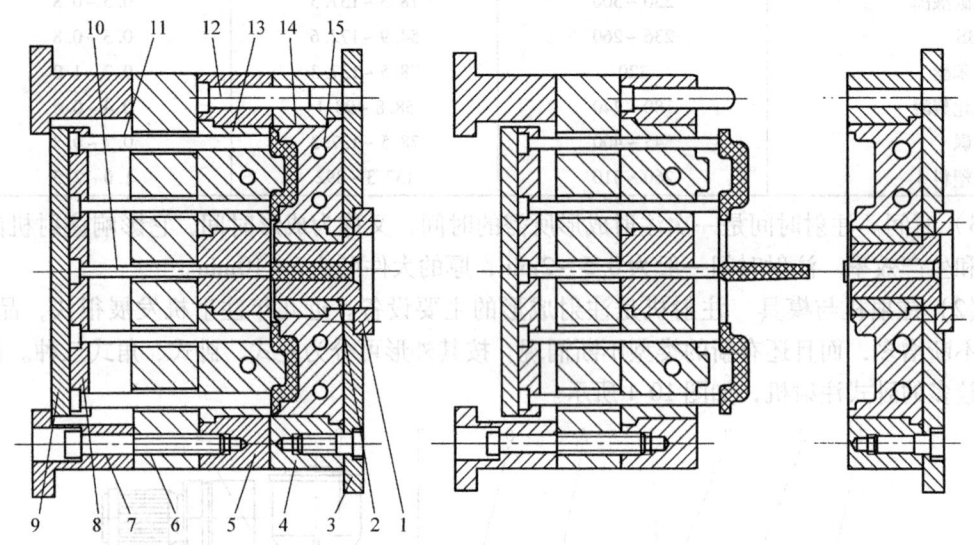

图10-5 注射模
1—定位环 2—主流道 3—定模底板 4—定模板 5—动模板 6—动模垫板 7—模脚 8—推杆固定板 9—推杆固定底板 10—拉料杆 11—推杆 12—导柱 13—凸模 14—凹模 15—冷却水道

根据模具上各种零部件的作用，塑料注射模一般有以下几部分：

1）成形部分。组成模具型腔的零件主要由凸模、凹模、型芯、嵌件和镶块等组成。

熔融塑料从喷嘴进入模具型腔流经的通道称为浇注系统。它一般由主流道、分流道、浇口和冲料井等组成。其作用是使塑料熔体稳定而顺利地进入型腔，并将注射压力传递到型腔的各个部位，冷却时浇道适时凝固以控制补料时间。

2）导向机构。该机构是为了使动模与定模在合模时能准确对中，以及防止推件板歪斜而设置的机构。它主要由导柱、导套等组成。

3）侧向抽芯机构。塑料件的侧向有凹凸形状的孔或凸台时，在塑料件被推出时，必须先拔出侧向凸模或抽出侧向型芯。侧向抽芯机构一般由活动型芯、锁紧楔、斜导柱等组成。

4）推出机构。该机构又称为脱模机构。它是在开模时将塑料件推出的机构。它主要由推板、推杆、主流道拉料杆等组成。

在注射模上还有加热系统、冷却系统和排气系统等。

3. 模压成形

模压成形又称为压缩成形、压塑成形，是塑料成形加工中较为传统的工艺方法。模压成形主要用于热固性塑料，如酚醛、脲醛、环氧、有机硅等热固性树脂的模塑料成形；在热塑性塑料方面仅用于 PVC 唱片生产和聚四氟乙烯制品的预压成形。与挤塑和注塑相比，压塑设备、模具和生产过程控制较为简单，并易于生产大型制品。但生产周期长、效率低，较难实现自动化，工人劳动强度大，难于成形厚壁及形状复杂的制品。

（1）模压成形的工艺过程　模压成形工艺是将经过预制的热固性塑料原料，直接加入敞开的模具加料室，然后合模，并对模具加热加压，塑料在加热和压力作用下呈熔融流动状态并充满型腔，随后由于塑料分子发生交联反应逐渐硬化成形。

模压成形的工艺过程为：首先对塑料原料进行预压成形和预热处理，然后将塑料原料加入到模具中，当加料室闭模后加热加压，使塑料原料塑化，经过排气和保压硬化后，脱模取出塑料件，然后清理模具，对塑料件进行后期处理。

为了使模压成形顺利进行，应控制好成形温度和压力。模压成形的温度高低对塑料顺利充型及塑料件的质量有较大影响。在一定范围内，提高温度可缩短成形周期，减小成形压力。但是如果温度过高，会加快塑料的硬化，影响物料的流动，造成形件内应力过大，导致出现变形、开裂、翘曲等缺陷；温度过低则会使硬化不足，塑料件表面无光，物理性能和力学性能下降。通常压缩比大的塑料需要较大的压力。生产中常将松散的塑料原料预压成块状，这样既方便加料又可以降低成形所需的压力。表 10-2 是常用热固性塑料的模压成形的温度和压力。

表 10-2　常用热固性塑料的模压成形的温度和压力

塑料种类	成形温度/℃	成形压力/MPa
酚醛塑料（PF）	140~180	7~42
二聚氰胺甲醛塑料（MF）	140~180	14~56
脲甲醛塑料（VF）	135~155	14~56
聚酯塑料（UP）	80~150	0.35~3.5
邻苯二甲酸二丙烯酯（PDPO）	120~150	3.5~14
环氧树脂塑料（EP）	145~200	0.7~14
有机硅塑料（OSMC）	150~190	7~56

（2）模压设备及模具　模压成形的主要设备是液压机，它由机架（包括上下横梁、立柱、机座等）、活动横梁、工作液压缸、顶出机构、液压传动机构和电器控制系统等部分组成，如图 10-6 所示。

模压成形模具如图 10-7 所示。与注射模不同的是，模压模没有浇注系统，只有一段加料室，这是型腔的延伸和扩展。注射成形模具处于闭合状态成形，而模压成形是靠凸模对凹模中的原料施加压力，使塑料在型腔内成形。因此，模压成形零件的强度要比注射模高。

4. 其他成形方法

（1）传递成形　传递成形又称为压注成形或挤胶成形，它是在模压成形的基础上发展起来的热固性塑料的成形方法。其工艺类似于注射成形工艺，所不同的是，传递成形时塑料在模具的加料室内塑化，再经过浇注系统进入型腔，而注射成形是在注射机料筒内塑化。

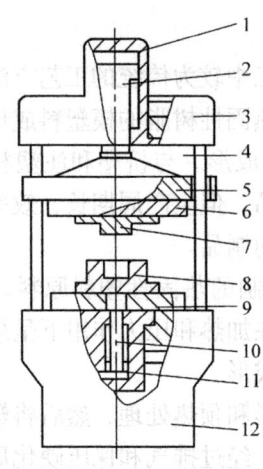
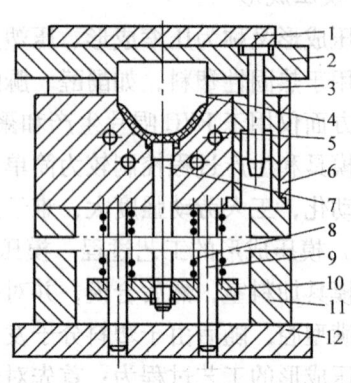

图 10-6 液压机
1—主液压缸 2、10—柱塞 3—上梁 4—支柱
5—活动板 6—上模板 7—阳模 8—阴模
9—下模板 11—液压缸 12—机座

图 10-7 压塑模结构
1—上加热板 2—上模板 3—承压板 4—凸模
5—加热器 6—凹模 7、10—推杆 8—弹簧
9—导向杠 11—支架 12—下模底板

传递成形的工艺过程为：将塑料原料经过预处理，闭模后将原料加入加料室加热软化（若是下加料室传递成形，应先加料，后闭模加热），随即在柱塞的挤压下通过模具的浇注系统将熔融塑料挤入型腔，塑料在型腔内继续受热受压而固化成形。然后开模取出制品，并清理型腔、加料室和浇注系统。

传递成形的优点是，成形周期短；塑料件飞边小，易于清理；能成形薄壁、多嵌件的复杂塑料制品；塑料件的精度和质量较压塑件高，但传递成形加料室内总会留有余料，塑料损耗较大；模具结构较模压成形复杂，制造成本较高。

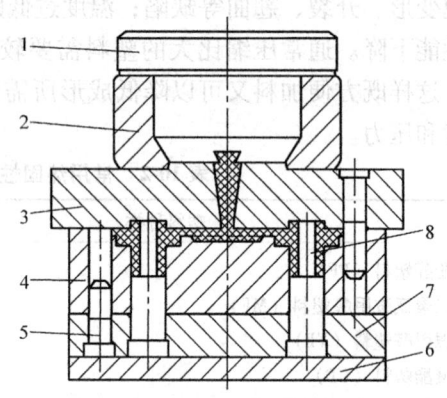

图 10-8 传递成形的模具
1—压柱 2—加料室 3—上模板 4—凹模
5—导柱 6—下模垫板 7—固定板 8—型芯

传递成形所用设备与压塑成形相同，所不同的是需要压力比模压成形的大。传递成形的模具如图 10-8 所示。

（2）挤出成形 挤出成形也称为挤塑成形或吹塑成形。它是热塑性塑料的重要生产方法之一，主要用于生产棒、管等型材和薄膜等，也是中空成形的主要制坯方法。

挤出成形生产线一般由挤出机、挤出模具、牵引装置、冷却定型装置、切割或卷曲装置、控制系统组成，如图 10-9 所示。

挤出成形的过程总体可分为两个阶段：第一阶段是使固态塑料塑化（即使塑料转变成粘流态），并在加压情况下使其通过特殊形状的口模而成为截面与口模形状相似的连续体；第二阶段是用适当的处理方法使挤出具有粘流态的连续体转变为玻璃态的连续体，即得到所

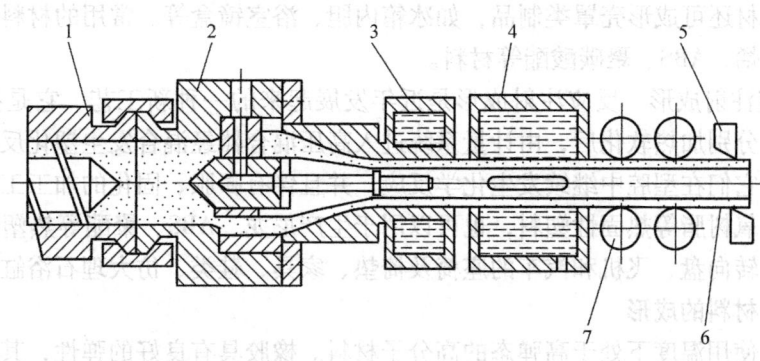

图 10-9　挤出成形原理图

1—挤出机料筒　2—机头　3—定位装置　4—冷却装置　5—切割装置　6—塑料管　7—牵引装置

需型材或制品。挤出成形主要用于生产棒（管）材、板材、线材、薄膜等连续的塑料型材。

如果挤出的中空管状塑料不经冷却，将热塑料料管坯移入中空吹塑模具中向管内吹入压缩空气，在压缩空气的作用下，管坯膨胀并贴附在型腔壁上成形，经过冷却后即可获得薄壁中空制品。图 10-10 是挤出中空吹塑成形的过程及挤出吹塑模具。

如果挤出的中空管状塑料不经冷却，在机头中心通入压缩空气，将管坯吹成管状薄膜冷却后可加工为各种薄膜制品。

（3）吸塑成形　吸塑成形也称为真空成形。成形时将热塑性塑料板材或片材夹持起来，固定在模具上，用辐射加热器加热，当板材加热到软化温度时，用真空泵抽去板材与模具之间的空气，在大气压力作用下，板材拉伸变形贴合到模具表面，冷却后

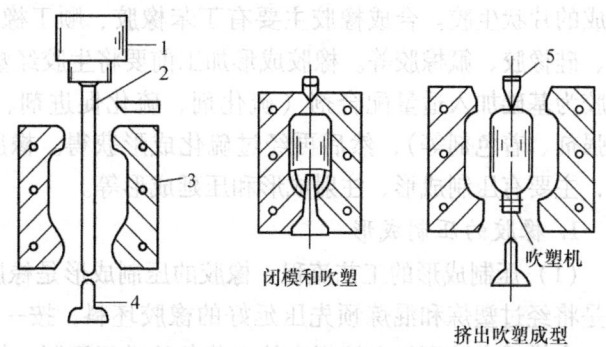

图 10-10　挤出中空吹塑成形的过程及挤出吹塑模具

1—挤出机　2—挤出管坯　3—吹塑模具　4—吹气头　5—尾料

定型成为制品。吸塑成形生产设备及模具结构简单，效率高，能加工大尺寸的薄壁塑料件，生产成本低。

吸塑成形的模具可使用金属和非金属材料。制造金属模具时多使用铝合金模具。非金属模具可采用木材、石膏、塑料等材料，其中以石膏应用最多。石膏模强度较差，可在石膏中混入 10%～30% 的水泥，并以铁丝、鬃毛等增加强度。

常见的吸塑成形方法有凹模真空成形、凸模真空成形、凹凸模真空成形等。

凹模真空成形一般用于要求外表面精度较高，成形深度不大的塑件。

凸模真空成形一般用于内表面精度要求较高，有凸起形状的薄壁塑料件。凸模真空成形较凹模真空成形的塑料件壁厚稍均匀。

凹凸模真空成形是先将塑料板材夹在凹模加热，软化后将加热器移开，然后通过凸模吹入压缩空气，凹模稍微抽真空使塑料板贴附在凸模的外表面。这种成形方法，由于将塑料板吹鼓延伸后再成形，因此壁厚均匀，可用于成形较深的制件。

吸塑成形可用于成形包装制品，如药品包装、一次性餐盒、电子产品如钮扣电池包装

等,较厚的板材还可成形壳罩类制品,如冰箱内胆、浴室镜盒等。常用的材料为聚乙烯、聚丙烯、聚氯乙烯、ABS、聚碳酸酯等材料。

(4) 反应注射成形　反应注射成形是近年发展起来的一种新工艺。它是把两种发生反应的塑料原料分别加热软化后,由计量系统进入高压混合器经混合发生塑化反应,再注射到模具型腔中,它们在型腔中继续发生化学反应,并且伴有膨胀、固化的加工工艺。它适合加工聚氨酯、环氧树脂等热固性塑料,也可以用于生产尼龙、ABS、聚酯等热塑性塑料,例如轿车仪表盘、转向盘、飞机和汽车的座椅及椅垫、家具、鞋类、仿大理石浴缸浴盆等。

二、橡胶材料的成形

橡胶是在使用温度下处于高弹态的高分子材料。橡胶具有良好的弹性,其弹性模量虽仅为10MPa,但伸长率可达100%～1000%,同时还具有良好的耐磨性、隔音性、绝缘性等,成为重要的弹性材料、密封材料、减振防振和传动材料,在国防、交通运输、机械制造、农业、医学卫生、日常生活等方面有着广泛的用途。橡胶行业中常将橡胶制品分为轮胎、胶带、胶管、胶鞋及橡胶工业制品五大类,除此之外还有油封、胶辊、空气弹簧、离合器、胶布、胶板等制品。从生产过程来看,橡胶制品可分为模塑制品和非模塑制品两大类。橡胶工业常用的橡胶有天然橡胶和合成橡胶。天然橡胶是由天然胶乳经过凝固、干燥、加压等工序制成的片状生胶。合成橡胶主要有丁苯橡胶、顺丁橡胶、聚氨酯橡胶、氯丁橡胶、丁腈橡胶、硅橡胶、氟橡胶等。橡胶成形加工前要将生胶经塑炼和混炼后才能使用。橡胶制品是以生胶为基础加入适量配合剂(硫化剂、硫化促进剂、防老剂、填充剂、软化剂、发泡剂、补强剂、着色剂等),然后再经过硫化成形获得。橡胶制品的成形方法与塑料成形方法相似,主要有压制成形、注射成形和压延成形等。

1. 橡胶的压制成形

(1) 压制成形的工艺流程　橡胶的压制成形是橡胶制品生产中应用最早且最多的方法。它是将经过塑炼和混炼预先压延好的橡胶坯料,按一定规格和形状下料后,加入到压制模中,合模后在液压机上按规定的工艺条件进行压制,使胶料在受热受压下以塑性流动充满型腔,经过一定时间完成硫化,再进行起模、清理飞边,最后检验得到所需制品的方法。这种方法的主要设备是平板硫化机和橡胶压制模。压制成形的设备成本较低,制品的致密性好,适宜制作各种橡胶制品、橡胶与金属或与织物的复合制品。橡胶压制成形的工艺流程如图10-11所示。

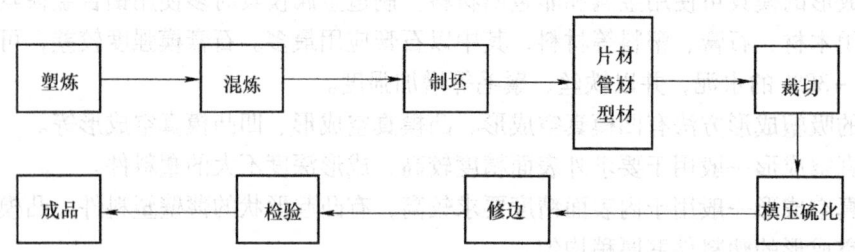

图10-11　橡胶压制成形的工艺流程

1) 塑炼。橡胶具有的高弹性使之不易与各种配合剂混合,也难以加工成形。为了适合加工工艺的需要,改变其高弹性,使橡胶具有一定的可塑度,通常在一定的温度下利用机械挤压、辊轧等方法，使生胶分子链断链，使其由强韧的弹性状态转变为柔软、具有可塑性的状态，这种使弹性生胶转变为可塑状态的加工工艺过程称为塑炼。

2) 混炼。为了提高橡胶制品的使用性能，改进橡胶的工艺性能和降低成本，必须在生胶中加入各种配合剂，将各种配合剂混入生胶中，制成质量均匀的混炼胶的工艺过程称为混炼。

3) 模压硫化。模压硫化是成形的主要工序。它包括加料、闭模、硫化、起模和模具清理等步骤。胶料经闭模加热加压后成形，经过硫化使胶料分子交联，成为具有高弹性的橡胶制品。起模后的橡胶制品经修边和检验合格后即为成品。

(2) 压制成形工艺　橡胶压制成形工艺的关键是控制模压硫化过程。硫化是指橡胶在一定压力和温度下，坯料结构中的线性分子链之间形成交联，随着交联度的增加，橡胶变硬强化的过程。硫化过程控制的主要参数是硫化温度、压力和时间等。

1) 硫化温度。硫化温度是橡胶发生硫化反应的基本条件。它直接影响硫化速度和产品质量。硫化温度高，硫化速度快，生产效率就高。但是硫化温度过高会使橡胶高分子链裂解，从而使橡胶的强度、韧度下降，因此硫化温度不宜过高。橡胶的硫化温度主要取决于橡胶的热稳定性。橡胶的热稳定性越好，则允许的硫化温度也越高。表10-3 是常见胶料的最适宜硫化温度。

表10-3　常见胶料的最适宜硫化温度

胶料类型	最适宜硫化温度/℃	胶料类型	最适宜硫化温度/℃
天然橡胶胶料	143	丁基橡胶胶料	170
丁苯橡胶胶料	150	三元乙丙胶料	160~180
异戊橡胶胶料	151	丁腈橡胶胶料	180
顺丁橡胶胶料	151	硅橡胶胶料	160
氯丁橡胶胶料	151	氟橡胶胶料	160

2) 硫化时间。硫化时间是和硫化温度密切相关的。在硫化过程中，硫化胶的各项物理、力学性能达到或接近最佳点时，这种硫化程度称为正硫化或最宜硫化。在一定温度下达到正硫化所需的硫化时间称为正硫化时间，一定的硫化温度对应有一定的正硫化时间。当胶料配方和硫化温度一定时，硫化时间决定硫化程度，不同大小和壁厚的橡胶制品通过控制硫化时间来控制硫化程度，通常制品的尺寸越大或越厚，所需硫化的时间越长。

3) 硫化压力。为使胶料能够流动充满型腔，并使胶料中的气体排出，应有足够的硫化压力。通常在 100~400℃ 范围压模时，必须施加 2~50MPa 的压力，才能保证获得清晰复杂的轮廓。增加压力能提高橡胶的力学性能，延长制品的使用寿命。试验表明，用50MPa压力硫化的轮胎的耐磨性能，较压力在2MPa硫化的轮胎的耐磨性能高出 10%~20%。但是，过高的压力会加速分子的降解作用，反而会使橡胶的性能降低。通常，对硫化压力的选取应考虑胶料的配方、可塑性、产品的结构等因素。在工艺上应遵循的原则为：制品塑性大，压力小；制品厚，层数多，结构复杂，压力大；薄制品压力低。生产中采用的硫化压力多在 3.5~14.7MPa 之间。模压一般天然橡胶制品常用压力在 4.9~7.84MPa 之间。

(3) 压制模具　橡胶压制模与一般塑料压塑模结构相同。但橡胶模有自身特殊的要求，在设计时要注意。

1) 测温孔。为保证橡胶制品的质量，硫化温度的误差应控制在 ±2℃ 范围。因此，在压制模型腔附近必须设置测温孔。在压制过程中，利用水银温度计通过测温孔控制温度。测温孔应设置在型腔附近约 5~10mm 处。

2) 流胶槽。由于在加料时一般有 5%~10% 的余量，为保证制品精度，在型腔周围设置流胶槽，流胶槽多为 $R1.5~2$mm 的半圆形，在流胶槽与型腔之间开设一些小沟，使多余的胶料排出。

2. 橡胶的注射成形

（1）橡胶注射成形工艺过程　橡胶注射成形是在专门的橡胶注射机上进行的。橡胶注射成形的工艺过程主要包括胶料的预热塑化、注射、保压、硫化、脱模和修边等工序。将混炼好的胶料通过加料装置加入料筒中加热塑化，塑化后的胶料在柱塞或螺杆的推动下，经过喷嘴射入到闭合的模具中，模具在规定的温度下加热，使胶料硫化成形。

在注射成形过程中，由于胶料在充型前一直处于运动状态受热，因此各部分温度较压制成形时均匀，且橡胶制品在高温模具中短时即能完成硫化，制品表面和内部的温差小，硫化质量较均匀。所以，注射成形的橡胶制品具有质量较好，精度较高，而且生产效率较高的特点。

（2）注射成形工艺条件　注射成形工艺参数主要有料筒温度、注射温度（胶料通过喷嘴后的温度）、注射压力、模具温度和成形时间等。

1) 料筒温度。胶料在料筒中加热塑化，在一定温度范围内，提高料筒温度可以使胶料的粘度下降，流动性增加，有利于胶料的成形。一般柱塞式注射机料筒温度控制在 70~80℃；螺杆式注射机因胶温较均匀，料筒温度控制在 80~100℃，有的可达 115℃。

2) 注射温度。胶料在料筒中除受料筒的加热外，在注射过程中还受到摩擦热的影响，故胶料的注射温度均高于料筒温度。不同橡胶品种或同种生胶，由于胶料的配方不同，通过喷嘴后的升温也不同。注射温度高，硫化时间短，易出现焦烧。因此在不产生焦烧的情况下，尽可能使温度接近模具温度。

3) 注射压力。注射压力是注射时螺杆或柱塞施于胶料单位面积的力。注射压力大，有利于胶料充模，还使胶料通过喷嘴时的速度提高，剪切摩擦产生的热量增大，这对充模和加快硫化有利。采用螺杆式注射机时，注射压力一般为 80~110MPa。

4) 模具温度。在注射成形中，由于胶料在充型前已经具有较高的温度、充型之后能迅速硫化，表层与内部的温差小，故模具温度较压制成形的高，一般可高出 30~50℃。注射天然橡胶时，模具温度为 170~190℃。

5) 成形时间。成形时间是指完成一次成形过程所需的时间。它是动作时间与硫化时间之和。由于硫化时间所占比例最大，故缩短硫化时间是提高注射成形效率的重要环节。硫化时间与注射温度、模具温度、制品壁厚有关。表 10-4 是天然橡胶注射成形与压制成形的时间对比表，由表中可以看出注射成形时间较压制成形时间少得多。

表10-4　天然橡胶注射成形与压制成形时间对比表

成形方法	料筒温度/℃	注射温度/℃	模具温度/℃	成形时间
注射成形	80	150	175	80s
压制成形	—		143	20~25min

3. 橡胶的压延成形

压延是生产高分子材料薄膜和片材的成形方法。它既可用于塑料，也可用于橡胶；用于加工橡胶时主要生产片材（胶片）。

压延过程是利用一对或数对相对旋转的加热滚筒，使物料在滚筒间隙被压延而连续形成一定厚度和宽度的薄型材料。所用设备为压延机。加工时前面需用双辊混炼机或其他混炼装置供料，把加热、塑化的物料加入到压延机中；压延机各滚筒也加热到所需温度，物料顺次通过辊隙，被逐渐压薄；最后一对辊的辊间距决定了制品厚度。

压延机的主体是一组加热的辊筒，按辊筒数目可分为两辊、三辊或更多，以排列方式分为 I 形、倒 L 形、L 形、Z 形、T 形、M 形等。压延机的不同辊筒排列方式及压延过程如图 10-12 所示。

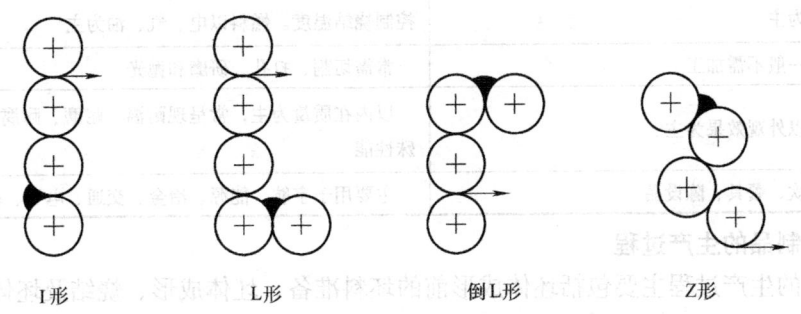

图 10-12 压延机辊筒排列方式

在压延成形过程中，必须协调辊温和转速，控制每对辊的速比，保持一定的辊隙存料量，调节辊间距，以保证产品外观及有关性能。离开压延机后片料通过引离辊，如需压花则需趁热通过压花辊，最后经冷却卷取成卷。

如在最后一对辊间同时通过已经处理的纸张或织物，使热的塑料或橡胶膜片在辊筒压力下与这些基材贴合在一起，制造出复合制品。这种方法称为压延贴合，对橡胶而言，又称贴胶。大家熟悉的人造革、地板革、壁纸等均是塑料与基材的复合制品，由此法生产得到。

第二节 工业陶瓷的成形

一、工业陶瓷的成形基础

陶瓷是各种无机非金属材料的通称，在现代工业中具有很大的发展潜力。陶瓷也是人类最早使用的材料之一。与金属材料和工程塑料相比，它具有更好的耐高温、耐腐蚀和耐磨性，而现代新型陶瓷更具有高强度、高硬度、耐腐蚀、导电、绝缘、磁性、透光、半导体以及压电、铁电、光电、声光、超导等性能，因此目前陶瓷材料已成为现代工程的三大支柱材料之一。陶瓷的种类很多，工业陶瓷大致可分为传统陶瓷与新型陶瓷两大类。虽然它们都是经过高温烧结而合成的无机非金属材料，但在所用粉体、成形方法和烧结制度及加工要求等方面却有着很大区别。两者的主要区别见表 10-5。

传统陶瓷是利用粘土、石英、长石等天然原料，经粉碎、成形和烧结而成的，可分为陶器、炻器和瓷器三种。从广义来说，尚包括一些含少量粘土以及甚至不含粘土的特种陶瓷制品，如高铝质瓷、镁质瓷、锆质瓷以及磁性瓷、金屑陶瓷等。

新型陶瓷是采用人工精制的无机粉末原料，通过结构设计、精确的化学计量、合适的成形方法和烧结制度而达到特定的性能。经过加工处理使之符合使用性能要求与尺寸精度的无机非金属材料，如氧化铝、氧化锆、碳化硅、碳化钛、氮化硅等，它们具有高强耐温、耐腐蚀及其他敏感特性等优异性能，而且原料易于提取、合成，产品附加值高，市场广阔，受到人们的高度重视并得到了迅猛发展。

表 10-5 新型陶瓷和传统陶瓷的主要区别

区别	传统陶瓷	新型陶瓷
原料	天然矿物原料	人工精制合成原料（氧化物和非氧化物两大类）
成形	注浆、可塑成形为主	注浆、压制、热压注、注射、轧膜、等静压成形为主
烧结	温度一般在1350℃以下，燃料以煤、油、气为主	结构陶瓷常需1600℃左右的高温烧结；功能陶瓷需精确控制烧结温度。燃料以电、气、油为主
加工	一般不需加工	常需切割、打孔、研磨和抛光
性能	以外观效果为主	以内在质量为主，常呈现耐温、耐磨、耐腐蚀和各种特殊性能
用途	炊、餐具、陈设品	主要用于宇航、能源、冶金、交通、电子、家电等行业

二、陶瓷制品的生产过程

陶瓷制品的生产过程主要包括坯体成形前的坯料准备、坯体成形、烧结及坯体的后续加工等内容。

1. 坯体成形前的准备

首先是利用物理、化学等方法对粉料进行处理，以获得所需要的规格的粉体；然后按照瓷料的成分，将各种原料进行称量配料，它是陶瓷工艺中最基本的一环。称料务必要精确，因为配料中某些组分加入量的微小误差会影响到陶瓷材料的结构和性能。配料后根据不同的成形方法，混合制备成不同形式的坯料，如用于注浆成形的水悬浮液；用于热压注成形的热塑性料浆；用于挤压、注射、轧膜和流延成形的含有机塑化剂的塑性料；用于干压或等静压成形的造粒粉料。粉体的混合一般采用球磨或搅拌等机械方法。

2. 坯体成形

成形是将坯料制成具有一定形状和规格的坯体。成形技术与方法对陶瓷制品的性能具有重要意义。由于陶瓷制品品种繁多，性能要求、形状规格、大小厚薄不一、产量不同、所用坯料性能各异，因此采用的成形方法各种各样，应经综合分析后确定。一般形状复杂、尺寸精度要求不高的产品可采用浇注法成形，简单形状的回转体可采用挤压成形；可塑性好的坯料适用于挤压成形，产品质量要求高的采用压制成形，产量大的一般采用挤压成形，批量小的可用浇注成形等。

3. 烧结

烧结是对成形坯体进行低于熔点的高温加热，使其内部的粉体产生粘结，经过物质迁移形成致密化和高强度的过程。只有经过烧结，成形坯体才能成为坚硬的和具有某种显微结构的陶瓷制品（多晶烧结体）。烧结直接影响陶瓷制品的显微组织结构及性能。

4. 后续加工

陶瓷经成形、烧结后，还可根据需要进行后续精密加工，使之符合表面粗糙度、形状、尺寸等精度要求，如磨削加工、研磨与抛光等切削加工，超声波加工，激光加工等。采用金刚石刀具在超高精度机床上进行的陶瓷加工目前仅有少量应用。

三、陶瓷成形方法

陶瓷制品的成形，就是将坯料制成具有一定形状和规格的坯体的工艺过程，制得的坯体再经过一定的工序如烧制、施釉、后续加工等即成为陶瓷制品。陶瓷的成形方法就是指坯体的成形方法。陶瓷的成形方法主要有浇注成形、压制成形、可塑成形等。传统陶瓷和新型陶瓷的差别主要体现在粉体上，而在成形工艺方面差异不大。

1. 浇注成形

浇注成形是将陶瓷原料粉体制成悬浮于水中的料浆，然后注入模型内成形。坯体的形成主要有注浆成形、凝胶注模成形等方式。

（1）注浆成形　注浆成形是将陶瓷悬浮料浆注入多孔质的模型内，借助模型的吸水能力将料浆中的水吸出，从而在模型内形成坯体。其工艺过程包括悬浮料浆制备、模型制备、料浆浇注、起模取件、干燥等阶段。

1）悬浮料浆的制备。这是注浆成形工艺的关键工序。注浆成形料浆是陶瓷原料粉体和水组成的悬浮液，为保证料浆的充型性和成形性，得到形状完整、表面平滑光洁的坯体，减少成形时间和干燥收缩，减小坯体变形与开裂等缺陷，要求料浆具有良好的流动性，足够小的粘度，尽可能少的含水量，弱的触变性（静止时粘度变化小），良好的稳定性及渗透（水）性等性能。

2）注浆方法。注浆方法有实心注浆和空心注浆两种。另外，为了强化注浆过程，铸造生产的压力铸造、真空铸造、离心铸造等工艺方法也被用于注浆成形，并形成了压力注浆、真空注浆、离心注浆等强化注浆方法。

① 实心注浆　如图10-13a所示，料浆注入模型后，料浆中的水分同时被模型的两个工作面所吸收，注件在两模之间形成，没有多余料浆排出。坯体的外形与厚度由两模工作面构成的型腔决定。当坯体较厚时，靠近工作面处坯层较致密，远离工作面的中心部分较疏松，坯体结构的均匀程度会受到一定影响。

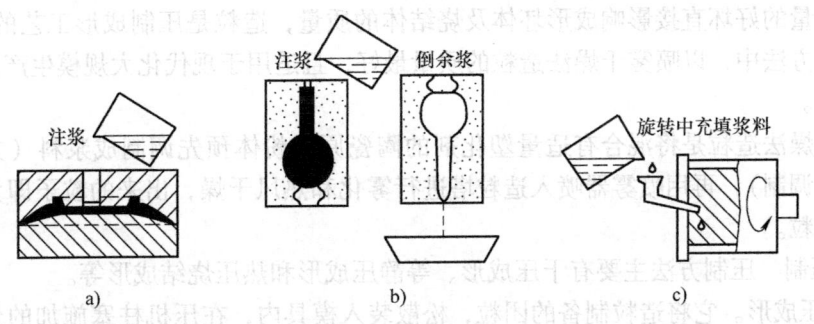

图10-13　注浆成形
a）实心注浆　b）空心注浆　c）离心注浆

② 空心注浆　如图10-13b所示，料浆注入模型后，由模型单面吸浆，当注件达到要求的厚度时，排出多余料浆而形成空心注件。坯体外形由模型工作面决定，坯体厚度则取决于料浆在模型中的停留时间。

③ 强化注浆　在注浆过程中，人为地对料浆施加外力，以加速注浆过程，提高注浆速度，使坯体致密度与强度得到提高。压力注浆可提高坯体的致密度，减少坯体中的残留水分，缩短成形时间，减少制品缺陷，是一种较先进的成形工艺。真空注浆可有效去除料浆中

的气体。离心注浆如图 10-13 c 所示，将料浆注入旋转着的多孔质模型中，在离心力的作用下，使料浆紧靠模壁并脱水，形成空心回转形坯体。此法适用于制造大型环状制品，注成的坯体厚度较均匀，不易变形。

注浆成形适于制造大型厚胎、薄壁、形状复杂且不规则的制品。其成形工艺简单，但劳动强度大，不易实现自动化，且坯体烧结后的密度较小，强度较差，收缩、变形较大，所得制品的外观尺寸精度较低。因此，性能要求较高的陶瓷一般不采用此法生产，但随着分散剂的发展，均匀性好的高浓度低粘度浆料的获得，以及强力注浆的发展，注浆成形制品的性能与质量在不断提高。

（2）凝胶注模成形　凝胶注模成形是 20 世纪 90 年代初发展起来的工艺，它将传统的陶瓷注浆成形工艺与有机高分子化学单体聚合技术相结合。首先将陶瓷细粉加入含分散剂、有机高分子化学单体（如丙烯酰胺与双甲基丙烯酰胺）的水溶液中，调制成高固相（陶瓷原料粉的体积分数通常达 50% 以上）含量的浓悬浮料浆，再将聚合固化引发剂（如过硫酸胺）加入料浆混合均匀，在料浆固化前将其注入无吸水性的模型内，在所加引发剂的作用下，料浆中的有机单体交联聚合成三维网状结构，使浓悬浮料浆在模型内原位固化成形。采用此法可制备形状复杂精确的高强度、高密度、高均匀化的陶瓷坯体；提高烧结体的性能和质量，制件尺寸不受限制；坯体的高强度为陶瓷烧结前的切削加工提供了可能性；可减少坯体，特别是大型、薄壁坯体的破损；成本低廉。

2. 压制成形

压制成形是将经过造粒的粒状陶瓷粉料装入模具内并直接在压力作用下成形的方法。

（1）造粒　造粒即制备压制成形所用的坯料，它是在陶瓷原料细粉中加入一定量的塑化剂，制成粒度较粗（约 0.8 ~ 0.85mm）、含一定水分、有良好流动件的团粒，以便于陶瓷坯料的压制成形。

造粒质量的好坏直接影响成形坯体及烧结体的质量，造粒是压制成形工艺的关键工序。在各种造粒方法中，以喷雾干燥法造粒的质量最好，且适用于现代化大规模生产，目前已获得广泛使用。

喷雾干燥法造粒是将混合有适量塑化剂的陶瓷原料粉体预先调制成浆料（方法同注浆成形浆料的调制），再用喷雾器喷入造粒塔进行雾化和热风干燥，出来的粒子即为流动性较好的球状团粒。

（2）压制　压制方法主要有干压成形、等静压成形和热压烧结成形等。

1）干压成形。它将造粒制备的团粒，松散装入模具内，在压机柱塞施加的外压力作用下，团粒产生移动、变形、粉碎而逐渐靠拢，所含气体同时被挤压排出，形成较致密的具有一定形状、尺寸的压坯，然后卸模脱出坯体。

干压成形有单向加压与双向加压两种方式。由于成形压力是通过松散粉粒的接触来传递的，在此过程中产生的压力损失会造成坯体内压力分布的不均匀。单向加压时，这种压力的不均匀分布更加明显。而且坯体高度与直径之比越大，压力分布越不均匀。压力分布的不均匀，必然造成压坯内密度分布不均匀，压坯上方及近模壁处密度大，而下方近模壁处及中心部位的密度小，如图 10-14a 所示。双向加压方式是上下压头（柱塞）从两个方向向模套内加压，压力分布的不均匀程度减轻，故压坯密度相对较均匀，如图 10-14b 所示。不论是单向还是双向加压，如果对模具涂以润滑剂，可提高粉粒的润滑性与流动性，压力分布的不均匀程度均会有所减轻，压坯密度均匀性也将有所提高。

为保证坯体质量，干压成形时需根据坯体形状、大小、壁厚、粉料流动性及含水量等工艺条件，控制好成形压力、加压速度与保压时间等参数。

干压成形工艺简单，操作方便，生产周期短，效率高，易于实现自动化生产，适宜大批量生产形状简单（圆形截面、薄片状等）、尺寸较小（高度0.3～

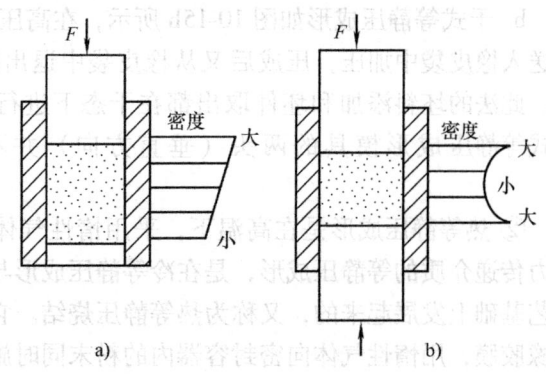

图 10-14　干压成形的密度梯度
a) 单向加压　b) 双向加压

60mm、直径5～50mm）的制品。由于坯体含水及其他有机物较少，坯体致密度较高，尺寸较精确，烧结收缩小，瓷件强度高。但干压成形坯体具有明显的各向异性，也不适于尺寸大、形状复杂制品的生产，所需的设备、模具费用较高。

2) 等静压成形。它是利用液体或气体介质均匀传递压力的性能，把陶瓷粒状粉料置于有弹性的软模中，使其受到液体或气体介质传递的均衡压力而被压实成形的一种新型压制成形方法。

等静压成形过程中粉料受压均匀，无论坯体的外形曲率如何变化，所受到的压力全部为均匀一致的法向正压力，压制效果好，且成形压力可根据需要调节，所用模具的制作也较方便。等静压成形的坯体密度高且均匀，烧结收缩小，不易变形，制品强度高、质量好，适于形状复杂、较大且细长制品的制造。但等静压成形设备的成本高。

等静压成形可分为冷等静压成形与热等静压成形两种。

① 冷等静压成形是在室温下，采用高压液体传递压力的等静压成形，根据使用模具不同，又分为湿式等静压成形和干式等静压成形两种。

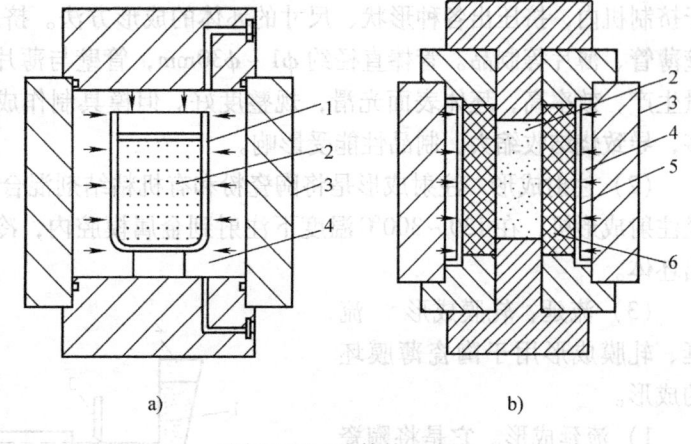

图 10-15　冷等静压成形
a) 湿式　b) 干式
1—橡胶模　2—粉料　3—高压容器　4—压力传递介质
5—加压橡皮　6—成形橡胶模

a. 湿式等静压成形如图10-15a所示，将配好的粒状粉料装入塑料或橡胶作成的弹性模具内，密封后置于高压容器内，注入高压液体介质（>100MPa），此时模具与高压液体直接接触，压力传递至弹性模具并对坯料加压成形，然后释放压力取出模具，并从模具中取出成形好的坯体。湿式等静压容器内可同时放入几个模具，压制不同形状的坯体。该法生产效率不高，主要适用于成形多品种、形状较复杂、产量小和大型制品。

b. 干式等静压成形如图10-15b所示，在高压容器内封紧一个加压橡皮袋，加料后的模具送入橡皮袋中加压，压成后又从橡皮袋中退出脱模；也可将模具直接固定在容器橡皮袋中。此法的坯料添加和坯件取出都在干态下进行，模具也不与高压液体直接接触，而且，干式等静压成形模具的两头（垂直方向）并不加压，适于压制长型、薄壁、管状制品。

② 热等静压成形是在高温下，采用惰性气体代替液体作压力传递介质的等静压成形，是在冷等静压成形与热压烧结的工艺基础上发展起来的，又称为热等静压烧结。它用金属箔代替橡胶膜，用惰性气体向密封容器内的粉末同时施加各向均匀的高压高温，使成形与烧结同时完成。与热压烧结相比，该法烧结制品致密均匀，但所用设备复杂，生产效率低，成本高。

3) 热压烧结成形。它是将干燥粉料充填入石墨或氧化铝模型内，再从单轴方向边加压，边加热，使成形与烧结同时完成，如图10-16所示。由于加热加压同时进行，陶瓷粉料处于热塑性状态，有利于粉末颗粒均匀接触、流动等过程的进行，因而可减小成形压力，降低烧结温度，缩短烧结时间，容易得到晶粒细小、致密度高、性能良好的制品。但该法生产的制品形状简单，且生产效率低。

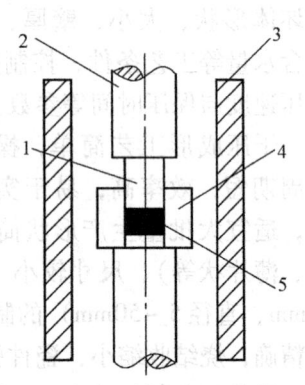

图10-16 热压烧结成形示意图
1—冲模 2—压杆 3—发热体 4—阴模 5—粉料

3. 其他成形方法

(1) 挤压成形 挤压成形是将经真空炼制的可塑泥料置于挤制机内，挤压出各种形状、尺寸的坯体的成形方法。挤压成形适于挤制长尺寸的细棒、壁薄管、薄片等制品。管棒直径约$\phi 1 \sim \phi 30mm$，管壁与薄片厚度可小至0.2mm。可连续批量生产，效率高，坯体表面光滑，规整度好。但模具制作成本高，且由于溶剂和粘结剂较多，导致烧结收缩大，制品性能受影响。

(2) 注射成形 注射成形是将陶瓷粉和有机粘结剂混合后，加热混炼并制成粒状粉料，经注射成形机，在130~300℃温度下注射到金属模腔内，冷却后粘结剂固化成形，脱模取出坯体。

(3) 流延、轧膜成形 流延、轧膜成形用于陶瓷薄膜坯的成形。

1) 流延成形。它是将陶瓷粉料与粘结剂、增塑剂、分散剂、溶剂等进行混磨，形成稳定、流动性良好的陶瓷料浆，如图10-17所示，将料浆加入流延机的料斗中，料浆从料斗下

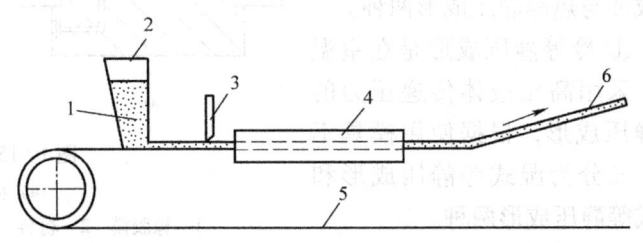

图10-17 流延成形
1—浆料 2—料斗 3—刮刀 4—干燥炉 5—基带 6—坯膜

部流至向前移动着的塑料薄膜载体（传送基带）上，用刮刀控制厚度。再经烘干室烘干，形成具有一定塑性的坯膜，切成一定长度叠放或卷轴待用。然后将坯膜按所需形状进行切割、冲片或打孔，形成坯件。流延成形是目前制造厚度小于0.2mm超薄型制品的主要方法，

如薄膜电子电路配线基片、叠层电容器瓷片、集成电路组件叠层薄片、压敏电阻、磁记忆片等。

2) 轧膜成形。它是将陶瓷粉料与一定量的有机粘结剂和溶剂混合拌匀后，通过图 10-18 所示的两个相向旋转、表面光洁的轧辊间隙，反复混炼粗轧、精轧，形成光滑、致密而均匀的膜层，称为轧坯带。轧好的坯带需在冲片机上冲切形成一定形状的坯件。轧膜成形用于制造批量较大的厚度在 1mm 以下的薄片状制品，如薄膜、厚膜电路基片、圆片电容器等。

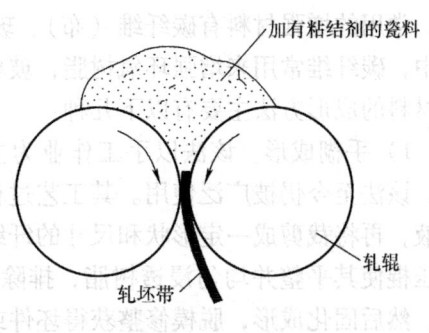

图 10-18　轧膜成形

第三节　复合材料的成形

一、复合材料成形特点

由两种或两种以上物理、化学性质不同的物质组合而成的一种多相固体材料称为复合材料。它不仅保留了组成材料各自的优点，而且具有单一材料所没有的优异性能。人类在生产和生活中创造了许多人工复合材料，如钢筋混凝土、车胎和玻璃钢等。复合材料一般由两类物质组成：一类作为基体材料，形成几何形状并起粘接作用，如树脂、陶瓷、金属等；另一类作为增强材料，起到提高强度、韧性等作用，如纤维、颗粒、晶须等。根据增强相的性质和形态不同，通常将复合材料分为纤维增强复合材料、层合复合材料和颗粒增强复合材料三类。

复合材料的成形特点是：材料的复合过程与制品的成形过程同时完成，复合材料的生产过程也就是其制品的成形过程。增强材料与基体材料的综合优越性只有通过成形工序才能体现出来。复合材料具有的可设计性，材料和制品具有一致性的特点，都是由不同的成形工艺所赋予的，因此应当根据制品的结构形状和性能要求来选择成形方法。

从显微结构来看，复合材料是由连续的基体相包围着以某种规律分布于其中的分散强化相而形成的多相材料。复合材料的成形工艺主要取决于复合材料的基体。一般情况下，其基体材料的成形工艺方法也常常适用于以该类材料为基体的复合材料，特别是以颗粒、晶须及短纤维为增强体的复合材料。例如，金属材料的各种成形工艺多适用于颗粒、晶须及短纤维增强的金属基复合材料，包括压力铸造、熔模铸造、离心铸造、挤压、轧制、模锻等。在形成复合材料的过程中，增强材料通过其表面与基体粘接并固定于基体之中，其本体材料的性状结构不发生变化。而与此有显著区别的是：基体材料要经历性状的巨大变化。基于上述原因，本节对复合材料成形方法的介绍以基体材料分类。

二、复合材料成形技术

1. 树脂基复合材料成形

树脂基复合材料是使用最早、最广且仍在生产中占有主要地位的复合材料。用作树脂基复合材料的基体有热固性树脂与热塑性树脂两类，其中，热固性树脂最为常用。

(1) 热固性树脂基复合材料的成形　热固性树脂基复合材料以热固性树脂为基体，以无机物、有机物为增强材料。常用的热固性树脂有不饱和聚酯树脂、环氧树脂、酚醛树脂等。常用的增强材料有碳纤维（布）、玻璃纤维（布、毡）、有机纤维（布）、石棉纤维等。其中，碳纤维常用来增强环氧树脂，玻璃纤维常用来增强不饱和聚酯树脂。热固性树脂基复合材料的成形方法主要有以下几种：

1) 手糊成形。该法以手工作业为主，是复合材料生产中最早使用的最简单的成形工艺。该法至今仍被广泛使用。其工艺过程是：先在涂有脱模剂的模具上均匀涂上一层树脂混合液，再将裁剪成一定形状和尺寸的纤维增强织物按制品要求铺设到模具上，用刮刀、毛刷或压棍使其平整并均匀浸透树脂，排除气泡。多次重复以上步骤，层层铺贴，直至所需层数，然后固化成形，脱模修整获得坯件或制品。工艺流程如图 10-19 所示。手糊成形不需专用设备，操作简单，适用于多品种、小批量生产，且不受制品尺寸和形状的限制，可根据设计要求手糊成形不同厚度、不同形状的制品。但这种成形方法生产效率低，劳动条件差，强度大，制品的质量、尺寸精度不易控制，性能稳定性差，强度较其他成形方法低。手糊成形可用于制造船体、储罐、储槽、大口径管道、风机叶片、汽车壳体、机翼、火箭外壳等大中型制件。

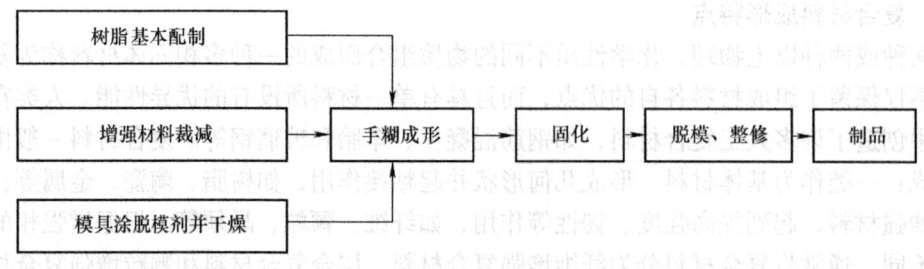

图 10-19 手糊成形工艺流程图

2) 喷射成形。该法是将调配好的树脂胶液（多采用不饱和聚酯树脂）与短切纤维（长度 2.5~5mm），通过喷射机的喷枪（喷嘴直径 1.2~3.5mm，喷射量 8~60g/s）均匀喷射到模具上沉积，每喷一层（厚度应小于 10mm），即用棍子滚压，使之压实、浸渍并排出气泡，再继续喷射，直至完成坯件制作，最后固化成制品，如图 10-20 所示。

喷射成形属于半机械化手糊，较手糊成形生产效率高，劳动强度低，适于批量生产大尺寸的制品，且制品无搭接缝，整体性好。但场地污染大，制品树脂含量高（含树脂的质量分数约 65%），强度较低。喷射成形可用于成形船体、容器、汽车车身、机器外罩、大型板等。

3) 铺层法成形。用手工或机械手，将预浸材料（连续纤维或织物、布浸渍树脂，烘干而成的半成品材料，如胶布、无纬布、无纬带等）按预定方向和顺序在模具内逐层铺贴至所需厚度（或层数），获得铺层坯件，然后将坯件装袋，经加热加压固化，脱模修整获得制品。铺层成形的制品强度较高，铺贴时，纤维的取向、铺贴顺序与层数可按受力需要，根据材料的优化设计来确定。用该法制成的高

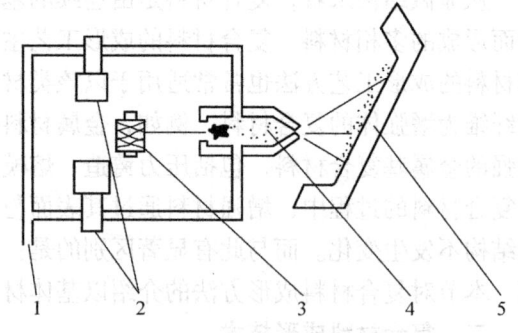

图 10-20 喷射成形原理
1—气源 2—树脂罐与泵 3—纤维
4—喷枪 5—模具

级复合材料已广泛用在航空航天器上，如飞机机翼、舱门、尾翼、壁板、隔板等。有的已替代金属材料作为主要承力构件。

铺层坯件的加温加压固化方法通常有真空袋法、压力袋法、高压釜法等，如图10-21所示。

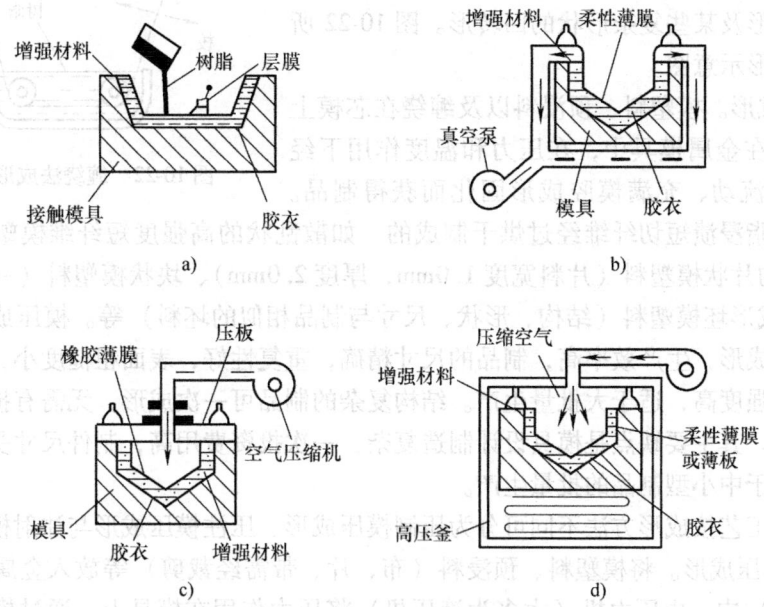

图 10-21　铺层加温加压固化方法示意图
a）手糊成形　b）真空袋法　c）压力袋法　d）高压釜法

① 真空袋法是在置于模具上的铺层坯件外侧（即不接触模具的一面），覆盖一层柔性加压膜，把坯件密闭在加压膜和模具之间，然后抽真空形成负压，外界大气压通过加压膜对坯件加压。真空袋法产生的压力较小，约为 0.05~0.07MPa，故难以取得密实制品。

② 压力袋法是通过向弹性压力袋充入压缩空气，实现对置放于模具上的铺层坯件均匀施加压力的，压力可达 0.25~0.5MPa。压力袋由弹性好、强度高的橡胶制成，加热方式采用模具内置加热元件加热。铺层坯件固化成形后，卸模取出制件。该法施加的压力高于真空袋法，故制品密度与性能提高。压力袋法设备简单，适用于外形较简单的各种尺寸制品。

③ 高压釜法是利用金属压力容器——高压釜，对置放于模具上的铺层坯件加压（通过压缩空气实现）和加热（通过热空气、蒸汽或模具内加热元件产生的热量），使其固化成形。高压釜法可获得压制紧密、厚度公差范围小的高质量制件，适用于制造大型和复杂的部件，如机翼等。但该法能源利用率低，高压釜质量较大，结构复杂，设备费用高。

真空袋法、压力袋法和高压釜法还可用于手糊成形或喷射成形坯件的加压固化成形。

4）缠绕法成形。它是采用预浸纱带、预浸布带等预浸料，或将连续纤维、布带浸渍树脂后，在适当的缠绕张力作用下，按一定规律缠绕到一定形状的芯模上至一定厚度，经固化脱模获得制品的一种方法。与其他成形方法相比，缠绕法成形可以保证按照承力要求确定纤维排列的方向、层次，充分发挥纤维的承载能力，体现了复合材料强度的可设计性及各向异性，因而制品结构合理，比强度高；纤维按规定方向排列整齐，制品精度高，质量好；易实现自动化生产，生产效率高；但缠绕法成形需缠绕机、高质量的型芯和专用的固化加热炉等，投资较大。主要用于大批量的需承受一定内压的中空容器，如固体火箭发动机壳体、压力容器、管道、火箭尾喷管、导弹防热壳体、贮罐、槽车等。制品外形除圆柱形、球形外，也可为矩形、鼓形及其他不规则形状的外凸形及某些复杂形状的回转形。图10-22所示为缠绕法成形示意图。

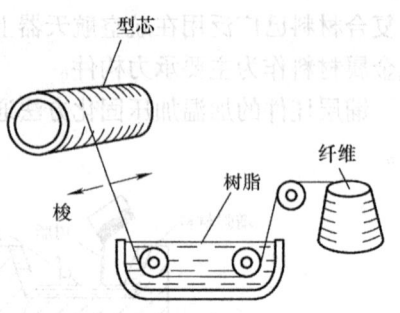

图10-22 缠绕法成形示意图

5）模压成形。模塑料、预浸料以及缠绕在芯模上的缠绕坯料等在金属模具中，在压力和温度作用下经过塑化、熔融流动、充满模腔成形固化而获得制品。模塑料是由树脂浸渍短切纤维经过烘干制成的，如散乱状的高强度短纤维模塑料（纤维含量高）、成卷的片状模塑料（片料宽度1.0mm，厚度2.0mm）、块状模塑料（一定质量和形状的料块）、成形坯模塑料（结构、形状、尺寸与制品相似的坯料）等。模压成形方法适用于异形制品的成形，生产效率高，制品的尺寸精确，重复性好，表面粗糙度小，外观好，材料质量均匀、强度高，适于大批量生产。结构复杂的制品可一次成形，无需有损制品性能的辅助机械加工。其主要缺点是模具设计制造复杂，一次投资费用高，制件尺寸受压机规格的限制，一般限于中小型制品的批量生产。

模压成形工艺按成形方法不同可分为压制模压成形、压注模压成形与注射模压成形。

① 压制模压成形。将模塑料、预浸料（布、片、带需经裁剪）等放入金属对模（由凸模和凹模组成）中，由压力机（大多为液压机）将压力作用在模具上，通过模具直接对模塑料、预浸料进行加压，同时加温，使其流动充模，固化成形。整个模压过程是在一定温度、压力、时间下进行的，所以温度、压力和时间是控制模压成形工艺的主要参数，其中温度的影响尤为重要。压制模压成形工艺简便，应用广泛，可用于船体、机器外罩、冷却塔外罩、汽车车身等制品的成形。

② 压注模压成形。将模塑料在模具加料室中加热成熔融状，然后通过流道压入闭合模具中成形固化，或先将纤维、织物等增强材料制成坯件置入密闭模腔内，再将加热成熔融状态的树脂压入模腔，浸透其中的增强材料，然后固化成形。压注模压的成形速度比压制模压的成形速度高，而且制件尺寸精确，外观质量好，可预置嵌件，主要用于创造尺寸精确、形状复杂、薄壁、表面光滑、带金属嵌件的中小型制品，如各种中小型容器及各种仪器、仪表的表盘、外壳等，还可制作小型车船外壳及零部件等。

③ 注射模压成形。将模塑料在螺杆注射机的料筒中加热成熔融状态，通过喷嘴小孔，以高速、高压注入闭合模具中固化成形，是一种高效率自动化的模压工艺，适于生产小型复杂形状的零件，如汽车及火车配件、纺织机零件、泵壳体、空调机叶片等。

6）层压成形。将纸、棉布、玻璃布等片状增强材料，在浸胶机中浸渍树脂，经干燥制成浸胶材料，然后按层压制品的大小，对浸胶材料进行裁剪，并根据制品要求的厚度（或质量）计算所需浸胶材料的张数，逐层叠放在多层压机上，进行加热层压固化，脱模获得层压制品。为使层压制品表面光洁美观，叠放时可于最上和最下两面放置2～4张含树脂量较高的面层用浸胶材料。

7）离心浇注成形。利用筒状模具旋转产生的离心力将短切纤维连同树脂同时均匀喷洒到模具内壁形成坯件，或先将短切纤维毡铺在筒状模具的内壁上，再在模具快速旋转的同时，向纤维层均匀喷洒树脂液浸润纤维形成坯件，坯件达到所需厚度后通热风固化。该成形方法具有制件壁厚均匀、外表光洁的特点，适用于大直径筒、管、罐类制件的成形。

8) 拉挤成形。将浸渍过树脂胶液的连续纤维束或带，在牵引机构拉力的作用下，通过成形模定形，再进行固化，连续引拔出长度不受限制的复合材料管、棒、方形、工字形、槽形以及非对称形的异形截面等型材，如飞机和船舶的结构件、矿井和地下工程构件等。由于制品在成形过程中需经过成形模的挤压和外牵引力的拉拔，故称为拉挤成形工艺。拉挤制品中纤维按纵向布置，特别是其引拔预张力成形的工艺特性，使纤维的单向抗拉强度得到充分发挥，制品具有高的抗拉强度和抗弯强度，但具有明显的方向性，其横向强度差。拉挤工艺只限于生产型材，其设备复杂。

成形方法可进行"复合"，即用几种成形方法同时完成一件制品。例如一种特殊用途的管子的成形，在采用纤维缠绕的同时，还用布带缠绕或用喷射方法复合成形。

(2) 热塑性树脂基复合材料的成形 热塑性树脂基复合材料由热塑性树脂和增强材料组成。几乎所有的热塑性树脂都可以用来作为基体材料，应用较广的有尼龙、聚甲醛、聚碳酸酯、改性聚苯醚、聚砜和聚烯烃类树脂。增强材料大多采用增强短纤维和各种增强粒子。热塑性树脂基复合材料成形时，是靠树脂的物理状态的变化来完成的。其过程主要由加热熔融、流动成形和冷却硬化三个阶段组成。已成形的坯件或制品，再加热熔融后还可以二次成形。粒子及短纤维增强的热塑性树脂基复合材料可采用挤出成形、注射成形和模压成形，其中，挤出成形和注射成形占主导地位。

挤出成形是将颗粒或粉状树脂以及短切纤维混合料送入挤出机缸筒内，经加热熔融呈粘流态，在挤压力（借助旋转螺杆的推挤）作用下使其连续通过口模（机头孔型），然后冷却硬化定型，得到口模所限定形状的等断面型材，如各种板、管、棒、片、薄膜以及各种异形断面型材。型材长度不受限制，设备通用性强，制品质量均匀密实。

热塑性树脂基复合材料中的增强材料也可采用连续长纤维与织物。此时，通常先制成预浸料，再进行模压成形；形状简单的制品，可先压制出层压板，再用专门的方法二次成形。此外，还可采用注射成形方法成形（先将长纤维、织物等增强材料置入闭合模腔内填满）。

2. 金属基复合材料成形

金属基复合材料是以金属为基体，以纤维、晶须、颗粒、薄片等为增强体的复合材料。基体金属多采用纯金属及合金，如铝、铜、银、铅、铝合金、铜合金、镁合金、钛合金、镍合金等。增强材料采用陶瓷颗粒、碳纤维、石墨纤维、硼纤维、陶瓷纤维、陶瓷晶须、金属纤维、金属晶须、金属薄片等。复合（成形）工艺以复合时金属基体的物态不同可分为固相法和液相法。由于金属基复合材料的加工温度高，工艺复杂，界面反应控制困难，成本较高，故应用的成熟程度远不如树脂基复合材料，应用范围较小。目前，主要用于航空、航天领域。

(1) 颗粒增强金属基复合材料成形 对于以各种颗粒、晶须及短纤维增强的金属基复合材料，其成形通常采用以下几种方法：

1) 粉末冶金法。粉末冶金法是将金属粉末与增强体混合，冲压预成型，热压烧结致密化获得复合材料的方法。

2) 铸造法。铸造法是一边搅拌金属或合金熔融体，一边向熔融体逐步投入增强体，使其分散混合，形成均匀的液态金属基复合材料，然后采用压力铸造、离心铸造和熔模精密铸造等方法最终形成金属基复合材料。

搅拌分散除在基体金属液相线以上的全液态进行外，还发展了在基体金属液相线与固相线之间的半固半液态进行的方法，此时金属液中存在的大量固相晶体可有效防止增强体的沉浮或凝聚，使其分散均匀，且因温度低而吸气少。因此，半固半液态搅拌法较全液态搅拌法更易获得合格的颗粒增强复合材料。

增强体除采用投入、搅拌的方法分散混入液态金属中外，还发展了喷射分散方法，该法采用氩气、氮气等非活性气体，把增强体喷射于正在浇注的金属液流上，随着金属液流的翻动而使增强体分散混入金属液中，此法可解决钢铁等高熔点金属为基体的复合材料因搅拌棒材料问题引起的搅拌困难。

另外，增强颗粒除采用从外部混入的方法外，近十几年来还发展了通过化学反应自熔液内部生成增强颗粒——原位反应增强颗粒的方法。原位反应增强颗粒可避免外加增强颗粒法存在的表面污染附着物，与基体相容性差，界面结合不良，颗粒尺寸大且常带有尖角，对基体割裂作用大，增强效果不够理想等不足之处。

3）加压浸渍。加压浸渍是将颗粒、短纤维或晶须增强体制成含一定体积分数的多孔预成形坯体，将预成形坯体置于金属型腔的适当位置，浇注熔融金属并加压，使熔融金属在压力下浸透预成形坯体（充满预成形坯体内的微细间隙），冷却凝固，形成金属基复合材料制品的工艺方法。采用此法已成功制造了陶瓷晶须局部增强铝活塞等制件。

（2）纤维增强金属基复合材料成形

对于以长纤维增强的金属基复合材料，其成形方法主要有以下几种：

1）扩散结合法。该法是连续长纤维增强金属基复合材料最具代表性的复合工艺。按制件形状及增强方向要求，将基体金属箔或薄片，以及增强纤维裁剪后交替铺叠，然后在低于基体金属熔点的温度下加热加压并保持一定时间，基体金属产生蠕变和扩散，使纤维与基体间形成良好的界面结合，获得制件。图10-23 为扩散结合法示意图。与其他复合工艺相比，该方法易于精确控制，制件质量好。但由于加压的单向性，使该方法限于制作较为简单的板材、某些型材及叶片等制件。

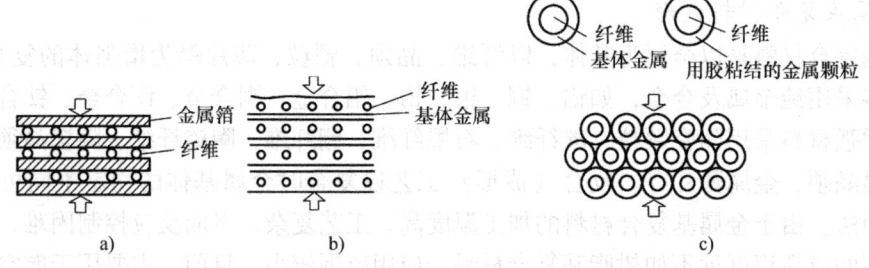

图10-23　扩散结合法工艺示意图
a）金属箔复合法　b）金属无纬带重叠法　c）表面镀有金属的纤维结合法

2）熔融金属渗透法。在真空或惰性气体介质中，使排列整齐的纤维束之间浸透熔融金属，如图10-24 所示。该法常用于连续制取回棒、管子和其他截面形状的型材，而且加工成本低。

3）等离子喷涂法。在惰性气体保护下，等离子弧向排列整齐的纤维喷射熔融金属微粒子。其特点是熔融金属粒子与纤维结合紧密，纤维与基体材料的界面接触较好，而且微粒在

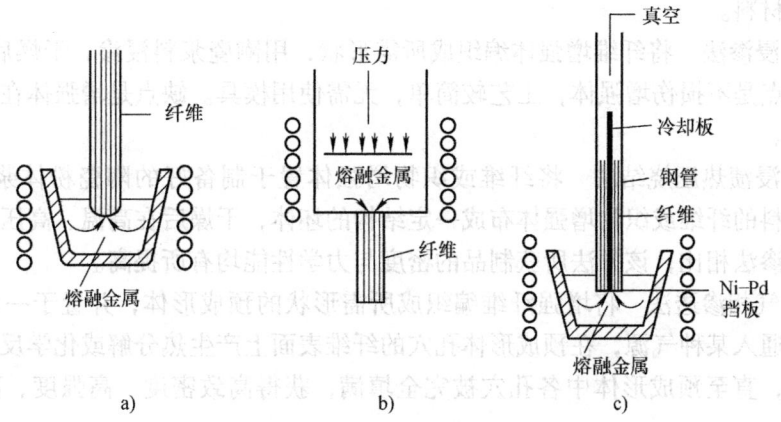

图 10-24 熔融金属渗透法示意图
a) 毛细管上升法 b) 压力渗透法 c) 真空吸铸法

离开喷嘴后急速冷却，因此几乎不与纤维发生化学反应，又不损伤纤维。此外，还可以在等离子喷涂的同时，将喷涂后的纤维随即缠绕在芯模上成形。喷涂后的纤维经过集束层叠，再用热压法压制成制品。

等离子喷涂法不仅用于纤维复合材料的成形，也可以将高熔点的合金或陶瓷喷涂于金属板的表面，形成层合复合材料。

（3）层合金属基复合材料的成形　层合金属基复合材料是由两层或多层不同金属相互紧密结合组成的材料，可根据需要选择不同的金属层。其成形方法有轧合法、双金属挤压法、爆炸焊合法等。

1）轧合法。它是将不同的金属层通过加热、加压轧合在一起，形成整体结合的层压包覆板。包覆层金属的厚度范围一般是层压板厚度的 2.5% ~20%。

2）双金属挤压法。它是将由基体金属制成的金属芯置于由包覆用金属制成的套管中，组装成挤压坯，在一定压力、温度条件下挤压成带无缝包覆层的线材、棒材、矩形和扁型材等。

3）爆炸焊合法。这是一种焊接方法，利用炸药爆炸产生的爆炸力使金属叠层间整体结合成一体。

3. 陶瓷基复合材料成形

用陶瓷做基体，用纤维、晶须或颗粒做增强物所形成的复合材料称为陶瓷基复合材料。因为陶瓷很脆，制备陶瓷复合材料的主要目的之一就是提高陶瓷的韧性。用于复合材料的陶瓷基体主要有玻璃陶瓷、氧化铝、氮化硅、碳化硅等。陶瓷基复合材料的成形方法分为两类：一类是针对陶瓷短纤维、晶须、颗粒等增强体，复合材料的成形工艺与陶瓷基本相同，如料浆浇铸法、粉末冶金法、溶胶—凝胶法等；另一类是针对碳、石墨、陶瓷连续纤维增强体，陶瓷基复合材料的成形工艺常采用料浆浸渗法、料浆浸渍热压烧结法和化学气相渗透法。

（1）粉末冶金法　陶瓷基复合材料粉末冶金法与金属基复合材料制备中的粉末冶金法类似。所不同的是基体一个是金属或合金，第一个是陶瓷。将陶瓷粉末、增强材料和加入的粘结剂混合均匀后，冷压制成所需形状，然后进行烧结，或直接热压烧结，或等静压烧结制成陶瓷基复合材料。

(2) 料浆浸渗法 将纤维增强体编织成所需形状,用陶瓷浆料浸渗,干燥后进行烧结。这种方法的优点是不损伤增强体,工艺较简单,无需使用模具。缺点是增强体在陶瓷基体中的分布不均匀。

(3) 料浆浸渍热压烧结法 将纤维或织物增强体置于制备好的陶瓷粉体浆料里浸渍,然后将含有浆料的纤维或织物增强体布成一定结构的坯体,干燥后在高温、高压下热压烧结为制品。与浸渗法相比,该方法所获制品的密度与力学性能均有所提高。

(4) 化学气相渗透法 将增强纤维编织成所需形状的预成形体,并置于一定温度的反应室内,然后通入某种气源,在预成形体孔穴的纤维表面上产生热分解或化学反应,沉积出所需陶瓷基质,直至预成形体中各孔穴被完全填满,获得高致密度、高强度、高韧度的制件。

(5) 溶胶—凝胶法 用溶胶—凝胶法制备复合材料是将基体组元形成溶液或溶胶,然后加入增强材料组元(颗粒、晶须、纤维或晶种),经搅拌使其在液相中均匀分布。当基质组元凝胶后,这些增强材料组元则稳定在均匀分布的基质材料中,经干燥或在一定温度下热处理,然后压制烧结,即可形成复合材料。

4. 碳/碳基复合材料成形

碳/碳基复合材料是由碳纤维及其制品(碳毡或碳布)增强的碳基复合材料。碳/碳基复合材料具有碳和石墨材料的优点,如优异的热性能、高的导热性、低的密度和膨胀系数以及对热冲击不敏感等特性。碳/碳基复合材料还具有优异的力学性能,如高温下的高强度和弹性模量,尤其是随着温度的升高,强度反而升高的特性以及高断裂韧度、低蠕变特性,使得碳/碳基复合材料成为目前唯一可用于温度高达2 800℃的场合。它在航空航天、核能、军事以及一些民用工业领域获得广泛应用。

根据碳/碳基复合材料使用的工况条件、环境条件和所要制备的具体构件,可以设计和制备不同结构的碳/碳基复合材料。另外,还可用不同编织方式的碳纤维做增强材料,作成预成形体,如图10-25a、b、c分别为三维、四维、五维编织碳/碳基复合材料预成形体。

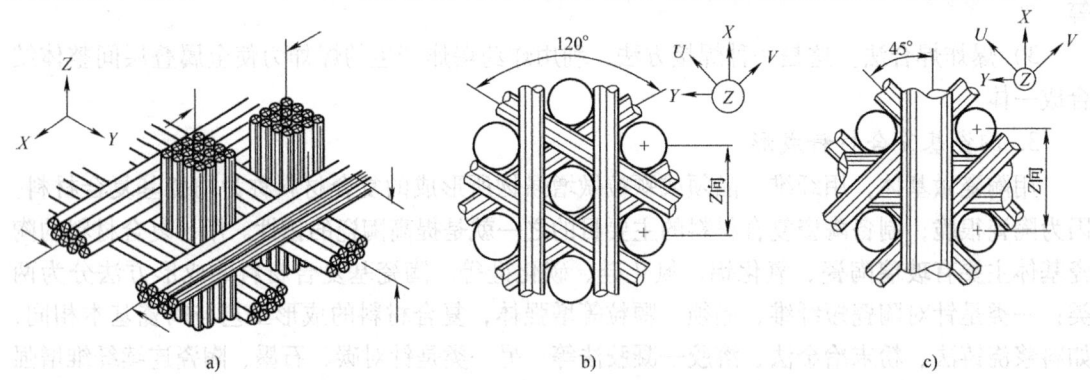

图10-25 碳/碳基复合材料预成形体
a) 三维结构 b) 四维结构 c) 五维结构

基体碳可通过化学气相沉积或浸渍高分子聚合物碳化来获得。制备工艺主要有化学气相沉积(CVD)工艺和液态浸渍—碳化工艺。在制备工艺中,温度、压力和时间是主要工艺参量。

碳/碳基复合材料 CVD 工艺的原理是通过气相的分解或反应生成固态物质，并在某固定基体上成核并生长。获取 CVD 碳的气体主要有甲烷、丙烷、丙烯、乙炔、天然气或汽油等碳氢化合物。此外，还可通过纤维预成形体的加热，甲烷经过加热可以裂化生成固体碳和氢，碳沉积在预成形体上形成基体碳，气体则排出。

碳/碳基复合材料液态浸渍碳化工艺可获得基体碳中的树脂碳和沥青碳。一般在最初的浸渍碳化循环时采用酚醛树脂浸渍，在后阶段则采用呋喃脂/沥青混合浸渍剂。为了改善沥青与碳纤维的结合，在碳纤维预成形体浸渍前可先进行 CVD 工艺，以便在纤维上获得一层很薄的沉积碳。

复习思考题

1. 工程塑料的工艺性有哪些？对成形工艺有何影响？
2. 中空成形方法适用于形成哪一类制品？
3. 塑料制品中的嵌件有何作用？
4. 为什么橡胶在成形前要进行塑炼？
5. 塑料制品上有下列要求，该如何考虑它们的设计或加工方法？零件上的内外螺纹、塑料制品上裂纹的修复、制品上的商标图案及文字、有金属光泽的塑料灯具、滚花旋钮。
6. 为什么粉末冶金制品在机械制造中应用越来越广？请举出五种应用的例子。
7. 金属粉末的制备方法分为哪几类？简述各类方法的基本原理。
8. 试述冶金的烧结机理。
9. 选择陶瓷成形方法的依据是什么？
10. 陶瓷制品的烧结对其质量有何影响？
11. 什么是可塑法成形、注浆法成形及压制法成形？它们的成形原理各是什么？
12. 复合材料的定义是什么？常用的复合材料有哪几类？
13. 何谓复合材料的工艺？它有什么特点？
14. 铸造法与粉末冶金法相比，在生产金属基复合材料制品方面有哪些优点？
15. 复合材料原材料、成形工艺和制品性能之间存在什么关系？
16. 试举例说明复合材料的用途及其成形工艺（10 种）。

第十一章 零件成形方法的选择

机械零件的制造包括毛坯成形和切削加工两个阶段,大多数零件都是通过铸造、锻造、焊接或冲压等方法制成毛坯,再经过切削加工制成的。因此,正确选择零件毛坯和合理选择机械加工方法是机械零件生产过程控制的关键,选择正确与否,不仅影响每个机械零件乃至整个机械制造的质量和使用性能,而且对于生产周期和成本也有重大的影响。

第一节 机械零件毛坯的选择原则

正确选择零件毛坯具有重大的技术经济意义,选择时必须考虑以下原则:

一、保证使用要求

机械零件常用的毛坯类型有铸件、锻件、冲压件、焊接件和型材等。在确定毛坯类型时,首先要考虑对其提出的使用要求,包括对零件形状、尺寸、精度和表面质量的要求,以及工作条件对零件性能的要求。工作条件一般指零件的受力情况、工作温度、接触介质等。只有满足使用要求的毛坯才有价值。所以,保证使用要求是选择毛坯的首要原则。

例如,当零件的外形和内腔都比较复杂时,应选用铸件;对受力复杂或在高速重载下工作的零件,则选用锻件;对于截面小、质量轻、产量大的薄壁零件,宜用冲压件,但对于尺寸大、质量轻而要求刚性好的薄壁零件,则选用焊接件;对于重型复杂零件,宜采用铸造—焊接、锻造—焊接、冲压—焊接等组合结构的毛坯。

对于轴杆类零件,如各类实心轴、空心轴及各种管件等,一般都是各种机械中重要的受力和传动零件。除直径无变化的光轴外,各种轴杆零件几乎都以锻件为毛坯。最常用的材料是中碳钢及其合金钢,在满足使用要求的前提下,某些具有异形断面或弯曲轴线的轴,也可采用球墨铸铁毛坯,以降低制造成本。在有些情况下,也可采用锻焊结合的方法制造轴杆类零件毛坯。

对于盘套类零件,如各种齿轮、带轮、套环等,由于它们在各种机械中有不同的工作条件和使用要求,所用的材料和毛坯也各不相同。如齿轮,它是各种机械中主要的传动零件,一般选用具有良好力学性能的中碳钢制造,采用正火或调质处理;重要机械上的齿轮可选用合金渗碳钢。中小型齿轮一般选用锻件毛坯,结构复杂的大型齿轮(直径在400mm以上),锻造比较困难,可用铸钢或球墨铸铁件作为毛坯,在低速运转且受力不大或在粉尘的环境下,开式运转的齿轮也可用灰铸铁作为毛坯。

带轮、手轮等受力不大或承压的零件,通常采用HT150或HT200等灰铸铁件。

法兰盘、套环、垫圈等零件,根据受力情况及形状、尺寸等,可分别采用铸铁件、铸钢件或圆钢作为毛坯。

各种模具毛坯均采用合金钢制造。

对于箱体机架类零件,如各种机身、底座、支架、横梁、工作台以及各种轴承座、阀体、泵体等,这类零件的特点是形状不规则,结构比较复杂,工作条件也相差很大,通常都以铸件作为毛坯。受力较大冲击载荷的零件则采用铸钢件。

二、满足经济性

选择毛坯时，在保证使用要求的前提下，对几个可供选择的方案应从经济上进行分析比较，选择成本低廉的方案。

一般而言，在单件、小批生产的条件下，由于模具制造成本高、周期长，应选用常用材料、通用设备和工具、低精度低生产率的毛坯生产方法，如自由锻件、砂型铸件等，以缩短毛坯生产周期，节省生产准备时间和工艺装备的设计制造费用。而在大批量的生产条件下，应选用专用材料、专用设备和工具以及高精度高生产率的毛坯生产方法，以减少加工工序，同时降低生产成本。

三、考虑实际生产条件

根据使用要求和经济性要求所确定的生产方案是否能实现，还必须考虑企业的生产条件。制订生产方案必须与企业部门的具体生产条件相结合，才能做到合理和切实可行。在一般情况下，应充分利用本企业的现有条件完成生产任务。当生产条件不能满足产品生产的要求时，可供选择的途径有三条：第一，在现有条件下，适当改变毛坯的生产方式或对设备条件进行适当的技术改造，以采用合理的生产方式。第二，扩建厂房，更新设备，这样做有利于提高企业的生产能力和技术水平，但往往需要较多的投资。第三，与厂外进行协作。究竟采取何种方式，需要结合生产任务的要求，产品的市场需求状况及远景，本企业的发展规划和外企业的协作条件等，进行综合的技术经济分析，从中选定经济合理的方案。随着现代工业的发展，产品和零件的生产必将进一步向专业化发展，所以在进行生产条件分析时，一定要加强协作意识，这样才能在竞争中取胜。

上述三项原则是相互联系的，考虑时应在保证使用要求的前提下，力求做到质量好、成本低和制造周期短。

第二节　机械加工方法的选择原则

机械零件的结构形状是多种多样的，但它们都是由外圆、内孔、平面和成形面等基本表面所组成的。每一种表面的加工常有多种方法，具体选择时应根据零件的毛坯类型、结构形状、材料、加工精度、批量以及具体的生产条件等因素来决定，以获得最高的生产率和最好的经济效益。合理选择加工方案，一般依照下列主要原则进行。

一、根据表面的尺寸精度和表面粗糙度选择

表面的加工方案在很大程度上取决于表面本身的尺寸精度和粗糙度 Ra 值。因为对于精度较高、Ra 值较小的表面，一般不能一次加工到规定的尺寸，而要划分加工阶段

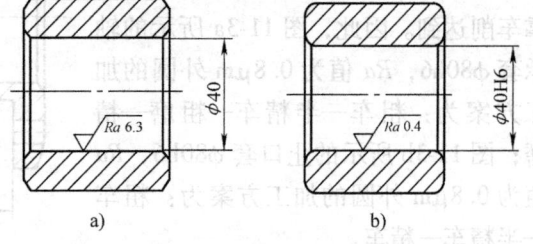

图 11-1　隔套和衬套
a) 隔套　b) 衬套

逐步进行，以消除或减小粗加工时因切削力和切削热等因素所引起的变形，从而稳定零件的加工精度。

例如，在图 11-1a、b 中，其上均有 $\phi40$ 的内圆。二者虽同属轴套，都套装在轴上，且

零件的材料、数量都相同,但由于前者是非配合表面,尺寸公差等级为 IT14, Ra 值为 6.3μm;后者是配合表面,公差等级为 IT6, Ra 值为 0.4μm,致使两者加工方案不同。隔套 $\phi40$, Ra 值为 6.3μm 内圆的加工方案为:钻—半精车;衬套 $\phi40$H6, Ra 值为 0.4μm 内圆的加工方案为:钻—半精车—粗磨—精磨。

二、根据表面所在零件的结构形状和尺寸选择

零件的结构形状和尺寸大小对表面加工方案的选择有很大影响。这是因为有些加工方法的采用,常常受到零件某些结构形状和尺寸大小的限制,有时甚至需要选用不同类型的机床和装夹方法。

例如,在图 11-2a、b 中,其上均有一个模数 2、齿数 32、精度 8GM 的齿轮,且零件材料相同,但由于零件的结构形状不同,致使两者齿形的加工方案完全不同。双联齿轮由于两齿轮相距很近,加工小齿轮时只能采用插齿;而齿轮轴由于零件轴向尺寸较长,不宜插齿,最好选用滚齿。

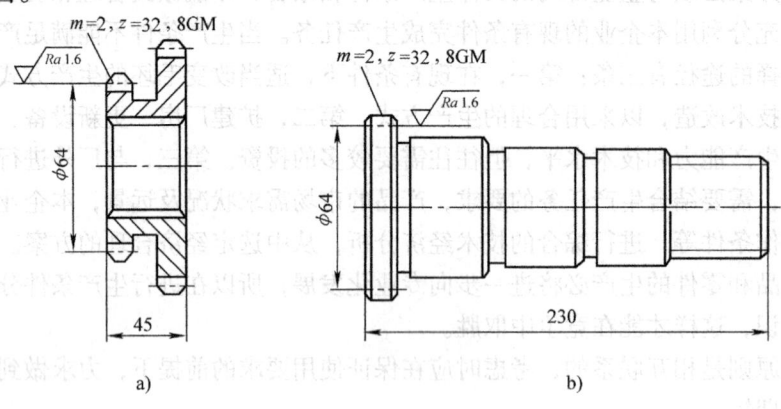

图 11-2 双联齿轮和齿轮轴
a) 双联齿轮 b) 齿轮轴

又如,在图 11-3a、b 中,两个零件有相同的 $\phi80$h6,其外圆部位需要加工尺寸、精度及表面粗糙度都一样,如果仅从尺寸公差等级(IT6)、Ra 值(0.8μm)来看,外圆均可采用车、磨方案,但后一外圆只有 5mm 长,无法磨削,只能靠车削达到。因此,图 11-3a 所示的轴承套 $\phi80$h6, Ra 值为 0.8μm 外圆的加工方案为:粗车—半精车—粗磨—精磨;图 11-3b 所示的止口套 $\phi80$h6, Ra 值为 0.8μm 外圆的加工方案为:粗车—半精车—精车。

三、根据零件热处理状况选择

零件是否进行热处理及热处理的方法,对表面加工方案的选择有一定

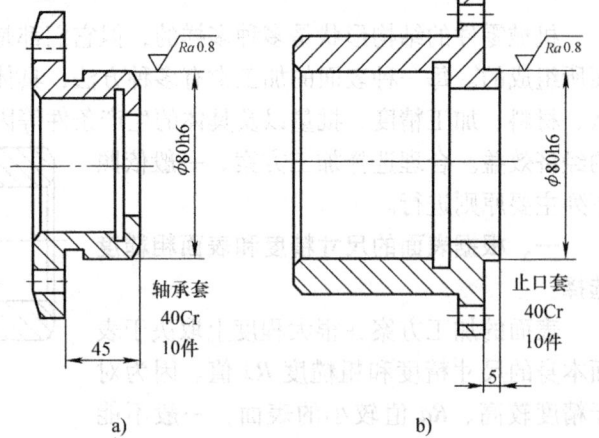

图 11-3 轴承套和止口套
a) 轴承套 b) 止口套

影响,特别是钢件淬火后硬度较高,用刀具切削较为困难,淬火后大都采用磨削加工。而且

对绝大多数零件来说，热处理一般不能作为工艺过程的最后工序，其后还应安排相应的加工，以便去除热处理带来的变形和氧化皮，提高精度和减小表面粗糙度 Ra 值。

例如，在图11-4中，均为法兰盘零件，现拟加工它们上面的 $\phi30H7$、Ra 值 $1.6\mu m$ 的内圆，这两种零件的其他条件均相同，只因为其中一种要求淬火处理，致使它们的加工方案差别较大。前者不要求淬火处理，其加工方案为：钻—半精车—精车；后者要求淬火处理，其加工方案为：钻—半精车—淬火—磨。

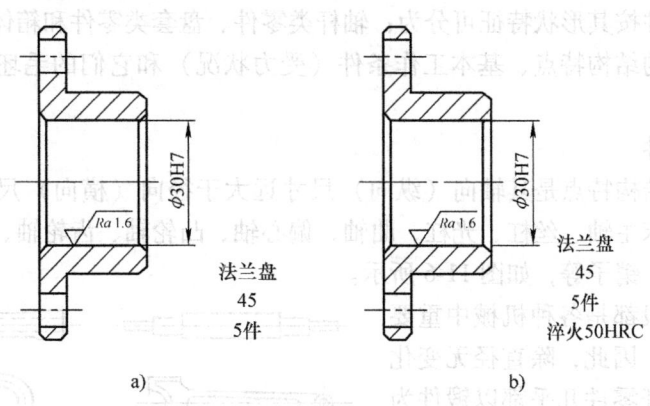

图 11-4　两种法兰盘零件

四、根据零件材料的性能选择

零件材料的性能，尤其是材料的韧性、脆性、导电性等，对机械加工，特别是对特种加工方法的选择有较大的影响。

例如，在图11-5中，同为阀杆零件上的 $\phi25h4$、Ra 值为 $0.05\mu m$ 的外圆，由于图11-5a 的材料为45钢，其加工方案为：粗车—半精车—粗磨—精磨—研磨；而图11-5b 的材料为有色金属青铜，塑性较大，磨削时其屑末易堵塞砂轮，不宜磨削，常用精车代替磨削，其加工方案为：粗车—半精车—精车—研磨。

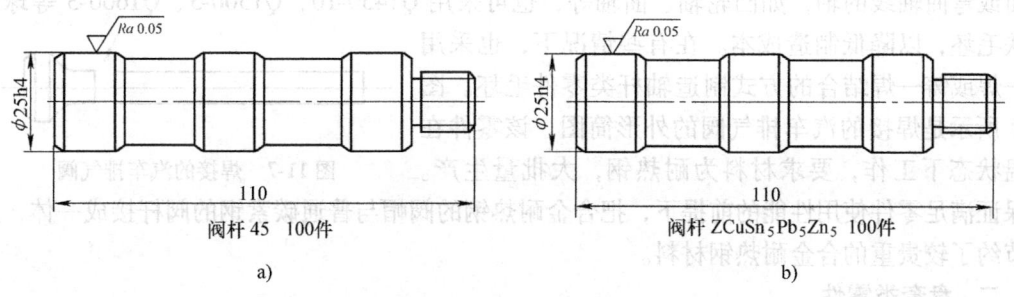

图 11-5　两种不同材料的阀杆

五、根据零件的批量选择

零件的批量是指根据零件年产量将零件分批投产。每批投产零件的数量，按照零件的大小、复杂程度和生产周期等因素，可分为单件、成批（小批、中批、大批）和大量生产三种。加工同一种表面，常因零件批量不同而需选用不同的加工方案。在单件、小批生产中，一般采用普通机床的加工方法；在大批、大量生产中，应尽量采用高效率（专用机床或生产线）的加工方法。

以上介绍的仅为选择表面加工方案的主要依据。在实际应用中，这些依据常常不是独立的，而是相互重叠和交叉的。因此，在具体选用时，应根据具体条件全面考虑，灵活运用。只有这样，才能选择出优质、高产、安全、低耗的加工方案。

第三节　各类零件的结构特点及其制造方法比较

常用的机械零件按其形状特征可分为：轴杆类零件、盘套类零件和箱体机架类零件三大类。这三大类零件的结构特点、基本工作条件（受力状况）和它们的毛坯的一般制造方法大致如下：

一、轴杆类零件

轴杆类零件的结构特点是其轴向（纵向）尺寸远大于径向（横向）尺寸。这类零件包括各种传动轴、机床主轴、丝杠、光杠、曲轴、偏心轴、凸轮轴、齿轮轴、连杆、拨叉、锤杆、摇臂以及螺栓、销子等，如图 11-6 所示。

轴杆类零件一般都是各种机械中重要的受力和传动零件，因此，除直径无变化的光轴外，各种轴杆零件几乎都以锻件为毛坯。材料常用 30～50 中碳钢，其中以 45 钢使用最多，经调质处理后，具有较好的综合力学性能。合金钢具有比碳素钢更好的力学性能和淬透性能，可以在承受重载并要求减轻零件质量和提高轴颈耐磨性等情况下采用。常用的合金钢材料有 40Cr、40CrNi、20CrMnTi、30CrMnTi 等。在满足使用要求的前提下，某些具有异形

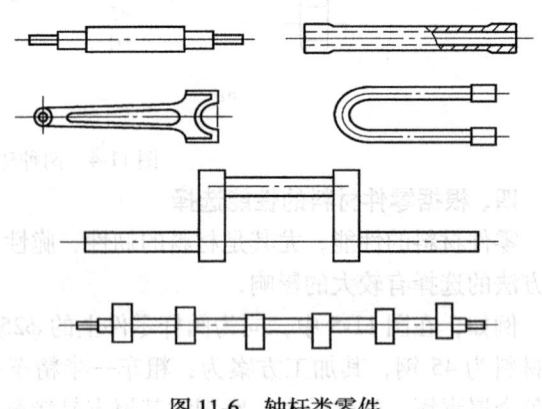

图 11-6　轴杆类零件

截面或弯曲轴线的轴，如凸轮轴、曲轴等，也可采用 QT450-10，QT500-5、QT600-3 等球墨铸铁毛坯，以降低制造成本。在有些情况下，也采用锻—焊或铸—焊结合的方式制造轴杆类零件毛坯。图 11-7 所示是焊接的汽车排气阀的外形简图，该零件在高温状态下工作，要求材料为耐热钢，大批量生产。

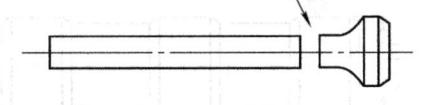

图 11-7　焊接的汽车排气阀

在保证满足零件使用性能的前提下，把合金耐热钢的阀帽与普通碳素钢的阀杆接成一体，从而节约了较贵重的合金耐热钢材料。

二、盘套类零件

这类零件的轴向（纵向）尺寸一般小于径向（横向）尺寸，或者两个方向的尺寸相差不大。属于这类零件的有各种齿轮、带轮、飞轮、模具、联轴节、套环、轴承环以及螺母、垫圈等，如图 11-8 所示。

由于这类零件在各种机械中的工作条件和使用要求差异很大，因此，它们所用的材料和毛坯也各不相同。以齿轮为例，它是各类机械中的重要传动零件。运转时，主要的受力部位是轮齿，两个相互啮合的轮齿之间通过一个狭小的接触面来传递力和运动，因此，齿面上要承受很大的接触应力和摩擦力。这就要求轮齿表面要有足够的强度和硬度，同时，齿根部分

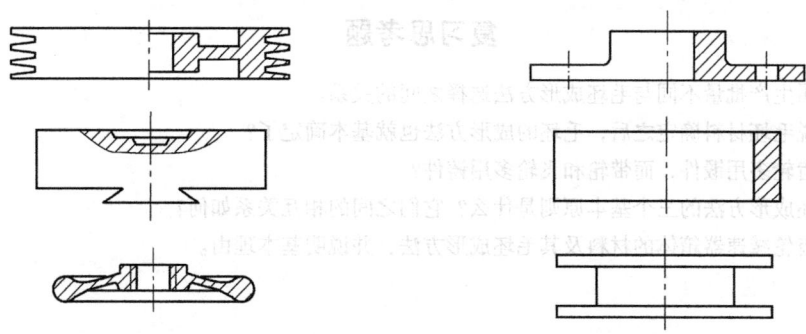

图 11-8　盘套类零件

要能承受较大的弯曲应力；齿轮在运转过程中，有时还要承受冲击力的作用，因此，齿轮的主体也要有一定的强度和韧性。根据以上分析，齿轮一般应选用具有良好综合力学性能的中碳结构钢（如 40、45 钢）制造，采用正火或调质处理。重要机械上的齿轮，可选用 40Cr、40CrNi、40MnB、35CrMo 等合金结构钢，采用调质处理。

带轮、飞轮、手轮、垫块等受力不大或承压的零件，通常采用灰铸铁（HT150 或 HT200 等）件，单件生产时，也可采用低碳钢焊接件。

法兰、套环、垫圈等零件，根据受力情况及形状、尺寸等不同，可分别采用铸铁件、锻钢件或冲压件为毛坯，厚度较小的，单件或小批量生产时，也可直接用圆钢或钢板下料。

各种模具毛坯，均采用合金钢锻造。热锻模常用 5CrNiMo、5CrMnMo 等热模具钢，并经淬火和中温回火；冲压模常用 Cr12、Cr12MoV 等冷模具钢，并经淬火和低温回火处理。

三、箱体机架类零件

箱体机架类零件是机器的基础件，它的加工质量将对机器的精度、性能和使用寿命产生直接影响。这类零件包括机身、齿轮箱、阀体、泵体、轴承座等如图 11-9 所示。箱体类零件的结构特点是：尺寸较大、形状较复杂、箱壁较薄且不均匀、内部呈腔形，有尺寸精度和位置精度要求较高的平面和孔，还有很多小的光孔、螺纹孔、检查孔和出油孔等。

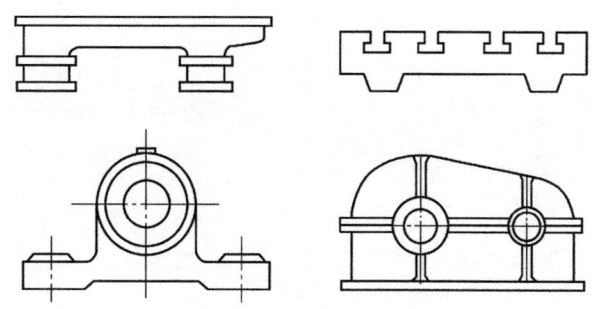

图 11-9　箱体机架类零件

由于箱体类零件的结构形状一般都比较复杂，且内部呈腔形，为满足减振和耐磨等方面的要求，其材料一般都采用铸铁。为达到结构形状方面的要求，最常见的毛坯是砂型铸造的铸件。当单件、小批生产，新产品试制或结构尺寸很大时，也可采用钢板焊接毛坯。

复习思考题

1. 举例说明生产批量不同与毛坯成形方法选择之间的关系。
2. 为什么说毛坯材料确定之后,毛坯的成形方法也就基本确定了?
3. 为什么齿轮多用锻件,而带轮和飞轮多用铸件?
4. 选择毛坯成形方法的三个基本原则是什么?它们之间的相互关系如何?
5. 试确定齿轮减速器箱体的材料及其毛坯成形方法,并说明基本理由。

附 录

金属材料拉伸试验力学性能新标准为 GB/T 228.1—2010，旧标准为 GB/T 228—1987。本书采用新标准的力学性能符号，由于旧标准中的符号在很多地方还在使用，为方便使用，将新旧标准中的对应符号列于附表中。

附表 金属材料拉伸试验力学性能新旧标准符号对照

新标准符号	单位	说 明	旧标准符号
R_m	MPa	抗拉强度	σ_b
R_{eH}	MPa	上屈服强度，试样发生屈服而力首次下降前的最大应力	σ_e
R_{eL}	MPa	下屈服强度，在屈服期间，不计初始瞬时效应时的最小应力	
R_p	MPa	规定塑性延伸强度	
$R_{p0.2}$	MPa	规定伸长率为 0.2% 时的塑性延伸强度	$\sigma_{0.2}$
A (%)		断后延伸率 $\dfrac{L_u - L_0}{L_0} \times 100$	δ
Z (%)		断面收缩率 $\dfrac{S_0 - S_u}{S_u} \times 100$	ψ
L_0	mm	试样原始标距	L_0
L_u	mm	试样断后标距	L_u
S_0	mm²	试样原始截面积	S_0
S_u	mm²	试样断后最小处截面积	S_u

参 考 文 献

[1] 林江. 机械制造基础[M]. 北京：机械工业出版社，2004.
[2] 约瑟夫·迪林格. 机械制造工程基础[M]. 杨祖群，译. 长沙：湖南科技出版社，2010.
[3] 廖东泉. 机械制造技术基础[M]. 北京：机械工业出版社，2011.
[4] 黄健求. 机械制造技术基础[M]. 2版. 北京：机械工业出版社，2011.